陝西師範大學國際長安學研究院

長安學研究文獻匯刊·考古編·金石卷

第十三輯

賈二强　主編

科学出版社

内 容 簡 介

本書匯編清、民國金石著作《積古齋鐘鼎彝器款識》《秦漢瓦當圖》《秦漢瓦圖記》《唐風樓秦漢瓦當文字》《昭陵六駿贊辯》《瘞鶴銘考》《石門碑醳（附：石門碑醳補）》《長安獲古編》《求古録》《金石存》十種，希冀爲長安學、地方史、學術史及中國古代文化研究提供資料，以促進學術研究及社會文化的發展。

本書可供文獻學、中國古代史專業學者及相關專業本科生、研究生學習、參考。

圖書在版編目(CIP)數據

長安學研究文獻匯刊. 考古編. 金石卷. 第十三輯 / 賈二强主編. —北京：科學出版社，2020.3

ISBN 978-7-03-064596-8

Ⅰ. ①長… Ⅱ. ①賈… Ⅲ. ①長安（歷史地名）-文化史-文集 ②金石學-中國-文集 Ⅳ. ①K294.11-53 ②K877.24-53

中國版本圖書館 CIP 數據核字（2020）第035032號

責任編輯：楊 静 王 媛 / 責任校對：任曉剛
責任印製：師艷茹 / 封面設計：黄華斌

編輯部電話：010-64011837
E-mail:yangjing@mail.sciencep.com

科 学 出 版 社 出版
北京東黄城根北街 16 號
郵政編碼：100717
http://www.sciencep.com
北京匯瑞嘉合文化發展有限公司 印刷
科學出版社發行 各地新華書店經銷
*
2020 年 3 月第 一 版 開本：889 × 1194 1/16
2020 年 3 月第一次印刷 印張：38 1/4
字數：600 000
定價：389.00元
（如有印裝質量問題，我社負責調换）

《長安學研究文獻匯刊·考古編·金石卷》編輯委員會

前言

金石文獻上古時即已出現，指以青銅器爲主的金屬器具以及石碑陶器作爲載體的文字、辭句或篇章，是除了竹木簡牘、絲帛、紙質載體形態文獻之外，中國古代文獻的另一重要淵藪，其包涵的歷史文化信息，具有其他形態不可替代的作用，因此受到歷來學者們的高度重視。作爲一個系統並有著自身學理的學科——金石學，其興始於北宋，劉敞《先秦古器記》、歐陽修《集古録》、趙明誠《金石録》，確立了據金石保存文獻、考訂史籍的學術傳統；至南宋時期獲得巨大發展，出現專録漢碑的洪适《隸釋》、備録全國石刻目録的王象之《輿地碑目》、陳思《寶刻叢編》，偏於記録書家石刻的佚名《寶刻類編》，專録古器物的王黼《宣和博古圖》、王俅《嘯堂集古録》和主要著録商周青銅器銘文的薛尚功《歷代鐘鼎彝器款識法帖》等，諸體大致齊備，表明是時金石之學已基本成熟。

元明兩朝，受空談心性、不務實學的學術風氣影響，加之金石器物出土較少之故，經歷了一個相對沉寂的時期。其間雖仍時有金石學者與著作，如元代之吾丘衍《周秦刻石釋音》、楊鈞《增廣鐘鼎篆韻》、潘昂霄《金石例》，明楊慎《石鼓文音釋》、盛時泰《蒼潤軒碑跋》、都穆《金薤琳琅》、趙崡《石墨鐫華》等，或訂石刻之音訓，或采石刻古文奇字，或述碑碣之製作義例，間有考訂經史者，然多疏漏舛謬，罕有新見。

明末清初金石學再度勃興。清代前期中期，經過顧炎武、朱彝尊、錢大昕、畢沅、孫星衍、王昶、阮元等著名學者的宣導，到嘉慶、道光間金石學成爲顯學。有清一代，搜討、收藏、鑒賞、研究金石的風氣盛行不衰，有關金石的著述層出不窮，研究成果蔚爲大觀，重要著述達1000多部。其研究方法雖難出宋人窠臼，研究範圍却已全面擴大，體例亦更臻完善，既有存目、録文、摹圖、摹字等環節的材料整理，又有通過題跋方式從內容上進行經史、小學、義例等方面的考訂闡發；既有專門研究，又有通論；既有地域研究之分，又有全面總括。

在金石學研究中，『陝西』是一個特殊區域。關中作爲周秦漢唐故都之所在，碑碣吉金文字之富甲於海内，商周青銅器、秦漢瓦當，唐代昭陵、宋代碑林碑石，匯集了一大批寶貴的金石文獻。加之歷代不時有新的金石出土，因此自北宋以來，陝西一直是金石學家青睞的一方寶地，如吉金之學的開山之作北宋劉敞《先秦古器記》，就是作者根據他在陝西任職期間所獲古器而作；而第一部專記一地金石的北宋田概《京兆金石録》，則是記録長安古碑所在的著作。明末清初以來，更是形成了長久不衰的訪古求碑熱潮。

前代金石著録雖詳於古，直到清代中葉，元明以下金石都不大受到學者關注，然陝西正是漢唐碑石的集中之地，以此在歷代金石著作中，對陝西金石的研究占有很大比重。以清人名家著作爲例，顧炎武《金石文字記》有一半左右的篇幅記録秦地金石，朱彝尊《曝書亭金石文字跋尾》、錢大昕《潛研堂金石文跋尾》、王昶《金石萃編》等也分别有三分之一左右的内容爲陝西金石。又有多種專以秦地金石爲研究對象的著作，如朱楓《雍州金石記》、畢沅《關中金石記》、毛鳳枝《關中金石存逸考》，等等，約有數十種之多。

陝西金石學在整個金石學研究中占有極其重要的地位，自宋至清也經歷了幾個不同的發展階段，呈現不同的特色。

金石文字，可資正經訂史，可評其文之優劣，亦可賞其書體之美。然自劉敞《先秦古器記自序》中提出古器研究有明其制度、正其文字、次其世謚三法，歐陽修在《集古録目序》中指出金石『可與史傳正其闕謬』，趙明誠《金石録序》稱『蓋史牒出於後人之手，不能無失，而刻詞當時所立，可信不疑』，以《集古録》『是正訛謬，有功於後學甚大』，之後論金石者多以『正經補史』爲研究宗旨，爲清代金石考據學的繁榮奠定了基礎。

元明學風空疏，然就陝西地區而言，由於受關學影響，研究風氣稍有不同。明代關中大儒吕柟繼承北宋張載理學傳統，以『文必載道，行必顧言』爲號召，高揚『關學』的旗幟，使『關中自古稱理學之邦』不僅引爲鄉里之榮，也成爲天下公論。關學一向講求經世尚用，强調實踐功夫，影響及於金石之學，形成一種重實地考察，注重金石文獻可靠性的研究風氣。被錢謙益譽爲『關中汲古二士』的趙崡與郭宗昌是其中的典型代表，其金石著作《石墨鐫華》、《金石史》，發論雖然未脱明人空疏積習，但因有著親身實地訪碑著録的研究基礎，所以多能糾正宋人因僅據拓本或輾轉傳抄而導致的文本和考訂失誤。

清初顧炎武、黄宗羲等前明遺老治學以返孔孟真淳爲要旨，大力提倡『經世致用』之學，金石作爲『實學』之一類，重新受到學人關注。顧炎武首開風氣，提倡金石考訂的學術觀念，正與關學的學術風氣相契合。他多次前往關中，晚年定居於陝，整理刊刻了其一系列金石著作，揭示金石可資考證的意義，一開清代金石考據學的先聲，因此可以説，清初金石學的復興實與陝西的學術同氣相求，密切關聯。這一時期關中本土學者，如王弘撰等人的研究興趣却多在金石書法，他們倡導漢碑，其尊碑抑帖的主張對後來的碑學有很大影響，於清代金石學重考據的主流研究之外別開生面。

乾嘉時期漢學發展至高峰，陝西的金石研究在這一時期也發生至關重要的一大變局，對於整個金石學的發展産生很大影響。畢沅是乾嘉學派的領軍人物之一，乾隆三十六年至五十年（1771–1785），其蒞陝爲官，位至封疆大吏，且究心於金石之學，將政治權力廣施於學術研究，故群賢畢至，少長咸集，一時蔚爲大觀，也成就了陝西金石學之高峰。畢沅對於陝西金石的研究成就，主要有三：一是有組織地、大規模地搜訪金石，修護金石文物。這一方面促使了金石器物在這個時期的大量出土，同時也使很多金石文物，如碑林、昭陵等得到了很好的修繕保護。二是組織幕府學者編撰方志金石志。宋代方志中金石的相關内容多收録在藝文、碑記或其他相近門類之下，直到明末《吴興備志》『金石』方首次作爲一級類目出現在方志中，然而這種做法仍屬偶然，到清初此種局面未有太大改觀，設立金石類目的方志屈指可數。而畢沅在陝共編纂方志28種，設有『金石』門類者达13種，且其中11種爲一級類目，這種爲金石立志的做法大大提升了金石的學術地位，對於乾嘉時期金石學科格局的確立有奠基之功。三是這類金石專書和金石志，十分純熟地運用金石文字以考經訂史，使得這一宋人提出、在清初由顧炎武倡導的金石考據的學術方法，在此時演變成爲金石之學的主流，同時也使之廣泛推及文字學、音韻學等研究領域，取得了多方面的卓越成就。此外，畢沅陝西幕府中培養出一大批金石學者，如嚴長明、孫星衍、錢坫等，均在金石學研究上取得了不凡的成績。

道光以降，漢學高潮漸至消歇，風光不再，陝西金石學也後繼乏力，故其學漸入低谷。然篳路藍縷，遺風尚存，學人仍孜孜以求，其學術風貌雖蹈其舊，然拾遺補闕，求全求真，精化深化，亦成一時之特色。其中傳統金石考據方面，集大成者則屬毛鳳枝無疑。毛氏長期居陝，遍搜關中金石文字，著成《關中金石文字存逸考》、《金石萃編補遺》、《古誌石華續編》、《關中金石文字古逸考》及《關中金石文字古存考》諸書，以傳統金石考據的方法，對關中遺留金石文獻做了精深考證，堪稱清末陝西金石學的代表。然因其生涯寥落，《關中金石文字古逸考》、《關中金石文字古存考》兩種不知存世與否，其《關中金石文字存逸考》、《金石萃編補遺》、《古誌石華續編》三書，幸得其門生顧家相、顧燮光父子前後歷數十年之功，在毛氏身後梓行於世。

陝西擁有深厚的金石學傳統，充分利用這類豐富的學術資源，對於長安學、地方史、學術史乃至中國古代歷史文化的研究，具有無可替代的價值。由於成書時代綿長，各類文獻性質各異，保存狀況複雜，利用這些材料存在種種不便。有鑒於此，本編意在將歷代陝西金石文獻匯爲一編，俾其爲當今社會文化發展發揮應有的作用。

本編所收宋至清末民初陝西金石文獻120餘種，基本涵蓋傳統金石之學的目録、録文、題跋考訂、義例、摹圖、方志相關金石部分等主要類别，賞鑒品評書法藝術之帖學類前代即爲别途，近世之影印則多入現代學術，因而未予收録。各書如有不同版本則以文本完足文字精審可以信據爲主要准的，而前代所謂珍罕秘本，則非主要考慮因素。

編輯過程中，國家圖書館、陝西師範大學圖書館慨允提供資料，俾全書得以成編，謹致衷心感謝。

時間匆迫，思慮未周，所在差謬，尚乞學人讀者指正。

陝西省2011協同創新中心

陝西師範大學國際長安學研究院

（李向菲執筆　賈二强審定）

二〇一六年十月

目録

積古齋鐘鼎彝器款識

光緒九秊歲在癸未六月常熟鮑氏後知不足齋校栞

積古齋鐘鼎彝器款識序

鐘鼎彝器三代之所寶貴故分器賵器皆以是爲先直與土地竝重且或以爲重賂其造作之精文字之古非後人所能及古器金錫之至精者其氣不外洩無青綠其有青綠者金之不精外洩于土者也古器銘字多者或至數百字縱不抵尚書百篇而有過于汲冢者遠甚漢代以得鼎爲祥因之改元因之立祀六朝唐人不多見學者不甚重之迨北宋後古器始多出復爲世重勒爲成書南宋元明以來流傳不少至我

朝西清古鑑美備極矣且海內好古之士學識之精能辨古器有遠過於張敞鄭衆者而古器之出于土田榛莽間者亦不可勝數余心好古文奇字每摩挲一器搨釋一銘俯仰之間輒心往于數千年前以爲此器之作此文之鑄尚在周公孔子未生

以前何論秦漢乎由簡策而卷軸其竹帛已灰燼矣此乃巋然獨存乎世人得西嶽一碑定武片紙即珍如鴻寶何況三代法物乎世人得世綵書函麻沙宋板即藏爲祕冊何況商周文字乎友人之與余同好者則有江侍御德量朱右甫爲弼孫觀察星衍趙銀臺秉沖翁比部樹培秦太史恩復宋學博葆醇錢博士坫趙晉齋魏何夢華元錫江鄭堂藩張解元廷濟等各有藏器各有搨本余皆聚之與余所自藏自搨者集爲鐘鼎款識一書以續薛尚功之後薛尚功所輯共四百九十三器余所集器五百六十數迨過之夫棗字于板自不如鑄字于金之堅且久然自古左國史漢所言各器宋宣和殿圖無有存者矣兩宋呂大防王俅薛尚功王順伯諸書冊所收之器今亦僅有存者矣然則古器雖甚壽然至三四千年出土之後轉不能久或經兵燹之墜壞或爲水土之沈薶或爲傖賈之毀銷不可保也而宋人圖釋各書反能流傳不絕且可家守一編然則聚一時之彝器摹勒爲書實可使一時之器永傳不朽即使吉金零落無存亦可無憾矣平湖朱氏右甫酷嗜古金文字且能辨識疑文稽考古籍國邑大夫之名有可補經傳所未備者偏旁篆籒之字有可補說文所未及者余以各搨本屬之編定審釋之甲子秋可成十卷付之梓人竝記其始末如此

嘉慶九年歲次甲子中秋日揚州阮元序

商周銅器說上篇

形上謂道形下謂器商周二代之道存于今者有九經焉若器則罕有存者所存者銅器鐘鼎之屬耳古銅器有銘銘之文為古人篆蹟非經文隸楷縑楮傳寫之比且其詞為古王侯大夫賢者所為其重與九經同之北宋後古銅器始多傳錄鐘鼎尊彝敦槃戈劍之屬古詞古文不可勝識其見稱于經傳者若湯之盤正考父孔悝之鼎其器皆不傳于今然則今之所傳者使古聖賢見之安知不載入經傳也器者所以藏禮故孔子曰唯器與名不可以假人先王之制器也齊其度量同其文字別其尊卑用之于朝覲燕饗則見天子之尊錫命之寵雖有強國不敢問鼎之輕重焉用之于祭祀飲射則見德功之美勳賞之名孝子孝孫永享其祖考而寶用之焉且天子諸侯卿大夫非有德位保其富貴則不能制其器非有問學通其文詞則不能銘其器然則器者先王所以馴天下尊王敬祖之心教天下習禮博文之學商祚六百周祚八百道與器皆不墜也且世祿之家其富貴精力必有所用用之于奢僭奇衺者家國之患也先王使用其才與力與禮與文于器之中禮明而文達位定而王尊愚慢狂暴好作亂者鮮矣故窮而在下則顏子簞瓢不為儉貴而在上則晉絳鐘鎛不為奢此古聖王之大道亦古聖王之精意也自井田封建廢而梓人鳧氏亦失傳矣故吾謂欲觀三代以上之道與器九經之外舍鐘鼎之屬曷由觀之阮元

商周兵器說

三代以上稱人之戰者曰卒伍軍旅不曰兵曰兵者戈戟弓矢之屬之專名也古兵矛三尋為最長經傳中罕見用之所用者戈為多戈之存于今者甚多以今尺横度之不過數寸其柲長古尺六尺六寸僅與中人之身等耳鄭注考工記古矢鏃長二寸近人得古長平銅箭鏃與之合以周尺計之亦僅當今尺一寸二分強耳古劍今存者逕肘度之首與肘齊末與指齊亦甚短矣先王之制兵非不能長且大也限之以制度行之以禮本之以仁故甚短小也後世務以物力相勝浸為長鎗大矟矣浸為火礮矣亦不得不然之勢猶車戰之變為馬騎也古度量衡短小且輕今度量衡長大且重又何也自古利權皆自上操之官吏之征銀帛粟米也未有不求贏者數千年遞贏之至于如此此亦不得不然之勢也阮元

商周銅器說下篇

三代時鼎鐘爲最重之器故有立國以鼎彝爲分器者武王有分器之篇書序武王封諸侯班宗彝作分器魯公有彝器之分左定四年分魯公官司彝器分康叔大呂分唐叔姑洗皆鐘也是也有諸侯大夫朝享而賜以重器者周王予虢公以爵莊二十一年鄭伯之享王也王以后之鞶鑑予之虢公請器王予之爵鄭伯由是惡王元案鞶鑑者后之器也說文鑑大盆也鞶與鞶盤皆通借故左定六年定之盤鑑釋文又作鞶易訟鞶帶釋文或作鞶可見鞶非本字鄭伯以其爲婦人之物而惡之耳杜注解爲帶飾以鑑此望文生義夫以小鏡飾于鞶帶之上經傳無徵且卽令如此當云鑑鞶今云鞶鑑文義倒置矣晉侯賜子產以鼎左昭七年晉侯賜子產莒之二方鼎是也有以小事大而賂以重器者齊侯賂晉以地而先以紀甗左成二年魯公賄晉卿以壽夢之鼎左襄十九年公享晉六卿賄荀偃束錦加璧乘馬先吳壽夢之鼎鄭賂晉以襄鐘左成十年鄭子罕賂晉以襄鐘杜注鄭襄公之廟鐘齊人賂晉以宗器左襄二十五年杜注宗器祭祀之器陳侯賂鄭以宗器左襄二十五年燕人賂齊以斝耳左昭七年徐人賂齊以甲父鼎左昭十六年鄭伯納晉以鐘鎛左襄十一年亦見晉語是也有以大伐小而取爲重器者魯取鄆鐘以爲公盤左襄十二年齊攻魯以求岑鼎呂氏春秋齊攻魯求岑鼎魯君載他鼎以往齊侯弗信又見說苑新序是也有爲述德儆身之銘以爲重器者祭統述孔悝之銘叔向述讒鼎之銘左昭三年孟僖子述正考父鼎銘左昭七年史蘇述商衰之銘晉語是也有爲自矜之銘以爲重器者禮至銘殺國子左僖二十五年季武子銘得齊兵左襄十九年是也有鑄政令于鼎彝以爲重器者司約書約劑于宗彝周禮秋官晉鄭鑄刑書于刑鼎左昭六年又二十九年是也且有王綱廢墜之時以天子之社稷而與鼎器其存亡輕重者武王遷商九鼎于洛楚子問鼎于周左宣三年秦興師臨周求九鼎戰國策是也此周以前之說也自漢至唐罕見古器偶得古鼎或至改元稱神瑞書之史冊儒臣有能辨之者世驚爲奇故說文序曰郡國往往于山

川得鼎彝其銘卽前代之古文是也今略數之則有漢元鼎汾陰得寶鼎漢書元鼎元年夏五月得鼎汾水上四年六月得寶鼎后土祠旁漢書紀又郊祀志宣帝時美陽得鼎獻之張敞辨之郊祀志敞釋文曰王命尸臣官此栒邑賜爾旂鸞黼黻琱戈尸臣拜手稽首曰敢對揚天子丕顯休命鼎小有款識不宜薦于宗廟元按此銘乃漢書約記張敞之言非銘全文也永平六年王雒山出寶鼎漢書明帝紀永平六年六月王雒山出寶鼎廬江太守獻之詔陳鼎于廟永元元年寶憲上仲山甫鼎寶憲傳和帝永元元年九月寶憲代單于遺憲古鼎容五斗其傍銘曰仲山甫鼎其萬年子子孫孫永寶用元案漢人習隸罕識籀文此銘亦約辭非全銘之體吳赤烏十二年寶鼎出臨平湖又出鄮縣宋元嘉十三年武昌縣章山出神鼎二十二年新陽獲古鼎有篆書四十二字泰始五年南昌獲古鼎容斛七斗七年義陽郡鼎受一斛皆獻於朝並見符瑞志唐貞觀二十二年遂州涪水中獲古鼎傍有銘刻開元十年獲鼎改河中府之縣名寶鼎縣十二年后土祠獲鼎二大者容四升小者

容一升色皆青十三年萬年人獲寶鼎五獻之四鼎皆有銘銘曰垂作尊鼎萬福無疆子孫寶用元按此銘文亦不全二十一年眉州獻寶鼎重七百斤有篆書天寶元年平涼獲古饒鼎獻之元和二年詔以湖南所獻古鼎付有司重一百十二斤咸平三年乾州獻古銅鼎狀方四足上有古文二十一字直昭文館句中正與杜鎬詳其文曰維六月初吉史信父作鬵甗斯萬年子子孫孫永寶用以上皆見宋史及會要此自漢至唐之說也北宋以後高原古冢搜獲甚多始不以古器爲神奇祥瑞而或以玩賞加之學者考古釋文日益精核故考古圖列宋人收藏者河南文潞公盧江李伯時等三十餘家士大夫家有其器人識其文閱三四千年而道大顯矣古之器余不得而見余今所見之器安知後人之能見否也且又安知後千百年新出之器爲今所未見者不更多也是宜以周以前唐以前北宋以後三者分別論之阮元

積古齋鐘鼎彝器款識目錄卷一

丁珖卣　舉父巳卣
子執刀祖乙卣　咎父癸卣
丁師卣

積古齋鐘鼎彝器款識目錄卷二

商壺
蛟篆壺　鷹父巳壺
余爵壺　明我壺
祖辛壺　作祖壺
商爵
弫爵　弫舟爵
犧爵　糸爵
父癸爵　父壬爵

母壬爵　舉父丁爵
辛父辛爵　子癸父爵
子父癸爵　守冊父巳爵
父癸爵　父丁爵
弫木父丁爵　子父巳爵
父辛爵　子父巳爵
子孫父癸爵　丙父辛爵
雙爵父辛爵　虘爵
子壬父辛爵　圭庚爵
目父癸爵　祖巳爵
拱井父辛爵　矢父戊爵
祖癸爵　日父乙爵

唐子爵　立戈爵
子父乙爵
商飲附
商觚
立戈父癸觚　子執戈觚
手執刀觚　乃作器觚
商觶
庚觶　善父戊觶
士父巳觶　象形父乙觶
弫服觶　析父巳觶
子執刀父巳觶　父丁觶
冊冊父乙觶　八孫子觶

孫祖巳觶　父辛觶
子孫父巳觶　父乙觶
商角
象形角　象形父癸角
召夫角　子孫父庚角
父丁角　子孫角
庚申父丁角
商敦
乃作器敦　子立敦
子孫父乙敦　析孫子父乙敦
弫敦　彔敦
商甗

積古齋鐘鼎彝器款識目錄卷三

積古齋鐘鼎彝器款識目錄卷四

積古齋鐘鼎彝器款識目録卷五

積古齋鐘鼎彝器款識目錄卷六

周敦

積古齋鐘鼎彝器款識目錄卷七

周簠

周簋

周盉

周甗

積古齋鐘鼎彝器款識目錄卷八

積古齋鐘鼎彝器款識目錄卷九

積古齋鐘鼎彝器款識目錄卷十

虞山鮑廷爵叔衡重校刊

積古齋鐘鼎彝器款識卷一　揚州阮氏編錄

商器款識

商鐘

蕫武鐘

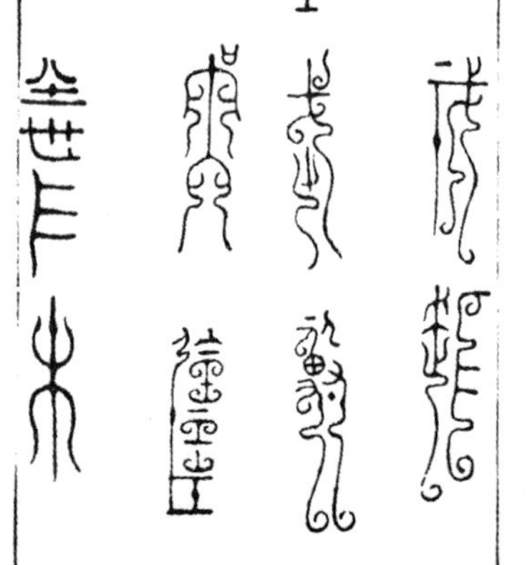

戎起　動武鏄　用吳疆　口未

右蕫武鐘鉦間銘六字兩欒四字右欒弟一字不可識此與下二器皆據宋王氏復齋鐘鼎款識搨本摹入冊內款識五十九種皆復齋所輯搨本中有畢良史䟦識十五器乃秦熺之物此外周師旦鼎楚公鐘虢姜鼎亦一德格天閣中之物其餘數十種則朱敦儒劉炎張詔洪邃等八所藏其方城范氏古鐘及宋葉楚公鐘乃石公弼所藏北宋搨本復齋得之續于冊後者也復齋名厚之字順伯諸暨人乾道二年進士歷官淮西通判改江東提刑直顯謨閣致仕見兩浙名賢錄復齋與朱子同列僞學之籍見慶元黨禁中興編年別有復齋碑錄已散佚宋陳思寶刻叢編引之去年元得此冊于吳門陸氏既加考釋摹刻矣今編是書亦并載入以有搨本可據也海鹽吳侃叔東發云動

古通蕫周禮春官大祝辨九㩴四曰振動鄭大夫云動讀爲蕫書亦或爲蕫作鏞銘功故曰蕫武左昭十三年傳云蕫之以武師是也鏄或釋作敷嘉定錢獻之坫云古戎從甲秦繹山碑戎從十十本古文甲字吳古虞字此篆奇古是商初之器

鹿鐘

鹿象形

右鹿鐘左欒銘一字王氏復齋云舒州太湖縣取土得之歸王崧壽家案鹿字從王氏釋鳴鹿得食呼其同類故詩雅有取焉此鐘以鹿爲銘殆燕饗所用之器與吳侃叔云古鹿字通彔彔即祿也有田祿者始作彝器攷書大傳大麓之麓訓爲錄麓或作禁見周禮釋文知二字古通

旅鐘

口父作旅

右旅鐘銘四字剥蝕不可識者一字案爾雅釋詁旅陳也彝器凡言旅者皆臚陳之義此鐘甚小當是歌鐘左襄十一年傳云歌鐘二肆杜注肆列也縣鐘十六爲一肆此曰旅者蓋陳列之義

商鼎

冊冊父乙鼎

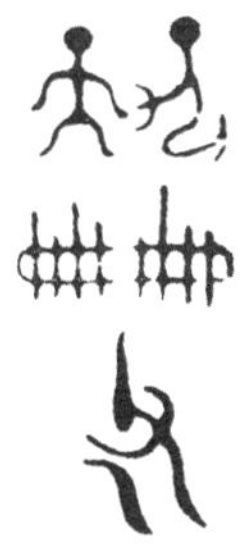

子冊　孫冊　父乙

右冊冊父乙鼎銘六字器爲元所藏子坐孫立作授物狀下作兩冊者紀君命也在禮有爵祿者始作祭器而爵祿之賜必受冊命故周器銘往往有王呼史冊命某某等語商人尚質但書冊字而已子爲父作則稱父以十干爲名字商人無貴賤皆同不必定爲君也或曰甲乙者宗廟作器之次弟

立戈父癸鼎

立戈形　父癸

右立戈父癸鼎銘三字據吳侃叔所藏搨本摹入案立戈以旌功也歙程易疇瑤田云古戈字下作巾者乃木柄有柅之形

虎父丁鼎

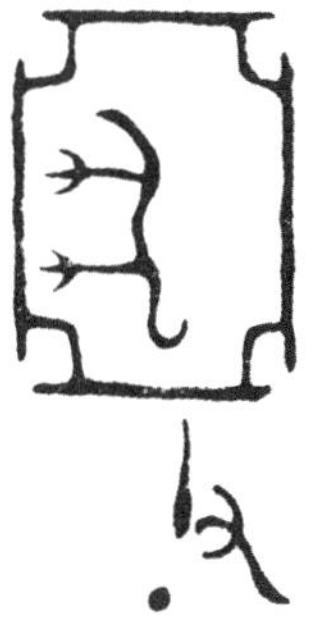

亞形中虎　父丁

右虎父丁鼎銘四字器今在杭州王氏據仁和趙晉齋魏所藏搨本摹入案薛氏款識亦有此文字形與此微異或別是一器古器作亞形者甚多宋以來皆謂亞爲廟室錢獻之以爲亞乃古黻字兩己相背取黻冕相繼之義元謂黻與黼同爲畫繢之形黼形象斧明矣兩已相背已何物耶蓋亞乃兩弓相背之形言兩已者譌也漢書韋賢傳師古注曰紱畫爲亞文亞古弗字也師古此說必有師傳經傳中弼佛弗每相通假音亦近轉說文弼解曰輔也重也輔者以輔戾弓之不正者即考工記弓人之茭鄭注所謂弓檠是也重者二弓也說文弗字收于丿部解曰弗撟也從丿從乀從韋省元謂弗字明是從弓之字若從韋則不知所省無以下筆必有後人刪改之譌弗字明是兩弓相

背左右相戾之義此會意之恉也凡鐘鼎文作亞者乃以輔戾二弓之象正是古弼字亦即是弗字黻字作器遺子孫當銘之以武作二弓在輔形者與執弓執戈矛族上立矢皆同一義若黻字乃繡亞于裳故從黹義又屬後起錢氏云黻冕相繼尚非初義也又古器每作虎形取服猛之義猶周官六彝之有虎彝也

申鼎

申作　寶鼎

右申鼎銘四字據上海趙太常秉沖摹本編入銘見薛氏款識中乃作鼎者名也此申字有剝蝕凡銘文已見薛書

而其器尚存及有搨本可據者槩爲採入以古人作尊彝文同者不止一器而薛氏石刻款識曾見平湖朱右甫爲弼藏有殘帙一卷未見全冊其書輾轉臨摹甚多謬誤錄之可資考證也

成父癸鼎

成
父癸

右成父癸鼎銘三字此銘與下四器皆據王氏款識搨本摹入復齋云此鼎孝宗皇帝賜洪邁亦見薛氏款識成字釋爲立戈形王俅嘯堂集古錄釋爲戈穿貝形皆非是吳

侃叔云㦰古文成字㦰準之象也平也丨繩之象也直也○所以權之也權之而得之直卽得其平也考工記所謂可水可縣之象也凡物平則成故左文十八年傳地平天成注云成亦平也是也㦰後省爲㳄爲戌爲戍爲成詩毛傳成平也凡二見鄭注周禮成平也凡六見爾雅釋詁平成也穀梁傳平者成也凡三見不觀此文莫窺其象而漢儒平成轉注有此詁訓可知經師相傳之義所由來者遠矣

兕父癸鼎

兕形　父
子執弓　癸

右兕父癸鼎銘四字案子執弓博古圖釋作孫執弓此從薛氏及復齋釋執弓者旌武功也作象形兕者詩小雅吉日云殪此大兕晉語云唐叔射兕於徒林執弓射兕取服猛之義也

伯申鼎

伯申作
寶彝

右伯申鼎銘五字亦見薛氏款識伯申作器者於經傳無可考彝者常器也器之總名

秉仲鼎

秉仲

右秉仲鼎銘四字案秉仲左右二文薛氏以爲析木形是也彝器多作此形未審何義說文解鼎字云易卦巽木於下者爲鼎象析木以炊也明以目下鼎字爲析木形矣又解片字云判木也從半木而無爿部壯牀等字皆從爿聲不應無此部戴氏六書故云爿在良切李陽冰曰右爲片左爲爿徐鍇曰說文無爿部李亥也按唐本說文有爿部張參五經文字亦有之李氏未可厚非據此知說文爿字

義與片同合文爲鼎鼎字從之今本似有闕文矣金壇段茂堂玉裁云著書者但當云反片爲爿不得直云有闕文

穆父丁鼎

穆作父丁

寶尊彝

右穆父丁鼎銘七字吳侃叔云穆非人名禮祭義君牽牲穆荅君注穆子姓也公羊傳注子曰穆穆取其北面尚敬也

婦女鼎

帚女

彝

右婦女鼎銘三字此與下一器皆據趙晉齋所藏搨本摹入案薛氏款識有商帚女乙觚釋帚女爲箕帚之妾并是箕帚之妾乃謙辭非可以爲號也此帚字當是婦之省文禮天子諸侯有世婦士之妃曰婦人茲曰婦女上下皆可通也

父鼎

父口

右父鼎銘二字案父下一字不可辨或以爲君字或以爲庚字按其字形皆未可定當從闕疑

荷貝父丁鼎

子荷貝兩貫

父丁

右荷貝父丁鼎銘三字元手搨本案說文云古者貨貝而寶龜周而有泉至秦廢貝行錢商貨惟貝故作器誌貝尤多于周君錫貝必以作祭器紀寵命崇孝享也己作器必誌用貝之數重彝器也貫字古從兩貝從丨見薛氏款識南宮中鼎及父乙甗聚兩貝而以丨穿之是貫之義說文

毌字从一橫貫皿卽寶貨形則錢貝之貫从毌貝亦重貝象也惟文稍變耳此作子荷貝兩貫所以著鑄器之重也

立矛父辛鼎

犧形

立矛形

犧形

父

辛

右立矛父辛鼎銘五字此與下二器皆據趙晉齋所藏搨本摹入案說文所載古文从戈之矛字與此略同此省戈立矛形與立戈形並取旌武之義作犧形者著其爲祭器也

皋禾鼎

亞形中　自形　禾形

右阜禾鼎銘三字案ㄐ古自字說文𨸏字籀文作𨺅彝器銘餗𩞁等字皆从𠂤此爲自字無疑通作阜詩天保云如山如阜所以祝壽考也阜有高厚盛大之義作器以貽子孫爲頌禱焉禾所以養人也薛氏款識有禾父己鼎說文禾字从木从𠂹省𠂹象其穗此正作穗𠂹之象是禾形也

亞守鼎

亞形　守

右亞守鼎銘二字案亞下作守取世守先烈之義

亞室父癸鼎

亞形中召夫　室形
父癸　家
刊　桓形

右亞室父癸鼎銘九字據舊藏搨本編入案此與下一器即薛氏款識所謂冊命鼎也此無冊命二字亞中二字薛釋作召夫此召字微異可以意通也室廟室也ㄐ乃桓形周禮大宗伯公執桓圭注云雙植謂之桓桓宮室之象所以安其上也桓圭蓋亦以桓爲瑑飾此正作雙植是桓楹之象刊有剄治之訓見儀禮士喪禮注穀梁莊二十四年傳云天子之桷斲之礱之加密石焉諸侯斲之礱之大夫斲之此云刊桓是楹亦當斲治也召夫爲父癸廟室刊桓因作彝器卿大夫稱家其大夫之器與

冊命父癸鼎

亞形中召夫　室形　父癸　家　刊　桓形
冊命

右冊命父癸鼎銘十一字元手搨本案此銘與薛書冊命鼎同篆文差小別是一器或謂前器亞中是見一字此器是且見二字且古文祖始也子始見于父廟而作器也其說未可遽定姑從舊釋

母乙鼎

唯乙巳作母乙
尊鼎萬年
子〻孫〻永寶用

右母乙鼎銘十七字闕里孔農部尚任所藏據舊藏搨本編入

戊寅父丁鼎

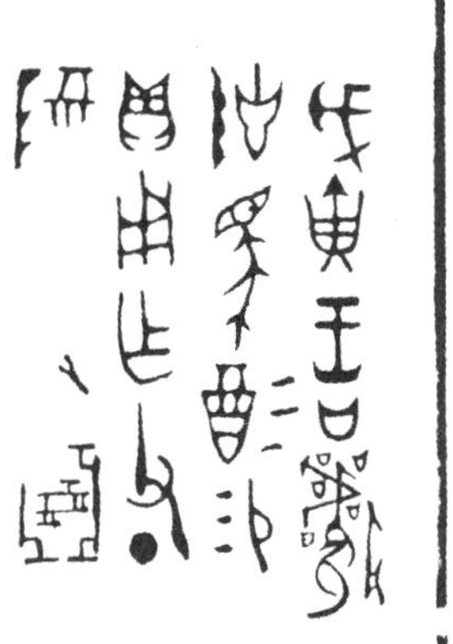

戊寅王月喪
口見酎錫
貝用作父丁
尊　亞形中架構形

右戊寅父丁鼎銘十八字不可識者一字摩滅之字蓋彝字也器爲元所藏四足而方趙晉齋以爲周鼎按其文甚奇古是商器也吳侃叔云王月喪讀爲王闕喪說文月闕也白虎通月之爲言闕也喪字薛氏款識穆公鼎作𠷎寅簋作𠷎與此正同特文有繁省耳闕喪者闕喪也喪下一字侃叔以爲隮字古齊字作𠦑此作亼者象隮之形隮者

升也案此字是作器者名或釋作隮亦未可定酎說文云三重醇酒也从酉从時省明堂月令孟秋天子飲酎漢書景帝紀高廟酎注云酎三重醸醇酒也張晏云正月旦作酒八月成名曰酎此酎字从酉从彡彡者三也古三字有作彡者見摭古遺文取三重酒之義故从彡後世从彡之字或从寸如說文彫字或作耐是其證許氏酎字下解云諸法度字从寸是古文取三重酒之義故从三後世以酎爲法酒故从寸也時當飲酎進見于王故曰見酎古飲酎之禮天子與羣臣以禮樂飲之於朝左傳所謂見于嘗酎即此禮嘗酎在溴梁之明年正晉平公闕喪時也架構形者取世守堂構之義

庚午父乙鼎

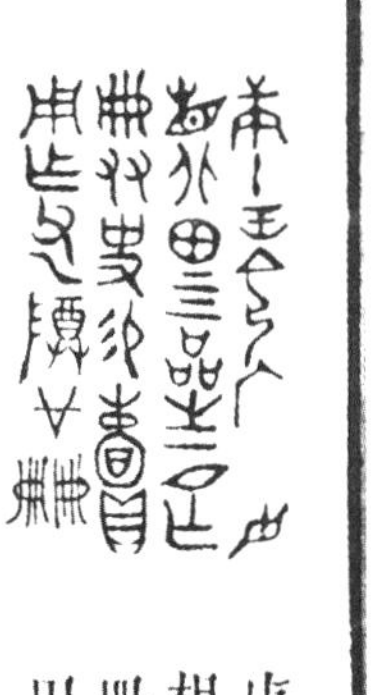

庚午王命口口辰
相北田四品之一夕作
冊友史錫賴貝
用作父乙尊鼎冊

右庚午父乙鼎銘三十字摩滅者二字據錢唐陳秋堂豫鍾所藏搨本摹入案博古圖及薛氏款識並有此銘摩滅之二字彼釋爲寢廟辰當是作器者名王發命于寢廟辰爲右相也舊釋相爲見非是薛氏云房星爲辰田候也辰見則農當舉趾故命以北田四品所以授民時其說未當田是田邑之田不當云四品四品者田狩獲禽之數也易巽六四田獲三品虞翻注謂艮爲狼坎爲豕艮二之初離爲雉故獲三品矣翟元注田獲三品下三爻也謂初巽爲

雞二兌爲羊三離雉也是三品即三禽也此云四品義同北田者田于北郊也品下之字甚明舊釋作十一二字夕舊誤作月今皆更正北田四品之一夕紀時也辰有傳王之事得禽之功故錫以賴貝賴贏也作冊友史作冊內史也書酒誥曰內史友周官內史掌王八枋之法七曰予凡命諸侯及孤卿大夫則策命之錫貝所以馭其幸也爲王作策命故曰作冊友史鼎字薛書象形鼎作𣪘此即其上形而倒之省非旁作鬲之形是鼎字也

宥父辛鼎

宥作父辛
尊彝　亞形中矢形弓形

右宥父辛鼎銘九字據趙謙士太常摹本編入案宥非人名古文宥作侑見儀禮注詩楚茨云以妥以侑儀禮特牲饋食禮云尸三飯告飽祝侑鄭注侑勸也此廟中侑食之器弓矢所以旌武功或曰先人所用器謹世守也

旅鼎

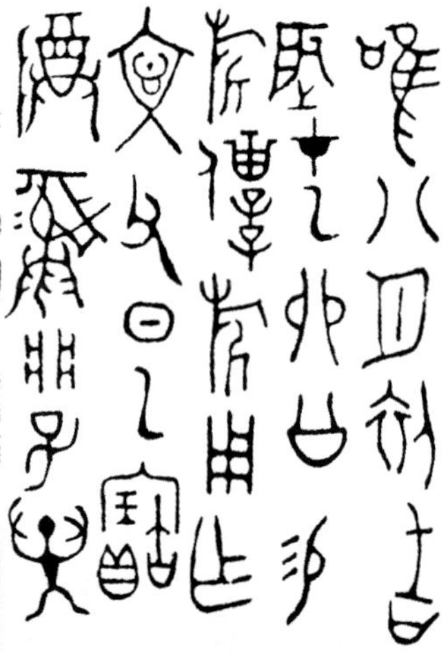

唯八月初吉辰在乙卯公錫旅僕旅用作文父日乙寶尊彝　析木形子孫

右旅鼎銘二十六字據揚州江秋史侍御德量摹本參以趙謙士太常摹本編入案旅作器者之名也禮天子於有功諸侯賜以僕正虎賁僕習騎射者左傳所謂紀綱之僕漢律所謂疇官此云公錫旅僕乃諸侯所以錫大夫也薛書高克尊銘曰錫伯克僕山夫山讀爲卅三十夫也文父尊稱非謚詩江漢告于文人傳云文人文德之人也左哀二年傳衛大子禱曰文祖襄公是文祖文父亦猶皇祖烈考古諸侯大夫皆得以稱其先人日乙者商人以生日爲名字商之先有上甲微史記索隱曰皇甫謐云微字上甲其母以甲日生故也商家生子以日爲名蓋自微始譙周以爲死稱廟主曰甲也案此曰日乙他器有曰日庚日辛者並廟主之稱或以爲祭日者非是祭日必卜非有定也

臤喌鼎蓋

堇山臤喌作父乙寶尊彝

右臤喌鼎蓋銘十字蓋爲元所藏案堇山地不可考或釋作衡山說文古衡字作奧形與此相近臤說文以爲古賢字漢國三老袁良碑文優賢之寵賢正作臤喌字通祝說文解喌字云呼雞重言之从吅州聲讀若祝案列仙傳有祝雞公說文又云祝一曰从兌省易曰兌爲口爲巫此則二口之下作四直形而不作州字有从兌遺意較从州得聲爲更古矣說文解巫字云祝也王逸楚辭注男巫曰祝禮曲禮商官六大有祝無巫知商人尊神巫祝合爲一職也作器者古銘或係以國或係以氏無稱山者此曰堇山賢祝意古巫每居山故水經注云鹽水逕巫咸山北海外西經云巫咸國在女丑北右手操青蛇左手操赤蛇在登葆山大荒西經云大荒之中有靈山巫咸巫即巫朌巫彭巫姑巫眞巫禮巫抵巫謝巫羅十巫從此升降百藥爰在蓋巫通鬼神山爲積高神明之區神巫所遊故山以得名此銘堇山臤祝必神巫也書君奭云在祖乙時則有若巫賢孔傳云賢咸子巫氏說文云巫咸初作巫君奭巫咸乂王家馬注云殷巫巫賢蓋嗣職爲巫孔傳訓巫爲氏者古官有世功則有官族如晉中行氏之類亦通銘云臤祝或即巫賢所作器以祀其父者與

商尊

象形父丁尊

著尊形　父丁

右象形父丁尊銘三字此與下一器皆據陳秋堂所藏搨本摹入案象形之文有口有頸腹著雷回紋與博古圖著尊形相似周禮司尊彝朝獻所用司農以爲著略尊禮明堂位云著殷尊也注云著地無足此尊底無足是著尊也

持勺父癸尊

盉　手持勺形　父癸

器　釋同

右持勺父癸尊盉器銘各三字案又爲手形說文云又手也象形三指者手之列多略不過三也禮明堂位灌尊有勺夏后氏以龍勺殷以疏勺周以蒲勺考工記梓人云勺一升儀禮士冠禮注云勺尊升所以𣛮酒也此勺形有頭有口曲中而柄長合乎禮圖勺以注酒于尊又挹取之以實爵角祭禮重灌故作手持勺𣛮酒形示敬也

立鉞尊

立鉞形

右立鉞尊銘一字據舊藏摹本編入案立鉞所以旌武功字本作戉說文云戉斧也从戈乚聲司馬法曰殷執白戉攈古遺文右文戉作𢦏與此正同戉字从戈其柯長與戈柲相等書牧誓曰王左杖黃鉞正義引六韜云大柯斧重八斤一名天鉞此鉞形柯柲甚大足徵古制矣

山形父壬尊

山形　父壬

右山形父壬尊銘三字元手搨本案禮明堂位山罍夏尊周禮司尊彝追享朝享再獻用兩山尊注云山罍刻而畫之爲山雲之形尊銘作山形其山罍之遺制與說文云山

宣也宣气散生萬物古微書引春秋說題辭云山之爲言宣也含澤布氣調五行也山所以宣雲氣尊所以宣鬱鬯之氣馨香上達鬼神是歆故有取焉壬作工者省文嘗見嬗妊安壺器銘妊字蓋作妅知工爲壬省文也

立戈父辛尊

立戈形　弛弓形　父辛

右立戈父辛尊銘四字據舊藏摹本編入案戈下作弛弓形所以著偃武之義弓中作○象弣之形禮曲禮左手承弣注云弣把中也釋名云弓中央曰弣弣撫也人所撫持也

父己尊

父己

右父己尊銘二字此與下三器皆據趙謙士太常摹本編入

叔父辛尊

叔父辛

右叔父辛尊銘三字案薛氏款識有孟祖辛彝此曰叔父辛孟叔皆字也叔爲父辛作器也

子孫父戊尊

蓋　子孫父戊

器　釋同

右子孫父戊尊蓋器銘各四字案孫字象豚胎形

亞形父丁尊

亞形中兩手奉卣形立矛形父丁

右亞形父丁尊銘五字案卣卽提梁卣之象形酉之古文兩手奉之合形爲尊宗廟祭器必兩手奉而奠之故尊字从廾廾竦手也尊彝爲祭器之總名鼎曰尊鼎敦曰尊敦竝取此義矛形下作冂者象鐓之形禮曲禮進戈者前其鐏進矛戟者前其鐓注云銳底曰鐏平底曰鐓廣川書跋引字林云鐓平底也觀此矛鐓形爲歧足可平植于地足證平底之制矣

西宮父甲尊

亞形中　兩手奉器形　西宮形倒文　父甲

右西宮父甲尊銘六字據江秋史侍御摹本編入案古器銘每有倒文如薛書辛父舉卣舉字作丫巳舉爵作入是倒文也此宮形見薛書內言卣銘所異者彼文不倒耳明是宮室之象薛氏釋作言非也宗廟之次左昭右穆西宮者穆廟也

己祖乙尊

己祖乙

右己祖乙尊銘三字據趙晉齋所藏搨本摹入晉齋云此尊四戟四山腹足俱夔龍文閒以雷文制甚華美案己祖乙者己爲作器者名乙爲祖廟主號也或曰己乙者紀器

之數宗廟器多十干紀之不盡則錯互以爲紀如甲則有甲甲甲乙以至甲癸自乙以下皆然故薛氏款識有戊丁爵己丁敦其說亦通

子執弓尊

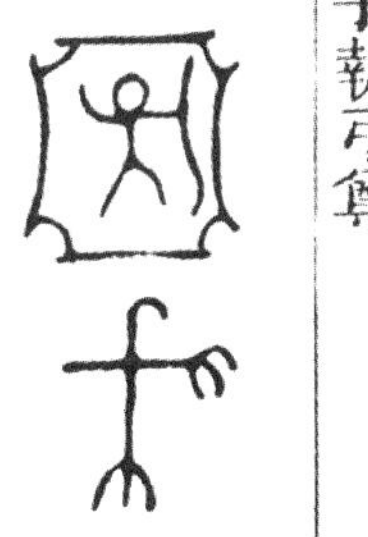

亞形中子執弛弓形　立戈形

右子執弓尊銘三字元手搨本案子執弛弓取守文偃武之義古銘立戈形內之末每作三垂文疑古制必有物下垂以爲飾如旌旗之有斿以今所得古戈驗之內末皆有闌空去柲甚遠別無所用殆鑿穿以懸此飾與

隮尊

隮作寶
尊彝

右隮尊銘五字據海寧陳仲魚鱣摹本編入薛氏款識商彝亦有此文案隮同獻山形故从阜此當讀爲獻人名也或曰朝獻饋獻之器

冊父乙尊

冊　班作父乙
戈在櫝形　寶尊彝

右冊父乙尊銘九字嘉興張叔未廷濟所藏器據搨本摹入案戈在櫝即禮少儀所謂戈有刃者櫝也著之彝器所以謹世守且示偃武弗用之義班从玨說文以爲分瑞玉也此从竝者班古文作辨儀禮士虞禮云明日以其班祔注云古文班或爲辨辨氏姓或然今文爲胖漢書王莽傳集注引孟康云辨或作班布也斑字亦作辨見文選西京賦證以此銘知辨爲古斑字繁文而从玨之字又其後起經史班辨同字益昭然矣

酎父乙尊

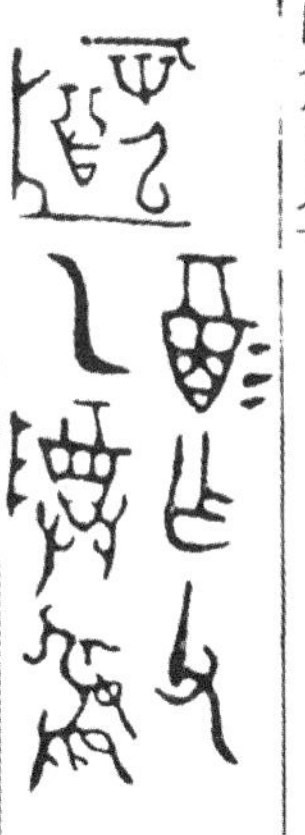

亞形中格上三矢形　卣形
酎作父
乙尊彝

右酎父乙尊銘九字元手搨本案古銘臾字舊釋以爲格上三矢此有剝蝕案其形殊未確然無以易其說姑從之卣象形有提梁或釋作尊形卣中尊也亦通酎非人名因飲酎而作祭器故曰酎作古人銘器初無達例也

王主父丁尊

王主曰攸田龍虎二
葢　作父丁尊彝

器　釋同

右王主父丁尊葢器銘各十四字元手搨本案主爲公卿大夫之通稱此曰王主是天子也攸田謂所田狩之地𪚥說文解爲飛龍籒文讋字从之小篆省作讋讀若慴文選東都賦云莫不陸讋水慄注引說文曰讋失氣也六書精蘊云𪚥震怖也是𪚥之義與讋同矣虤說文云虎怒也詩常武云進厥虎臣闞如虓虎傳云虎之自怒虓然則虤虎猶虓虎也王主於田獵之所讋服二虓虎神武丕昭用作彝器崇孝享焉𣍙卽班字禮王制名山大澤不以𣍙古从舟之字隸每省从月𣍙字當卽般之異文分也禮王子弟出封得立其祖王之廟逸書分器序云武王旣勝殷邦諸侯班宗彝此銘曰𣍙謂般之同姓諸侯俾作重器以鎭撫其社稷禮之經也

刊宮尊

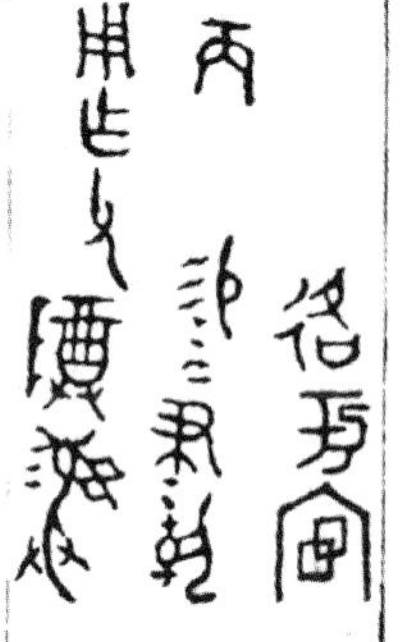

□□□洛刊宮
丙□□錫二秉二𥞓
用作父□尊彝

右刊宮尊銘可辨者十四字據陳仲魚摹本編入案洛字見揚子方言義同格至也秉論語馬注云十六斛儀禮聘禮記云十六斗曰籔十籔曰秉𥞓說文云穜也从坴丮持而穜之詩曰我𥞓黍稷是𥞓當釋爲先穜早穜之穜此云錫二秉二𥞓案其文義當是粟米二穜此𥞓字應釋爲春獻穜之穜矣穜有二義豈古𥞓字亦兼二義與君有錫予而作器紀寵命也

商彝

重屋父丁彝

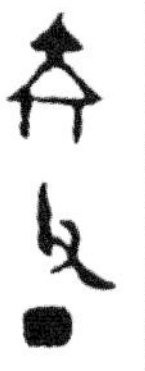

重屋形　父丁

右重屋父丁彝銘三字據陳秋堂所藏搨本摹入案考工記殷人重屋之制四阿重屋此正重檐複笮之象形

束彝

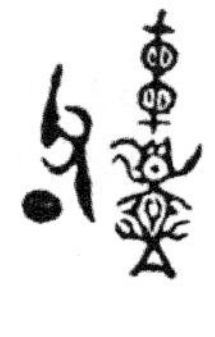

束彝
父丁

右束彝銘四字江寧司馬達夫　亶所藏器據搨本摹入江秋史侍御有此摹本釋束爲柬案搨本柬中明有點當釋爲束束字有作柬者見汗簡所引義雲章柬字从束知古柬作柬也柬練之省禮曾子問云主人練祭而不旅此曰束彝是練祭之器彝象形之字也

百丁彝

葢

器

右百丁彝葢器二銘據趙晉齋所藏搨本摹入銘文奇古不可識晉齋云此關中友人搨寄者名曰百丁據器制也

亞爵父丁彝

亞形中爵形矢形

父丁

右亞爵父丁彝銘五字據趙謙士太常摹本參江秋史侍御摹本編入侍御曰鳥下倒矢盎田後獻禽之意元謂亞爲兩弓相背中置矢鏃旌武功也說文𠪚字解云象𠪚之形此正作雀形鬱鬯之酒先實於彝而斟以入爵此彝而作爵形明其用也

父辛彝

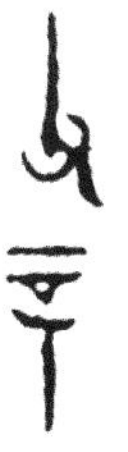

父辛

右父辛彝銘二字器爲元所藏

子執旂彝

子執旂

右子執旂彝銘一字據趙晉齋所藏搨本摹入晉齋云此器舊名蚩尤六戟彝據器制也周禮司勳云凡有功者銘書于王之太常子執旂者重守前勳也或曰旂當作㫃說文解㫃字云旌旗之游㫃蹇之皃从屮曲而下垂㫃相出入也以子執㫃爲銘取偃武之義亦通

父丁彝

父丁

右父丁彝銘二字此與下二器皆據元舊藏摹本編入

立戈父丁彝

立戈形

父丁

右立戈父丁彝銘三字

執刀父丁彝

手執刀形

立戈形

父丁

右執刀父丁彝銘四字案祭禮孝子親割禮祭統云君執鸞刀羞嚌祭義云鸞刀以封取膟膋手執刀者所以割牲也

雙矢彝

雙矢在架形

右雙矢彝銘一字此與下一器皆據陳秋堂所藏搨本摹入案雙矢所以旌武功吳侃叔以爲矢鏃聯屬取合族之義說詳後雙矢父已爵

史彝

史

右史彝銘一字案薛氏款識有史卣文與此同作器者葢

史官或以史爲氏族所謂官族是也

子荷貝父乙彝

子荷貝兩貫形　父乙

右子荷貝父乙彝銘三字據趙晉齋所藏搨本摹入亦見江秋史侍御摹本侍御云貝兩貫卽古文拜𠬞之義

析父甲彝

析木形　孫子　父甲

右析父甲彝銘五字據陳仲魚摹本編入亦見趙太常摹

本仲魚云孫在子前者詩云施于孫子又云詒孫子古人蓋隨稱之也

圭父乙彝

子　侯形　圭　父乙

右圭父乙彝銘五字據江秋史侍御摹本編入侍御云亼象射侯張布中作冂棲皮也Δ象矢鏃人矢笴歧末也案古者天子將祭必先習射射中得與於祭此子爲父乙廟主作祭器而著侯形明以射選與祭者也侍御之說是矣吳侃叔云亼廟室形冂曲形象廟之曲夂矢形族之省文廟中所以合族也案是說亦通竝錄之

祖己彝

作祖己　尊彝

右祖己彝銘五字此與下四器皆據趙謙士太常摹本編入案彝字形甚奇古創見此器

寶彝

作寶　尊彝

右寶彝銘四字案作字反書古文向背不拘一定也

立戟父戊彝

作父戊　旅彝　立戟形

右立戟父戊彝銘六字案說文云戈平頭戟也戟有枝兵也此戟字兩旁有枝中有鋒冒出不平頭覩其文可知其器書顧命鄭注所謂三鋒矛者或卽此戟與

日庚父癸彝

日庚作父癸　寶尊彝

右日庚父癸彝銘八字案日字見郭忠恕汗簡出華岳碑
象日輝四射形庚作器者以生日爲名也

雙爵母戊彝

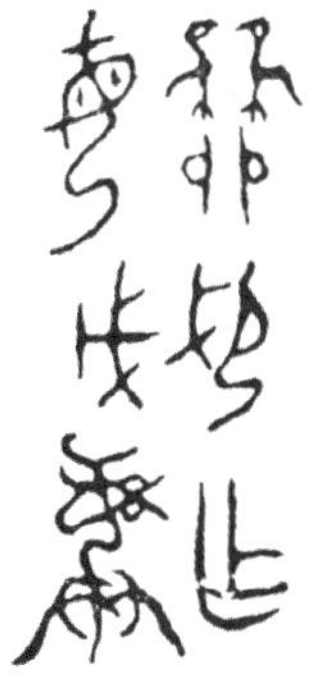

爵形爵形弜必作
母戊彝

右雙爵母戊彝銘八字案必字見薛氏款識周晉姜鼎此
有闕泐弜必作器者氏與名也作二爵形者儀禮特牲饋
食禮云主人更爵酌醋禮祭統云酢必易爵明夫婦之別
也此祭器取夫婦相酢之禮故作二爵形也

作父辛彝

作父辛
尊彝

右作父辛彝銘五字此與下五器皆據趙晉齋所藏搨本
摹入

冊冊父乙彝

矢鏃形冊
冊父乙

右冊冊父乙彝銘五字

父癸宗彝

□作父癸宗
尊彝　子執弓

右父癸宗彝銘八字案首一字不可識疑是匧字古文簠
通甫然未可定姑闕疑祭器稱宗書所謂宗彝是也

衷彝

衷作乃
考寶尊
彝日辛

右衷彝銘可辨者九字案衷作器者名

雕伯癸彝

析木形孫子　雕伯
癸寶尊彝

右雕伯癸彝銘九字案說文云隹鳥之短尾總名也象形
雕皦也从隹周聲此雕字雖剝蝕而外作鳥形中有積畫
隱隱可辨與薛氏款識夏琱戈琱字相類是雕字也雕作
器者氏或國名伯之爲爵爲字亦未可定此銘篆體甚古
彝字尤爲殊異

好父辛彝

冊子
立戈形單
冊子
尊彝
好作父
辛

右好父辛彝銘十二字案古好字从女从丑此作器者名
薛氏款識有單父丁彝釋立戈形爲子夾單字兩旁者爲
孫非是兩子夾單卽子執旂之義單字作丫象三辰之形
左桓二年傳三辰旂旗昭其明也三辰日月星說文𣄴字
三垂取象日月星旂字从之古文旂从㫃从單通旂是單
卽旂上三辰形也義亦同示說文云觀乎天文以察時變
示神事也祭所以事神神示所在子夾侍之敬之至也

立矢父戊彝

口作父戊尊彝
子孫其永寶 立矢上重弓形

右立矢父戊彝銘十二字此與下二器皆元手搨本案首
一字闕泐不可識

叔彝二器

叔作寶彝

釋同

右叔彝二器銘各四字

商卣

冊卣

冊

右冊卣銘一字此與下五器皆據王氏款識宋搨本摹入
案冊卣見薛氏款識與此不同別是一器

舉己卣二器

舉己

釋同

右舉己卣二器銘各二字古器銘𠬞字舊釋爲舉錢獻之
以爲鬲字案舉飲酒也訓見儀禮特牲饋食禮注故古人
爵觶卣等器每以舉字銘之古文舉形象鬲薛氏款識父
己舉釋云桉集韻鬲音舉支鬲也林乃舉省耳案說文鬲
所以枝鬲者從爨省鬲省徐音渠容切六書故引說文作
支鬲支訓爲持義與舉同鬲舉二字形亦相近攷齊侯鎛
鐘銘格字正似鬲字爾雅釋訓格格舉也知丁度此音必
有師說古舉字正從鬲但形有繁省耳

父己卣

卣形　父己

右父己卣銘三字案說文無卣字解酉字云就也八月黍成可以釀酒象古文酉之形此正古提梁卣之象形也

父辛卣

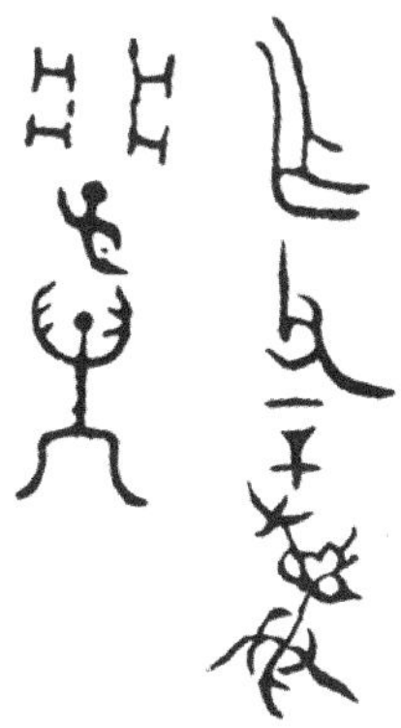

作父辛彝

析木形　孫子

右父辛卣銘七字案此銘見薛氏款識彼器則彝也

父丁卣

口作父丁

尊彝　子孫足跡

右父丁卣銘八字首一字剝蝕不可識案孫足跡者繩武也詩下武云繩其祖武傳云繩戒武迹箋云戒慎其祖考所履踐之迹此銘孫在子下係以足武故王氏釋爲孫承子足跡錢獻之云古器有作足跡形者說文云止下基也象草木出有址故以止爲足取子孫基址相承之義也

虎父戊卣

蓋　虎形　子作父戊尊彝

器　釋同

右虎父戊卣蓋器銘各七字元所藏

山卣

蓋　山形　卣形

器　釋同

右山卣蓋器銘各二字據江秋史侍御摹本編入

亞卣

蓋　亞形中　卣形　共　格上三矢形

器　釋同

右亞卣蓋器銘各四字器銘蝕一字據趙晉齋所藏搨本摹入案卣形及其字舊釋作尊綦二字博古圖錄引列子綦衛之箭以綦爲國名殊未確卣形即酉字其通丌說文云丌下基也薦物之丌象形讀若箕同此銘上爲酉下爲其置酒于丌上所以尊也二文合即爲尊字又說文解尊

字云置祭也从酋酋酒也下其丌也是可證矣格上三矢
從舊釋或曰此堂構形說文冓字上形與此相類有堂構
而後可設尊丌故詩曰自堂徂基義亦可通

丁琥卣

作丁琥尊
彝子孫
盠
器　釋同

右丁琥卣盠器銘各七字元手搨本案琥字作虎形旁加
玉形甚奇古或曰此即寶字說文古文保字作𤔲从子寶
古通保故此作子坐形兩手奉玉寶之義也其說亦可通
然案器銘虎首與虎父戊卣銘同故定爲琥字

舉父己卣

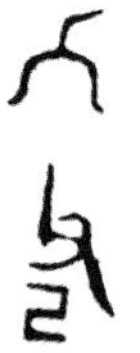

舉　父己

右舉父己卣銘三字器在湖州據搨本摹入案舉字與薛
氏款識已舉爵舉字同飲酒謂之舉卣爲中尊故以銘之
不特爵觶有是名也或曰古甲字有作十者此其倒文亦
通

子執刀祖乙卣

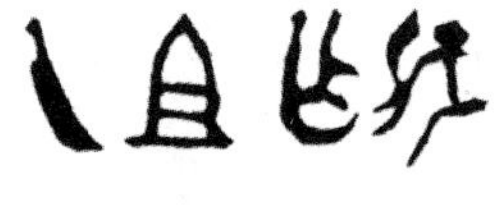

子執刀
作
祖
乙
盠

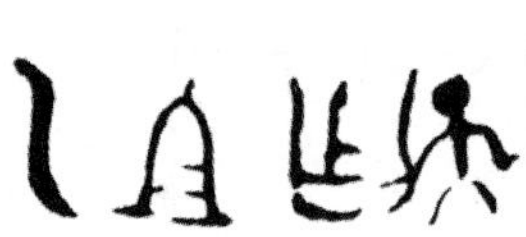

器　釋同

右子執刀祖乙卣盠器銘各四字元手搨本

咎父癸卣

咎作父癸
寶尊彝
用旅車

右咎父癸卣銘十字此與下一器皆據趙晉齋所藏搨本
摹入案咎人名說文云咎災也从人从各各者相違也此
所異者从人从舛从口舛者夊午相背相違之意愈顯此
古文之僅存者彝器多以旅車爲名禮儀象不出門而古
者師行奉宗廟主與社主載以齋車每舍必有饋奠之事
見周禮小宗伯及禮曾子問祭器不可踰竟故別作尊彝
陳之主車示敬也此曰用旅車言用以臚列主車之器也

丁師卣

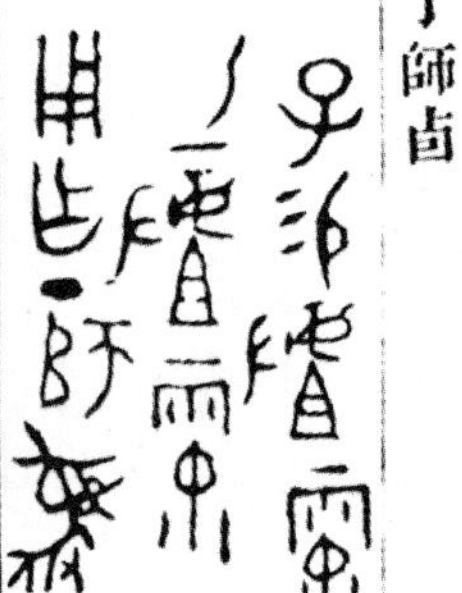

子錫𣪘霝
盠　口口一𣪘霝
用作丁師彝

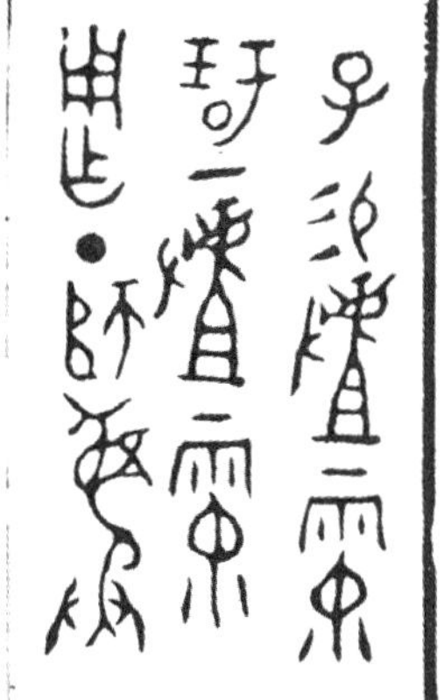

子錫㪉雷

器　玗圖形一㪉雷

用作丁師彝

右丁師卣蓋器銘各十四字蓋銘摩滅二字案子者君之爵也㪉汗簡以爲且字出王庶子碑且祖之省商臣有祖伊祖已雷字字書所無以聲求之疑卽霝字然未可定此作器者名圖形當是古珠字玗珠一者玗一珠一也玗美玉爾雅所謂醫無閭之珣玗琪周書所謂夷玉也古者珠玉爲上幣故用作尊彝紀君寵錫丁其祖考之字師官名也

積古齋鐘鼎彝器款識卷二

揚州阮氏編錄

商壺

蛟篆壺

右蛟篆壺銘據王氏款識宋搨本摹入王氏云畢良史少董得古器於盱眙榷場摹十五種貼以青箋親題其目以納秦熺伯陽此壺其一也良史題爲夏壺今從薛氏款識定爲商器篆銘奇古薛氏釋爲月形吳侃叔以爲龍鳳合文皆未可定姑闕疑

鷹父巳壺

父鷹

巳

右鷹父巳壺銘三字此與下一器皆據趙晉齋所藏搨本摹入案薛氏款識有鷹父癸彝鷹字與此文略同蓋作器者名古人多以十干爲名字亦有用十二支者如孟申仲酉之類此父巳以十二支爲名字也

余爵壺

蓋

余爵作

寶彝

器　釋同

右余爵壺盉器銘各五字吳侃叔云爵字象爵下垂三足形余爵者君錫余爵而作彝器也商人尚質故略言之案古爵字有與此相似者見李氏摭古遺文余爵或作器者氏與名

明我壺

明我作壺

右明我壺銘四字據陳仲魚摹本編入吳侃叔曰我郎娥字之省案古明字通孟孟娥猶言孟姬也壺字象形

祖辛壺

丙祖辛

右祖辛壺銘三字此與下一器據江秋史侍御摹本編入

作祖壺

作祖
尊彝

右作祖壺銘四字

商爵

亞爵

亞形中爵形手形

右亞爵銘三字器爲闕里孔農部尚任所藏據元舊藏摹本編入案說文爵禮器也中有鬯酒又持之也此作爵形下作手形正合說文从又之恉元在山左曾覩是器土繡駁蝕銅質幾盡矣

亞舟爵

亞形兕觥形　舟

右亞舟爵銘三字錢塘黃小松司馬易得於濟寧據搨本摹入吳侃叔云此爵有二於壽張梁山土中掘得之案爵字下體作一尾二足象雀之形上作犧首兩角兩目初不可解及得周兕觥蓋正作犧首形兩角觩然兕觥亦爵類左傳謂之兕爵知兕觥以蓋得名此正象兕觥之形也舟字洀其半鄭司農周禮注云舟尊下臺也若今之承槃

犧爵

犧形　棋俎形

右犧爵銘二字此與下四器皆據趙晉齋所藏搨本摹入案犧陳椇俎饋奠之義禮明堂位俎殷以椇鄭注椇之言枳椇也謂曲橈之也此俎前二蹄正橫曲如枳句是椇俎形也

糸爵

糸

右糸爵銘一字案說文糸細絲也象束絲之形讀若覛徐音莫狄切周禮天官屨人赤繶黃繶鄭司農注以赤黃之絲爲下緣廣韻繶於力切釋文同繶與糸音相近此糸爵卽儀禮士虞禮所謂繶爵也口足之間有篆文彌飾謂之繶爵見鄭注

父癸爵

父癸

右父癸爵銘二字

父壬爵

父壬

右父壬爵銘二字

母壬爵

史　子母　壬

右母壬爵銘四字案子史爲母壬作此爵也母作女者辟氏款識伯碩鼎亦如此字有闕泐耳

舉父丁爵

舉父丁

右舉父丁爵銘三字器爲程易疇所藏據摹本編入案舉一釋爲甲舊釋作丁誤也

辛父辛爵

辛父辛

右辛父辛爵銘三字器爲程易疇族人所藏據摹本編入案辛爲父辛作此爵也父子同曰辛者猶湯爲天乙後有祖乙皇甫謐引易緯孔子所謂天之錫命故可同名也蓋諱始於周商人不諱子生之日與父同名字不嫌同也

子癸父爵

子癸父

右子癸父爵銘三字此與下一器皆錢獻之所藏據摹本編入案子癸父者子癸爲父作爵也

子父癸爵

子父癸

右子父癸爵銘三字

守冊父已爵

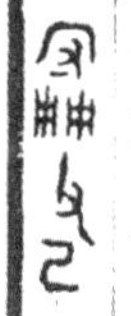

守冊父已

右守冊父已爵銘四字據陳仲魚摹本編入案冊者君所
錫命世世守之示不忘也

父癸爵

父癸口

右父癸爵銘三字末一字泐不可辨此與下四器皆據王
氏款識宋搨本摹入

父丁爵

父丁

右父丁爵銘二字

亞木父丁爵

手執杖形　亞形
木　父丁

右亞木父丁爵銘五字案手執杖取上承父桀之義也

子父已爵

子　兩弓相背形
父　已　雙矢有架

右子父已爵銘五字吳侃叔云雙矢有架竊謂栖矢之器
稽諸六書象形族字卽其形疑卽其器之名南宮中鼎族
作㫃亼卽二矢形㫃所以幹矢其用當與曰同㫃旌旗之
幹也族屬也以其爲矢鏃所聯屬故謂之族亦讀如泰蔟
之蔟說文族束矢族族也元謂格上三矢或二矢古人銘
器用旌武功吳說洵可補釋名釋器之闕

父辛爵

父辛

右父辛爵銘二字

子父已爵

子父已

右子父已爵銘三字此與下五器皆據江秋史侍御摹本
編入

子孫父癸爵

子孫　父
癸

右子孫父癸爵銘四字

丙父辛爵

丙父辛

右丙父辛爵銘三字

雙爵父辛爵

爵形　爵形
父辛

右雙爵父辛爵銘四字

鬳爵

鬳形

右鬳爵銘一字案此象形字舊釋作鬲今按其文是累鬲
象鬳之制上若甑下若鬲鬳亦作甗象連山形易艮兼山
夏易首艮謂之連山即甗山也爾雅釋山重甗隒是也此
文下爲款足之鬲上作仰盂以出氣是鬳字也爵而銘以
鬳者古鬳字同獻是獻爵也

子壬父辛爵

子　父　壬　東　辛

右子壬父辛爵銘五字案壬作器者名古器凡言東西者
紀廟祧之昭穆左爲東右爲西也

主庚爵

主庚

右主庚爵銘二字案主者廟主也此與下二器據舊藏摹
本編入

目父癸爵

子倒文　父　目彤　癸

右目父癸爵銘四字案子倒文乃去字說文云去不順忽
出也从倒子彝器重考去字義無所取古文或順或倒
不拘一定也目字義同見或曰取其氣之清明也

祖己爵

祖己

右祖己爵銘二字

拱井父辛爵

兩手拱井形　父　辛

右拱井父辛爵銘三字此與下三器皆元所藏案兩手拱
井者禮有田祿始爲祭器子孫拱井昭世守也

矢父戊爵

爵形　矢　父　戊

右矢父戊爵銘四字案說文矢傾頭也从大象形葢作器
者名或釋作大以爲商王大戊之爵殊鑿

祖癸爵

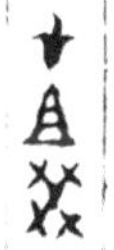

足跡形　祖癸

右祖癸爵銘三字

日父乙爵

日　父　刀形　乙

右日父乙爵銘四字案日即日庚日辛之義

唐子爵

唐子　祖　乙

右唐子爵銘四字據舊藏摹本編入案唐國名左昭元年
傳云遷實沈于大夏主參唐人是因以服事夏商杜注云
唐人若劉累之等累遷魯縣此在大夏是銘曰唐是商世
唐君之器也

立戈爵

立戈形

右立戈爵銘一字此與下一器皆元手搨本

子父乙爵

東　子父乙　東

右子父乙爵銘五字案子字剝蝕二東字不可解說文云東動也从木官溥說从日在木中棘二東曹从此闕此正作二東許氏義闕不可詳矣

商飲附

飲

釋同

右商飲二銘各一字據王氏款識宋搨本摹入從王氏舊題爲商飲不知何器二銘亦不知孰爲蓋孰爲器飲非器名姑附于爵後元案博古圖有飲爵文作酓飲本從酓作酓者省此丫向上又有不同或曰飲當釋爲酋說文云酋禮祭束茅加于祼圭而灌鬯酒是爲莤象神歆之也一曰莤榼上塞也从酉从艸此銘下作酉字上作艸形是榼上塞之象也其說亦可通

商觚

立戈父癸觚

立戈形　父癸

右立戈父癸觚銘三字據吳侃叔所藏搨本摹入

子執戈觚

子執戈

右子執戈觚銘一字元所藏器

手執刀觚

手執刀

右手執刀觚銘一字錢獻之所藏器舊釋爲父執刀

乃作器觚

立戈形　器作乃

右乃作器觚銘四字元所藏器案器作乃三字當自下讀之爲乃作器乃者難辭也訓見公羊宣八年傳又說文云乃曳辭之難也作器必有田祿者忠孝勤儉植基維艱刻銘以難辭示後俾慎世守垂戒深矣

商觶

庚觶

庚

右庚觶銘一字此與下一器皆元所藏案庚一字即祖庚父庚之義尚質故從簡或曰紀彝器之次弟也此庚字與薛氏款識商庚鼎庚字同有庚庚垂實之象不覯此文安識叔重說文之義乎此器徧體塗金間以硃斑燦爛奪目腹間有一鋬作犧首形他觶所無也

善父戊觶

善　父戊

右善父戊觶銘三字案說文豩文譱字从言作善此从丫从言从丫者从羊省也摭古遺文言字作吕與此略同善膳之省

主父己觶

主父己

右主父己觶銘三字元曾見其器搨文摹入

象形父乙觶

觶形　父乙

右父乙觶銘三字據舊藏搨本摹入

亞服觶

亞服

右亞服觶銘二字據趙晉齋所藏搨本摹入

析父巳觶

析木形　孫子　父巳

右析父巳觶銘五字器爲張叔未所藏據搨本摹入

子執刀父巳觶

析木形　孫　子執刀　父巳

右子執刀父巳觶銘五字據趙晉齋所藏搨本摹入

父丁觶

父丁

右父丁觶銘二字器爲錢獻之所藏據摹木編入

冊冊父乙觶

子持貝形　冊　冊　父乙

右冊冊父乙觶銘五字元所藏器

八孫子觶

八孫子

右八孫子觶銘三字元所藏器案說文云八別也象分別相背之形此作八者取別生分類之義也與析木形略同

孫祖己觶

孫祖己

右孫祖己觶銘三字此與下三器皆據舊藏摹本編入案孫一釋作子器爲祖作當釋爲孫

父辛觶

二八相對形　父辛

右父辛觶銘三字案二八相對即說文𠔁字古文也

子孫父己觶

子孫父己

右子孫父己觶銘四字

父乙觶

父乙

右父乙觶銘二字

商角

象形角

角象形

右象形角銘一字此與下二器皆據陳秋堂所藏搨本摹入案此象獸角兩歧之形

象形父癸角

角象形　父癸

右象形父癸角銘三字

召夫角

亞形中召夫

右召夫角銘三字

子孫父庚角

父庚　子孫

右子孫父庚角銘四字據江秋史侍御摹本編入

父丁角

父丁

右父丁角銘二字據舊藏摹本編入

子孫角

子孫

右子孫角銘二字程坶疇族人所藏據搨本摹入案此器如爵有雙柱無流是角也

庚申父丁角

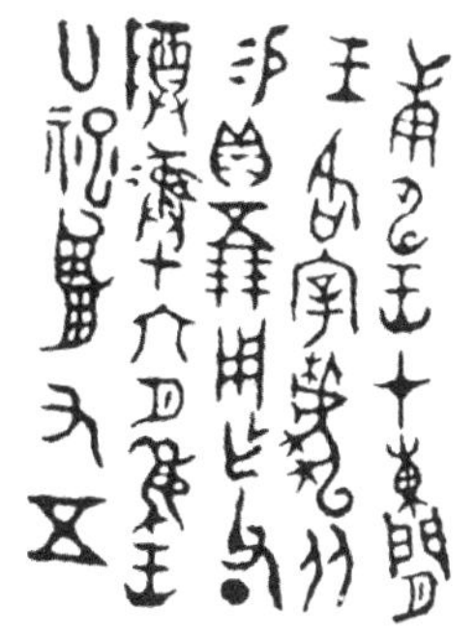

庚申王在東門夕
王格宰㮸從
錫貝五朋用作父丁
尊彝十六月唯王
乙祀角形　手形　五

庚丙冊

右庚申父丁角□丙銘三十二字蓋丙銘三字元所藏器案夕字舊釋合上門字爲閒字非也周明堂有四門殷重屋之制當亦如之東門青陽門也㮸字說文所無木部有號字此或號之省或釋作據王氏款識周伯據敦據字正如此歲止十二月此云十六月者管子有十三月二十四月二十八月之文古洛鼎銘有十有四月之文歐陽修蔡襄劉敞皆疑之董逌謂自王之即位通數其月蓋時君未改年也又者以手持角形五者角之第庚丙二字統紀祭器之數商年曰祀此器華紋色澤甚古定爲商器無疑矣

商敦

乃作器敦

立戈形　器作乃

右乃作器敦銘四字據趙晉齋所藏搨本摹入說詳商觚

子立敦

子立形　八　口

右子立敦銘三字末一字不可釋據趙太常摹本編入案子立一上一者祭位也立乎其位所以承祭也立古位字从大立一之上說文以大爲象人形此銘一上作人形即古立字也

子孫父乙敦

子孫父乙

右子孫父乙敦銘四字據江侍御摹本編入

析孫子父乙敦

析木形　孫子父乙

右析孫子父乙敦銘五字此與下一器皆據趙太常摹本
編入

亞敦

右亞敦銘七字父下一字闕泐案禮器諸侯以龜爲寶鄭注云古者貨貝寶龜大夫以下有貨耳易曰十朋之龜是寶龜惟天子諸侯有之白虎通云天子之龜尺二寸諸侯一尺大夫八寸是卜龜也故臧氏守龜有僂句作器刻龜形重世守也或曰此與持貝同意然龜主守貝主川人

微有別也

㝵敦

右㝵敦葢器銘各二字據陳秋堂所藏搨本摹入案㝵句兵而作器旌武功也

商甗
鬲甗

右鬲甗銘一字此與下一器皆元手搨本案甗而作鬲形者甗之下體是鬲也鬲字兩旁有火形古爲烹飪之器故取象焉下曲象款足之象爾雅釋器云款足者謂之鬲史記封禪書云其空足曰鬲款者空也郭氏訓款爲曲今按其制外曲中空合二訓而義備矣

子商甗

右子商甗銘五字案子商之姓也商之孫子所作以祀先人故曰子商左哀九年傳史龜曰是謂沈陽可以興兵利以伐姜不利子商此古繇辭也子商謂殷商在春秋時則謂宋耳羞者進獻之義說文云羞从羊羊所進也从丑丑亦聲又云丑紐也此銘羞字从丑丑字正作交紐形覩其文可知其訓矣

商鬲

母乙鬲

亞形中子執矛　母　乙

右母乙鬲銘四字據王氏款識宋搨本摹入案子執矛舊釋爲子執戟非是此正矛字古文也

子持壺鬲

子持壺

右子持壺鬲銘一字此與下一器據趙晉齋所藏搨本摹入

婦女鬲

婦女　彝

右婦女鬲銘三字

父辛鬲

鬲形　父辛

右父辛鬲銘三字據舊藏搨本摹入

商盉

雞形父丁盉

盉　亞形中　雞形　矢鏃形　矢鏃形　舟　父丁

器　釋同

右雞形父丁盉銘七字器爲錢塘梁山舟侍講同書所藏據搨本摹入案矢鏃相竝者卽族字之義也盉爲和調五味之器嘗見古盉之流有作雞形者此銘作雞形取義盖與雞彝同

子丁父甲盉

子丁　彝器形　父　甲

右子丁父甲盉銘五字據趙晉齋所藏搨本摹入案中一字象敦椀兩旁有耳是彝器形也

商匜

父辛匜

亞形中父辛寶

右父辛匜銘四字據趙晉齋所藏搨本摹入案寶古省文

父癸匜蓋

子孫父癸

右父癸匜蓋銘四字元所藏

商盤

藻盤

弛弓形　藻形　藻形　張弓形

右藻盤銘四字據趙太常摹本編入案藻取其潔也

子孫父癸盤

子孫父癸

右子孫父癸盤銘四字據趙晉齋所藏搨本摹入

商戈

差勿戈

差勿之戈

右差勿戈銘四字據程易疇摹本編入易疇云錢唐孫景高遺余戈銘四字余搜尋篆籀而辨識之爲差勿之戈差字見夏竦古文四聲韻引石經作□又作□摭古遺文所載又有作□者此字蓋从君之古文作□者而參差之也君字从□平正弗差此从□變作□參差不平定爲差字無疑勿州里所建旗象其柄有三游說文所解如是字但作勿今下多兩岐余以爲柄用木岐者木根也如此戈之戈字作□夔之戈戈字作□皆木柄有根之形此加丫者旗柄下或有鐏蓋象鐏之形也案史記公劉子慶節慶節子皇僕皇僕子差弗差弗勿字可通豈即其人與論其世在商之中葉殆不可考然玆戈則古矣

琱戈

面　周

背　八寶平朙

右琱戈面銘一字背銘四字司馬達甫所藏據趙晉齋所得搨本摹入戈之面背俱雕鏤龍夔紋及獸面內之空處鑿成斧形爲固柲之孔制作甚精面銘一字程易疇據薛

氏款識所載夏玥戈玥字及紀曉嵐大宗伯所藏周公華鐘周字比例推詳定爲周字卽玥之省周玥一聲古文相通背銘四字亦易疇所釋說云必知其文爲八寶平餌者平當也謂以八寶當餌道藏之𠙵字象形兼指事中作直畫指其事也元謂寶字省文與豐潤文廟牛鼎寶字相類餌字作𠂤見汗簡臨陧等字從之惟中分不連此餌字中連而加直畫爲少異耳八寶平餌義不可詳以意度之八別也餌卽隧也考工記梟氏爲鐘于上之攠謂之隧注隧在鼓中窐而生光有似夫隧是器上窐攠處皆可謂之隧此餌字亦謂戈上窐處也別寶飾以平漫戈上之隧所以暢玥字之說於義差近

蚪戈

面　蚪象形　至

背　釋同

右蚪戈面背銘各二字字橫列援上器爲平湖錢子嘉天樹所藏搨文摹入案上一字似龍而小有角是蚪象形也下一字是古至字始作戈者名說文云至鳥飛从高下至地也从一一猶地也象形不上去而至下來也此字上體作飛鳥形卽小篆𦤳字下體从巛而橫之巛古坤字漢人書乾坤字皆作乾巛陸氏釋文反以巛爲今字非也坤爲地鳥飛至坤上是至地也觀此文許氏所說象形之義更爲明顯而說文所載古文作𡐓尚非最古者矣

商句兵

馬文句兵

面　馬象形

背　句兵立形

右馬文句兵面背銘各一字元所藏器案面銘作馬形項有鬣尾有三岐背銘卽此器形安柲如立戈象此器如戈橫援援本不爲內而爲銎上下相穿以安柲銎外長出寸餘勒銘其上程易疇云書顧命曰一人冕執戣立於東垂一人冕執瞿立於西垂孔氏以爲戣瞿皆戟屬似得之廣韻戣戳皆引顧命而以戟屬釋之是矣戈戟竝有內此器爲銎受柲制似少異其爲句兵爲戟屬無可疑也

子執旂句兵

弛弓形

面　弫形中　子執旂形

足跡形

背　弫形中　兒

癸

右子執旂句兵面銘四字背銘三字器向爲潘毅堂有爲所藏今歸張叔未揚文摹入此器制與馬文句兵相同銘已錄入山左金石志足跡形誤摹作孫字弛弓形舊釋爲乙字必知其爲弛弓形者鑄兵器而作銘每取偃武之義弛弓義取櫜弓弗用若釋爲乙字形固相類然背面既有癸字爲作器者名此不應更有乙字也兒舊釋爲皋考皋字異文甚多古有作□者又有作□者此作□按之字形殊未確今從吳侃叔釋定爲兒字案說文兒字从臼从儿此从臼儿字象其詰屈形而有省變兒者孺子之稱兒癸猶言子癸也或曰兒卽倪字之省其作器者姓氏與

積古齋鐘鼎彝器款識卷三

揚州阮氏編錄

周器款識

周鐘

宋平公鐘

宋　公　戌　之　謌　鐘

右宋平公鐘銘六字據王氏款識宋搨本摹入薛氏款識題作宋公謌鐘有六器此其一也黃伯思灋帖刊誤云宋謌鐘六祟寧三年甲申歲得於南都之祟福院尋貢之內府聖詔有曰得英謌之器於受命之邦卽此鐘也是時帝作大晟卽取以爲鐘灋宋公戌舊釋爲宋公成吳侃叔云左昭十年傳宋公成公羊作戌史記亦作成今觀是銘當以公羊爲正是平公器也頌壺銘甲戌豐姞敦丙戌文皆作戌與此同又按左昭二十年傳公子城杜注平公子戌與城同若平公名成其子不得名城也

紀侯鐘

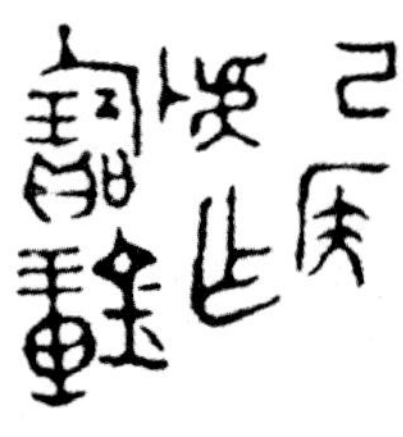

己侯　虓作　寶鐘

右紀侯鐘銘六字山左益都舉人李廓所藏器據舊藏摹

本編入案侯下一字舊釋爲虎今諦審之尚有偏旁剝蝕難辨姑闕之是紀侯名也已紀古通用鐘字作反文此鐘壽光縣人得之於紀侯臺下左隱元年傳紀人伐夷杜注紀國在東莞劇縣齊乘云壽光南三十里春秋之紀國即劇城也通志云紀本在贑榆縣後遷劇亦稱紀城攷漢恩澤侯表陳倉亦封紀侯此銘係古文非漢物也

楚公鎛鐘

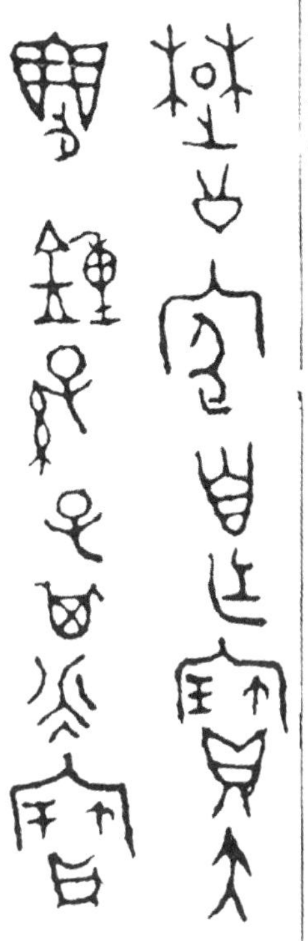

楚　公　口　自　作　寶　大
專　鐘　孫　子　其　永　寶

右楚公鎛鐘銘十四字據舊藏摹本編入案公下一字是楚公名不可識或釋作守亦未可定姑闕疑大下一字以意求之葢專字鎛之省上體𢍏幠形當是甫之古文下體易寸爲攴殆取搏擊之義此鐘與楚夜雨雷鐘篆文相類奇古雄深與他國迥別且俱在未稱王之時年代相去當不遠也

鄭邢叔綏賓鐘

鄭邢叔作
霝龠鐘用

妥賓

右鄭邢叔綏賓鐘銘鉦間八字鼓右二字據趙晉齋所藏搨本摹入案說文云邢鄭地邢亭此邢叔必鄭大夫食邑於邢亭者霝古靈字龠卽龢字薛氏款識師𩛥敦龢字省禾靈龢二字合文古器銘如西夏小子之例往往有之此編鐘也妥賓卽蕤賓鐘所應之律儀禮士相見禮妥而後傳言鄭注古文妥爲綏周禮夏采鄭注士冠禮及玉藻冠綏之字故書亦多作綏者今禮家定作蕤知妥字古通綏綏又同蕤也程易疇云蕤賓律管長六寸八十一分寸之二十六是鐘度以今裁尺得四寸二分以周尺通之爲六寸三分弱適符蕤賓律度也

楚良臣余義鐘

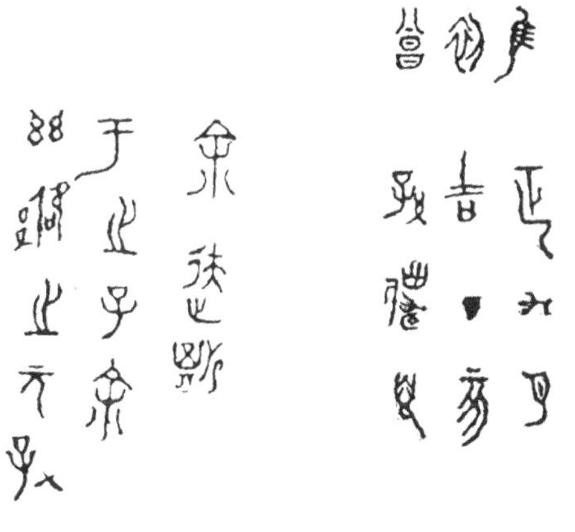

惟　正　九　月
初　吉　丁　亥
曾　孫　僕　兒
余　迹　斯
于　之　子　余
兹　佫　之　元　孫

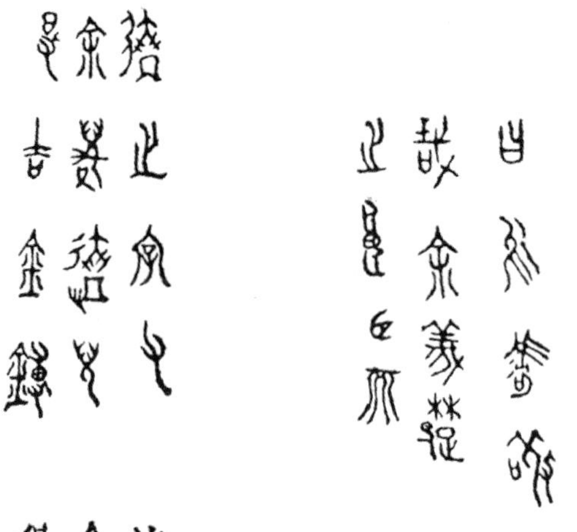

日於虖敬
哉余義楚
之良臣而
迹之字父
余萬迹兒
得吉金鎛

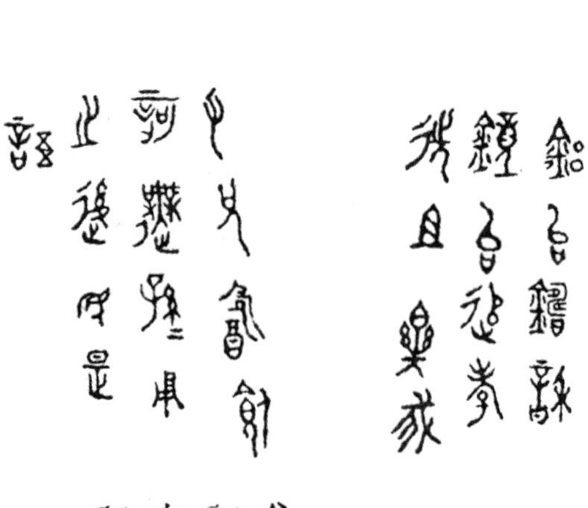

銘以鑄䜣
鐘以追孝
先祖樂我
父兄飲飤
訶舞孫=用
之後民是
語

右楚良臣余義鐘銘七十四字器為陽湖孫淵如觀察星衍所藏昔年纂山左金石志觀察手搨銘幷釋文寄元器本無定名以銘文有余義楚之良臣一語遂名之曰楚良臣余義鐘及金石志刊成吳侃叔又以此鐘釋文相質與孫觀察所釋多互異者元考此鐘蓋兒所作以祀其祖余義者余迹斯于其父名字也茲佫義之字也銘明言義為迹之字父字讀為慈孫釋肖好之字吳釋為曾孫元子吳釋為元孫萬吳釋為兒揆之篆體吳釋為確從之余者兒之氏僕其官也迹字作徒又作䠟古銘往往有一字而異文屢見者余萬迹者言余氏至迹始大也萬訓為大見廣雅銘中多古異文如和為龢訶為訶先為侁楚為𣏟皆是作器供孝享揚先德備紀祖父名字創見此銘古鐘每刻

銘一面此兩面皆有刻款體制亦殊異銘辭古雅可誦父鋁祖舞語五字皆句末相韻之字也鋁字每見于古金銘中而說文無之廣雅云鋁謂之錯玉篇鋁與鑢同說文鑢字解曰錯銅鐵也錯字解曰金涂也然則鋁為鑢之重文許氏所未收耳

祿康鐘

受作余服之彔康
甬宏屯右寅啓

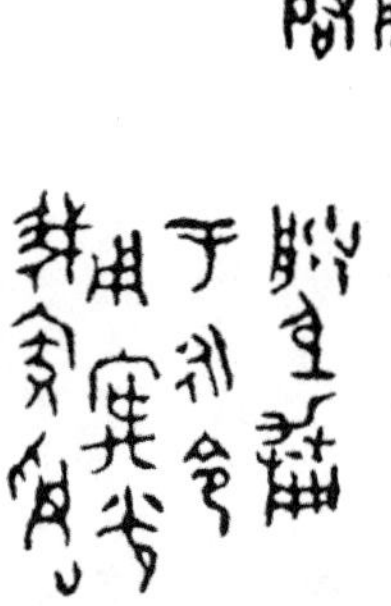

朕身龢
于永命
用寓光
我家受

右祿康鐘銘二十五字器爲元所藏是棧鐘也銘在鉦間及鼓右案古文受作⿱爫又此銘受字乃作器者名首一字省作⿱爫冃末一字省作⿱爫又可知古文惟變所適也甬古鐘字見薛氏款識商鐘銘說文鐘字或从甬作銿据此知古文省金作甬也屯純之省屯寅身三字皆句末爲韻之字此鐘銘與翁氏所藏寶林鐘辭意相類寅龢等字俱與彼鐘互校得之

叔丁寶林鐘

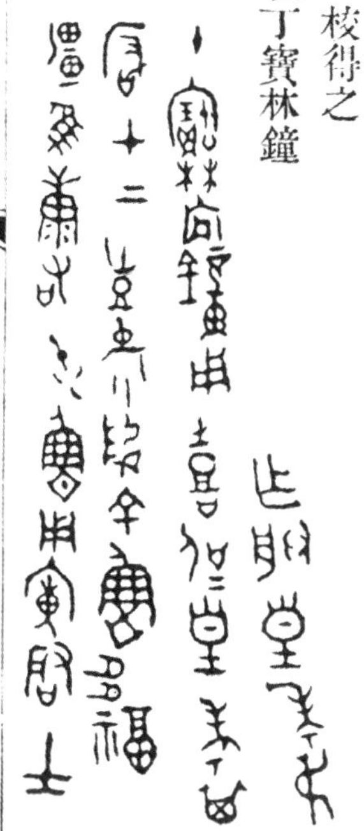

作朕皇考叔
丁寶䓞鐘用喜侃皇考其
嚴在上豐二能二降余魯多福
彊惟康右屯魯用寅啓士

身龢于永
父其眉
萬年子二
寶用享
于宗

右叔丁寶林鐘銘可辨者五十三字器爲大興翁宜泉比部樹培所藏搨文寄元因摹入錄案䓞卽林之古文鐘所應之律侃義同衎玉篇云侃樂也又強直也是侃本訓爲樂也豐豐亦和樂之意能能當爲熊熊山海經西山經其光熊熊注云光氣炎盛相焜燿之貌古器銘每言魯休純魯者魯卽嘏字史記周本紀魯天子之命魯世家作嘉天子命嘏訓爲嘉魯嘏嘉聲並同此云降余魯者猶言錫余嘏也齊魯之字古作㽙魯爲借字魯公鼎可證也此鐘銘亦以屯寅身三字爲韻

邢叔鐘　銘文據原本一行分作兩行

邢叔母曰
髀叔文祖

皇考對揚
乃德㝵屯
乍魯永終
于吉母不
敢弗帥用
文祖皇考

右邢叔鐘銘三十二字器不知所在據趙晉齋所藏搨本摹入案母邢叔名乍卽祚字德吉帥三字句末爲韻此係

鉦間之銘辭意未畢下必有文而未搨或已剝落不可知
也
宗周鐘

王肇建相文武堇疆
土南國服要敢臽虐

積古齋鐘鼎彝器款識　卷三　八

我土王臺伐其至戭
伐乃都服要逌遣閒

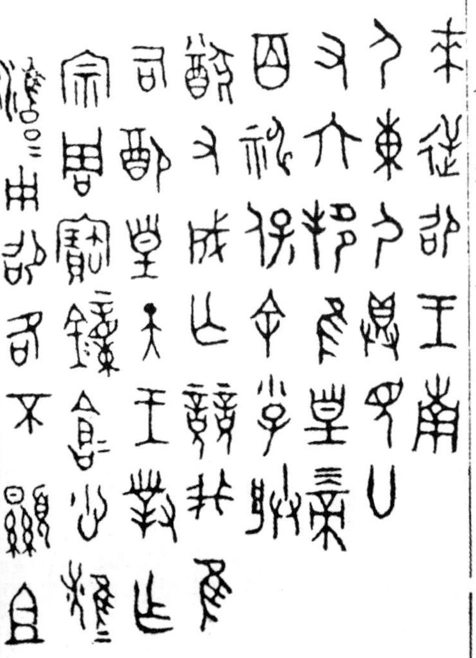

來造昭王南
節東節具見廿
有六邦惟皇上帝
四神保余小子朕
猷有成亡競我惟
嗣配皇天王對作
宗周寶鐘倉二它二雄二
雝二用昭格丕顯祖

積古齋鐘鼎彝器款識　卷三　九

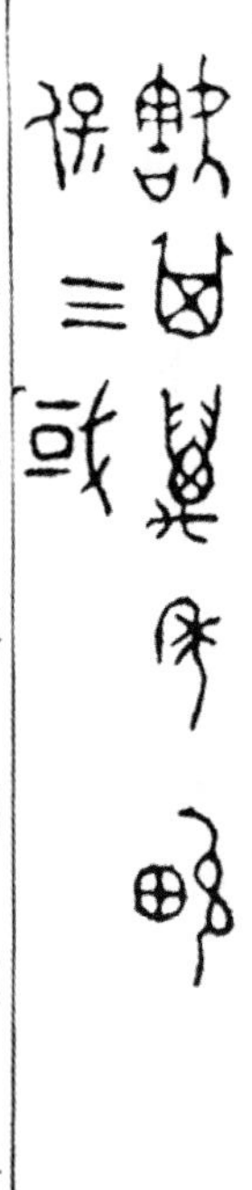

考先王其嚴在上
能二愷二降余多福二
余口孫參壽惟利
割其萬年畯
保三國
右宗周鐘鉦間銘三十二字鼓左五十七字鼓右三十一
字中有摩滅者一字共一百二十字器爲山陰陳默齋都
尉廣寧所藏吳侃叔以搨銘及釋文來質因摹入錄案宗
周鎬京也見書畢命孔傳豐亦稱宗周見書周官傳孔疏

云豐鎬與洛邑皆名宗周此宗周未詳何地以相文武之文揣之此鐘或成王所作宗周乃鎬京也堇勤之省要字與說文所載古文略同周制天下爲九服大行人衛服之外爲要服大司馬衛畿之外曰蠻畿國語周語云夷蠻要服韋注云夷圻朝貢或與蠻圻同要者要結好信而服從也臽說文云小阱也从人在臼上天井碑云墜無臽瀆隸續說臽卽陷字周禮雍氏注穿地爲塹所以禦禽獸謂之陷阱此从臼从人持弓爲掩禽獸伏機之象形義更備其爲陷字無疑虐字見薛氏款識牧敦臽虐我土者謂攻陷其城池虐害其人民也𦎫說文云孰也从亯从羊讀若純義同烹烹伐猶言殺伐戮卽撲字擊也殺伐其內侵之師乘勝擊伐其都邑以聲罪致討也閈字月在門上徐鍇所

謂門夜閉而見月光是有閒隙非謂月在門內也可見古文取象之妙要服畏威乃遣使請閒來朝凡諸侯來朝必以節達之是廿有六邦皆東南要服之諸侯也囧說文云窗牖麗廔闓明象形讀若獷賈侍中說讀與明同此言囧神是明神也亡讀爲無倉倉讀爲鏘鏘言鐘聲之盛它字說文訓爲虫此它它當爲佗佗言鐘聲之美雄雄亦盛意楚辭大招雄雄赫赫注云雄雄威勢盛也參壽惟利卽晉姜鼎所謂三壽是利也割字與蓋通禮緇衣引書君奭割申勸寧王之德爲周田觀文王之德鄭注云割之言蓋也此割字正似周義通蓋又可借作祈匄之匄焦山周無專鼎用割眉壽割字正如此舊釋作周旁七形非也吳侃叔云此銘武士都爲韻鐘雝爲韻利讀爲列與國爲韻且多用雙聲疊韻如文武勤疆乃都皆雙聲王亨戮伐其至司配我土遣閒雄雄雝雝皆疊韻唆同駿大也三國三字當作三疑字有闕畫或曰周在西土故以東南北爲三國也

虢叔大林鐘

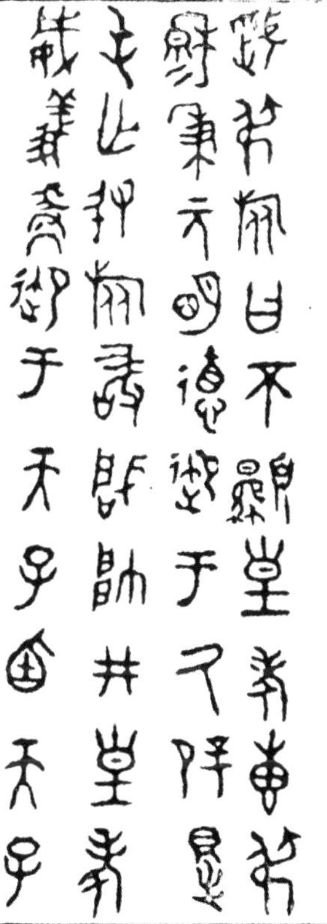

虢叔旅曰不顯皇考惠叔
穆秉元明德御于乃辟㝵
叀乍攸旅敢啓帥井皇考
威義爲御于天子卣天子

多錫旅休旅對天
子魯休揚用作朕皇
考惠叔大䈞龢鐘
皇考嚴在上翼在下
愷=能=降旅多福旅其
萬年子=孫=永寶用享

右虢叔大林鐘銘鉦間四十字鼓右五十字器爲元所藏案左僖五年傳云虢仲虢叔王季之穆也正義引賈逵注云虢仲封東虢制是也虢叔封西虢虢公是也是鄭所滅者虢仲之後晉所滅者虢叔之後國語韋昭注與賈逵同虢仲後有虢叔左隱元年傳虢叔死焉鄭語所謂虢叔恃勢是虢仲之後字曰叔也虢叔後有虢仲又有虢叔桓八年傳王命虢仲立晉哀侯之弟緡于晉是虢仲虢公林父也莊二十年傳鄭伯聞之見虢叔二十一年傳虢叔自北門入是虢叔之後字亦稱叔也此虢叔名旅史傳無徵未詳何國偃師武虛谷進士億云周景王作大林鐘是時虢亡已久不宜復有虢叔爲之效尤葢其後續封也唐書宰相世系表西虢地在虞鄭之間平王東遷奪虢叔之地與鄭武公楚莊王起陸渾之師責王滅虢於是王求虢叔裔孫序封于陽曲表文多舛當亦有所據元案鄭所滅者乃東虢表云西虢誠有舛譌然謂復封陽曲必有確據如楚簡王十四年越既滅鄫及頃襄王十八年復有鄫費郯邳春秋時小國之絕而復封者難更僕數矣案國語周景王鑄無射而爲之大林單穆公諫謂作重幣以絕民資又鑄大

鐘以鮮其繼若無射有林耳弗及也先王之制鐘不過石今王作鐘聽之弗及比之不度伶州鳩又謂細抑大陵不容於耳韋昭注謂大林爲無射之覆無射陽聲之細者大林陰聲之大者據此知大林爲逾常之大鐘景王鑄之當日必有效之者此虢叔鐘是也鐘之大從無及此者稱之重六十六斤逾于古權遠矣古之爲鐘也各自計律倍而半之故曰爲之律度如林鐘之律長六寸林鐘之鐘當長一尺五寸翁氏所藏周叔丁林鐘以漢慮俿尺度之兩欒高一尺五寸有零合於律矣此鐘兩欒高一尺八寸五分準以林鐘之律兩倍有贏意景王之鐘當亦如是故名曰大林單子謂其比之不度州鳩謂其槬則不容皆以其乖於律度也不然聲中林鐘安得爲非法鐘乎銘云㬎屯乍攸當爲得純祚攸攸遠也威義即威儀卣即說文卣字解云艸木實垂卣卣然讀若調㮚字从之攺岐陽石鼓文㮚字从三卣又君子逌樂舊釋逌爲迺非是當釋爲逌古同攸迺字从西此从卣字體迥別說文云㽕木生條也說文無由字竊謂卣即其字葢調由一聲之轉古音相通故調飢之調讀如周條苐之條古作攸由字以木生條爲訓卣亦艸木垂實之貌是卣爲由之古文無疑銘言爲御事于天子之山天子於是錫旅休也嚴在上翼在下即詩六月所謂有嚴有翼也愷愷熊熊說已詳前宗周鐘銘愷字从攴此似从金可知古文偏旁有變通矣此銘以德辟帥爲韻攸卣休爲韻吳侃叔云刑皇是雙聲御于威儀多福皆叠韻福字音同富也

楚公鐘 銘文據原本分爲兩截

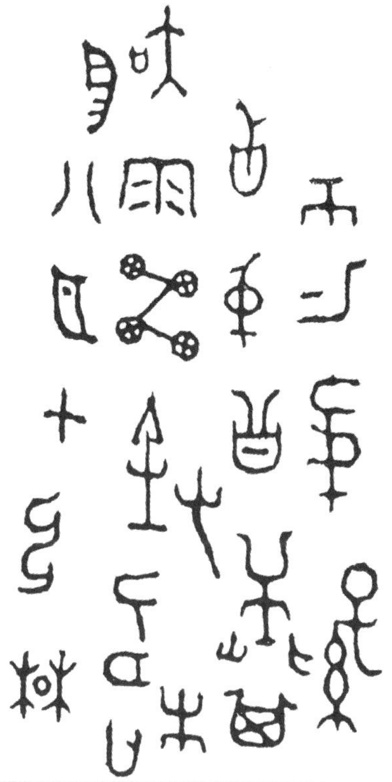

市 韋 孫

公 逆 共

木

夜 雨 雷 鎛 故 名

惟 八 月 甲 巳 楚

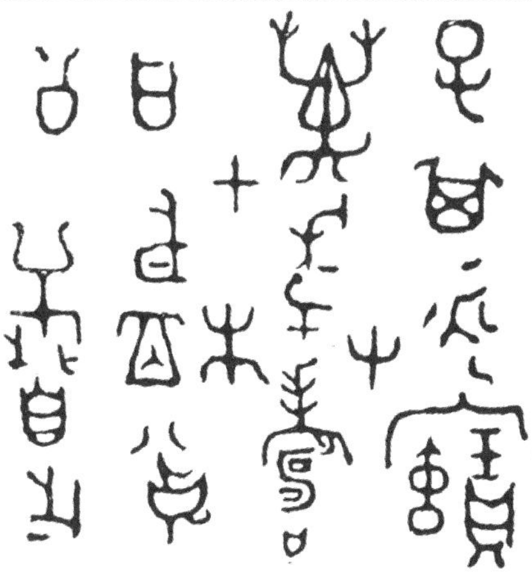

子 其 永 寶

中

萬 年 壽

甲 木

曰 身 其 克

公 逆 自 作

右楚公鐘銘四十二字摩滅者二字不可識者三字銘見
薛氏款識此據宋王氏款識搨本摹入冊末又有北宋石
國佐公弼搨本題曰政和三年武昌太平湖所進古鐘趙
明誠古器物銘曰獲于鄂州嘉魚縣此銘後有紹熙四年
東州榮芑記云紹興十四五年間茂世先兄自成都運判
除倉部外郎總領淮東軍餉邵澤民見屬云我有雷鐘藏
之久矣兩得秦會之書見取度不可留爲我達之會之償
以三千緡鐘高二尺有畸紐上坐一裸鬼蓋雷神也五色
相宜銘在鐘裏今諸處所刊咸其雲仍對之可見元案論
衡雷虛篇云圖雷之狀纍纍如連鼓又圖一人若力士之
容謂之雷公此鐘雷字即連鼓之形裸鬼即王充所謂若
力士者也此鐘名雨雷者蓋應仲春夾鐘之律史記律書

云二月也律中夾鐘正義引白虎通云夾孚甲也言萬物
孚甲種類分也故銘云木甲木中中舊無釋十古甲字舊
釋爲十非是易解彖傳云天地解而雷雨作雷雨作而百
果草木皆甲坼荀爽曰解者震世也仲春之月草木萌動
雨以潤之雷以動之故甲坼也說文解甲字云从木戴孚
甲之象解中字云屮木初生也象丨出形有枝莖也讀若
徹是甲中即甲坼也據此知鐘名雨雷者所以著夾鐘之
律銘云木甲木中者所以申雨雷之義蓋夾鐘應律正始
雨水雷發聲時也而作樂崇德於雷雨亦有取焉甲巳舊
釋爲丁巳吳侃叔云當作甲巳甲辰乙巳兩日成此鐘也
與薛書伯頵父鼎戠敦之乙子兄癸卣之丁子同例逆楚
公名舊無釋今案上體作屰下體作辵是逆字也說文云

迋往也春秋左氏傳往勞之往皆作迋字亦作逞漢書楊雄傳迋還古往字往與狂通書微子我其發出狂史記作發出往是也史記楚世家鬻熊之子曰熊麗熊麗生熊狂熊狂生熊繹左氏傳言熊繹事康王熊狂當在成王時鐘其所作然史記言熊繹始封于楚此已稱楚公者按大戴記陸終氏六子其六曰季連季連者楚氏也則楚固舊封至熊繹乃加地耳霝下一字舊無釋今案其文从金从尃省是鎛字也錢獻之云鎛下當是故名曰三字乀古故字秦盄和鐘亦有此文可以互證名卽銘之省文身其二字舊亦無釋克舊釋作八克非是說文云克肩也象屋下刻木之形古文作㝐亦作𠅏此作㒸與𠅏相類特筆畫有移易耳市卽敍字孫上一字是韋字爲相背之形而省其口

與市字連文取世世敍韋相承之義頌禱之辭也此鐘文字雄奇不類齊魯可覘荊南霸氣矣又石氏北宋搨本與此係一器故不另摹惟克字石本作㒸與說文所載古文作𠅏者同上加八者象屋交覆之形

楚曾侯鐘　銘文西陽一行據原本分作兩行

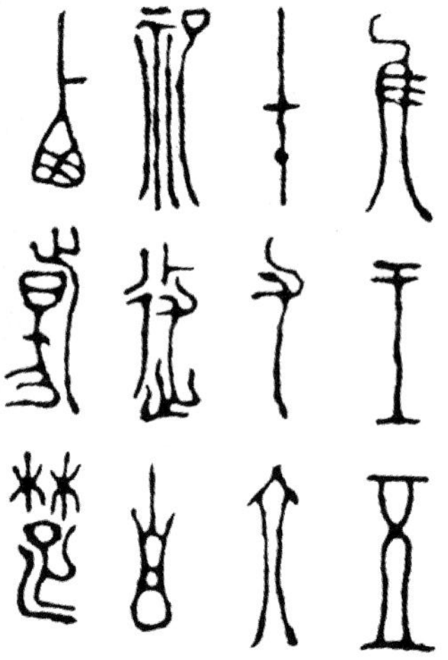

惟王五
十有六
祀徙自
西陽楚

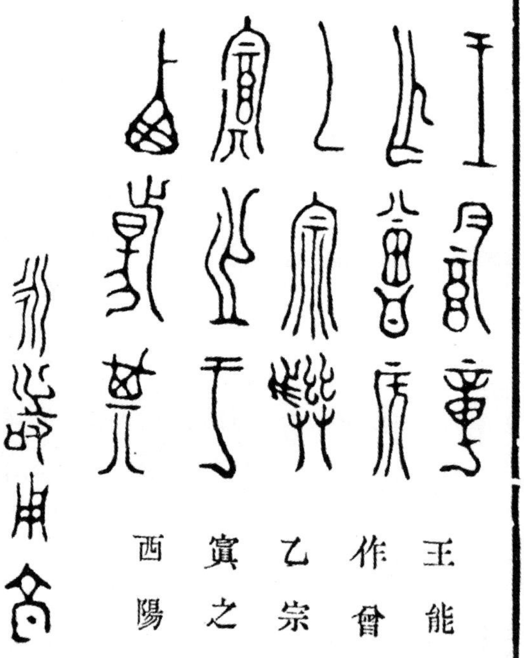

王能章
作曾侯
乙宗彝
寘之于
西陽其
永時用言

穆
商　商

右楚曾侯鐘面銘三十一字背銘三字銘見薛氏款識此據王氏款識北宋搨本摹入石國佐題曰方城范氏古鐘下有公輔水硃印考國佐初名公輔見宋史本傳案此鐘薛氏以爲楚惠王器按其紀年確然無疑惠王名章左傳及史記竝同章上一字舊釋爲韵案古文無韵字音韻之韻但作均此文作亂亦非从音之字錢獻之以爲古能字

之省變通熊楚君之名每冠以熊字是也考左傳楚昭王於魯定公六年遷郢漢志若屬南郡注云楚昭王畏吳自郢徙此後復還郢師古曰春秋傳作鄀其音同此云徙自西陽者當卽自鄀還郢之時是時越已滅吳楚東侵廣地至泗上無所畏懼故還舊都西陽漢志屬江夏郡去鄀甚近其不曰徙自鄀而曰徙自西陽者西陽有先君廟觀下文作曾侯宗彝寘于西陽其義可見徙都大事告于祖廟而後行禮也楚之僭號久矣此曾侯其遠祖曾義爲重亦爲高几先祖皆可稱曾祖曾侯猶先公也穆者廟之序商者鐘之音也吳侃叔云周官大司樂注云祭尚柔商堅剛也故樂無商惠氏禮說曰三大祭之樂古旋宮法也非無商商不爲均也此銘曰宗彝又曰永時用享是宗廟所奏

而有二商字可證商不爲均非無商之說　元案此鐘篆文工整結體又長近於小篆與元所藏王子申盞盂銘略同殆一時之器無復有開國時雄奇氣象矣

周公華鐘　銘文首一行末一行據原本分爲兩行

惟王正月初吉乙亥周
公華擇乃吉金元鏐
赤錯用鑄乃龢鐘以
作其皇祖皇考曰
余畏龔威
忌惄穆不

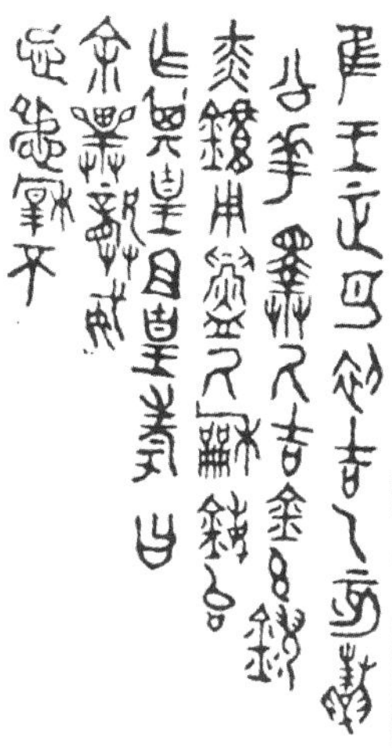

家于乃身鑄其龢鐘
以卹其祭祀盟祀以
樂大夫以
安士庶子
春爲之聽元器
其舊哉公眉壽
周邦是保其萬年無
彊子=孫=永保用亯

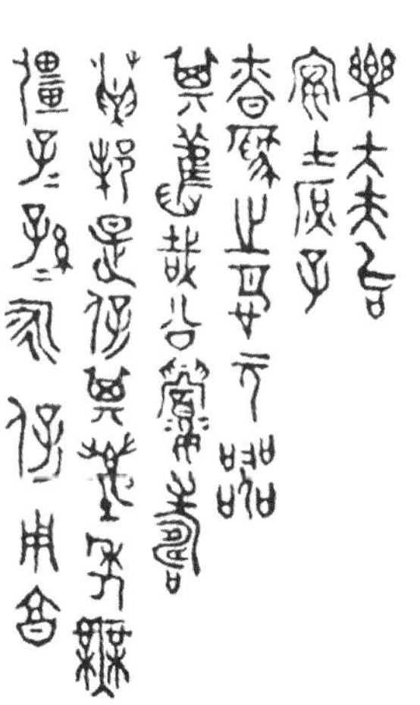

右周公華鐘鉦閒銘十六字鼓左四十字鼓右三十七字共九十三字器爲河閒紀曉嵐宗伯昀所藏據舊藏搨本摹入案左氏傳有周公黑肩周公忌父宰周公孔周公閱周公楚爲王卿士杜氏注周采地扶風雍縣有周城史記魯世家索隱曰周公次子留相王室世爲周公又路史云

平王子秀封在汝川者爲周此周公華不見史傳要亦王畿內食采爲卿士者此周字程易疇所定爲古篆文莊進士述祖釋爲邾公五等之爵于其國皆稱公似也然按其字形不如釋周字爲長擇說文訓爲引給義與擇字異鏐郭璞注爾雅以爲紫磨金錯卽鋁也鑄字見薛氏款識叔夜鼎及太公簠彼釋爲鑄實卽齊侯鐘鑄字省文也古銘以多作台者二字義通爾雅釋詁訓台爲我又訓爲予廣雅釋詁云以予也畏龔猶寅恭威忌猶敬忌惄憂也穆默靜也家字見薛氏款識齊侯鎛鐘古隊字之省盟祀者周官司盟北面詔明神既盟則爲司盟共祈酒脯鄭氏謂王之盟主日諸侯主山川王官之伯主月是盟有祀也據此知盟祀亦用樂也燕禮有獻卿獻大夫獻士庶子周公爲

王官伯不得有卿故但言樂大夫士庶子而已聽字見
汗簡作𦔻亦作聖出義雲章程易疇云此鐘以今尺度之
高六寸六分通於同身寸當林鍾倍律也銑十銑間八鼓
間六舞脩六與考工記鳧氏合矣

周公望鐘 銘文首一行末一行據原本分作兩行

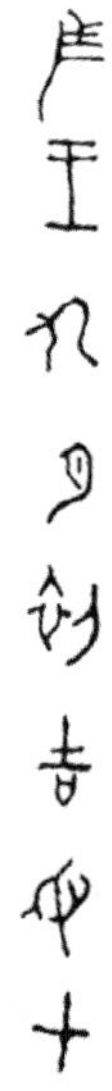

唯王九月初吉辰在

乙亥周公望羿口
吉金元鏐昔呂

作龢鐘曰余畏龔
威忌鑄辟龢鐘二
鍺以其屯于龢作

天以豈者士至于

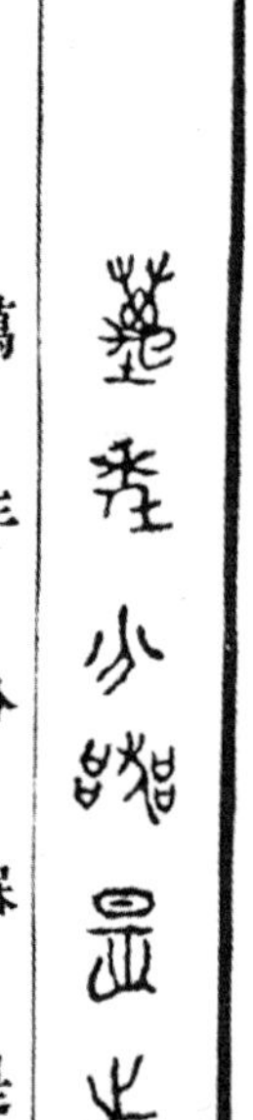

萬年分器是寺

右周公望鐘銘鉦間及鼓左各二十一字鼓左羿下摩滅
一字蓋其字也鼓右十三字共五十五字器爲元所藏案
考工記鄭注云銘刻之也賈疏云刻之者正謂在模上刻
之非謂在器乃刻然考古器銘鑄款固多鑿款亦閒有之
此鐘篆文是鑄成後刻也昔呂錯銘之省文鍺堵之異文
懸鐘磬半爲堵也乍讀爲祚豈愷之省樂也者古諸字諸
士猶言多士分器者分所當作之器書序武王班宗彝作
分器孔傳云言諸侯尊卑各有分也寺持之省鍺龢士寺
皆句末爲韵之字此鐘與周公華鐘是一家之器但不知
孰先孰後耳

積古齋鐘鼎彝器款識卷四　　揚州阮氏編錄

周鼎

木鼎

作父考孟
木工冊

右木鼎銘七字乾隆

欽頒內府周器十事在曲阜
孔廟此其一也臣元于癸丑年任山東學政至曲阜
廟廷主祭禮成親搨款識敬錄
睿製以歸繼修山左金石志爰舉此爲冠今謹摹入是編恭錄

御製考釋
右高七寸九分深四寸六分耳高一寸八分闊二寸口徑七寸七分腹圍二尺四寸四分重一百二十五兩按古食器之重莫如鼎其范形取象宜和博古圖詳言之茲器銘爲木銘多自識其名爵有后木楚有子木此其類歟曰冊作昭君賜也立戈以象武功兼是數義而以大夫鼎用銅之制合之則茲器正當時大夫所謂論譔其功烈酌之祭器自成其名以明著之後世者可徵矣

中鼎

中作旅
寶鼎

右中鼎銘五字據趙晉齋所藏搨本摹入案中仲之省作器者字也

中旅車鼎

中作
旅車鼎

右中旅車鼎銘五字器藏湖州民家搨文摹入旅車說詳商卣

小鼎

小

右小鼎銘一字器爲錢獻之所藏據摹本編入獻之云此器約重二十餘斤闊大可觀小者當是制器之人名案左氏傳魯有叔仲小此小字是人名也

腹鼎

腹鼎

右腹鼎銘二字器爲元所藏案腹者厚也複也卽陪鼎也陪義爲重亦爲加左昭五年傳飧有陪鼎杜注陪加也加鼎所以厚殷勤儀禮聘禮羞鼎三鄭注羞鼎則陪鼎也以其實言之則曰羞以其陳言之則曰陪是陪鼎所以實膷臐膮重複設之所以加厚腹字兼此二義此鼎小而淺異

於他鼎是陪鼎也

父乙鼎

子父乙

右父乙鼎銘三字據吳侃叔所藏搨本摹入案此等款識
猶有商人簡質之風葢周初器也

孟姬鼎

作孟姬

右孟姬鼎銘三字據江侍御摹本編入

得鼎

得鼎

右得鼎銘二字此與下一器皆據宋王氏款識搨本摹入
亦見薛氏款識以爲齊丁公子乙公得之器案春秋時周
有毛伯得晉有蒯得名得者多矣不定爲乙公也

子女鼎

子持貝朋形　女

右子女鼎銘二字王氏釋與薛氏同俱以上一字爲綵字
案薛氏款識宋公欒鼎微欒鼎欒字皆从絲从言此明係
从子之字薛氏引王楚釋作子是也乃朋字敔敦朋字
作與此同作子持貝朋形者古人作器用貝卽他器用
貝十朋用貝三朋之義子女者器爲女子所作也吳侃叔
釋女爲母字

包君鼎

包君嫛娘霝
旅車尊鼎
其萬□□寶

右包君鼎銘可辨者十二字器爲元所藏案說文解包字
云象人褢妊巳在中象子未成形也此銘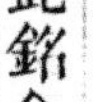內作子未成
形是古包字通褎晉語韋注褎姒姓之國嫛娘者娘古威
字姑也父之姊妹嫛其字也包君之姑所作之器霝古同
令

柬鼎

柬作寶鼎

右柬鼎銘四字據趙晉齋所藏搨本摹入亦見江侍御摹
本案柬作器者名

太祝鼎

大祝
禽鼎

右太祝鼎銘四字器爲元所藏案禽字向釋作祖罕二字今從吳侃叔釋以祖字不類而禽字見薛氏款識敔敦銘與此同也考周禮屬禽饁獸舍奠祖禰乃甸祝之職而祝號之事太祝領之故曰太祝禽鼎此薦禽獸之鼎也而曰禽鼎者周禮庖人注云凡鳥獸未孕曰禽白虎通曰禽者何鳥獸之總名是散文相通也鳥獸之肉入之腊人則爲乾豆此以新殺者薦之宗廟故實之鼎也

戈枎鼎

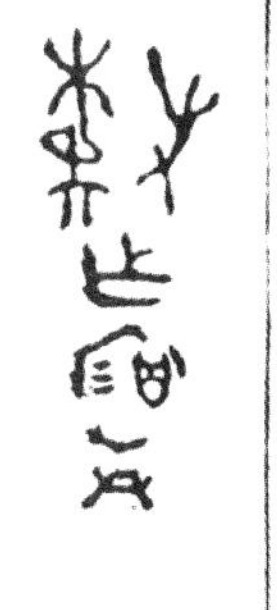

戈
枎作寶鼎
蓋

器　釋同

右戈枎鼎蓋器銘各五字據程彝齋敦手搨本摹入其器純素向在關中案戈枎作器者氏與名春秋傳夏有戈國其受氏久矣枎字見說文義通扶此枎字筆畫糾連篆體之近乎草者

叔䴢鑊鼎

叔䴢作
宮伯陵

右叔䴢鑊鼎銘六字亦據程彝齋搨本摹入案說文云䴢似鹿而大也从鹿與聲又云舁共舉也與黨與也此䴢字从鹿从舁舁與音義可通是古䴢字也陵卽鑊字此作陵者猶尊彝之尊作障也周禮大宗伯省牲鑊注鑊亨牲器也漢書刑法志注云鼎大而無足曰鑊此方鼎也而謂之鑊豈鑊爲鼎類散文可通乎或曰陵卽濩煮也

各鄰鼎

各鄰作寶旅鼎

右各鄰鼎銘六字器藏山左滕縣諸生徐縉文家據搨本摹入案說文云各異辭也从口夂夂者有行而止之不相聽也此从夂从只只字从口象气下引之形許氏解爲語已詞也語已而不相聽古文取義更精矣鄰作○○見古老子各鄰者作器者氏與名也

魯公鼎

鹵公作文
王尊彝

右魯公鼎銘七字器爲元所藏案鹵古文魯東方濱海地多斥鹵故以爲名字與魯通路史國名紀魯鹵也曲阜少昊之虛此魯公伯禽之器薛氏款識亦有此銘釋魯公爲周公非是周公不之魯不得稱魯公或疑魯公不當祭文王考魯有文王廟見左襄十二年傳周禮春官都宗人注王子弟則立其祖王之廟其祭祀王皆賜禽焉夏官祭僕凡祭祀王之所不與則賜之禽注王所不與同姓有先王之廟賈疏云魯衞之屬據此魯當立文王廟作祭器禮也

亞形魯公鼎

亞形中 王魯彝 鹵公作文

右亞形魯公鼎銘八字元手搨本

陽鼎

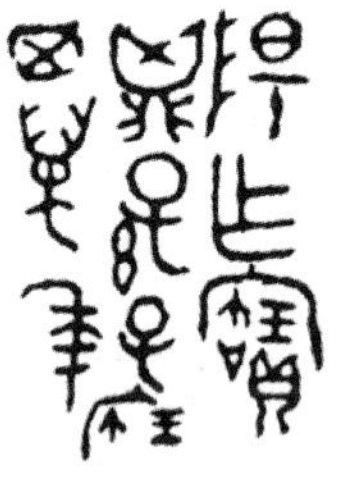

陽作寶 鼎孫子寶 其萬年

右陽鼎銘十字據程彝齋關中搨本摹入案陽作器者名

乙公鼎

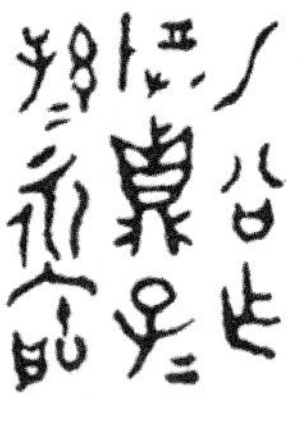

乙公作 尊鼎子二 孫永寶

右乙公鼎銘十一字據趙晉齋所藏搨本摹入銘亦見薛氏款識定爲齊乙公得之器案周公作謚法數世後始行周初諸侯每以生日爲謚沿商制也如齊太公子爲丁公宋公稽子亦爲丁公此乙公未詳何國

乙公萬壽鼎

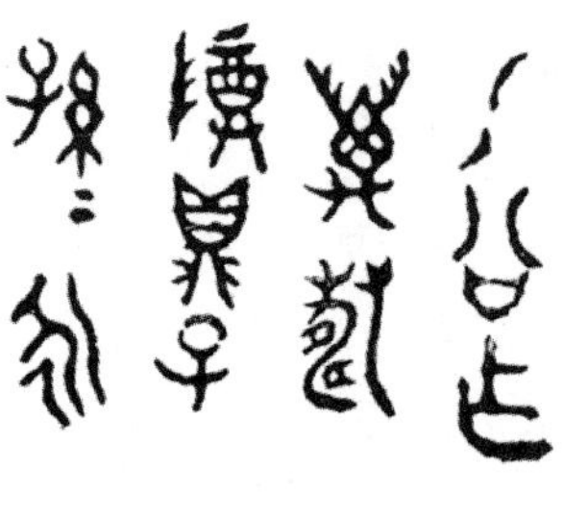

乙公作 萬壽 尊鼎子 孫二永

寶用之

右乙公萬壽鼎銘十四字據吳侃叔所藏搨本摹入有蓋器二銘此蓋銘也器銘剝蝕不可摹侃叔云銘云萬壽尊鼎其言夸大以此定爲齊器或不誣

孟申鼎

孟申作 鼒彝

右孟申鼎銘五字此與下一器皆據宋王氏款識搨本摹入案鼒舊釋作鼎錢獻之云當作鼒說文作鬻從鬲羊聲煮也玉篇有鼒字訓同亦作鬺同鬺詩采蘋于以湘之韓

詩作鬺史記封禪書云鑄九鼎皆嘗亨鬺據此知鼎以熟烹故曰鬺彝也

虢姜鼎

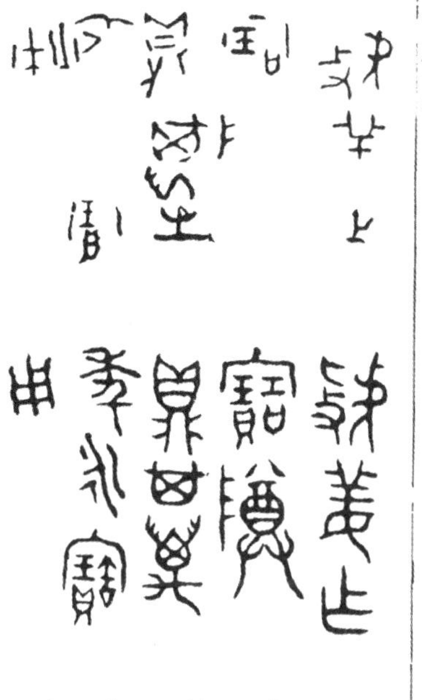

虢姜作寶尊鼎其萬年永寶用

右虢姜鼎銘可辨者九字下方篆文十二字乃宋人對器臨摹以釋搨本者案虢國名虢姜即晉姜周姜之例曾大中跋以虢爲姓非也

魚冶姃鼎

魚冶姃作叔妃魚母𩤽子=孫永寶用

右魚冶姃鼎銘十六字據趙太常摹本編入案冶字有闕畫魚字上一字从水下一字省之可見古文繁簡無定矣

魚氏宋卿族魚石魚府見左傳司馬子魚之後桓族也冶姃任姓之女晉語云黃帝之子得姓者十四人爲十二姓任其一也其後爲薛國任字亦作姃詩大明大任潛夫論五德志作大姃是任字古从女與姬字同此从女从壬是也後世借爲懷妊之妊故以任字別之𩤽說文云物相增加也从貝𥝢聲一曰送也副也此𩤽字取贈送之義

市師鼎

市師口昌作盂𦎧用𩰫耳鼎其萬

右市師鼎銘十三字不可釋者一字盂下一字𢆉𣷭萬字下有闕文據趙晉齋所藏搨本摹入案說文市字篆體作𡿪解云買賣所之也市有垣从冂从㇏㇏古文及象物相及也之省聲此上體作𡴀下體作八八古及字見薛氏款識齊侯鐘是市字也說文師字从帀古文有从市者薛書南宮中鼎師作𠂤與此正同市師官名周官胥師賈師之職𦎧者𩰫也此从羊从皿似隸書𥂔字元所藏王子申盞𥂔亦有此文玩其義是𦎧字从皿者鬲亦皿也耳鼎者鼎有耳也鼎字从艸見薛氏款識田鼎舉鼎即廾字也然皆在下體此艸在上體則爲創見可證古文偏旁上下左右固無一定也

叔夜鼎

叔夜鑄其饙鼎
以征以行用鬻用鬻
用蘄眉壽無疆

右叔夜鼎銘二十字據趙晉齋所藏龔田居先生翔麟手搨本摹入銘亦見薛氏款識定爲周八士叔夜之器鼎銘亦有用韵者此以行羹爲韵也饙舊釋作餗錢獻之云說文饙字一作饙一作餴博古圖凡饙字皆釋作餗者非爾雅饙餾飪也孫炎注蒸之曰饙均之曰餾是饙爲炊蒸之義案錢說良是以此銘證之更確蓋餗有二義一爲菜菽之餗詩所謂維筍及蒲是也一爲鍵鬻之餗易所謂覆公餗說文所謂陳留謂鍵爲鬻是也此饙字若釋爲菜菽之餗則下不當云用鬻鬻也若釋爲鍵鬻之餗則下不當云用鬻鬻五味盉羹也爾雅肉謂之羹況明係从羹之字非从朿也鬻字从侃此鬻字中作乁卽古文侃之省字或作侃通饘左傳正考父鼎銘云饘于是鬻于是此取義正同趙晉齋云此當是後世摹勒之本然案其筆畫工整無譌可以校正近刻薛氏款識之繆存之

戎都鼎

戎都作旅鼎
用匄偁魯祉
用妥眉彔用
作文考宮伯
寶尊彝

右戎都鼎銘二十三字器爲趙太常所藏據搨本摹入案戎都作器者氏與名都一釋作諸說文云祉以豚祠司命从示比聲漢律曰祠祉司命此从从从示者比从二人北亦从二人特形有向背之異故史記天官書隋北端兌之北漢書天文志作比二文每以形似通借此爲祉字無疑偁舉也偁魯祉猶言舉吉祭也妥古綏字

茲太子鼎

惟九月正初吉
丁亥口茲太子
作孟姬廟鼎子子
孫永寶用之

右茲太子鼎銘二十四字摩滅者一字據吳侃叔所藏搨本摹入案正初吉者正朔也與後都敦正二月同例字有剝落或釋作之恐非茲國名少昊氏後見路史姑幕有茲城太原亦有茲氏城高辛氏後又有嬀茲國未詳孰是

羌鼎

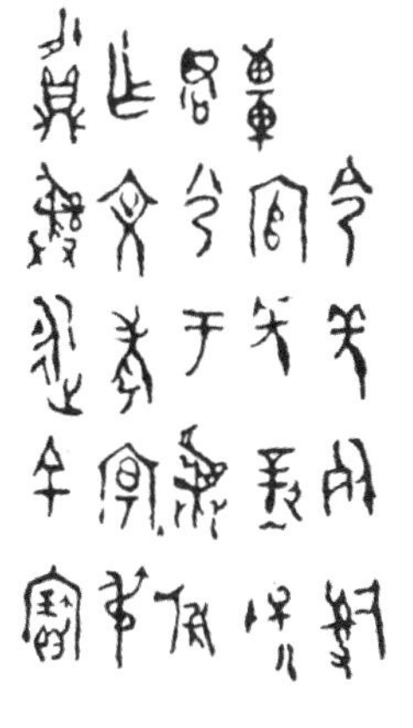

口命羌死司
車官羌對揚
君命于彝用
作文考序叔
攆彝永余寶

右羌鼎銘二十五字首一字摩滅據趙晉齋所藏搨本摹入案說文羌字从人从芈此从人从芊芊古羊字石鼓文洋字遲父鐘散季敢姜字皆可證死讀爲尸司車官名掌君乘車之事命羌主司車之官也廟序皆从广之字古廟字有从屵者广屵皆屋形古通用此序字从屵中作乎乃予之古文也永下又從止者變文也庳父鼎遷鼎皆如此

畨君鼎

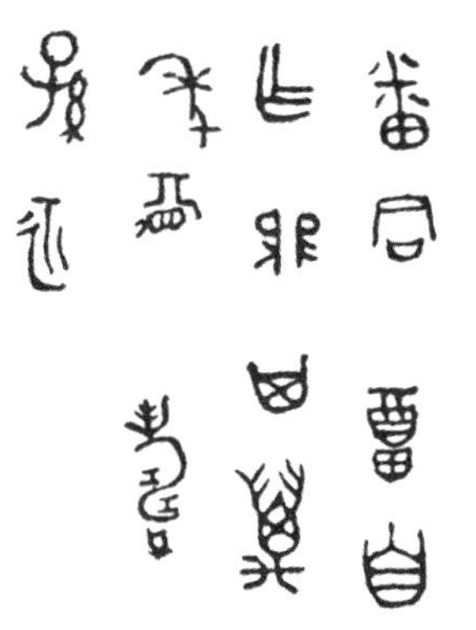

畨君招自
作鼎其萬
年眉壽
孫永

右畨君鼎銘可釋者十三字招字有闕筆據舊藏摹本編入案畨有二國路史國名紀商氏後有畨國亦作鄱御姓史夫差取番今饒之番陽又周氏武王之穆有潘國亦作番魏王地記云下洛城西南四十潘城是此番君未知何國路史又有虞氏後番國字从米从田漢縣屬魯國或卽是歟

叔單鼎

唯黃孫子系
君叔單自作鼎
其萬年無疆
子孫永寶亯

右叔單鼎銘二十一字據趙太常摹本編入案楚滅黃見左傳十二年傳路史云黃子爵嬴姓少昊後此云黃孫子系君者蓋黃滅後子孫又續封故稱黃孫子也系說文云繫也籀文从爪絲此从爪从糸从巾巾系之下體也省幺系者繼也續也叔單爲始續封之君故曰系君可證春秋時小國絕而復續者多矣又說文云籒文以鼎爲貞字此鼎字正作貞合乎籒文

鄀季鼎

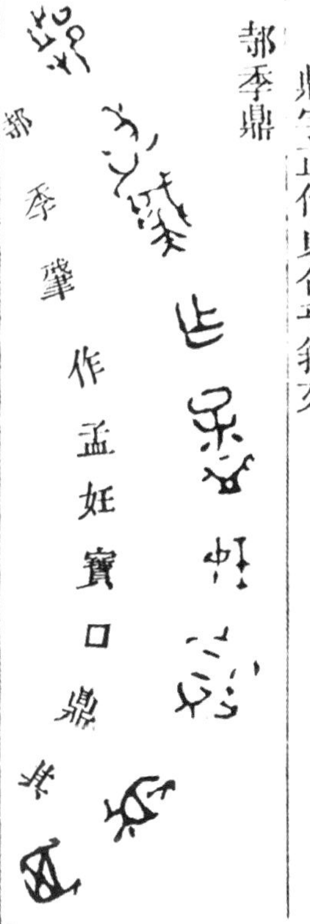

鄀季肇作孟妊寶口鼎其

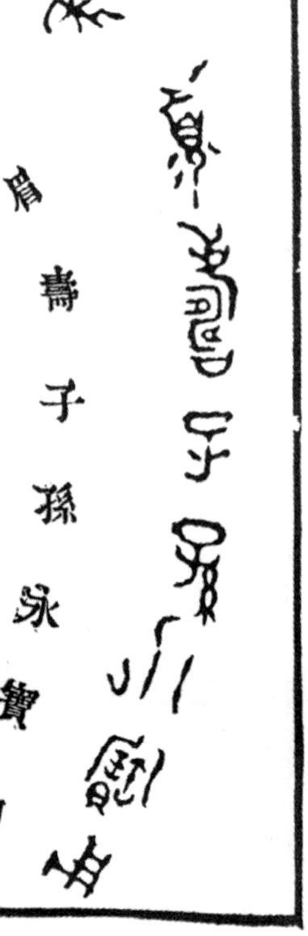

萬年眉壽子孫永寶用

右郜季鼎銘十九字寶下一字摩滅蓋尊字據趙晉齋所藏搨本摹入案郜魯所取見左傳襄十三年杜預云亢父有郜亭說文云郜附庸國漢志詩亭詩國水經云春秋詩國也在任城界

庈父鼎二器

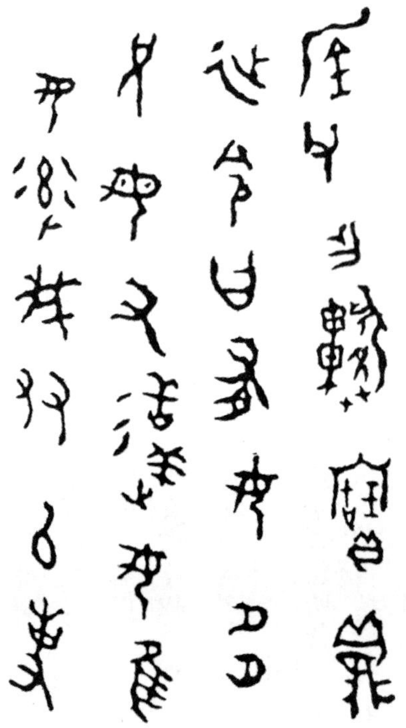

庈父作連寶鼎

永命曰有女多

兄毋又遠女惟

女率我友以事

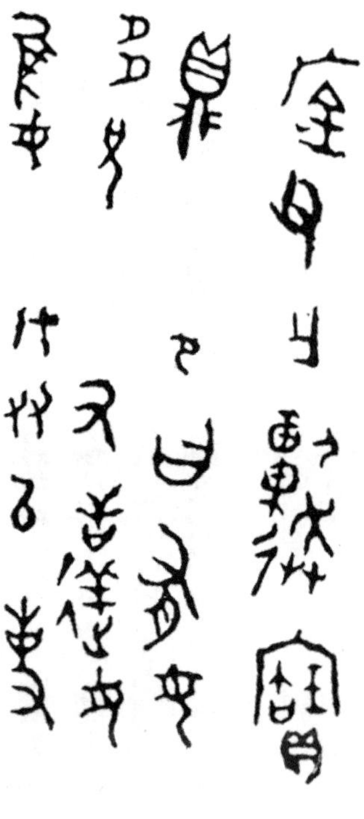

釋同

右庈父鼎二器銘各十八字此與下十器皆據宋王氏款識搨本摹入此器舊題爲周麻城鼎蓋得自麻城者吳侃叔云左隱元年傳費伯帥師城郎二年司空無駭入極費庈父勝之此盦字舊無釋蓋庈字也盦父疑即庈父元謂金今二字古多通作下一字舊亦無釋按其文从車从辵乃連字也胡連之連亦作輦輦甗也鼎作甗形爲甗寶鼎猶之鬲鼎盂鼎也戰功曰多兄古況字通貺毋作母者古通用率我友以事舊釋作司我共以事謨遠舊釋作遺亦誤有女之有當讀爲右言右汝之戰功而加貺賜也友謂臣僚也詩既醉鄭箋朋友謂羣臣同志好者也書酒誥云太史友內史友是臣僚得稱友也此君錫命之辭

唯叔鬲鼎

雁叔從王南
征雁歸惟八
月在甫居誨
作寶鬲鼎

右雁叔鬲鼎銘十九字王字誨字從舊釋篆文剝蝕不可攷案甫說文訓爲二百奭字從之訓爲盛是甫有盛義也誨通晦在盛而能居晦君子所以保命名也銘器示警介乎湯盤孔鼎矣居舊釋作位

叔姬鼎

口金父作
叔姬寶尊
鼎其萬子
孫永寶用

右叔姬鼎銘十六字首一字不可識王氏云在粱柏謨家

癸亥父己鬲鼎二器

癸亥王徙刊作口
收新宗王賡作冊
豐貝大子郹乙
貝用作父己寶鬲

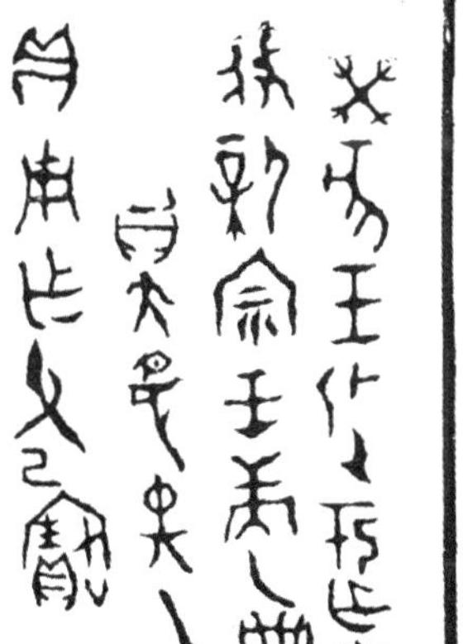

釋同

右癸亥父己鬲鼎二器銘各二十七字第一器首行末一字剝蝕舊釋爲冊字按其字形殊不類當闕疑第二器豐字鬲字皆摩滅王氏云博古圖作周父己鼎案此器甚多薛氏款識所載別是一器太子下錫朿大三字與此迥異此子下一字从口从大乃郹字古通虞郹下明是乙字王氏從薛氏釋誤也案收新宗禮所謂收族也廣雅釋詁

云績也豐貝猶言大貝王既錫以大貝太子又錫以乙貝用以作鼎彰寵賜也薛氏云古文鬲作歷此兼象其大而空足之形

師艅鼎

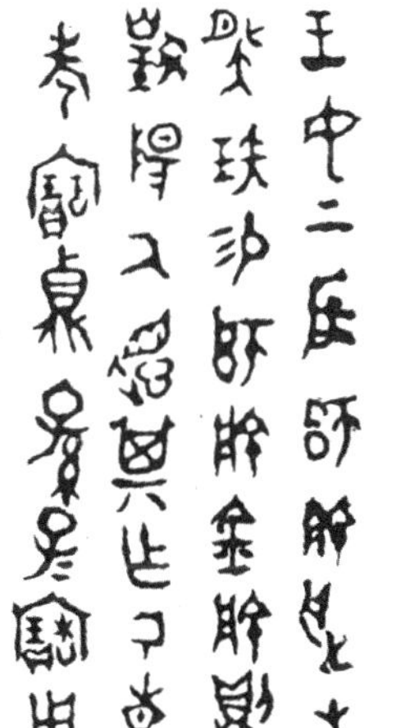

王女工侯師艅從王
夜玦錫師艅金艅則
對揚乃德其作乃文
考寶鼎孫子〻寶用

右師艅鼎銘三十二字王氏云博古六法帖十一有師艅尊作六行改其作爲用作改寶鼎爲寶彝二字不同當別

是一器案工舊釋作上玫舊釋作功錢獻之吳侃叔竝云上當釋作工女工侯者言女工于射侯也夜通射左文六年傳狐射姑穀梁作夜姑功當釋作琱矢二字古器兩字合文如庚午酉夏之類甚多大夫始鼎銘云王在和宮大夫始錫友𠬝亦琱矢二字攷工記玉楖雕矢磬注故書雕或爲舟舟周古通始鼎銘作周諧聲也爾雅玉謂之雕此作王指事也

正考父鼎

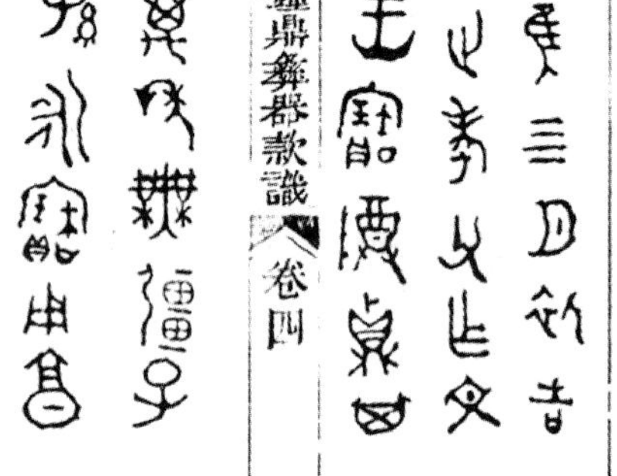

惟四月初吉
正考父作文
王寶尊鼎其
萬年無疆子
孫永寶用亯

右正考父鼎銘二十五字錢獻之吳侃叔竝云春秋傳蔡宣公名考父正長也周禮太宰建其正注正冢宰司徒宗伯司馬司寇司空也蔡文之昭也時或爲王卿士故稱官曰正案竹書紀年商武乙子曰文丁史記作太丁湯之太子曰太丁此當以文丁爲是武湯詩稱武王文丁稱文王宜也正考父弗甫何之孫孔子之七世祖求商頌十二篇於周太師歸以祀其先王祭器之作當在此時餘鬻之銘不可見得見此銘幸矣

師旦鼎

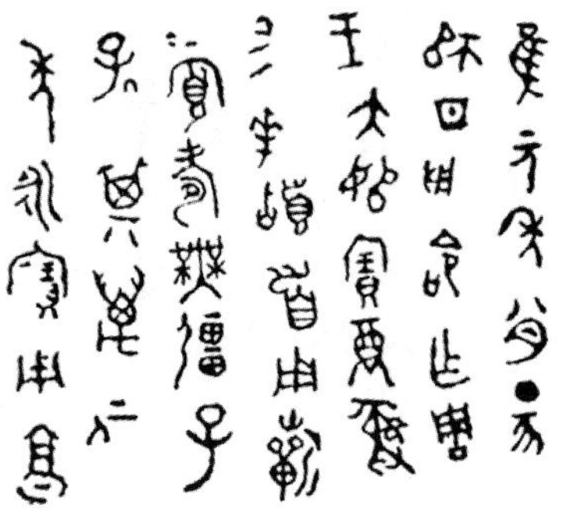

惟元年八月丁亥
師旦受命作周
王太姒寶尊彝
敢拜稽首用蘄
眉壽無疆子子
孫孫其萬億
年永寶用亯

右師旦鼎銘四十一字案師旦周公也書君奭序周公爲師魯立文王廟周公食采于周亦必立先王廟作器祭周王太姒禮也朱右甫云此元年當是成王卽政之元年武王時太公爲師故詩大明云維師尚父攷漢志成王元年乃周公攝政七年之明年竹書紀年以周公攝政之一年爲成王元年攷召誥洛誥皆周公攝政七年所作見史記及漢志鄭注召誥以爲居攝五年鄭除去居東二年也召誥之言曰王乃初服洛誥之言曰朕復子明辟是攝政七年成王巳卽政矣今以厤法推之漢志所云成王元年命伯禽俾侯于魯之歲正月巳巳朔八月當得乙未朔無丁亥日依竹書紀年成王元年卽周公攝政元年推之正月約得壬午朔八月約得戊申朔亦無丁亥惟周公攝政之七年八月壬申朔是月既望爲丁亥然後知周公攝政之七年卽成王卽政之元年證之此器灼然無疑是時周公禋于文武祭器作焉曰受命者受成王之命也王復齋云

此器後爲秦檜取去元購得秦檜家廟銅豆一器其銘詞自稱師臣檜奸妄不臣卽此可見及覩此册知所本在此正如魏晉上擬禪受耳

南宮方鼎

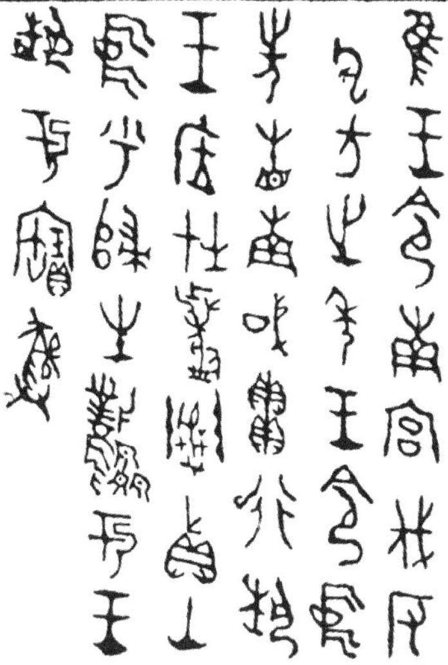

惟王命南宮伐反虎方之年王命中先相南國貫行𤊾王居在射圖貞山中呼歸生對揚刊王𤔲刊寶彝

右南宮方鼎銘四十字王復齋云法帖作南宮中鼎此第三案相舊釋作召居作位今改正對揚二字舊釋作原錢獻之以爲對揚二字合文

季娟鼎

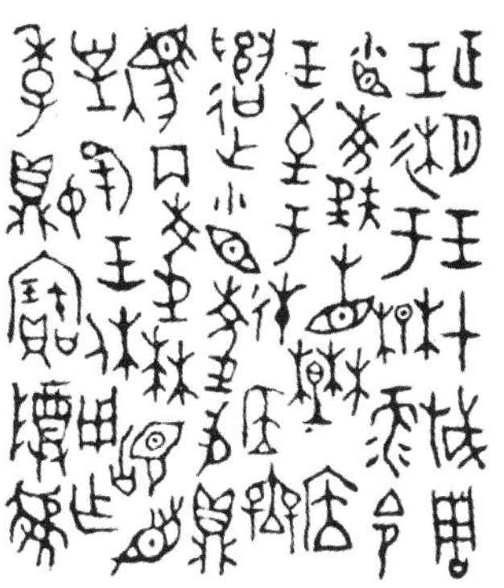

正月王在成周王徙于楚麓命小臣夌先相楚居王至于徙居𢈪遣小臣夌錫貝馬兩夌拜稽首對揚王休用作季娟寶尊彝

右季娟鼎銘四十八字薛氏款識亦有此銘作錫貝錫馬兩此銘不重錫字當別是一器貝字作鼎者古通用說文員字从貝而籀文从鼎可證矣𢈪讀爲撫撫遣猶晉姜鼎云嘉遣也案周王無徙居楚麓事此王疑是王子朝子朝僭亂時號西王將竄荆蠻命臣逼使理或然也說文妘祝融之後姓也又𡚱籀文國語祝融後八姓妘姓之國鄅鄶路偪陽也此季媍者莫詳何國

仲偁父鼎

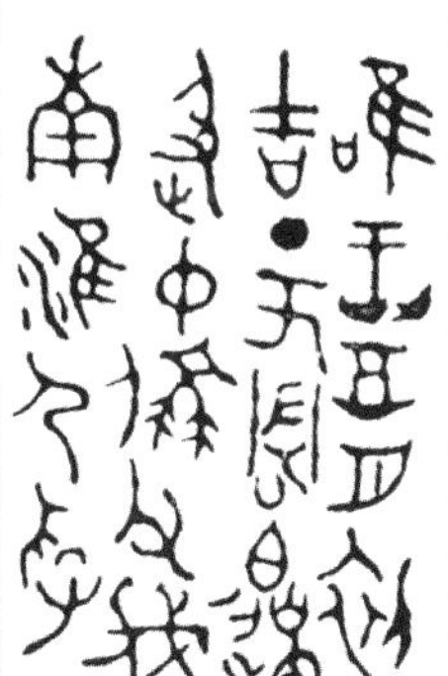

唯王五月初吉丁亥周伯邊及中偁父伐南淮節孚金用作寶鼎其萬年子孫永寶用

右仲偁父鼎銘三十五字王復齋云法帖作五行今是別本吳侃叔云邊舊釋作皋當爲邊案銘文不類皋字吳說是也左莊十九年傳周大夫有邊伯殆其後與節當爲卽就也孚讀爲俘軍獲曰俘言就伐南淮所俘之金以鑄鼎也

𨑝鼎

王命邋戠東反
節疐肇從遣征
攻戰無敵枏刊乃
身孚戈用作寶尊
彝子=孫=其永寶

右疐鼎銘三十四字器為錢獻之所藏據搨本摹入獻之
云載國名春秋公羊傳作載左傳作戴說文解字作㦹此
用解字之體而上略異載今衛輝府考城縣也攻字省攴
從又戰作羿者亦單字之省變敵作啻古敵字從啻而卽
通於啻也案邋卽獵字見石鼓文銘言命獵載東反節復

命又從遣征而有功伐因以俘戈之金鑄鼎也

召父鼎

召父作乃
父寶彝

右召父鼎銘七字器在桐鄉據石門方鐵珊廷瑚手搨本
摹入案薛氏款識有召父彝定為召公奭器是未必然

叔師父鼎

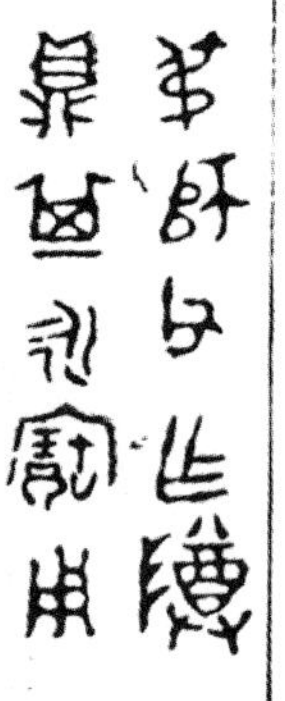

叔師父作尊
鼎其永寶用

右叔師父鼎銘十字據陳秋堂所藏搨本摹入

父己鬲

癸亥王徙刊作冊
收新宗王賡作冊
豐貝大子錫東大
貝用作父己寶鬲

右父己鬲銘二十八字陽識濟寧李鐵橋東琪所藏器
據陳秋堂搨本摹入案此銘與薛氏款識所載者同與前
二器迥異

君錫鼎

君錫用
作寶其
子孫永
寶用鼎

右君錫鼎銘十三字據趙太常摹本編入案君錫錫命也

伯正父鼎

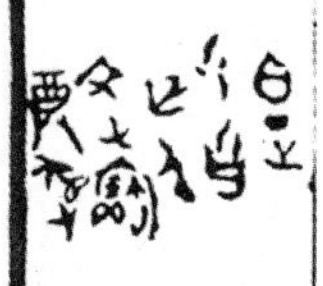

伯正
父自
作乃
文父
寶尊彝

右伯正父鼎銘十一字器爲元所藏案此鼎甚小款足當是陪鼎

伯躳父鼎

右伯躳父鼎銘十八字錢唐馬秋藥侍御履泰所藏器據陳秋堂搨本摹入案舊釋伯下一字爲呂皇二字誤也此字从呂从頁从弓乃古文躳說文解百字云頭也解頁字云頭也从頁从儿古文䭫首如此解躳字云身也从呂从身或从弓考躳字取鞠窮之義古訓爲身亦爲𦣻故字从呂呂同脊背脊也此銘躳字不从身而从頁蓋頁象人首下儿古人字象形頁與身義固相近且頁即古䭫字䭫下首也首下而見呂合乎鞠窮之義此會意也又从弓者諧聲也一字而會意諧聲兼之古文之體備矣又說文儿字下引孔子曰在人下故詰詘詰屈即有鞠窮之義弓義爲窮可通於躳故鄭注論語直躬之躬作弓先聖之傳恭即於制字傳之垂訓切矣𩁹靈之省通令徐氏獻忠金石文字云令者嫁女納婦之詞此鼎而作盤式𦙶歲久剝蝕損去其足或後人以古器改作亦未可定鼎而曰尊者宗廟之器統爲尊彝散文可通稱也

史伯碩父鼎

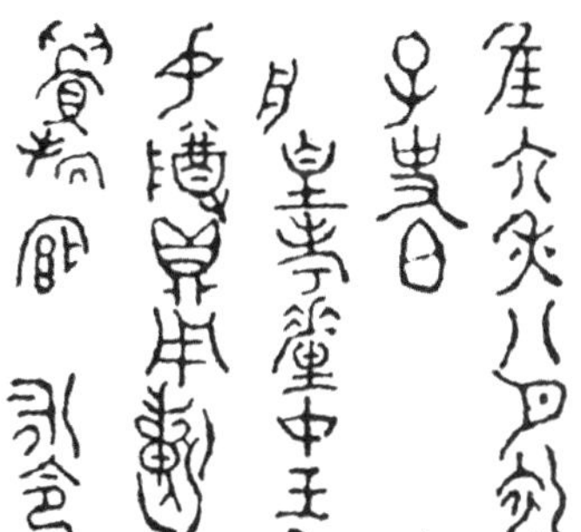

惟六年八月初吉己
子史伯□□□孝于
朕皇考釐仲王母乳
母尊鼎用蘄匄百□
眉壽綰□永命萬年

無彊子孫永寶用亯

右史伯碩父鼎銘可辨者四十五字據江侍御摹本編入銘見薛氏款識彼篆體甚大當別是一器蓋同儕謚也乳字象形㚢侃叔曰王母謂適母乳母謂生母其說甚確內則所謂食母喪服所謂乳母是選於傅御之中者不得與皇考王母竝著尊彝其爲生母無疑矣說文云生子曰乳廣雅云乳生也是乳義爲生也黃氏長睿東觀餘論云史伯周宣王臣碩父其字也案史伯見國語說有依據綰下一字乃綽字黃氏云祈天永命俾弗中絕故曰綰垂裕後昆俾昌而大故曰綽蓋禱之辭也考雅訓綽綽爰爰緩也竊謂綰綽即緩綽也詩云寬兮綽兮

康鼎

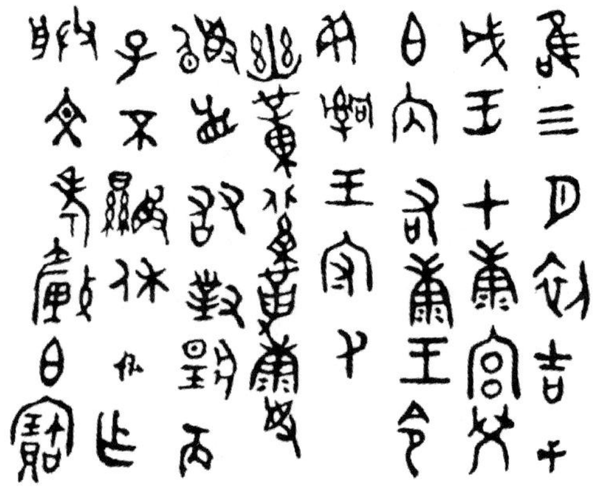

唯三月初吉甲
戌王在康宮芠
伯內右康王命
女司王守口口
幽黃鉴勒康拜
稽首敢對揚天
子丕顯休口作
朕文考釐伯寶
尊鼎子孫其萬
年永寶用鄭邦

右康鼎銘六十二字摩滅者三字據趙太常摹本編入案康宮康王廟禮爵祿必賜於祖廟示不敢專也下康字人名銘末綴鄭邦二字知康即鄭國守邦邑大夫也芠伯儐王冊命者康王命女云云乃冊命之詞也幽黃即幽衡黃古通衡王莽大布黃千乃衡千也即當千之義禮玉藻一命縕韍幽衡再命赤韍幽衡鄭注衡佩玉之衡也幽讀爲黝康蓋再命爲大夫也內門之內同納古通入

無専鼎

惟九月既望甲戌王格
于周廟燔于圖室司徒
南仲右無専入門立中廷
王呼史友冊命無専曰
官司鳿王遉側虎方錫
女元衣帶束戈琱㦸縞
緌彤矢攸勒鑾旂無専
敢對揚天子丕顯魯休
作尊鼎用享于朕烈考用
割眉壽萬年子孫永寶用

右無専鼎銘九十四字器今在焦山僧行載所輯焦山志云鼎傳于吾鄉魏氏分宜相嚴嵩當國以不得此鼎將罪

之蒿敗魏氏懼子孫終不保送焦山據此則鼎自魏氏歸
焦山王西樵士濂詩序以爲曾入嚴氏譌矣此據武康徐
雪廬熊飛手搨本摹入案此銘自顧亭林程穆倩以下釋
文甚多大興翁學士方綱輯爲一書至詳且備攷南仲有
二詩出車篇之南仲毛傳以爲文王之屬常武篇之南仲
毛傳以爲王命南仲于太祖是宣王之臣也此銘不類商
器當是宣王時臣無叀無字當讀爲無古無字每省邑王
命無叀於祖廟而南仲爲相禮入門立中廷呼史冊命云
云可補禮文之不足友史臣名燔于圖室之燔舊釋作烝
今從吳侃叔釋作燔周九月夏七月非烝祭之時字形亦
不類古文番作𠬝此字从火从𠬝特點畫有闕泐耳左傳
二十四年傳云天子有事膰焉是執膰以祭謂之燔也圖

室二字無可考竊謂卽明堂太廟也周禮春官天府掌祖
廟之守藏凡國之玉鎭大寶器藏焉鄭注祖廟始祖后稷
之廟寶器之說鄭引書顧命球圖之屬以當之其注書云
河圖圖出於河水帝王聖者所受知周之河圖藏于祖廟
必有其室矣史記五帝本紀文祖者堯太祖也集解引鄭
氏說文祖者五府之大名猶周之明堂正義引尚書帝命
驗云五府者唐虞謂之天府夏謂之正室殷謂之重室周
謂之明堂皆祀五帝之所也知圖室又爲周明堂之異名
矣其曰天府者仍唐虞之名也天府以藏球圖故又曰圖
室也燔于圖室卽宗祀文王以配上帝也官司鴄王之鴄
舊釋作佐或作𡧱皆非是字从工从鳥形是鴻之古文大
也遉側虎方四字侃叔所釋甚爲明顯惟虎字稍剝蝕然

可以意通遉玉篇云邏也虎方西方也謂邏遉反側之虎
方也王與方爲韵帶束或作束帶者誤錢竹汀宮詹大昕
云古器銘多用鋚勒字惟石鼓及寅簋文正作鋚勒伯姬
鼎則作攸勒宰辟父敦又作攸革薛尚功王俅諸家竝釋
攸爲鋚此文亦但作攸葢古文之鋚勒卽詩所云鞗革也
詩鞗革凡四見鄭氏箋或云轡或云轡首或云轡首垂毛
公則訓鞗爲轡革爲轡首說文無鞗字而有鋚字訓轡首
銅明乎鋚卽鞗也爾雅釋器轡首謂之革郭景純曰轡靶
勒也明乎勒卽革也詩鞗革有鶬鄭以鶬爲金飾古文鞗
从金與許叔重訓轡首銅合孔氏疏謂以鞗皮爲轡首之
革似未達古制矣伯姬鼎師𣪘敦竝有縞必字薛氏釋必
爲縪按攷工記天子圭中必鄭讀如鹿車縪之縪是必縪

古文相通此銘亦作必與康成注合案攸革縞縪宮詹之
說精矣矢作𢓊者與伯姬鼎同葢矢在房攢聚之形也魯
休猶言嘉休舊釋作敷割葢聲相近借作匃舊釋作周旁
匕形眉壽之眉作目上豪眉形與戎都鼎同舊釋作盨今
俱改正此鼎元于癸亥秋北覲回浙渡江便至焦山視之
鼎約高二尺許體圓雙耳三足口約徑一尺七八寸其銘
在口下直立于鼎內非在鼎腹向上仰也質頗純厚黝然
光澤外有紋絕無青綠元每謂古金之至精者其銅精不
外洩絕無青綠其有青綠者皆金錫之齊不精堅走洩于
外漸成剝落其體必輕故以青綠爲古器重者非眞知古
器者也

鬲攸从鼎銘文據原本每行分作兩行

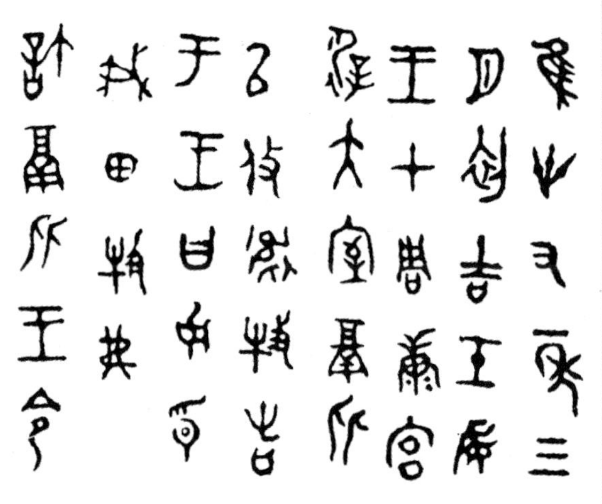

惟卅有一年三
月初吉壬辰
王在周康宮
辟大室鬲从
以攸衛牧告
于王曰女乑
我田牧弗口
計鬲从王命

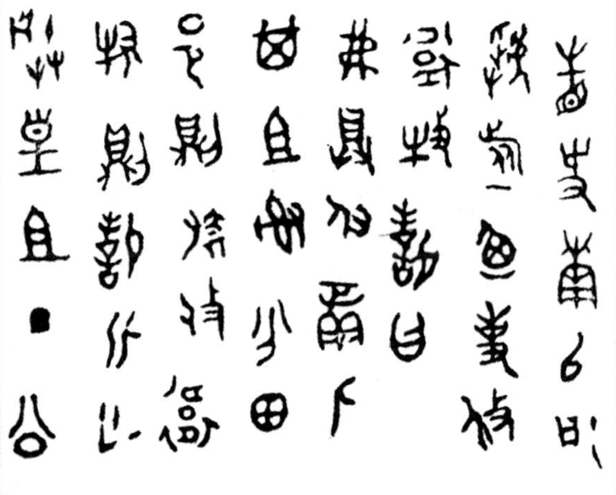

相史南以口
虢旅迺使攸
衛牧誓曰口
弗具友鬲从
其祖射分田
邑則口攸衛
牧則誓从作
朕皇祖丁公

皇考惠公尊
鼎鬲攸从其
萬年子=孫=
永寶用

右鬲攸从鼎銘一百字摩滅者四字據趙晉齋所藏搨本摹入案鬲夏諸侯有鬲氏之後路史云郡國縣道記古鬲國偃姓皐陶後漢爲縣近鬲津攸從鬲二子也攸爲兄從爲弟知者二人同作鼎而父祖竝同攸先從後是昆弟也曰王曰也曰上省一王字衛牧地名南史官名相史者內史之傳王者也此言分田之事王以屬虢旅使治之虢旅

疑即鑄大林鐘之虢叔旅也以祖分田授攸以衛牧受從二子遂以誓言勒之尊鼎周禮所謂大約劑書于宗彝是也

頌鼎　銘文據原本每行分爲兩行

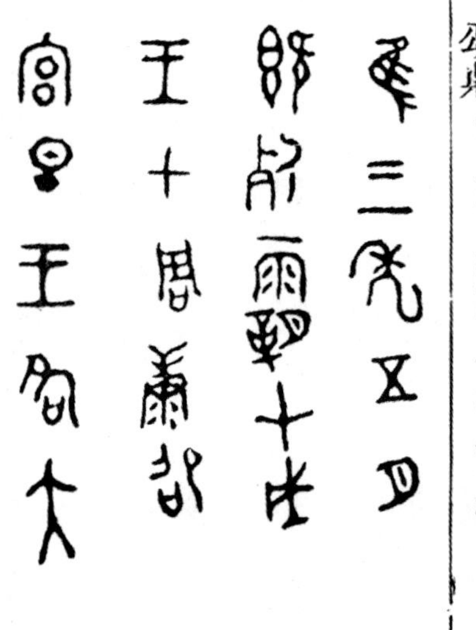

惟三年五月
既死霸甲戌
王在周康邵
宮旦王格大

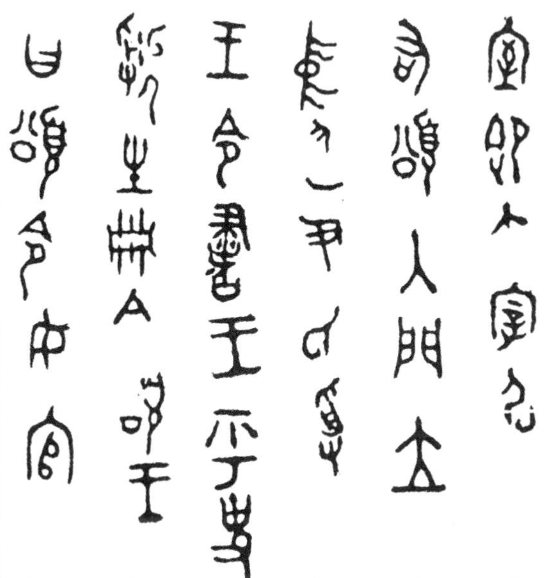

室卲立宰宏
右頌入門立
中廷尹氏受
王命書王呼史
虢生冊命頌王
日頌命女官

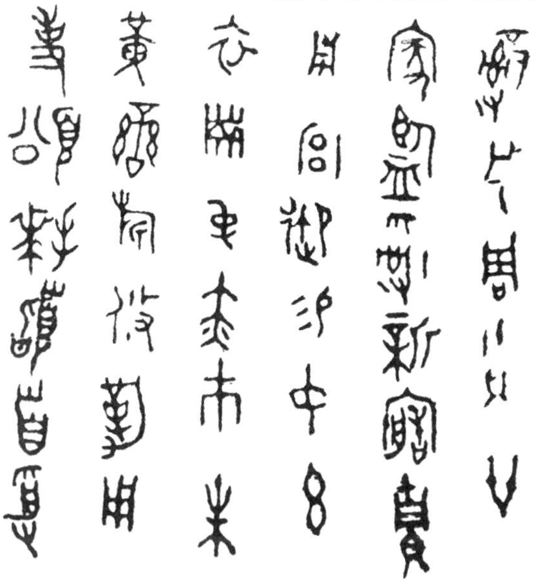

治成周貯廿
家監治新艁貯
用宮御錫女元
衣帶束赤市朱
黃鑾旂鋚勒用
事頌拜稽首受

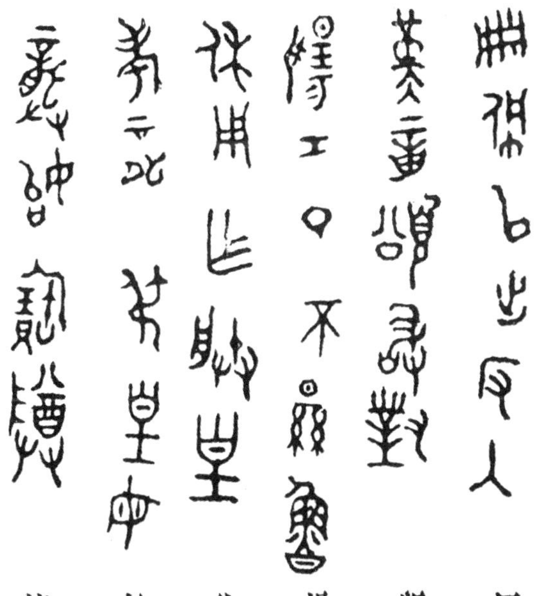

冊佩以出反入
覲寵頌敢對
揚天子丕顯魯
休用作朕皇
考龔叔皇母
龔姒寶尊

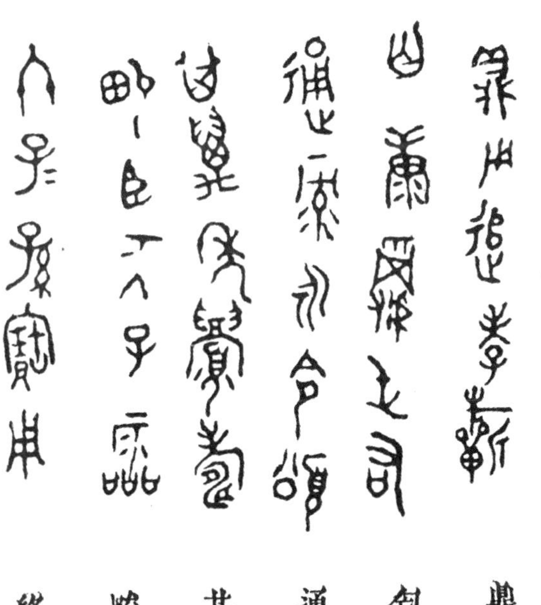

鼎用追孝𣋰
匄康虔屯右
通彔永命頌
其萬年眉壽
畯臣天子霝
終子孫寶用

右頌鼎銘一百四十九字據趙晉齋所藏搨本摹入朱氏彝尊曝書亭集有周司成頌寶尊壺銘跋今其搨本尚存與此鼎及頌敦皆一人所作吳侃叔云康昭宮者康王昭王之廟也竹垞釋昭爲邵非是遲父鐘銘用昭乃穆穆盄和鐘銘以昭格孝享昭字篆體與此正同召公之召作邵者是後世繁文古文所無也銘云命女官治成周古司治嗣辭四字並作嗣竹垞釋治爲司遂以司成絕句定爲官名周字屬下讀爲不辭矣案吳說是也周下一字以壺及敦銘互校之乃貯字攟古遺文用卽宁字下體从貝是貯積之貯也監治新艁貯用宮御者命掌積聚以充宮御之用猶周官大府以關市之賦待王膳服也朱黃朱衡也受冊佩以出者佩朱衡以出也在禮君賜衣服服以拜賜言佩朱衡則服袞市可知矣反入覲寵者言受冊以出而反入覲龍光也覲此銘知左僖二十八年傳晉重耳受策以出出入三覲杜注以爲從來至去凡三見王誤也享醴一覲受冊命一覲受冊以出反入覲寵爲一覲是一日而三覲易所謂錫馬蕃庶晝日三接也此古禮之僅存者康虔純佑亦見薛書號姜敦虔雅訓爲固卽康健之謂也

曶鼎 銘文據原本每行分作兩行

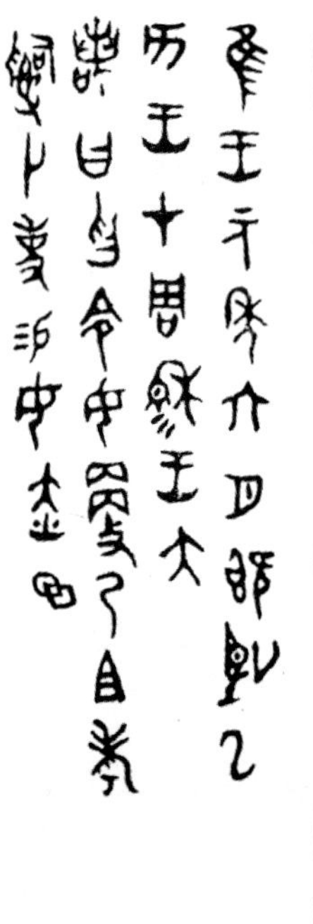

惟王元年六月既望乙亥王在周穆王大□□若曰曶命女叜乃祖考司卜事錫女赤環□□用事王在遷居邢叔錫曶赤金琳曶受休□□王曶用絲金作朕文考宄伯鬻牛鼎曶其萬□用祀子孫其永寶

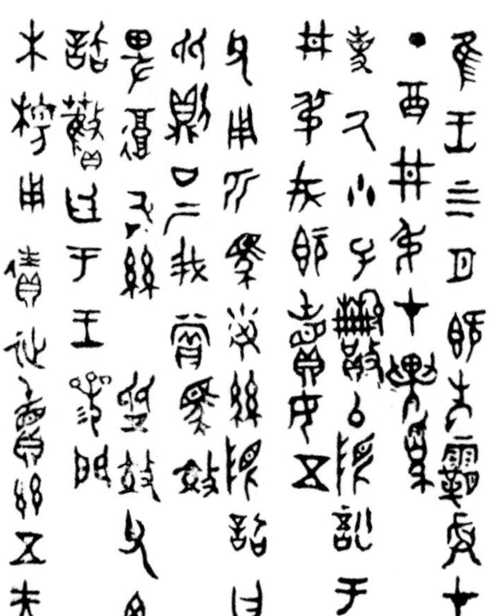

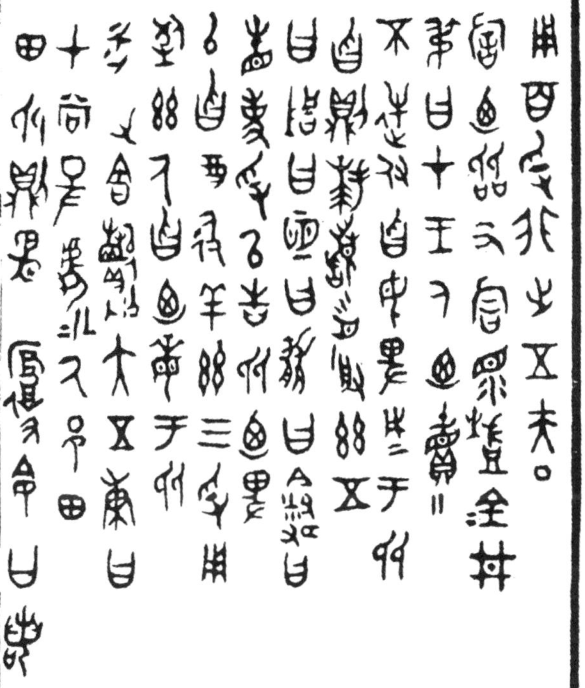

惟王四月既生霸辰在
丁酉井叔在異爲口口
事及小子徵以限訟于
井叔我既賣女五口口
父用所馬匹絲限詔曰
質則卑我賞馬效口口
卑復匹絲口質效夊迺
詔截曰于王參門口口
木枝用償徙賣絲五夫
用百爰非之五夫口口
詞迺質又詞眔口金井
叔曰在王及迺賣口口

不造收曶母卑越于質
曶則拜稽首受茲五口
曰口曰恆曰䪻曰彝曰
相事爰以告質迺卑口
以曶尊返羊茲三爰用
到茲及曶迺每于質口
口口舍截大五秉曰
在尚卑處乃邑田口
田質則卑復命曰若

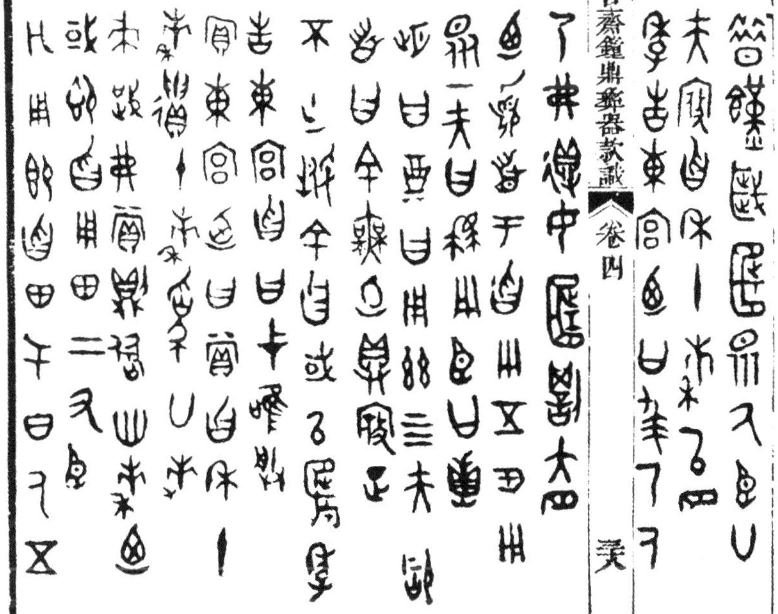

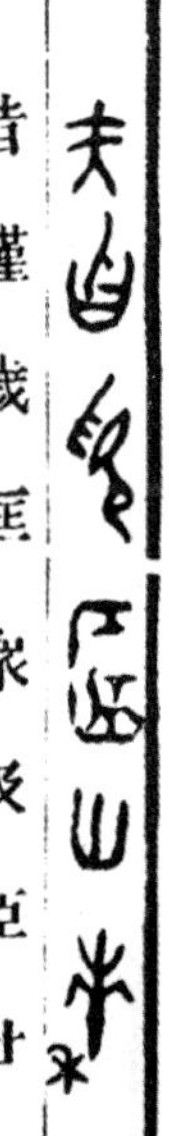

昔饉歲匡衆及臣廿
夫寇曶禾十秭以匡
季告東宮迺曰龙乃及
乃弗遉女匡罰大匡
迺稽首于曶用五田用
衆一夫曰益用臣曰叀口
㥁曰鄭曰用茲四夫稽
首曰余無迺具寇足口
不丙口余曶或以匡季
告東宮曶曰在唯朕口
賞東宮迺曰賞曶禾十

秭遺十秭爲廿秭口
來歲弗賞則口卌秭迺
或卽曶用田二又臣口
凡用卽曶田十日及五
夫曶受匡卌秭

右曶鼎銘四百零三字摩滅者三十一字疑者四字器爲鎮洋畢秋帆尚書沅所藏據搨本摹入此銘錢獻之坫侃叔竝有釋文今兼取兩家斷以己意疑者闕之獻之云鼎高二尺闊四尺深九寸款足作牛首形藝文類聚引三禮鼎器圖云牛鼎容一斛者是也銘分三節第一節蓋因王錫曶赤環赤金瑽等而用金作牛鼎以祀文考宄伯也第二節則小子㦰訟于井叔以金百爰贖五夫曶受五夫而

爲誓詞也第三節則匡衆寇曶禾十秭曶告東宮因與匡季爲誓詞也合四百餘字秋帆畢公得之于西安案第一節𡨦字通賡續也琳錢釋作瑽案瑽三色玉銘曰赤金純也則非三采矣篆體从林今从吳釋作琳絲通茲宄說文䖒古文作㚇此卽㚇之異文第二節異字古通冀地名爲字與晉姜鼎爲字相類按其文義亦當作爲㦰人名限侃叔云劵也釋名劵綣也相約束繾綣爲限周禮謂之判別賣買也周官司市賈師竝以賣爲買以儥爲鬻質作所古省文下有作受及𦣞皆其異文一取交質之義一取質對之義也卑古通俾參門當讀參問禮所謂參聽也非之五夫者言非此五夫也錢釋非之二字作別出詞字見撫古遺文彼釋作司當是詞之異文眔下一字錢釋作豈曰

下一字釋作隋同墉吳釋作阱案二字竝當闕疑末曰若者順其復命之辭也羊詳之省逐古文及第三節秭字作秭是積字之省按其義當爲秭二字聲相近故借用之龙吳釋爲季按其文與龙生鼎龙字同從錢釋丙下一字吳釋作遒卌上一字釋作附案二字亦當闕疑賞償之省來歲來字或釋作束古瘠字作𤹳束卽𤹳之省言歲歉不能償後當倍償亦通十日日字田之渉又第二節迺每于質每字當是侮之省名與㦰得直效父乃侮于質也曰𪚥𪚥字乃讋之省古𪚥字獻之又云論語有仲忽漢書古今人表作仲曶說文無曶字有𡇂字曶應亦𡇂字古文鐘鼎家皆以井爲邢案周公子所封邢侯字從开從井者爲鄭地邢亭二字不同攷穆天子傳有井利秦有井伯是古有井

氏應讀本字百鍰之鍰卽鍰字鍰者鋝也古者以二十兩爲三鋝故攷工記戈重三鋝鄭注引說文解字云鋝鍰也今東萊或以太半兩爲鈞十鈞爲鍰鍰重六兩太半兩案書呂刑其罰百鍰僞孔傳云六兩曰鍰陸氏釋文馬融云賈逵說俗儒以鋝重六兩周官劒重九鋝俗儒艮是鄭不用六兩之義故以許書及東萊云云爲證許氏之學出于逵故不取俗說馬融則直用之矣小爾雅曰二十四銖曰兩兩有半曰捷倍捷曰舉倍舉曰鋝鋝謂之鍰亦承俗說之誤史記周本紀鋝作率是借字又平準書有白選漢書蕭望之傳有金選亦卽鋝字尚書大傳云死罪罰二千饌亦與選字同蓋饌選率卽鋝而鋝與鍰同義也乃弗退退字同敗書微子我興受其敗說文引作退可證矣

乙亥鼎

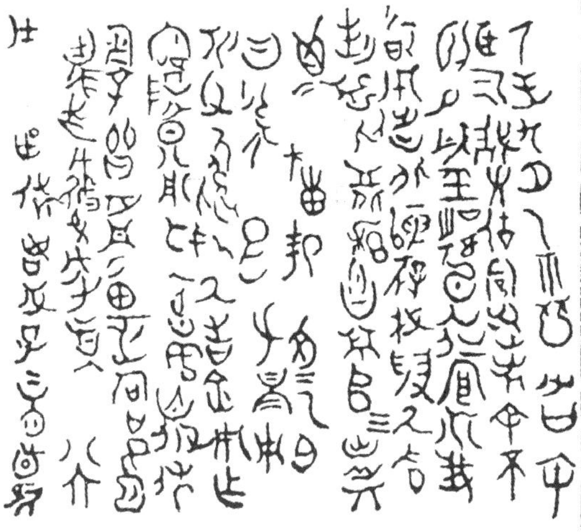

有乙亥鼎銘元手搨本陽識草篆可識者惟王九月乙亥及乃吉金用作寶尊鼎用孝享等字其餘不可盡釋案論語云裨諶艸創之史記屈原賈生列傳云屈原屬草藁未定是當時固有草篆施之鼎彝未免太簡錄此銘以備一體云

積古齋鐘鼎彝器款識卷五　　揚州阮氏編録

周尊

亞尊

亞弓

右亞尊銘二字

欽頒曲阜

孔廟之器　臣元據搨本恭摹入録敬録

御製考釋

右高一尺二寸深七寸四分口徑六寸四分腹圍九寸二分重六斤五兩按周禮司尊彝掌六尊而壺尊爲壺山尊爲罍是形製迥不一矣茲器狀如觚博古圖所載多類此者銘作亞形又爲弓古者射必有飲而亞則有廟室之義意此爲射宮飲器與

麦尊

麦作乃
文考尊

右麦尊銘六字此與下一器皆據趙晉齋所藏搨本摹入案麦字有剝落張秋水鑑云麦字說文从先此上體作爻改儿爲乂爲稍異耳

虢叔尊

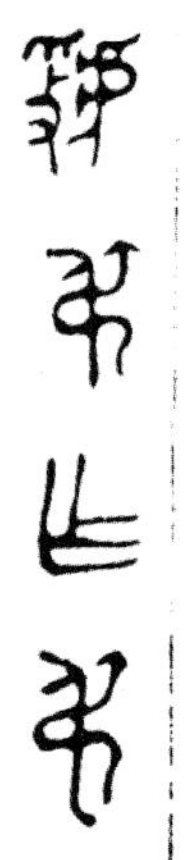

虢叔作叔

殷穀尊觥

右虢叔尊銘八字案虢叔作此尊以賸送叔殷故曰賸穀尊名説文解穀字云乳也左宣四年傳楚人謂乳穀穀當爲穀彝器凡作乳形者義取養人此尊以穀爲名當必作乳形也

邑尊

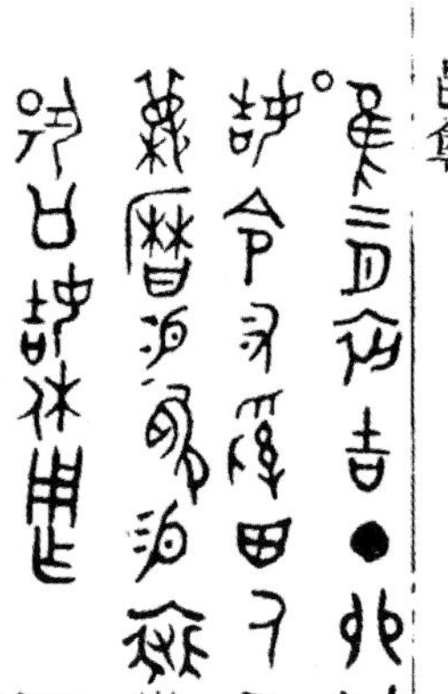

唯二月初吉丁卯公
姞命邑治田乃邑
蔑歷錫馬錫裘對
揚公姞休用作口彝

右邑尊銘三十字作下一字摩滅據趙太常摹本編入案説文姞黃帝之後百鯈姓后稷妃家也左宣三年傳注姞南燕姓又路史引陳留風俗傳云敦氏姞姓後引姓纂云宋之雝氏本姞姓此公姞未詳何國公姞者公之妃也邑作器者名古邑字作𨛜見汗簡裘字象毛在衣外之形

敔尊

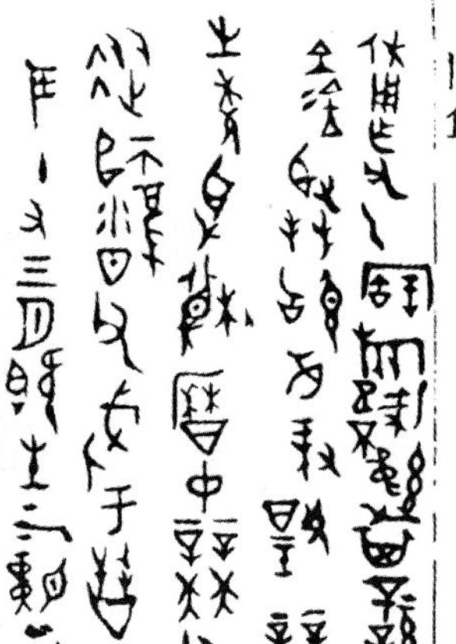

休用作父乙寶旅車彝其子孫永用
口金敔拜稽首對揚業父
之年敔蔑歷仲業父錫
從師滑父戍于公阜
唯十有三月既生霸丁卯敔

右𣪘尊銘五十四字摩滅者一字器為元所藏案十三月者董逌所謂自王即位逾數其月盡時君未改年也𢍰侃叔以為師滑父屯戍在外未聞王朝頒朔故以今歲之月係於去年之下亦通薛書有師淮父卣銘云穆從師淮父戍于古𠂤蔑歷與此詞意正同此師下一字从沓从骨侃叔釋作滑字是也𣪘堅也字見說文䜌古業字亦見說文師滑父及仲業父皆當時軍帥𣪘其僚屬故受錫金而作器也古器銘每言蔑歷按其文皆勉力之義是蔑歷即爾雅所謂蠠沒後轉為密勿又轉為黽勉小雅十月之交云黽勉從事漢書劉向傳作密勿從事是也此器與𣪘卣當係一時所作彼銘師淮父淮字佳旁亦似从骨即此銘師滑父也公𠂤見晏子春秋蓋齊地名

東朋尊

唯東朋叀口
金自作寶
彝其萬年子
孫永寶用亯

右東朋尊銘十九字𡴀下一字半泐據甘泉江鄭堂藩手搨木摹入鄭堂云此尊也案朋古瞿之省叀說文云專小謹也或曰叀古專省通摶摶義為聚訓見管子注叀下一字當是于字叀于金者言聚其金以作器也

壺尊

壺作寶尊彝

右壺尊銘五字器為錢獻之所藏據摹本編入案此與元所藏壺卣文同當是一人所作

諸女尊

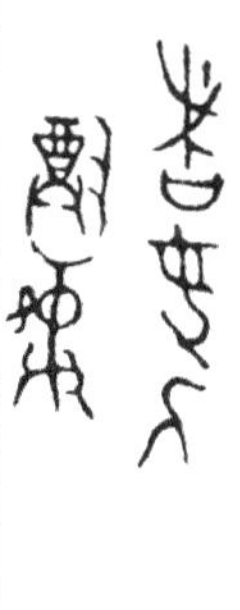

諸女舉
尊彝

右諸女尊銘五字張叔未之弟季勤元所藏器搨文摹入案諸作者古省諸女說詳後

嘉禮尊

帝肇侮
嘉禮作壺
尊用薦神保
是亯唯休
于永世

右嘉禮尊銘二十字據陳秋堂所藏搨本摹入案此等篆體近乎小篆當是戰國時秦所作之器初稱帝而舉吉祭故曰肇侮嘉禮說詳後

周卣

册卣

册父乙

右册卣銘三字

欽頒曲阜

孔廟之器臣元據搨本恭摹入錄敬錄

御製考釋

右通蓋高九寸一分深五寸九分口縱三寸五分橫四寸五分腹圍一尺九寸八分重一百四十兩兩耳有提梁按爾雅疏卣中尊也在尊罍之間以實鬱鬯詩書紀周代錫功皆言秬鬯一卣則知卣所以承君之錫故銘册以紀君命父乙蓋廟器次序

旗單卣

蓋　旗爵單

器　釋同

右旗單卣蓋器銘各三字據宋王氏款識搨本摹入復齋云卣藏番陽洪遂景裴家精甚有提梁錢竹汀少詹云此洪遂當是容齋昆弟行爵舊釋作雞吳侃叔云此字从雀形从又當作爵周景王時單穆公名旗荀子壽于旗翼卽箕翼其箕本字也

番卣

番作父丁

右番卣銘四字據趙晉齋所藏搨本摹入案古文番作𤰕見說文此點畫同而少變詩小雅采菽平平左右左襄十一年傳引作便蕃左右蓋釆米與平字形俱相近也或釋作釆非是此作器者名詩十月之交番維司徒豈卽是人與

疐卣

蓋　疐作寶尊彝

器　釋同

右疐卣蓋器銘各五字元所藏案疐作器者名一釋作惠古文惠从𠬪薛氏款識盄和鐘晉姜鼎惠字皆與此略同也

邑卣

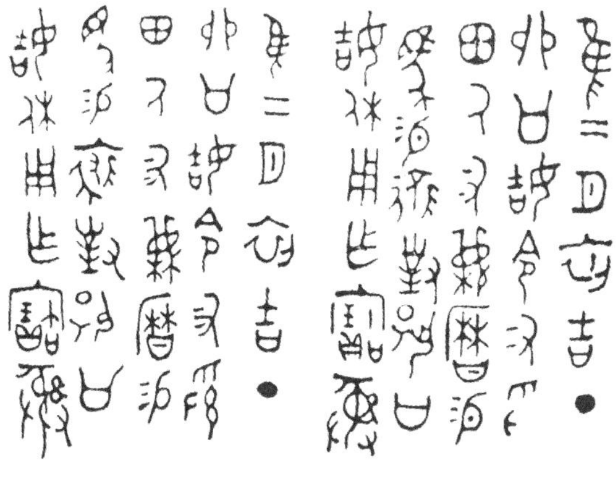

蓋

惟二月初吉丁
卯公姞命邑治
田乃邑蔑歷錫
馬錫裘對揚公
姞休用作寶彝

器　釋同

右邑卣蓋器銘各三十字據趙太常摹本編入案此與前邑尊銘文竝同惟彼器四行此五行爲少異蓋一人所作也

稛卣

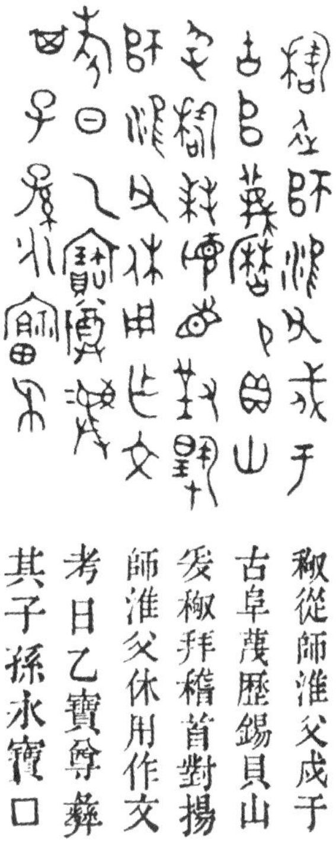

稛從師淮父戍于
古阜蔑歷錫貝山
爰稛拜稽首對揚
師淮父休用作文
考日乙寶尊彝
其子孫永寶口

右稛卣銘四十字據宋王氏款識搨本摹入錢獻之吳侃叔竝云稛字舊釋作穆非也說文稛積稛也从禾从又句聲又者从丑省此从丑不省元謂經傳人名無此稛字文選宋玉風賦枳句來巢枳句曲木當是稼稛二字省文知經傳稛字皆省作句矣山當作丗古三十字石鼓文作丗銘鼎作山爰鋝也鍰之省貝當以朋計而曰丗鍰者周時或以泉貨代貝也末一字當是用之異文舊無釋姑闕疑永寶之寶作𡨄與寶尊彝之寶迥別他器亦罕見此體蓋異文也吳侃叔云𡨄即福字古文福亦作富祭統云賢者之祭也必受其福非世所謂福也福者備也百順之名也故作祭器特以示子孫焉末一字闕釋文博古釋爲立戈形亦未審其音義古文𢦏哉皆作𢦏爾雅釋詁哉閒也銘云其子孫永福哉是辭之閒也元案此說雖未確存之以備異義

寶用卣

作寶用

右寶用卣銘三字朱右甫所藏器據搨本摹入

門彶卣蓋

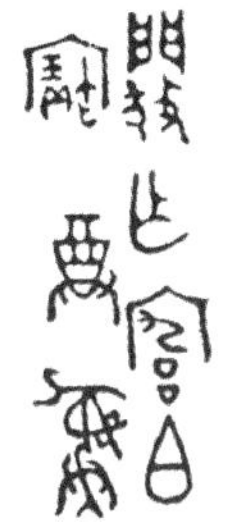

門彶作寶伯
寶尊彝

右門彶卣蓋銘八字據朱右甫手搨本摹入案周有下門子宋有門尹般此門氏未知何屬彶字寶字字書所無

周壺

祖己壺

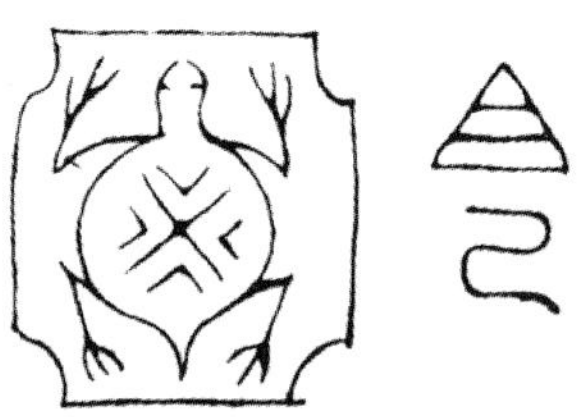

器內　祖己

器底　亞形中龜形

右祖己壺銘四字陽識器爲元所藏案彝器有取乎龜者
龜卽古文軌字故簋之形象龜以其爲軌物也或曰古者
寶龜故著其形亦通

嬶妊壺

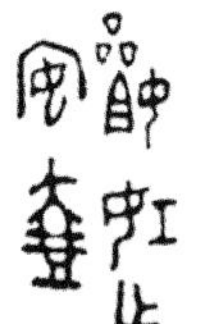

蓋　嬶妊作安壺

器　釋同

右嬶妊壺蓋器銘各五字據吳侃叔手搨本摹入侃叔曰
案說文嬶字从晶从宜亡新改三日爲三田此銘从品古
从晶之字或从品曡壘是也宜與且古亦通用詩假樂且
君且王釋文且本作宜此古文嬶字也案集韻嬶同姪吳
說艮是考公羊傳何休注諸侯一娶九女夫人與左右媵
各有姪娣此姪所作之器妊卽姪之省姪之姓也器銘妊
字甚明蓋銘似妊字妊集韻同娸無所取義安字通盦

伯壺

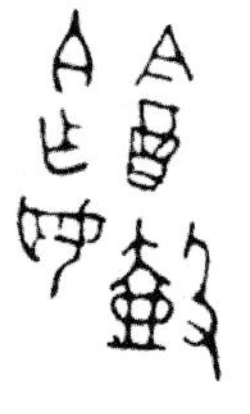

蓋　會壺伯作姬

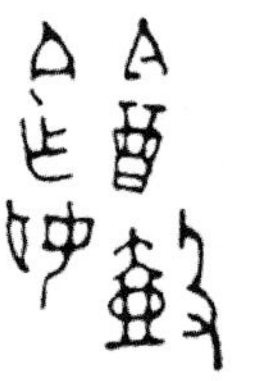

器　釋同

右伯壺蓋器銘各五字據趙晉齋所藏搨本摹入案會卽
古文會字上作覆蓋形古文今也壺有蓋故曰會壺

家德氏壺

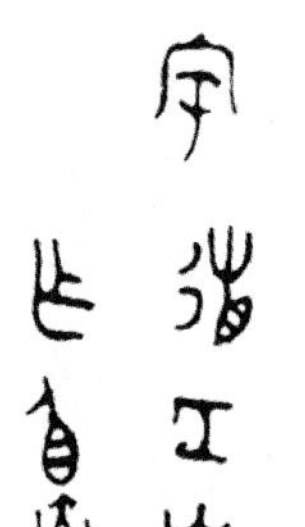

家德氏白作卣壺

右家德氏壺銘七字據舊藏搨本摹入案家者卿大夫也
古卿大夫稱家德氏作器者氏與名或曰家其氏也春秋
凡名歸生歸父者字皆曰子家孫以王父字爲氏德氏其
名也卣壺猶甗鼎盂鼎之例

周壺

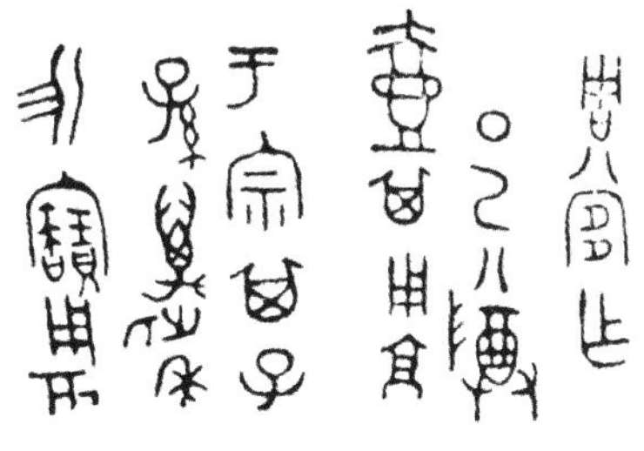

周口作
口已尊
壺其用享
于宗其子
孫萬年
永寶用口

右周壺銘二十一字摩滅者二字不可識者一字據趙太

常摹本編入

官寶壺

周口　子
尊壺
于宗其
年官寶用口

右官寶壺銘可釋者十一字據舊藏摹本編入其曰官寶用者卿大夫之家有官爲之守宗器祝釐之辭欲子孫世守其職也案此與上一器當是一人所作周下一字雖當闕疑然按其篆體固與前器同也

頌壺

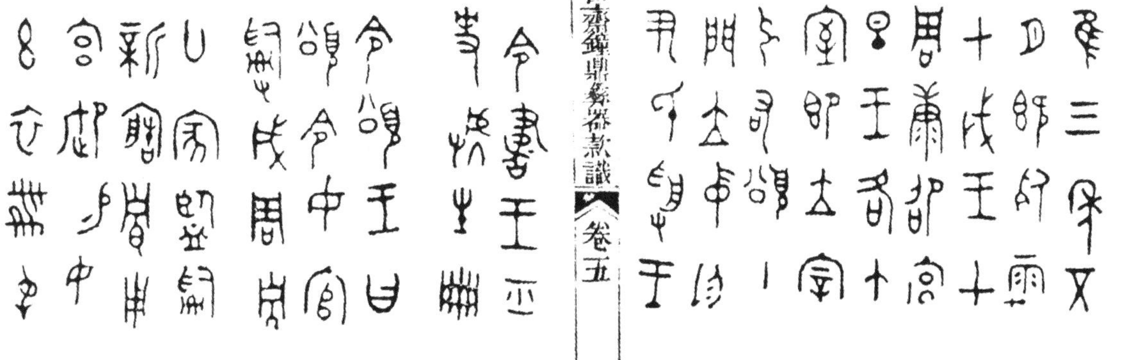

惟三年五
月既死霸
甲戌王在
周康昭宮
旦王格大
室卽立宰
宏右頌入
門立中廷
尹氏受王
命書王呼
史虢生冊
命頌王曰
頌命女官
治成周貯
廿家監治
新艁貯用
宮御錫女
元衣帶束

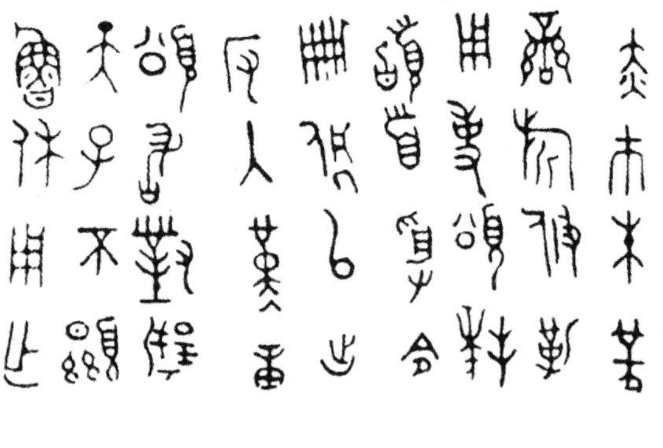

赤市朱黃
鑾旂攸勒
用事頌拜
稽首受命
冊佩以出
反入覲章
頌敢對揚
天子丕顯
魯休用作

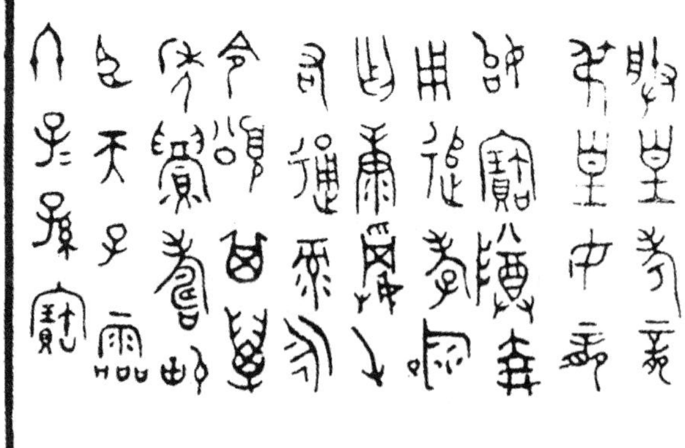

朕皇考龔
叔皇母龔
姒寶尊壺
用追孝蘄
匄康虔屯
右通祿永
命頌其萬
年眉壽畯
臣天子霝
終子孫寶

右頌壺銘一百四十九字朱竹垞太史曝書亭集有周司成壺銘跋即此器向藏仁和趙次閑之琛家今不知所在據吳侃叔所藏搨本摹入銘辭與鼎同惟彼作受冊佩以出此受字下多一命字彼作子〻孫寶用此寶字下少一用字爲異耳

彭姬壺

彭姬作壺
尊姬其萬
年子〻孫〻
永寶用

右彭姬壺銘十六字趙次閑所藏器據搨本摹入

史僕壺蓋

史僕作尊壺
僕其萬年子
孫永寶用享

右史僕壺蓋銘十七字蓋爲元所藏

大壺蓋

大作父乙
寶彝其子
孫〻永寶

右大壺蓋銘十三字據江侍御摹本編入

周鈃

史賓鈃

鄂史賓自　作鈃用征　用行用蘄　偁壽萬　年無疆　子孫永　寶是尚

右史賓鈃銘二十六字器爲元所藏案此銘史字鈃字俱有缺畫由梓治未精耳鄂與蕚同汗簡王庶子碑蕚作咢此作䛐俱从㗊从木形賓說文古文作𡨋此作賓其宀貝之間文少異耳元案鄭邢叔鐘賓作㝠又周張仲簠賓作㝠然則賓之異文亦多矣鈃即說文鈃字說文解鈃字云似鍾而頸長此字正在鍾字之上鍾字解云酒器也然則鈃爲酒器似鍾而頸長耳此器頸長足見許氏無虛語也戴氏六書故云鈃經天切似壺而大莊子曰求鈃鍾也以東縛自陸氏釋文誤音刑後世遂混于鉶鼎之鉶其實一从幵一从井形聲判然異矣博古考古二圖俱無是器其失傳久矣鄂有二一爲商侯國一爲晉鄂侯此鄂未詳何國賓作器者名

周爵

木工爵

木父　子工癸

右木工爵銘五字據宋王氏款識搨本摹入復齋云器今在祕書省案木舊釋作禾今審定當爲木木工官名也

獸爵

獸作父　戊寶彝

右獸爵銘六字器爲錢獻之所藏據搨本摹入獻之云尚有一器銘文形制與此同惜文剝蝕不可摹搨

叔匜爵

叔匜作　寶尊彝

右叔匜爵銘六字據江侍御摹本編入案匜字見夏竦古文四聲韻

鳳爵

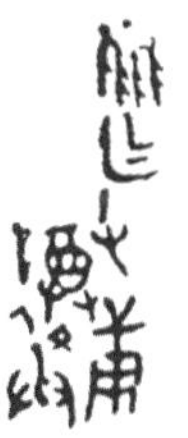

鳳作父庚　尊彝

右鳳爵銘六字器爲元所藏案說文𠃨古文鳳象形鳳飛羣鳥從以萬數故以爲朋黨字

周舉

父癸舉

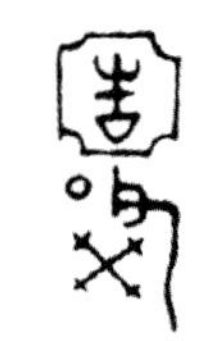

亞中告 父 圖形 癸

右父癸舉銘五字器爲元所藏案告者祭告之器或曰告古造之省圖形蓋轂黍形舉之義爲稼故取象焉

父舟舉三器

父舟作獸

癸尊彝

父舟獸癸作

乙尊彝

父 舟作獸

子倒戈 尊彝

右父舟舉三器第一器第三器銘七字第二器銘八字第一器第二器據趙大常摹本編入第三器據陳秋堂搨本摹入案獸字見汗簡禮曾子問曰祭殤必厭此父祭殤子之器也

周觶

象觶

象觶

右象觶銘二字器爲元所藏案禮器云尊者舉觶卑者舉角鄭注觶三升角四升此觶而銘曰角者說文解觶字云鄉飲酒角也觶角同類散文可通聖人制器尚象易鼎虞注云六十四卦皆觀象繫辭獨於鼎言象象事知器也觶取象獸角此觶腹上又有犧首故曰象也

彭女觶

彭女舉 舉

右彭女觶銘四字據趙晉齋所藏搨本摹入案舉者揚觶之謂也

遽仲觶

遽仲作父

丁寶 亞中八足跡形 足跡形

右遽仲觶銘十字器爲元所藏案遽古通蘧爾雅釋草大菊蘧麥釋文蘧本作遽蘧伯玉之蘧淮南泰族作璩後世有遽氏又有璩氏皆蘧之異文八別也

周觚

招觚

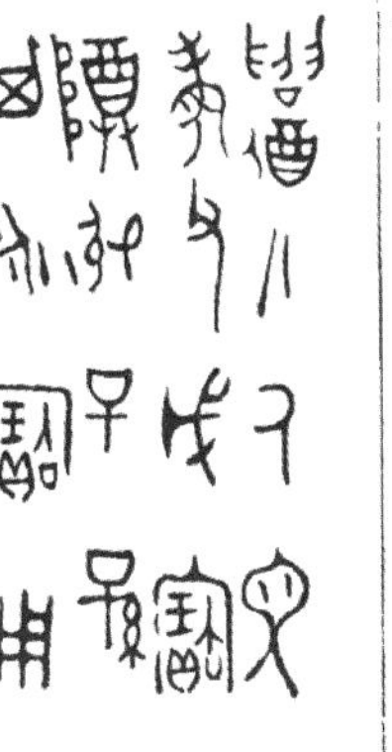

招作乃文
考父戊寶
尊彝子孫
其永寶用

右招觚銘十六字作字泐據趙太常摹本編入案薛氏款識已酉戊命彝招父丁爵招字竝與此同古器銘或言文父某或言文考某未有考父竝稱者古人有以考父爲名字如蔡侯考父宋正考父皆是此云文考父戊又非其例禮記以父考爲存歿異稱郭注爾雅引尚書公羊傳蒼頡篇以辨其非存歿之異稱然據此銘則文考歿後之尊稱父戊生前之字號也

手執中觚

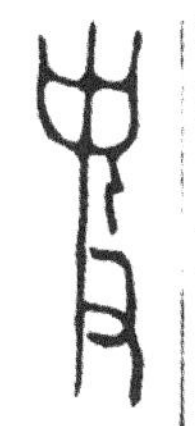

手執中形

右手執中觚銘一字陽識元所藏器案中射禮所用以實算者儀禮大射儀賓之弓矢與中籌豐鄭注中閭中算器也鄉射禮君國中射則皮樹中於郊則閭中於竟則虎中大夫兕中士鹿中禮投壺司射奉中疏云中之形刻木爲之狀如兕鹿而伏背上立圜圈以盛算此銘中字旁有斿斿當是兕鹿背上所立之圜圈形凹其上以受算以手執之奉中之義此觚其射禮所用者與

周兕觥

子燮兕觥

蓋
子燮在邦
作文父乙彝

器　釋同

右子燮兕觥銘蓋器各九字元所藏器制如爵而高大蓋作犧首形有兩角首以下作蟠夔雷回紋滿身作獸面蟠夔雷回紋此器舊名爲犧首爵元得之考定爲兕觥案說文燮从又持炎辛此从二炎从支省辛支亦从又之字又手也故作手形以手持二炎合乎許氏大孰之訓可定爲燮字子燮見左文五年傳楚臣此子燮或即其人與邦說文古文作𡵨此𡵨字下體田字作囲象城郭之形是古文也毛詩卷耳我姑酌彼兕觥傳云角爵也按毛說蓋以兕觥爲似角之爵其制無雙柱無流同于角有三足同于爵詁訓甚明非謂以兕角爲之也周禮閭胥鄭注觵用酒其爵以兕角爲之說文云觵兕牛角可以飲者也詩疏引禮圖云觥大七升以兕角爲之先師說云刻木爲之形似兕角案左隱五年傳皮革齒牙骨角毛羽不登於器杜注謂不以飾法度之器觥爲禮器安得以兕角爲之如今之犀角盃乎古器多用銅或飾以玉至刻木爲之其說近是古銅器如罍椫之屬皆銅木互用也禮器凡言爵者皆三

足散角觥皆稱爵皆有三足此器身形爲角爵葢作牛首爾雅云兕似牛郭璞云兕一角此實二角而名兕觥者牛形似兕取其形似爲名也案許氏異義云今韓詩說一升曰爵爵盡也足也二升曰觚觚寡也飲當寡少三升曰觶觶適也飲當自適也四升曰角角觸也飲不能自適觸罪過也五升曰散散訕也飲不能自節爲人所謗訕也總名曰爵其實曰觴觴者餉也觥亦五升所以罰不敬觥廓也所以著明之貌君子有過廓然明著非所以餉不得名觴觥罰不過一一飲而七升爲過多當謂五升元謂毛詩說觥大七升固爲過大韓詩說觥五升亦未可爲定論葢自暴秦銷金商周古器盡毀其淪沒于土者未盡出于世故許鄭大儒生當漢世未能目驗之凡論彝器每沿舊說頗

多牴牾考商爵大于周容一升有半今以商爵校此觥觥容二爵太半爵則觥同角實四升也或曰兕觥爲罰爵何以爲孝享之器攷陳氏禮書云兕觥之用饗燕鄉飲賓尸皆有之七月言朋酒斯饗稱彼兕觥春秋之時衛侯饗苦成叔而甯惠子歌兕觥其觩則饗有觥也鄭人燕趙孟穆叔子皮而舉兕爵是燕有觥也閭胥掌比觥是鄉飲有觥也絲衣言兕觥是賓尸有觥也葢燕禮鄉飲酒大夫之饗皆有旅酬無算爵於是時也用觥然則兕觥固祀器也不得以儀禮少牢特牲大夫士之祭無兕觥遂謂觥祇以罰不敬也觥亦爵故左傳謂之兕爵毛傳謂之角爵黃小松所藏古爵有作兕觥形者然博古考古二圖所載爵皆無葢且無如此器之大者則兕觥與爵固有別矣

周彝

伯彝

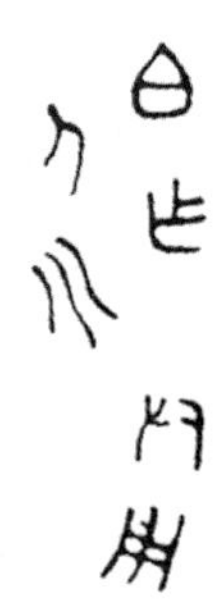

伯作　彝用
人永

右伯彝銘六字

欽頌曲阜

孔廟之器臣元據搨本恭摹入錄敬錄

御製考釋

右高五寸深四寸口徑七寸二分腹圍一尺九寸重五十六兩兩耳有珥按周禮六彝注彝亦尊也以其同是酒器但盛鬱鬯與酒不同故異其名兹其銘曰伯作考博古圖有周伯英彝叔

彝皆以爲名字兹器亦其類顧周制伯爲五等之爵又爲伯仲之次則亦未可槩定爲名也

雞彝

右雞彝銘字奇古不可釋器爲東昌章氏所藏葢頂作雞形據搨本摹入

尊彝

作尊彝

右尊彝銘三字據趙晉齋所藏搨本摹入

旅彝二器

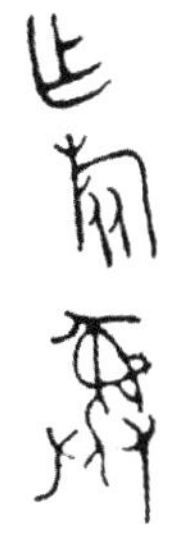
作旅彝

右旅彝銘三字此與下一器皆據趙太常摹本編入

作旅彝生

右旅彝銘四字案生作器者也

伯彝

伯作彝

右伯彝銘三字器在平湖據搨本摹入

伯旅彝

伯作旅彝

右伯旅彝銘四字據陳秋堂所藏搨本摹入

仲明父彝

中明父作
尊彝

右仲明父彝銘六字元手搨本

燕姬彝

孫言
寶彝用
燕姬作

右燕姬彝銘可釋者八字餘俱摩滅據陳秋堂所藏搨本摹入

婦舉彝

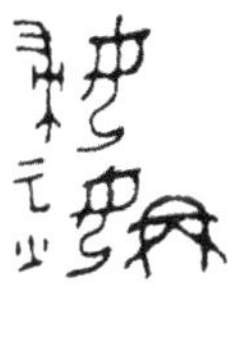
舉
婦姝

右婦舉彝銘三字據舊藏搨本摹入案姝字字書所無

𤼽王彝

𤼽王
作旅

右𤼽王彝銘四字據趙晉齋所藏搨本摹入案說文解至字鳥飛至於地也此𤼽字上作二鳥至地形汗簡云[illegible][illegible]皆日字日下从火乃炅字說文云炅見也此炅古文蓋諧

侯見王時所作之器也

史自彝

蓋　史自作

器　作寶

右史自彝蓋器銘五字器見於歷城肆據摹本編入案說文自小自也象形蓋作器者名自一釋作師說文解官字云吏事君也从宀从自自猶衆也此與師同意寶字作宝之繁文

田彝

田作父已

寶尊彝　兩手奉器形

右田彝銘八字據江侍御摹本編入案田作器者名兩手奉器所以承祭也

伯爵彝

矢伯爵

作父癸彝

右伯爵彝銘七字此器於乾隆辛亥夏出于臨朐柳山寨

土中土人得之以售益都賈人據段赤亭松苓搨本摹入案彝器有取乎矢者所以旌武功伯爵作器者氏與名爵舊釋作雞父二字今案其字从雀形从又是爵字也考柳山寨有古城基即春秋之駢邑論語云奪伯氏駢邑三百此器出當其地氏亦爲伯或即伯氏之器歟

王伯彝

王伯力巳

作尊彝孫孫

子其永寶

右王伯彝銘十四字據陳仲魚摹本編入案力字見夏竦古文四聲韻左傳周有王叔氏此王伯亦氏也蓋王族力巳其名也仲魚云嘯堂集古錄有王伯鼎銘云王伯作寶齊鼎此或即其人與凡銘詞皆曰子子孫孫此言孫孫子子者詩云施于孫子又云詒孫子古人蓋隨稱之也

庚姬彝

庚姬作𩰫女

寶尊彝　析木形　孫子

右庚姬彝銘十一字據舊藏搨本摹入案𩰫當讀爲鬵

遽伯睘彝

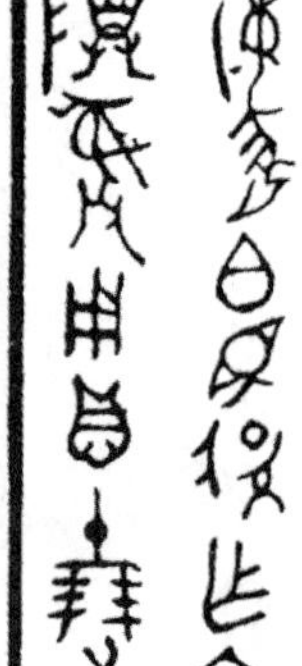

遽伯睘作寶

尊彝用貝十朋又三朋

右遽伯睘彝銘十四字據趙晉齋所藏搨本摹入江侍御曰銘記用貝此碑陰記出錢之祖案彝器每以君錫貝而作彰寵賚也商銘辭簡但作貝字而已亦有敘錫貝者如父丁角之類周器文繁作器每敘君賜或其正長所錫亦紀之鼎彝如敔尊稱卣之類此遽伯睘作器非君錫之貝故但紀其數云或曰睘環之省通瑗疑即伯玉之器也

三家彝

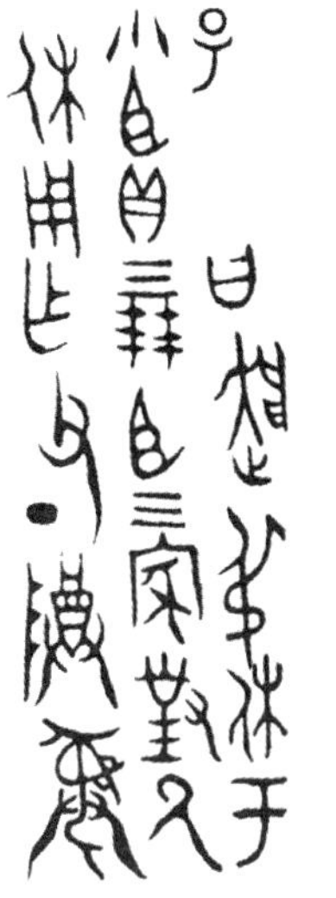

口口曰追叔休于
小臣貝三朋臣三家對乃
休用作父丁尊彝

右三家彝銘二十四字摩滅者二字據江侍御摹本編入案作器者當是追叔之僚屬大夫稱家同宗三人爲大夫故曰三家也

臮伯彝

惟王八月臮伯
錫貝于羞用
作父乙寶尊彝

右臮伯彝銘十七字據趙晉齋所藏搨本摹入案說文臮眾詞與也从㐺自聲虞書曰臮咎繇⿱罒帛古文臮此从自从未省是臮字也羞進也因進獻而錫貝作器也

然虎彝

然虎敢肇作
乃皇考公命
中寶尊彝
蓋器釋同

右然虎彝蓋器銘各十四字據吳侃叔所藏搨本摹入案然虎蓋鄭然明之族

禽彝

王伐許侯周公
某禽祝禽右
𣪘祝王錫金百鋝
禽用作寶彝

右禽彝銘二十三字錢獻之所藏據搨本摹入案禽字獻之釋作祖罕二字今从侃叔釋作禽薛書敔敦禽字正如此作器者名也某當讀爲謀元帥之謀祝从示从兄錢釋作祝吳作擣按之字形殊未的而祝字又字書所無今據前後文義考之當即宜祖之宜禮王制天子將出征宜乎

祉宜鄭注以爲祭名說文祭名凡禷禬禡等字皆从示古宜字當亦从示宜字古通儀詩角弓如食宜饇釋文引韓詩作儀國語楚語采服之宜周禮春官序官司農注作采服之儀儀又通倪隸釋費鳳別碑黎儀瘁傷斤彰長田君碑安惠黎儀倪竝作儀說文輗字或作輗知二字古通周公謀禽祝者春官太祝大師宜于社禽或居其職故周公謀使祝其事禽右殷祝者古右字作ヨ義同佑殷玉篇訓爲擊此當讀爲脤左成十三年傳成子受脤于社杜注脤宜社之肉也

寓彝

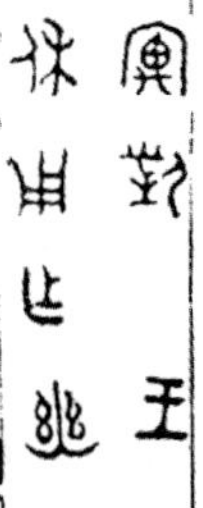

寓對口王

休用作幽

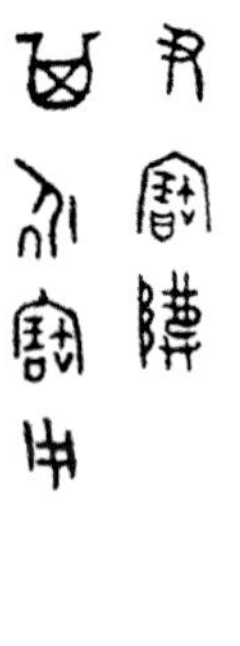

尹寶尊口

其永寶用

右寓彝銘十六字摩滅者二字據江侍御摹本編入侍御曰幽尹似楚大夫案幽尹與吳彝靑尹同例當是官名

霸女彝

霸女作

寶尊彝

右霸女彝銘六字據陳秋堂手搨本摹入案霸當讀爲伯

大保彝

予作

尊彝　大保

右大保彝銘六字此與下六器皆據趙太常摹本編入案予自稱也或釋作共元所藏寰盤共字與此相類大保官名也

印父彝

印父作

寶尊彝　父王

右印父彝銘八字案印父當是鄭大夫印段印堇父所自出也

吳禾彝

寶彝

吳禾作

右吳禾彝銘五字案說文云吳姓也亦郡也一曰吳大言也从矢口詩絲衣不吳不敖釋文引何承天云吳字誤當爲吳從口下大此人姓而作吳則吳乃吳之古文也

自彝

自作口中

寶尊彝

右自彝銘七字摩滅者一字

向彝

向作乃
尊彝
析木形 孫子

右向彝銘八字

司土彝

乃丂寶尊彝
司土司作

右司土彝銘九字案禮曲禮天子之六府一曰司土鄭注司土土均也丂說文以爲古文亏字又以爲巧字鐘鼎文每借作祖考之考薛氏款識召仲考父壺考字正如此

小臣繼彝

唯十有三月王
宅旁舟小臣繼
即事王錫貝五朋
揚天子休用作
父口寶尊彝

右小臣繼彝銘三十字摩滅者一字案旁舟猶言邦京也舟古通周考工記作舟以行水注云故書舟作周詩大東舟人之子箋云舟當作周左傳申舟呂覽作申周華周說苑作華舟二字古通用也

父丁彝

丙口大君卿
視口酉十口口
君賚貝乃口口
乃所貝用作
父丁尊彝子孫

右父丁彝銘二十八字剝蝕不可釋者六字據趙晉齋所藏搨本摹入案左傳列國之大夫稱天子曰大君卿古通慶賞也視蓋作器者名諸侯之臣錫貝于天子而作是器也

繼彝

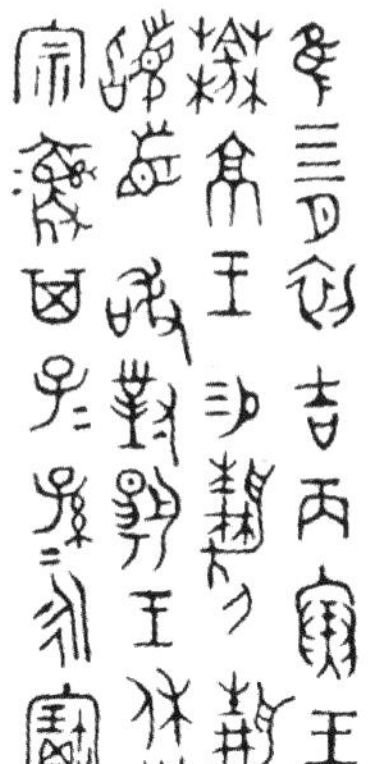

惟四月初吉丙寅王在
旁京王錫繼口繼拜
稽首敢對揚王休用作
宗彝其子孫永寶用

右繼彝銘三十六字摩滅者一字據陳仲魚摹本編入案京上一字舊釋作楚非是此旁之繁文古邦字異文也邦京猶上小臣繼彝之邦周繼字見薛氏款識齊侯鐘及繼彝鼎作器者名也

虘彝

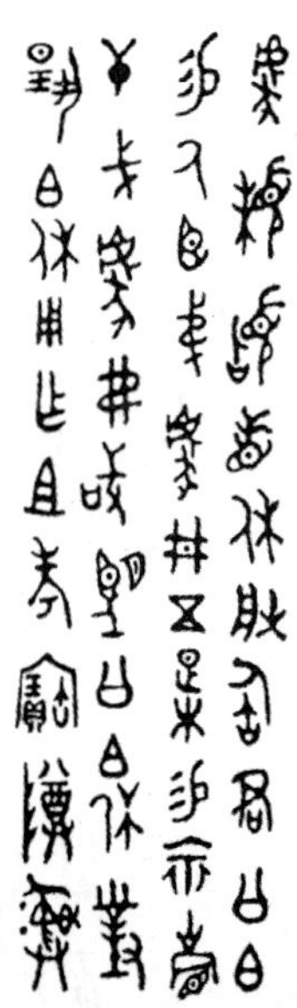

虘拜稽首休朕寶君公伯
錫乃臣叔虘井五桒錫衮冕
干戈虘弗敢望公伯休對
揚伯休用作祖考寶尊彝

右虘彝銘四十一字器爲孫淵如觀察所藏據搨本摹入
案虘舊釋作虍未全當作虘作器者名也朕下一字舊釋

作寶今從之義通保謂虘克保輔其君也公伯爲虘之保
君而錫賚甚厚故虘不敢忘其休而作器也望通作忘古
文困从止从木見說文此桒字上體作𠙶古文止下體似
从禾當是困字言以一井公田所入之五困錫虘也困稟
之圜者也

兂彝

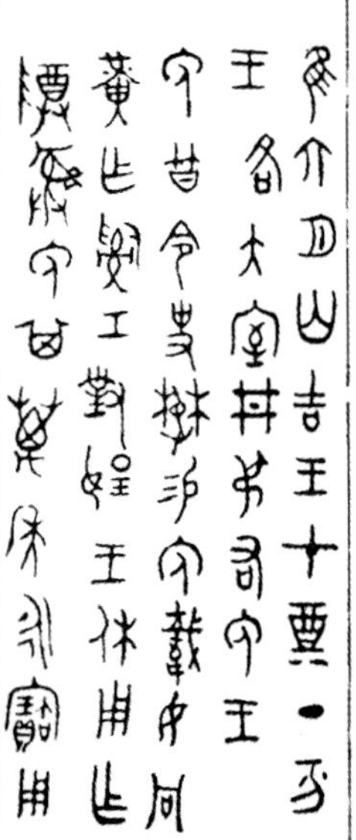

惟六月初吉王在鄭丁亥
王格大室邢叔右兂王口
兂眢命史楙錫兂載朿同
黃作司工對揚王休用作
尊彝兂其萬年永寶用

右兂彝銘四十九字摩滅者一字據趙太常摹本編入案
眢當是冊之異文古文冊有从竹或从日者此以竹指事
以日諧聲是冊字也楙从矛此有剝蝕載卽韋之繁文韋
市也朿帶朿也同借作彤彤衡猶朱衡也司工司空之屬
王下一字當是曰字說文云亼在屋下爲兂此作器者名
惜於經傳無可考別有簋一盉一皆是亼所作一錫命於
魯一錫命於周王臣之最顯者也或曰兂當釋作允魯桓

公名軌史記以爲名允簋銘云王在魯盉銘云錫魯是魯
器也此錫命於鄭魯睦于鄭王在鄭公朝之未可知也然
考春秋桓公時無朝王事亦無王至魯事其說未確

吳彝

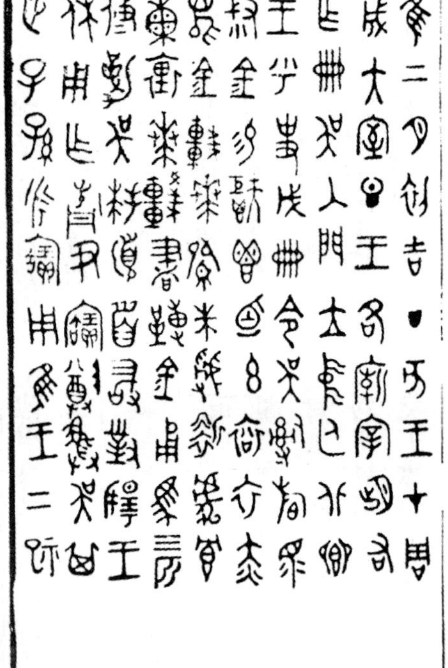

唯二月初吉丁亥王在周
成大室旦王格廟宰𫊣右
作冊吳入門立中廷北鄉
王呼史戊冊命吳司旓眔
叔金錫𩰪鬯一卣元袞衣赤
舄金車桼𦃃朱虢旂虎冟
東裏桼車畫轉金甬馬三匹
攸勒吳拜稽首敢對揚王
休用作青尹寶尊彝吳其
之子孫永寶用唯王二祀

右吳彝銘一百零二字器爲趙太常所藏據搨本摹入案
禮祭統爵祿必賜於太廟示不敢專此廟即太廟也旓葢

古旓字通帛爲旓故从㫃从帛省也叔通淑命司旓兼職
邦國所貢之善金左僖二十八年傳城濮之戰亡大旆之
左旃祁瞞奸命知司旓之職重矣眔及也即遝字之省方
言曰遝及也關之東西曰遝桼通貣𦃃滕之省約也金路
而以貣車之索約之貣車爲攻城圍邑之車見說文繫傳
引六韜是戎車也而以文畫之轉約之取其文武相濟也
轉說文云車下索也周禮巾車金路以封同姓是吳必天
子同姓也朱虢即朱鞹虢郭二字古通用詩載驅毛傳諸
侯之路車有朱革之質而羽飾虢下一字當是旂字異文
冟說文以爲飯剛柔不調相箸讀若適此从冂从皀當以
皀得聲讀爲虎韔之韔通鬯韔亦作鬯見詩閟宮傳甬古
鐘字馬三匹匹字舊釋作所今審定當爲匹周歲曰年此
日祀者散文相通也

棔妃彝

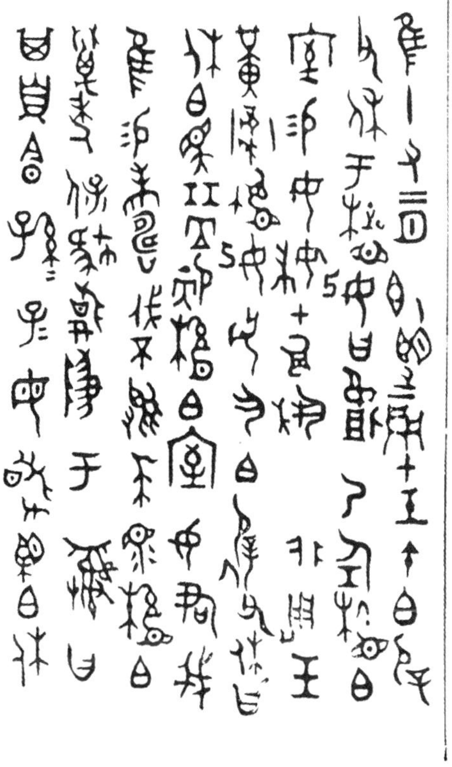

惟十有二月既望辰在壬午伯𡉚
父休于棔妃曰俎乃左棔伯
𡧊錫女妹十甬執口我周王
黃𦛦棔妃女又伯𡉚父休曰
休伯見𡨛居郙棔伯𡧊女君我
惟錫壽我丕烏耒眔棔伯
萬年保𡢁燕𡋟于彝曰
其自今日孫子毋敢望伯休

右棔妃彝銘九十字摩滅者一字據趙晉齋所藏搨本摹
入案棔字从相从幺疑即釋名緗桑之緗甬字象形禮月
令角斗甬鄭注甬今斛也執即禾穜與商父尊銘錫秉執
執字同義圓字見南宮方鼎又有也猶保也訓見禮哀公

問鄦注曰休伯以下乃梢妃之辭說文無㺬字有𤤔字解
云極巧視之也此㺬字疑𤤔之省文巧攷也𤤔居猶言考
室也鄦通郱穀梁昭二十五年傳云郱公也集解曰郱當
爲訪言諆訪梢伯之室也惟錫壽壽字當爲疇我不烏耒
者我乃大於耒也烏字見說文即於字耒象曲木之形於
耒猶言于耜謂伯辟父錫埶可大修耒耜以勸耕也㚔通
綏㚔燕者綏安也肆字从聿說文解聿爲聿飾此疑即古
文筆字筆述也謂述之于彝也

中義彝

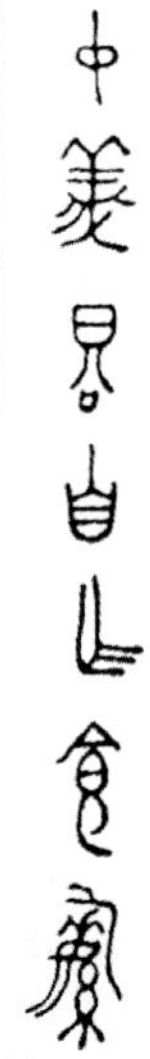

中　義　其　自　作　食　彝

右仲義彝銘七字據陳秋堂所藏搨本摹入

積古齋鐘鼎彝器款識卷六　　揚州阮氏編錄

周敦

兕敦

重屋形　巳

右兕敦銘二字據宋王氏款識搨本摹入案舊釋兕字非
是博古圖云此器葢上有一犀兕之形故以兕名之薛氏
款識亦云上爲屋室之形今按其文明是宗廟重屋之形
吳侃叔云下一字薛氏書一器作與此同四器竝作
即巳字巳古通祀易巳事遄往虞本巳作祀祀巳也訓見
釋名此廟中祀器也

伯敦

伯作
寶敦

右伯敦銘四字器爲元所藏案彝器凡言伯者或爵或字
俱未可定

寶敦

作寶敦

右寶敦銘三字據趙太常摹本編入

伯尊敦

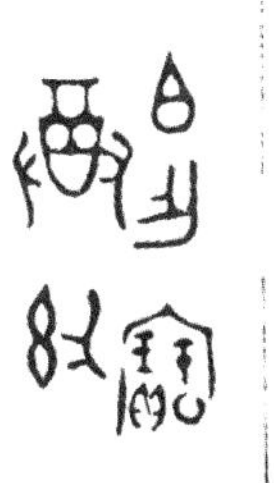

伯作寶
尊敦

右伯尊敦銘五字據趙晉齋所藏搨本摹入

朕敦

朕作寶敦　舉

右朕敦銘五字據趙太常摹本編入案作字有闕筆朕作器者自稱也舉執也少牢饋食禮云主婦執一金敦黍

伯司敦

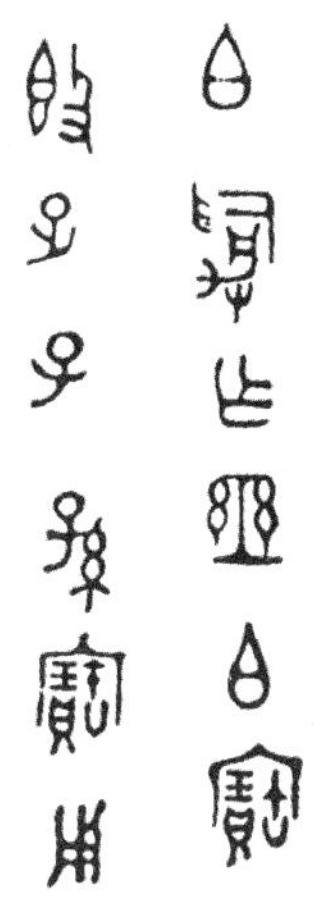

伯司作幽伯寶
敦止子孫寶用

右伯司敦銘十二字據陳秋堂所藏搨本摹入案止之也傳之子孫爲寶器也

晉妊敦

子孫永寶用享
㪤晉妊作寶敦

右晉妊敦銘十二字據趙晉齋所藏搨本摹入案㪤益氏也晉說文云籀文晉从二子一日晉卽奇字晉此益姬女之字

叔杲父敦

叔杲父作寶敦
子孫其萬年用

右叔杲父敦銘十四字據趙太常摹本編入

貞敦

蓋

貞從王伐梁
乎用作餗敦

器　釋同

右貞敦蓋器銘各十字錢獻之所藏據搨本摹入案說文梁字从米梁省聲此从刀从米形古从刃之字有从刀者是古文梁字張篋梁字微異者从刃从米耳仲梁與梁古每通作此卽春秋之梁國也乎讀爲俘言俘金而作器也

兄光敦

兄光作尊敦其
壽考寶用

右兄光敦銘十字此與下二器皆據趙太常摹本編入案兄光二字合文猶庚子西夏之例稱兄者爲弟作器也

司敦

司作寶敦
其萬年子〻
孫〻永用

右司敦銘十三字

郜季敦

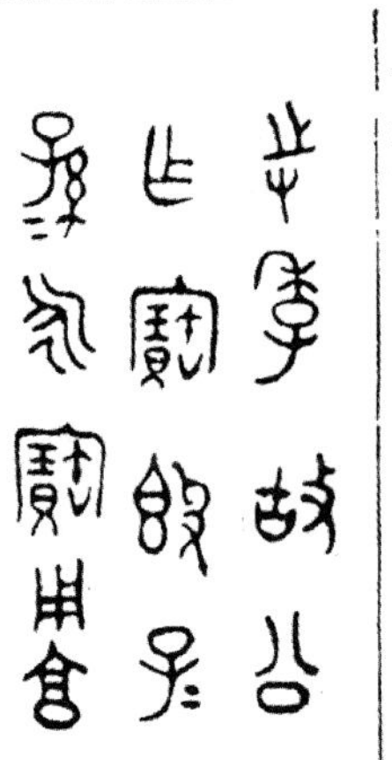

寺季故公
作寶敦子〻
孫永寶用享

右郜季敦銘十五字案寺郜之省郜爲魯所取郜季殆亡國寓公故曰故公也

虢姜敦

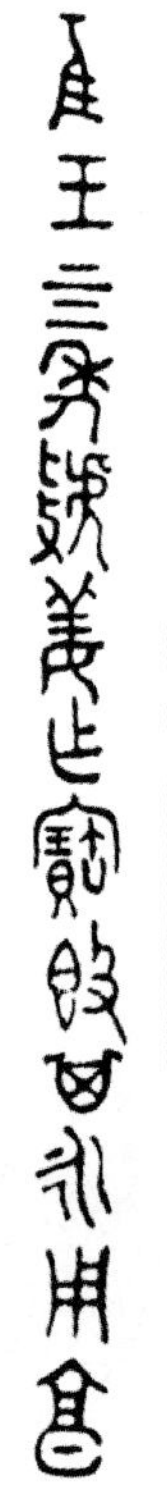

維王四年虢姜作寶敦其永用享

右虢姜敦銘十三字此與下一器皆據宋王氏款識搨本摹入款識跋云禮部郎官朱敦儒所藏者

伯囧敦

伯囧父作周姜
寶敦用夙夕
享用蘄萬壽

右伯囧敦銘十六字銘亦見薛氏款識薛氏據歐陽公集古錄及劉原父先秦古器記定爲穆王太僕正伯囧之器吳侃叔云詩思媚周姜傳云周姜大姜也此周姜即皇妣王母之義

分仲敦

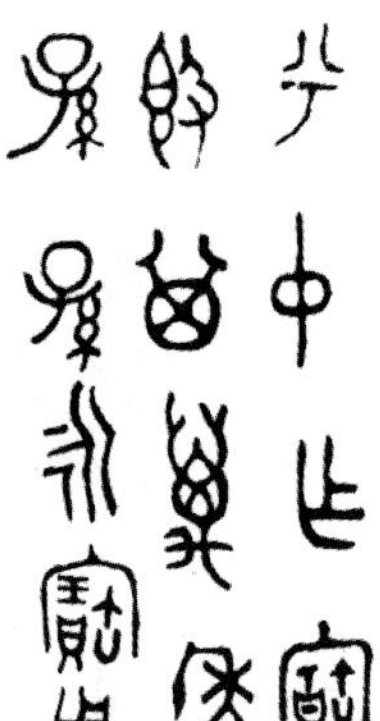

分仲作寶
葢敦其萬年
孫孫永寶用

分仲作寶
器敦其萬年
子孫永寶用

右分仲敦葢銘十三字器銘十五字錢獻之所藏據搨本摹入古彝器葢器文無不同凡重文每作二且無單言孫

三者此蓋銘識也皆以器銘爲正案兮語詞也古無以爲氏者字通猶古文尚書兮爲猗見禮大學疏又通侯高祖過沛詩三兮之章史記樂書作三侯之章路史云河東猗氏夏世侯伯國左傳鄭有侯羽此兮仲未詳何出

中雝父敦

中雝父
作寶敦

右中雝父敦銘六字器爲張叔未所藏據搨本摹入案雝字象形

敶侯敦

敶侯作嘉姬
寶敦其萬年
子孫永寶用

右敶侯敦銘十六字據趙太常摹本編入案說文𨸏部陳字解云宛邱舜後媯滿之所封攴部敶字解云列也觀此銘知古文陳正作敶經典作陳省文耳

郜遣敦二器

郜遣作寶敦用
追孝于其父母

用錫永壽子＝
孫＝永寶用享

右郜遣敦銘二十四字據趙晉齋所藏搨本摹入

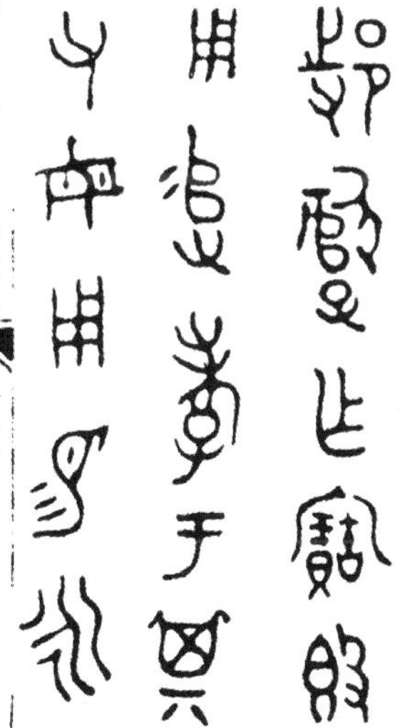

釋同

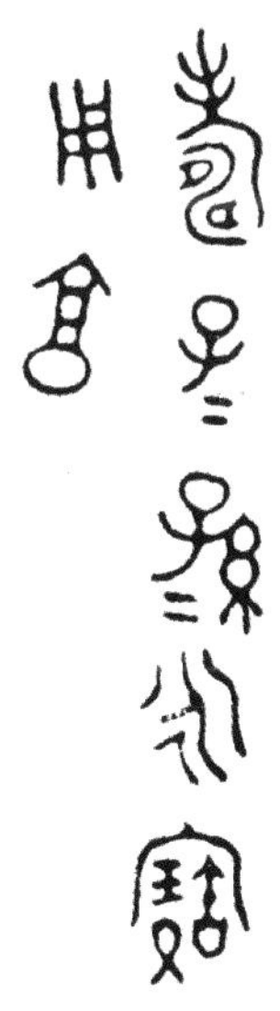

右郜遣敦銘二十四字據陳秋堂所藏搨本摹入又有一器剝蝕不可摹

伯據敦

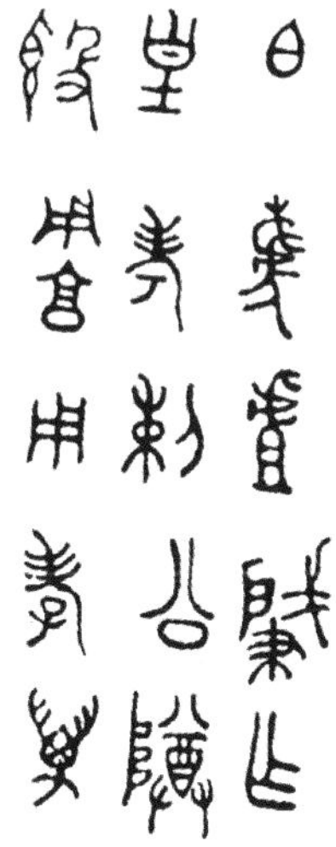

伯據虘肇作
皇考剌公尊
敦用享用孝萬

年眉壽畯在
位子孫永寶

右伯據敦銘二十八字據宋王氏款識搨本摹入亦見薛氏款識叅盧字說文云虎不柔不伸也此當是古祖字緐文剌公未詳何國謚法愎佷遂過不思忘愛皆曰剌

叔殷父敦

叔殷父鑄敦用
蘄月享孝宗室
其子孫永寶用

右叔殷父敦銘十八字據趙晉齋所藏搨本摹入衆禮祭法大夫三廟享嘗乃止諸侯五廟考廟王考廟皇考廟皆月祭之此銘云月享叔殷父非諸侯之稱而行月享之禮殆王臣歟

遣小子敦

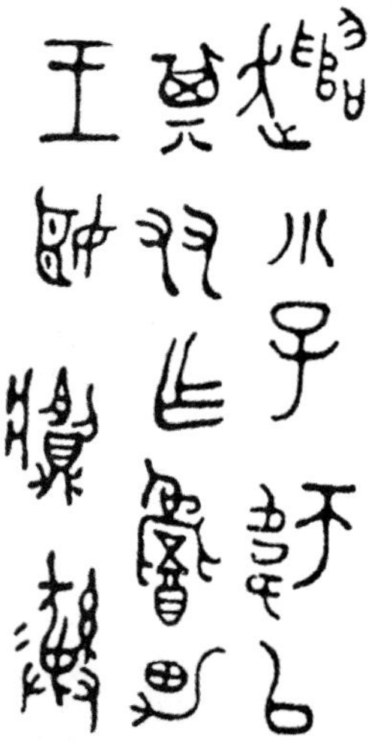

遣小子䢦以
其友作招男
王姬䵼鼎

右遣小子敦銘十四字器在平湖據朱右甫手搨本摹入

寀小子父在之稱䢦其名也以與也與其僚友爲招男王姬作器王姬蓋招男之配遣氏招國經傳無徵或曰招當釋作召周卿士有召武公召昭公此召男當即畿內之召寀召武公昭公乃召康公之後路史所謂東遷後采於垣者於周爲同姓不當娶王姬也䢦字从朿汗簡古朿字作朿此作丆省文也

長生敦

長生作寶尊敦
長生其壽考萬
年子孫永寶用

右長生敦銘十八字據趙太常摹本編入

伯角父敦

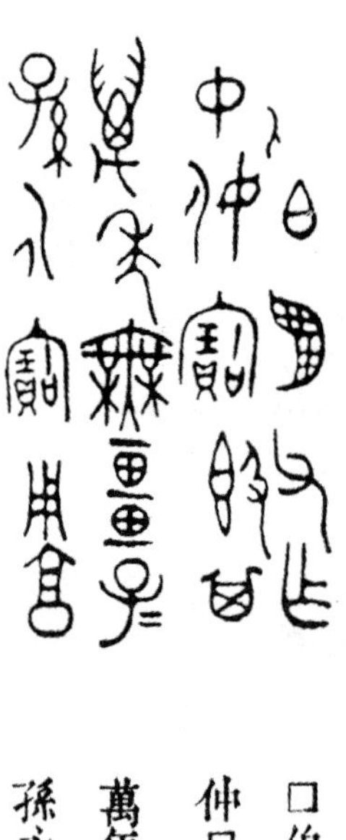

□伯角父作
仲□寶敦其
萬年無彊子=
孫永寶用享

右伯角父敦銘二十一字摩滅者二字據趙太常摹本編入寀角字見商父丁角象形仲下一字从女在旁剝蝕不可釋畺彊之本字說文云界也从畕三其界畫也

豊兮卪敦

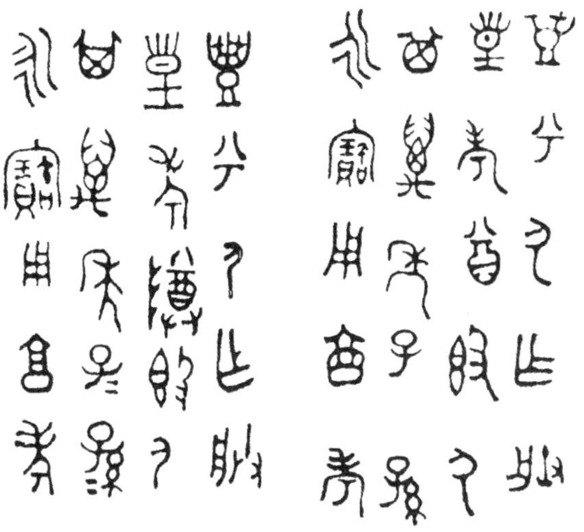

盨

豐兮卪作朕
皇考尊敦卪
其萬年子孫
永寶用享孝

器

豐兮卪作朕
皇考尊敦卪
其萬年子孫
永寶用享孝

右豐兮卪敦盨銘二十字器銘二十二字盨少子孫二字重文當是闕泐張叔未所藏據搨本摹入吳侃叔云豐兮鄭侯也侯兮聲相近鄭侯文王子漢書古今人表列于中上左傳二十四年傳云畢原酆郇文之昭也杜注酆國在始平鄠縣東卪說文節字豐侯名也考作考古文通借薛氏款識公緘鼎亦以丂爲考字

魯伯大父敦

魯伯大父作孟□
美媵敦其萬年
眉壽永寶用享

右魯伯大父敦銘十九字摩滅者一字據趙太常摹本編入

鄧公子敦

盨

□□子伯□
曰薦新作我
姑登孟媿媵
敦永壽用之

器

登公子伯余
曰薦新作我
姑登孟媿媵
敦永壽用之

右鄧公子敦盨器銘各二十字盨銘摩滅者三字據趙晉齋所藏搨本摹入案登字从収籀文見說文薛氏款識齊

侯鐘齊侯鎛鐘登字皆如此此登公子當是鄧國之公子鄧曼姓爲楚所滅見左氏傳伯余公子名因薦新而作敦贈姑爾雅云父之姊妹爲姑㛐卽威字古畏威通說文云威姑也漢律婦告威姑吳侃叔云此銘既曰姑後曰威是威卽姑也許氏所訓確不可易矣

師田父敦

惟五月既望甲□辰王□
京命師田父□□□用□
師田父命小臣䜌析余惠
□朕考亞師田父命孫
□商伯𠭯父商□□
□□□用作朕□□□

右師田父敦銘可釋者四十字器見歷城肆據舊藏摹本編入案古籀文於星名多象形故敢敦銘昴作曐參作曑此商字作𩁹亦象形也亞字無可考𠭯字从虍从刀卽劇字省文

豐姑敦

唯王五月辰在丙
戌𡨦叔作豐姑憖
旅敦豐姑憖用宿
夜享孝于𢿈公于𡨦叔
□友茲敦既皀亦壽
人子孫其永寶用

右豐姑敦銘四十五字闕疑者一字據吳侃叔所藏搨本摹入案此器多奇字侃叔有釋文與元所釋畧同惟叔下友上之字釋作旅既皀釋作𩚏食爲小異耳憖疑是古文憙字說文古喜字从喜从欠此其異文𡨦疑卽𡨦字許氏解云窒也从𦥑从廾窒宀中𦥑猶齊也𦥑說文訓爲到𦥑字从之易晉卦釋文云孟本晉作齊孟取𦥑爲齊到之義義與𦥑字同徐音𦥑爲人質切宇以此得聲是𡨦字也宿通夙𢿈或卽設字說文云設施陳也从言从殳殳使人也此从言从人从攴使人之意更顯又說文云既小食也皀穀之說文既字从旡得聲此从旨是古文也友讀爲有友上一字疑寶之異文侃叔云亦通奕詩通儵奕儵人者如禮祭統所謂𤇆煇胞翟閽者是也

仲𢼄父敦

仲𢼄父作朕皇考
遲伯王母遲姬尊
敦其萬年子孫
永寶用享于宗室

右仲𢼄父敦銘二十九字據趙晉齋所藏搨本摹入案說文𢼄字解爲又取此作器者名字又在左者古文偏旁不拘左右也遲伯遲姬遲字一釋作辟

追敦

追虔夙夕卹乃死事
天子多錫追休追敢對

天子㬎揚用作朕皇祖
考尊敦用追孝于前
文人用𣃔匄眉壽永
命畯臣天子霝終追
其萬年子孫永寶用

右追敦銘五十九字據陳秋堂所藏搨本摹入案卹死事者卹戰陳死事者之後禮有存䘏孤子之文左哀二十七年傳齊師將興陳成子屬孤子三日朝杜注屬會死事者之子使朝三日以禮之薛氏款識齊侯鎛鐘銘云虔卹故死事穆和三軍知古者卹死事之典重矣追王臣名史傳無徵

德敦

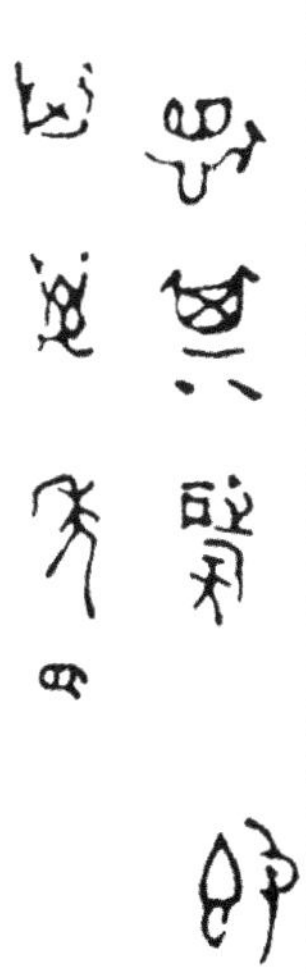

德其鑄□敦
其萬年眉□
子孫永寶

右德敦器銘十四字摩滅者二字器爲元所藏

師遽敦

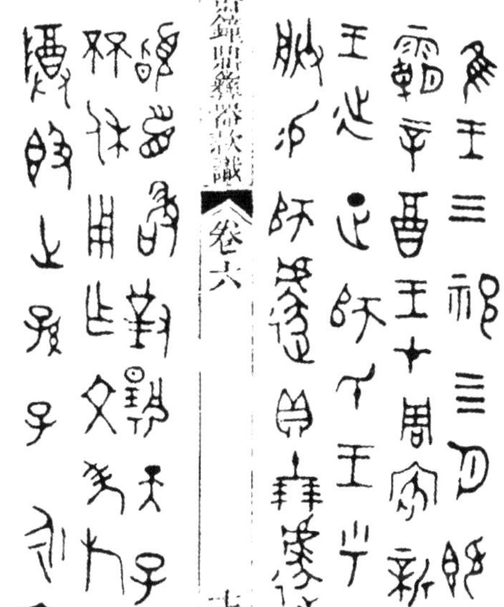

惟王三祀三月既生
霸辛酉王在周家新宮
王延正師氏王呼師
朕錫師遽貝十朋遽拜
稽首敢對揚天子不
顯休用作文考旄叔
尊敦止孫子永寶

右師遽敦銘五十七字據舊藏搨本摹入

鄀公敦

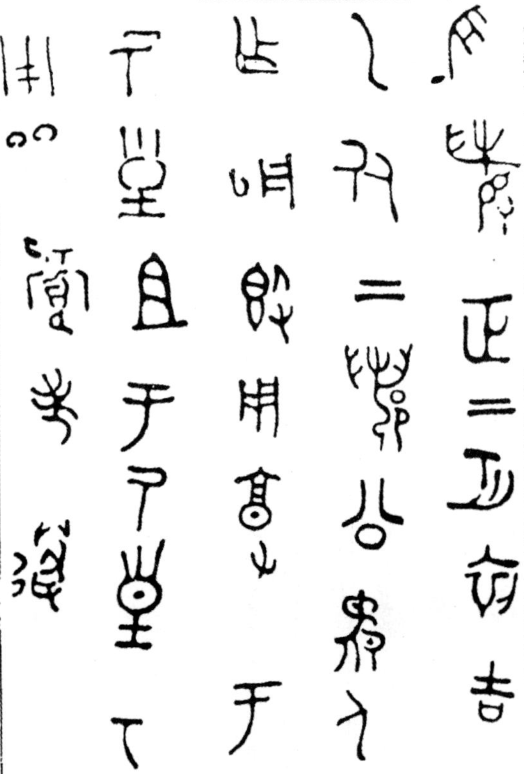

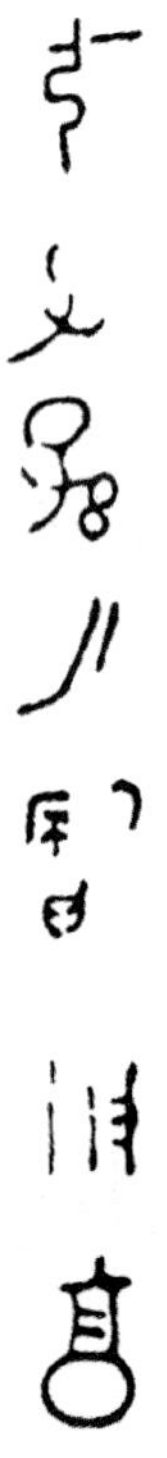

惟鄀正二月初吉
乙丑二鄀公敄人
作寶敦用享孝于
乃皇祖于乃皇考
用蘄眉壽萬囗囗
彊子孫永寶用享

右鄀公敦銘四十二字摩滅者二字秦敦甫太史恩復所藏器據搨本摹入案左傳二十五年傳秦晉伐鄀杜注鄀本在商密秦楚界上小國其後遷於南郡鄀縣正二月者用正朔也二者月之二日也敄人鄀君名

蘽敦

唯十月初吉
甲戌蘽作朕
文考允伯尊
敦蘽其萬年
子孫永寶用

右蘽敦銘二十七字器爲張叔未所藏

召伯虎敦

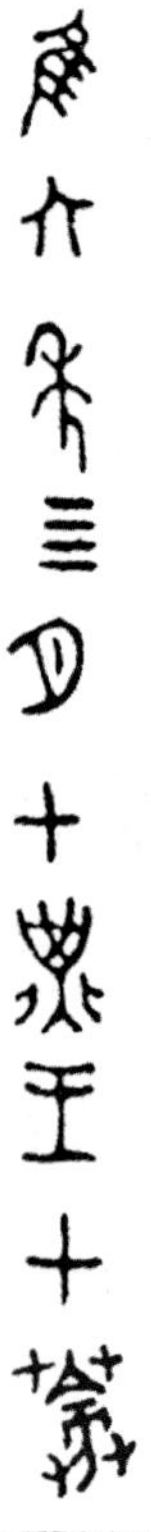

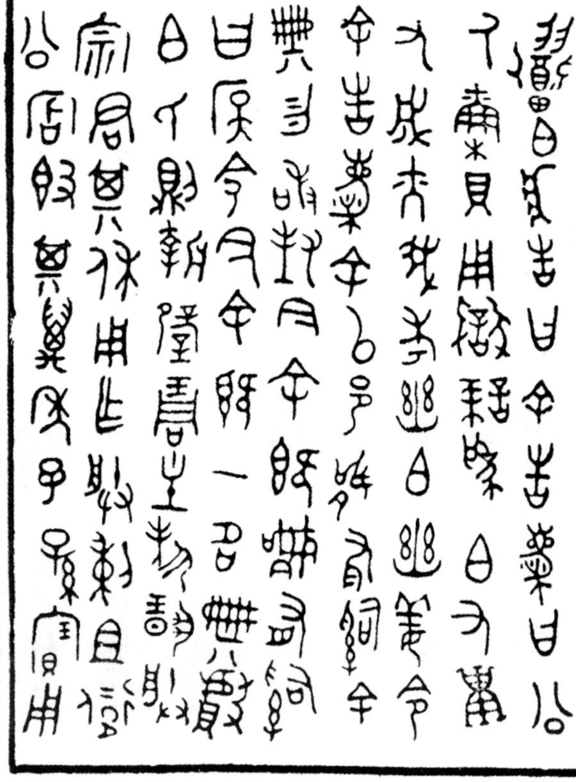

惟六年四月甲子王在旁
召伯虎告曰余告慶曰公
乃鄙賓用徵栺爲伯父庸
父成亦我考幽伯幽姜命
余告慶余以邑口有司余
典勿敢對月余既口有司
曰侯命月余既一名典獻
伯氏則報璧琱圭對揚朕
宗君其休用作朕剌祖召
公寶敦其萬年子孫寶用

亭子宗

右召伯虎敦銘一百三字不可釋當闕疑者二字據趙太常摹本編入案召字即薛氏款識招父丁爵晉姜鼎招字同召召伯虎當即召穆公也鄙字見攟古遺文說文古文徵作𢼸从各此从言者徵召必以言指事也栺說文籒文从辭此从耒从言亦从辭之旨第五行第七字及六行第八字當有闕畫疑皆是古文誥字古誥字从月亦見說文此左旁从口从月右旁似从冊然未敢遽定王在旁者旁通旂廟門也愛人名召伯之族賓積之省獻通甗召伯以鄙積及邑與伯氏且爲銘其典於甗伯氏報以璧琱囨作敦也月通夗發語辭有司曰侯命者維命也寶敦之寶省文也此銘甲子子字是籒文可定爲宣王時器

卯敦

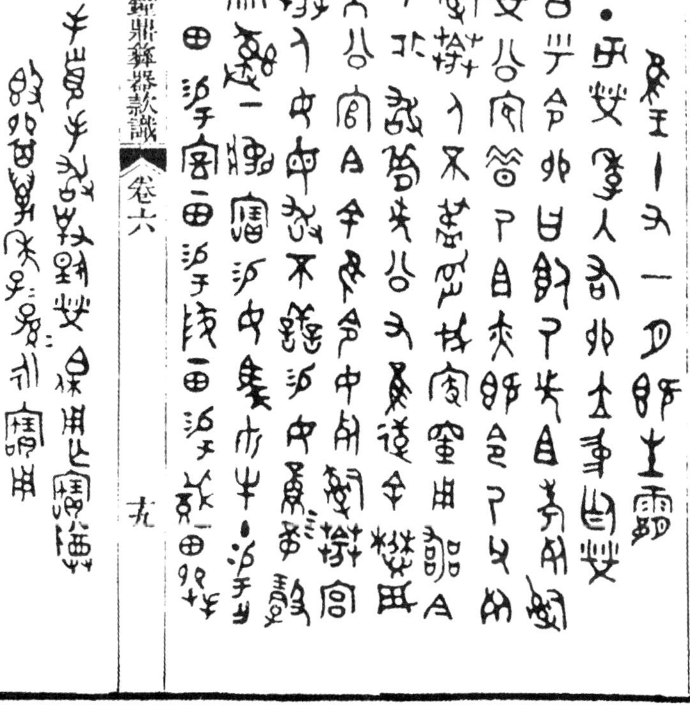

惟王十有一月既生霸
丁亥𦢊季入右卯立中廷𦢊
伯呼命卯曰𠭯乃先祖考死治
𦢊公家昔乃祖亦既命乃父死
治旁人不盄孚我家室用喪今
余非敢夢先公又惟遠余懋囟
先公官今余惟命女死治旁宮
旁人女毋敢不善錫女爵龍𣪘
宗彝一將寶錫女馬十所牛十錫于作

一田錫于宮一田錫于陜一田錫于裁一田卯拜
手稽手敢對揚艾伯休用作寶尊
敦卯其萬年子孫永寶用

右卯敦銘一百五十一字據趙晉齋所藏搨本摹入釋文據吳侃叔所定更易十餘字案艾商世諸侯路史云艾侯爵穆鼎有艾侯作艾王休以爲其誤此云艾伯者意周世復封爲伯也路史又云武王俘艾侯銘云俘我家室正指是事此銘篆文極古詞如典誥定爲周初之器字多借聲如嗣作飤尸作死邦作旁弔作盄室作室昧作夢寵作卣首作手皆是卣字象卣橋之形侃叔釋作思裁織之省見摭古遺文侃叔云裁同紂从戈系戈才古通陜同坺馬十所所字侃叔釋作尾或釋作匹錫女尊三三古四字龍敦

宗彝一將寶者侃叔云言錫女尊四龍尊敦尊宗彝尊各一也博古圖有龍尊敦乳也左傳楚人呼乳爲穀穀本作穀博古圖有乳鼎取養義宗彝虎蜼也虎尊蜼尊見周官注將奉也言爲奉祀之寶詩云湯孫之將

頌敦

惟三年五月既死霸甲戌
王在周康昭宮旦王格大
室卽立宰宏右頌入門立
中廷尹氏受王命書王呼
史虢生册命頌王曰頌命
女官治成周貯監治新造
貯用宮御錫女元衣黹束
赤市朱黃鑾旂攸勒用事
頌拜稽首受命册佩以出
反入覲寵頌敢對揚天子
丕顯魯休用作朕皇考龔
叔皇母龔姒寶尊敦用追
孝蘄匄康虔屯右通彔永

命頌其萬年眉壽無疆畯
臣天子霝終子孫永寶用
右頌敦銘一百五十二字據陳秋堂所藏搨本摹入

綰綽眉壽敦

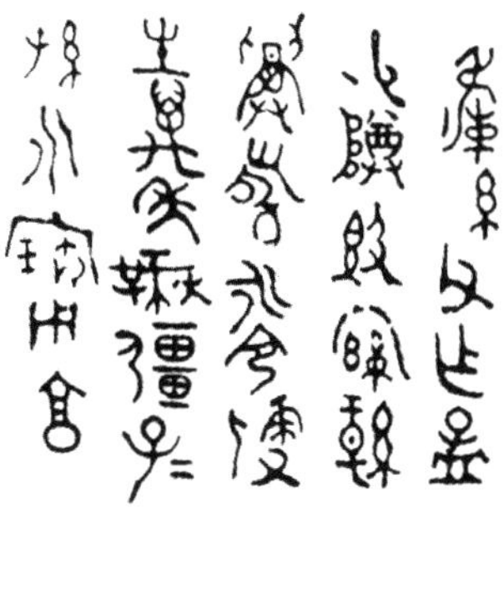

叔□□父作孟
□尊敦綰綽
眉壽永命便
生萬年無疆子
孫永寶用享

右綰綽眉壽敦銘二十八字摩滅者三字據舊搨本編入

積古齋鐘鼎彝器款識 卷六 三二

仲殷父敦

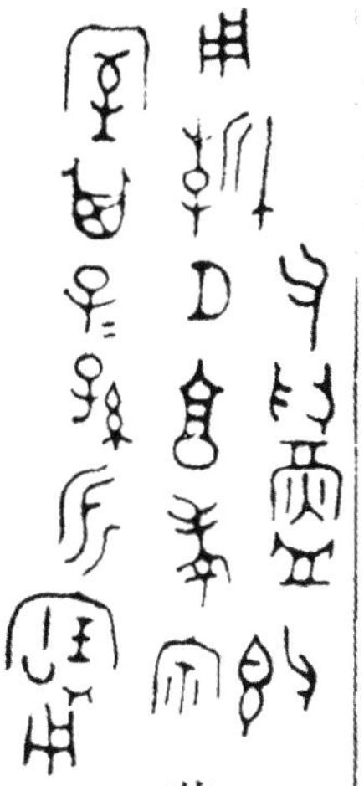

蓋

□□父鑄敦
用朝夕享孝宗
室其子孫永寶用

器

仲殷父鑄
敦用朝夕享
孝宗室其
子孫永寶用

右仲殷父敦蓋器銘各十九字蓋摩滅二字元丁搨本

師酉敦二器

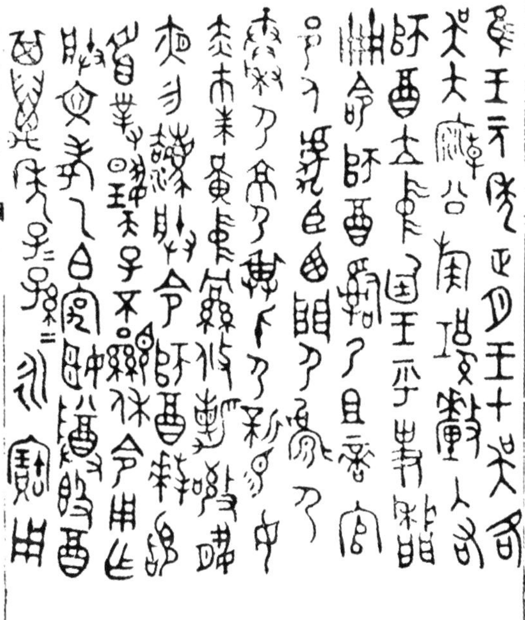

積古齋鐘鼎彝器款識 卷六 三三

蓋

唯王元年正月王在吳格
吳大廟公族鴻釐入右
師酉立中廷王呼史牆門
冊命師酉司乃祖啇官
邑及虎臣西門節能節
奉秉節京節畀人節新錫女
赤市朱黃中絲攸勒敬夙
夜勿廢朕命師酉拜稽
首對揚天子丕顯休命用作
朕文考乙伯究姬尊敦西
其萬年子孫永寶用

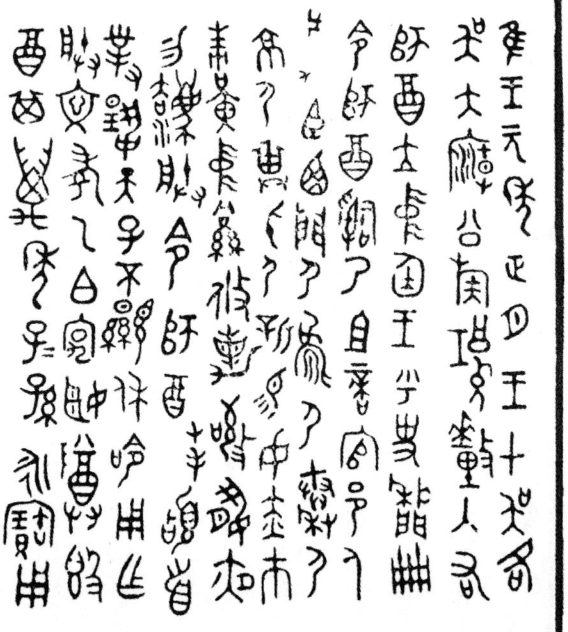

積古齋鐘鼎彝器款識　卷六　廿四

器　釋同

有師酉敦蓋器銘各一百零八字元所藏案古籍周王無
適吳事此吳古虞字也詩周頌不吳不敖史記孝武紀引
作不虞不驁左僖五年傳虞仲吳越春秋作吳仲漢書地
理志云武王封周章弟中於河北是爲北吳後世謂之虞
又史記吳世家每以中國之虞夷蠻之吳分別言之者亦
以吳虞同字也蕭山王進士宗炎云左氏傳曰太伯虞仲
太王之昭又曰宋祖帝乙鄭祖厲王謂諸侯始封得立出
王廟然則虞太廟當是太王廟也古者天子適諸侯必舍
其祖廟莊二十一年傳言王巡虢守其時虢云方爲王卿
士也虞與虢皆稱公疑虞先君亦有爲王卿士者故王巡
其守知是虞非吳者穆天子傳載天子南登于薄山寘軨

之隥宿于虞當卽其事吳則無文以應之鴝鶙之鴝從孫
淵如觀察釋字从工从鳥象形與周無專鼎鴝字相類特
文有繁省耳秭字从禾从片卽牀字廣雅云柩棺也其當
謂之牀字通和呂覽云見棺之前和和門爲史名猶鴝鶙
爲公族名古人少二名此二人皆二名也或曰他器右者
與史皆舉其名此但舉其官言公族在廟祝鴝鶙而入台
王呼史於和門而冊命酉和門軍門也見周禮大司馬注
此器銘變例說可附存司讀爲嗣商通商殆師酉之祖爲
商官所食采邑周初不改卽命酉嗣守之也商或釋作啇
以爲酉祖名亦通虎臣宿衛之職及作乀見薛氏款識齊
侯鐘西門節門關之節也能通熊字見虢叔大林鐘銘熊
節疑同虎節汗簡奉字作𠬞說文夲字作㚋此作𡗗下𠬞

積古齋鐘鼎彝器款識　卷六　廿五

亦象手承之形是古奉字也秉字說文訓爲禾束从又持
禾秉節當是圭委積之節卽貨賄之璽節也京王都京節
則守邦國之玉節也弁說文訓爲舉人節士國之使節也
曰奉曰弁義同執持之意也緣卽䜌字春秋傳䜌刜鞅鞞
皆所以馭馬說文䜌作䜌訓爲著掖鞥鞥字訓云䜌鞥一
曰龍頭繞者秦公孫䜌字當爲子䜌禮檀弓作子顯省文
此作緣又顯之省也王進士云宄字从宀从口从九口者
國邑也九鬼古通用商時有鬼侯國侃叔云宄古宄字古
宄軌通从口者古文以口爲規故以爲聲義宄古亦作𡧍
召鼎云𡧍伯𡧍法也與此宄姬同義仲𣪊父敦云皇考辟
伯王母辟姬義亦同辟軌並訓法也此與下一器是一人
所作

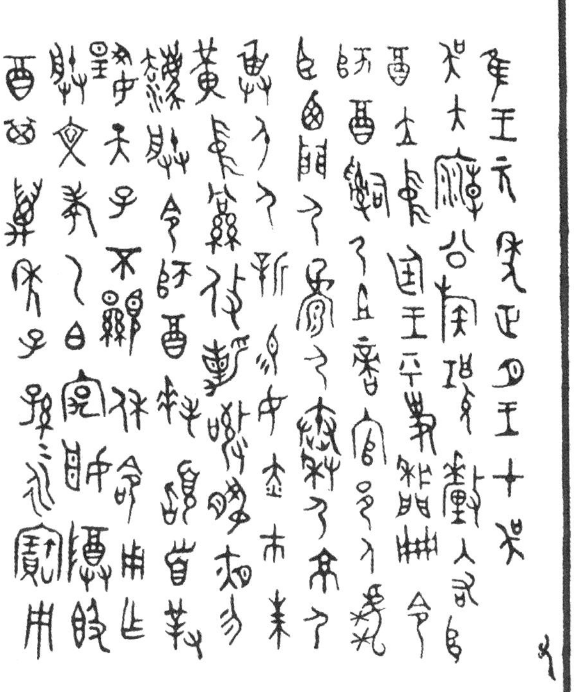

釋同前器

右師酉敦銘與元所藏者同據趙晉齋所藏搨本摹入晉齋云此酉人秦伯崖所手搨者

仲駒父敦二器

彔旁仲駒
父作仲姜
敦子孫永
寶用享孝

右仲駒父敦銘十八字據錢塘陳曼生鴻壽手搨本摹入

薛氏款識亦有此銘案旁通防又通房彔旁蓋邑名

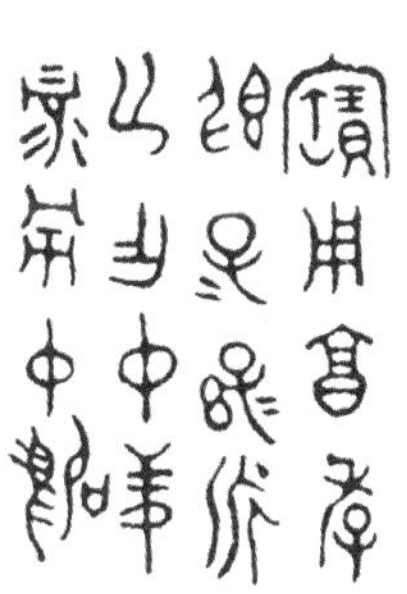

釋同前器

右仲駒父敦銘同前器爲東昌張太守官五所藏元向在京師廠肆亦見一器有此文此文固習見然左行者絕少也

父辛敦

作父辛寶敦

右父辛敦銘五字元手搨本

祖辛敦

□□祖辛寶
敦其萬年孫=
子=永寶用享

右祖辛敦銘十七字摩滅者二字寶字半泐器爲張叔未之弟季勤所藏據搨本摹入案畫刻也謂刻銘也鄭注考范韋注國語皆訓銘爲刻

積古齋鐘鼎彝器款識卷七　　揚州阮氏編錄

周簠

寶簠

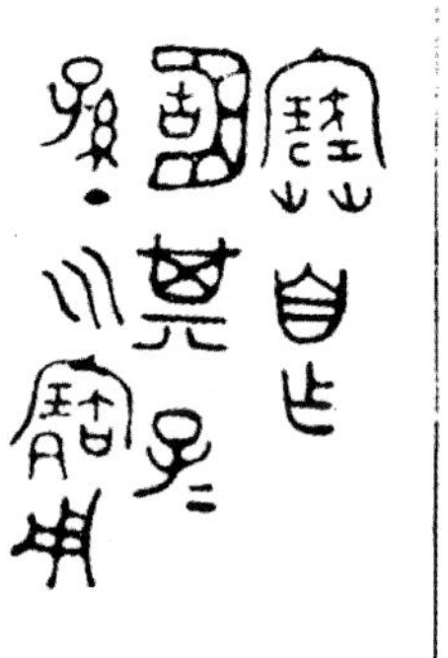

寶自作
簠其子
孫永寶用

右寶簠銘十二字

欽頒曲阜
孔廟之器臣元據搨本恭摹入錄敬錄

御製考釋

右高三寸深二寸一分口縱七寸橫八寸四分重八十五兩獸耳按周禮舍人共簠簋注方曰簠叉公食大夫禮進稻粱者以簠禮家以簠爲刻木爲之外方而內圓而博古圖以爲出於冶鑄證以當時所見如周叔邦簠之類銘載粲然豈刻木者所能仿佛玆器形制正與周叔邦簠同足驗所言之不謬

吉父簠

口吉父
作寶甫

右吉父簠銘六字首一字摩滅寶字半泐器爲孫淵如觀察所藏據搨本摹入案周有尹吉甫惜首一字闕未可定甫簠之省

畱君簠二器

畱君招作餴
簠用享用商
用蘄眉壽口
孫永寶

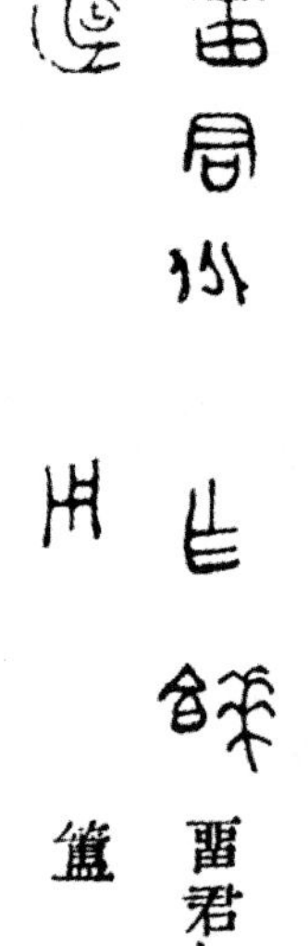

畱君招作餴
簠　用

右畱君簠銘十八字摩滅者一字器爲元所藏零落僅存其底案畱字說文作畱从丣丣古文酉玉篇作𠔖从卯此畱字从非疑是卯古文薛氏款識劉公簠劉字从丱與此正同叔獾敦畱旁亦从卯萎卯有茂音畱字从之得聲古

不从丣石鼓栁字从丣可證也公羊傳云古者鄭國處于畱周人有畱子嗟畱子國詳王風邱中有麻詩毛傳後爲劉康公劉文公食采此畱君是畿內諸侯招其名也簠字作匿从古从匚古聲通作胡左哀十一年傳胡簋之事則嘗學之胡簋卽簠簋也禮明堂位般之六瑚與敦簋並列明爲盛黍稷之器瑚之爲簠異名無疑矣商字見說文解爲行賈从貝商省聲通作商籒文商作𧶜此商字上體正合籒文讀爲賞賞者餕餘惠下之義且與享字爲韻也

孫永寶用

右㐭君簠銘可釋者十一字餘俱摩滅據趙晉齋所藏搨本摹入案此㐭字从𠂉與上一器微異𠂉㐭𡚬之異文

伯其父簠

唯伯其父蔫文
作旅簠用錫
眉壽萬年子
孫永寶用之

右伯其父簠銘二十一字據趙晉齋所藏搨本摹入案其古箕字左傳有箕鄭箕遺皆晉人或即其父之後與蔫字象形蔫文者蔫新於文考也簠作瑚者與𠤷同

冘簠

唯三月既生霸乙卯王在𢍰
命冘作司土司𠭯還散眔
吳眔牧錫戎衣緣對揚王休
用作旅𤔲彝冘其萬年永寶用

右冘簠銘四十四字器爲元所藏案司土即周官土均之職屬司徒司𠭯還散者𠭯定也還通寰寰古縣字穀梁隱元年傳寰內諸侯釋文寰音縣寰內圻內也散雜也命𠭯定縣內之雜政眔吳眔牧者眔及也吳古虞字土均掌地征地守與牧人虞人俱有聯事故曰及虞及牧也戎衣韋弁服緣和鑾也禮臣受君錫命必設𠭯于其廟時冘從王在𢍰故作旅𤔲彝以告其先人也此圓器而定爲簠者說文云簠黍稷圜器也周禮舍人鄭注云方曰簠圓曰簋今目驗諸器知簠多方而有圓者簋多圓而有方者許鄭之說可並存也

叔朕簠

唯十月初吉庚
午叔朕擇其吉
金自作蔫簠以
乳稻粱萬年無
彊叔朕眉壽
子孫永寶用

右叔朕簠銘三十六字器爲元所藏搨本摹入案以乳稻

粢者簠簋爲稻粱黍稷之器乳養也五穀所以養人也粢字與𩞁字爲韻𩞁𩞁之省𩞁者我也古人無以此爲名字者

張仲簠

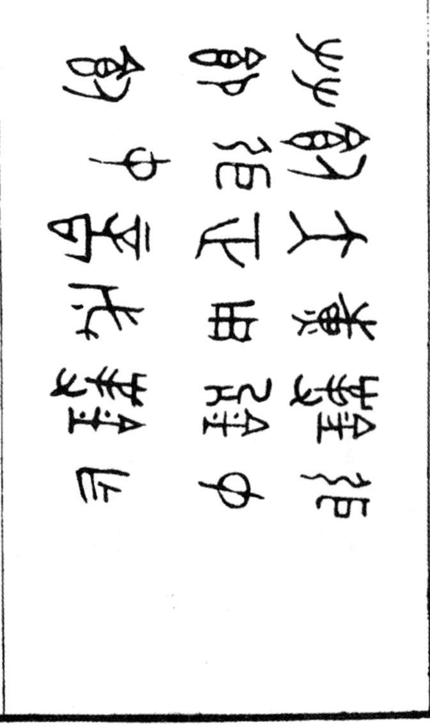

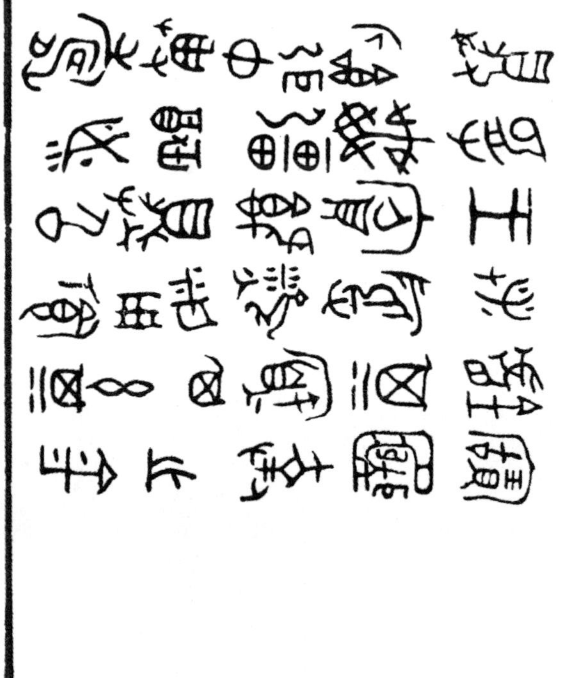

弡仲作寶簠擇之金
鈠鈗鈠鑪其勳其元其
黃用盛朮稷糕粱用饗
大正歆王賓饌具召
飤弡仲受無疆福諸
叉殞飤具飽弡仲弇壽

右張仲簠銘五十一字據王復齋款識宋搨本摹入復齋云此乃劉原父簠蓋劉㚬於榷場得之以不全故留於其家劉居湖州歐陽公集古錄云張仲器銘四其文皆同而偏旁左右或異今以呂氏考古圖本及薛氏款識本與此搨本校之又互有不同當以此爲正彼二書展轉摹刻失其眞矣釋文有歐劉薛趙黃翟呂王八家今考定爲釋文而詳說之弡字劉原父釋作張歐陽氏薛氏從之是也呂大臨與叔釋作弡趙德父黃長睿同之非也說文無弡字玉篇有之音巨勿切字从巨案說文巨字从工古文巨作𢀚此弡字从𢀚與古文巨字从工者迥別明是象張弓之形弡乃古張字也擇一作𢍰此作𢀳乃𢍰省呂作奉薛作𢍰並非鈠鈗鈠鑪蓋治冶具鈠鈗從薛氏釋說文云鈠刺也此字明從殳而上加屮蓋象刺芒形呂作鉇黃作鏕王作鏖皆非是鈗黃釋作鋭案鋭同鈗周書顧命一人冕執鋭說文引書鋭作鈗鑪古通鑪鏕卽鋁也薛作鐪非也勳纁古通用見左傳哀十一年𩰫之以元纁釋文吳侃叔云纁元黃卽攷工記㮚氏消鍊金錫之狀盛下四字皆簠之實朮舊釋諸非是禮內則桃諸梅諸王肅云諸菹也菹非

簠寶此字从屮从十屮象稷黏手形十其聲說文云秫稷之黏者从禾朮象形或省禾作朮此朮字古文也稷作旞節形者古稷字从節見金石韻府稷訓爲卽見詩楚茨鄭箋此爲稷古文無疑舊釋作受或作旋並非糕說文云早取穀也粢字从米从刅省⺌舊釋作米亦非歆義爲饗周語王歆太牢左襄二十七年傳能歆神人不特作祭祀解矣饗大正歆王賓文正相對舊釋歆作音或作商不辭矣餦說文作饗或从異此从𠂤古省文舊釋作飤古諸字卽者字此作㸒卽耒字省文也友字從薛釋他釋作共非飽字从宀者說文古文飽从采古采通寶舁舉也與舁與之舁音義迥別周禮宰夫掌賓客膳獻飲食張仲殆居其職故詩六月云飲御諸友炰鼈膾鯉矦誰在矣張仲孝友此

銘亦曰諸友與詩合謂諸大夫也張仲爲獻主故曰舉壽也

曾伯霥簠

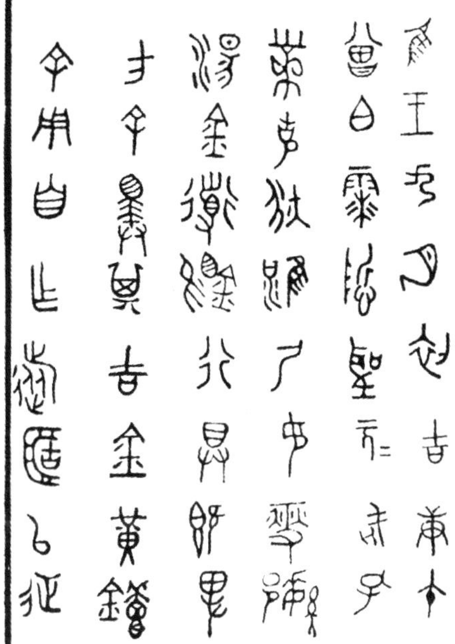

唯王九月初吉庚午

曾伯霥悊聖元武孔

業克狄淮及女變綏邑

湯金道賜金行具既俾

方余羼其吉金黃鐳

余用自作旅簠以征

以行用盛稻粱用孝

用享于我皇祖文考

天賜之福曾伯霥段

緐黃耇萬年眉壽無

疆子孫永寶用之享

右曾伯霥簠銘九十一字據趙晉齋所藏搨本摹入案曾當卽鄫夏之後國曾爲伯而春秋作子者意後王貶之也伯下一字吳侃叔以爲霥字證以石鼓文霥字及史𥹛簋𥹛字吳釋𥹛是此特有省筆耳悊聖元元武孔業克者自明其德也悊同哲讀爲哲漢書五行志云悊智也聖借爲

聽二字古文同見汗簡書無逸此厥不聽漢石經作不聖
彼淮及女燮綏者言其功也女汝之省彼分也訓見說文
分理淮汝之事和安當時蓋受王命治水功也綏與邑賜
與金皆二字合文湯盪之省黃金謂之盪見爾雅邑盪金
道賜金者以國邑之盪金爲道路之賜金也道字與汗簡
古文道字同行具卽指賜金旣俾方者已使行於道也孝
字从食創見於此殆取養義段繇之繇卽繇字段卽假之
省周禮典瑞注晉侯使段嘉平戎于王釋文云段本作假
樂借爲樂考工記鳧氏兩欒謂之銑注故書欒作樂假樂
黃耇頌禱之辭此銘典雅可誦且先以美金給道路錫賚
之用後叢黃錯鑄旅用稻粱之器是先國後己之道也

陳逆簠

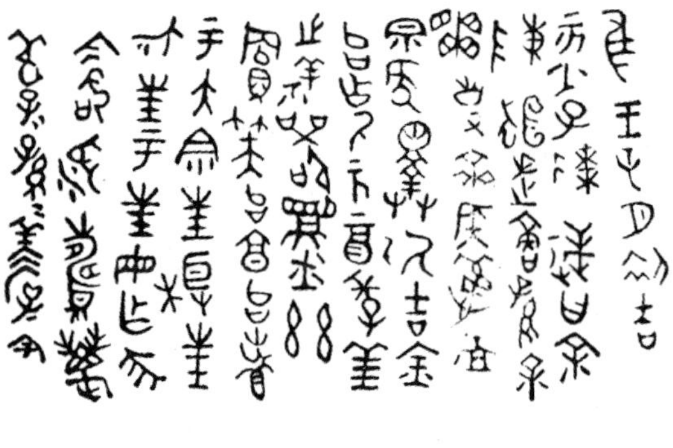

唯王正月初吉丁
亥少子陳逆曰余
陳狟子之裔孫余
奭事齊侯懽卹
宗家籑乃吉金
以作乃元配季姜
之祥器鑄茲
寶簠以享以孝
于大宗封㝬封
犬封于封母作㲋
永命沔壽萬
年子孫羕保用

右陳逆簠銘七十七字據甘泉江子屏藩手搨本摹入案
陳逆見左哀十四年傳字子行陳氏宗也狟同桓書牧誓
尚桓桓說文引作尚狟狟左莊二十二年傳及陳之初亡
也陳桓子始大於齊杜注桓子敬仲五世孫陳無宇銘云
陳狟子之裔孫著其始大之祖也少子猶言小子也奭古
同𥄎說文解𥄎字云目圍也从䀠𠃊讀若書卷之卷古文
以爲醜字解奭字云盛也从大从𥄎𥄎亦聲此燕召公名
讀若郝史篇名醜案史篇以召公名爲醜卽𥄎字也此作
𥄎者𥄎之緐文奭作奭吳侃叔曰秦盄和鐘銘虩事蠻夏
奭事疑與虩事同義是也懽字見摭古遺文同歡卹作血
者省文歡卹宗家者厚施於宗族也左傳云陳氏方睦惟
歡恤之故元配季姜逆之妻也祥器禘祭之器笑當卽簠

字孝字从食與曾伯𩞁簠同封作𡉚者見說文古封省文
也㝬卽根字巨張弓之象又所以張之也侃叔云漢張納
碑張字作弜仄亦張弓象與此㝬旁同案根犬皆采地名
故曰封根封犬封于封上三封字謂正其疆界末封字指
已之封邑猶言區畫根犬二邑以入我封疆也根通棠論
語申根史記作申棠棠齊邑也犬字象形說文引孔子曰
視犬之字如畫狗也此正如畫狗形地名未詳㲋字與㲋
生鼎㲋敦㲋字略同亂也宗封㲋三字爲韻㲋讀如蓬沔
義同衍詩沔水云沔波流水朝宗于海說文云衍水朝宗
于海也衍壽卽延壽也羕爾雅訓爲長羕同永說文引詩
曰江之羕矣考左傳成子殺闞止執簡公逆實佐之銘云
奭事齊侯又云無作㲋僞也此器作于魯哀公二十年杜

氏長麻哀二十年正月丁亥朔銘云唯王正月初吉丁亥與杜氏合時齊侯爲平公驁距簡公之弒已五年矣史記田世家言田常相平公五年割齊自安平以東至琅邪自爲封邑封邑大於平公之所食時田常正割齊地故逆亦自正封邑而銘之彝器也

周簋

立簋

立爲旅

簋子孫=

永寶用

右立簋銘十一字器爲錢獻之所藏據搨本摹入案立作器者名爲猶作也

鬲叔興父簋

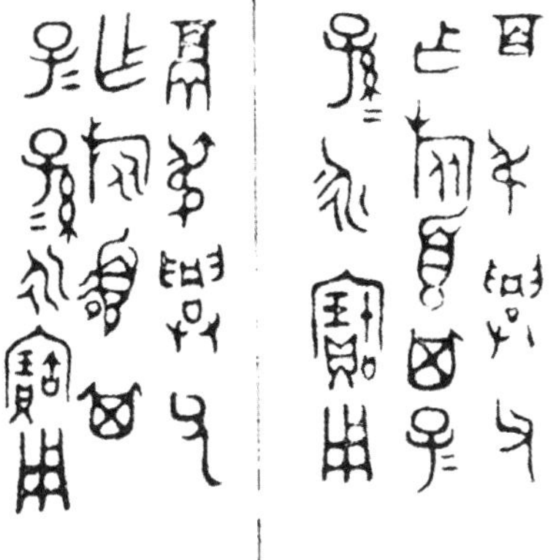

蓋

鬲叔興父

作旅簋其子=

孫永寶用

器

釋同

右鬲叔興父簋蓋器銘各十五字據趙太常摹本編入案鬲氏系出夏諸侯有鬲氏左傳有內史叔興父傳注未詳其氏未知即係此人否

單子伯簠

單子伯作叔

姜旅簠其子孫

萬年永寶用

右單子伯簠銘十六字據趙晉齋所藏搨本摹入案單氏世世爲周王卿士左傳謂之單子與劉子並稱此名伯者於史傳無徵未詳

曼龔父簠

曼龔父作寶

簠用享孝宗

室用匄眉壽

子孫永寶用

右曼龔父簠銘二十二字據趙晉齋所藏搨本摹入案左傳鄭有曼伯後爲曼姓亦作鄤此龔父殆其後歟

曾侯簠

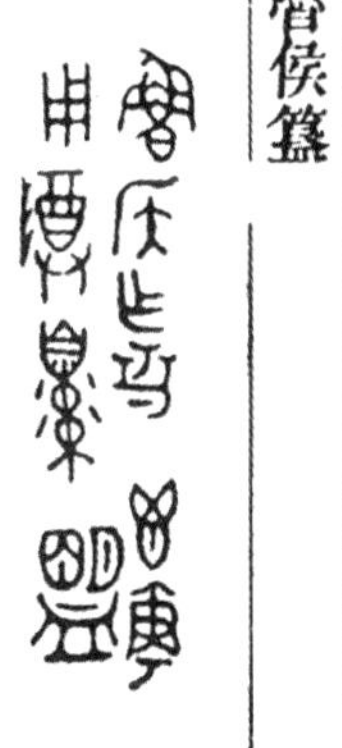

曾侯作香㛊庚

用尊簠盟

右魯侯簋銘十字據陳仲魚摹本編入案晉說文籀文作晉卽奇字晉庚更也魯侯既爲晉侯作晉更爲魯簋以供盟祀也

史燕簋

史燕作旅簋
其永寶用
蓋

器釋同

右史燕簋蓋器銘各九字器藏嘉興楓徑陳氏據搨本摹入案此器與遲簋皆橢方說文云簋黍稷方器也又此蓋與器並有五帶數道其形似𪚥先儒謂首飾象𪚥恐誤古器銘尊鼎等字大略相同彝字已多變體而簋簋二字變化更不一然形體自存望而可辨知古所謂同文不拘拘筆畫閒也

遲簋

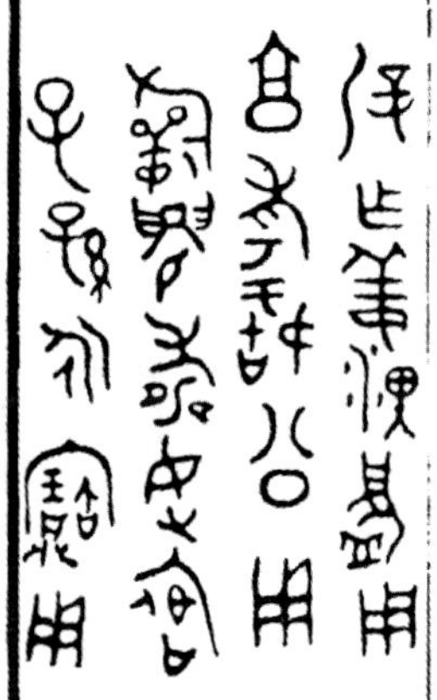

遲作姜湦簋用
享孝于姑公用
蘄眉壽純魯
子孫永寶用
蓋

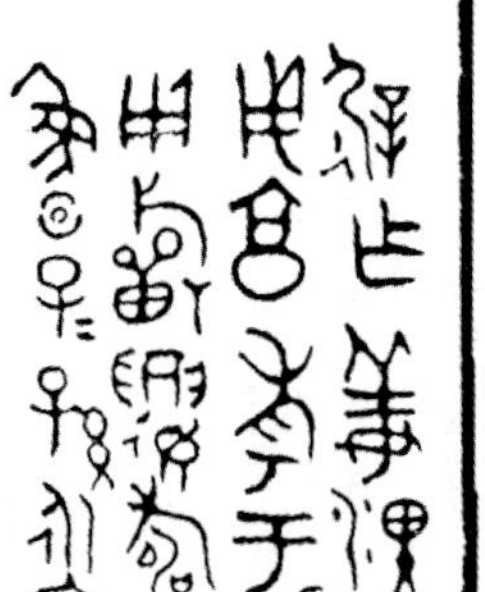

遲作姜湦簋
用享孝于姑公
用蘄眉壽純
魯子孫永寶用
器

右遲簋蓋銘二十二字器銘二十三字錢獻之所藏據搨本摹入案遲一釋作辟姑故也故公猶言先公也或曰姜湦蓋姜姓之女湦其名姑公謂姑舅舅姑而曰姑舅猶子孫之爲孫子倒文也亦通湦字里旁作𤰈與薛書南宮中鼎里字同純魯二字器銘甚明蓋銘已剝蝕純字古器銘每作屯此純字作𠀤者乃从幺而横之非从女也

甲午簋

唯甲午八月丙寅
帝盥清廟作禮簋
吉鐲明神神鐲
是德俾帝萬年
永綏受命

右甲午簋銘三十字據趙太常摹本編入案此與周嘉禮尊篆體俱近秦篆然稱帝不稱皇帝知是昭襄王之器昭襄王十九年秦爲西帝宜作器稱帝也古者不以日辰之名紀歲有十有二歲之號自攝提格至赤奮若是也鐘鼎

器銘則曰維王某年所以尊王也漢始以日辰之名紀歲如西嶽華山亭碑之戊午荊州刺史度尚碑之丁未金鄉長侯成碑之己酉甲辰今觀此銘曰維甲午八月丙寅知以甲子紀歲實始于此是時秦既稱帝卽不奉周正朔時周尚存又不敢云維帝某年故造此紀年簡易之法也

天錫簋

帝受元命天錫
帝釐用綏于神祇
罔弗各惟萬世無告

右天錫簋二十一字摩滅者一字器在海鹽據搨本摹入

格伯簋

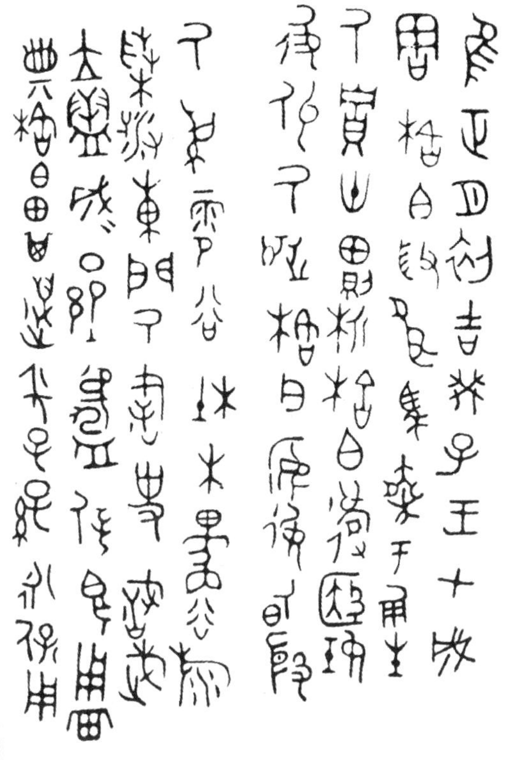

唯正月初吉癸子王在成
周格伯受服馬乘于朋生
乃貯卅田則析𥡴伯過毆姬
彶似乃從格伯安彶甸般
乃系霄谷杜木禹丙谷旃
菜㴱東門乃書史誠武
立盟成二鼉土簋征皀用期
典格伯田其萬年子孫永保用

右格伯簋銘八十四字器爲元所藏案左昭元年傳金天氏有裔子曰昧生允格臺駘此格伯或卽允格之後癸子癸亥甲子二日也𠀠卽卌古三十字見𣏟卣留鼎石鼓文干求也格伯既受服馬四匹乃干祿于朋生也則者地未成國之名見周禮大宗伯鄭注五命賜則王之下大夫出封加一等也析分也𥡴伯毆姬當時有田祿者過彶皆地名過字从咼咼从冎說文訓冎爲剔人肉置其骨又解卣爲半冎古卣字作𠯑此冎从𠯑是古文也似如也過彶二邑如格伯所欲從而授之安字从广古宀广通作也格伯安彶者格伯以彶爲安甸通均般正也言析之甚均正也霄谷以下皆田所繫之地名菜當作蒹游字从水从斿此省子㴱字字書所無疑湄字古文雅訓水草交爲湄也盟當是玉篇盂字盤也大約劑書于宗彝既合書史紀于盤又成此紀鼉土之簋昭愼重也鼉說文解爲鄭道皀饗之省期蘄也說文古文期作𠀠此作𠀠象旗形也此與錢獻之所藏格伯簋蓋一人所作彼文有闕畧故不編入

周盉

冘盉

惟五月初吉王在周命作冊
內史錫冘鹵百隓冘肇𦁜
女王休用作般盉其萬年寶用

右冘盉銘三十三字據冘舊藏搨本摹入案周禮春官內史掌王八枋之法凡命諸侯及孤卿大夫則策命之王制祿則贊爲之以方出之掌書王命遂貳之此銘云作冊內史與周禮合鹵說文云西方鹹地也隓字說文所無當即說文蒦字解云規蒦商也从又持萑一曰視遽皃一曰蒦度也左襄二十五傳楚蔿掩度山林表淳鹵正義引賈侍中說山林之地九夫爲度九度而當一井淳鹵之地九夫爲表六表而當一井此鹵地當曰自表而曰百蒦蒦即度也淳鹵而以度計豈周制與楚異乎𦁜承也女猶乃也般即盤字盉以和調五味者盤盉之有承盤者也

冊父考盉

冊考作父寶彝

右冊父考盉銘六字秦敦甫太史所藏器據舊藏摹本編入

周甗

𣪘父甗

𣪘父作□
甗其萬□
子孫永寶用

右𣪘父甗銘十四字摩滅者二字據趙晉齋所藏搨本摹入案甗字从鼎者甗亦鼎屬也爾雅釋器以鼎之款足者爲鬲說文云鬲鼎屬鬳鬲屬甑甗也甗甑也一曰穿也案鬳以金治而成者甗以陶旊而成者鬳是鼎屬甗是甑屬也

司甗

器上　司□

器下　虫形中犧形

右司甗銘四字據王復齋宋搨本摹入案司下一字王釋作彝今案其文剝蝕難辨當闕疑犧形舊釋作兕形錢獻

之云當作犧形

壺甗

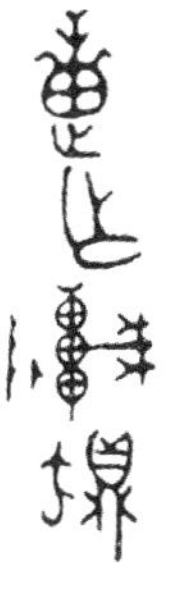

壺作㒼鼎

犬形

右壺甗銘五字縣爲錢獻之所藏據搨本摹入案㒼即嫜字也禮明堂位夏后氏之四璉璉一作蓮說文作槤蓮與甗聲近相通甗有上下二器上爲無底甑下爲鬲象重山形夏易首艮謂之連山連山者甗山也爾雅釋山重甗隒彝鼎文甗字有从自者即隒之義作犬形者禮曲禮云犬曰羹獻說文解獻字云宗廟犬名羹獻犬肥者以獻之从犬甗聲以此銘證之知甗爲薦犬牲之器上司甗犧形或即犬牲也

鄭太師小子甗

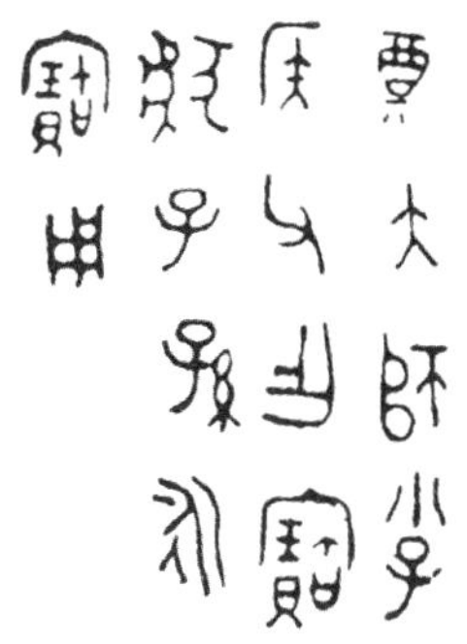

鄭太師小子

侯父作寶

甗子孫永

寶用

右鄭太師小子甗銘十五字據元手搨本摹入案太師樂官之長小子父在之稱左傳鄭有侯宣多侯羽冶侯父之後歟甗从犬者薛氏款識伯溫甗仲伸父甗甗字皆从𡈼鼎从犬此省鼎甗獻古通

齊鬲

作齊鬲　足跡形

右齊鬲銘四字據趙晉齋所藏搨本摹入案齊粢也黍稷曰粢

帛女鬲

帛女作齊鬲

右帛女鬲銘五字據王復齋款識宋搨本摹入案帛女即伯女左隱二年傳紀子帛公羊穀梁作子伯史記伍子胥傳伯嚭論衡作帛喜古字通借也薛氏謂帛女宮女之有職者非也

京姜鬲

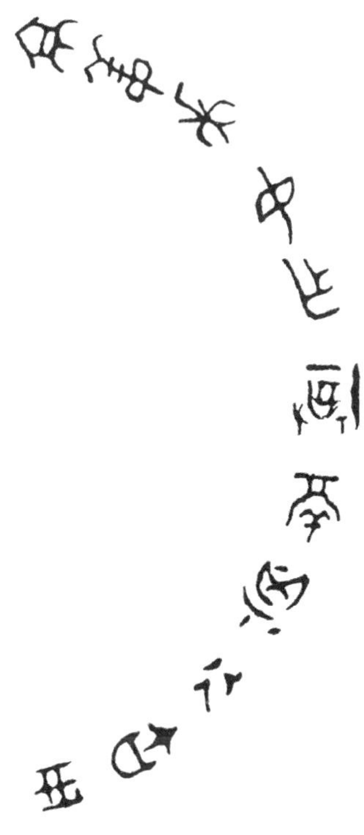

京姜庚女作尊鬲其永寶用

右京姜鬲銘十一字據王復齋款識宋搨本摹入案京京師也詩思齊云京室之婦女舊釋作中非是庚女者猶母乙婦庚之例古女子亦有以十干爲字者寶爲㝎古文省程易疇云齊刀之𠫔字豐潤文廟牛鼎之冈字皆古寶字省文也

永宮鬲

王作永
宮齊鬲

右永宮鬲銘六字據趙晉齋所藏搨本摹入

番妃鬲

王作番妃
齊鬲其萬
作永寶用

右番妃鬲銘十二字據舊藏搨本摹入案番古潘字國名路史潘故縣屬上谷有虞氏之後

姬𨪾母鬲二

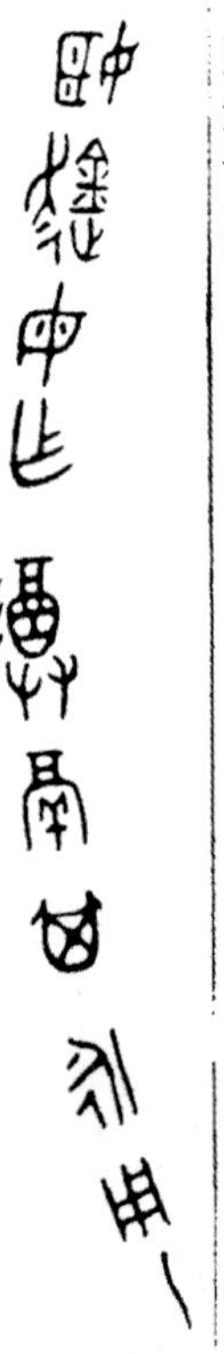

姬𨪾母作尊鬲其永用口

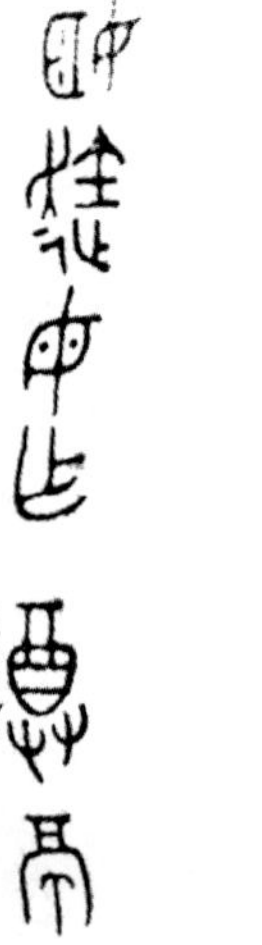

釋同

右姬𨪾母鬲二器銘各十字末一字俱摩滅據舊藏摹本編入案姬𨪾人名𨪾字从金从延古走旁辵旁每通用

王母鬲

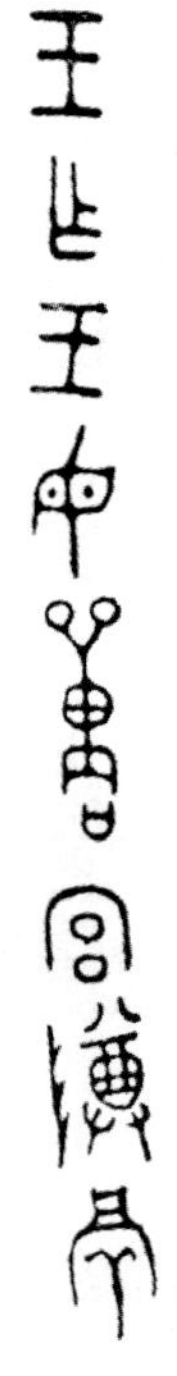

王作王母嘼宮尊鬲

右王母鬲銘八字據趙太常摹本編入案王母父之妣也嘼說文云㹌也象耳頭足厹地之形古字同獸周書序武王伐殷往伐歸獸釋文本或作嘼獸通狩詩車攻搏獸于敖後漢安帝紀注作薄狩狩宮田狩之宮也

叔㝬父鬲

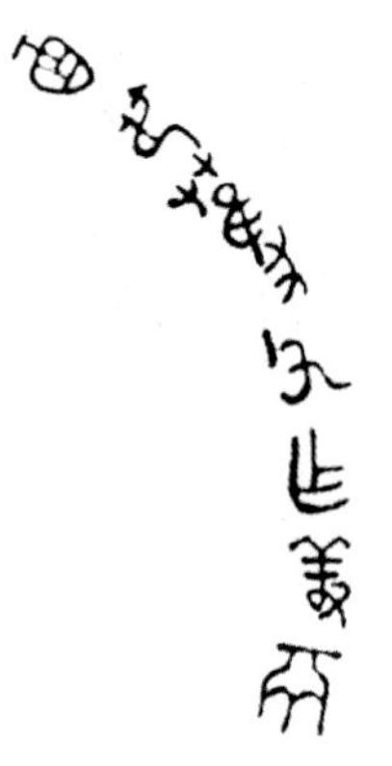

酉叔㝬父作䍙鬲

右叔㝬父鬲銘七字器見于山左據舊藏摹本編入案酉

當作鄭有闕書蔑字見說文羞進獻也丑本从又此正作
又吳侃叔云古文羞與敬相似書敬用五事漢書作羞

戲伯鬲

戲伯作饙齋其萬年子孫永寶用

右戲伯鬲銘十四字據舊藏摹本編入案路史戲國有二一爲炎帝後姜姓國驪山之北水名今新豐有戲亭幽王死焉或云幽褒戲此而名姜也正音希一爲商世侯伯武王克商命呂佗伐戲方戲鄭地案鄭之戲卽左成十七年傳之戲童水經注所謂氾水出浮戲之山是也此戲伯未詳何國齋鼎也字从鼎者凡从貝之字古每从鼎鼎古貝字也齋有二義周禮小宗伯辨六齍之名物注六粢謂六穀是齍作粢字解也說文云齍黍稷在器以祀者是齍作盛字解也周禮𨚵人云祭門用瓢齎杜子春注云齎盛也鬲爲盛黍稷之器故曰齎

鄭羌伯鬲

周匜

諸女匜

盠

亞形中格上三矢

尊　其　諸女

大子尊彝

器　釋同

右諸女匜盠器銘各十一字據趙晉齋所藏搨本摹入案左襄十九年傳諸子仲子戎子哀五年諸子鬻姒之子荼

嬖房元齡管子注諸子內官之號杜氏注一解爲諸妾姓氏一解爲庶公子俱失之諸子亦稱諸姬見漢書高五王傳此諸女卽諸子諸姬之例又漢書元后傳云太子有妃有良娣有孺子妻妾凡三等此必從古制古禮太子當有妾御也奉匜沃盥妾御之職故作器也

姬單匜

尨侯作姬

單盤匜

右姬單匜銘七字器爲元所藏案尨國名尨降後尨圉國見路史薛書尨生鼎尨敦尨生皆作𡍮

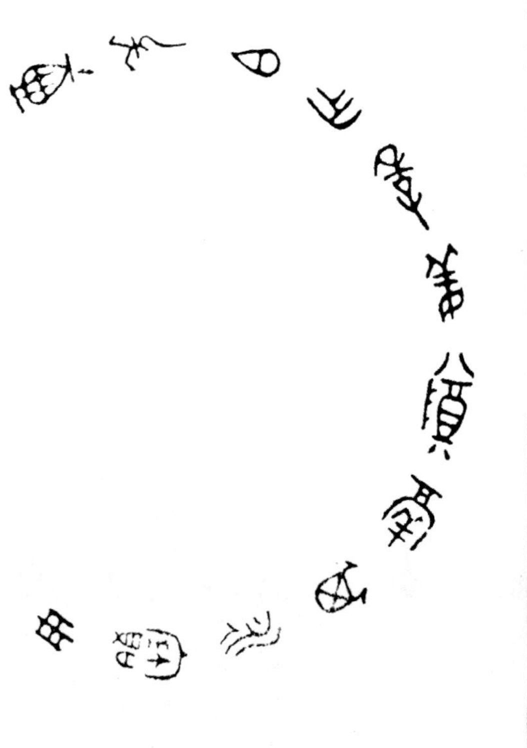

鄭羌伯作季姜尊鬲其永寶用

右鄭羌伯鬲銘十三字據趙太常摹本編入

子鬲

作寶彝

子其永寶

右子鬲銘七字元所藏器

叔夫鬲

父冊

叔夫作寶彝

右叔夫鬲銘七字據江鄭堂所藏搨本摹入案叔夫作器者受父命而作彝器故曰父冊

周盤

王子申盞葢

王子申作嘉嬭

盞葢其眉壽

無期永保用之

右王子申盞葢銘十七字元所藏案此楚器也廣雅釋親嬭母也廣韻嬭楚人呼母也薛書楚卭仲南和鐘有此字他器無之此曰嘉嬭其爲楚器無疑矣楚僭號稱王公子皆稱王子楚王子名申見于左傳者有二一爲共王右司馬成六年以申息之師救蔡者一爲平王長庶子字子西

遜楚國立昭王而爲令尹者此篆文工秀結體較長同于楚曾侯鐘曾侯鐘楚惠王器子西歷相昭王惠王此可定斷爲子西器也此器形如敦葢銘曰盞或釋作琖非是琖與斝爵同類安得有若是之大葢乎玉篇云盞醆大盂也廣雅案盞與敦椀同釋爲盂此即盞字通俗文云盞或謂之盌盌即椀也急就篇云橢杅槃案桮閜盌顏師古注云盌似盂而深長此盞失器存葢門葢度之器必似盂而深長其爲盂敦同類之物又無疑矣盞字作盞此銘合于通俗文是古文也薛古文或从皿亦見周市師鼎或釋作盂盂是葢之俗字且自漢以後銘分葢器商周款識無之不可從

積古齋鐘鼎彝器款識卷八　　揚州阮氏編錄

周盤

寶盤

作寶盤

右寶盤銘三字據舊藏摹本編入

曾中盤

曾中自作
旅盤子孫
永寶用之

右曾中盤銘十二字秦敦甫太史所藏器據搨本摹入

品父盤

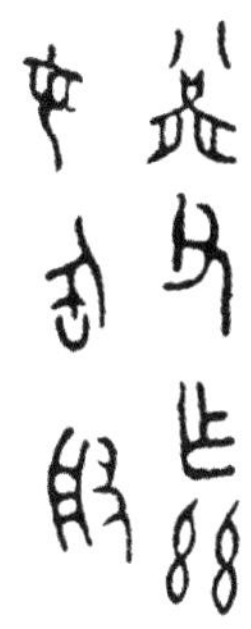

品父作茲
女寶盤

右品父盤銘七字據舊藏摹本編入案品說文訓爲衆庶國語鄭語以品處庶類者也韋注品高下之品也漢書匈奴傳給繒絮食物有品注云品謂等差也是品有分別高下等差之義故此品字从八八者別也

伯侯父盤

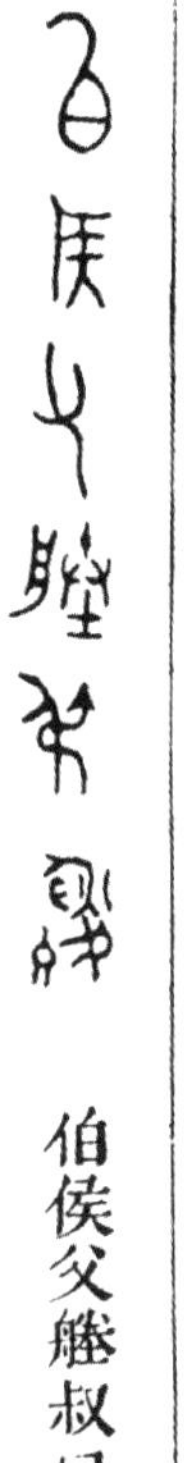

伯侯父䑻叔口
𪒧母盤用蘄
眉壽萬年口之

右伯侯父盤銘十七字摩滅者二字據趙太常摹本編入案䑻即賸之異文賸送之義𪒧字从𠂢从大省廾說文云𪒧驚走也一曰往來也从夰亞周書曰伯𪒧古文亞古文囧字徐鉉等曰亞居況切亞猶乖也亞亦聲言古囧字未詳案囧字薛書父乙鼎作𪔂單从鼎作𪔂囧从京得聲故上从𡴆山也絕高謂之京下从𠂢者兩張弓相背之形義同於亞盉囧義爲闓明故从𠂢取其明辨也此𪒧字从𠂢是也說文从亞當是後世繁文盤古盤字見說文

般仲盤

惟般仲宋作
其盤其萬年
眉壽無疆子
孫永寶用之

右般仲盤銘二十一字據趙晉齋所藏搨本參江秋史摹本摹入吳侃叔云般邑或氏仲字宋其名也此篆有草書筆勢昔人謂草書始於史游蓋其來遠矣此銘皆反書亦爲僅見

散氏盤據原本每行分作兩行

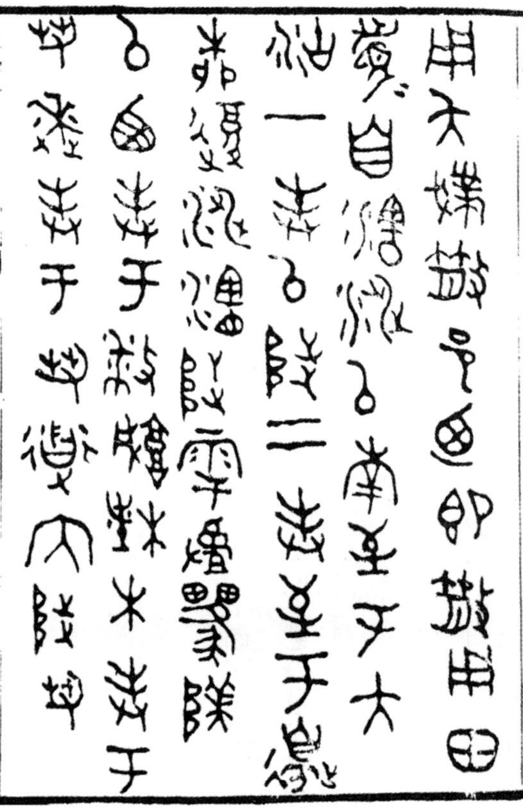

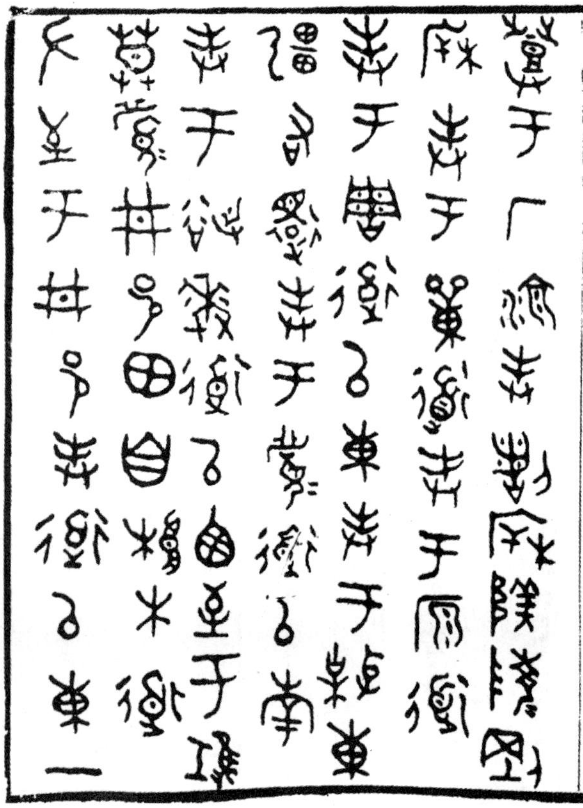

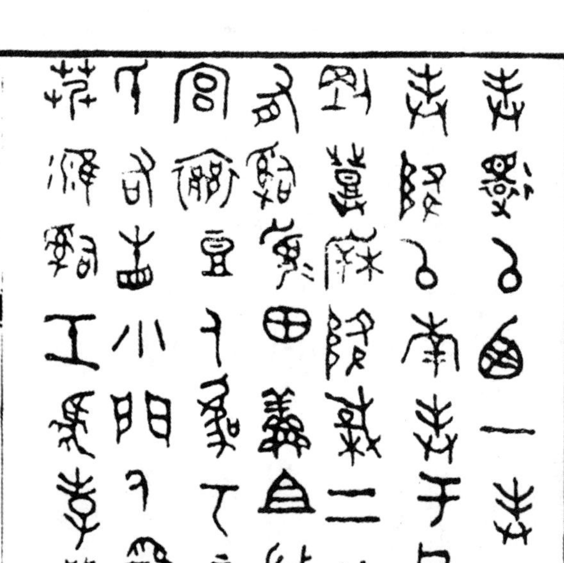

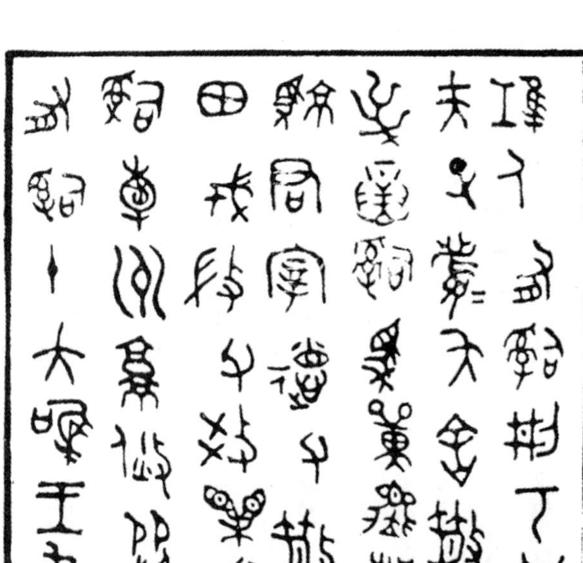

用大蔽散邑迺卽散用田
竟二自瀗洮以南至于大
沽一表以降二表至于邊
柳復洮瀗降雩𢿱邍𢍰

以西表于𢿱城杜木表于
若棻表于若𨗨內降若
𤼷于厂湶表割㮥𨸏陵二剛
㮥表于單𨗨表于原𨗨
表于周𨗨以東表于𨙸東
𡛾右還表于竟二𨗨以南
表于𨛊𧀙𨗨以西至于唯
莫竟二井邑田自𨛭木𨗨
左至于井邑表𨗨以東一
表還以西一表降剛三
表降以南表于同𨗨降州
剛𤼷㮥降棫二表大入

有司竟二田義祖微武父西
宮襄豆入虞丂彔貞師
氏右相小門入辭原入虞
𦀚淮司工虎孝𦙶豐父
㠯乃有司荆丂口十又五
夫之竟二大舍散田司土
必周司馬單率牧人司工
騡君宰德父散人小子竟二
田戎段父效𣡯父䞣之有
司槀州京攸從鬲凡散
有司十夫唯王九月辰在
乙卯大畀義祖𤼷旅誓

曰我兟付散氏田器有爽
實余有散氏心賊則爰
千罰千傳徹之義祖巽旅
則誓迺畀西宮襄戎父
誓曰我既付散氏濕田牆
田余有爽絲爰千罰千
西宮襄戎父則誓乃象圖
大王于豆新宮東廷
乃右執鬯史之中䰜

右散氏盤銘三百五十七字末一行蝕其半器藏揚州徐氏今歸洪氏制如盤銘曰䰜說文䰜歷也古文亦鬲字此器有三足與款足之鬲迥異當是敵鬶之類許氏解敵云三足鍑解鬶云三足釜字並从鬲是鬲之屬今從錢氏潛研堂金石跋尾定爲盤據搨本摹入案散氏著于周者有散宜生書君奭孔傳散氏宜生名考大戴禮記帝繫云帝堯娶于散宜氏之子謂之女皇氏是當以散宜爲氏生爲名然薛書有散季敦此銘亦曰散氏則書傳以散爲氏是也蔽散邑者斷其田境也左昭十四年傳叔魚蔽罪邢侯哀十八年傳引書惟能蔽志蔽皆訓爲斷竟經典境字此从止从竟省與說文从音从人之字義別止址也基址所竟是境界也㥁字省心字見集韻水名洮水出隴西臨洮東北入河沽水出漁陽塞外東入海並見說文表者井田閒分界之木禮記郊特牲曰饗農及郵表畷禽獸鄭注郵

表畷謂田畯所以督約百姓于田閒之處也左襄二十五年傳表淳鹵賈逵注云淳鹵之地九夫爲表國語周語單襄公曰周制有之曰列樹以表道韋注云表識也敵城城字从𩫏合於籀文杜木杜字作𣏌見攗古遺文說文若字从艸从右此作𦱵乃古右字微武父微字見薛書媍氏鼎丂古考之省彔前麓林麓虞人所司故就而考之導字見石鼓文銘中數導字皆讀爲道地名也貞讀如正於伯州犁之正𦮙說文云艸之相丩者此借爲糾司工司空之屬𤔲即𤔲字之省或云嗣之省囗即圍字見薛書己酉戌命彝說文訓爲同必周必密也周字見周公華鐘率字見薛書齊侯鐘騍即掠字通略言司馬單率牧人司工爲散氏略土也略爲之封畛也㽙或即㽙字鬲𩰪之省𠞮當即𠞮字𠞮之有司𠞮期命有司也兟說文解云𥃲𥃲銳意也攷易豫九四朋盍簪京房易簪作撍陸希聲云撍今捷字鄭康成注云簪速也此云兟付散氏田器則兟義同簪捷速付之也巽字作㢲者說文巽卦之巽作𢁉㢲義同网此巽旅蓋人名氏爽差忒也有不有也言苟有差忒是不有散氏心賊此事則其罰千鍰此其誓辭徹徹之古文達也濕字無考牆即牆字古文牆从田土來之省絲說文云亂也執鬯史主鬯器之史也之中䰜之字疑即作字薛書司寇匜方寶獻作字並作止此銘分三節用大蔽散邑以下紀田表之四竟也義祖微武父以下紀微武父暨諸有司考田境定封略也惟王九月以下紀義祖巽旅及西宮襄戎父之誓辭并作圖作器之由也

拍盤

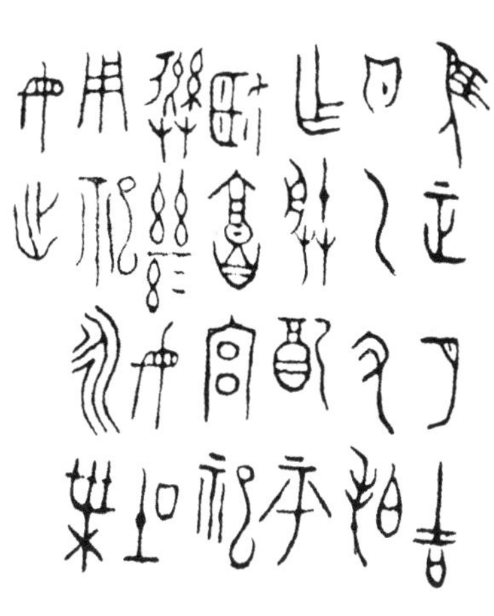

惟正月吉
日乙丑拍
作朕配平
姬享宮祀
彝繼毋吐
用祀永葉
毋出

右拍盤銘二十七字據陳秋堂所藏搨本摹入案拍作器者名吳侃叔云拍字古與伯通繼繼毋吐者謂常歆禋祀也永葉毋出者謂常守祭器勿以出境也皆頌禱之辭

寰盤

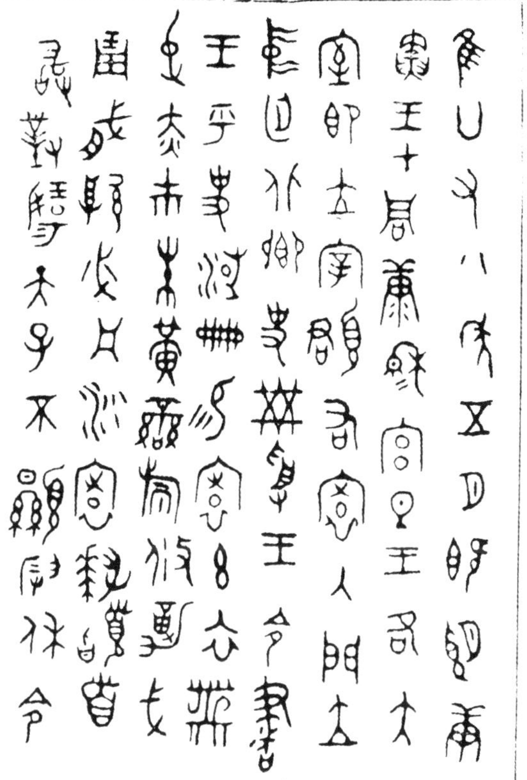

惟廿有八年五月既望庚
寅王在周康穆宮旦王格大
室即立宰頵右寰入門立
中庭北鄉史共受王命書
王呼史減冊錫寰玄衣帶
束赤市朱黃鑾旂攸勒戈
琱戟綰𩍐彤矢寰拜稽首
敢對揚天子丕顯叚休命
用作朕皇考鄭伯鄭姬寶盤
寰其萬年子〻孫〻永寶用

右寰盤銘一百三字器爲元所藏案此與薛書鄭伯姬鼎銘同所異者彼銘伯字下姬字上脫一鄭字遂名爲鄭伯姬鼎伯姬者妣之稱豈得稱皇考乎此銘曰皇考鄭伯鄭姬猶曰皇考鄭伯皇母鄭姬不曰皇母者統於所尊也師西敦云文考乙伯究姬即此例寰作器者名頵宰名減史名共受王命書者恭敬受王冊命之書也叚古假字通嘉嘉休猶魯休也薛書釋作辱非是此鄭非宣王弟友所封之鄭毋曰伯姬必非周同姓之國也此器甚大形制古樸可與虢叔大林鐘並寶矣

周甗

齊侯甗

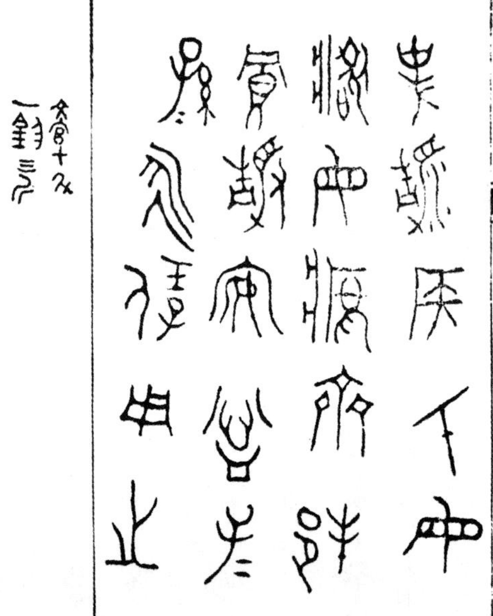

國差立事歲

咸丁亥攻市

偯鑄迺亭寶

鎗四秉用實

旨酒侯氏受

福眉壽俾旨

俾清侯氏毋

咎毋膺齊邦

肙靜安寧子子

孫永保用之

文官十斗

一鈞三斤

右齊侯甔銘六十字據趙太常所藏搨本摹入案𨧻即甔字廣雅釋器云甔瓶也亦作擔後漢明帝記注引埤蒼云擔大罌也字或作儋史記貨殖列傳云醬千甔徐廣云甔大罌缶方言云罃齊之東北海岱之閒謂之甔漢書蒯通傳注引應劭云齊人名小甖爲儋受二斛此齊器也國字作𢧢見距末銘歲字見曶鼎市作巿見齊侯鐘師字偏旁古師字从市偯字辰旁从丨丨亦合齊侯鐘四秉者作器所用粟之數知非器之量者秉十六斛甔所容僅十斗無容四秉之大罌也旨字亦見齊侯鐘䭫字偏旁俾旨俾清謂酒也咎从卝者義通疚肙字不可識吴侃叔云當是鎭字以齊之强盛而曰國差立事其所祈禱惟曰毋咎毋膺鎭靜安寧而已何其衰弱之甚也其當田常專政割齊安平以東爲封邑之後乎文官以下八字葢漢人所鑿字在篆隸之閒且紀權量非周器款識也

周戈兵

衛公孫呂戈

衛公孫
呂之告戈

右衛公孫呂戈銘七字此與下三器皆元所藏案考工記冶氏爲戈廣二寸內倍之胡三之援四之倨句外博重三鋝鄭注戈今句孑戟也內謂胡以內接柲者也說文戈平頭戟也戟有枝也二儀寶錄謂雙枝爲戟獨枝爲戈蚩尤造蓋戟與戈俱有援與胡內其不同者戟獨有刺戈之胡不冒援而出故曰平頭也考春秋左氏傳衛公族有公孫彌牟公孫免餘公孫無地公孫臣公孫丁而無公孫呂得

此可補三傳所未備告既造字之省與艁舟之艁相同余所見戈有曰羊子之艁戈郙大某某之艁戈然則之造戈之文古人屢用之矣

子永戈

子永之作用

右子永戈銘五字內與援通長七寸五分胡半折胡內各有一空銅多爛蝕而色質甚古銘處有黃金錯其畫故字跡顯然洵周器也

高陽左戈

高陽左

右高陽左戈銘三字案陽暘古通詩湛露毛傳訓陽爲日禮祭義殷人祭其陽鄭注陽讀爲曰雨曰暘之暘書洪範時暘若漢書五行志作時陽若此陽字从日橫之合體于易成陽字左文十八年傳高陽氏有才子八人杜注高陽帝顓頊之號春秋時邾莒麋楚諸國皆高陽苗裔通志載以名爲氏者有高陽氏引呂氏春秋古辯士高陽魋則此高陽乃作戈者之氏也其言左者程易疇瑤田曰凡款識於戈體者刻在背於內則刻在面以內爲戈之餘事其面猶戈體之背也今乃不刻於內之面而反在其背者右手之背卽左手之面曰左者殆左手所執者與三國志魏典韋持大雙戟吳甘寧能雙戟舞抱朴子單雙戟皆有口訣要術然則古人戈戟有用雙者鋒刃相向宜分左右與元

謂古者諸侯行必有二人執戈先之左昭元年傳楚公子圍設服離衛叔孫穆子曰楚公子美矣君哉鄭子皮曰二執戈者前矣此國君當有二戈在前之證此戈云高陽左者或高陽氏之諸侯左右二戈中之一戈與又考古戈銘有作右軍者古行軍左右有局謂之上下軍亦謂之左右軍或此戈爲左軍所用故以左字志之亦未可定至刻文面背之異亦姑存之以備一說古人於此等事原非定有程式也

象形戈

戈象形

右象形戈銘一字雙鉤此戈芒刃不頓若新發于硎可寶

也

朱戴公戈

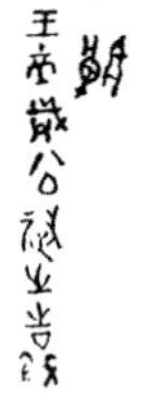

王商戴公歸之告□　鯛

右朱戴公戈銘九字末一字剝蝕不可識此與下四器皆據趙晉齋所藏搨本摹入案鯛當爲朝詩惄如調飢釋文作輖今作調者字形相近而誤輖音周周朝一聲之轉古字通借此戈借爲朝覲之朝猶毛詩借爲朝夕之朝矣其右旁近舟古鐘鼎舟周每同字也謂商戴公爲宋戴公者春秋傳禮記凡有三證詳銅距末跋宋人本其古國而稱商猶背詩之稱爲唐風也檀弓孔子曰某殷人也皆同此例矣按史記戴公爲微子八世孫當幽王之世釋歸字者

石鼓文作歸从辵是其證也此戈乃戴公朝于平王歸後所作至子武公時始加銘追記作戈時乃朝王之後故稱謚也戈造于先銘勒于後故文鑿而非鑄此戈爲顏運生崇槼目覩田夫自曲阜土中掘出者文字銘語非後人所能僞託矣

羊子戈

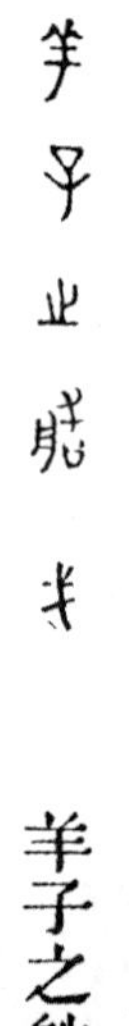

羊子之艁戈

右羊子戈銘五字曲阜顏氏得之周公廟土中江寧周文學槃釋第一字爲𦍒謂楚姓大興朱學士筠釋爲羊謂芉不上出且子爵無與姓連稱者是羊子爲大夫稱翁覃溪學士曰芉字固應上出然此銘造字既用古文而芉下告上皆變直爲曲則芉从羊聲亦可以形舉該之矣惟爵名與國姓罕有連稱之文是所當闕疑者至謂羊子爲大夫稱益無可據矣乃引左氏傳楚熊通授子一事定爲若敖蚡冒舊稱言之甚辯然第一字以原戈細審之字畫清朗豪無剝蝕芉頭實不上出難定爲𦍒字朱學士謂羊字近之羊乃氏也通志畧謂爲羊舌氏之分族春秋時有羊斟爲華元御戰國時有羊千著書但不知造戈者爲何如人耳艁古文造字無可疑者

郱戈

郱大□□□之艁戈

右郱戈銘八字剝蝕者三字黄小松司馬所藏器案郱郎春秋之郱國小松云上三字疑是郱太師

從戍戈

永用乃從戍其

右從戍戈銘六字顏運生曾見于濟寧案永字上其字下當有闕文

敔戈

敔之造戟

右敔戈銘四字海寧吳槎客騫所藏器案此戈而稱戟戈爲平頭戟也

𦟝戈

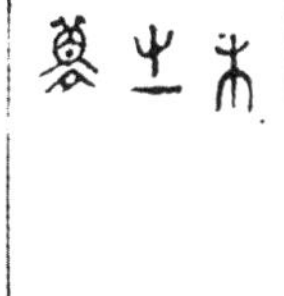

戈　之　夔

右夔戈銘三字左行據陳秋堂所藏搨本摹入

公戈

口公戈

右公戈銘三字首一字泐翁覃溪學士所藏器

方寅戈

寶用　所金作　方寅用

右方寅戈銘八字左行據趙晉齋所藏搨本摹入案古古

寶字之省

欒左軍戈

左　欒軍

右欒左軍戈銘三字器爲元所藏案欒字古欒省齊有欒施晉有欒枝欒書欒黶欒盈左軍卽下軍古人尚右則左爲下矣晉有三軍左傳二十七年傳城濮之戰欒枝將下軍文十二年傳河曲之戰欒盾將下軍宣十二年傳邲之戰欒書佐下軍成二年傳鞌之戰書將下軍此戈其晉欒氏之物與然則高陽左戈之左亦左軍也後載戈銘有作左軍者今據此釋爲左軍

高陽戈

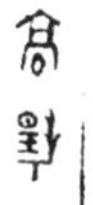

高陽

右高陽戈銘二字此與下二器皆據舊藏搨本摹入

公戈

公作

右公戈銘二字

乙戈

乙戈

右乙戈銘二字

周龍伯戟此後銘款共類止一器者不復另行書總名

龍伯作奔戟

右周龍伯戟銘五字據舊藏摹本編入案周禮旅賁氏掌

執戈盾戈戟同物也此旅賁所執之戟故曰奔戟賁作奔者古文也詩鶉之奔奔禮記表記作鶉之賁賁孟子音義引丁音虎賁凡儒言如猛虎之奔漢書百官公卿表更名虎賁郎注云賁讀與奔同言如猛獸之奔證之此銘虎賁旅賁之賁當作奔也續漢書志注王莽以古有勇士孟賁故名焉

戈形句兵

寶　立戈形

右戈形句兵而銘一字背銘一字據陳秋堂搨本摹入

象形句兵

右象形句兵銘據程易疇摹本編入銘文奇古不可釋易疇釋爲冏字未敢定姑闕疑易疇云此句兵戟屬也顧命曰一人冕執戣立於東垂一人冕執瞿立於西垂孔氏以爲戣瞿皆戟屬似得之廣韻戣戵皆引顧命而以戟屬釋之是矣

周幼衣斧

幼衣

右周幼衣斧銘二字據程易疇摹本編入易疇云余從洪養泉見一斧屬之器有內與戈內同內上有銘二文曰幼衣幼疑卽黝字黑衣蓋衛尉屬官國策左師觸讋見趙太后曰賤息舒祺願令得補黑衣之數以衛王宮是也

周可伯槍

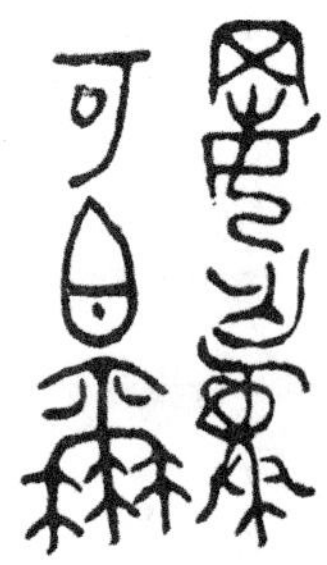

爯作彝

可伯爯

右周可伯槍銘六字左行據趙晉齋搨本摹入案可何之省爯偁之省舉也爯說文云网也與羅網以田爰作兵器槍曰彝者彝訓爲法言法器也

周吳季子之子劍

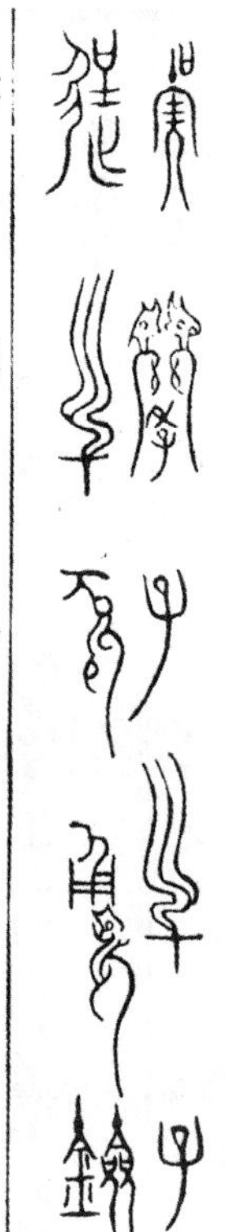

吳　季　子　之　子

逞　之　永　用　劍

右周吳季子之子劍銘十字鳥篆文據舊藏摹本編入程易疇云胡生得孫退谷所藏吳季子之子劍劍銘搨本遂以遺余其篆爲鳥蟲書十字二行退谷手書釋之曰吳季子之子保之永用劍又爲跋尾手書之其略云昔季子有劍爲徐君所愛此則其子之劍吾見三代諸器款識多矣鮮有及此者舊在睢陽袁氏曾向余言買時一字酬以十金余案曝書亭集有孫少宰蟄室觀吳季子劍四十韻聯句詩又有延陵季子劍銘跋其略云康熙九年冬偕李良年潘耒蔡湘過退谷先生蟄室出延陵季子佩劍相示以周尺度之長三尺臘廣二寸半重九鋝上士之劍也臘有銘篆文不可辨曰季子劍者先生審定之辭云爾據此則退谷初得是劍時尚未能盡識其銘文見有季子字故以爲季子劍厥後十字盡識乃知爲季子之子劍也朱氏言臘有銘以劍身爲臘仍注之誤蓋臘與身其廣略同也又案精華錄有雙劍行孫退谷侍郎席上作是詩作於康熙

八年在曝書亭集作劍銘跋之先一年詩中但敘季子非無一字及其子可見是時王氏亦不知其爲季子之子劍也乃自注雙劍則云其一魚腸其一有銘云吳季子之子劍此必因退谷既經辨識之後改其自注以存實錄故池北偶談之作遠在作雙劍行之後亦得詳載十字銘文與退谷手書釋文無異而其詩仍舊未暇改益足徵其注之爲改作矣元案逞字吳侃叔所釋葢季子之子名舊釋作造非也

周距末

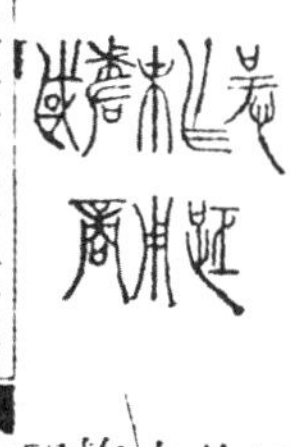

愕作距末用差商國

右周距末銘八字小篆用金塡畫顏運生所藏器據趙晉齋搨本摹入案距末不知何器沈心醇據戰國策蘇秦說韓王曰谿子少府時力距來皆射六百步之外疑此爲弩飭孔檢討廣森亦以爲飭弓𥳑者二說皆近之特此末字甚明斷不得疑爲來字之譌按荀子性惡篇曰繁弱鉅黍古之良弓也又潘安仁閒居賦曰谿子巨黍異絭同機據此則國策之來荀子文選又作黍矣楊倞注欲改黍从來尚未見此器之作末字也荀子巨黍今巨作距者亦古字通借耳此器中空一面有陷圓而向下確是弓𥳑末張弦之處以今弓末驗之可知矣又此器翁覃溪閣學方綱據商國二字以爲商器元謂此字不類商銘且色澤亦不省商之古此葢周器宋人物也宋人每稱宋爲商矣春秋左

氏傳哀公九年利以伐姜不利子商杜預注子商謂宋又二十四年傳周公及武公娶于薛孝惠娶于商杜預注商宋也禮記樂記曰宜歌商鄭康成曰商宋詩皆其證也

周刀珌

子執刀形

寶

右周刀珌銘二字據江鄭堂手搨本摹入案詩瞻彼洛矣鞞琫有珌毛傳云琫上飾珌下飾天子玉琫而珧珌諸侯璗琫而璆珌大夫鐐琫而鏐珌士珕琫而珕珌說文琫珌天子皆以玉然則諸侯皆以金大夫皆以銀士皆以珕也此刀珌未見其器不知何所質

周削

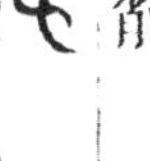

子

右周削銘一字據陳秋堂搨本摹入案考工記築氏爲削鄭注今之書刀博古圖題曰刀筆據史記蕭相國世家文及後漢書劉盆子傳注也然刀以書竹簡筆以書縑帛古明有二器不得以削爲筆鄭云書刀是矣凡刀刃皆在外削刃獨在內故考工記云合六成規馬氏諸家以爲偃曲却刃禮少儀云刀却刃授穎削授拊鄭注穎鐶也拊謂把葢削曲刃本向內故不必却刃也說文所謂剞劂曲刀者即削也今案此器脊微倨身屈刃在內刃下按拊拊末有鐶可貫縷結以便佩帶古貨刀亦如之葢仿其制也

周豐

子孫

亞形中有龍形

爵形

龍形

右周豐銘五字以建初尺量之高七寸徑一尺七寸如豆而卑作亞形中有大小龍形大龍之首正當器心其銘字在大龍首上此器近出蘇州人不識爲何器錢博士坫寄搨本來訂此爲古器之豐實合古制也

秦器款識

秦權

廿六年皇帝盡
并兼天下諸侯
黔首大安立號
爲皇帝乃詔丞
相狀綰灋度量
則不壹歉疑者
皆明壹之
元年制詔丞相
斯去疾灋度量
盡始皇帝爲之皆
有刻辭焉今襲
號而刻辭不稱始
皇帝其於久遠也
如後嗣爲之者不
稱成功盛德刻
此詔故刻左使
毋疑

右秦權銘一百字此與下一器皆據江鄭堂所藏嚴氏舊搨本摹入銘見薛氏款識秦權秤錘也漢志云權者銖兩斤鈞石也五權之制以義立之以物鈞之其餘小大之差以輕重爲宜圜而環之令之周倍好者周旋無端終而復始無窮已也孟康曰謂錘之形如環也此器未見不能詳其形制

秦斤

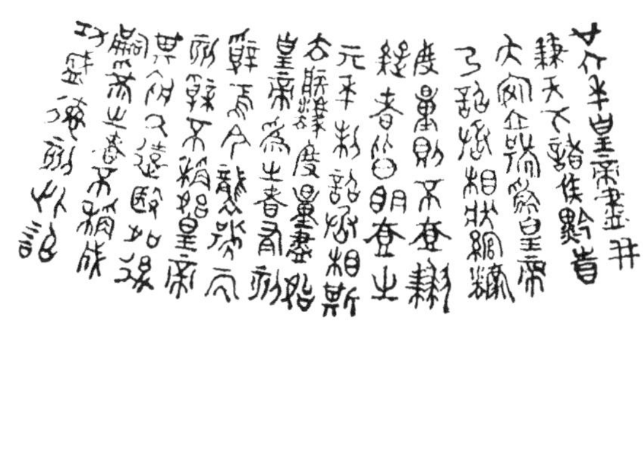

廿六年皇帝盡并
兼天下諸侯黔首
大安立號爲皇帝
乃詔丞相狀綰灋
度量則不壹歉
疑者皆明壹之
元年制詔丞相斯
去疾灋度量盡始
皇帝爲之者有刻
辭焉今襲號而
刻辭不稱始皇帝
其於久遠殹如後
嗣爲之者不稱成
功盛德刻此詔

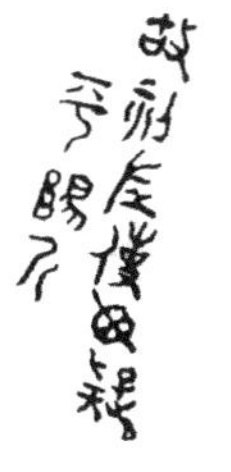

故刻左使毋疑
平陽斤

右秦斤銘一百三字器舊藏平湖高文恪士奇家今不知所在案殹字見石鼓文薛氏釋爲也江鄭堂云殹緊之省左隱元年傳公曰爾有毋遺緊我獨無杜注緊語助是殹字當屬上讀元謂鄭堂之說是也緊猶巳巳也皆助語之辭若如俗讀屬下句則注當云緊發聲也如襄十四年傳王室之不壞緊伯舅是賴注則云緊發聲而隱元年傳注則云語助杜意緊字屬上爲句也得此斤銘可以證古義矣

秦斤

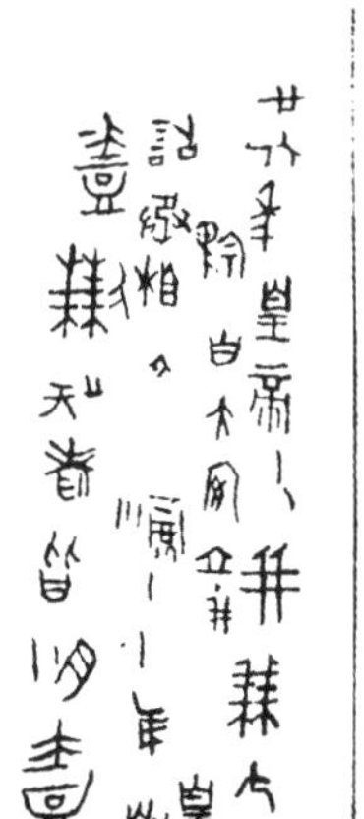

廿六年皇帝□并兼天下
□□黔首大安立□□皇帝□
詔丞相□□灋□量則□
壹歉疑者皆明壹□

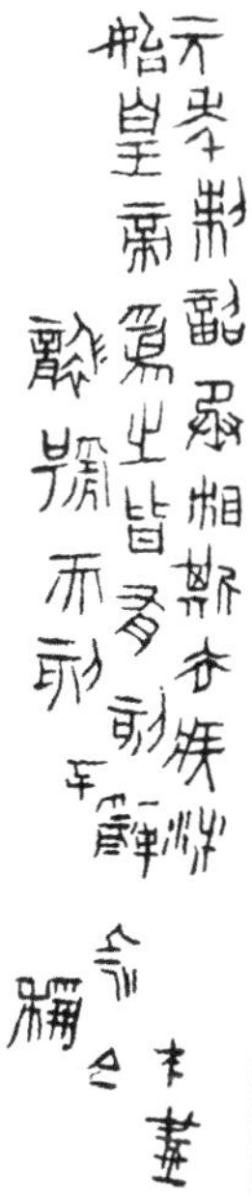

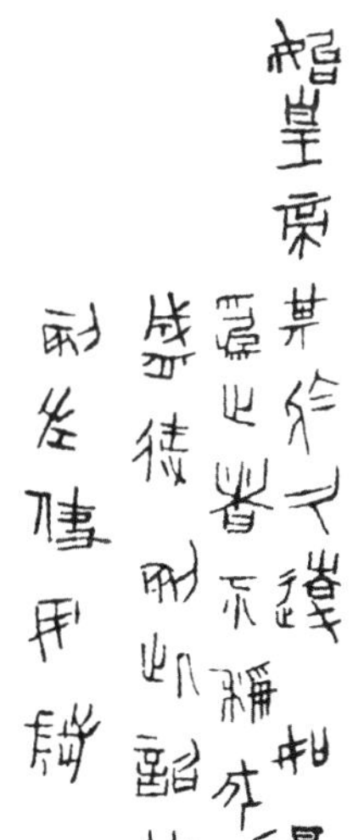

元年制詔丞相斯去疾灋□□盡
始皇帝爲之皆有刻辭焉今
襲號而刻□□稱
始皇帝其於久遠□如後嗣
爲之者不稱成功
盛德刻此詔故
刻左使毋疑

右秦量銘一百字摩滅者十六字器在杭州據陳秋堂搨本摹入案史記秦始皇本紀二十六年平六國號皇帝一法度衡石丈尺更名民曰黔首此量銘廿六年以下四十字始皇帝刻辭也以秦權秦斤銘校之帝字下摩滅者乃盡字下字下乃諸侯二字立字下乃號爲二字帝字下乃乃字相字下乃狀綰二字灋字下乃度字則字下乃不字壹字下乃之字綰王綰也元年以下六十字二世皇帝刻辭也灋字下乃度量二字刻字下乃辭不二字遠字下乃也字去疾馮去疾也本紀二世元年皇帝曰金石刻盡始皇帝所爲也今襲號而金石刻辭不稱始皇帝其於久遠也如後嗣爲之者不稱成功盛德丞相臣斯臣去疾御史大夫臣德昧死言臣請具刻詔書刻石因明白矣臣昧死請制曰可薛氏云始言金石刻而卒止言刻石據權之文云故刻左則史記石字當爲左也元視學山左時求秦石刻如嶧山成山諸刻皆久佚泰山石刻於乾隆戊午歲燬于火得舊搨本僅存臣斯以下三十字瑯邪臺石刻巋然獨存首行五夫二三字第二行五夫二楊樛五字皆始皇所刻從官名也詔書共十一行皇帝曰金石刻盡七字一行始皇帝所爲也今襲八字一行號而金石刻辭不稱八字一行始皇帝其於久遠也八字一行如後嗣爲之者不稱八字一行成功盛德四字一行丞相臣斯臣去疾御八字一行史夫二臣德昧死言臣九字一行請具刻詔書金石刻八字一行因明白矣臣昧死請八字一行制曰可三字一行得此斤權量三銘金石刻備矣因附錄之

秦平陽封宮銅器

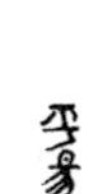

平陽封宮

右秦平陽封宮銅器銘四字器有雷回紋銘在其旁或以爲漢宮舉契未可遽定蓋殘銅也向藏桐鄉金比部家據陳秋堂搨本摹入案此秦平陽封宮之器也史記秦本紀云武公元年伐彭戲氏至于華山下居平陽封宮正義曰宮在岐州平陽城內考武公元年乃春秋魯桓公之十五年此銘是秦篆非古文當是始皇以後所作

秦右軍戈

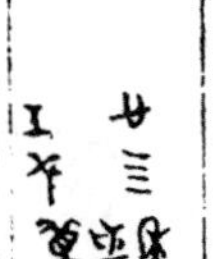

廿三年邡陮
命右軍
工戈夏止豎匚

右秦右軍戈銘十四字桂未谷馥所藏器據搨本摹入案說文什邡廣漢縣名陮都猥切陮隗高也二字甚分明金石韻府夏字與莫字略同銘文書年不書號嘉定錢晦之大昭云建元以前無二十四年者建元以後惟建武建安有二十四年然此器篆文奇古非東漢人所能及當是秦器蓋祖龍之世本無年號瑯邪臺之罘刻石亦但稱維二十六年二十九年也班固百官公卿表云前後左右將軍皆周末官秦因之當始皇二十四年三晉及楚皆滅是年又攻破荆軍想此時尚未銷兵故作是戈也什邡夏邱雖見漢志當亦沿襲周末舊名故定爲始皇時物豎乃官名周禮寺人內豎倍寺人之數鄭康成注豎未冠者之官名也

漢器款識

漢鐘

孔文父鐘

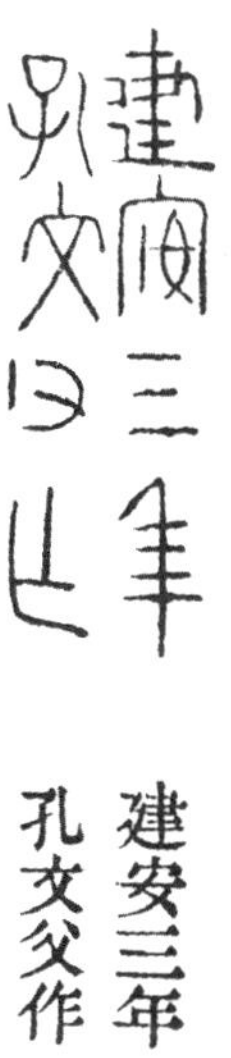

建安三年
孔文父作

右孔文父鐘銘八字在鉦間秦敦甫太史恩復所藏器江鄭堂云建安三年後漢獻帝即位之十年孔文父無可考是器形製與考工鳧氏大畧相同當時之小鐘也鐘有篆有枚枚三十六律數始於六終於六六三十六天地自然之數也黃鐘旋宮得備此數

王長子鐘

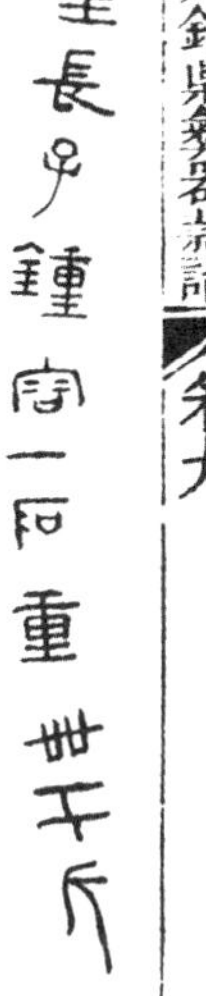

王長子鐘容一石重卌二斤

右王長子鐘銘十一字據趙太常摹本編入案薛氏款識周陽侯鐘銘云今周陽侯家金鐘一容十斗重卌八斤鐘記量權漢制如是

漢鼎

陶陵鼎

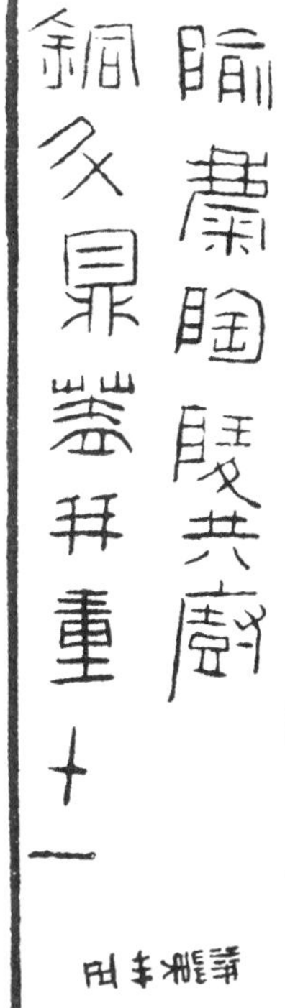

蓋

隃麋陶陵共廚
銅斗鼎蓋并重十一　汧第廿五
斤

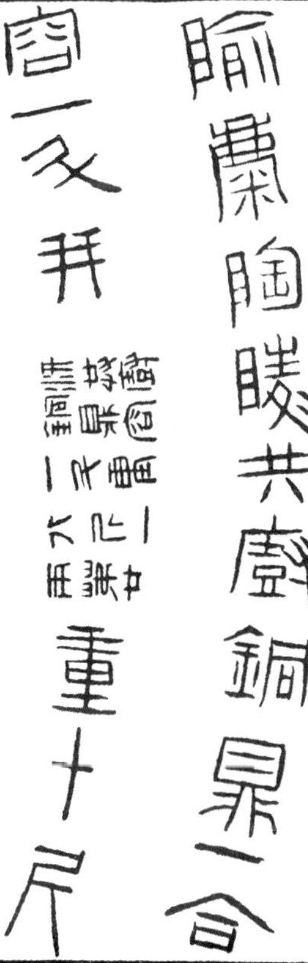

器

隃麋陶陵共廚銅鼎一合
容一斗并　廚容重一廿　共鼎廿斤第　汧銅一八兩　重十斤

右漢陶陵鼎蓋銘鑿銘大字十五小字四器銘大字十七小字十六元所藏案漢書地里志隃麋汧二縣屬右扶風後漢書耿弇傳建武四年封耿況爲隃麋侯續漢書郡國志作渝麋又續漢志定陶在濟陰郡本曹國後漢屬兗州刺史部郭璞曰城中有陶邱史記云穰侯出之陶即其地定陶共王康元帝子哀帝父永光八年自山陽徙封漢書丁太后傳建平二年上曰太后宜起陵恭皇之園遣大司

馬票騎將軍明東送葬于定陶貴震山東共王傳哀帝二年追尊共王爲共皇帝水經注濟水自定陶縣南又東逕秦相魏冄冢南又東北逕定陶恭王陵北器云陶陵是定陶共王陵也隃麋汧二邑合共此器故曰共廚銅鼎薛氏款識漢好畤鼎銘云今好畤共廚金一斗鼎汾陰宮鼎銘云汾陰共官銅鼎上林鼎銘云上林共官銅鼎漢器體制如是漢陵廟皆有廚三輔黃圖昭帝平陵爲小廚裁足祠祀薛書漢孝成鼎銘云長安廚孝成廟銅三斗鼎是也此鼎蓋與器銘辭不相應者當時共鼎正多不知何時互錯也器銘云并重十斤又云重八斤一兩云器重八斤一兩則蓋當重一斤十五兩矣今除蓋以庫平法馬稱之重五十三兩七錢二分銘云容一斗以今官倉斗較之得一升

八合定陶故城在今山東曹州府定陶縣西南元得此鼎因思焦山祇有周鼎若以漢鼎配之經史引徵可增詩事爰以官牘達之鎮江府丹徒縣付焦山寺僧永守之並加冊于櫝繪圖搨款鈐印紀之以詩時嘉慶七年季秋月也

好畤鼎

好畤　共廚　銅鼎　第十　八斤　一兩

右好畤鼎銘十二字據趙太常摹本編入

承安宮鼎

承安宮銅鼎容一升重十四斤甘露二年安長丞福掾祿守令史宣乡世造第五

右承安宮鼎銘三十一字據陳秋堂手搨本摹入案甘露二年漢宣帝卽位之二十二年承安宮名三輔黃圖及長安志皆無之漢宮名不傳者多矣漢書百官公卿表云衞尉掌宮門衞屯兵屬官有公車司馬衞士旅賁三令丞長樂建章甘泉皆掌其宮師古云各隨所掌之宮以名官此云安長丞以所掌承安宮爲官名也

汾陰侯鼎

汾陰　侯

右汾陰侯鼎銘三字此與下一器皆據江鄭堂舊藏搨本摹入說詳薛氏款識

孝成鼎

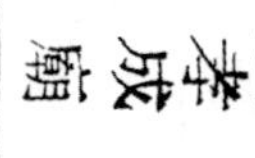

長安　廚孝成　廟

蓋

長安廚孝成廟銅三斗鼎蓋一合第一

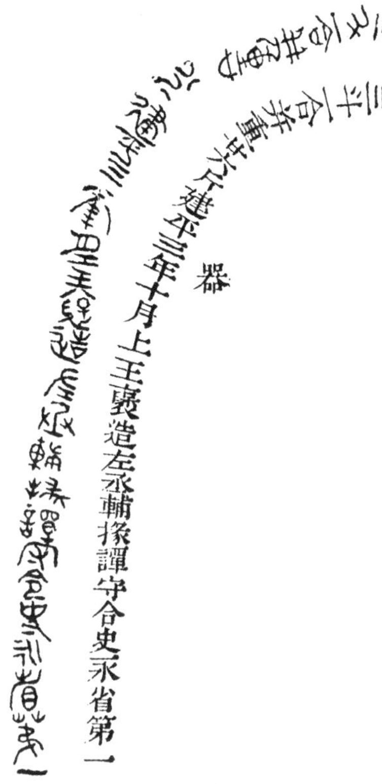

銅鼎容三斗一合并重卅六斤建平三年十月上王裒造左丞輔掾譚守令史永省第一

器

右孝成鼎蓋銘十五字器銘四十字陽識見薛氏款識

外黃鼎

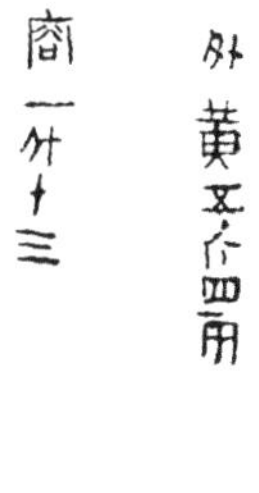

外黃五斤四兩

容一斗十三

右外黃鼎銘十一字據舊藏搨本摹入案漢志外黃屬陳留郡故縣在今開封府杞縣東北

銅鼎

銅鼎容二斗重十一斤

銅鼎重二斤六兩

右銅鼎銘十六字據趙太常摹本編入

日利千金鼎

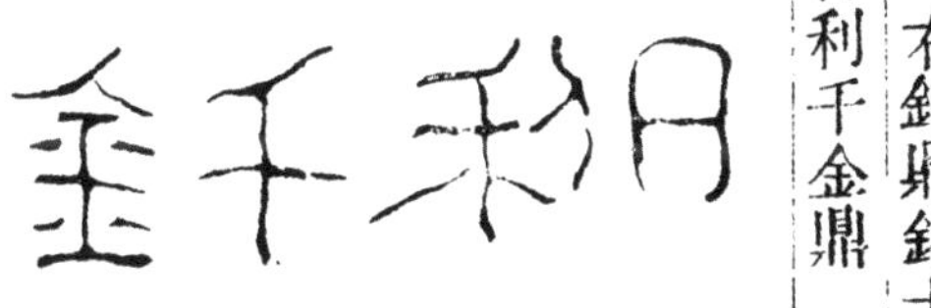

日　利　千　金

右日利千金鼎銘四字滋陽牛運震所藏器據摹本編入

漢司正鼒

ム方

司正

右漢司正鼒銘四字此與下一器皆據江鄭堂舊藏搨本摹入此即薛氏款識所載侈耳鼒也侈耳據形制爲名詩毛傳云小鼎謂之鼒爾雅云圜弇上謂之鼒今未見其器不能強說

漢鑪

齊安鑪

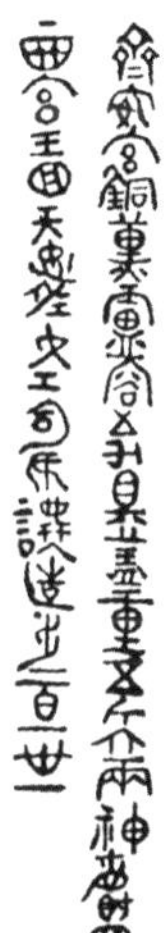

卅三

齊安宮銅熏鑪容五升具蓋重五斤六兩神爵四年

典宮嗇夫忠佐史工司馬讓造第一百一卅一卅三

右齊安鑪銘四十字陽識案卅三薛氏款識作廿三

菑川太子鑪

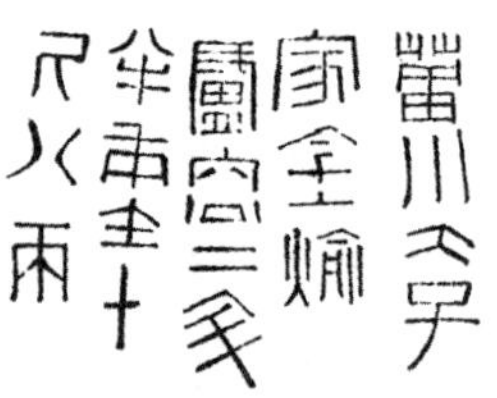

菑川太子
家金鍮
盧容二斗
半重十
斤八兩

右菑川太子鑪銘十七字趙太常所藏器據搨本摹入案漢書王子侯表龍邱侯等皆菑川懿王子陸元侯等皆菑川靖王子北鄉侯菑川孝王子此菑川太子不知何屬鍮字字書所無

陽泉使者舍熏鑪

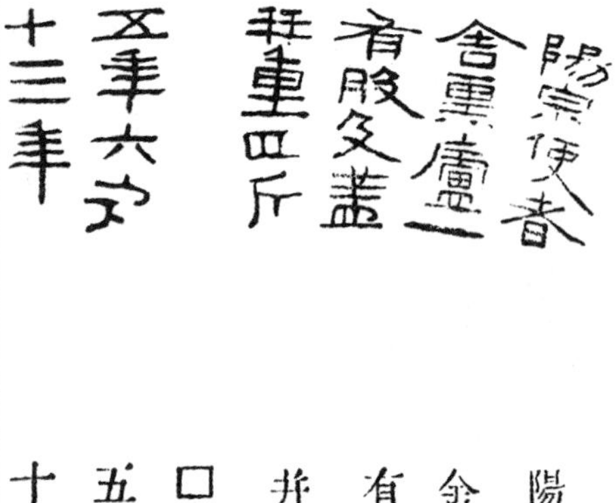

陽泉使者
舍熏鑪一
有般及蓋
并重四斤
□□□□
五年六安
十三年

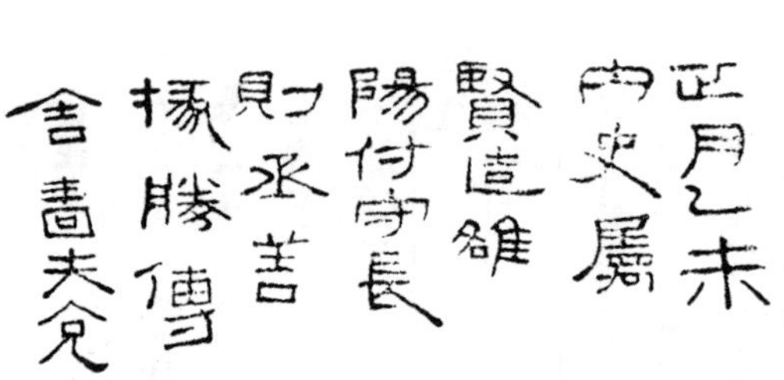

正月乙未
內史屬
賢造雒
陽付守長
則丞善
掾勝傳
舍嗇夫充

右陽泉使者舍熏鑪銘五十一字磨滅者四字秦太史所藏器據搨本摹入江鄭堂云顏師古漢書地理志注魚豢云漢火行忌水故去洛水而加佳器文洛作雒其爲光武以後之器無疑第五行剝蝕不可辨蓋兩數及年號也云六安十三年者乃侯國紀年如孔廟漢石既書五鳳二年又書魯三十四年也考漢書竇融傳有六安侯盱又楚王英傳肅宗建初二年封英子楚侯种後徙封六侯續漢書郡國志無六縣是光武時省入六安國然一地無封兩侯之理自必盱國除後乃徙封种則所缺年號當在章和以後矣陽泉亦侯國不知何時國絕省入六安改爲縣使者疑是四百石三百石之長有事于侯國故稱使者耳內史屬者內史之屬官後漢河南尹職與前漢左右內史同豈內史之稱至後漢尚相沿不改耶當時諸侯王亦置內史

或者賢乃六安内史屬官亦未可知雒陽付守長不知何官其縣長之類歟器文鑪通盧盤省皿古人通借省文之例也

漢壺

大官壺

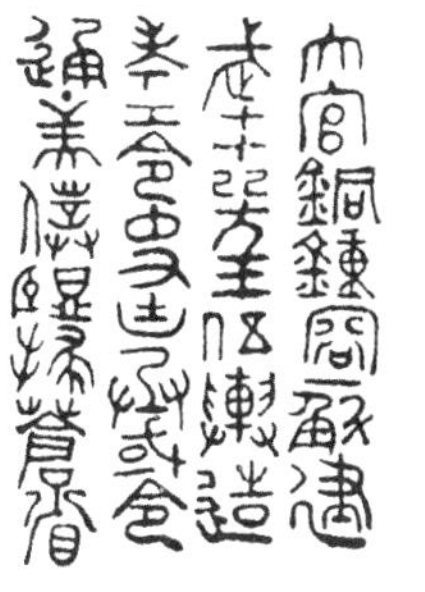

大官銅鍾容一斛建
武十十選工伍輿造
考工令史由丞或令
通主大僕監掾蒼省

右大官壺銘三十二字陽識據江鄭堂所藏舊搨本摹入案建武十十者二十年也薛氏款識銘文脫一十字且以十十選工四字釋作二十五年二當是傳抄之訛史由由字釋作右亦誤

杜陵壺

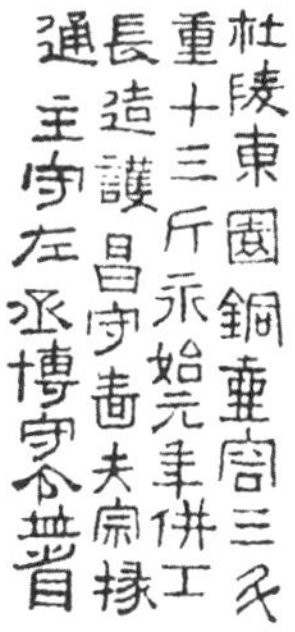

杜陵東園銅壺容三斗
重十三斤永始元年供工
長造護昌守嗇夫宗掾
通主守左丞博守令並省

右杜陵壺銘三十八字平湖令漢陽路罡莊鎛所藏器據朱右甫手搨本摹入案杜陵西漢宣帝陵也永始元年成帝之十七年也

大吉壺

大吉

右大吉壺銘二字陽識元所藏器

延光壺

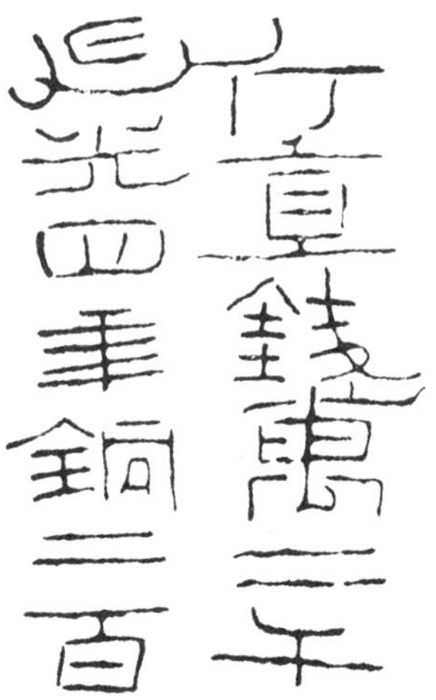

斤直錢萬二千
延光四年銅二百

右延光壺銘十三字陽識據宋王氏款識搨本摹入案延光四年東漢安帝之十九年今銅百斤約直錢萬五千古斤權輕小也

更甲壺

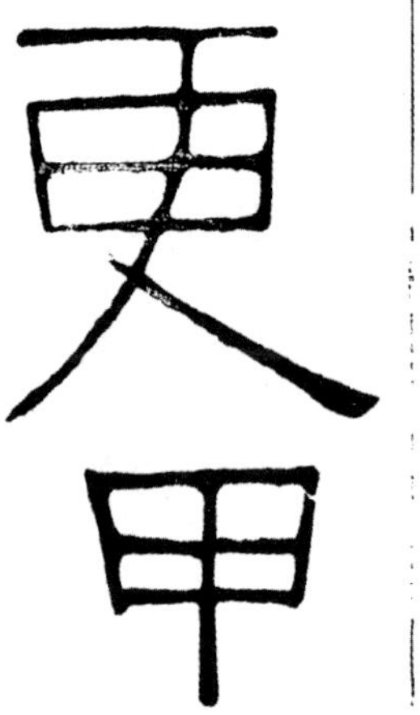

更甲

右更甲壺銘二字此與下二器皆據趙太常摹本編入

嚴氏壺

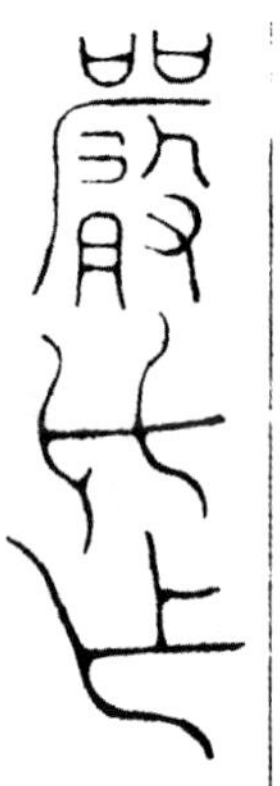

嚴氏作

右嚴氏壺銘三字

千秋壺

千秋

右千秋壺銘二字

漢千馬卣

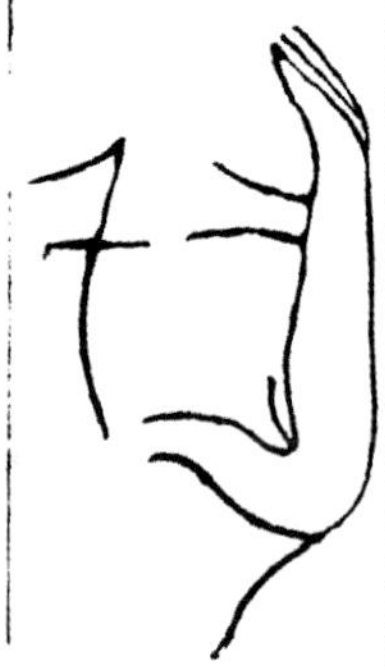

馬形

千

右漢千馬卣銘二字陽識元所藏器案漢人銘器每作吉祥語千馬蓋取富厚之義庚子山刀銘云價重十城名高千馬則以馬銘器亦有珍重之義焉

漢洗

陽嘉洗

陽嘉四年朔令

右陽嘉洗銘六字秦敦甫太史所藏器據搨本摹入

伏地洗

伏地

右伏地洗銘二字陽識錢塘何夢華元錫所藏器

大吉昌洗

大　吉　昌　宜　侯　王

右大吉昌洗銘六字據趙晉齋搨本摹入案漢洗多陽識此後凡陽識者不注明矣

長宜子孫洗

長　宜　子　孫

右長宜子孫洗銘四字此與下九器皆據趙太常摹本編
入案此洗兩旁作雙魚形

宜侯洗

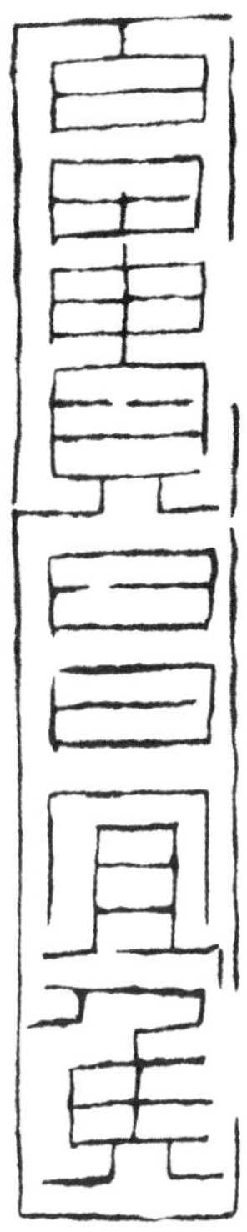

富　貴　昌　宜　侯

右宜侯洗銘五字

章和洗銘文據原本一行分作兩行

章和元年

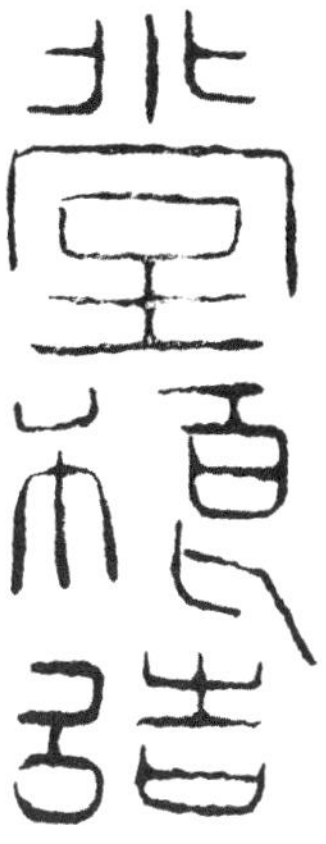

堂狼造

右章和洗銘七字案章和元年東漢章帝即位之十四年
漢志犍爲郡有堂琅縣常璩南中志云常琅山多毒草盛
夏之月飛鳥過之不能得去即其地琅宋書州郡志作狼

中平洗

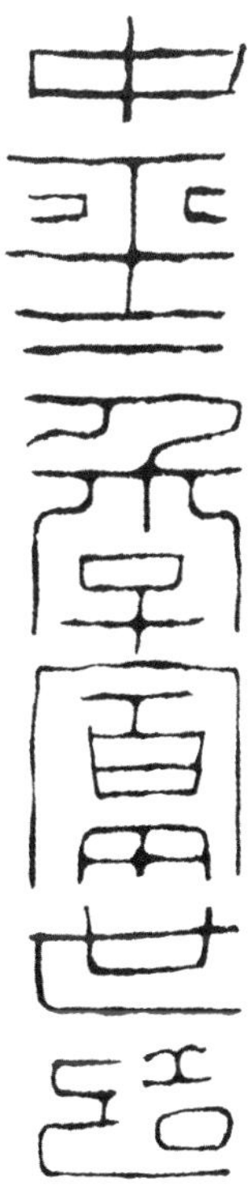

中　平　二　年　富　世　造

右中平洗銘七字案中平二年東漢靈帝即位之十八年
富世作器者氏與名也

初平洗銘文據原本一行分作兩行

太　歲　在　甲　戌　初　平　五　年　吳　師　作

宜　子　孫

右初平洗銘十五字案東漢獻帝以已巳年即位庚午改
元初平初平止四年甲戌改元興平此稱初平五年者遠
方於春秋初作器不知改元仍舊號猶西漢五鳳止四年
而元所藏五鳳甎云五鳳五年也

永建洗

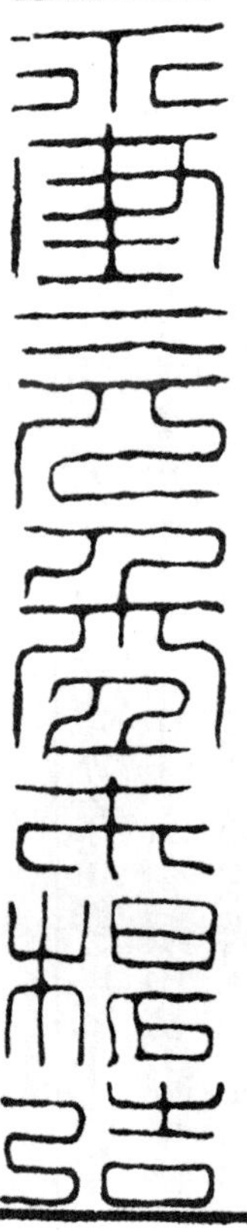

永　建　元　年　朱　提　造

右永建洗銘七字案永建元年東漢順帝之元年也漢志犍爲郡有朱提縣提字本從手旁此從木作椖者考蕪林讀朱提爲朱匙云北方人名匕爲匙玉篇木部云椖卽匙字是椖乃匙字之別文隸書手旁與木旁往往多亂也

富昌洗

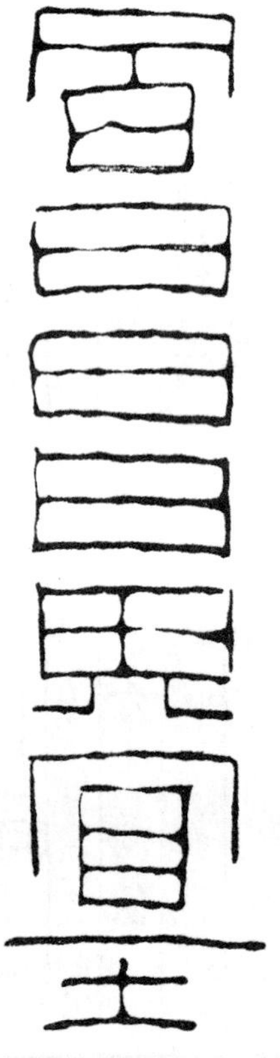

富　昌　其　宜　王

右富昌洗銘五字

富貴昌洗

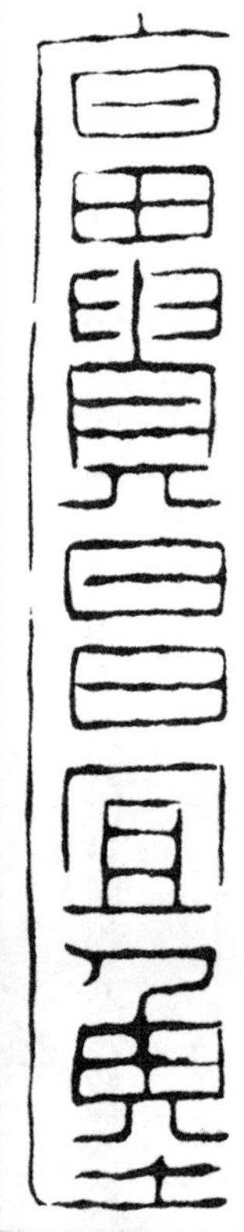

富　貴　昌　宜　侯　王

右富貴昌洗銘六字

宜子孫洗

宜子孫

右宜子孫洗銘三字

大吉羊洗

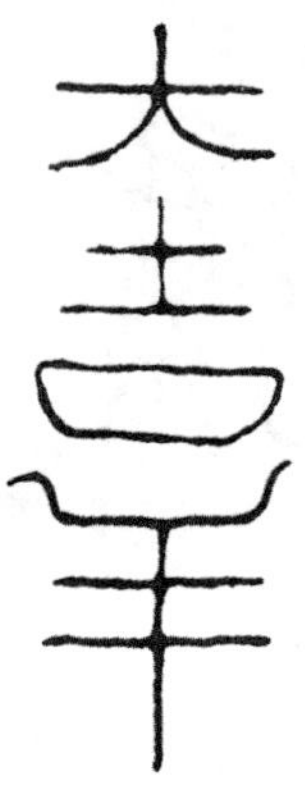

大吉羊

右大吉羊洗銘三字案羊字祥之省銘旁有雙蟾蜍雙魚形

董昌洗

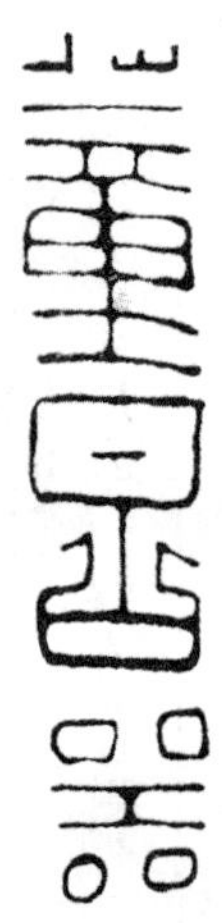

董昌器

右董昌洗銘三字器在杭州已剝落僅存殘銅一片據搨本摹入銘旁有羊形葢取吉羊之義

平陽侯洗

永

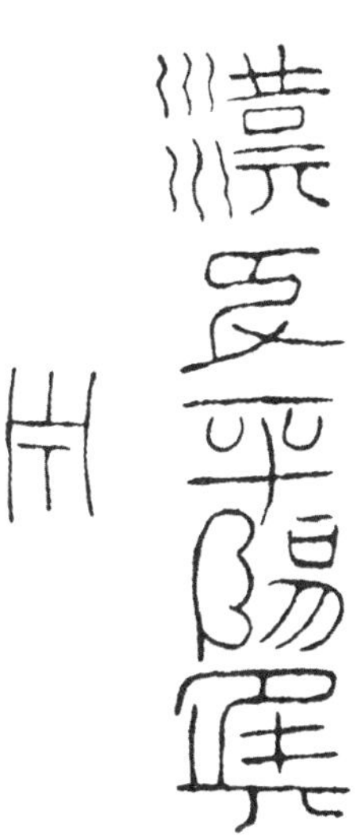

漢安平陽侯

用

右平陽侯洗銘七字元所藏器案漢安後漢順帝之號平陽侯後漢有二一爲曹宏據漢書列傳及表故平陽侯本始子宏舉兵佐軍建武二年復故封嚝嗣嚝後無聞後漢書后紀永平三年封平陽公主公主明帝女適大鴻臚馮順又馮勤傳建初八年順子奮襲主爵爲平陽侯奮無子兄勁爲侯勁子卯嗣勁爵延光中爲侍中子酉嗣延光安

帝之號則漢安之平陽侯乃酉也

漢安魚鷺洗

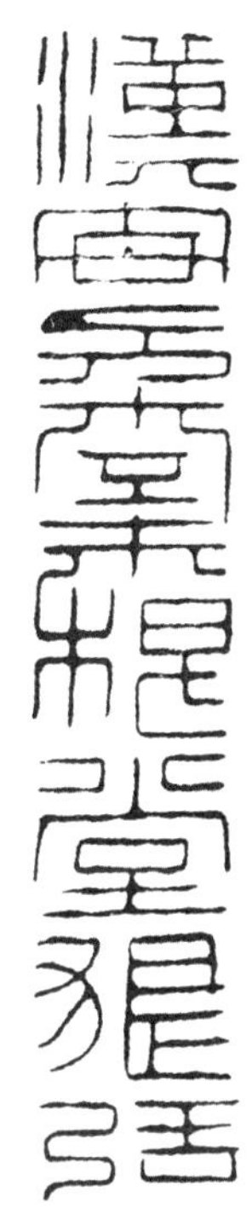

漢安二年朱提堂狼造

右漢安魚鷺洗銘九字案續漢書郡國志有朱提無堂琅後漢堂琅既省入朱提故此器云朱提堂琅也犍爲故夜郎國禹貢梁州之境厥貢璆鐵銀鏤韋昭郭璞以爲璆當作鏐紫磨金與鐵銀鏤以類相從則朱提山之出銀銅由來舊矣漢書食貨志朱提銀八兩爲一流直一千五百八十他銀一流但直一千其產銀銅特佳故造器多出其地至今銅器每以雲貴爲最朱提堂狼卽今貴州威寧雲南東川二府地博古圖陽嘉二年洗字之右作魚左作鷺正與此同洗取象于鷺魚以二者爲水物也圖釋爲鷺習水而捕魚譬之習于禮而得民殊屬曲說盤名洗者儀禮士冠禮設洗直於東榮水在洗東鄭注承盥洗者棄水器也士用鐵意古人盥洗以手臨盤御者以匜盛水沃之洗後棄水在盤故盤爲棄水器䀀崇義以盤洗爲二器失之矣

大吉羊洗

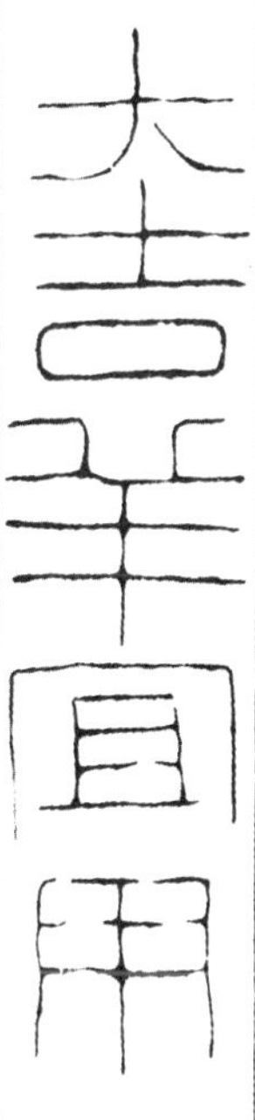

大吉羊宜用

右大吉羊洗銘五字器旁作雙魚形此與下一器皆元所藏

雙魚富貴昌洗

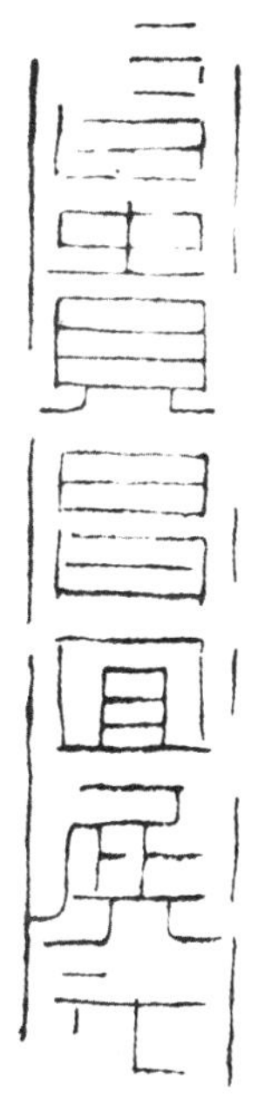

富貴昌宜侯王

右雙魚富貴昌洗銘六字

吉羊洗

吉羊

右吉羊洗銘二字據趙太常摹本編入張芑堂云吳門陸貫夫超曾藏此漢銅洗有紋作羊形吉作尚諸家篆書所無存之可備一種篆法翁學士云羊字篆法亦篆書所無葢漢人器用之字多以意屈曲自成章法爾

雙魚永建洗

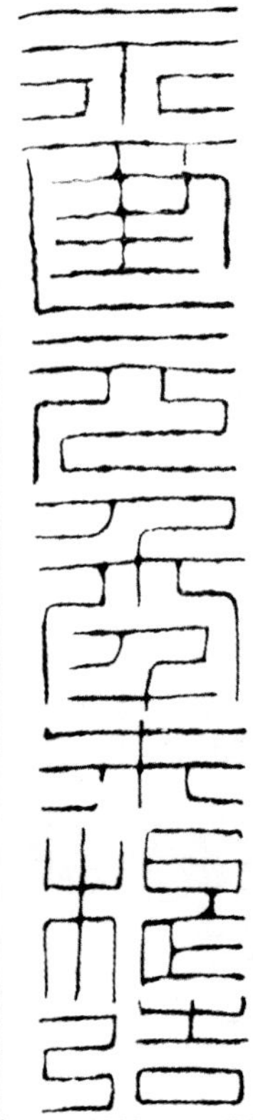

永建元年朱提造

右雙魚永建洗銘七字器爲慈谿鄭徵君勳所藏器據搨本摹入

漢注水匜

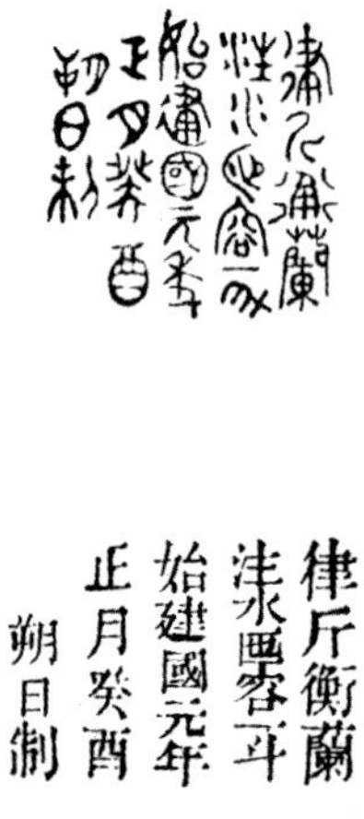

律斤衡蘭
注水匜容一斗
始建國元年
正月癸酉
朔日制

右漢注水匜銘二十二字據江鄭堂所藏舊搨本摹入說詳薛氏款識

漢鐙

建昭鴈足鐙

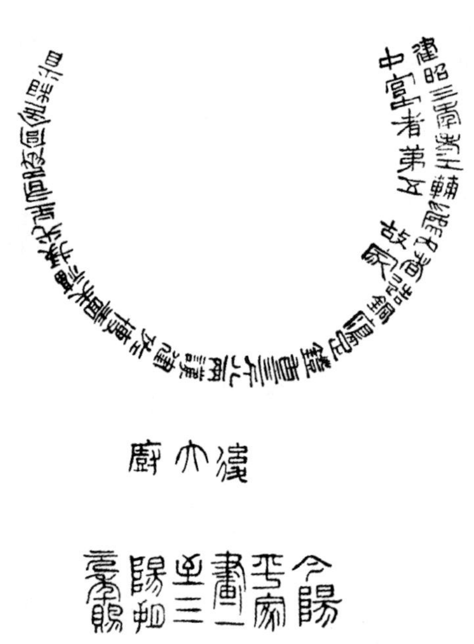

建昭三年考工輔爲內者造銅鴈足鐙重三斤八兩護建佐博嗇夫福掾光主右丞宮令相省

中宮內者第五故家

後大廚

今陽
平家
畫一
至三
陽朔
元年賜

右建昭鴈足鐙銘五十九字青浦王述菴少司冦昶所藏器據搨本摹入案建昭三年西漢元帝即位之十三年漢

書百官公卿表少府屬官有考工室武帝太初元年更名考工室爲考工臣瓚曰冬官爲考工主作器械也內者內者令也右丞宮令守宮令之丞也皆屬少府護建佐官名漢表無考輔博禍光主相皆人名外戚恩澤侯表陽平侯蔡義本始四年薨無後此陽平家當是大將軍王鳳鳳于永光二年嗣封陽平侯銘云陽朔元年賜陽朔元年成帝即位之九年鳳于陽朔三年薨此鐙本宮禁之物成帝以賜鳳令陽平家以下十三字乃鳳所刻畫者刻也一至三者當時所賜不止一器故備記之

龍虎鹿盧鐙

吉　大吉　宜子孫吉

右龍虎鹿盧鐙銘七字元所藏器器橢圓蓋作鹿盧形後半著于器前半仰以承炷中有錐前後有小鋬鋬上有環器口亦有小鋬蓋底及兩翼並龍虎紋與考古圖所載二器形制相類元近見桐鄉金比部德輿所藏鹿盧鐙較此器稍大銘惟宜子孫吉四字而已

羊鐙

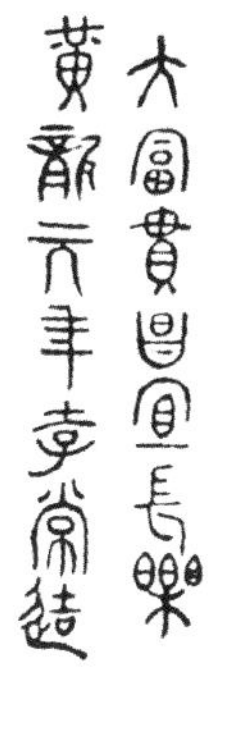

大富貴昌宜長樂

黃龍元年李常造

右羊鐙銘十四字長洲顧文鉷所藏器據摹本編入案黃龍元年西漢宣帝之二十五年也

永元鴈足鐙

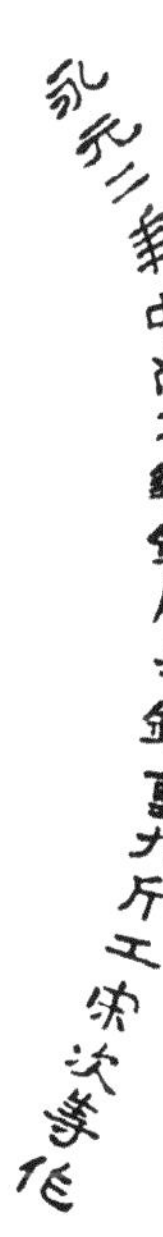

永元二年中尚方造銅鴈足鐙重九斤工宋次等作

右永元鴈足鐙銘二十字秦太史所藏器據摹本編入江鄭堂云是器後漢和帝永元二年造文云重九斤以今權分之則永元時權一斤重今權七兩有奇耳續漢書百官志少府卿屬尚方令一人六百石本注曰掌上手工作御刀劍諸好器物晉書職官志少府統材官校尉中左右三尚方晉襲漢制有中左右三尚方證以器之中尚方可知漢時有三尚方矣是可補司馬彪之闕太史云銘之對面尚有一山字此失摹

上林鐙

付上林

右上林鐙銘三字據趙太常摹本編入

黃山鐙

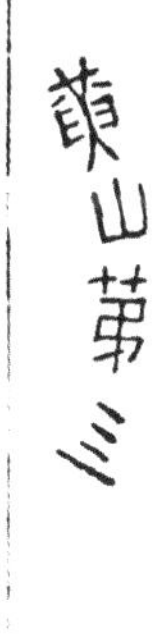

黃山第四

右黃山鐙銘四字張叔未所藏器據榻本摹入案四作三古三四之字皆積畫也漢書地理志右扶風槐里注云有黃山宮孝惠二年起

林華觀行鐙

林華觀行鐙重一斤十四

林華觀行鐙重一斤十四

兩五鳳二年造第一

兩五鳳二年造第一

右林華觀行鐙銘十八字陽識此與下一器皆據江鄭堂所藏舊搨本摹入銘見薛氏款識

耿氏鐙

延光四年二月耿氏作鐙比二工張裒造

延光四年二月耿氏
作鐙比二工張裒造

右延光鐙銘十六字亦見薛氏款識

漢尚浴府金行燭盤

溫臥

內者未央尚浴府乘輿金行燭盤容二升
重二斤十二兩元年內向造第初八十四

溫臥

內者未央尚浴府乘輿金行燭盤容二升
重二斤十二兩元年內向造第初八十四

右漢尚浴府金行燭盤銘三十六字錢獻之所藏器據摹本編入獻之云溫臥者當是溫室臥處所用也尚浴府者湯浴之室也其盤非一故曰第初八十四也內向未詳或云是內者令之名

漢周陽侯甗

周陽侯家銅三習甗鍑容五斗重十
八斤六兩師治國五年五月國輸第四

周陽侯家銅三習甗鍑一容五斗重十
八斤六兩師治國五年五月國輸第四

右漢周陽侯甗銘三十三字陽識據江鄭堂所藏舊搨本摹
入說詳薛氏款識篆體字通轉器也

漢元延鋗

長安共廚銅三斗鋗卌枚第廿重十五斤
八兩元延元年十月造

長安共廚銅三斗鋗卌枚第廿重十五斤
八兩元延元年十月造

右漢元延鋗銘二十五字據舊藏摹本編入案元延元年西
漢成帝即位之二十一年說文云鋗小盆也漢書李廣傳
注云鋗即銚也今俗呼銅銚

積古齋鐘鼎彝器款識卷十

揚州阮氏編錄

漢弩機

宛仁弩機

宛仁

宛仁

右宛仁弩機銘二字元所藏器案古史考黃帝作弩禮緯
衣引書大甲云若虞機張鄭注機弩牙也周禮司弓矢掌
四弩凡弩夾庾利攻守唐大利車戰野戰說文云弩弓有
臂者主發謂之機則弩機之由來舊矣謂於越與吳讐敵
而爲之非也春秋傳有宛射犬宛春此宛仁殆造弩者名
氏與

建安弩機

建安廿二年四月十三日所市八
十五百師稽福

建安廿二年四月十三日所市八
十五百師稽福

右建安弩機銘十九字張叔未所藏器據搨本摹入案建
安廿二年東漢獻帝即位之二十九年陈同師見成陽靈
臺碑吳侃叔云師者工師也夢溪筆談云鄆州發地得銅
弩機其側有刻文臂師虞上耳師張柔與曉其何謂案逸
雅弩怒也有勢怒也其柄曰臂似人臂也鈎絃者曰牙似
齒牙也外曰郭爲牙之規郭下曰縣刀合名之曰機又漢
書言府弩機銘云郭工鍛賢是則造臂者曰臂師造牙者
曰牙師猶之造郭者曰郭工也牙隸作耳故誤讀爲耳師
然則此曰師稽福與臂師虞上牙師張柔郭工鍛賢同也
錢晦之云稽姓未審所出漢書貨殖傳有稽發廣韻云呂

氏春秋有秦賢者稽黄此銘可加證矣市字或以爲第字
或以爲制之牛文

右中郎將弩機

右　中郎將曹悅赤黑閒　卷轉臂

右右中郎將弩機銘十二字據陳秋堂搨本摹入案續漢書百官志右中郎將比二千石曹悅史無考轉讀爲郭牙外爲郭臂弩之柄卷者束也赤黑閒當是弩名古弩有名黄閒者見漢書李廣傳注又有名紫閒者陸機七導云操紫閒之神機是也

左尚方弩機

兒十四

左尚方　十一

右左尚方弩機銘八字元所藏器案兒造器者名據承元鐙銘云中尚方造則漢時已有中左右三尚方矣十一者左尚方造器之次第十四者工人所造器之次第也

書言府弩機

延光三年閏月書言
府作六石鐵郭工鍛
賢令磨守丞躬乘
鉅史訓主

右書言府弩機銘二十七字陽識據江鄭堂所藏舊搨本摹入說詳薛氏款識

𦬩戈

阿武戈

阿武

右阿武戈銘二字顏運生崇槼所藏器據摹本編入案漢書王子侯表阿武戴侯豫河間獻王之子戈其所造也

陰字戈

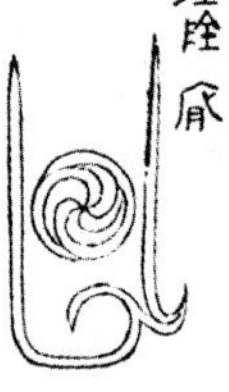

□陰□

右陰字戈銘三字不可釋者二字有華紋黄小松所藏器據搨本摹入案陰下一字似戟字未可遽定姑闕疑吳侃叔云此華紋中蓋火象左傳兵猶火也不戢將自焚也外作鉤距形蓋戟之象

晉左軍戈

□晉左軍□□

右晉左軍戈銘六字不可釋者三字據趙晉齋搨本摹入案左軍舊釋作左庫

漢劒

寶川劒

工□王天□

自作其寶用

右寶用劒銘十字摩滅者二字黄小松所藏器據搨本摹入案寶用舊釋作天水誤也

陽武劒

㦰陽武用

劒陽武用

右陽武劒銘四字司馬達甫所藏器據搨本摹入程易疇云劒作㦰乃二口形卽𠚕汗簡中字从古文雚省𠚕皆作𠦃或作𠚕與作𠚕者同下作𠦃者𠦃下屮象手足形屮卽人其明徵也

漢元嘉刀銘文據原本每行分作兩行

元嘉二年五月丙午

日造此官刀長四

尺二　日宜

矦王大吉羊

元嘉三年五月丙午

日造此口官刀長四

尺二口口口宜

侯王大吉羊

右元嘉刀銘二十七字據宋王氏款識搨本摹入案元嘉三年東漢桓帝卽位之七年是年四月改元永興是刀必作于四月以前而曰五月丙午者鑄陽燧必于五月丙午日中之時見王充論衡每見銅鏡帶鈎款識有此年五月竝無丙午而曰丙午者可知此刀實非五月丙午所造銘文特取其月日火德之盛耳

漢建初銅尺

慮傂銅尺建初六年八月十五日造

慮傂銅尺建初六年八月十五日造

右漢建初銅尺銘十四字本爲江都閔義行所藏後歸孔東塘民部尚任今在衍聖公府中據黄秋平文暘手搨本摹入案新城王尚書居易錄云漢章帝時泠道舜祠下得玉律以爲尺與周尺同因鑄爲銅尺頒郡國謂之漢尺此或其遺歟吳江沈冠雲彤著周官祿田考未見建初尺然其所繪古尺圖與此尺正同冠雲云右圖摹宋泰愔鐘鼎款識冊所載冊又載尺底篆文銘云一周尺漢志劉歆銅尺後漢建武銅尺晉前尺竝同案高若訥依隋志定十五

等尺第一爲周尺卽此也蓋此與後人所定周尺中爲近古且最著云江寧周幔亭集云曲阜孔氏所弆銅尺重今廣法平十八兩而廣準此尺一寸側厚準此尺五分與冠雲所用尺同然則建初尺與建武尺同矣慮傂郡國志屬并州太原郡顏師古音爲廬夷孔民部尚任云建初銅尺與周尺同當古尺一尺三寸六分當漢末尺八寸與唐開元尺同當宋省尺七寸五分當浙尺八寸四分當明部定官尺七寸五分弱當今工匠尺七寸四分當今裁尺六寸七分當今量地官尺六寸六分當今河北大布尺四寸七分余之能定者以有建初銅尺也以上諸說皆精覈元試學山左曾借觀之笵銅摹𤗳一尺藏於家

漢龍虎銅節

王命=惠賃

一棓飤之

右漢龍虎銅節銘九字據陳秋堂手搨本摹入案此銘亦見江侍御摹本江識命下重文爲冂云嶧山碑而二之例惠釋作道云李陽仌謙卦作道賃釋作寶从傢省棓釋作棓云疑借作倍此從吳侃叔釋侃叔云遽卽惠字棓古文菴爾雅陪闇卽諒陰之陰左傳鹿死不擇音亦以音爲陰

海鹽近出古甎有榰壁字榰亦古文菴䕺築菴之叚也可與此文參證後漢書皇甫規爲中郎將持節監關中兵軍大疫死者十三四親入菴廬巡視三軍感悅此節銘云王命命惠賃一菴飤之事正相類盖軍行遇疫故王命賃一菴以棲軍之病疫者而爲糜藥以飤之也說文賃庸也此銘雖微亦可見古昔行軍旣體恤兵卒復無纖芥騷動官民皆可法也黃山谷云今俗書庵字於篆無有當據後漢書作菴不知古文作陪作闇作陰又作棓也元案此搨本與趙晉齋搨本棓字曰中皆有小畫吳釋甚確周禮掌節山國用虎節澤國用龍節此節一面作龍首形一面作虎形

漢符

南郡銅虎符

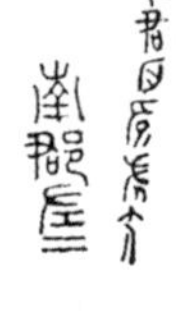

與南郡守爲虎符

南郡左二

右南郡銅虎符背銘半文七字腹銘全文四字此與下一器皆錢獻之所藏據摹本編入獻之云史記文帝本紀二年九月初與郡國守相爲銅虎符卽此是也字皆錯以銀舊說云虎符右留京師左與郡守其合處左有方空右有方柱余謂虎符自古皆有特不以銅作之耳信陵君得魏王虎符奪晉鄙軍在七國時說文解字曰琥發兵瑞玉爲虎文是古用玉符

新莽銅虎符

新與武亭沿沿連率爲虎符

武亭□□

右新莽銅虎符背銘半文十一字不可釋者二字腹銘全文四字摩滅者二字案漢書王莽傳莽以周官王制之文置卒正連率大尹職如太守公氏作牧侯氏卒正伯氏連率此銘云新與武亭沿沿連率爲虎符是莽時所造也錢獻之云漢書莽傳及地里志所載莽改郡國無武亭之稱未識是何地

漢鐎斗

宜子孫鐎斗

宜子孫

右宜子孫鐎斗銘三字元所藏器案說文解鐎字云鐎斗也廣韻云鐎刁斗也溫器三足而有柄又史記李廣傳孟康注以銅作鐎器受一斗晝炊飯食夜擊持行名曰刁斗蘇林曰形如鋗以銅爲之鋗音讙云鐎溫器有柄斗似銚周官鬱人鄭司農注鬱十葉爲貫百二十貫爲築以煮之鐎中停於祭前蓋鐎斗爲煮物之器故字从焦焦者持火爇物也

八方鐎斗

八方

右八方鐎斗銘二字據趙太常摹本編入案翁學士兩漢金石記方字摹作㫄釋爲升

元康鐎斗

元康元年考工賢友繕作府嗇夫建護萬年
般長當時丞令長平丞義省重一斤十四兩

元康元年考工賢友繕作府嗇夫建護萬年
般長當時丞令長平丞義省重一斤十四兩

右元康鐎斗銘三十五字海鹽張芑堂燕昌所藏器據金石契摹本編入芑堂釋文丞上有右字摹款無之蓋誤脫也芑堂云漢宣帝晉惠帝皆有元康之號審此器文字古質必漢器也其字體雖極小然與五鳳二年字正相埒是篆初變例時也鐘鼎款識云凡漢器必謹其歲月與夫造

器之官記所謂物勒工名以考其誠是也翁學士云百官表曰縣令長皆秦官掌治其縣萬戶以上爲令秩千石至六百石減萬戶爲長秩五百石至三百石皆有丞尉秩四百石至二百石是爲長吏又云嗇夫職聽訟收賦稅此器自府嗇夫以下凡四人建當時平義皆名也上一人云繕作者工之職下四人總言省者官所司也其曰右丞者百官表止言縣有丞不言左右是又可以補史家所未及矣學士又謂般當是縣字漢書地理志左馮翊萬年縣高帝置般亦縣名然般屬勃海郡不應遠與三輔之邑連書元案此款般字甚明姑從芑堂釋

漢鉤

丙午神鉤

丙午神鉤君高遷

丙午神鉤君高遷

右丙午神鉤銘七字銀絲塡文元所藏器案造銅器必於丙午日取下支皆屬火元所見帶鉤有作丙午釗君宜官者有作五月丙午造者此云丙午亦鑄鉤之日也君高遷者頌禱之辭此鉤飲金銀絲身作神人鳥喙抱魚食象首作獸面故曰神鉤考山海經大荒南經云白水山生白淵昆吾之師所浴有人名曰張宏在海上捕魚海中有張宏之國食魚使四鳥有人焉鳥喙有翼方捕魚于海郭注昆吾古王者號音義曰昆吾山名谿水內出善金蓋當時取善金作鉤因象其地之神人以爲飾也首作獸面蓋飾比形史記漢文帝遺匈奴黃金胥紕一漢書作犀毗張晏云鮮卑郭落帶瑞獸名戰國策趙武靈王賜周紹黃金師比

以傳王子延篤云師比革帶鉤也班固與竇憲牋云復賜固犀比金頭帶東觀漢紀鄭遵破匈奴上賜金剛鮮卑緄帶一然則師比胥紕犀毗鮮卑犀比聲相近而文互異其實一也楚詞天問晉制犀比昭自日只王逸以爲博棋誤矣師比之制創自趙武靈王而革帶有鉤由來已舊古人以銅著腎腹間所以拘帶且以捍矢左傳僖二十四年齊桓公置射鉤而使管仲相杜注中帶鉤呂覽貴卒管子扞弓射公子小白中鉤國語晉語乾時之役申孫之矢集於桓鉤韋注帶鉤也在腹莊子達生以鉤注者憚胠篋云竊鉤者誅荀子禮論縉紳而無鉤帶揚子太元格裳格鞶鉤據之則鉤之制古矣南史吉士瞻傳淩仗庫防火池得一金革帶鉤隱起雕鏤甚精巧篆文曰錫爾金鉤既公且侯

玩其詞當亦漢器也考古圖帶鉤有四第一鉤身形若守宮手抱魚與此器差似其餘形制各異元尚有漢鉤二器款識亦俱不同傳曰坐客滿堂視鉤各異其是之謂與

丙午鉤

丙午鉤君高遷

右丙午鉤銘六字元所藏器

長宜君官鉤

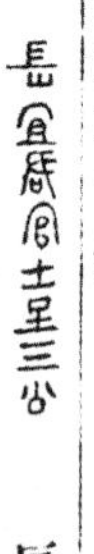

長宜君官士至三公

右長宜君官鉤銘八字據趙太常摹本編入

長壽牛鉤

長壽

右長壽牛鉤銘二字元所藏器據搨本摹入案銘作陰款揣其制當更有一鉤文必陽識古人合之以當符劵也

丙午鉤

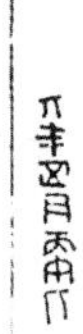

六年五月丙午

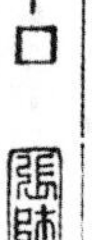

張師信印

右丙午鉤銘十一字陽識午下一字舊釋爲作此本文未全據趙太常摹本編入翁學士云漢自武帝始有年號此器但云六年故知是西漢器也考惠帝六年壬子呂后六年己未文帝六年丁卯此三年之五月皆無丙午惟高帝六年庚子景帝六年庚寅此二年之五月皆有丙午此器當屬何時則弗能深攷矣

長宜子孫鉤

長宜子孫

右長宜子孫鉤銘四字黃小松所藏器據舊藏摹本編入案此鉤嵌金銀絲篆法奇古每字兩旁皆有粟點制作之工非漢以後所能也

漢鈴

永平鈴

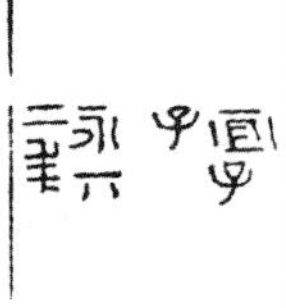

宜子　孫　永平　二年

右永平鈴銘七字此與下一器皆據舊藏摹本編入案詩載見云和鈴央央左桓二年傳云錫鸞和鈴昭其聲也古者以鈴置於旂旆上所以和聲也永平東漢明帝年號

宜子鈴

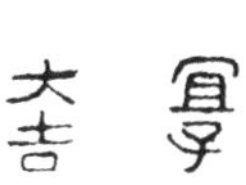

宜子

大吉

右宜子鈴銘四字陽識

漢宜子孫鐸

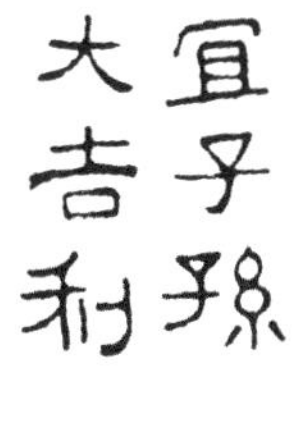

宜子孫

大吉利

右漢宜子孫鐸銘六字黄小松所藏器據搨本編入案古人以木鐸振文教以金鐸奮武衛禮樂記夾振之注云夾舞者振鐸以爲節此器高不過三寸軍政不足以發號樂舞亦不可以爲節當是鈴屬然鈴鐸二器可通稱故仍舊名爲鐸說文解鐸字云大鈴也

漢染棓

史侯家銅染棓第四重一斤十四兩

右漢染棓銘十四字據趙太常搨本編入案染棓未詳何器

漢安昌車釭

安

昌

右漢安昌車釭銘二字陽識錢獻之所藏器據搨本編入獻之云此安昌侯張禹物也

新莽銅權二器

律石衡蘭

泰□□容六升

始建國元年

正月癸酉

朔日制

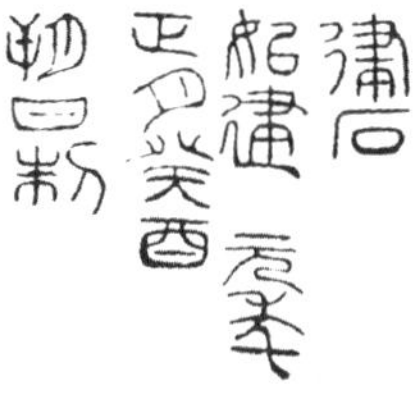

律石

始建元年

正月癸酉

朔日制

右新莽銅權二器上一器二十二字摩滅者二字下一器可釋者十三字皆據陳仲魚搨本編入案薛氏款識漢注水匜銘云律斤衡蘭注水匜容一斗始建國元年正月癸酉朔日制與此權蓋一時所制薛氏云漢新室當孺子嬰初始元年戊辰十二月改爲建國此言元年正月則是明年己巳歲制此器也考漢書王莽傳云以十二月朔癸酉爲始建國元年正月之朔莽以十二月爲歲首則此銘正月朔即初始元年之十二月朔也律石衡蘭注水匜作律斤衡蘭石與斤皆權也律石衡當是官名蘭當是人名莽傳載莽策羣司之辭有曰白煒象平考量以銓此即命鑄權量之辭也新莽尚有量銘見翁氏兩漢金石記未得搨本故不載

漢斗檢封

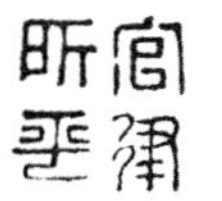

官律
所平
一

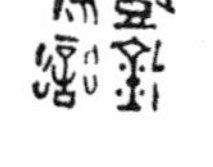

鼓鑄
爲口

右漢斗檢封器内銘四字底銘四字末一字泐皆陽識張叔未所藏器案周禮司市以璽節出入之鄭注璽節印章如今斗檢封矣使人執之以通商賈疏云漢法斗檢封其形方上有封檢其内有書比器形方如斗内銘云官律所平著平肆之義底銘末一字疑是變字鼓鑄爲變著化居之義其爲通商之封璽無疑叔未以爲斗檢封是也

漢尚方銅器

尚
方
解廌形
故治
万
八千

右漢尚方銅器銘八字陽識元所藏器以建初尺度之長五寸二分零前後廣七分左右六分四方中空背有三孔長各一寸一分廣二分零面中間有一乳乳下一孔分歧至末有紐合之長二寸三分廣二分上口内有四齒皆斜向内面識凡三層上層橫書尚方二字中畫一角獸乃解廌也中層直書故治二字下層三字分書于孔之兩旁左曰万右曰八千案漢書百官表尚方令丞屬少府注曰主作禁器物也後漢書百官志尚方令一人六百石本注曰掌上手工作御刀劍諸好器物丞一人員吏十二人吏從官六人皆屬少府章和以下加尚方考工别作監皆六百石宦官爲之轉爲監副或省翁覃溪學士云尚方之職雖前後同隸少府而當東漢時所治屢有兼增此言故治者是明此器爲尚方所舊辦非新增之器物也準此言之當是東漢時器曰萬曰八千其次第之數也其器之用則不可曉矣

漢宜子孫銅器

宜子孫

右漢宜子孫銅器銘三字元所藏器以建初尺度之長二寸八分廣七分未詳何器之飾

漢湯金銅器

金
湯

右漢湯金銅器銘二字此與下二器皆據趙太常摹本編入案湯字反寫湯之省爾雅釋器黄金謂之𨮚說文云金之美者與玉同色此曰湯金言美金所鑄之器也

漢吉利銅器

吉利
史十万

右漢吉利銅器銘五字案史作器者氏或官名十万亦吉
祥語也

漢壽命昌銅器

壽命昌宜侯王

右漢壽命昌銅器銘六字

漢內者樂臥銅器

內者樂臥重二斤十四兩第

右漢內者樂臥銅器銘十一字據陳秋堂所藏搨本摹入
案樂臥當是長樂宮臥處所用器也

魏器款識

魏太和鐘

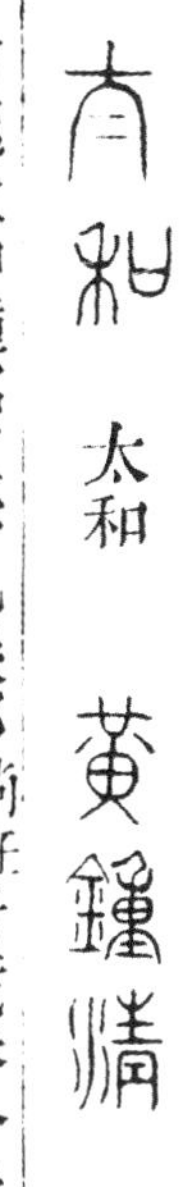

太和　黃鐘清

右魏太和鐘銘五字孔農部尚任所藏器今失去據舊藏
摹本編入案集古錄云景祐中修大樂冶工給銅得古鐘
命工扣之與王朴夷則清聲合是知古人定律準以清聲
故此題黃鐘清也農部定爲魏太和間杜夔典樂所造是
不然夔典樂時工柴玉別鑄鐘多不如法數毀改作玉甚
厭之更相白于太祖太祖取所鑄鐘雜錯更試知夔爲精
至文帝愛待玉夔遂就繫黜免是鐘鑄于太和安知非柴
玉所鑄乎

魏正始鑪

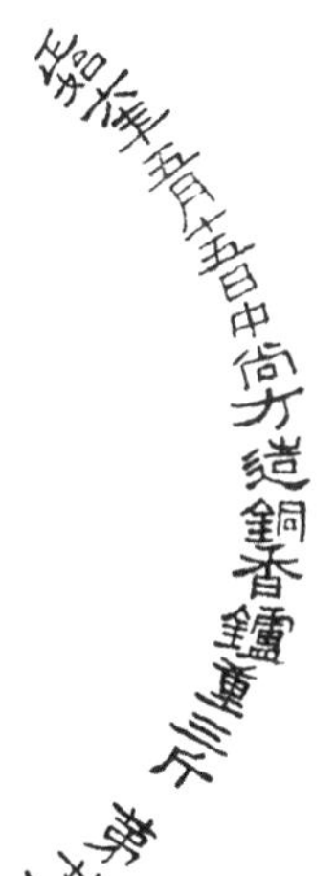

正始六年五月十五日中尚方造銅香鑪重三斤　第廿六

右魏正始鑪銘二十二字黃小松所藏器據搨本編入案
正始魏邵陵厲公年號

魏景初帳構銅

景初元年五月　十日中尚方造長一丈廣六尺澤漆幄帳廣構銅重三斤十兩

右魏景初帳構銅銘三十二字據張芑堂摹本編入案景

初元年魏明帝卽位之十一年翁學士云帳構銅之名厲
樊榭謂僅見於南史崔祖思傳然宋書江夏王義恭傳及
西京雜記已皆有之不獨南史也至於景初之字本不可
臆斷爲何人書樊榭詩中以爲韋仲將筆者特詠歎之詞
未可以爲據也而丁敬身復作詩駁之謂當是邯鄲淳所
書則亦同無所據耳

晉器款識

晉泰始澡槃

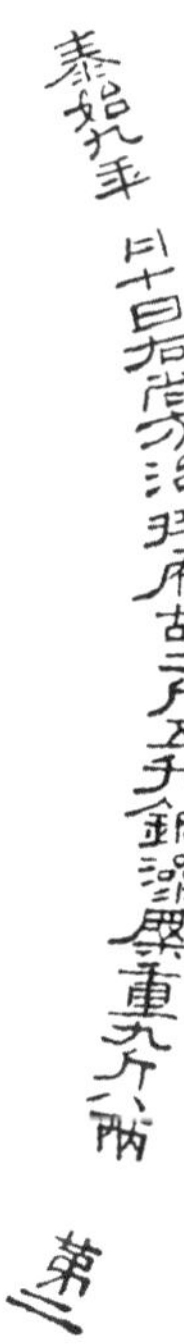

泰始九年□月七日右尚方治將府故二斗五升銅澡槃重九斤八兩　第二

右晉泰始漆槃銘二十九字摩滅者一字據宋王氏款識
搨本摹入案泰始九年晉武帝卽位之九年也將字下府
字甚明實無作字宋人舊釋云將作府非也案晉志少府
統材官校尉中左右三尚方又曰將作大匠有事則置無
事則罷此云右尚方治將府故知無事時少府兼領將作
也將作府曰將府省文耳漆槃古謂之盥盤亦謂之纇盤
樂纂云晉人有銅澡盤自鳴張茂先以爲與洛陽鐘聲諧
卽此類也

晉永昌椎

永昌元年二月四日
小將申雨造

永昌元年二月四日
小將申雨造

右晉永昌椎銘十三字黃小松所藏器據摹本編入案永
昌著年不一此據字體定爲晉元帝時物段赤亭松苓云
永昌元年不但王敦舉兵武昌石勒亦遣騎士大寇河南
此器於濟寧發工得之距武昌較遠安知非石勒部曲所
造小將二字見漢書灌嬰傳吳志丁奉傳北史魏帝紀云
放十二時置十二小將然則申雨實爲小將非撝謙之詞
也

晉太康釜

太康三年八月六日右尚方造升銅釜重九斤七兩第一

太康三年八月六日右尚方造升銅釜重九斤七兩第一

右晉太康釜銘二十二字據武虛谷搨本摹入案太康三
年晉武帝卽位之十八年也

晉銅尺

周尺漢志鎦歆銅尺後漢建武銅尺
晉前尺並同

右晉銅尺銘十九字據宋王氏款識搨本摹入案晉志荀
勗尺銘曰晉泰始十年中書考古器撰校今尺長四分半
所校古法有七品其七曰建武銅尺志又云魏景元四年
劉徽注九章云王莽時劉歆斛尺弱於今尺四分五釐比

魏尺其斛深九寸五分五釐卽荀勗所謂今尺長四分半
是也又案隋志列十五尺一周尺卽劉歆之銅尺建武之
銅尺祖沖之之銅尺荀勗令劉恭所造之尺謂之晉前尺
者是也吳江沈冠雲彤著周官祿田考繪古尺圖卽此尺
併錄此銘云右圖摹宋秦熺鐘鼎款識冊所載所摹銘文
建下一字正作武惟首多一字係誤衍程易疇云江愼齋永
考定諸家之說周尺得開元錢八枚以較此晉尺短一
寸一分漢尺得大泉十枚以較此晉尺長二寸三分又案
曲阜孔氏所藏慮俿銅尺造于建初六年以較此晉尺長
二分强皆不相合惟瑤田據王莽所造貨布貨泉及大小
泉流傳于今擇其邊郭完好者互相比較定爲莽時造錢
布之尺與此晉尺豪髮不爽劉歆莽國師也然則尺背所

謂劉歆銅尺者即余今所定之莽尺于此可見莽所造錢布無不精美也元謂慮俿建初尺獨長二分考建初六年乃後漢章帝即位之六年辛巳距建武五十餘年矣時代既殊尺有贏羨不害其爲同也

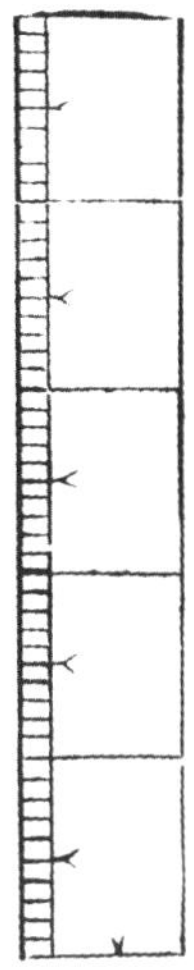

右晉尺之半于此倍之可得其全度

雲山鮑廷爵林泉甫重校刊

積古齋鐘鼎彝器款識後敘

慨自斗科姬汾竹帛嬴燼蒼公赤篆南閣祭酒摭之素王青書臨淮太守傳之乃褰筆遺左史而歆移徒勞鴻都崇伏書而包宜又作冀其斟𨠟墳索黼黻羲軒難矣必欲洞書名鏡神恉祛奇詭追始初耤非欲山吐川陳彝得鼎厥道曷由我

朝龍興大文虎炳天臨助鑑地出龢鍾

冊府不煥編珠蓬屏不禁藏壁亦有癖深原父智儕子高集吉金青詮群器字頓茀檐未窺柏寢蠡勺安測鳥瀾失采翡翠之翎遺拔犀象之角說難盡睹覽者弗慊矣維吾師雲臺先生經緯馮生鑄鎔邃古

宸鑒鑾鐙辟廱鵠從釋

天上雲靁之文辨階閒球鏷之刻洎乎握尺山左樹麾浙西清

白心圭揚黃于藺橦金莛於燕寢叢銅花於雕兩爰命鈹愚載裒鱗晉見槧槃叩問待鏞撞懷鉛則斗建周杓數弓則日干合簽紀商周以迄魏晉摹頡籀以鼎斯邈剞劂垂蕆校勘遂施敢述薪傳用綴簡末夫分器名冊司尊設官經傳孔悝之文史記美陽之字齊犧以送女爲媵尊壺以貢王存名武王盥盤著淵淵之戒大禹讒鼎勒昧旦之詞故書羅蒐曩制灰威莫可詳已至于宣和殿圖尚功石刻肴核六籍俎豆三倉先民是程後民是語然摭拾榛雜肆攻豕訛造作孔囏善美非盡質之大雅曰猶有憾焉聞古聖之道立器生禮踐實存誠茱萸常銂必蘄三壽饋餾小敦欲至萬年飾鏤璆不厭其華用泉貝不病其厚將以壽名教礪綱常鴻聲明賁文物出治理而綿遠久也夫亨鬺神祇盥薦考妣祧旂立矢論譔前勞是爲大孝呼史宣綸立廷

受冊鑾琱鞞戟茂歷紀庸是爲純忠厥祭禮殤父桀作彝勳績
錄屬正長錫彝是爲慈惠列侯朝聘贈金鑄鐘僚友饗殯異金
銘簠是爲豈弟叔夜用饍同符孔其唯叔居晦允契商譽是爲
恭儉此皆經世之鴻寶生民之令儀雖祖龍虢殘赤符凌替典
則失微範模猶在自後世祖尚虛無輕蔑文字而淪沒盡矣且
夫琥珀孕于荒麓遇芥則投珊瑚沈于環瀛與網則獲物聚所
好亶其然乎茲所輯者約鼎彝五百餘器綜篆籀一萬餘言玉
府崑山珠海合浦鮫綃五色鳳錦千襄洵極金縢石尾之觀寧
止滂喜凡將之作夫推彌曠者道也闡彌精者義也與而罔缺
者典也久而始備者時也雷雨甲中遠協羲父壺戈蛟蚪上承
皇史宗周鐘之讐要服何如江漢常武之篇考父鼎之款文丁
可徵校頌歸祀之說寶敦矢夙夜識周大僕之虔尊鼎祝萬壽

知齊乙公之侈頌之佩出反入卽晉重三覲之儀曶之用田受
秭卽呂命百鍰之罰他若周王徙居楚麓楚惠遷自西陽可拾
春秋之遺其王墓稱陶陵漢宮名逸蓮勺可詳班馬之略謂非
觀古之囱牖進學之堦墀與然而俗情染墨浮說雌黃其蔽不
一舉枚可數或膠執偏端梗守前論宗祧北海求鳳皇之尊應
答竟陵善服匿之對一也執贋擬岑呼鼠尋璞父丁祖乙雜以
比干之盤車攻馬同斝以滕公之石二也又有引葛攀蘿削尋
就墨甲附上甲庚溯盤庚弡伯爲孝友之兄遽仲爲君子之弟
奇觚妄會疋畢所訶三也昔在嘯堂大臨諸賢傳譌難免今稽
東觀容齋之論定評或虛彼鑿守藏述古之心違重器不訾之
例又無論已是編之作準六書部分抉小學與微辨亞亞之殊
詳割句之借繹酌彫之同論逹狂之合釋攸勒爲肇革明夜吠

爲射琱訓同黃爲彤衡通室夢爲室昧凡此之類咸據有聞不
知蓋闕若夫子商簠古姬周富繁時則艮之南楚雄奇東魯噩
厚俗則囿之文詞具存鑒察斯剔間有勒款叶字可絃而歌董
彊雙聲攸休疊韻綏賓倍律大蔟和樂講音均按間呂者舍是
蔑從也又觀夫鉼鉼異制戔盞別名簠甗爲胡連古今文之判
敦甗盛黍稷方圓說皆通罍甗則方語各分戈戟則散文互用
金豆與瓦竹俱觓兕觥非骨角所成是又辨器者所當考鏡也
且如姬公丁亥之鼎言歲紀者祘統微散氏乙卯之盤言輿圖
者訂塢辨父丁角之東門無專鼎之圖室言宮室者參階旁登
寺奠𠡸國名牒焉遣鼎師㝬氏族譜焉子申爲嘉嬭之子陳逆
爲𤞷子之孫世系緒焉司工爲司空之屬司土卽士均之職官
制羅焉邢叔虘父魯鄭臣名熊章秋人楚都君諱名字炤焉符

節並載量斤咸垂漢尺與晉尺齊衡秦權與莽權均鍰金師比
有度斗檢封有銘尤六籍之星源百家之鑪橐也小子愚實近
古六藏莫開吾師諮必於周五善斯集積古疏入
先皇曰俞師古政成維
帝時眘宜也蓋康虔綰綽者福之府通彔眉壽者德之符懿夫
享覲式儀華陔隆養鐫詞刻漏勒篆夾鐘道著器成淵乎茂矣
然猶不齎其有不寶其私喻橐之銅滕置譙山上陽之鑄嘉薦
祏室是以籩豆有踐金石同和也是編也成直追孔甲盤盂之
書奚僅復齋鐘鼎之志而已哉
嘉慶九年龍集閼逢困敦陽月丙辰朔弟子朱爲弼敬譔

秦漢瓦當圖

秦漢瓦當圖引

凡瓦蒙屋脊曰甍。屋脊。棟也。鎮棟兩端曰獸瓦。又曰鴟吻。灣中而仰其兩邊。駢比鱗次覆其屋。曰㼼瓦。又謂之㼐。々之覆檐際而臨階砌。曰階瓦。又謂之甌。狀如半筩。覆㼼瓦之兩邊而下。曰筩瓦。又謂之㼑。々之垂檐際。而一端形圜有文者。曰瓦當。々者。當也。當檐端也。何以知之。衣有裲襠。謂一當胸一當背也。知裲襠之當胷背。則知瓦當之當檐端也。然則纕蘅氏之圖。何不遍及甍㼐㼼㼑而獨錄瓦當也。取其文也。故曰。言之無文。其行不遠。瓦之有文。猶能經千載而不泯滅。況於人之有斯文者乎。館君之表此圖。而傳於世。其得已乎哉。

大保九年秋中益城松崎復識

菱湖卷大任書

觀物知政西漢之璧璫金飾已非陶唐氏之茅茨但代遐物銷無蹤可尋然荒墟廢丘往々會其真博古之家足徵其奇文焉則此編宜與林佶漢甘泉宮瓦記俱稱棠頭雙璧也戊戌五月竹醉日綾瀨龜田梓題

雪城中澤俊卿書

秦漢瓦璫圖序

作無益害有益君子之所必戒而作無益不害有益君子之所不必戒也其曰為無益之事喜有涯之生者昔人以為達矣況此瓦圖狀高古而文殊絕足以觀秦漢之制補許賈之遺而裨益於後學不鮮〻者乎所謂娛情利物兩得之者而與世之假聖經而衒己邪說以誤人者其害其益如何也翻鍥之舉何可非焉斯知古器以廣見聞益於學者之言不誣而其或謂古經獨古而他古物必不求者未可為通論也時大宇清朗桂香襲帷穩坐點周易之暇書以應請

五華山人井鳴子寉

貫齋大野善書

秦漢瓦當。為負四十。為牒十二。曰衛狼千萬延。　曰大萬樂當。　曰甘林。　曰蘭池宮當。　曰上林。　曰嬰櫻桃轉傳舍。　曰八風壽存當。　曰延年。　曰都司空凡。　曰右空。　曰大。　曰甲天下。　曰宗正宮當。　曰右將。　曰丰。豐　曰維天降靈。延元萬年。天下康寧。　曰與天無極。　曰長樂萬歲。　曰延年益壽。　曰永受嘉福。　曰長樂未央。　曰永奉無疆。疆　曰宜富貴千金當。　曰延壽萬歲。　曰千秋萬歲。　曰仁義自成。　曰萬有憙。喜　曰億年無疆。　曰長生未央。　曰萬物咸成。　曰長生無極。　曰平樂阿宮。　曰黃山。　曰上林農官。　曰高安萬世。　曰便。　曰甘泉上林。　曰長毋相忘。　曰金。　畢秋帆係以贊辭。併裝題跋。以為屏風者。今茲戊戌侄儁更摹刻成冊子。以貽同好。余細翫其文布置工穩用筆勻淨氣象樸茂古意可挹。凡在書家。允所宜稱賞者也。瓦當字。舊說謂玉卮無當之當。讀去聲。畢跋以爲壁璫。蓋本于三輔黄圖注。今松碕益城序。則以兩襠衣解之。璫襠平聲並其說愈出愈奇。因附記。俾覽者擇焉。

蕭遠堂主人識 小 任

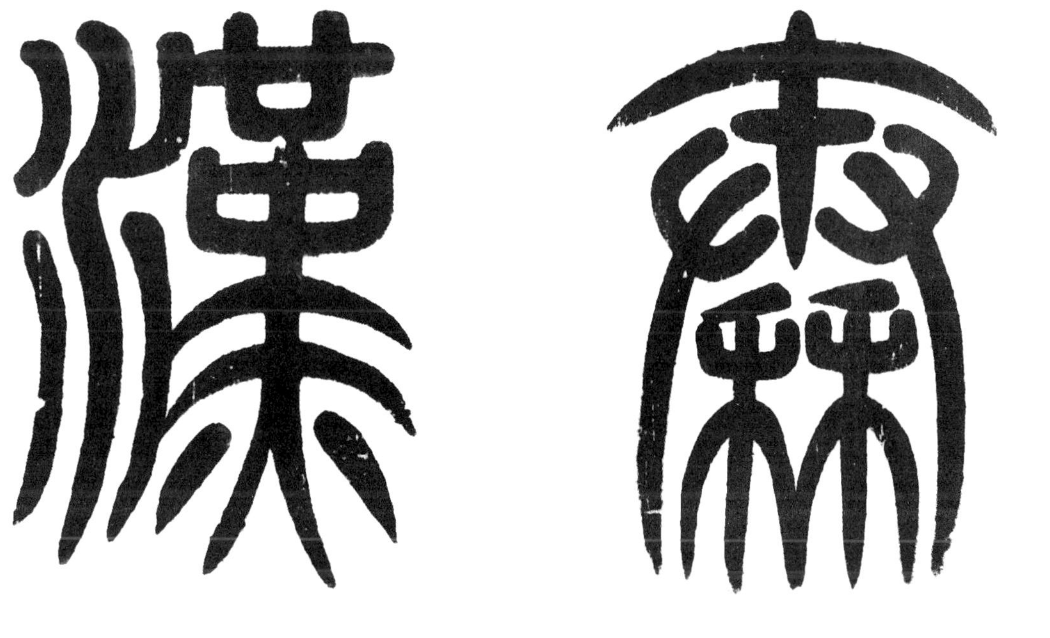

六國既滅咸来于秦寫仿宮室岸岸渭濱肴肴衛楚間見同珎

狼池亾千萬延亾觀遺文可索輿義特刋我来西陂田遊用歎

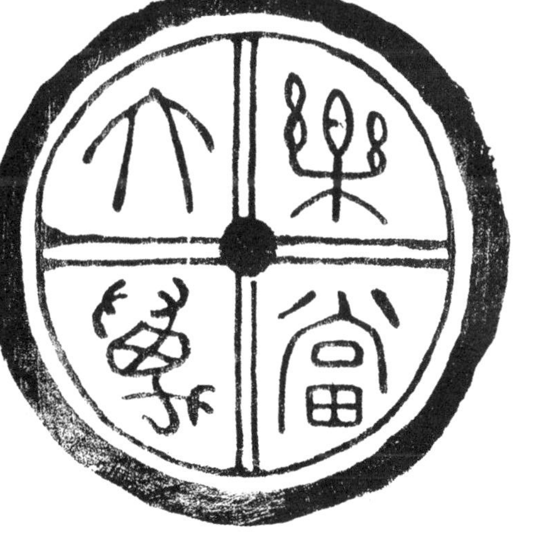

曰樂上樂古意盤紆十千大萬古語敷腴我遊洴隴我憶康爛

甘泉林光索隱共注甘林亾名足偹学故勿敗糺珎部撻同賦

蘭池之
宮祖龍
之宅洗
洗将軍
裏足不
適秦與
漢與将
佔昰釋

猗與孝
武上林
廼開彌
山亘台
葺萇不
来主詞
譎諫司
馬奇瓌

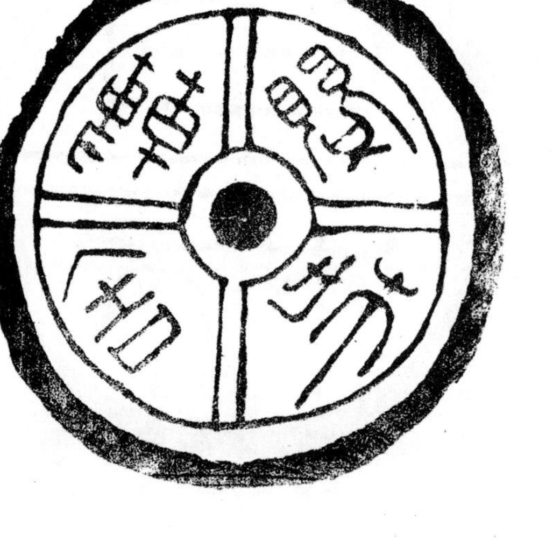

嵩乘羞
梴先薦
寢廇不
匱孝思
吉躅焜
燿傳舍
廼營詛
供清眺

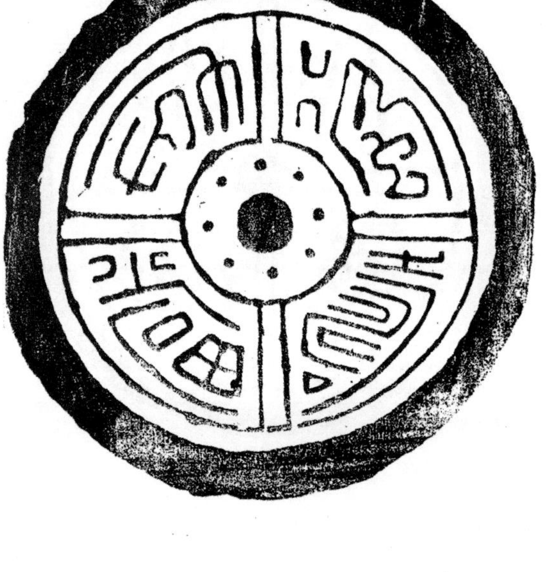

八風亾
臺壽孝
亾室新
氏所經
甄豐所
述厥數
惟五黄
中昰律

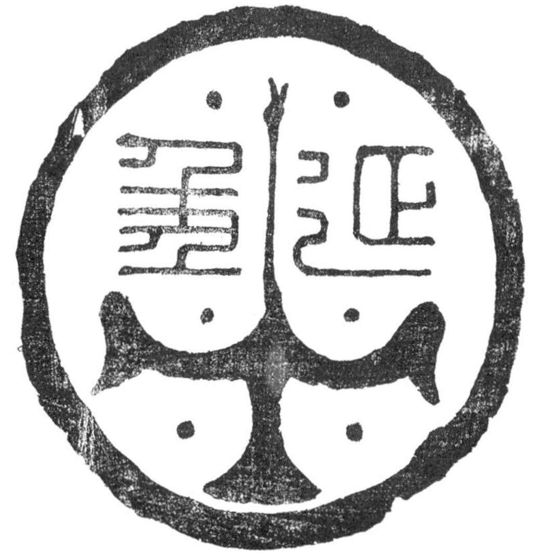

長樂既築鴻臺亦儲或云秦始觀宇淩雲圖形紀頌霞思藹藹

惟都司空宗正之庭廼繩耶枉廼理渭汪水行用協期于無刑

少府之屬曰右司空亾海池津樊昭熙豐沃土千里實亮天工

未央大廢徵自黃圖塞淵之頌隸北于于遺文佳觀三輔傳呼

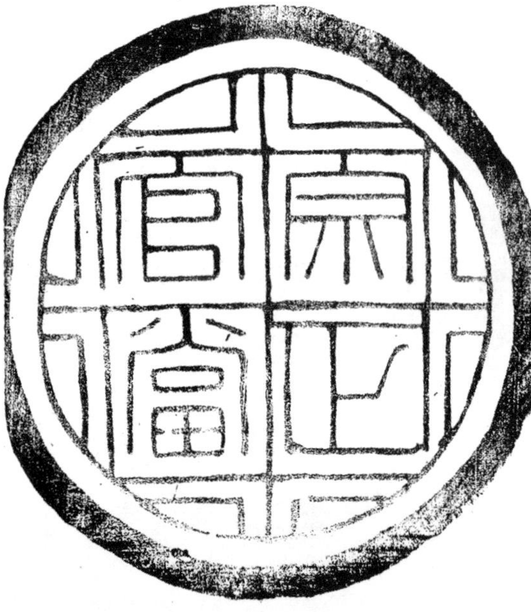

赫赫炎劉九族維敘迺展懿親迺錫諸呂宗正是彰成周之緒

瞻彼牲牲用昭廣厦甲觀台遺衆鹿非馬天祿碑耶鼓徵淵雒

文王仩邑漢脊新豐爰及五季酆宮迺崇遐哉篆古誰氏之風

中郎三將五官左右郎中三將車戶騎守漢官台儀如列戶牖

維天降
靈延元
萬丰詞
偕春永
荄挟華
妍藏則
玉馧言
以金填

封禪育
詞與天
無極亾
民蕃息
天祿永
得文丽
西京頌
諧帝力

萬歲亡
壓三輔
昰圖萬
歲亡宮
長安志
槙皇哉
長樂星
拱階符

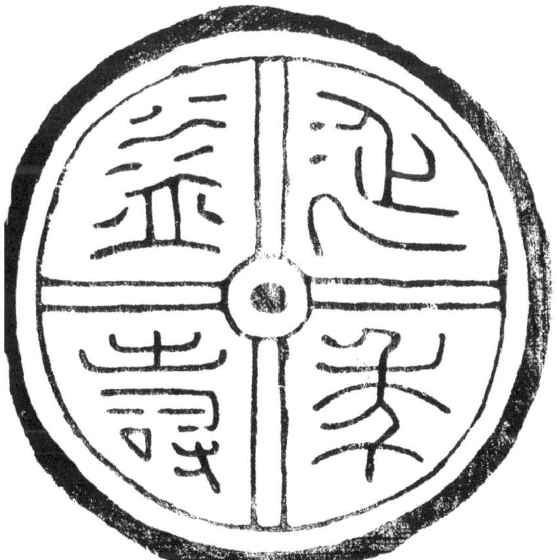

或曰延
丰或曰
益壽秦
皇所經
漢武所
倏僊亾
樓新秋
風客舊

念茲嘉
福皇永
受亡蠡
書甫爪
斯邈所
垂遐哉
秦靈媿
美交馳

漢都關
中始營
長樂父
老苦秦
三章法
約於萬
斯年羽
籥鐘鎛

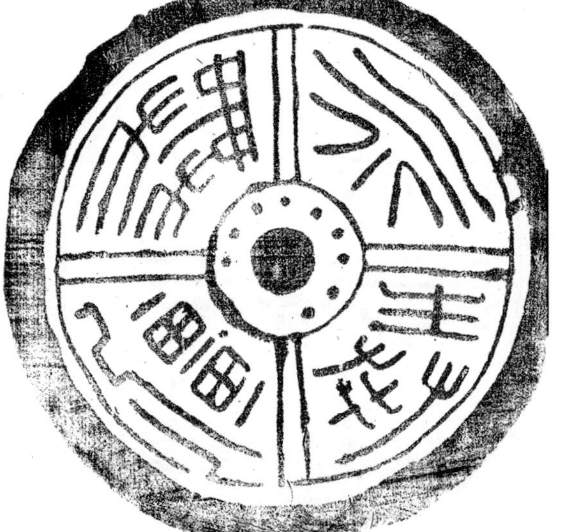

欽哉永
奉弈禩
無疆其
流災緯
衆說荒
唐卜祀
五百當
塗遷將

長命富
貴出人
千金吉
祥止止
老氏所
藏垂戒
盛滿欹
器同斟

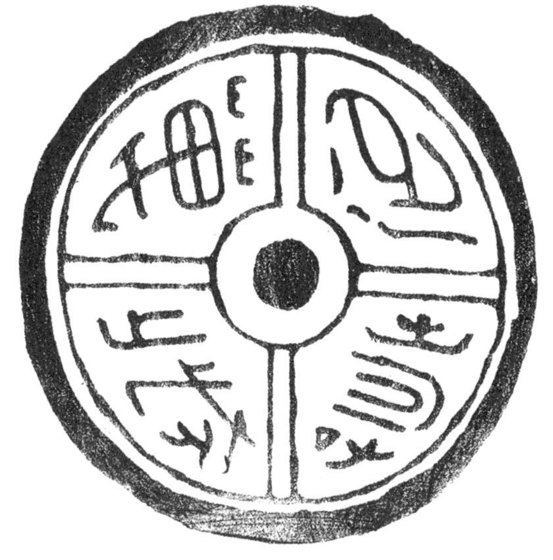

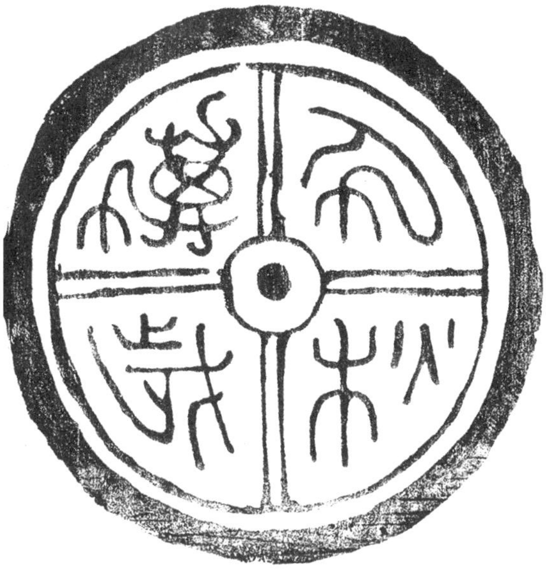

孝武甘泉延壽館著孝平之年延壽門署二千餘年用深記跡

韓非有言千秋萬歲載瞻西京斯璧實制賠耳可徵三呼問替

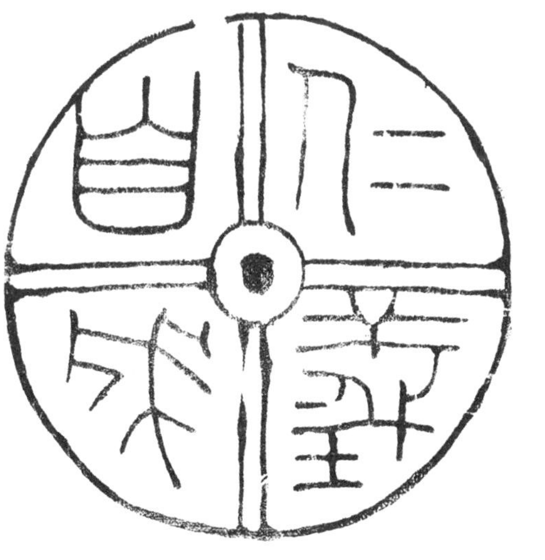

懋共帝德仁義自成丹書戶牖目擊心嘗留德宣德用銘高閣

龍門有言天心獨意曰萬有之胡不克紀德至八方祥風戾止

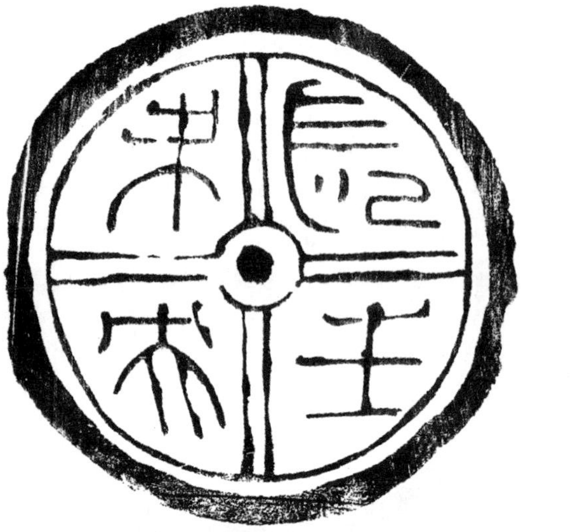

五福首
壽億年
迺書長
年步壽
詞不厭
譽无疆
亡祝昭
示渠渠

鄭侯功
冣迺佐
未央覃
思三月
蕭藩孔
彰庭燎
之義爲
天子光

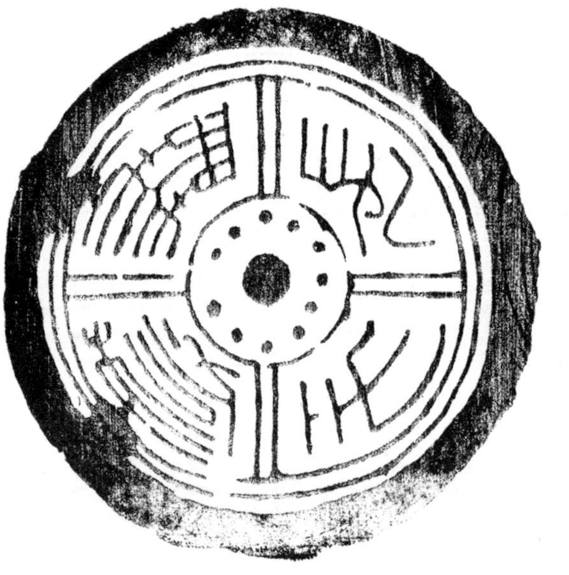

穆穆長
秋取義
成訊后
德乃昭
坤靈是
淑萬物
芸芸養
以之福

文曰長
生鑒以
無極阿
房亡基
所在充
塞爲漢
爲秦苕
封蘇飾

平樂已館民觀角抵有卷者阿輪奂迴迤春浦上林嬉遊帝里

鬱鬱黄山宮惟槐里有宮巋然孝惠所履經始秦苑斜臨渭水

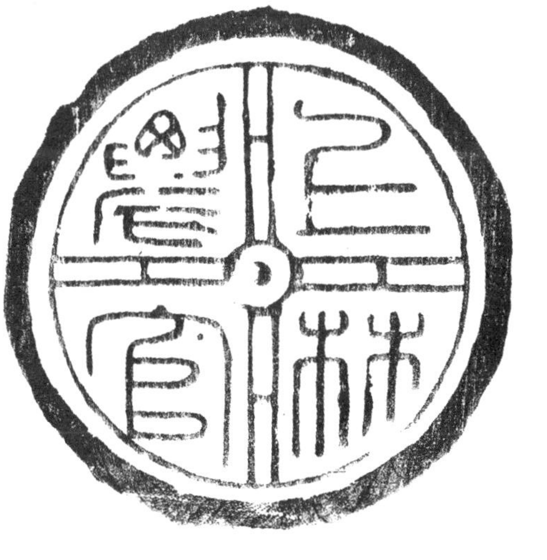

上林五丞其屬十六緡錢既盈水衡並瀆揚可之吉匽宮迺卜

翩翩聖卿高安第榮洞門重璧衣綈替纓昔者瓦解今復瓦鳴

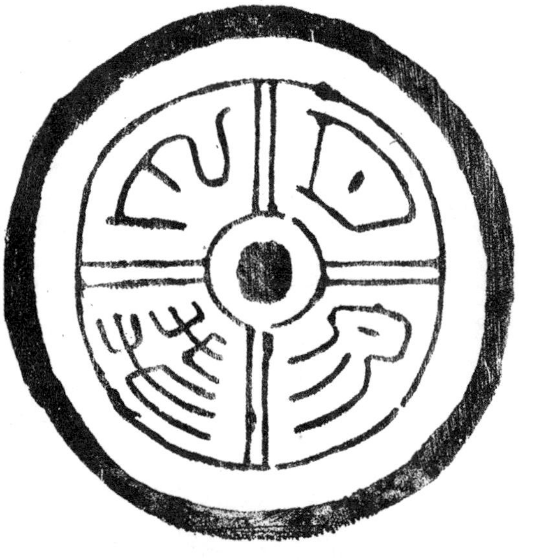

宸遊之
所㬎曰
上林南
山既闢
甘泉亦
臨青葱
玉樹王
度愔愔

小顏胥
言便以
就安元
成所注
諸廟承
懽爰以
皆祭祖
豆不刊

熠熠金
華未共
之廄十
二天閑
數馬之
富協彼
金行爲
我奇纖

嵯峩雲
陽鬱鬱
靈香爰
胥遺瓦
長毋相
忘是耶
非耶躕
躊彷徉

瓦當之制權輿秦漢柶如所稱璧璫班固所謂金飾是也玉椽之説唐年既臆釋其文函京之書宋賢復未窺其蹟向余廉訪函安同年多尊古杰兔葵燕麥是有必經金薤琳琅目多未睹

近復摹爲屏幛繫己賁詞凡班馬所稱歐劉所輿莫不列諸戶牖是足補說文之遺世有子雲當不嘗覆瓿之譏也夫

乾隆辛亥吉月既望

纕蘅畢沅俱書

文政中長碕高木君道介來謁
幕府余屢訪其館舍百君出此圖
貽余云是廿年前清商所齎當時惟
此一通後不復來子甚寶之爾後好古士
聞之不憚僻遠來觀深加歎賞或冒寒
暑衝風雨逢余不在或適遭人借去不得
觀望望然歸者往往而有余意不安者久
矣今茲戊戌之夏命兒儁摸勒上梓為
册子與同好者俾之刻成記其顛末云
柳灣館樵識于目白小園石香齋
時年七十七
男儁書

秦漢瓦圖記

余少時嘗讀王阮亭甘泉宮長生瓦歌及林吉人所爲瓦圖記不禁神往千里爲遥往来於懷而已歲辛未大兒家瀌任醴泉余亦繼至暇甚無事訪所謂甘泉宮者在今淳化山中去醴百里而近求之數年忽得一枚不勝狂喜圖記所云不易得者今竟得之矣晨夕摩娑幽興轉劇思有以益之適瀌兒移咸寧未幾丁内艱留滯未歸

所居地與秦之阿房漢之未央諸宮不三四十里於是遍訪故宮遺址日與田夫牧豎問途探徑畚土壤誅草茅披砂礫間有所得珍之逾於珪璋琬琰或數月無獲亦訪求匆勸二三友朋以余好之篤凡有舊藏搨以見遺積之數年所得甚夥乃擇其尤者得廿五種又文同而書法小異者亦十五種各爲圖記之以公同好且以廣林

氏之傳焉乾隆己卯仲秋排山老人朱楓書於秦川之滴水艸堂

咸陽一炬三月紅漸臺火遶西京空我来更後二千載幾欲訪古將何從嬴劉故宮南山下田翁拾得當年瓦秦歟漢歟出泥中歘如海日生殘夜形或圓月或半輪古意磅礴超常倫土暈銅花蝕精鐵手欲捫摸猶逡巡瓦棺石鼎盡辟易銅盤獵碣成芳鄰嶧山之碑焚已久蒼龍署書復何有於戲何由倏忽見此書鴻鶱飛翥蛟龍走

蕭李范范錯襍陳抉剔未易指誰某憶昔林氏有一圖朱王詩老爭歌呼請看陸離三十片此瓦此畬絕世無摩挲古篆情跳躍竹垞漁洋墨陣砍難弟難兄滿眼中從此無人研銅雀

排山老人朱楓

秦漢瓦圖記目録

秦漢瓦圖記卷一

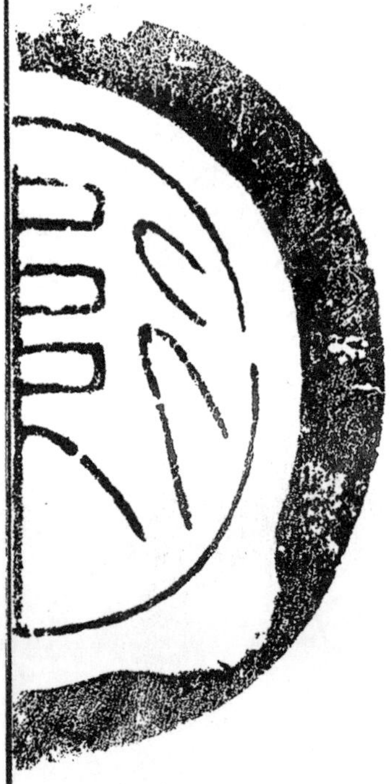

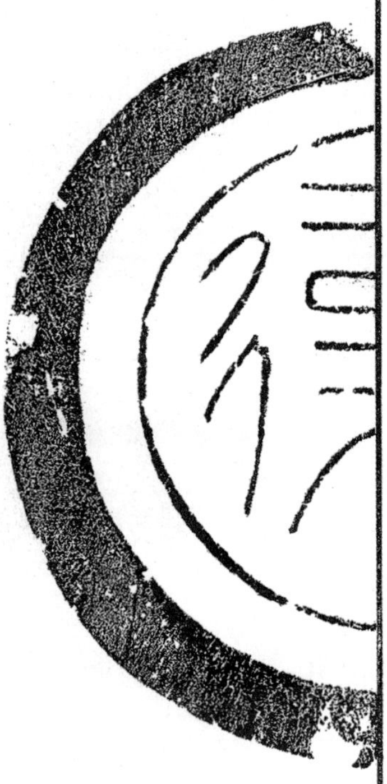

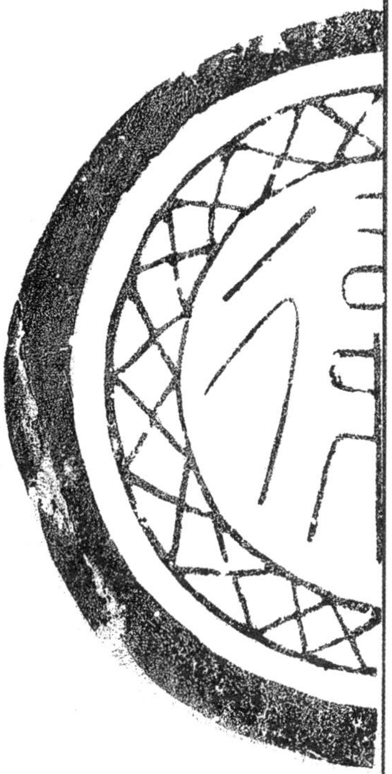

右瓦二得之阿房宮東北土中其文僅一衛字按史記秦每破諸侯寫放其宮室作之咸陽北阪上又長安志云瓦作楚字者秦瓦也秦作六國宮室用其國號以別之今衛字瓦當是秦爲衛國作宮室之瓦考史記索隱六國與宋衛中山爲九國又臣瓚云秦并六國衛最後亡漢書地里志始皇既并天下猶獨置衛君二世時乃廢爲庶人衛雖後亡當與六國並作宮室衛之爲衛猶楚之爲楚並爲秦瓦長安志信可徵矣其書似嶧山碑而神采過之蓋今嶧山碑爲鄭文寶摸本茲瓦固未敢定爲李斯所書要非後人所及也又其瓦規模遜於各宮之瓦益知其爲衛瓦耳

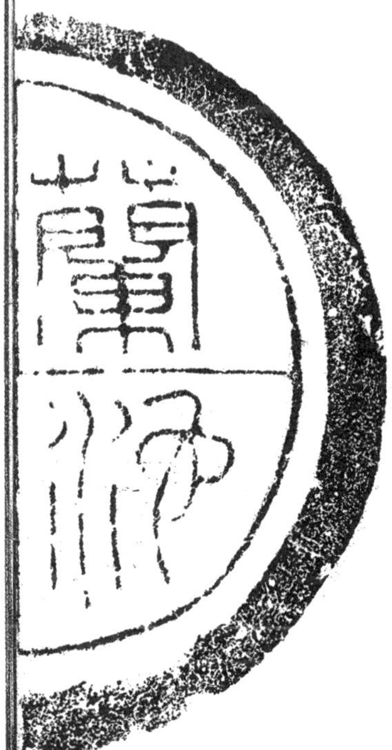

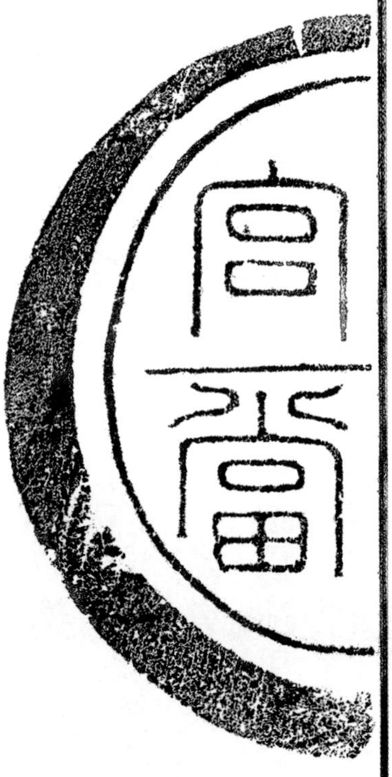

右瓦得之漢城西考水經注云渭城縣有蘭池宮秦始皇微行逢盜於蘭池雍勝略云咸陽縣二十五里有蘭池宮故定為秦瓦其曰蘭池宮當當字未詳按三都賦云玉巵無當注云當去聲底也今當作底解未知是否再各志有上林儲胥亦為漢瓦儲胥藩籬也宮底之與藩籬義亦相倣存以俟考

秦漢瓦圖記卷二

此瓦去邊餘倣此

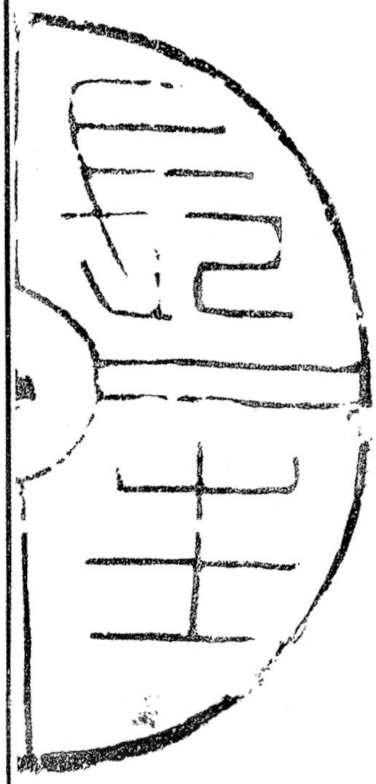

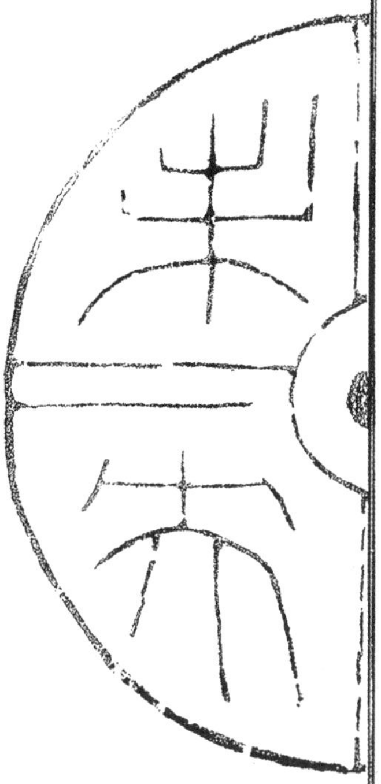

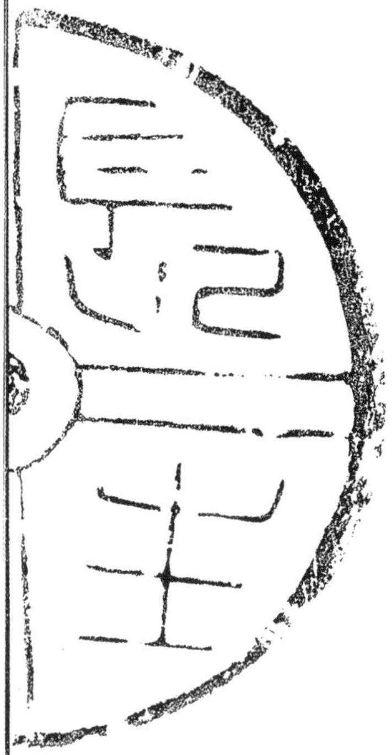

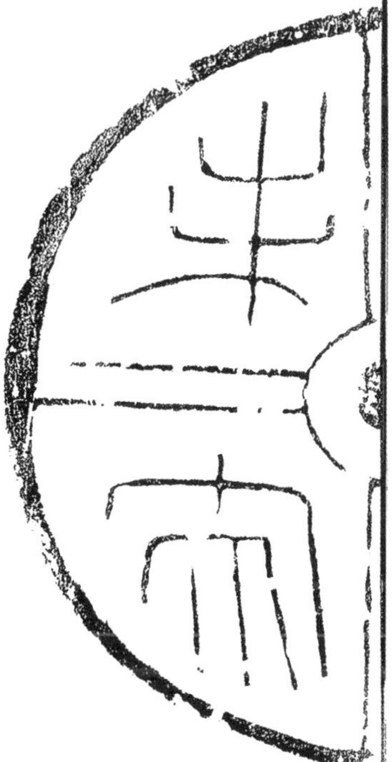

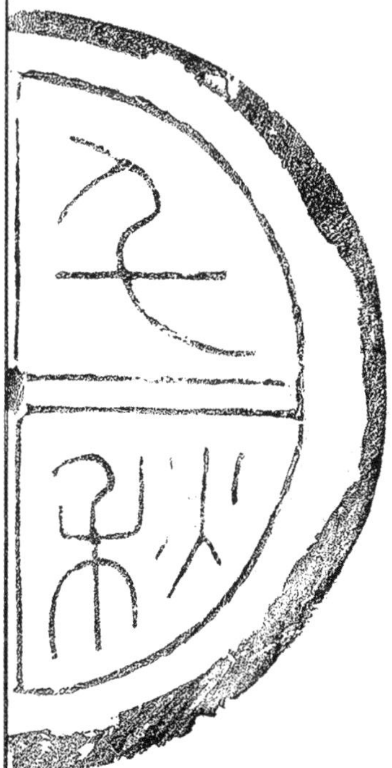

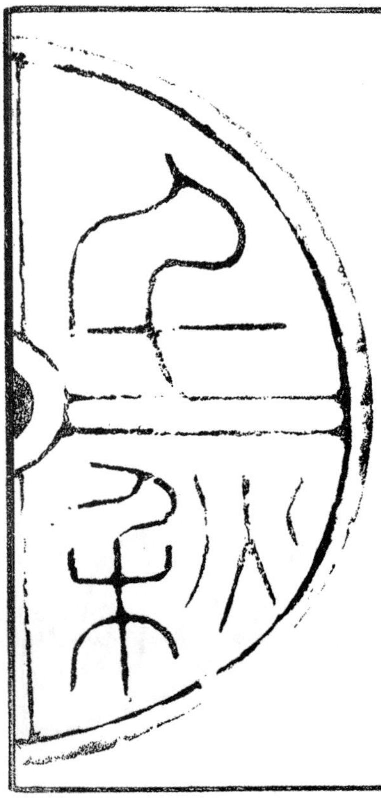

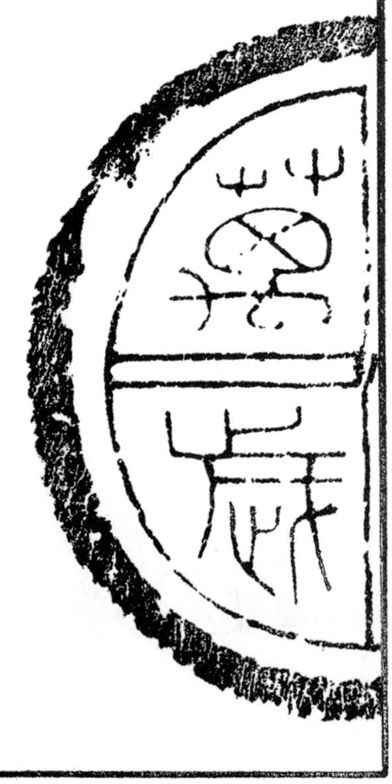

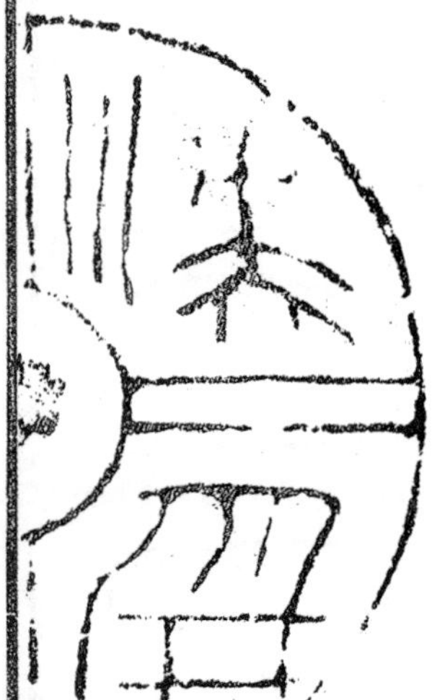

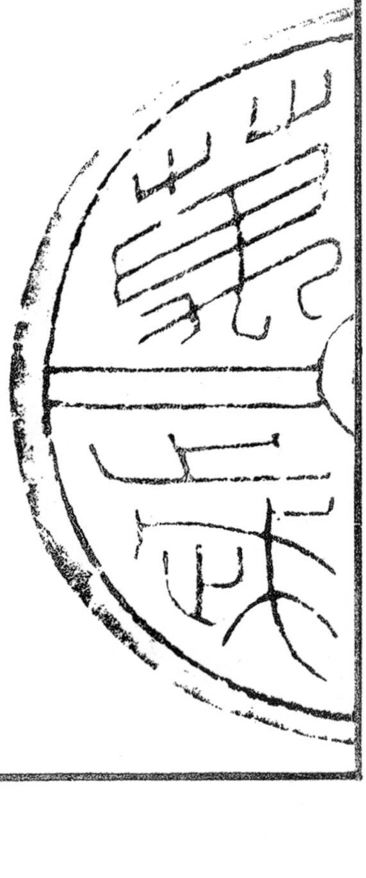

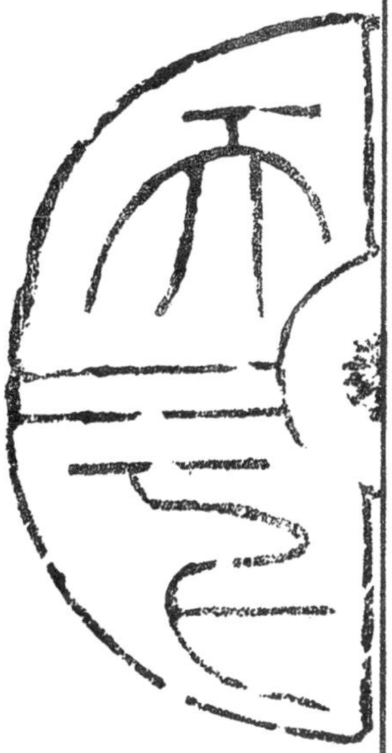

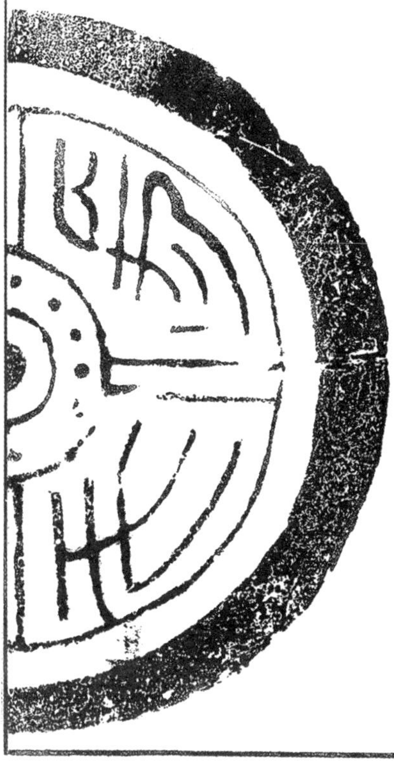

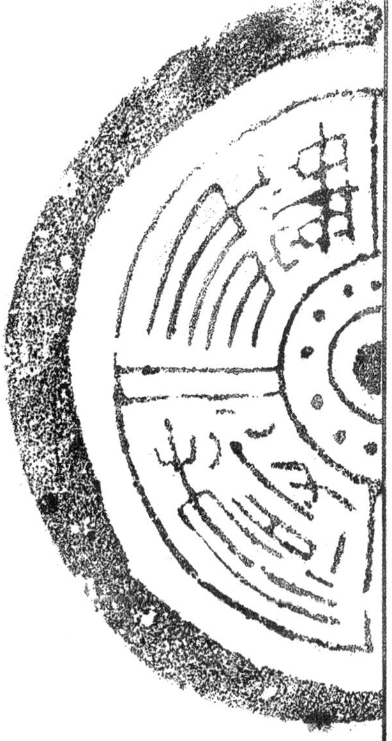

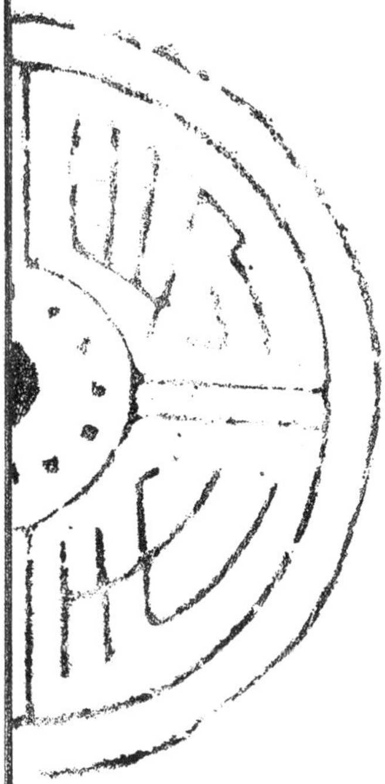

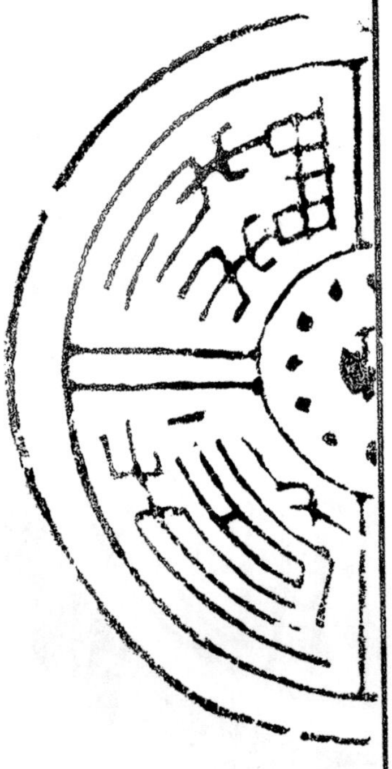

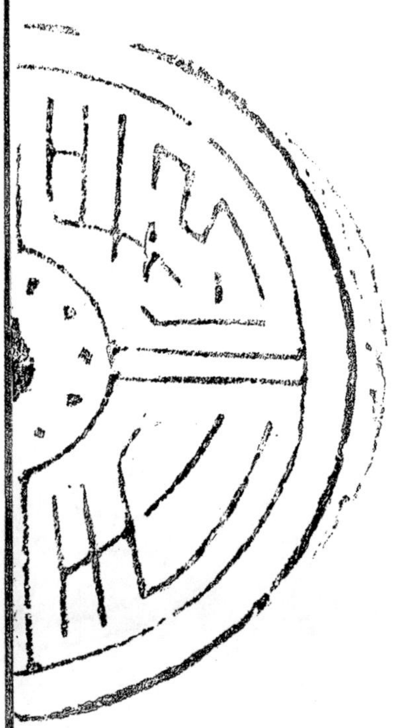

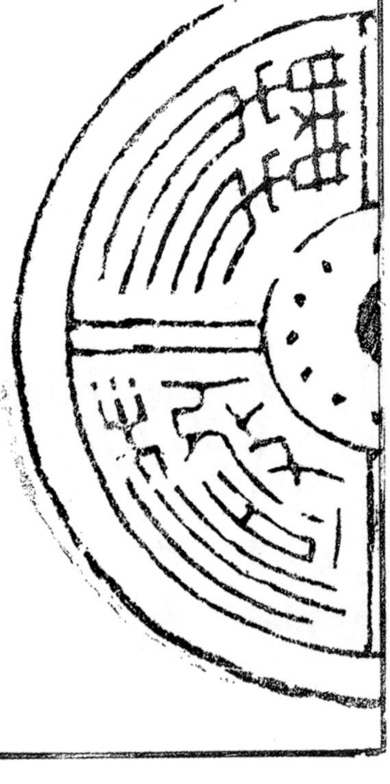

右未央宮瓦八

秦漢瓦圖記卷三

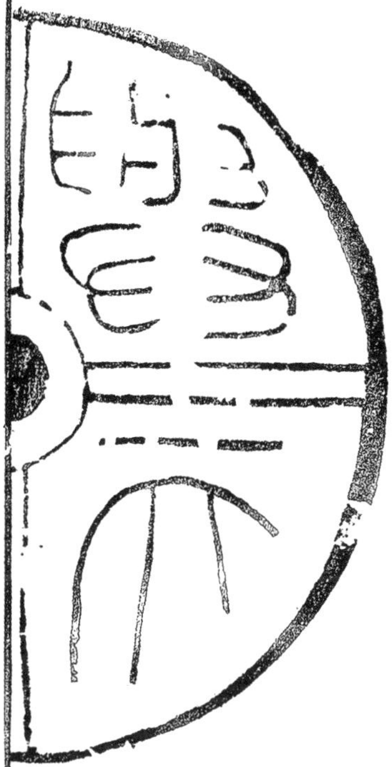

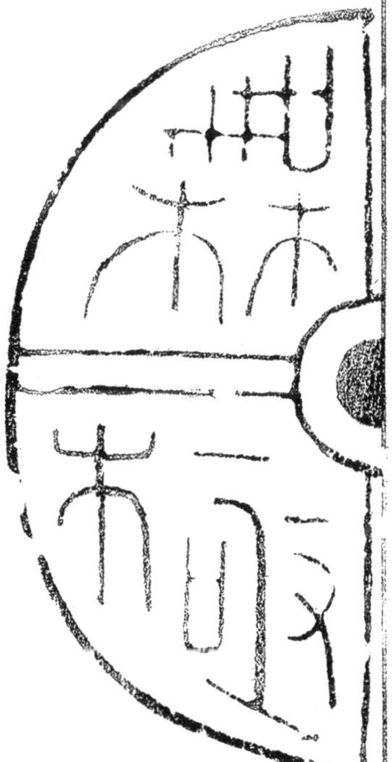

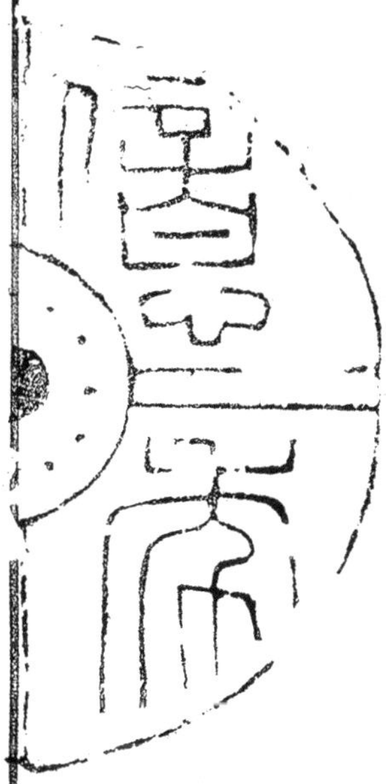

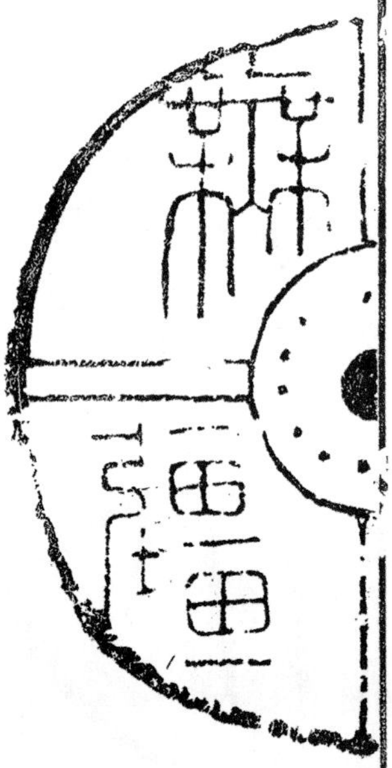

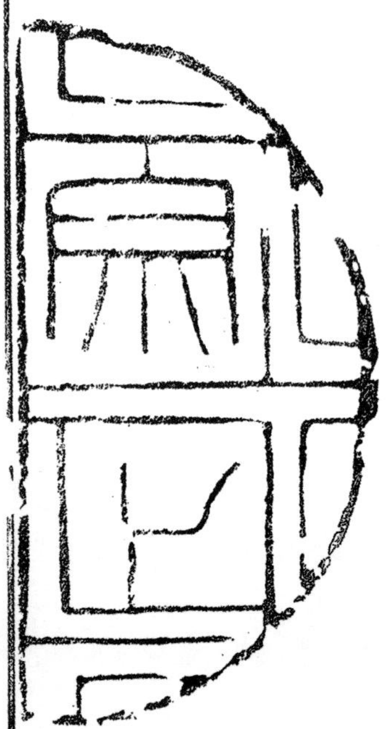

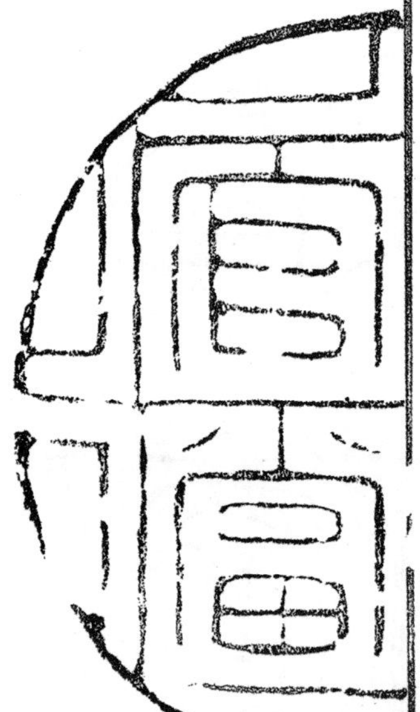

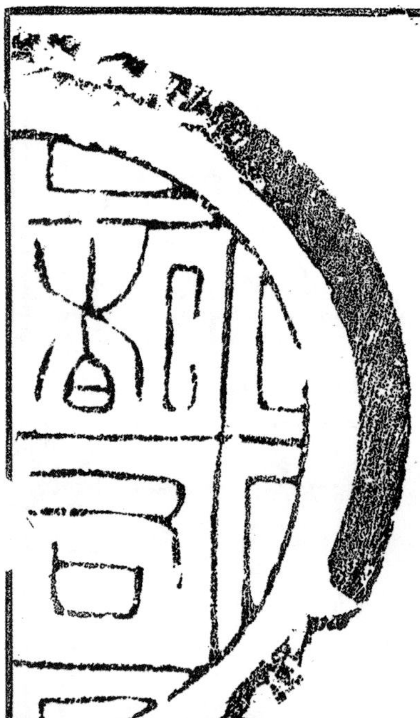

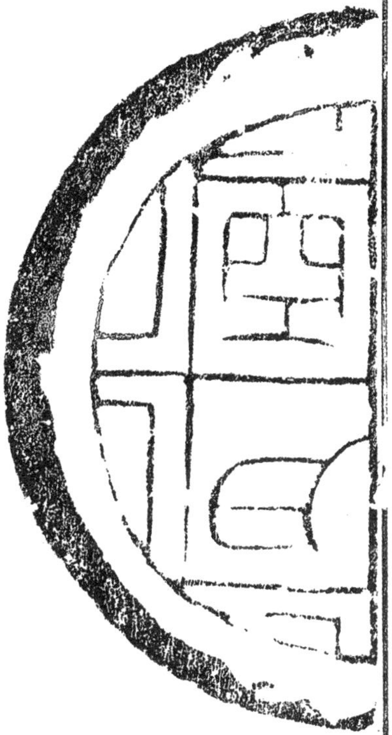

右瓦四得之漢城中按史記魏其武安侯
列傳灌夫頗不讎欺謾劾繫都司空索隱
曰案百官表云宗正屬官主詔獄也正義
如淳云律司空主收及罪人是都司空爲
宗正屬官宜在禁中故附未央宮末曰日
曰當未詳

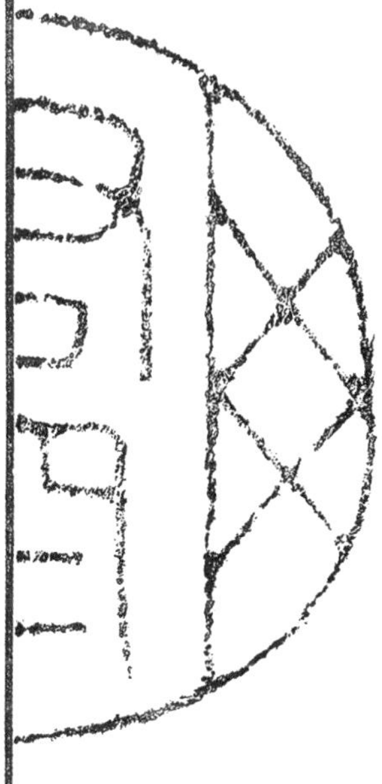

古瓦得之漢城中亦附於未央末曰石空
未詳何義存以俟考
石未央瓦五合卷二未央八共十三得之
漢城中未央宮在焉故斷以為未央宮瓦

秦漢瓦圖記　卷三　七

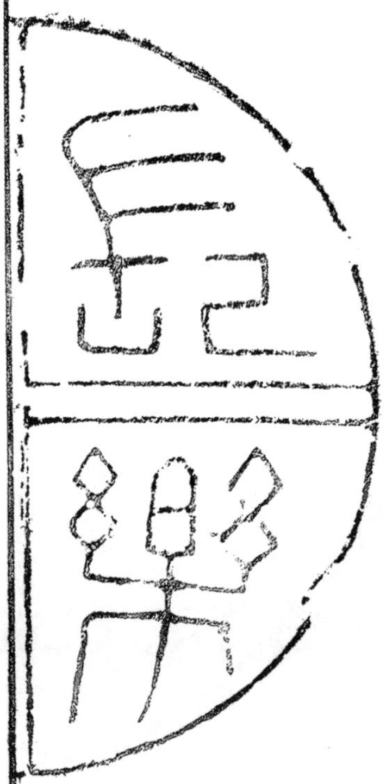

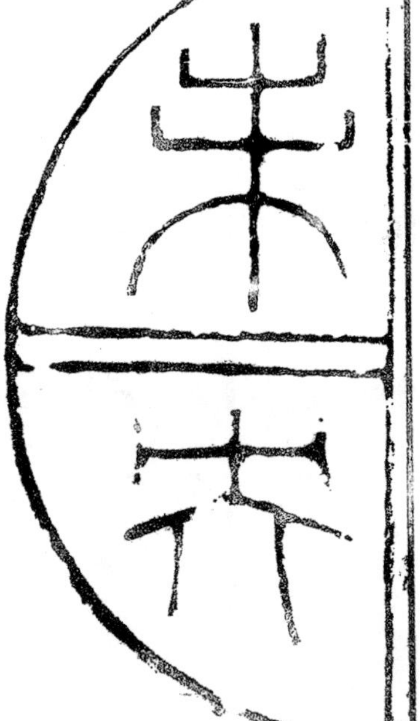

秦漢瓦圖記　卷三　八

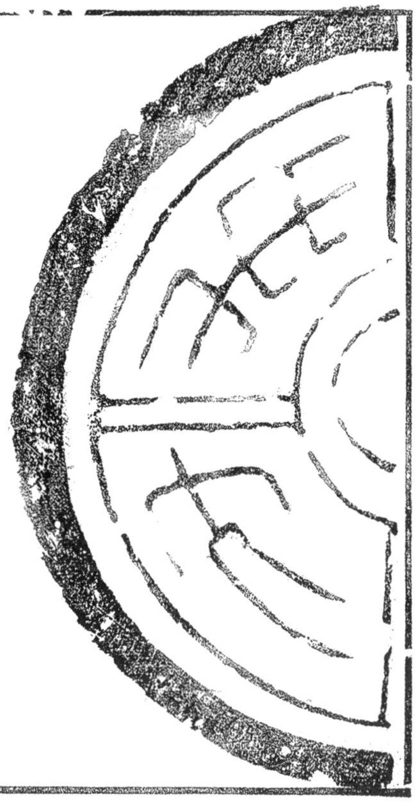

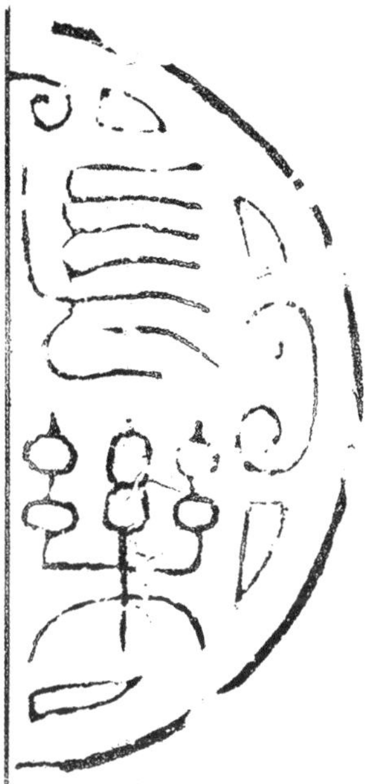

秦漢瓦圖記　卷三　九

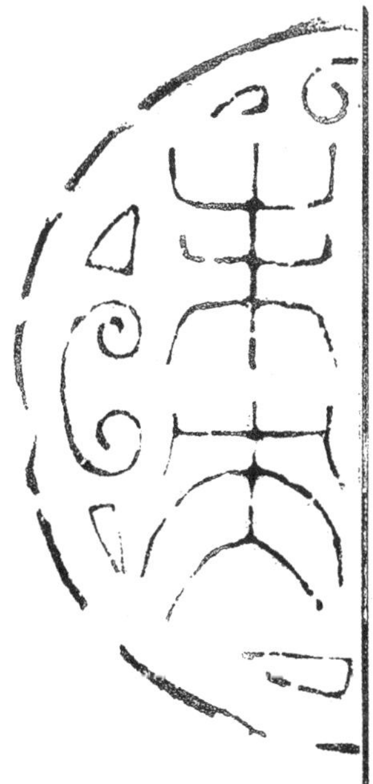

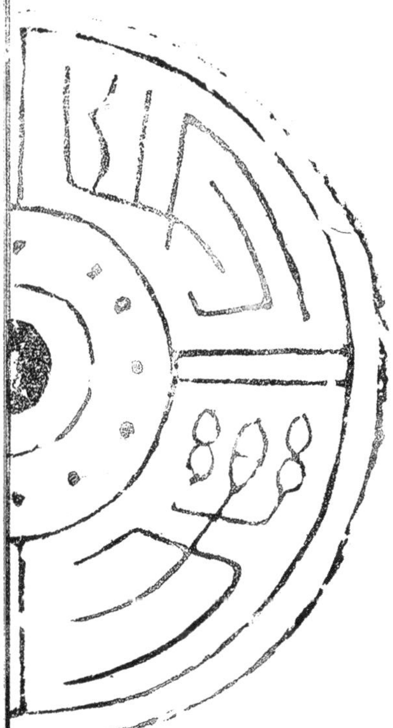

秦漢瓦圖記　卷三　十

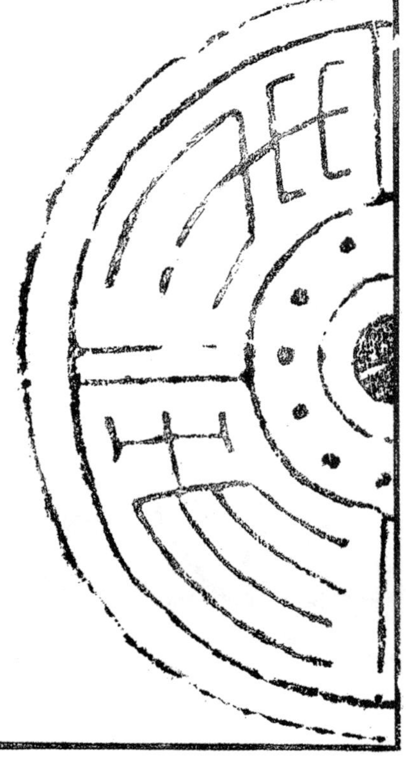

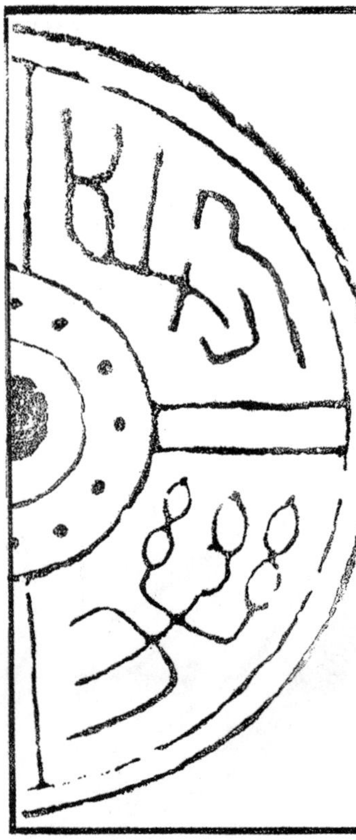

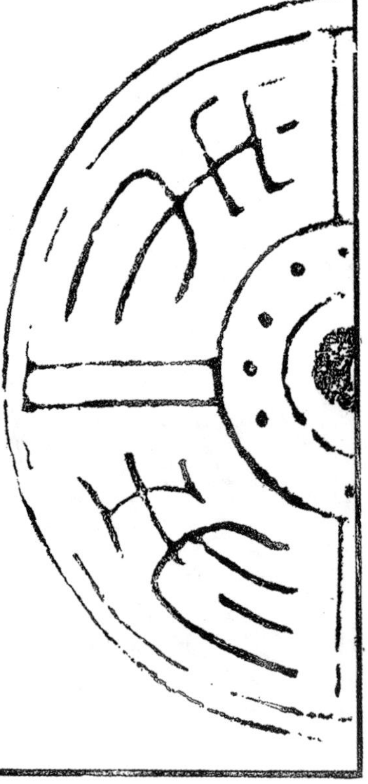

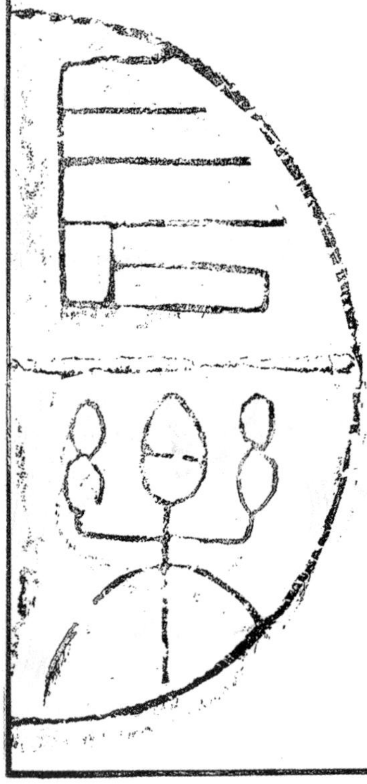

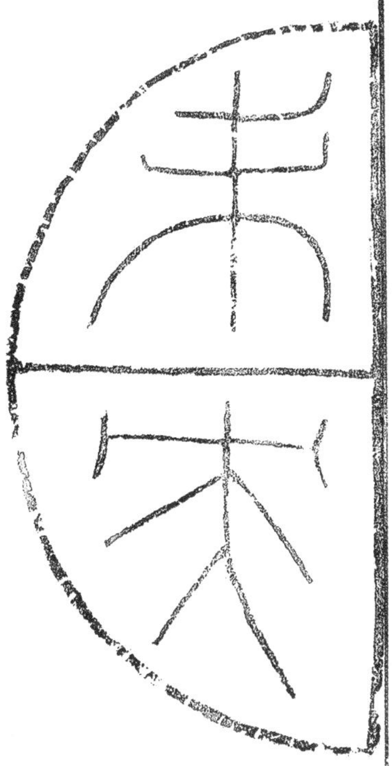

右瓦六得之漢城東隅長樂宮故基也按關中記長樂周二十餘里有殿十四故瓦多小異因並圖之

秦漢瓦圖記卷四

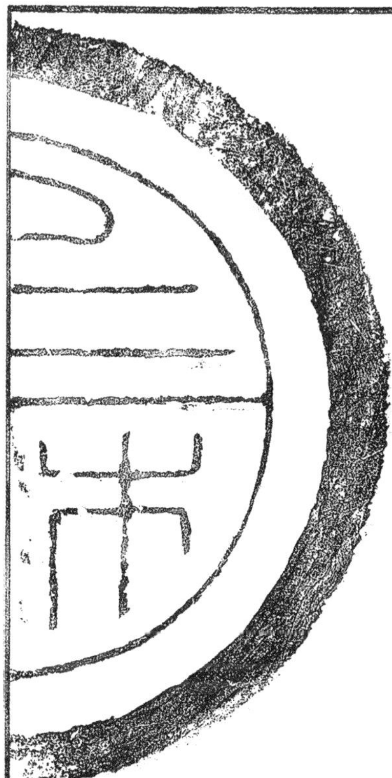

秦漢瓦圖記　卷四　二

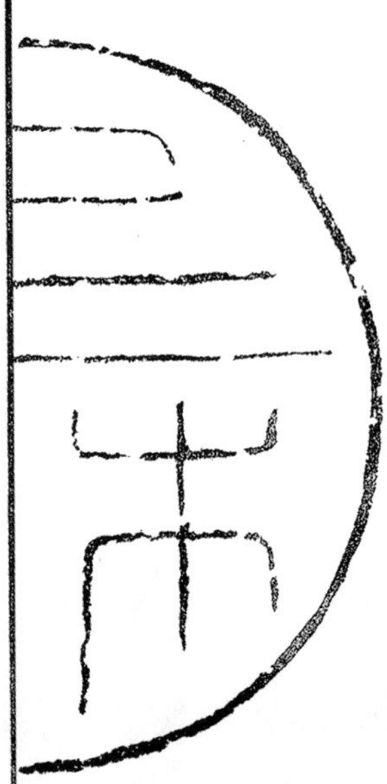

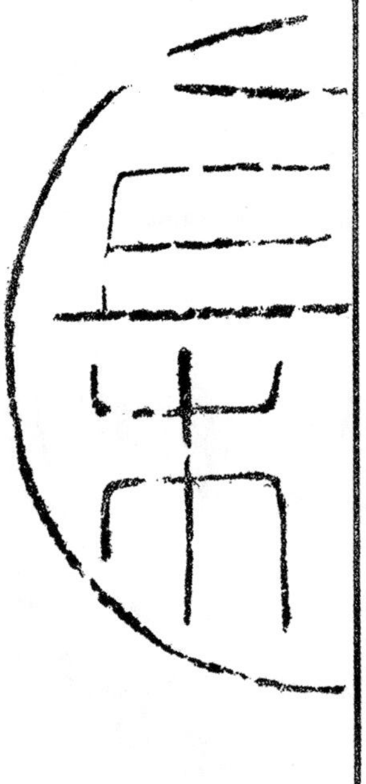

秦漢瓦圖記　卷四　三

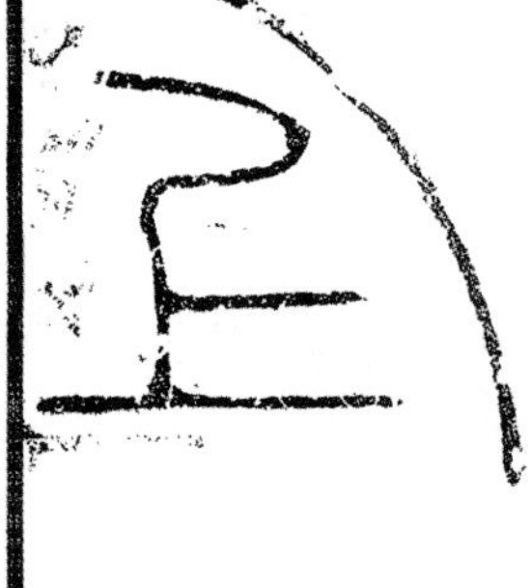

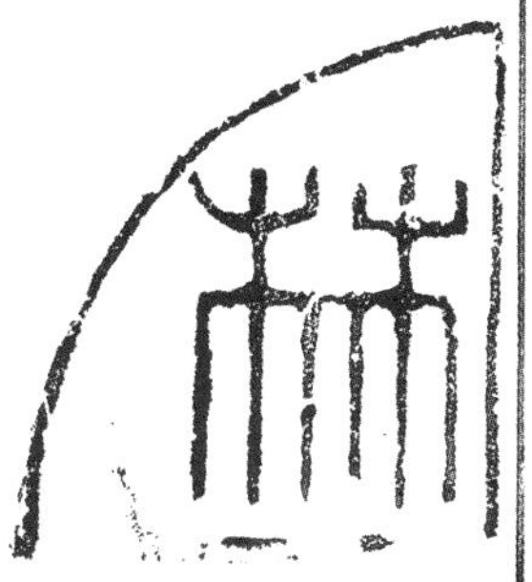

右瓦四得之漢城承露臺基旁按秦有上林苑至漢武帝則廣開上林茲瓦之為秦為漢未可以臆斷而漢之上林地廣於秦故屬之漢云

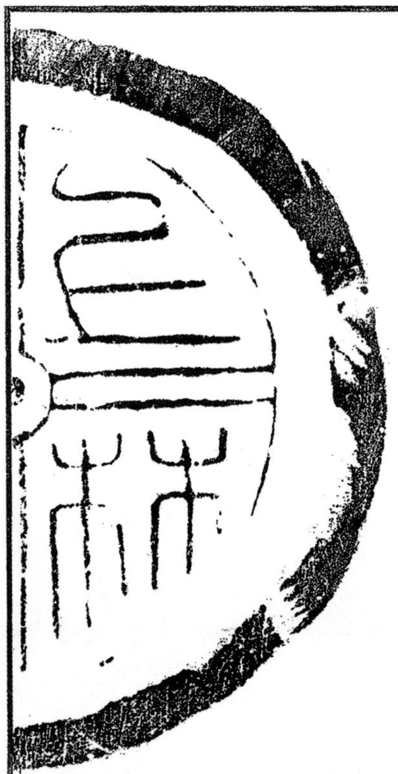

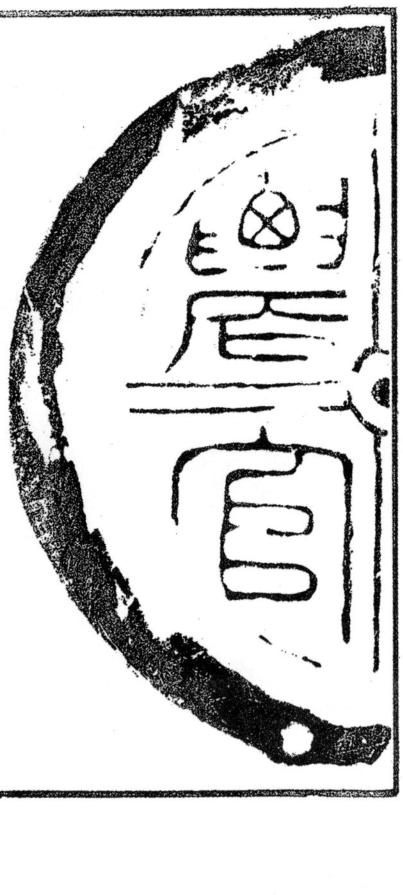

右瓦得之漢城東南亦上林地也曰上林農官按史記平準書乃令水衡主上林又分緡錢諸官而水衡少府大農太僕各置農官此爲農官屋宇之瓦耳

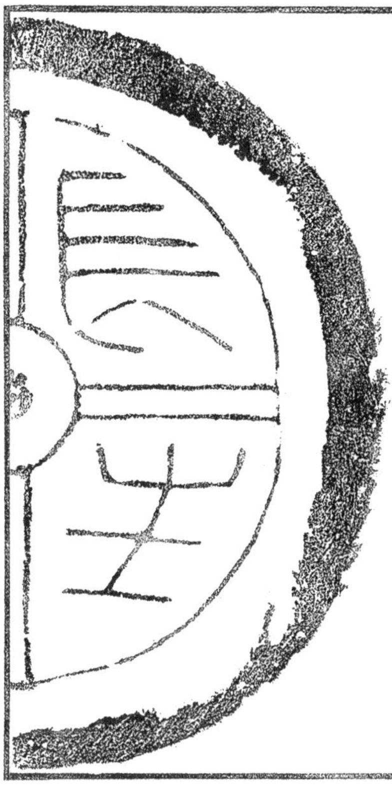

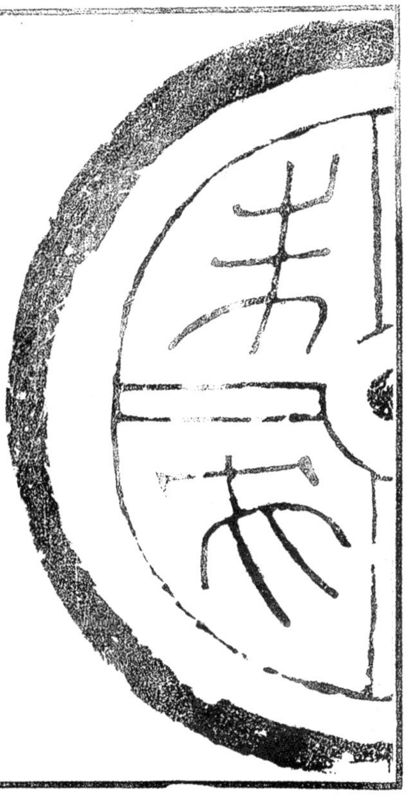

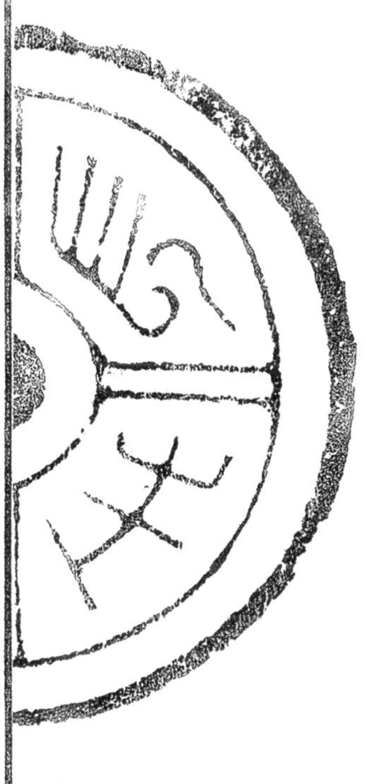

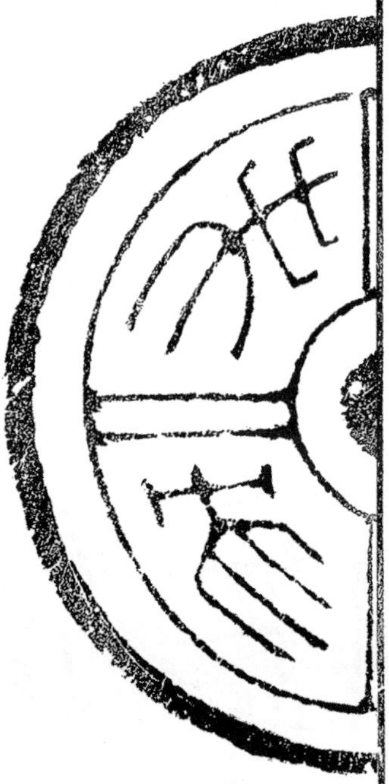

右瓦二得之淳化縣甘泉宮故基按林吉人瓦圖記云長生甘泉今曰長生未央徵有不同淳化志載甘泉宮有萬壽無疆上林儲胥等字猶未央瓦其文不一也瓦質細潤堅與石等字畫稍肥與諸瓦異

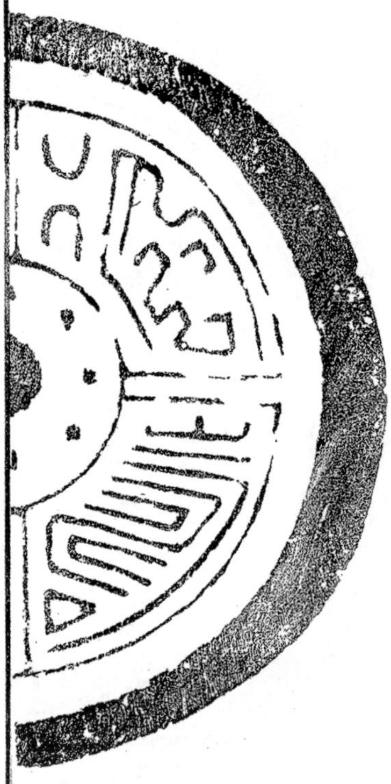

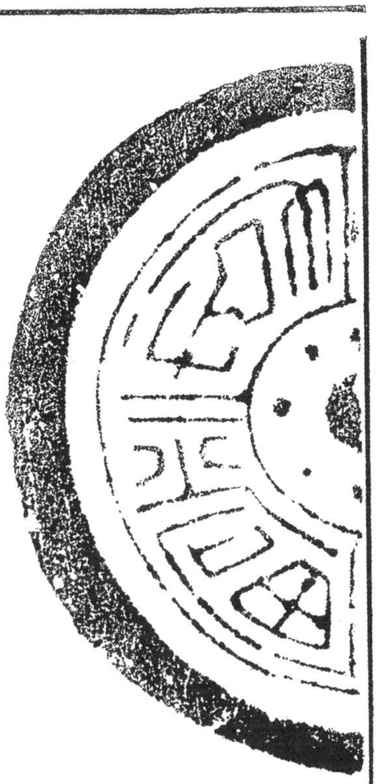

右瓦得之漢城西南土中按漢郊祀志公孫卿言仙人好樓居於是上令長安則作飛廉桂館甘泉則作益壽延壽館東觀餘論近歲於雍耀間耕夫得古瓦其首作益延壽三字即此觀當時瓦也考漢書止稱甘泉宮作益壽館而東觀餘論又云於雍耀得益壽瓦則益壽等館不僅一所宜漢城咫尺亦有茲瓦也

右秦漢瓦身如半筒覆檐際者其頭有面外向篆四字亦有一二字者字隨勢為之間有方整者皆奇古可玩今余所得有曰長生未央曰漢并天下曰長樂未央皆見諸紀載者曰衛曰蘭池宮當曰千秋萬歲曰億年無疆曰與天無極曰益壽存富曰宗正官當曰都司空[illegible]曰右空曰上林曰上林農官皆前人所未見者昔歐陽公集錄古文獨無西漢時字久之乃得華林宮燈蓮勺宮爐等銘數十字今余所得似為過之較之林氏所藏又奚止十倍耶語云物聚於好信然阮亭先生瓦歌云漢宮一百四十五乃述三輔黃圖之言以視圖中纔十一耳又望後之同好者更有以紀之也排山老人又識

秦漢瓦圖記補遺

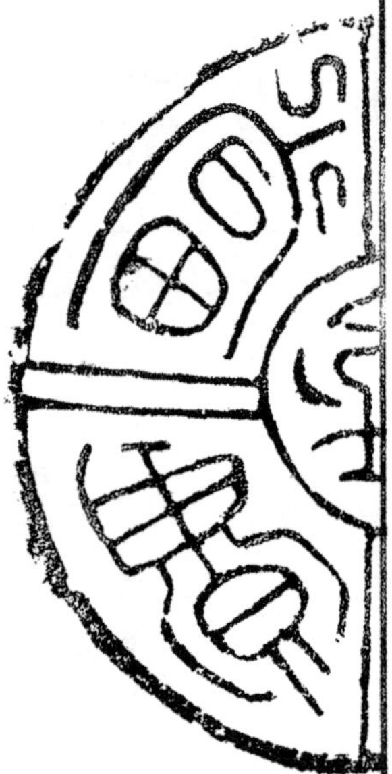

右瓦得之淳化縣甘泉宮故基余於已卯歲在秦川時集所得秦漢瓦三十種各為圖記之歸里不復作求益之想矣壬午又來湖城湖去秦關不數十里思更訪之適逢[illegible]人張君遲遠風雅士也出圖示之張君言外舅華州史君嘗為淳化學博亦藏此瓦不𡿨其搨以相遺其文同者不錄有巨[illegible]富當貴乃前圖之所無者亟為補之

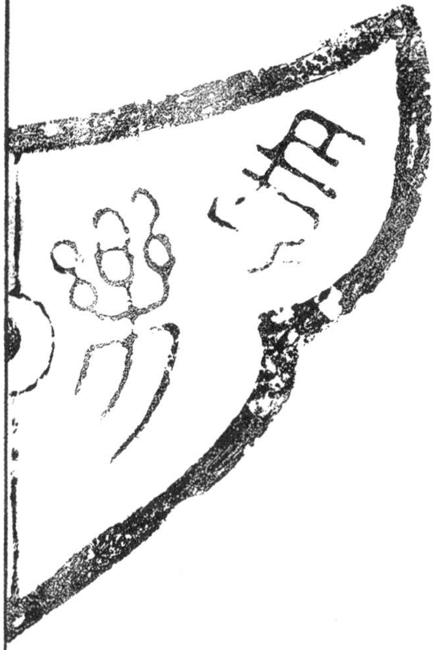

未央有文曰劉又前圖之所絕無者也
甲申中夏排山老人識

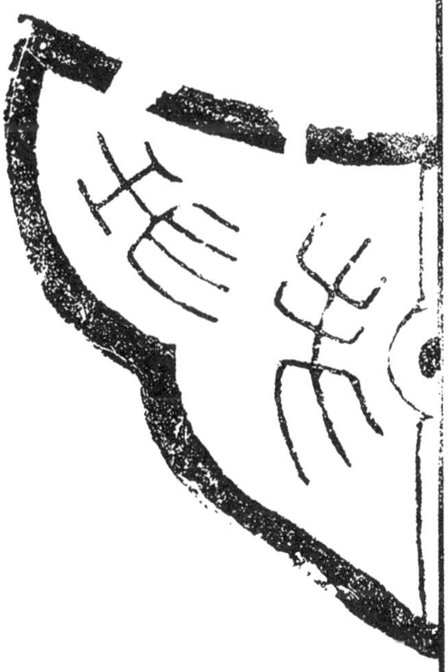

余游洛陽遇董君筠皋言其家藏古碑法帖邀余過友漢草堂共觀其先董子相函精篆隸所藏漢碑為多其秦漢古瓦搨本亦藏數十種皆與圖記同而長樂未央為溝閒　陽之瓦形製稍異其藏不一乃以其一見遺遂附於補遺之末云丁亥春日朱枫玉泳題時年七十有三

聯秦漢傳摹畏失真豈知懷玉意忽
見訢企人圓月浮雲破春雷屈蠖伸莫教
能事促聊得往来頻

奚瓦圖梨棗傳刻失真高君雲閣昆
季以古磚銕筆摹之絕如拓本喜賦一
首

林氏昔瓦圖搨成仍作記驚喜此一奇自
詫云不易記中語　阮亭竹垞翁相與題詩亟

不才生較遲秦中亦繼至匯惟甘泉宮林氏
所藏為甘泉宮瓦　阿房亦宛在一百四十五宮宮
披艸萊一年或一逢數月或一値既得南
宮南宮　得壯宮壯好事有舊藏求之如執
契　即余圖一一滿人意辛勤三十片
輝煌十年積猗歟林氏圖藝苑芳聲沸可
望不可親豈獨余心醉今我集古文囊中
春洺會瘦硬嶧山碑純古蒼龍字自怡細

以公同志棗木傳失真自笑無他
人能　亦奚為每為發深喟何以解吾嘲
作謂知希貴豈期落落懷奇踪偶然遂言
洲

西忽把故人袂故人才藝多樂與
晨夕對心予廿載心得瓦至今二十年矣成人奮高
義蕭蕭鍵戶居咸使朋儔恠羨君鳳樓手
茲圖亦其槩相看喜欲狂捧持如夢寐相
助君惠連倡和徵友愛溫溫君子人追隨

風雅内何以致拳拳開函稽首拜雲際潛
虬飛天末翔鸞翩結如秋蚓盤渙若春冰
解六書得此圖應嫌說文隘汲古得此圖
翻愁乍　物壞迴顧夙昔懷心神日瀟灑晴
　斝匯獨藏篋笥從此及同人更作
為余快余衰習靜餘蕭閒只益睡於今了
此因空洞無纖芥眠食此塵中超然若塵
外

刊刻瓦圖成記後四十韻
排山老人朱楓

左旨秦川事奔走古迹為圖超左右　方
伯按余勝瓊玖醫巫閭瓦得未有粵稽壯
鈞廟乃隋時之所為下逮唐宋瞠乎後翠
蒼萬古春四射光芒驚户牖觸處噌
吰修力臂九天風送来鯨吼濯廟香姜不
足言相逢當亦泥其首遐思大舜陶河濱
器不苦窳存贋久試問茫茫好事徒遠目
猶能一驗否茲瓦流傳百刼餘呵護聯緜

神物守厥惟一千九百二十銖重五斤威重
莊凝堅復厚不露文章自闇然面背睥盎
奇而壽晴窗檢點舊時圖摇指閒評總屈
拇

隺以所得秦漢瓦為圖記五卷　方
伯榮公見之以舊藏醫巫閭山北鎮廟
瓦見遺蓋欲成人美也相傳廟為隋時
所建瓦其故物奇古可玩佩德抒懷成

詩一章

甲午冬日排山老人又題

八圖記　詩

唐風樓秦漢瓦當文字

自澠水燕談錄載羽陽宮瓦黃伯思東觀餘論據益延壽瓦以訂小顏漢書注文之誤爲瓦當箸錄與以瓦當文字考古之始至林（同人）朱（排山）申（鐵蟾）諸氏作而瓦當始有專書至翁氏兩漢金石記畢氏關中金石記王氏金石萃編于金石刻外兼收瓦當于是瓦當文字乃爲金石學之支流瓦當者所以施之簷際其名之明記于文字者曰瓦（都司空瓦之類）曰當（八風壽存當宗正官當之類）曰甞（長陵東甕之類）曰箭（甑氏冢箭之類）其端或記宮觀殿闕陵廟關倉之名或箸吉語或圖寫物象官私上下得通用之其時代則始于周秦而訖于六代羽陽宮作于秦孝公則羽陽諸瓦實當周之晚季又有古奇字諸瓦文字古異其非嬴劉以後之物可知也其圖寫物象者精粗巧朴有等差其有出於魏晉以後者又可知也今考古家但稱秦漢者蓋以周與六代之迹流傳爲少故以周歸之秦魏晉以後並于漢而總括言之也其始見之地爲關中咸同以來齊之鄒瑯臺萬里沙之瓦多出土者光宣之世則有若眞定若易水若中州且遠及歸化城漸發見于當世其收藏家乾嘉以來林朱申三家外曰趙氏（晉齋）錢氏（坫）兪氏（肇脩）張氏（塤）宋氏（葆醇）王氏（昶）嘉道以後則張氏（廷濟）王氏（福田）吳氏（式芬）陳氏（介祺）其與予並世者則潘文勤公（祖蔭）吳中丞（大澂）王文敏公（懿榮）端忠敏公（方）高氏（鴻裁）劉氏（鶚）其箸錄乾嘉以前程氏（敦）爲詳道咸以後則僅王氏竹里瓦當文存一書而已吳清卿中丞欲續諸家之書而未之就端忠敏則以其一家所藏勒爲一書稾既具矣而未印行予

繼諸家之後而治斯學志學以來即有所藏弃壯游四方見輒購致及居京師六年歲有增益先後所得垂二百品每得一瓦輒撿前人箸錄每歎其用力已勤而猶不免有千慮之一失如吉語諸瓦不必皆爲宮殿之名乃必謂長生無極爲阿房瓦長樂未央爲長樂與未央兩宮瓦長生未央爲甘泉宮瓦千秋萬歲爲萬歲殿瓦今則近自齊豫遠及歸化城出千秋萬歲瓦文字殊狀多至數十百品而歸化城所出十二字八字方塼亦有長樂未央語凡此之類皆爲吉語隨處可施前人以其得自關中遂致傅會然非今日諸方出土者日多固末由訂正之也又四獸瓦曩但箸錄朱鳥元武今並見青龍白虎前人謂朱鳥不知何鳥因周禮春官司常鳥隼曰旟鄭注鳥隼象其勇捷定爲鷹隼之屬案朱雀即鶉火之鶉考工輈人鄭注明言之沈存中夢溪筆談誤以爲短尾之鶉認爲鷂屬然鶉實鷻之假字說文注鷻雕也雕注鷻也詩小雅匪鶉匪鳶毛傳鶉隼也今參以瓦當所圖勁翮翹尾而捷足與隸續碑式圖及予所藏漢四獸方瓦竈所畫朱鳥正同其爲鵰無疑前人以爲鷹隼之屬不能確定沈氏致以爲鷂屬之鶉則失之彌遠矣又黃伯思據所見瓦文證史記封禪書益延壽之爲一觀其論至精程氏乃謂今有延年益壽延壽萬歲以爲即二觀之瓦疑黃說爲不可據而予實見福山王氏益延壽二字瓦則程氏于目之所未見不能闕疑而轉詆古人如此之類屈指匪一嘗欲別爲記錄以補苴前說又以近世諸家所藏不見箸錄者至多欲續程王二家之書故平生所蒐集諸家墨本凡三千餘紙乃懷此有年訖未着手爰以去夏經始選存什一其諸家所藏有未敢確信爲眞品者（如陳氏漢檢諸宮王氏承光訶宮之類）則汰之選擇手民親授勾勒刊刻之法期年乃竟劘劂之精較舊譜之鑿甄鎔錫似轉勝之計其都數得三百餘諸家所藏雖未能盡亦略備矣圖後不別箸考證而分注出土之地與收藏姓名於目錄之下並述此學之津逮與此書之所以作爲序錄以告當世君子異時所得再賡續焉宣統甲寅九月

上虞羅振玉

唐風樓秦漢瓦當文字目錄

卷一　宮闕殿署關倉屯冢等瓦

奇字瓦　湘縣陳氏簠齋藏　郎墨
幹畜□□瓦　福山王氏齊吉金室藏
羽陽臨渭瓦　同　上　關中
羽陽萬歲瓦　同　上　關中
羽陽千歲瓦　同　上　關中
又　丹徒劉氏食舊德齋藏　關中
又　關中
又　上虞羅氏唐風樓藏　關中
又　齊吉金室藏　關中
又　關中
漢并天下瓦　唐風樓藏　關中
又　關中
漢廉天下瓦　齊吉金室藏　關中
又　唐風樓藏　關中
召陵宮當瓦

蘭池宮當瓦　關中
橐泉宮當瓦　關　中
折風闕當瓦　齊吉金室藏　關中
鼎胡延壽宮瓦　食舊德齋藏　關中
又　齊吉金室藏　關中
又　壽字反文　食舊德齋藏　關中
又　關中
又　左讀　唐風樓藏　關中
鼎胡延壽保瓦　左讀　齊吉金室藏　關中
佐弋瓦　唐風樓藏　關中
又　同　上　關中
益延壽瓦　齊吉金室藏　關中
上林瓦　簠齋藏　關中
上林半瓦　關中
又　齊吉金室藏　同上
甘林　簠齋藏　關中
泰靈嘉神瓦　齊吉金室藏　關中

又　同　上　關中
永平十五年殘瓦
壽昌萬歲殘瓦　永和六年　簠齋藏
壽昌萬歲瓦
壽成瓦　端忠敏公寶華庵藏　河南
曲成之當瓦
安世萬歲瓦　唐風樓藏　新安
安世瓦　同　上　新安
又　同上　新安
衛瓦　關中
又　齊吉金室藏　關中
又　同　上　關中
又　唐風樓藏　關中
又　簠齋藏　關中
關瓦　唐風樓藏　新安
又　同　上　新安
又　同　上　新安

又　同　上　新安
又　同　上　新安
又　同　上　新安
又　同　上　新安
宮瓦
又　齊吉金室藏
成山瓦　唐風樓藏
五穀滿倉瓦　同　上　關中
長水屯瓦瓦
又
孝大□□殘瓦　齊吉金室藏
□□后深殘瓦　同　上
守祠堂當瓦
又　食舊德齋藏
長陵東當瓦　關中
長陵卤神瓦　吳縣吳氏恒軒藏　關中
馬氏殿當瓦　唐風樓藏　關中

卷二　吉語瓦

宜金錢當瓦 食舊德齋藏
大吉宜□瓦
大吉宜官瓦 辨蟫居藏
又 同　上
大吉日利瓦 同　上
大吉富昌瓦
壽老無極瓦 食舊德齋藏
長樂毋亟常安居瓦
萇藥萬歲瓦 日照丁氏移林藏
長生無□瓦 蓬龕藏
與天無亟瓦
與天無極瓦 辨蟫居藏
又 同　上
又 食舊德齋藏
又 齊吉金室藏
又 辨蟫居藏
與天毋極瓦 簠齋藏　關中

又
又 齊吉金室藏
又 辨蟫居藏
與天久長瓦 同　上
又 齊吉金室藏
興地相長瓦
延壽萬歲常與天久長瓦 食舊德齋藏
又 同　上
千秋萬歲與地毋極瓦
又 杭州徐氏藏
延壽萬歲瓦 齊吉金室藏
又
又 唐風樓藏
千秋利君瓦 同　上
千萬歲爲大年瓦 辨蟫居藏
萬歲萬歲瓦笵 食舊德齋藏
又殘笵

萬歲萬歲瓦 簠齋藏　東萊掖萬里沙祠
萬歲瓦
又 簠齋藏
又半瓦 辨蟫居藏　東萊掖萬里沙祠
又 同　上
又 同　上
又 同　上
又 唐風樓藏
又 同　上
又
又

卷二　吉語瓦

千秋萬歲瓦 匋齋藏　諸城琅琊臺
又 簠齋藏　諸城琅琊臺
又 齊吉金室藏
又 唐風樓藏
又 山東

又 食舊德齋藏
又
又 食舊德齋藏
又 簠齋藏
又
又 唐風樓藏　諸城琅琊臺
又 同　上　歸化城
又 同　上
又
又 簠齋藏　關中
又 同上　關中
又 辨蟫居藏
又 同　上
又 齊吉金室藏
又 簠齋藏　山東
又 辨蟫居藏
又 同　上

卷四　畫瓦

又　子母鹿　食舊德齋藏
又　齊吉金室藏
又
雙鹿半瓦　唐風樓藏
又　食舊德齋藏
又　同上
又　唐風樓藏
異獸半瓦　同上
雙麈半瓦　同上
鹿半瓦
又
雙鹿半瓦
樹半瓦
雙鹿半瓦　簠齋藏　平陸古城
樹半瓦　同上　山東
畫瓦　同上　山東
又　齊吉金室藏

又
又　簠齋藏　山東
又　同上　山東
又　同上　山東
又　同上　即墨
又
又
又　簠齋藏
又　同上
又
又　殘

卷五　補遺

君□高□瓦　辨蟫居藏
漢道光明半瓦　同上
太□半瓦　同上
萬歲瓦　同上
長樂無極瓦　同上

□樂富□殘瓦笵　同上
安樂未央瓦　同上
長樂萬歲瓦
千秋萬歲半瓦　辨蟫居藏
大吉宜□殘瓦　同上
千秋萬歲瓦
又　殘
又
千秋半瓦　食舊德齋藏
萬歲半瓦　同上
千秋萬歲瓦　唐風樓藏
又　殘
又　殘　辨蟫居藏
千秋萬歲瓦
千利萬歲瓦　簠齋藏　山東
春秋萬歲瓦　辨蟫居藏
千秋萬歲富貴瓦　同上

千秋萬歲樂未央瓦
千秋萬歲安樂無極瓦　辨蟫居藏

右瓦當文字爲類凡百四十有八合重文者計之總得三百十有九其收藏家之可知者二百三十餘其不可知者約八十皆據予篋中所藏舊拓本也諸家所藏中福山王氏之瓦後歸丹徒劉氏厥後劉氏所藏及得之文敏者悉歸諸端忠敏公寶華盦今仍書王氏劉氏者從其朔也忠敏所藏有殊品十餘予曾一一摩挲而不能得墨本故茲編缺焉至出土之地惟簠齋多注記于拓本上然于山東所出之瓦每書出齊地而不注今地名今則易之曰山東至關中諸瓦亦多不能確知其出今何縣則概注之曰關中其他凡不能確知其地者亦姑闕之異日有能確知者再補署焉仇亭老民寫記

秦漢瓦當文字卷一

一

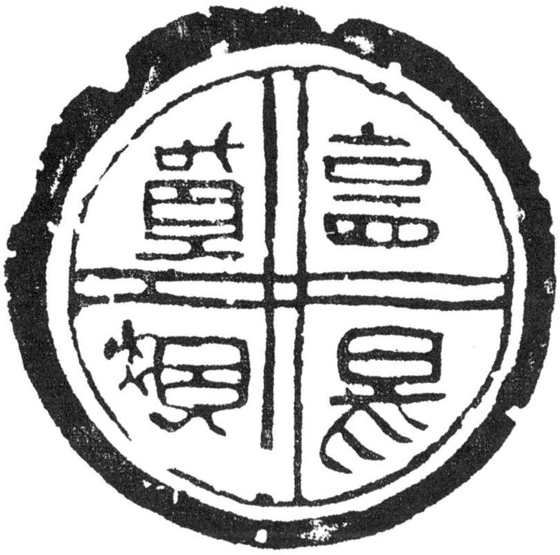

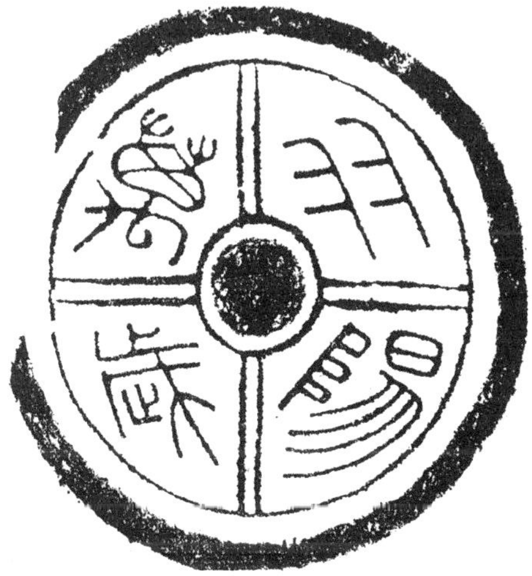

秦漢瓦當文字卷一

二

秦漢瓦當文字卷一　三

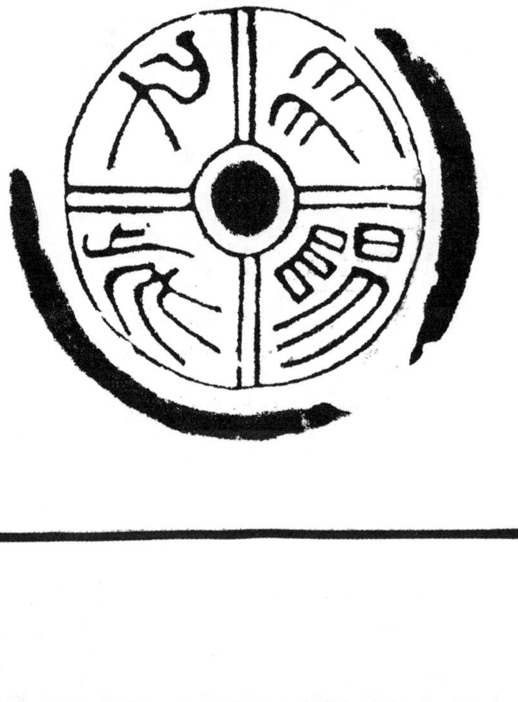

秦漢瓦當文字卷一　四

秦漢瓦當文字卷一

五

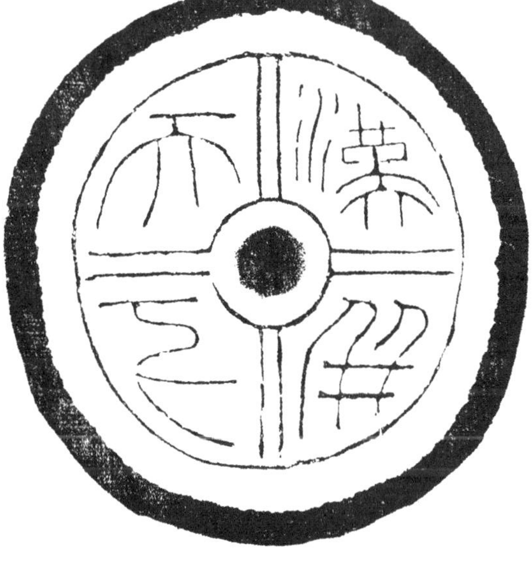

秦漢瓦當文字卷一

六

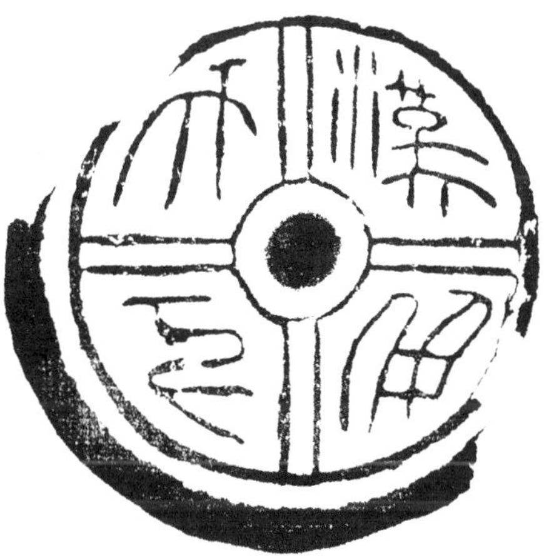

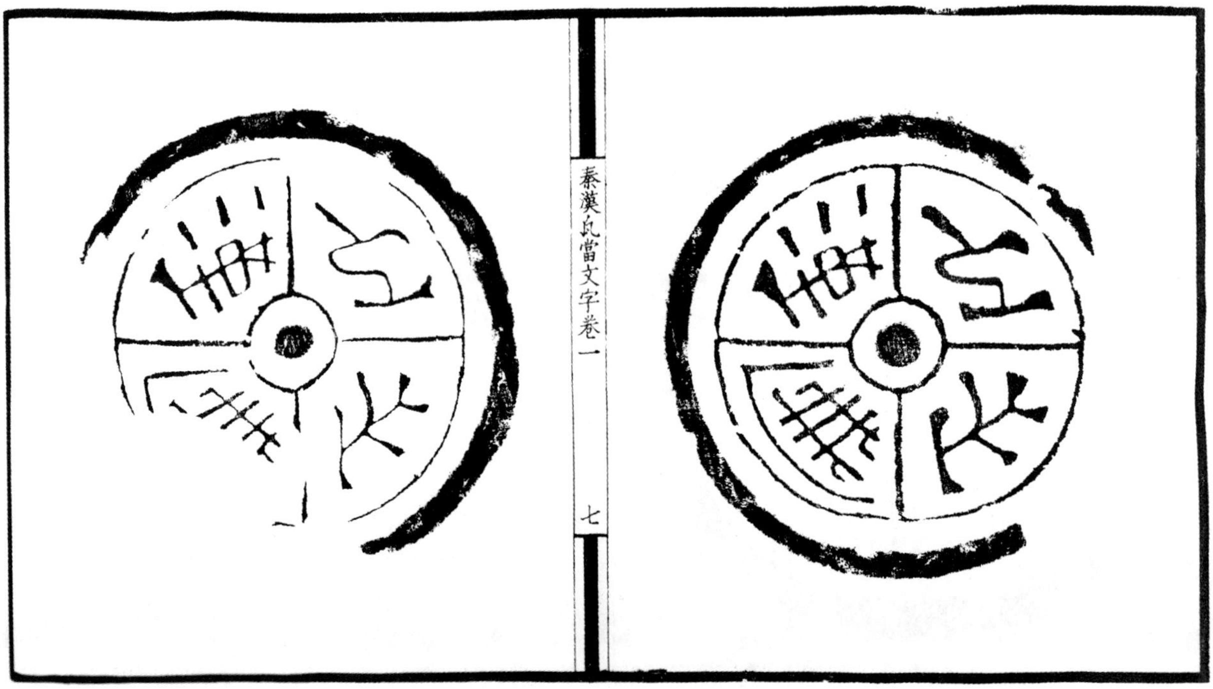

秦漢瓦當文字卷一

七

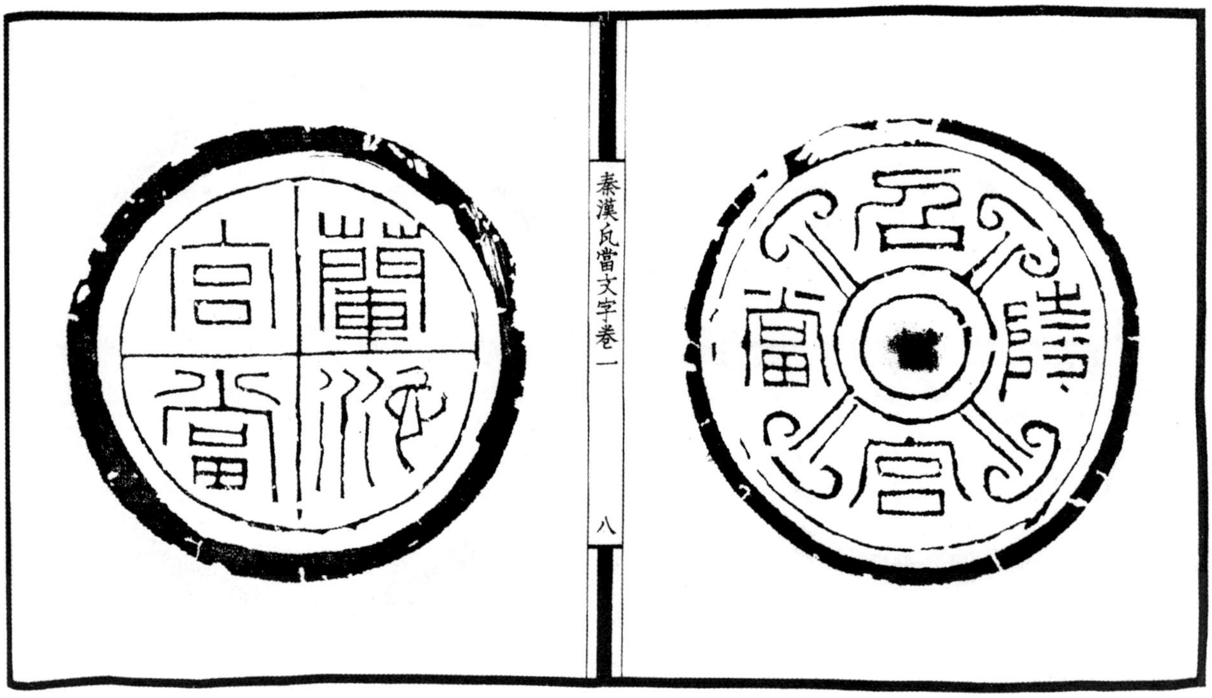

秦漢瓦當文字卷一

八

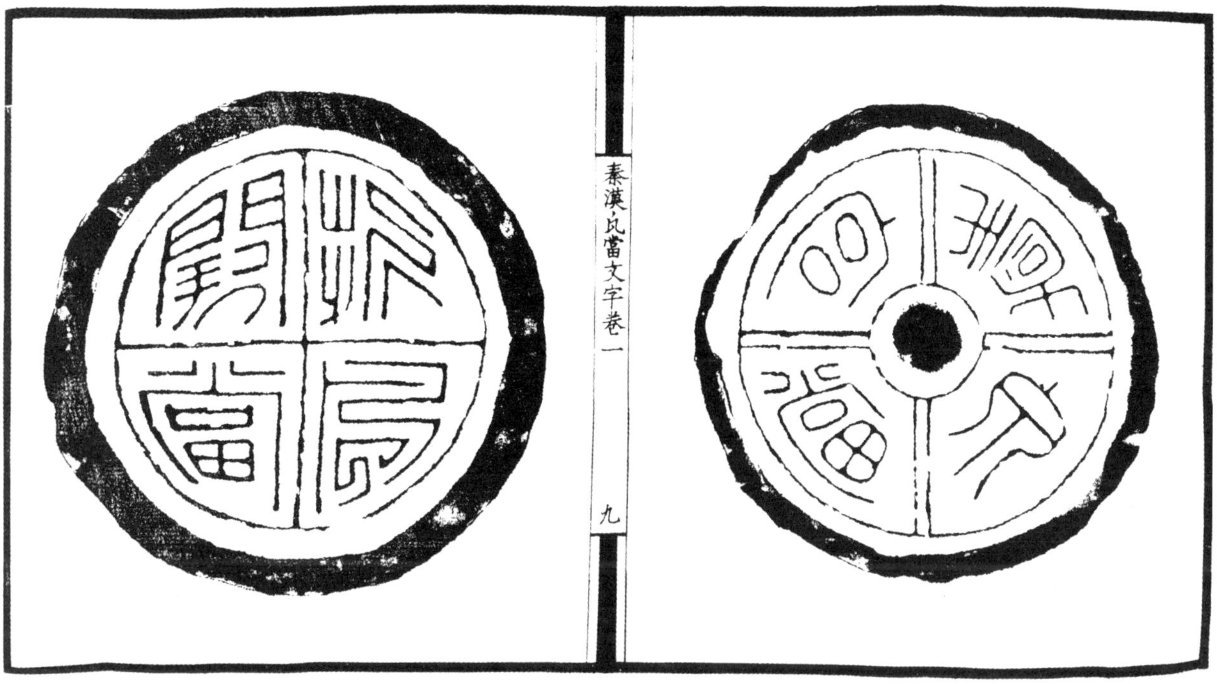
秦漢瓦當文字卷一
九

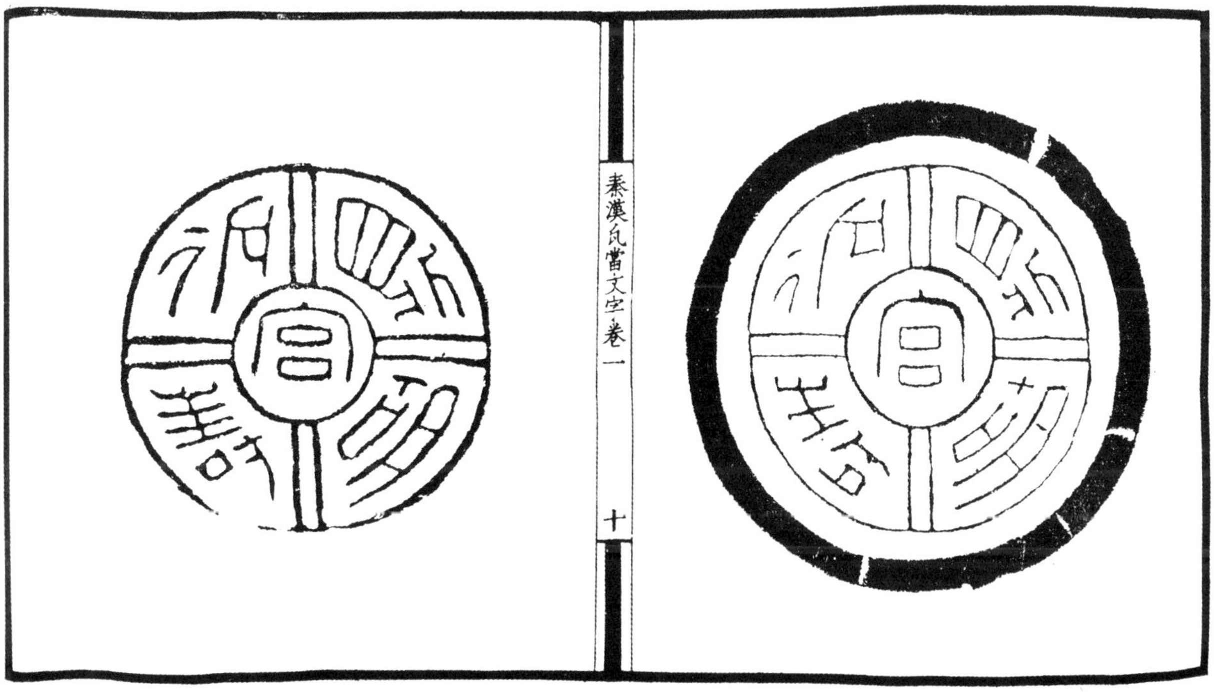
秦漢瓦當文字卷一
十

秦漢瓦當文字卷一

十一

秦漢瓦當文字卷一

十二

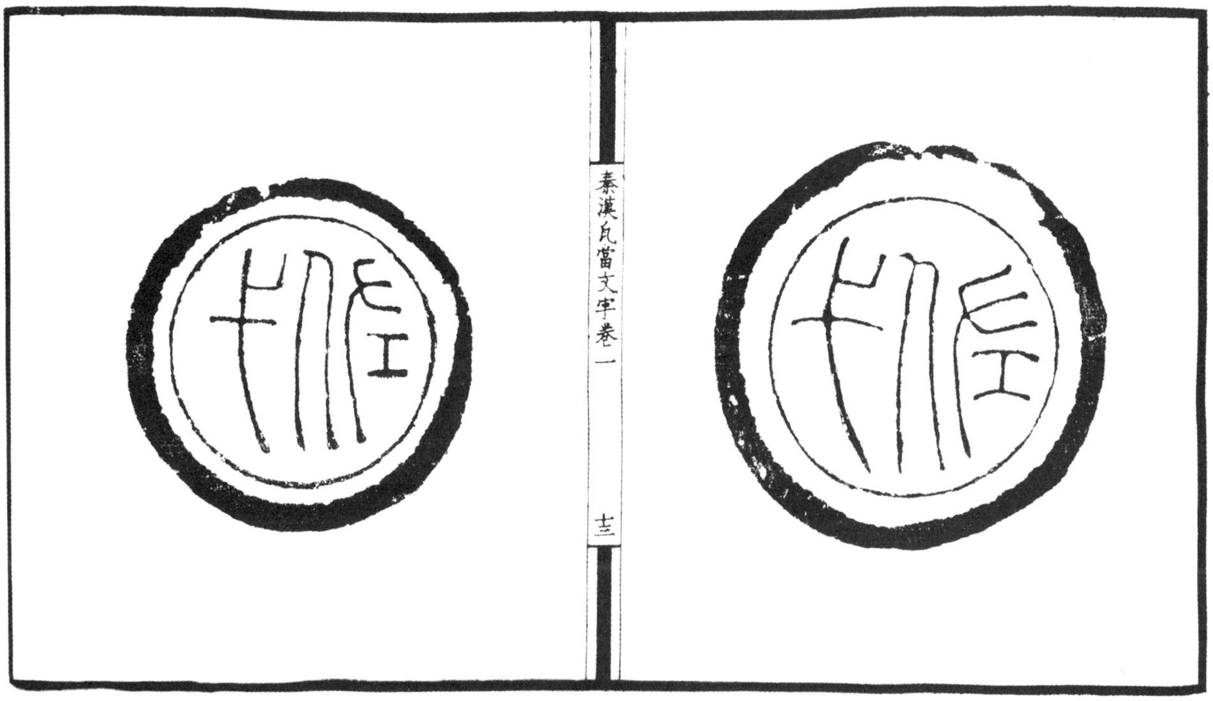
秦漢瓦當文字卷一
十三

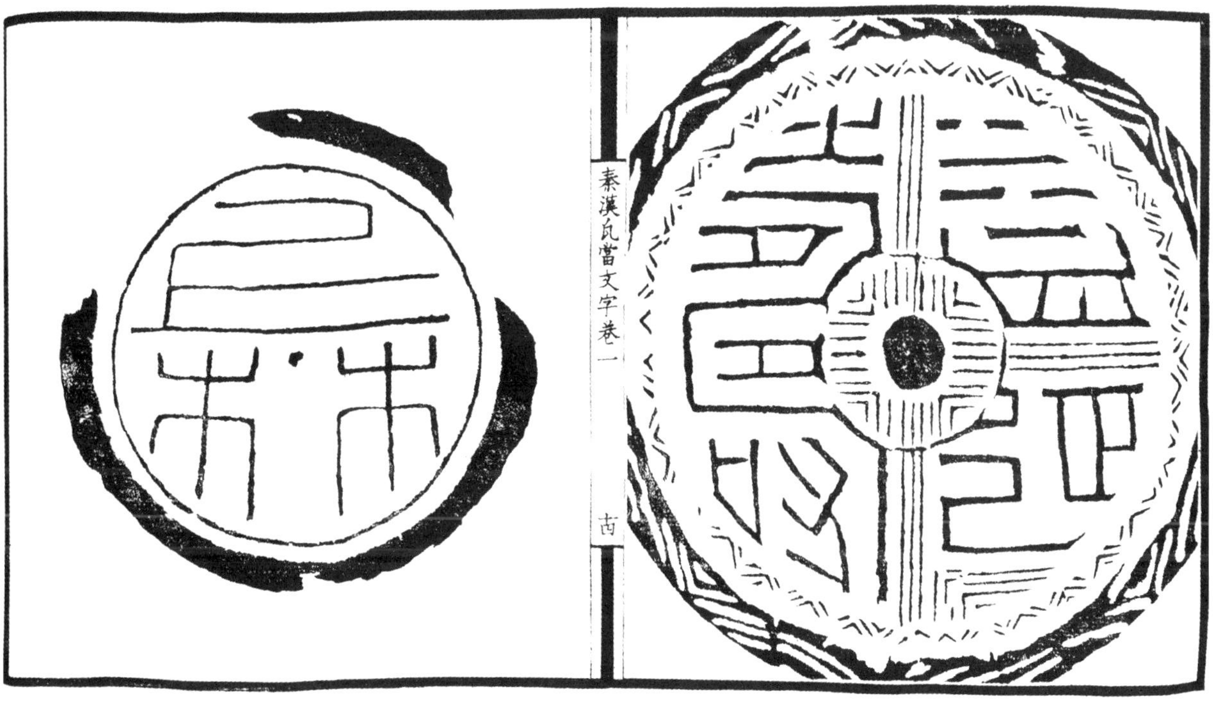
秦漢瓦當文字卷一
十四

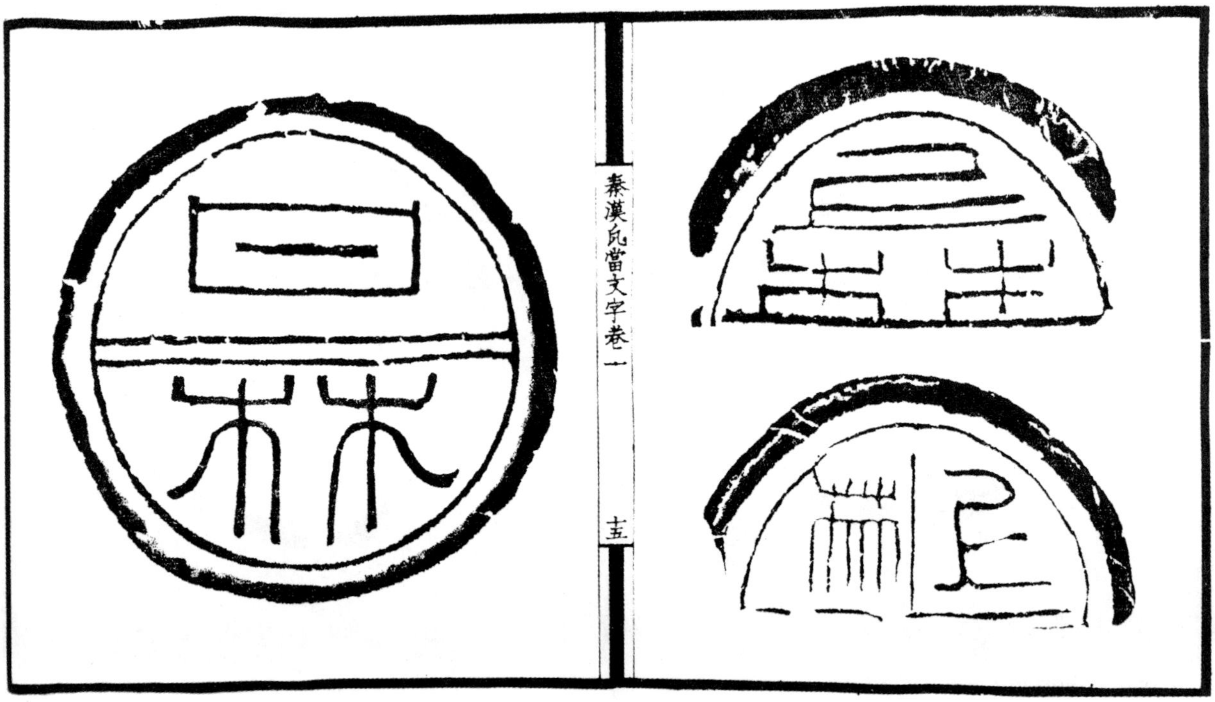
秦漢瓦當文字卷一
十五

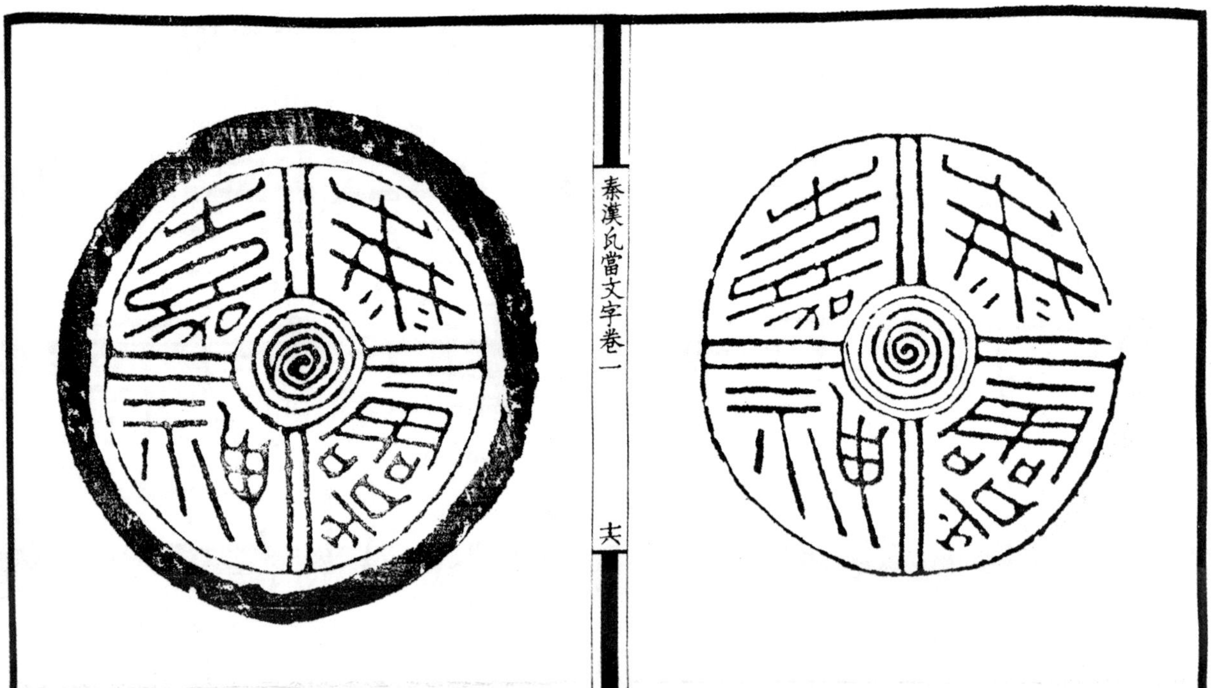
秦漢瓦當文字卷一
十六

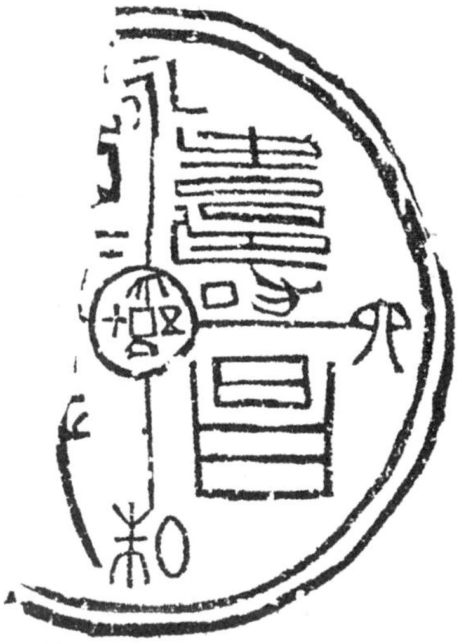

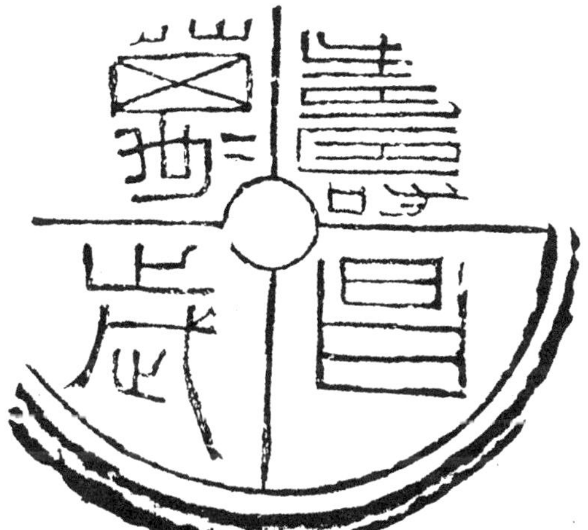

秦漢瓦當文字卷一　九

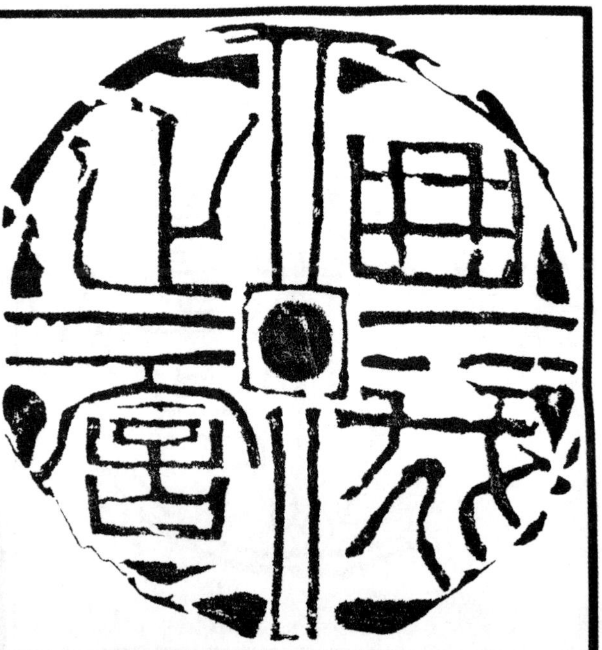

秦漢瓦當文字卷一　十

秦漢瓦當文字卷一

二十五

秦漢瓦當文字卷一

二十六

秦漢瓦當文字卷一　卅三

秦漢瓦當文字卷一　卅四

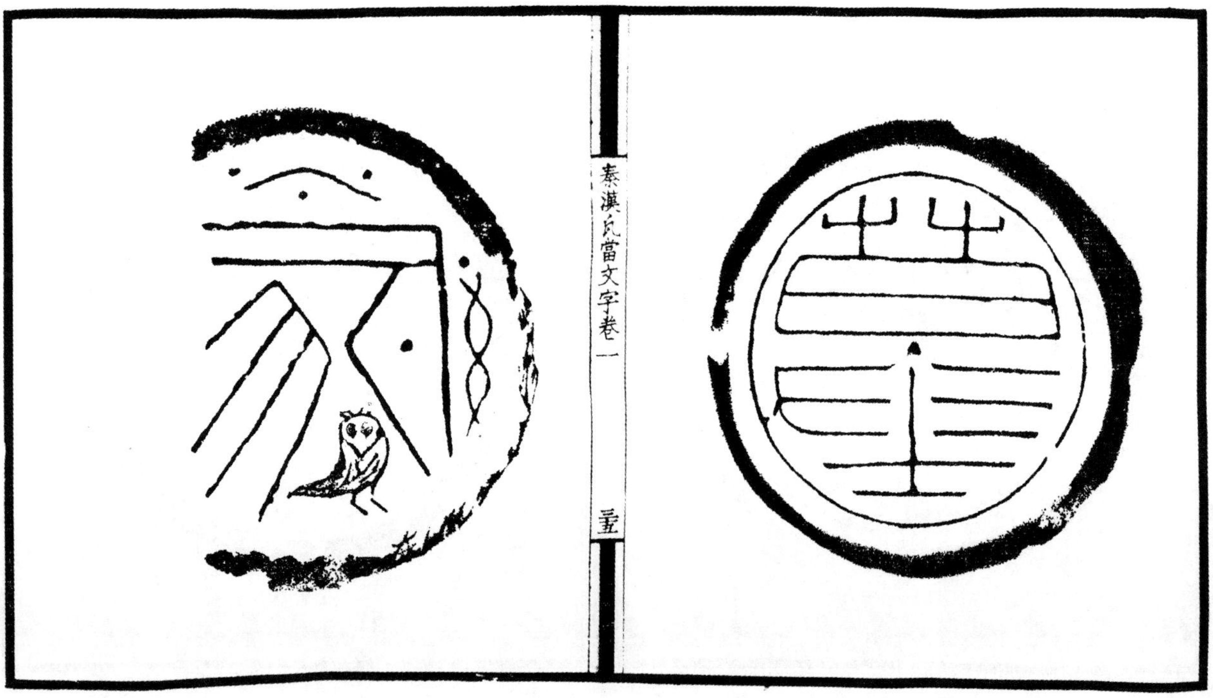

秦漢瓦當文字卷一 卅五

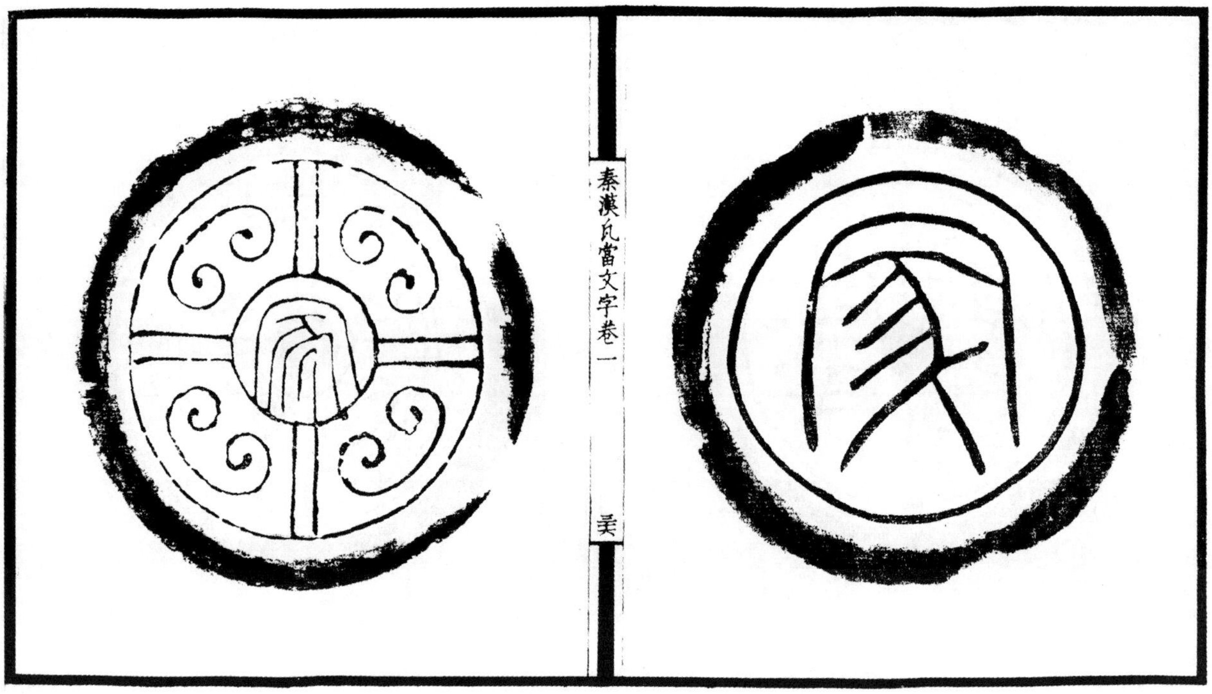

秦漢瓦當文字卷一 卅六

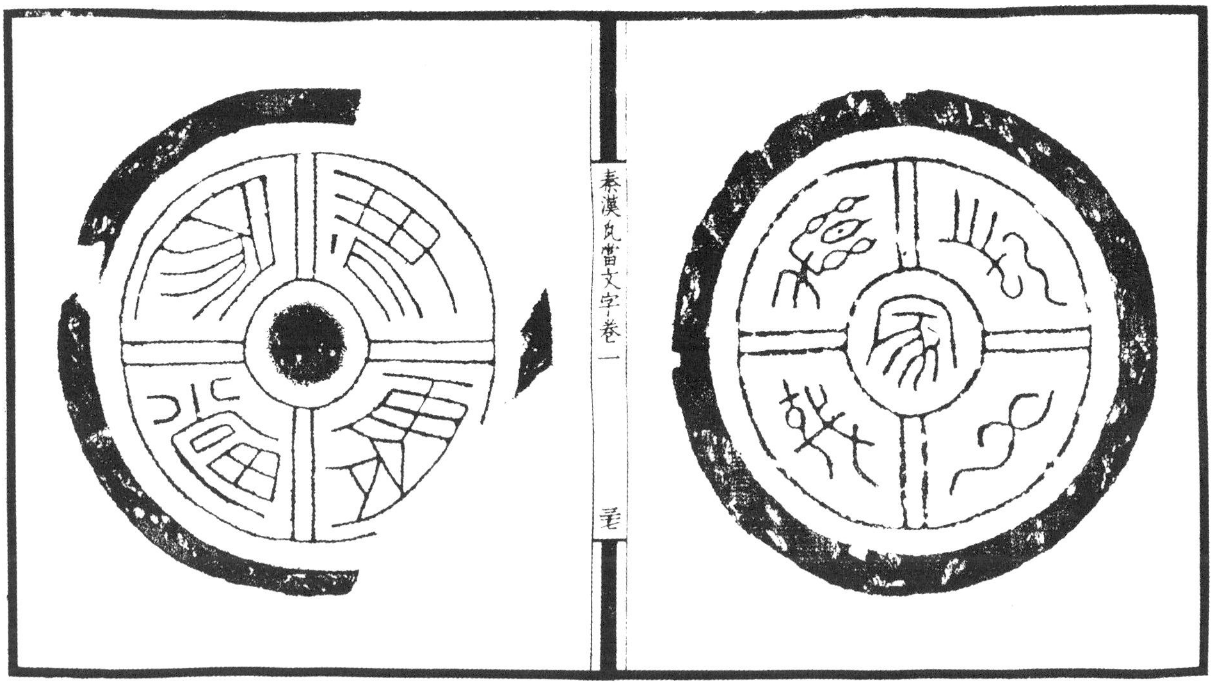
秦漢瓦當文字卷一
三七

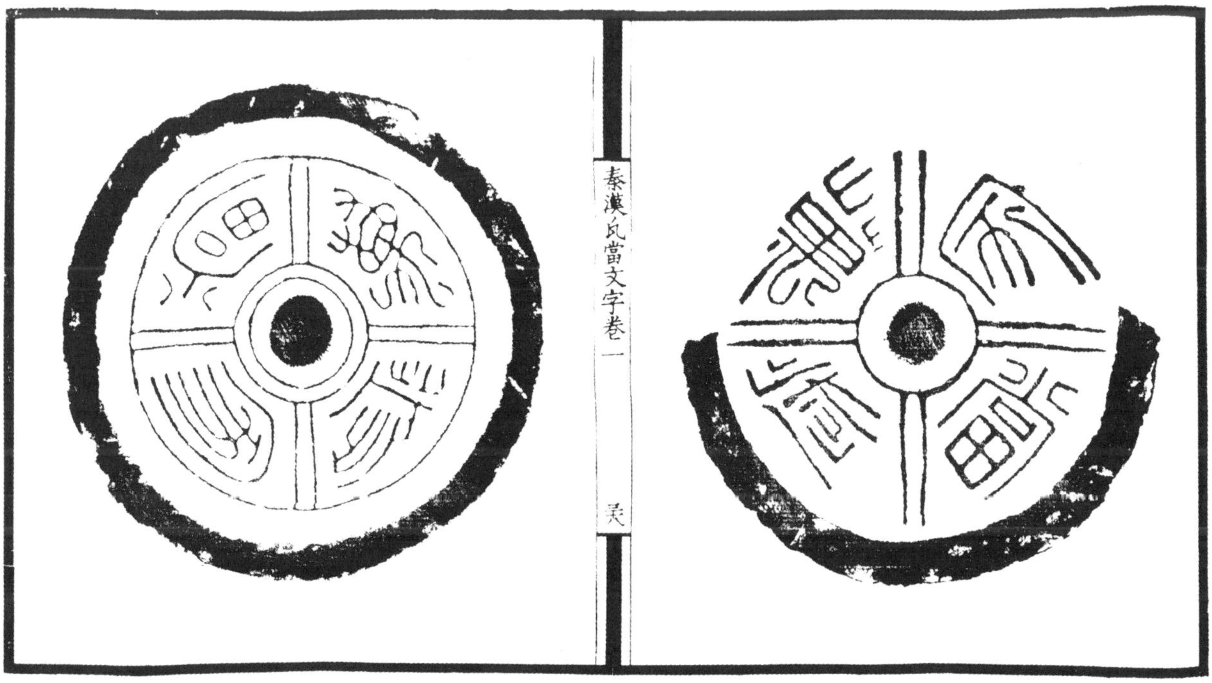
秦漢瓦當文字卷一
三八

秦漢瓦當文字卷一

三十九

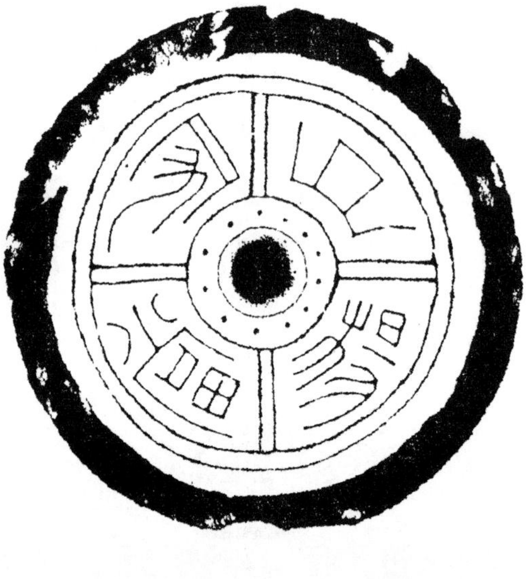

秦漢瓦當文字卷一

四十

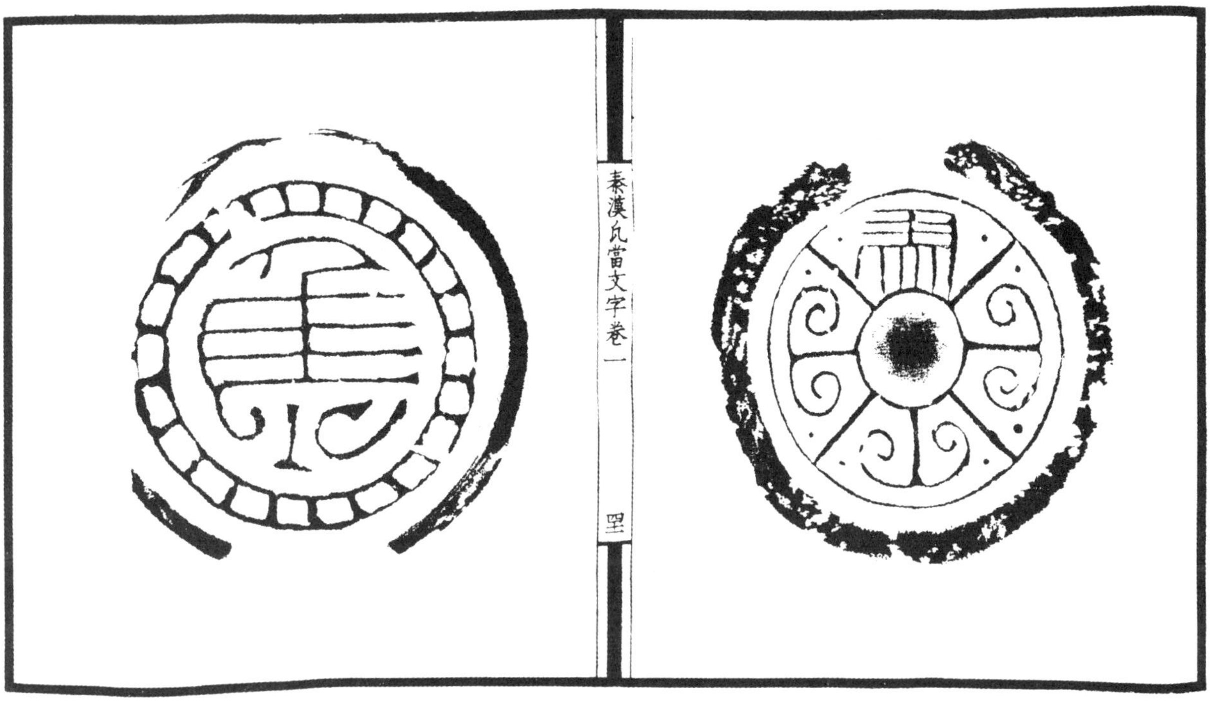
秦漢瓦當文字卷一

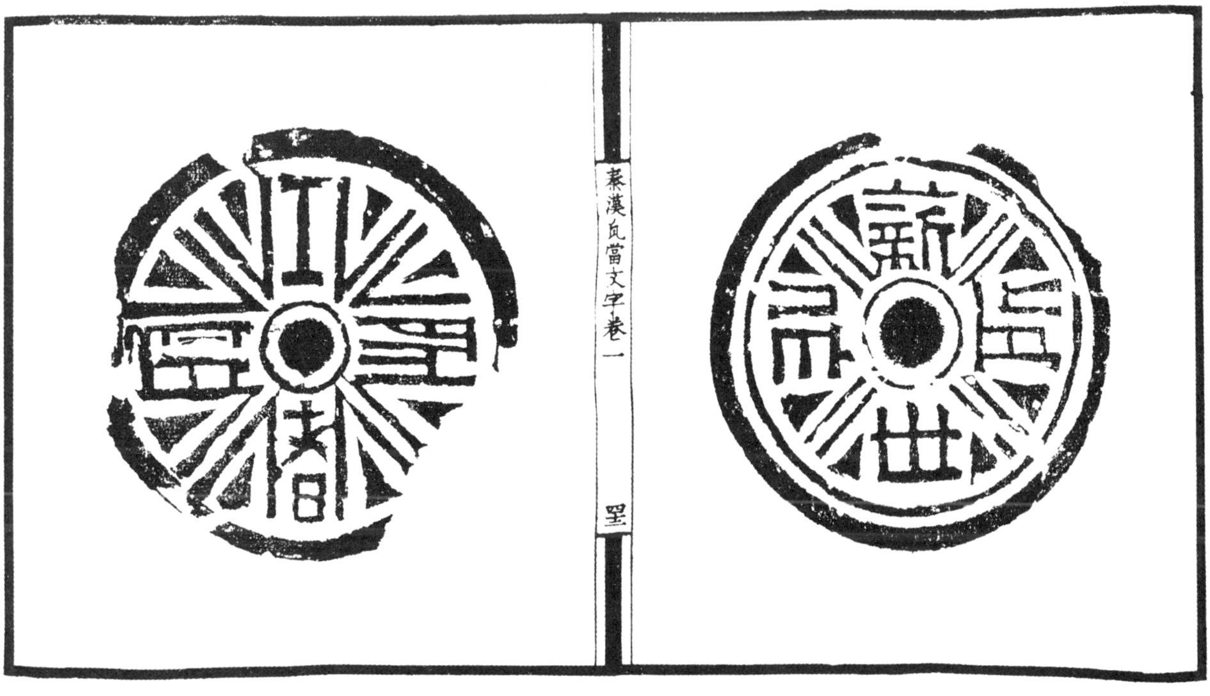
秦漢瓦當文字卷一

秦漢瓦當文字卷一

四十

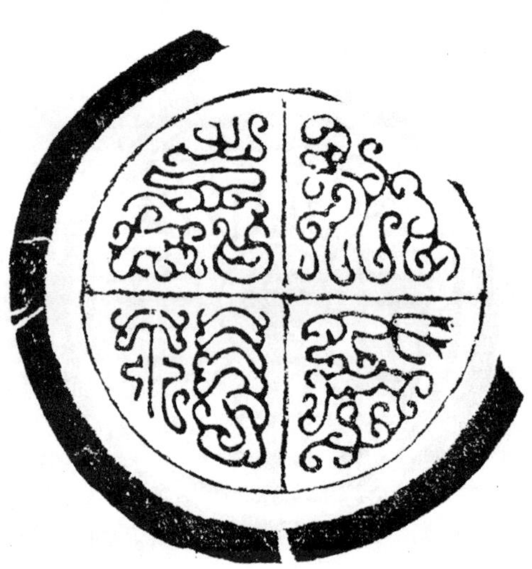

秦漢瓦當文字卷二

一

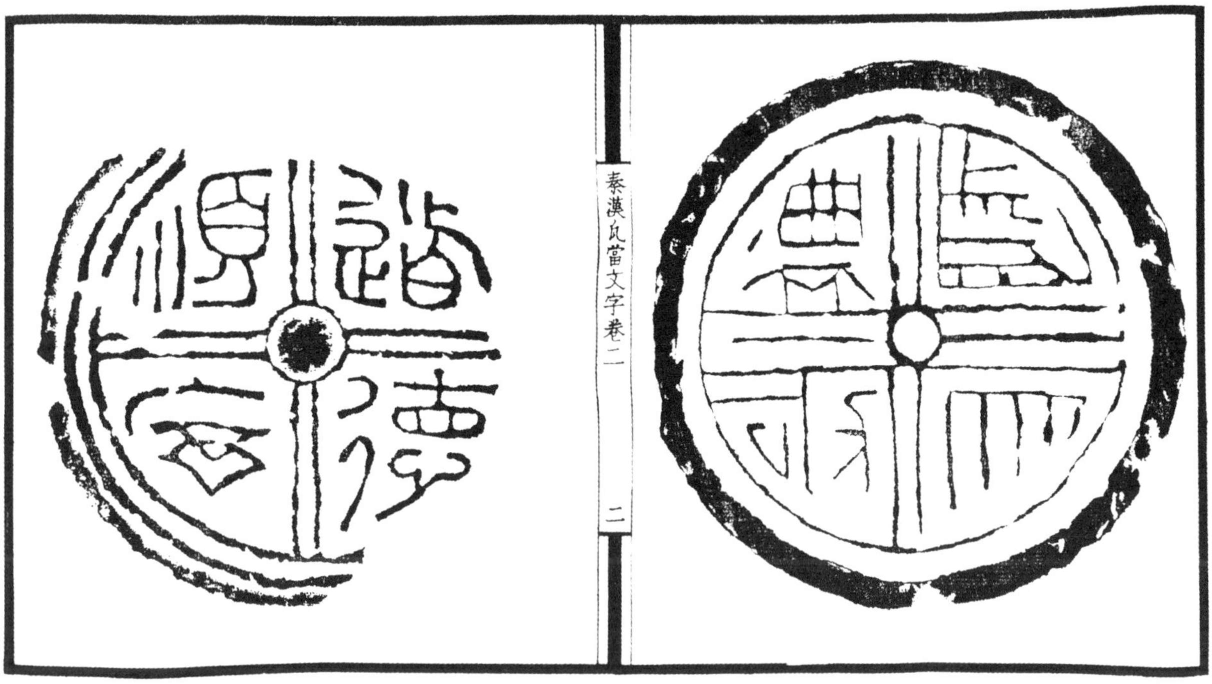
秦漢瓦當文字卷二
二

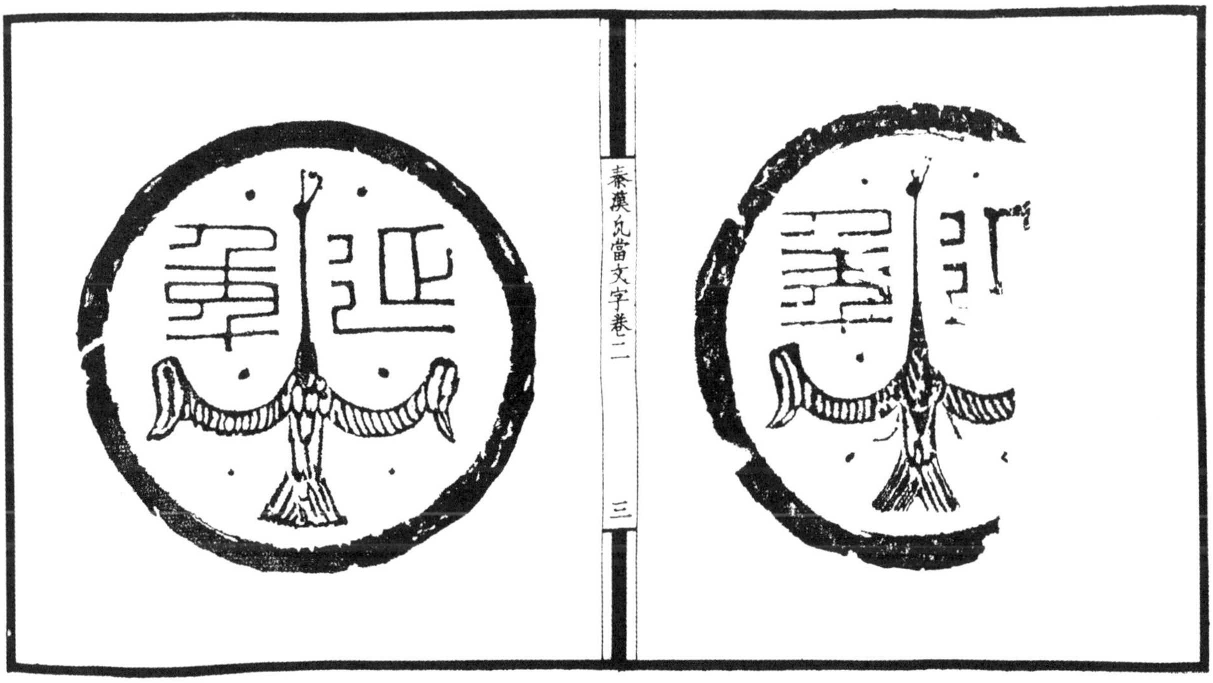
秦漢瓦當文字卷二
三

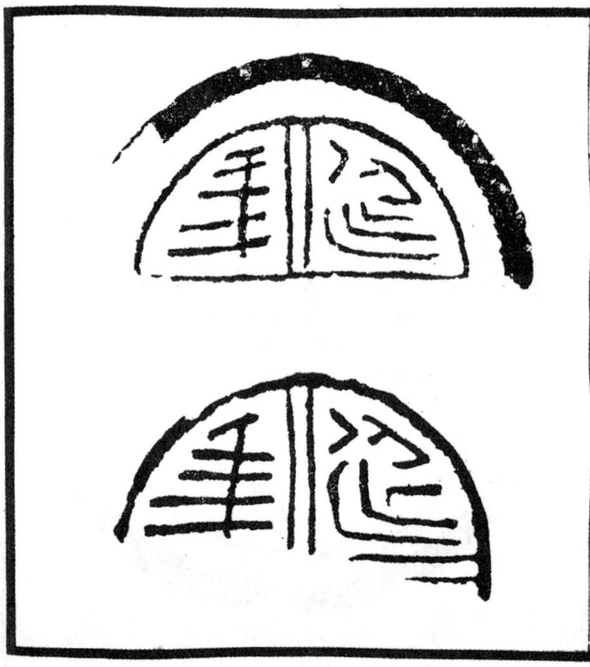

秦漢瓦當文字卷二

四

秦漢瓦當文字卷二

五

秦漢瓦當文字卷二

秦漢瓦當文字卷二

八

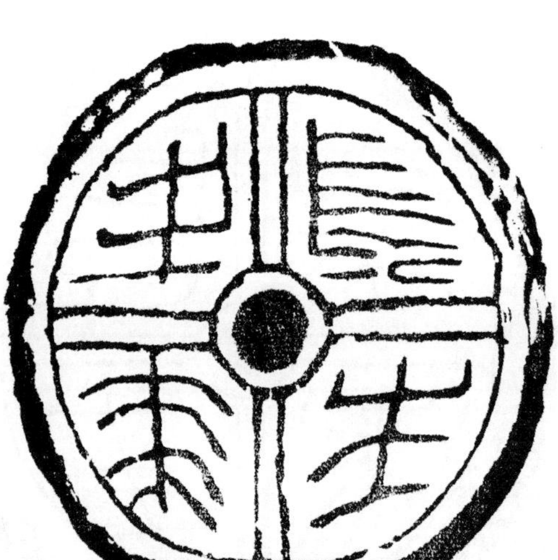

秦漢瓦當文字卷二

九

秦漢瓦當文字卷二　六

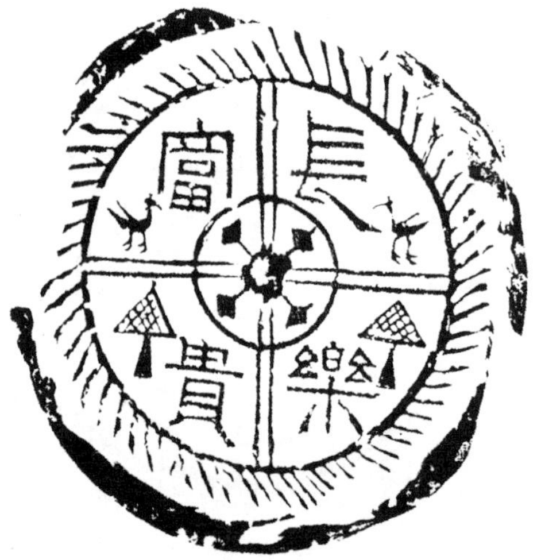

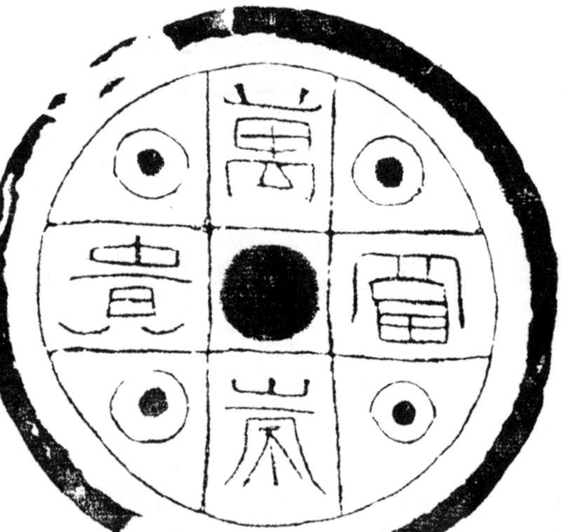

秦漢瓦當文字卷二　七

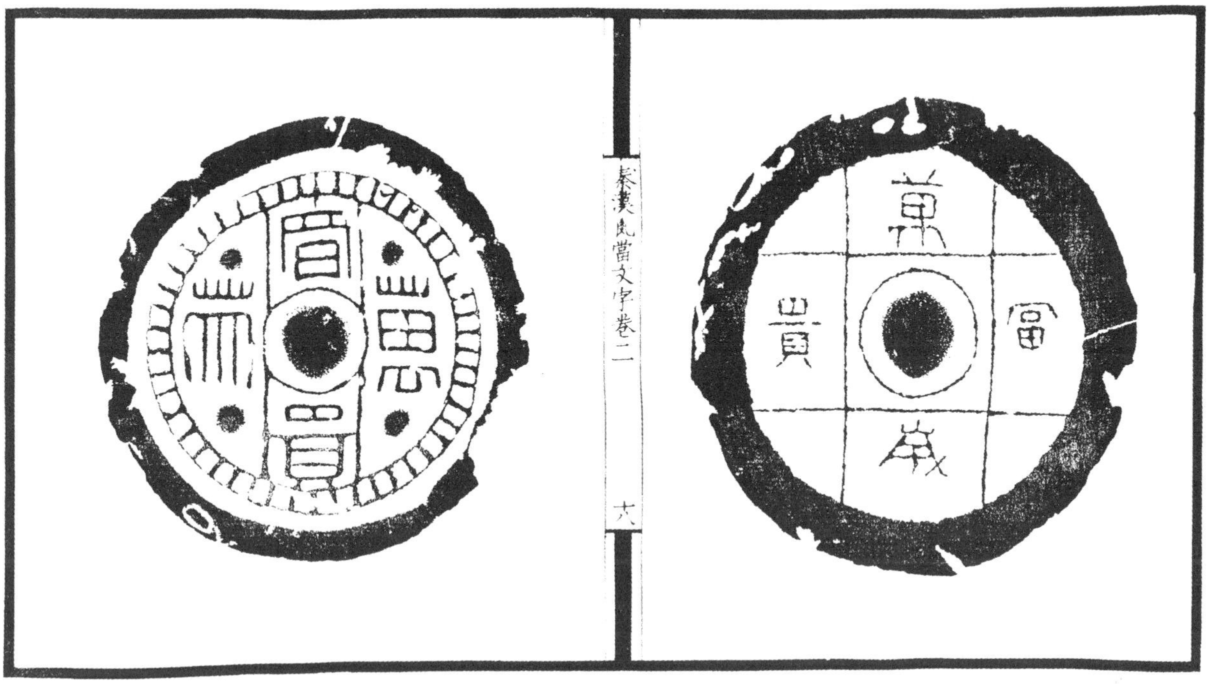
秦漢瓦當文字卷二
六

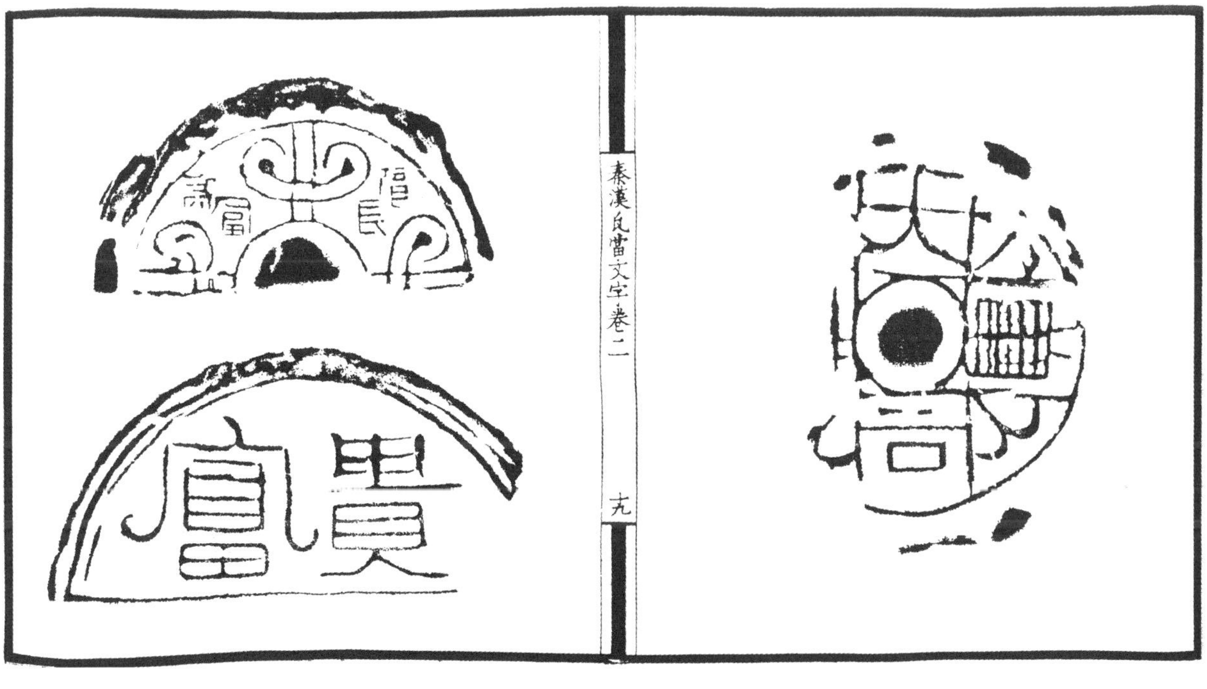
秦漢瓦當文字卷二
九

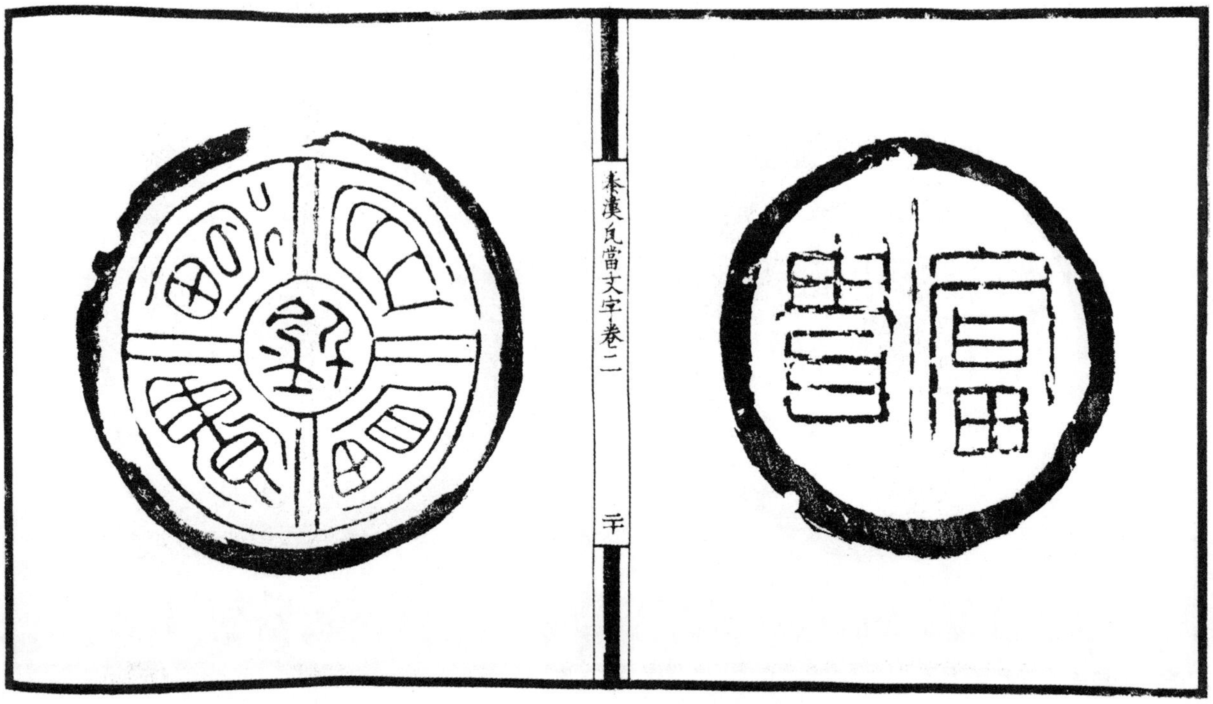
秦漢瓦當文字卷二
廿

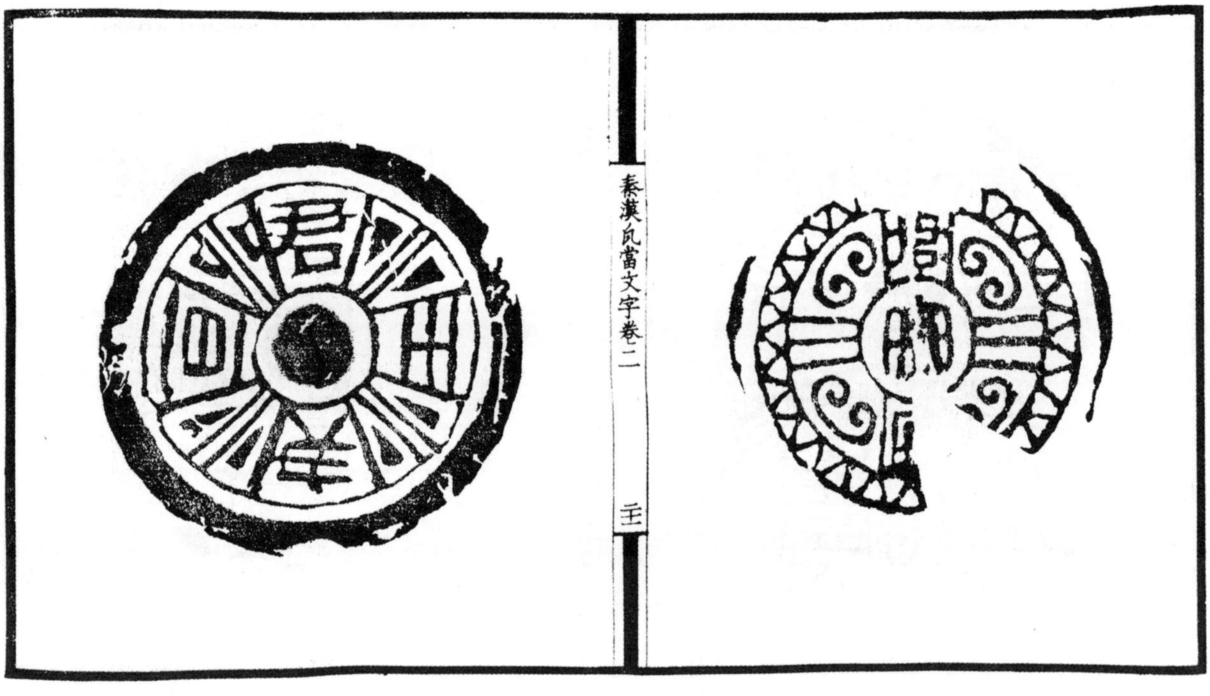
秦漢瓦當文字卷二
卅

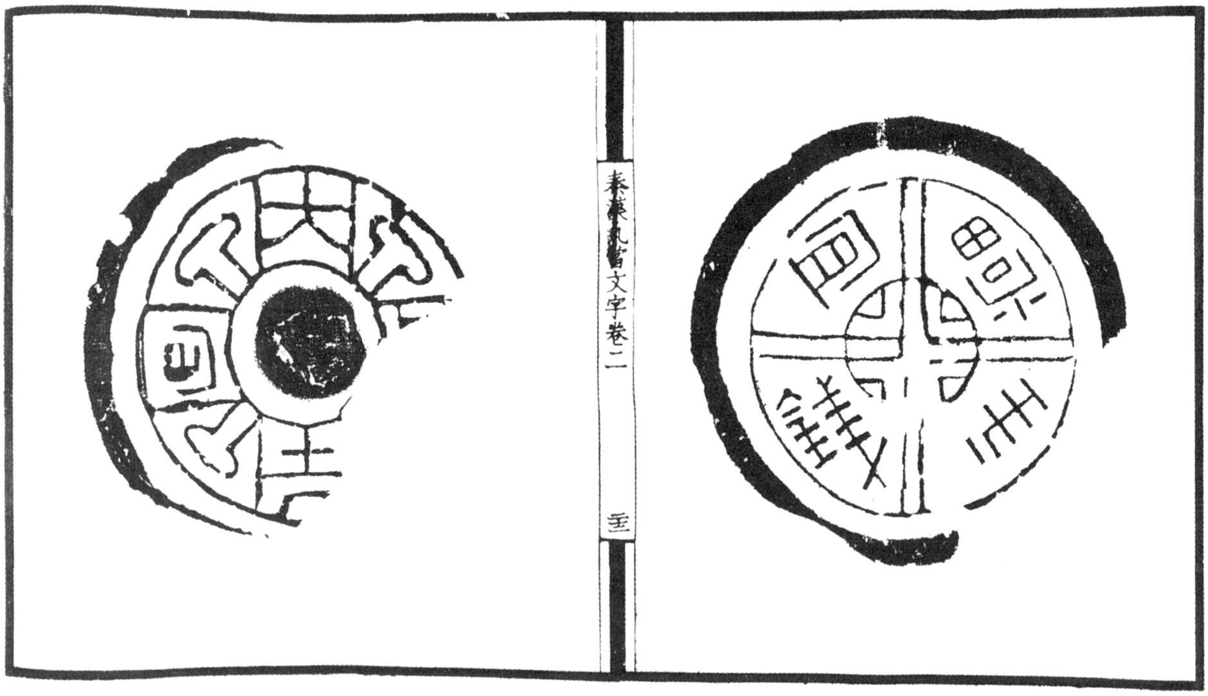
秦漢瓦當文字卷二

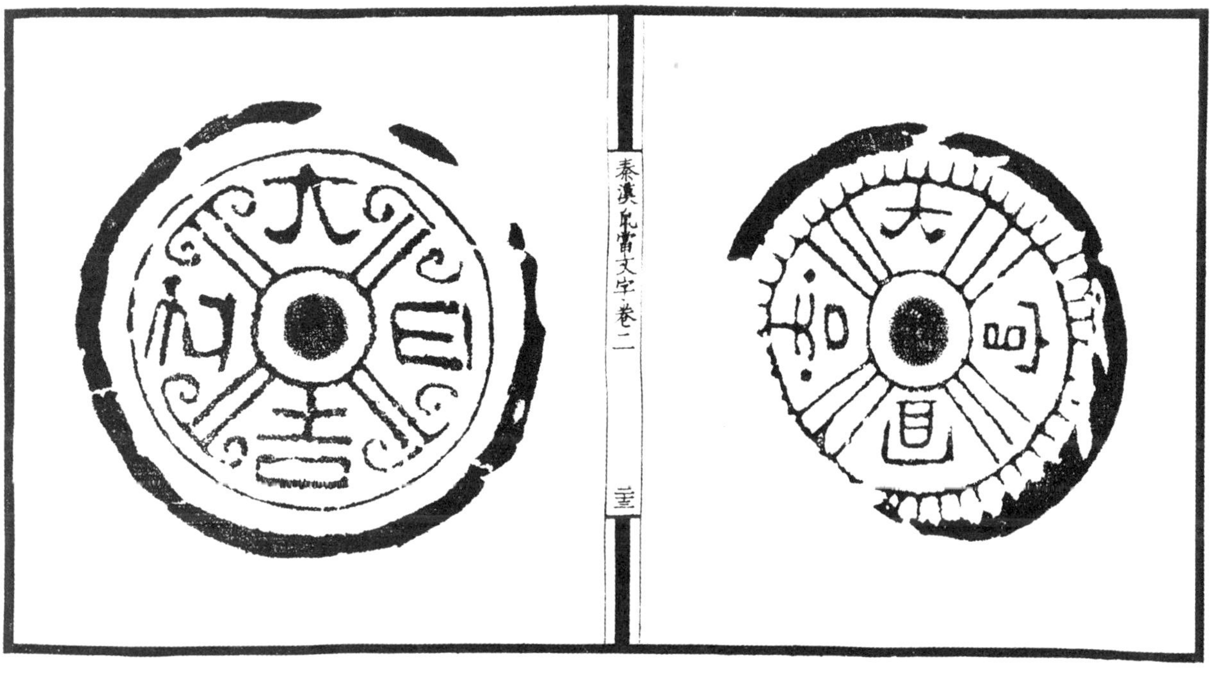
秦漢瓦當文字卷二

秦漢瓦當文字卷二

卅四

秦漢瓦當文字卷二

卅五

秦漢瓦當文字卷二
卅六

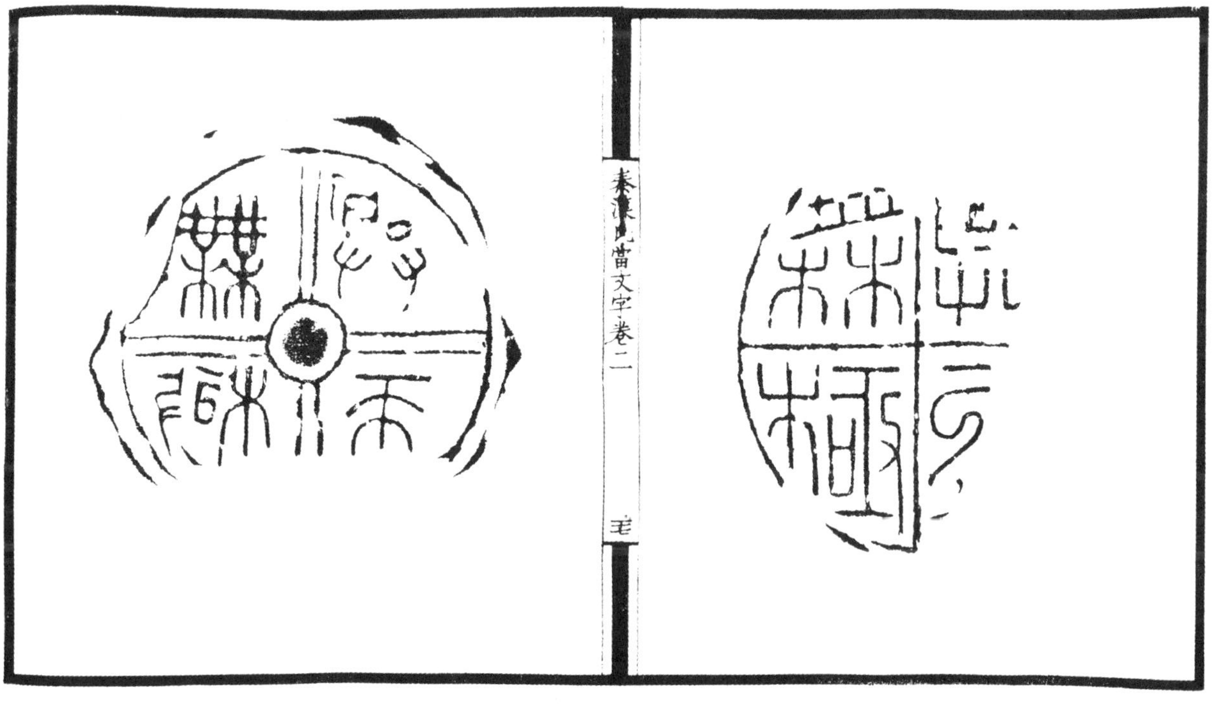
秦漢瓦當文字卷二
卅七

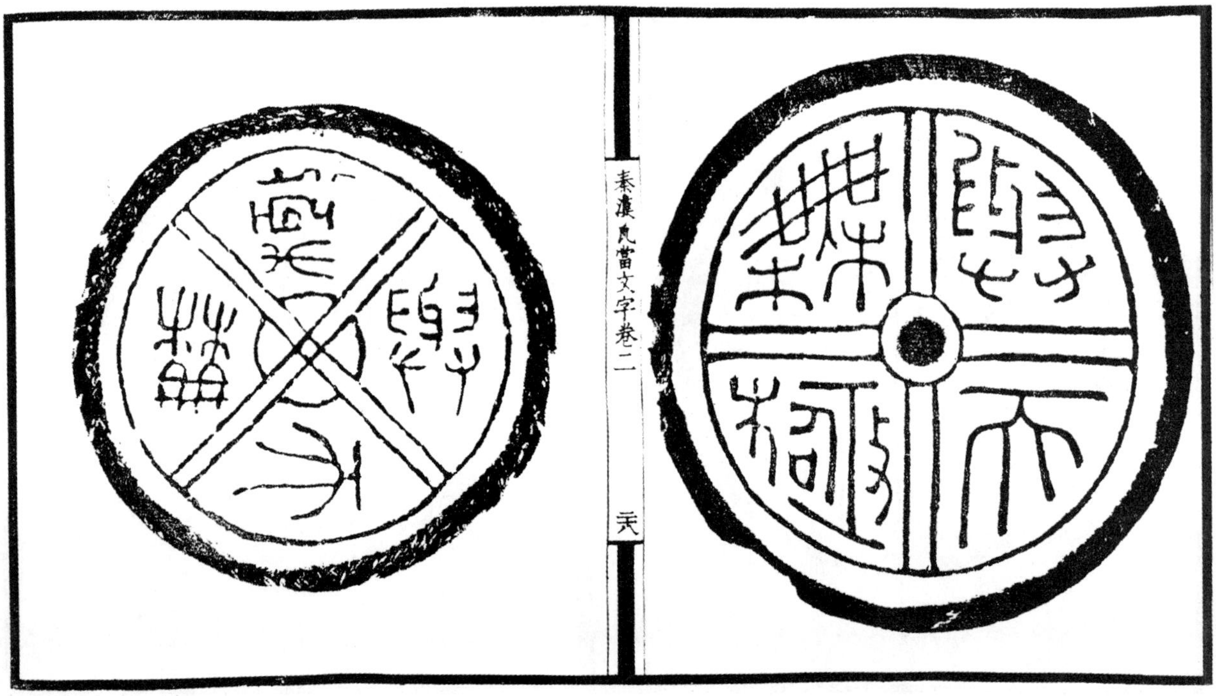
秦漢瓦當文字卷二
三八

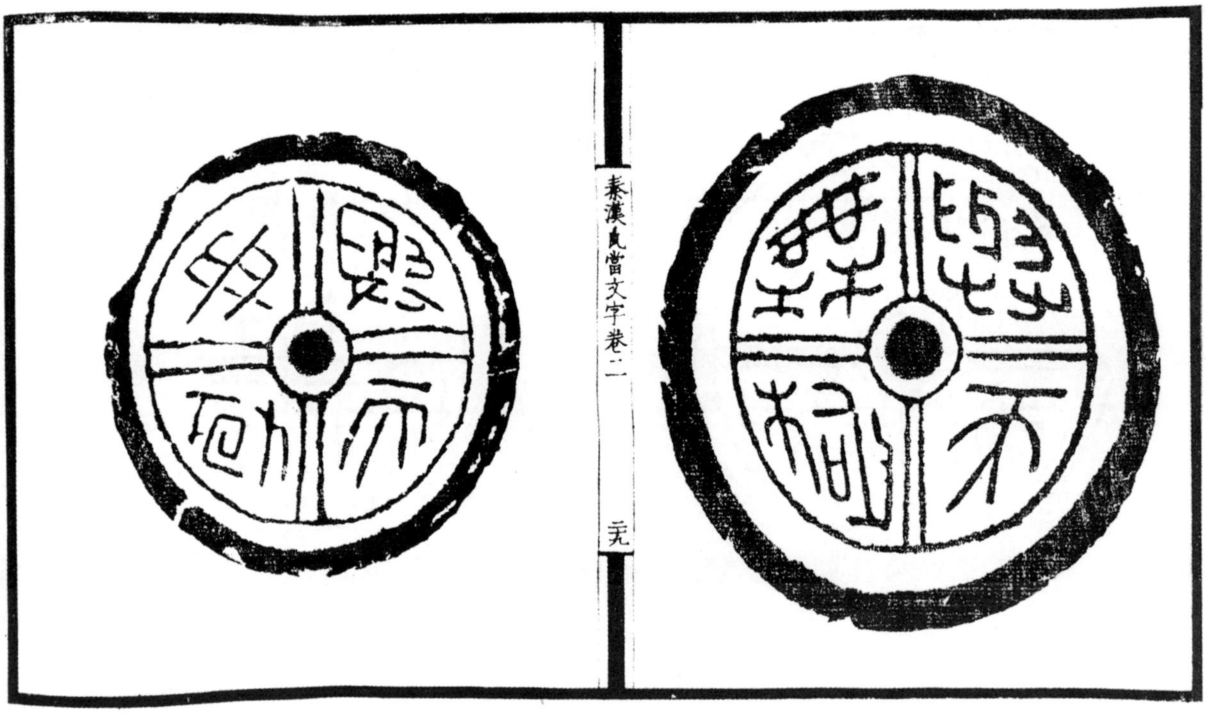
秦漢瓦當文字卷二
三九

秦漢瓦當文字卷二

三十

秦漢瓦當文字卷二

三十一

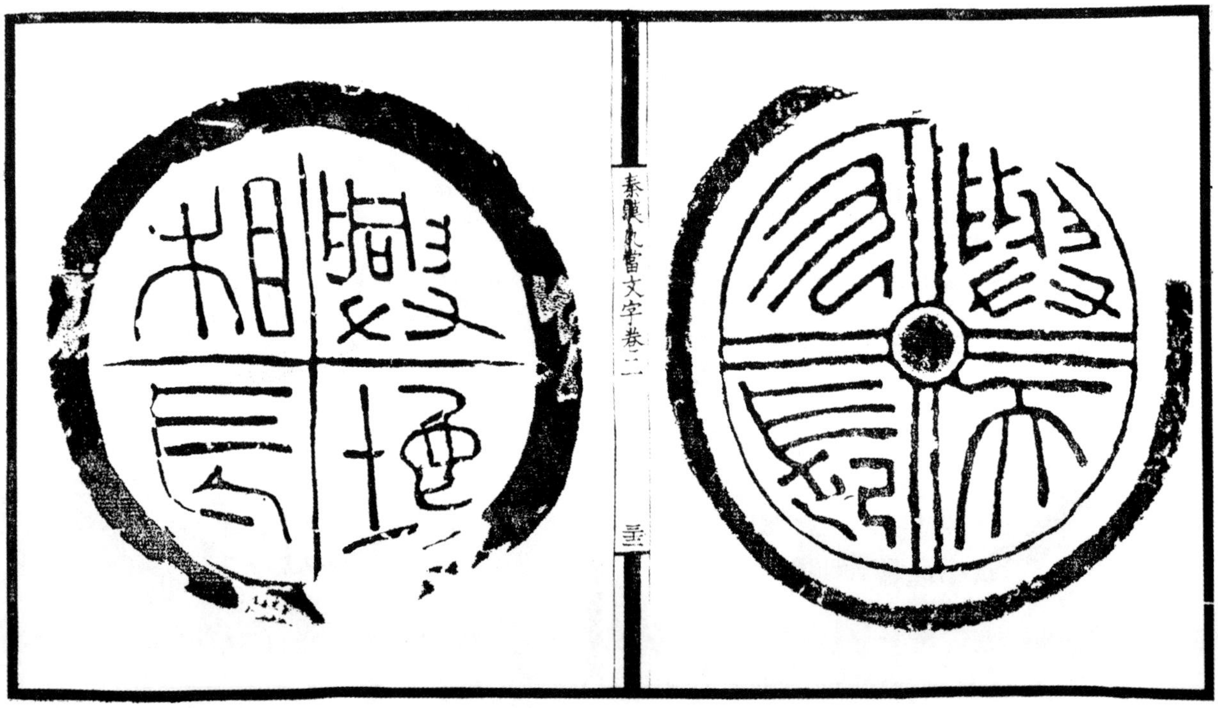
秦漢瓦當文字卷二

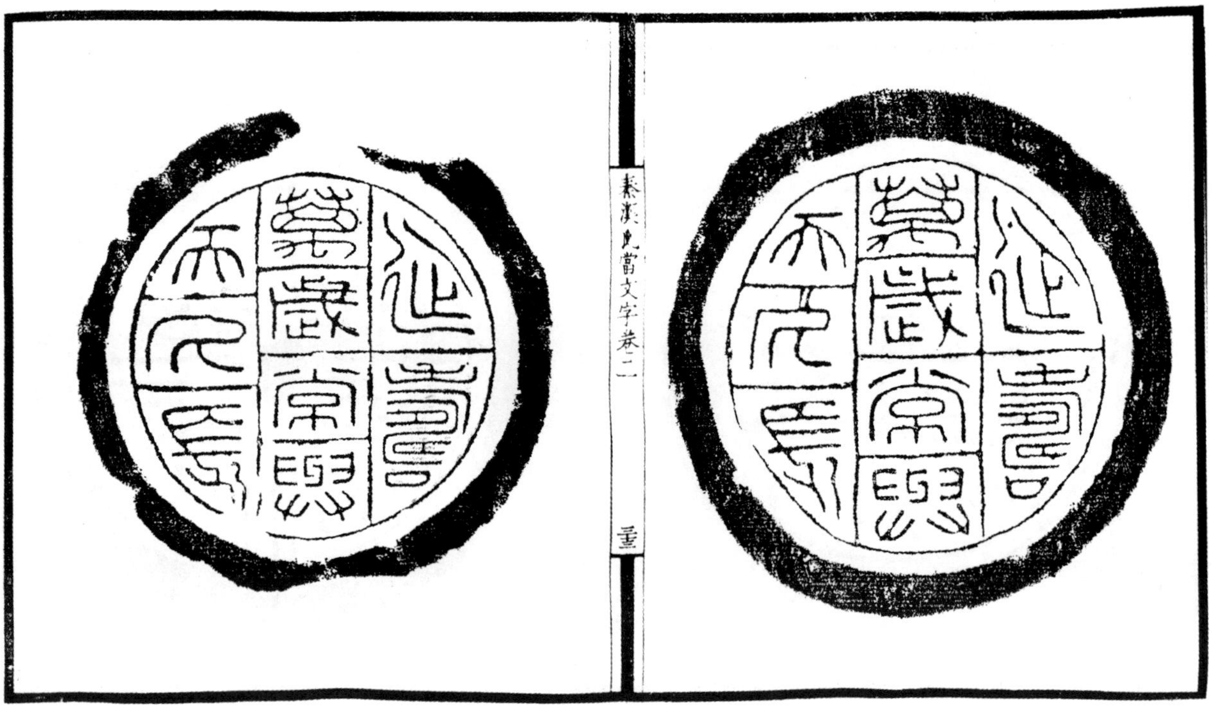
秦漢瓦當文字卷二

秦漢瓦當文字卷二　卅四

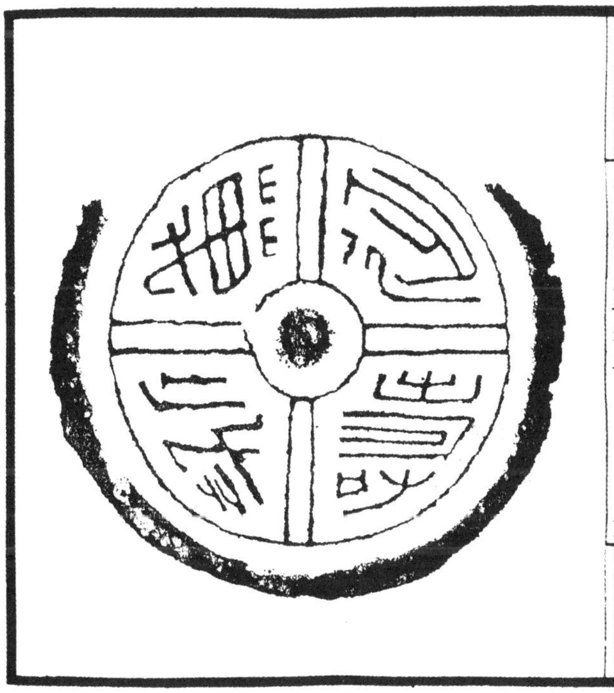

秦漢瓦當文字卷二　卅五

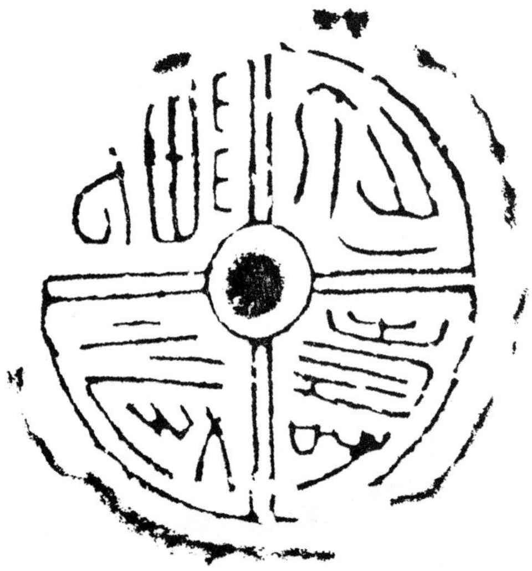

秦漢瓦當文字 卷二

三十六

秦漢瓦當文字 卷二

三十七

秦漢瓦當文字卷二　三八

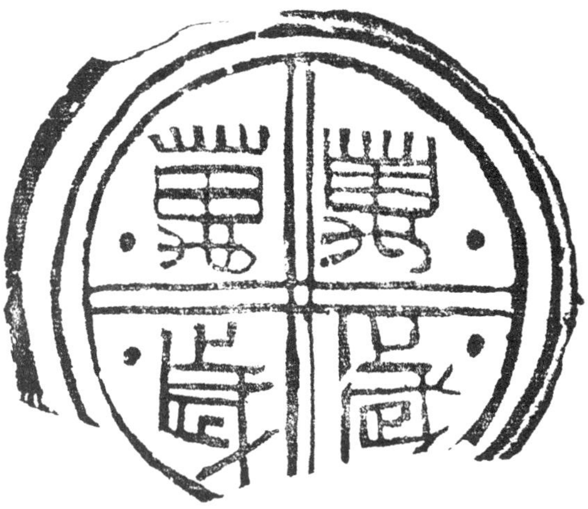

秦漢瓦當文字卷二　三九

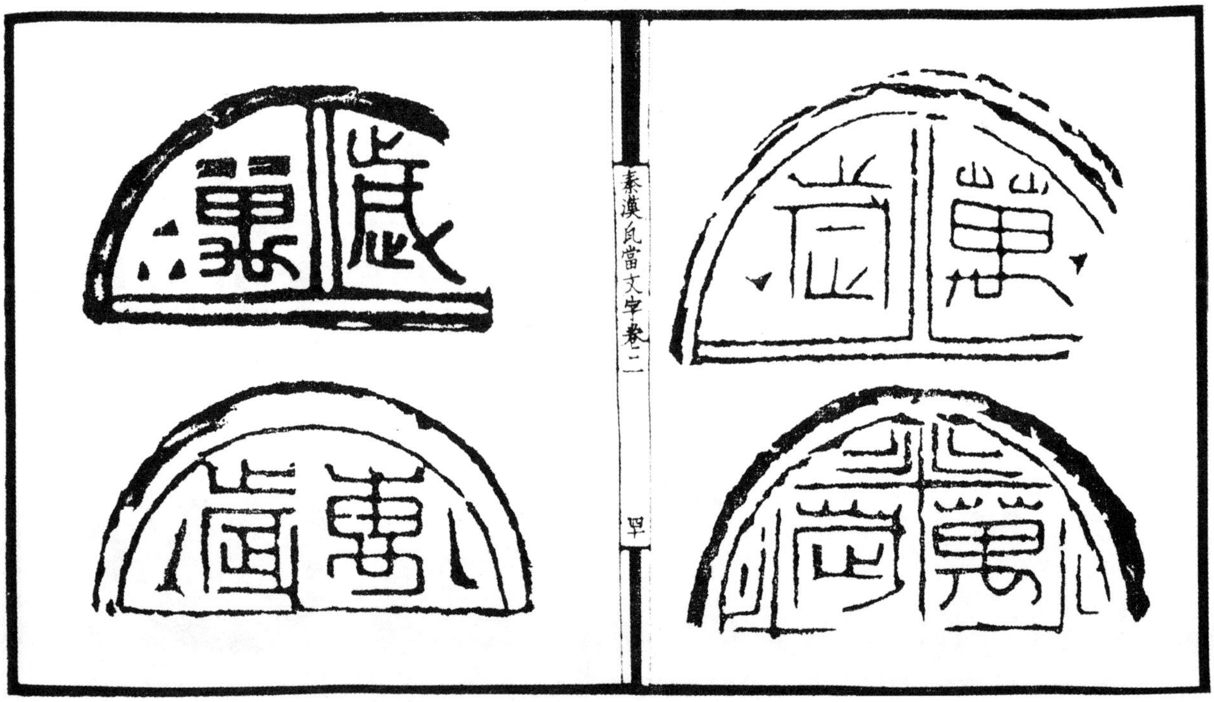
秦漢瓦當文字卷二

秦漢瓦當文字卷二

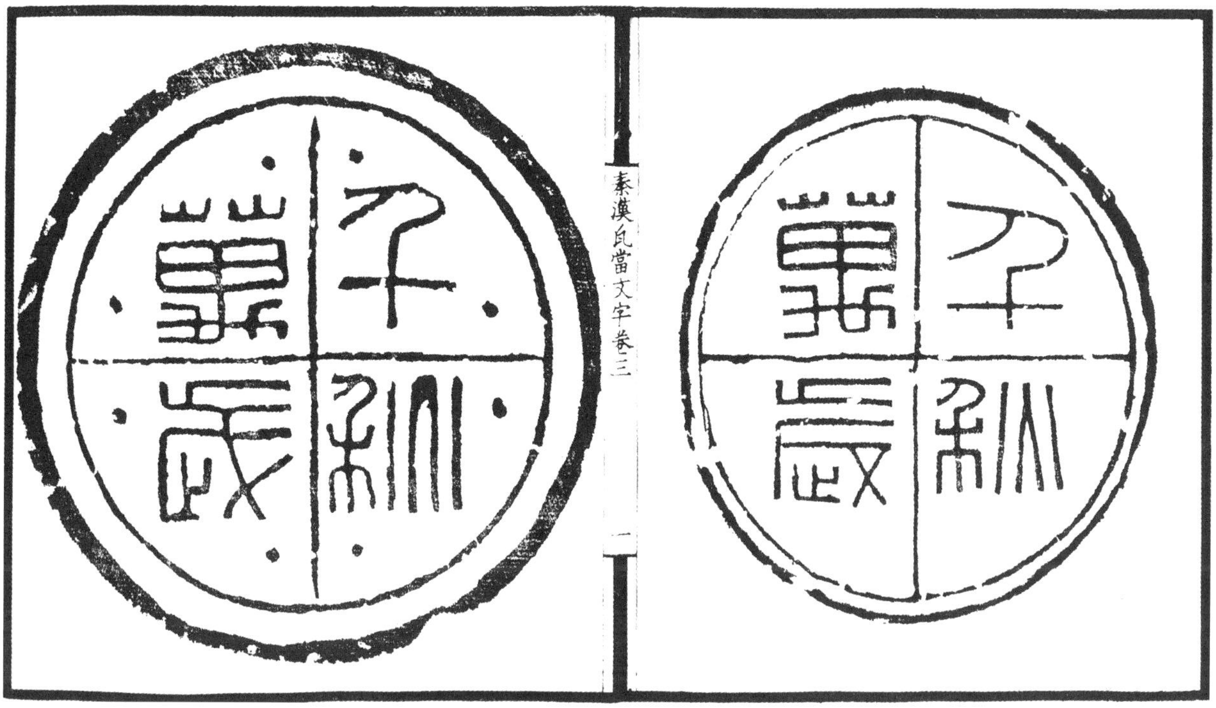
秦漢瓦當文字卷三
二

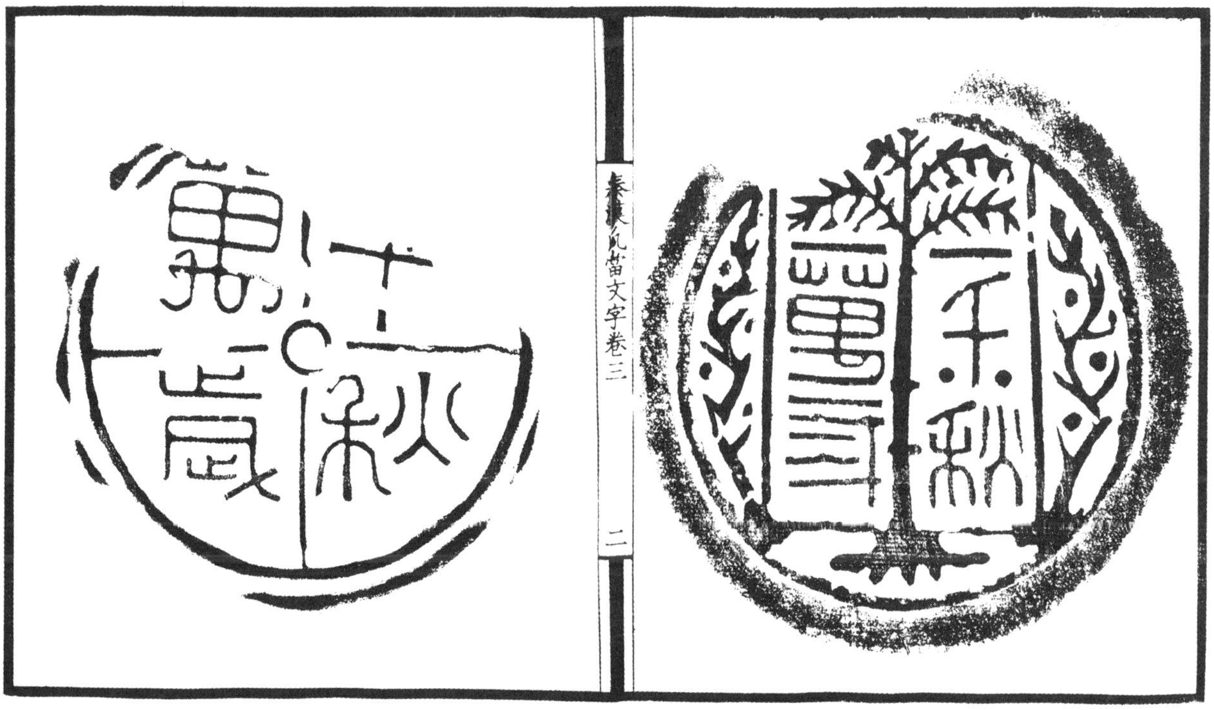
秦漢瓦當文字卷三
二

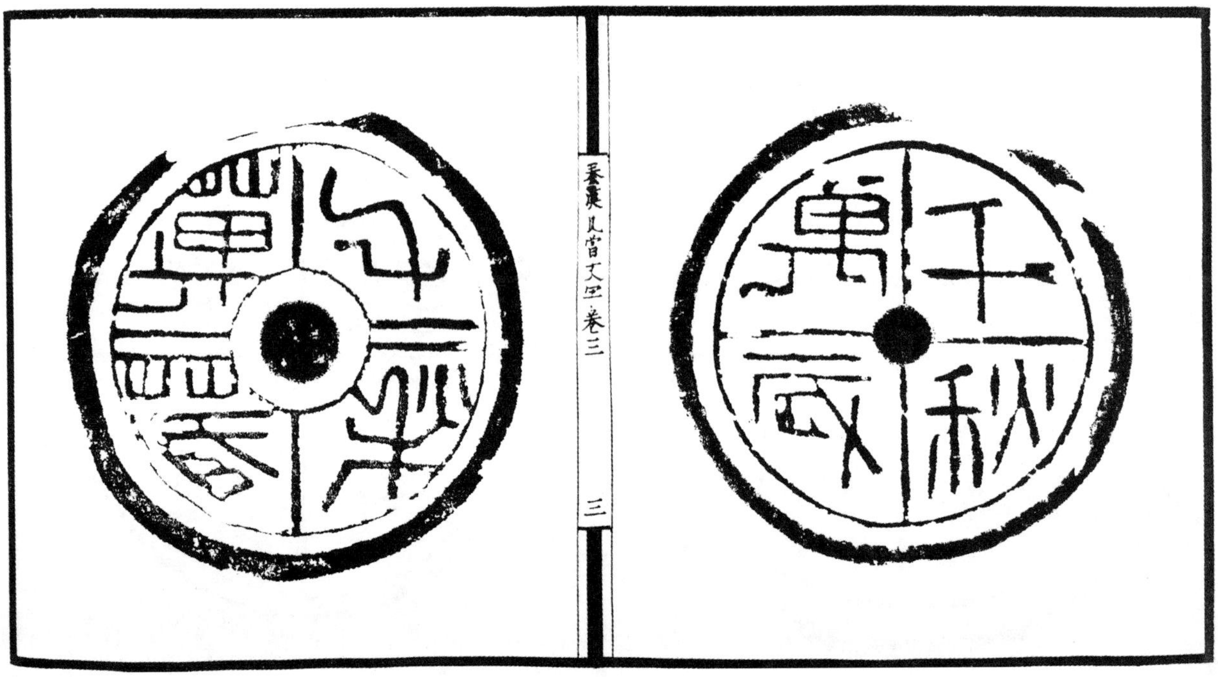
秦漢瓦當文字 卷三
三

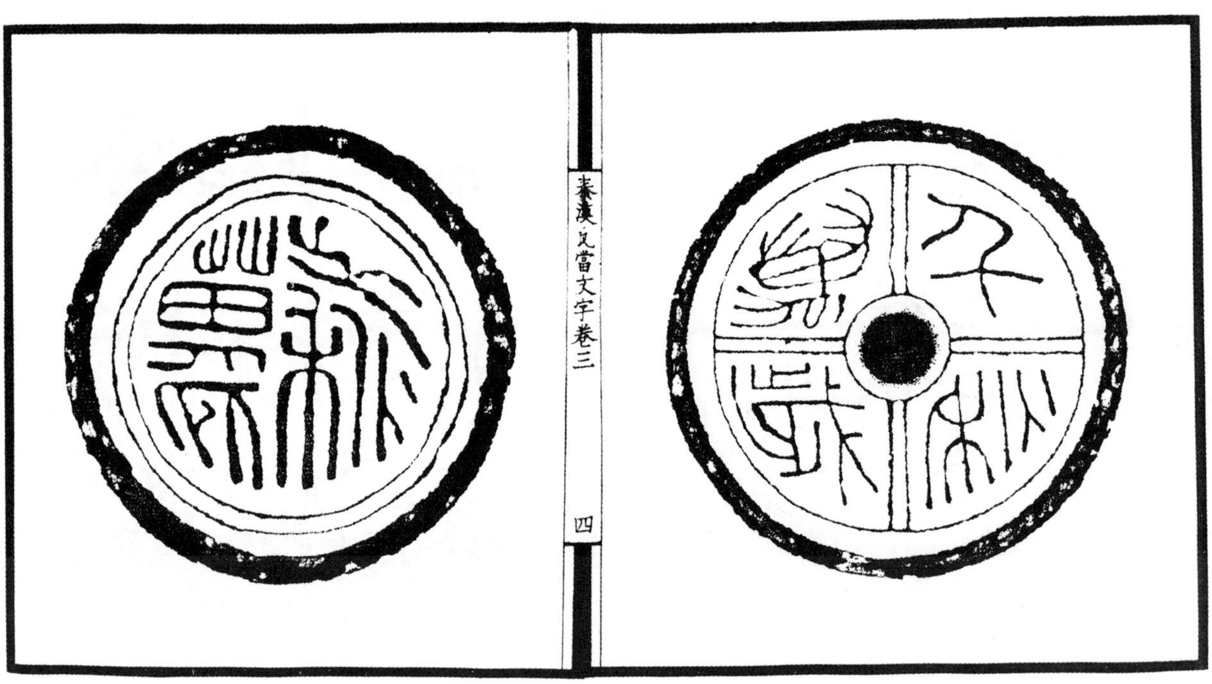
秦漢瓦當文字卷三
四

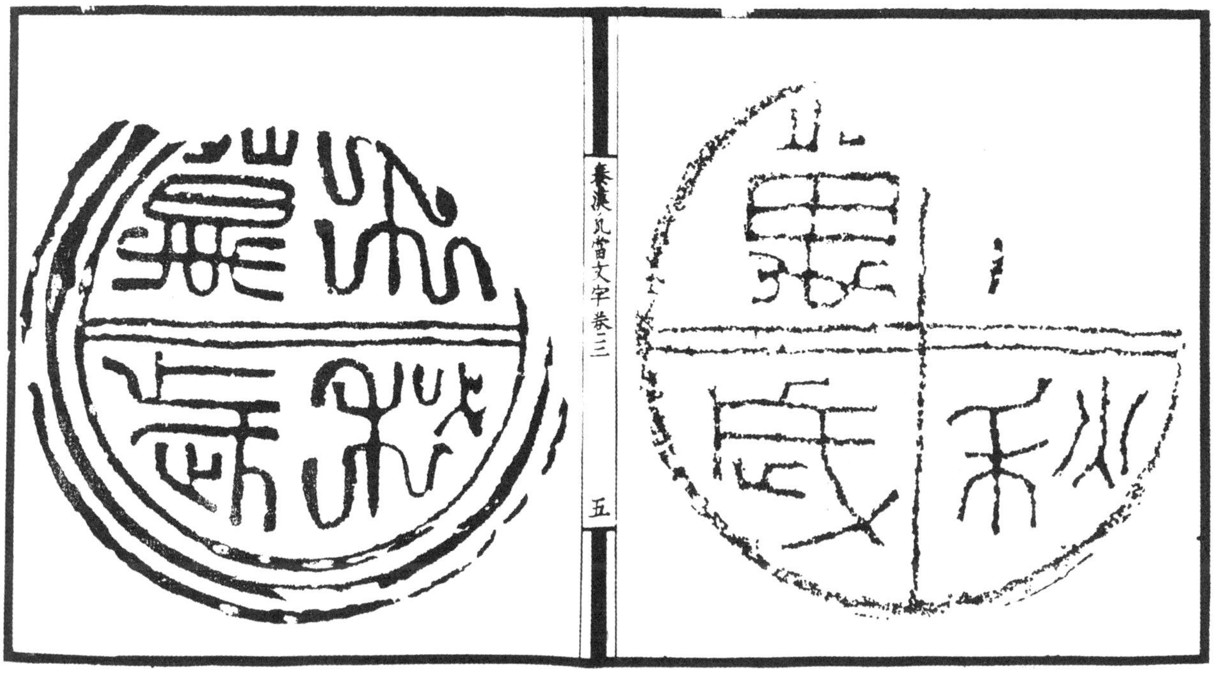
秦漢瓦當文字卷三
五

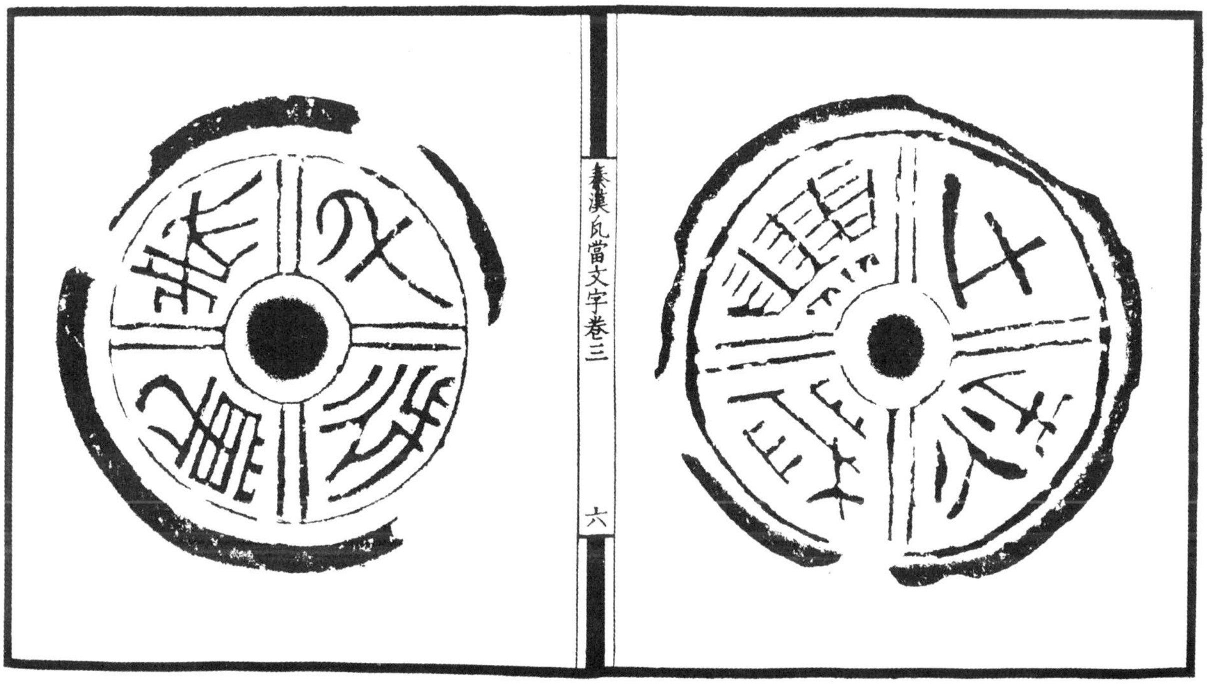
秦漢瓦當文字卷三
六

秦漢瓦當文字卷三

七

秦漢瓦當文字卷三

八

秦漢瓦當文字卷三　九

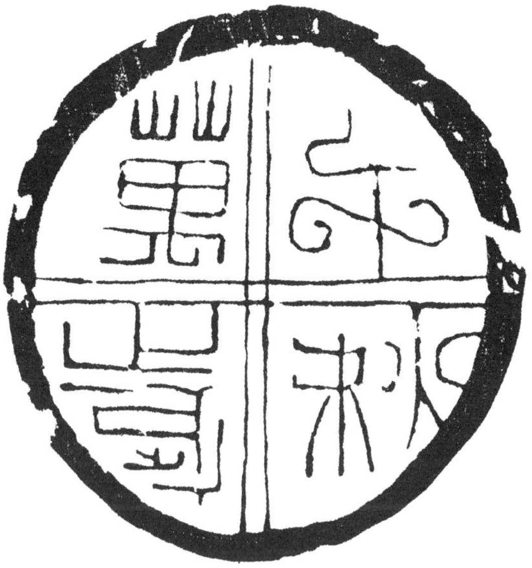

秦漢瓦當文字卷三　十

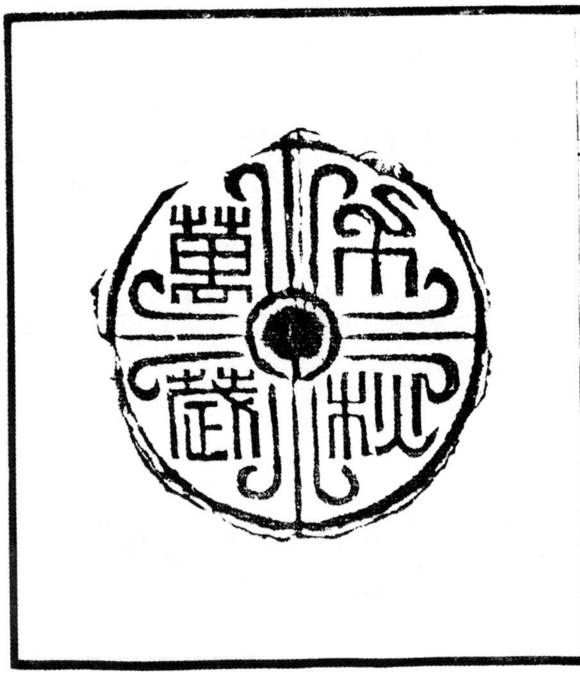

秦漢瓦當文字卷三

七

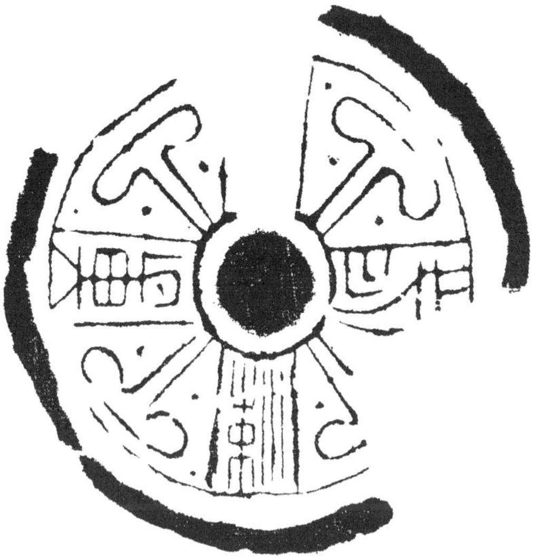

秦漢瓦當文字卷三

六

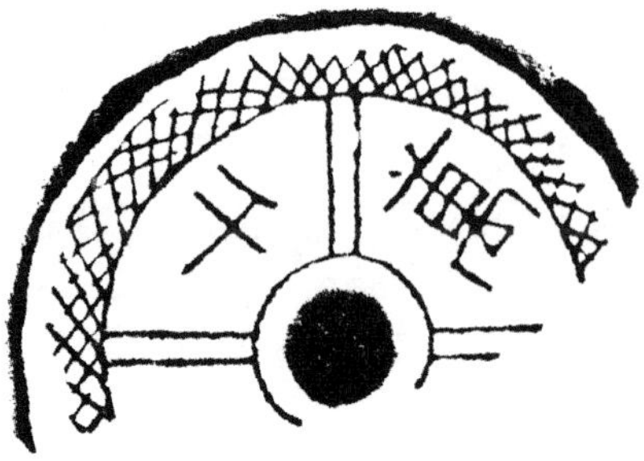

秦漢瓦當文字卷三　九

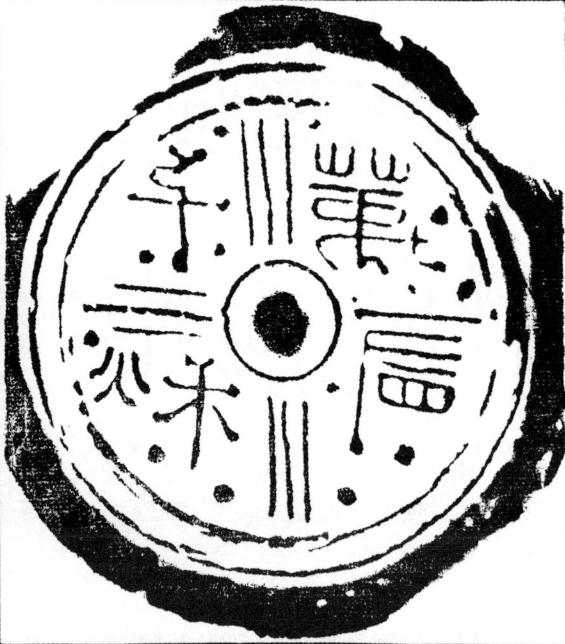

秦漢瓦當文字卷三　廿

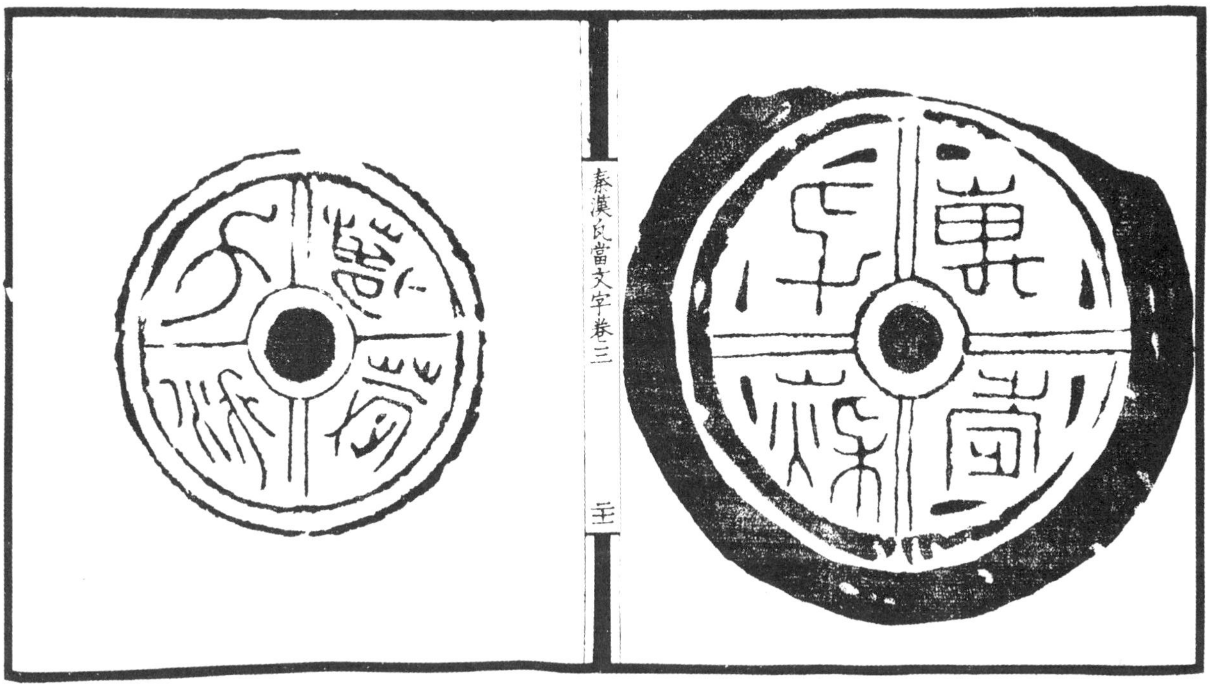
秦漢瓦當文字卷三

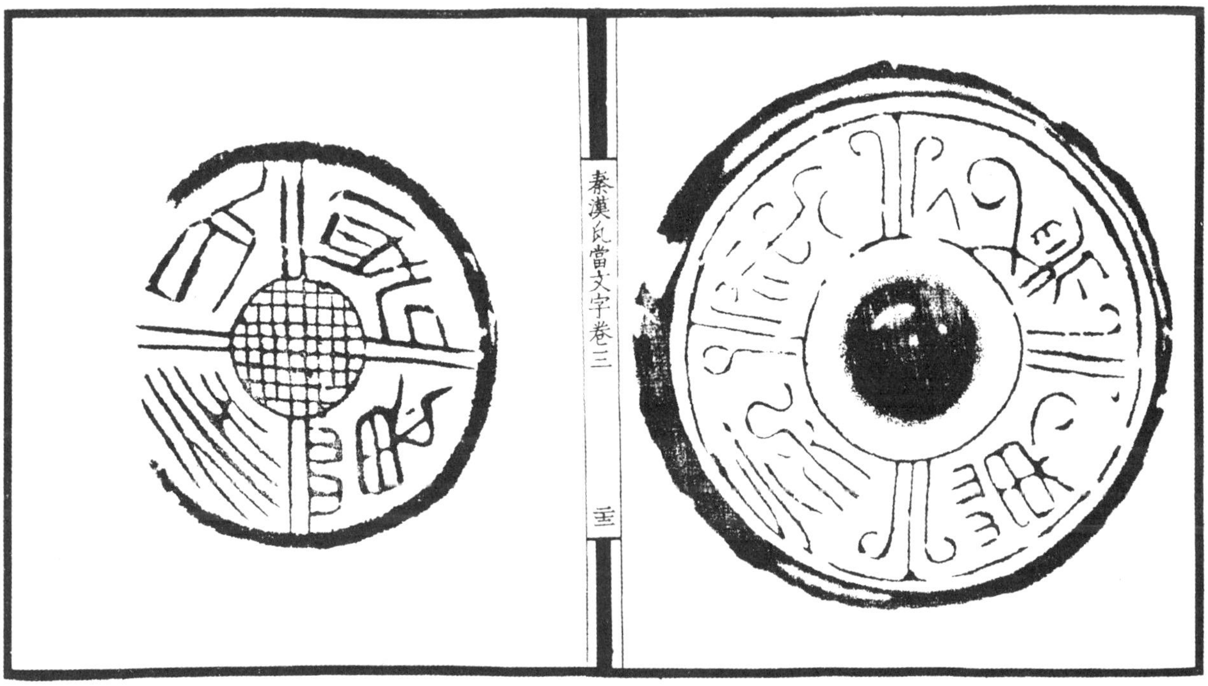
秦漢瓦當文字卷三

秦漢瓦當文字卷三

卅五

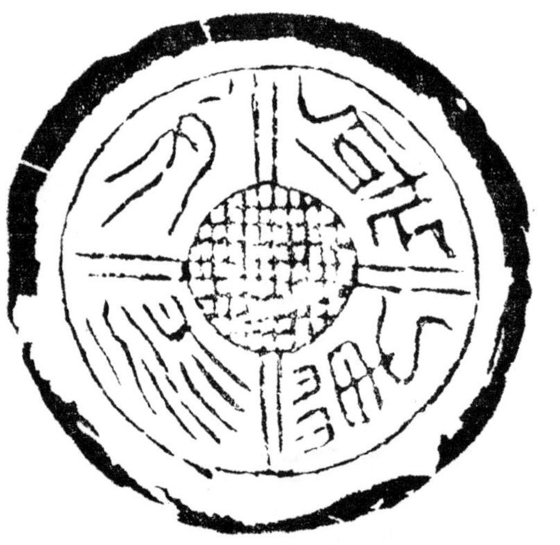

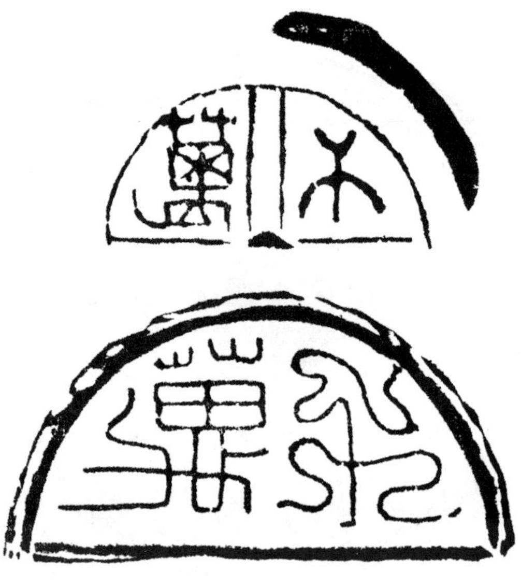

秦漢瓦當文字卷三

卅四

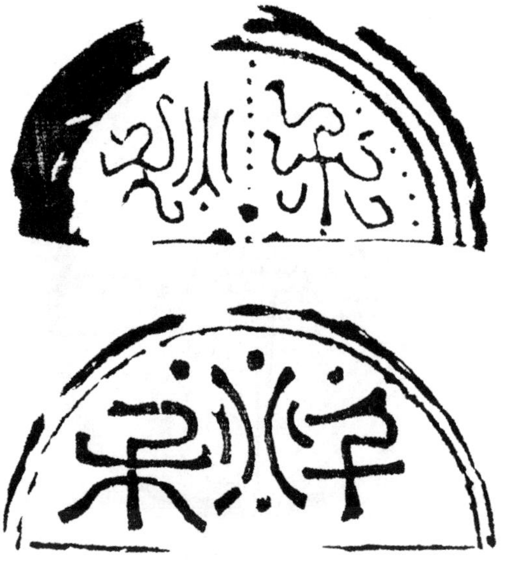

秦漢瓦當文字卷三

卅五

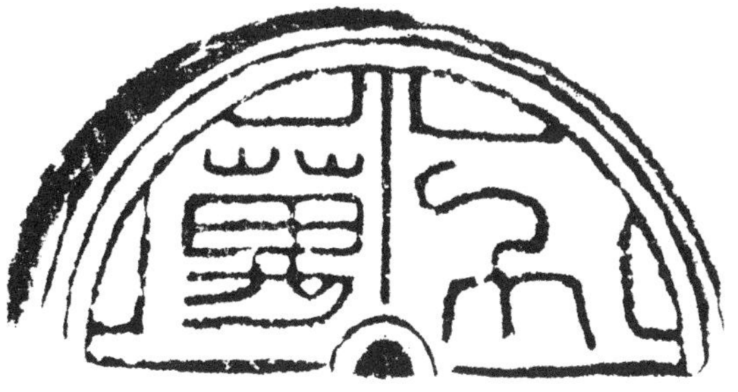

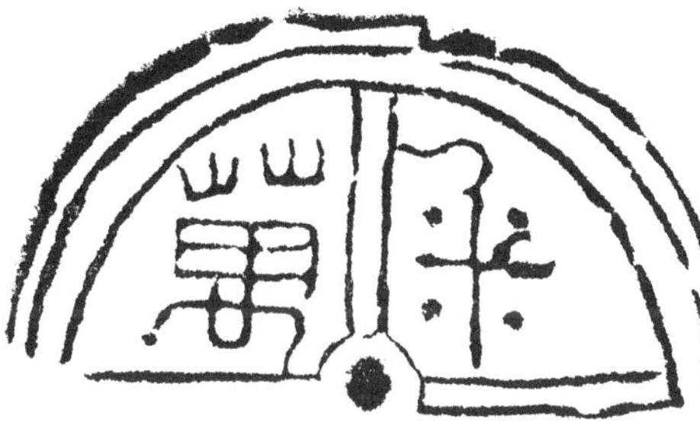

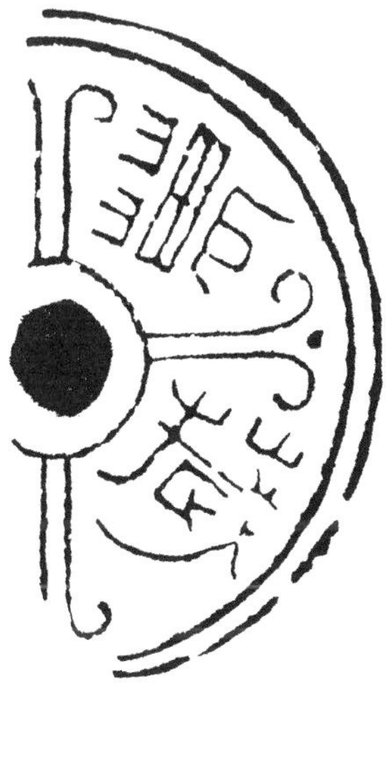

秦漢瓦當文字卷三

卅六

秦漢瓦當文字卷三

三七

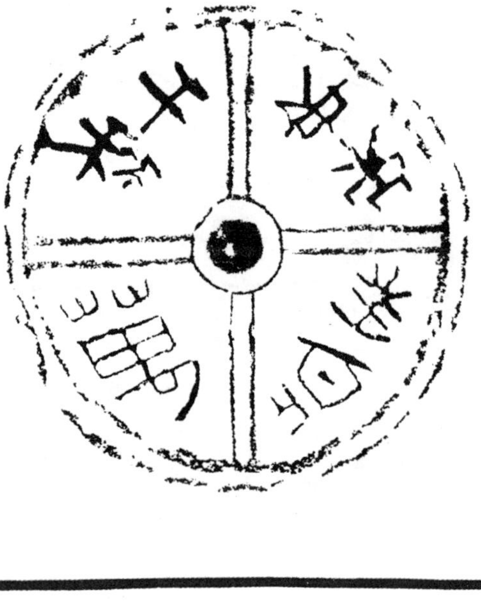

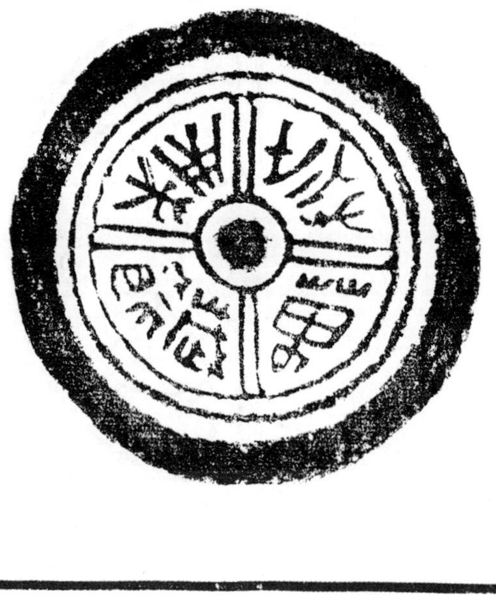

秦漢瓦當文字卷三

三八

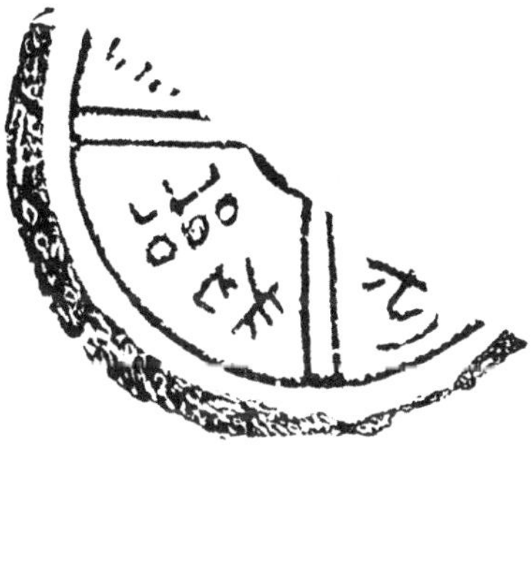

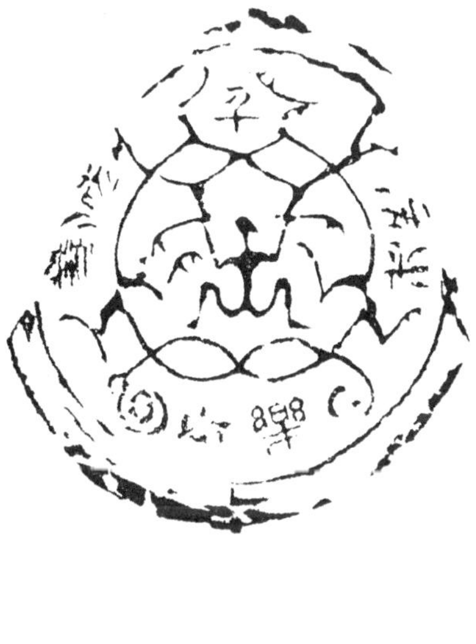

秦漢瓦當文字卷三　壹

秦漢瓦當文字卷四　一

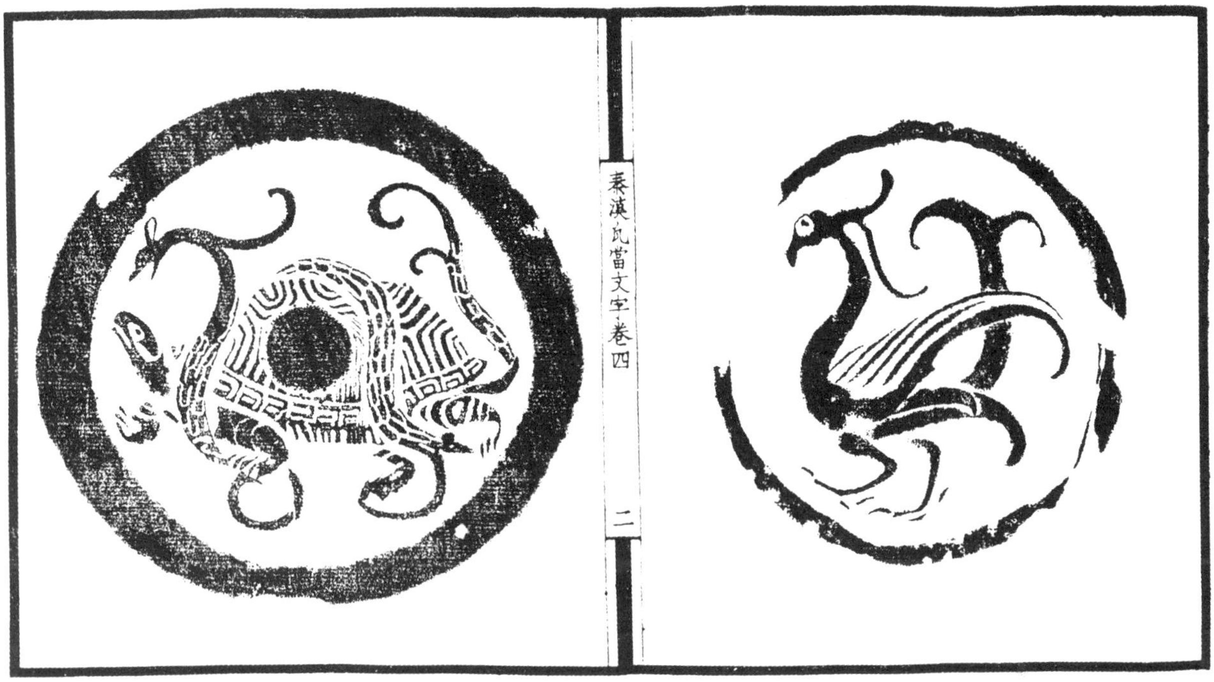
秦漢瓦當文字卷四
二

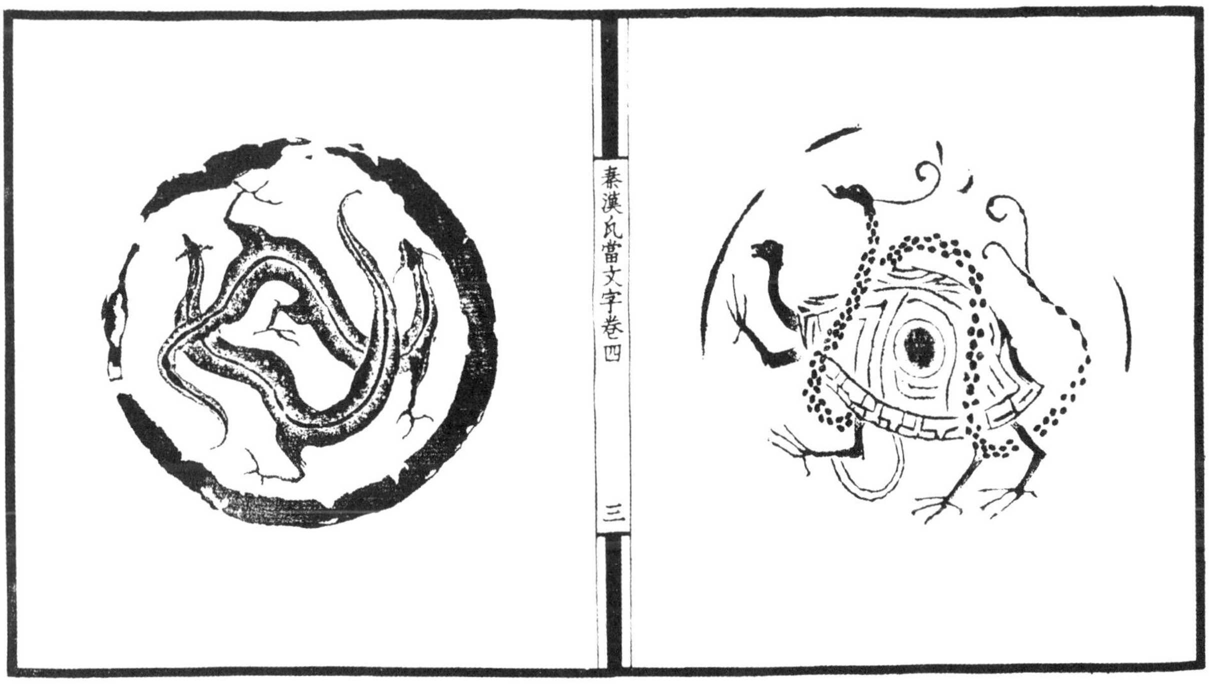
秦漢瓦當文字卷四
三

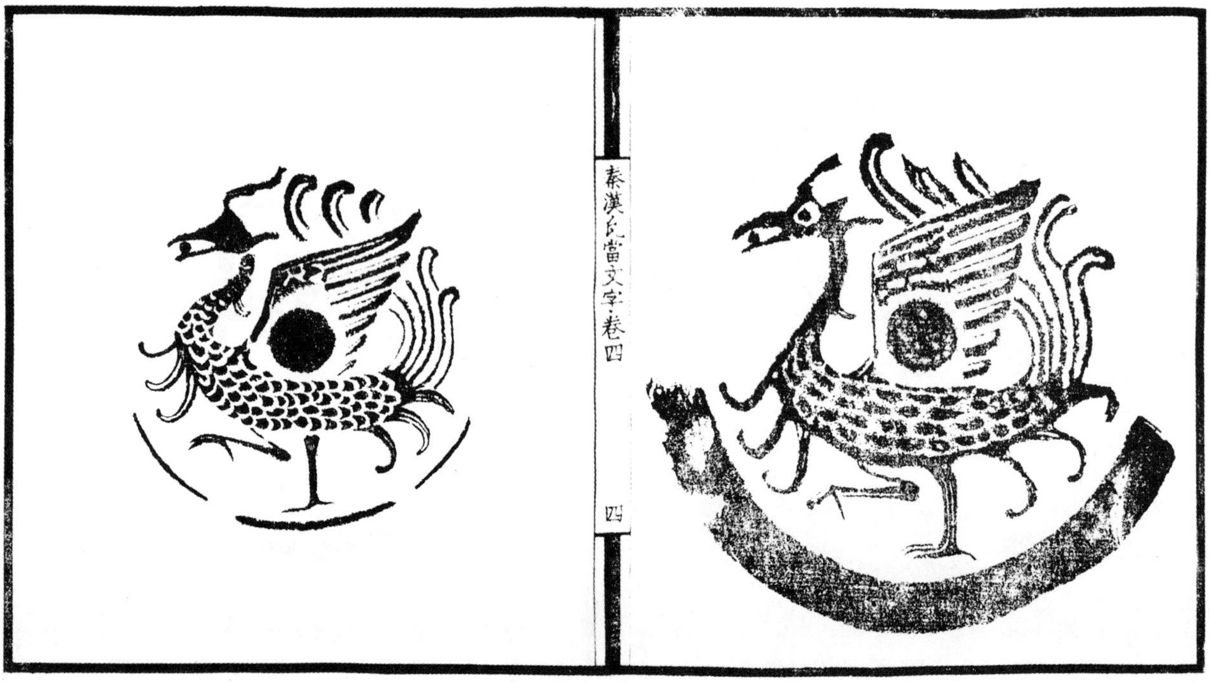
秦漢瓦當文字卷四
四

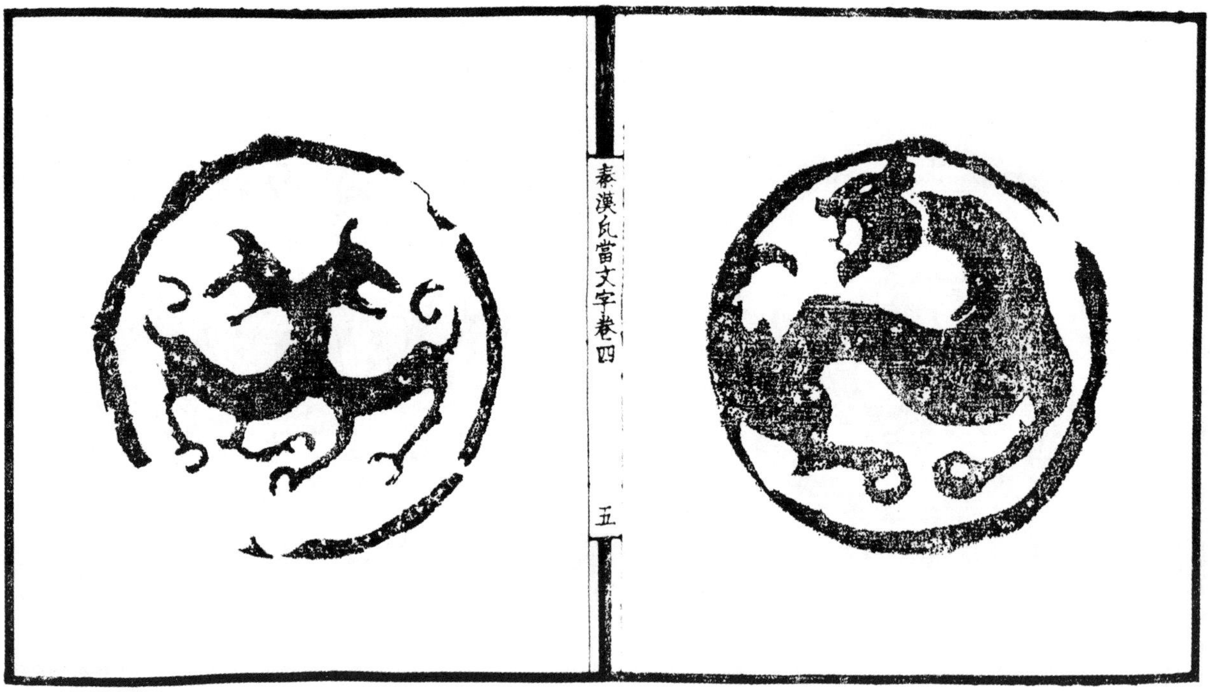
秦漢瓦當文字卷四
五

秦漢瓦當文字卷四　六

秦漢瓦當文字卷四　七

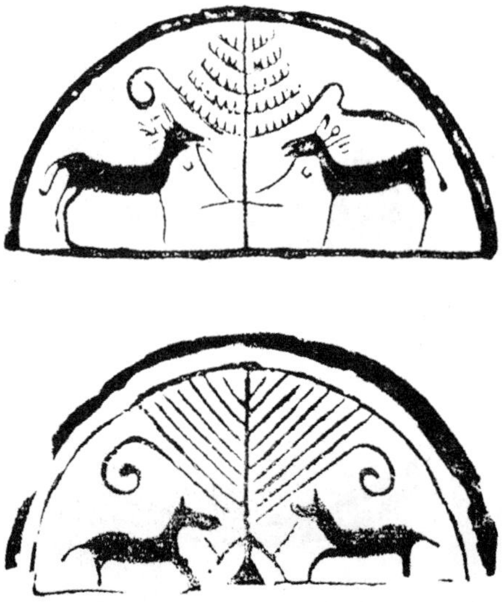

秦漢瓦當文字卷四　八

秦漢瓦當文字卷四　九

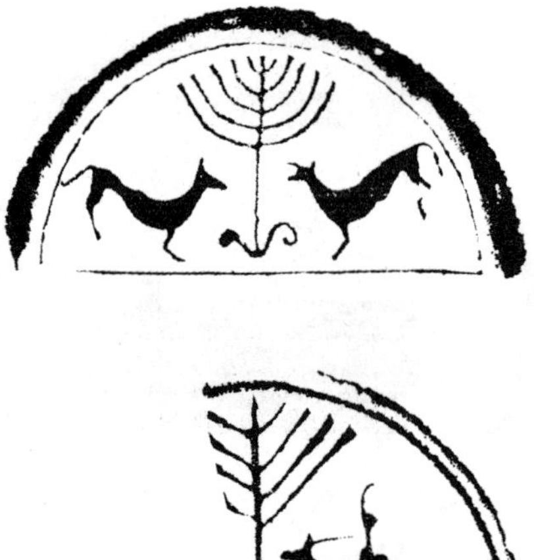

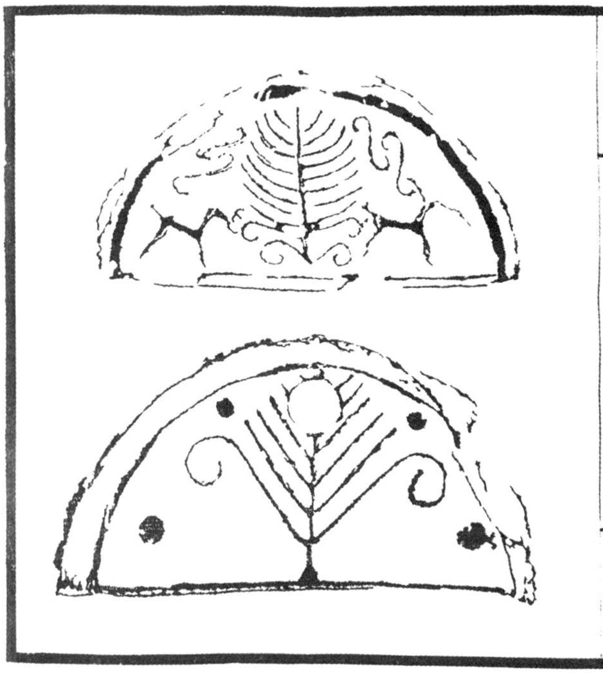

秦漢瓦當文字卷四　十

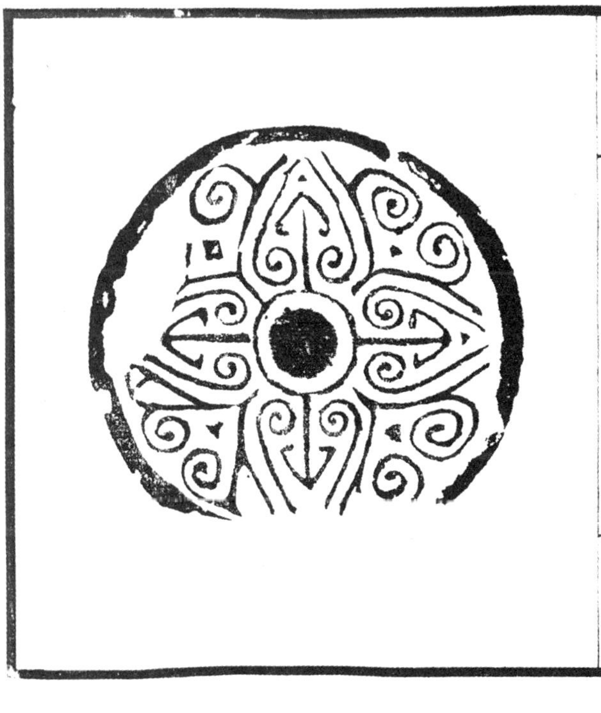

秦漢瓦當文字卷四　十一

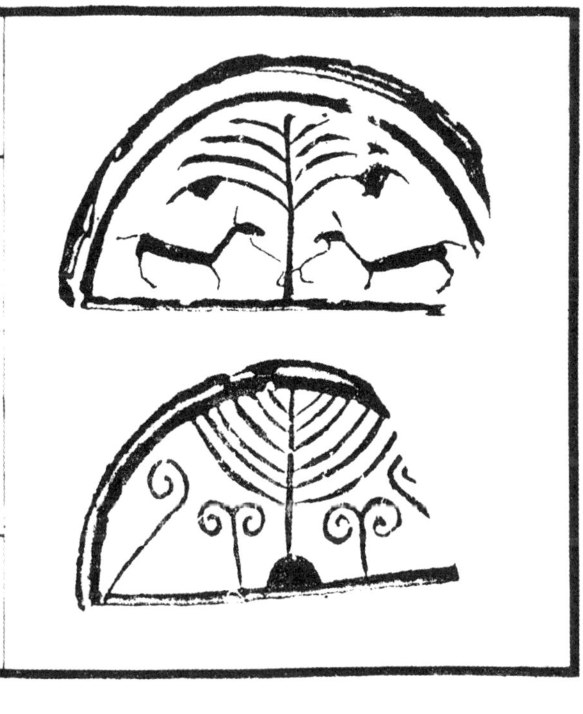

秦漢瓦當文字卷四

十二

秦漢瓦當文字卷四

十三

秦漢瓦當文字卷四

十六

秦漢瓦當文字卷四

十七

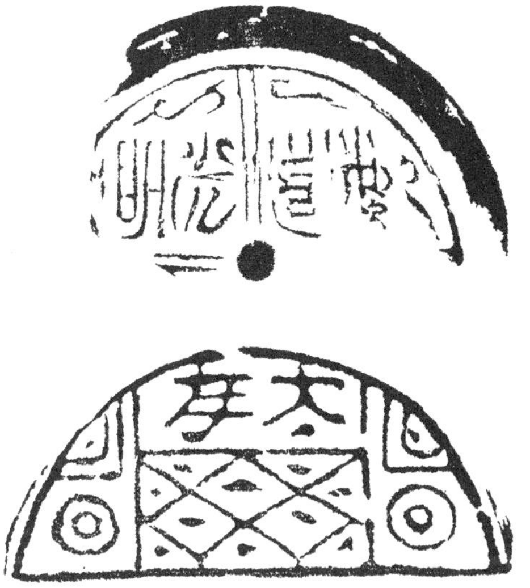

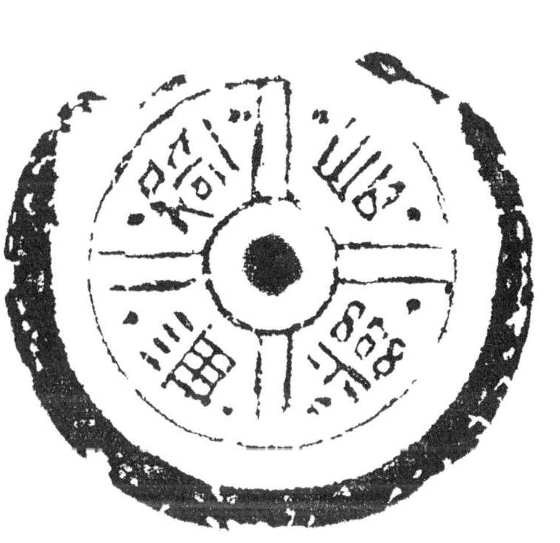

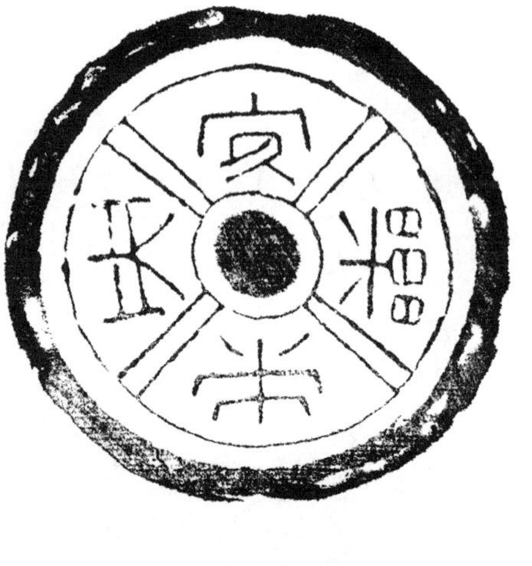

秦漢瓦當文字卷五　三

秦漢瓦當文字卷五　四

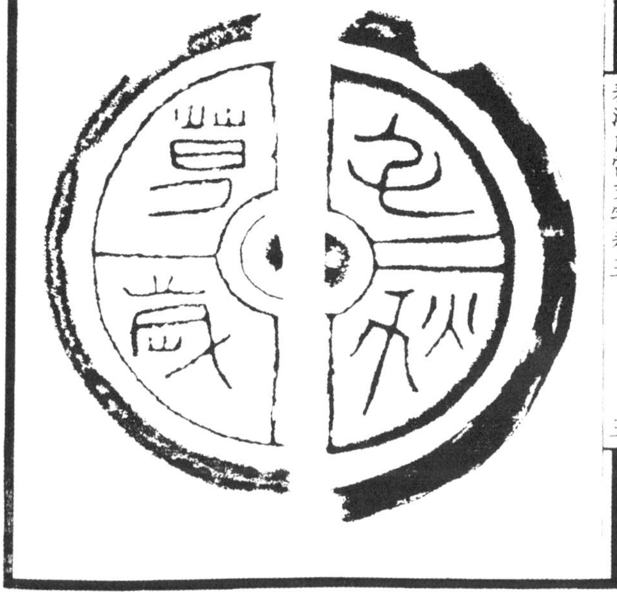

秦漢瓦當文字卷五

五

秦漢瓦當文字卷五

六

秦漢瓦當文字卷五

七

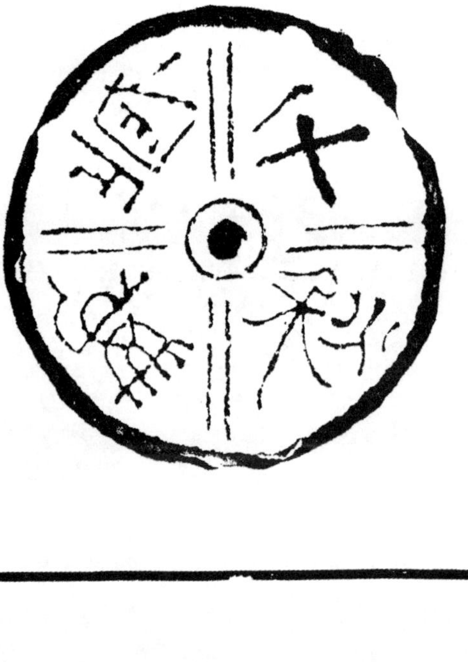

秦漢瓦當文字卷五

八

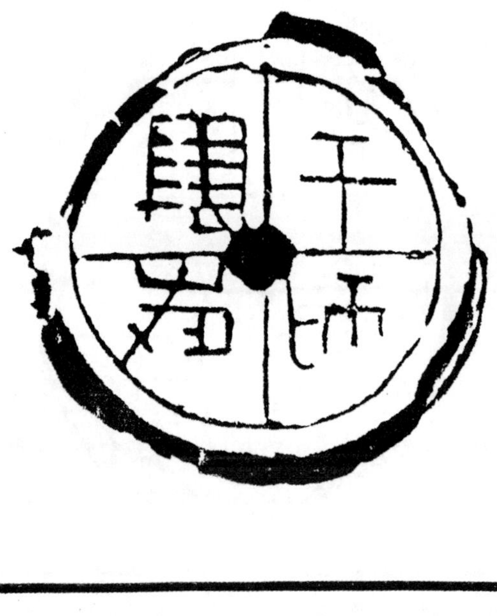

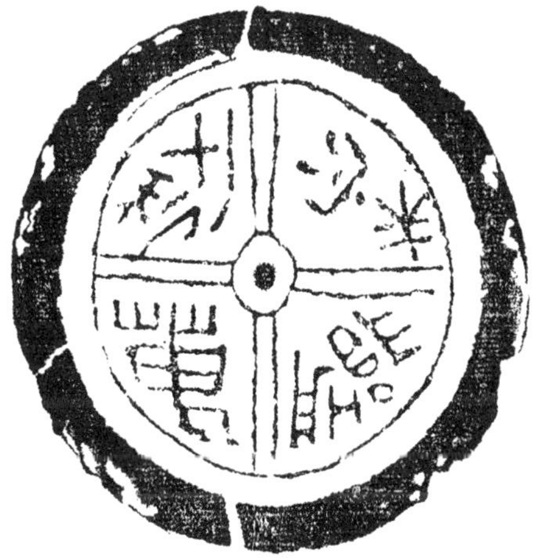

昭陵六駿贊辯

昭陵六駿贊辨一卷

國朝張弨撰弨字力臣山陽人博學嗜古尤究心金石之文後以聾廢而考證彌勤以昭陵六馬圖贊或以爲太宗御撰或以爲殷仲容撰或以爲歐陽詢書或以爲殷仲容書趙崡諸家輾轉譌異因親至其側搨驗繪圖以趙明誠金石錄爲據定以六馬贊爲歐陽詢書諸將姓名爲殷仲容書文已盡泐確爲誰撰弨亦不能考矣

昭陵六駿圖贊辯題辭

嘗讀戰國策至

不禁喟然歎曰嗟乎不誠然哉昔唐太宗佐高祖取天下平定羣雄豐功偉烈載諸史冊者不可勝紀即其訓誨問答之詞通鑑所書綱目所記亦于歷代爲獨詳空過其陵寢者有生不同時之感乃卒未有問焉而博雅好古之士顧獨于歐陽詢殷仲容所書六駿圖贊不憚詳稽博考辯其存亡是否于字畫湮滅之餘亦何其于顏觸之所云有同揆也余爲取其辯而讀之書字之處正方一尺今覩其贊各十有六字又馬名及注與何時所乘各四行以一尺之地計之其字甚小即不及餘文止刻贊語四句每字約二寸許統而計之凡九十六字想像規模其大小當與九成宮字不甚相遠也自二王爲書法之祖學者多宗之故書法以晉人爲第一唐去晉未遠未免沿其所尚今世唐太宗之所遺留惟九成宮聖教序二種尚存若此贊者匪惟書家不獲覩其墨搨即舉其名目知之者恐亦如空谷足音矣歙縣張潮題

昭代叢書乙集卷三十八

歙縣　張　潮　山來　輯

吳江　沈楙悳　翠嶺　校

昭陵六駿贊辯

山陽張　弨力臣著

六駿名

颯露紫　特勒驃

拳毛騧　青騅

白蹄烏　什代赤

颯露紫

紫鷰超躍
骨騰神駿
氣讋三川
威凌八陣

平東都時乘
騮前中一箭
西第一紫鷰

此原刻六贊處

特勒驃

東第一黃白色喙微黑色

平宋金剛時乘

應策騰空
承聲半漢
入險摧敵
乘危濟難

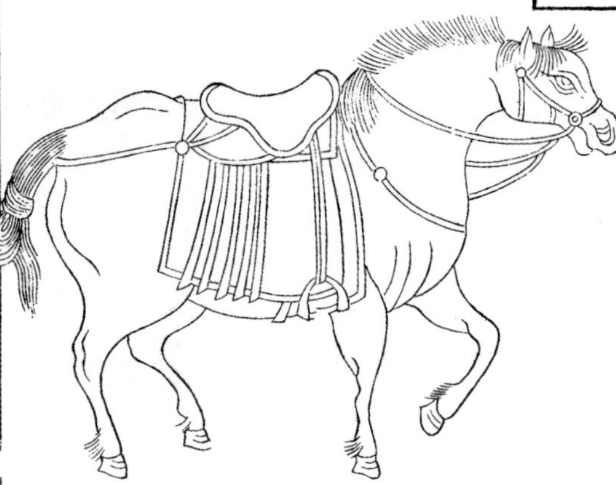

拳毛騧

氛埃廓清
弧矢載戢
天駟橫行
月精案轡

平劉黑闥時乘
前中六箭背三箭
西第二黃馬黑喙

青騅

東第二蒼白雜色前中五箭

平竇建德時乘

足輕電影
神發天機
策兹飛練
定我戎衣

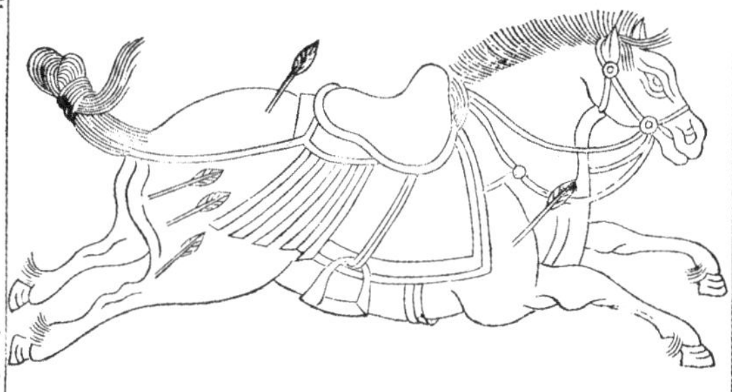

白蹄烏

西第三純黑色四蹄俱白

平薛仁杲時乘

倚天長劍
追風駿足
聳轡平隴
回鞍定蜀

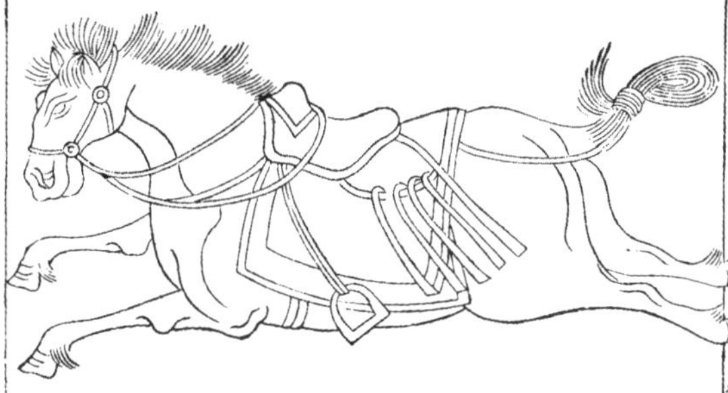

什伐赤

東第三純赤色前中四箭背中一箭

平世充建德時乘

瀍澗未靜
斧鉞申威
朱汗騁足
青旌凱歸

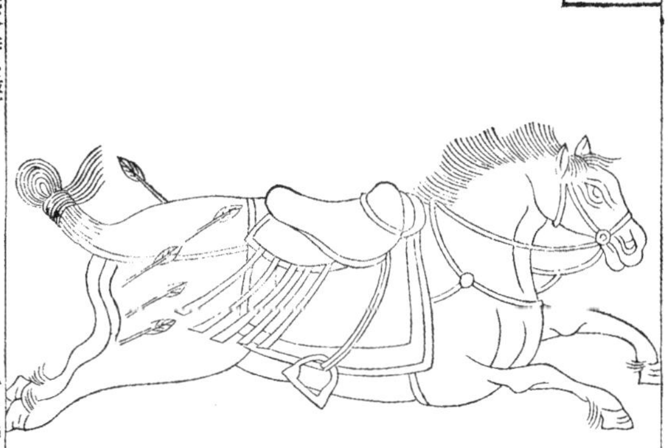

唐太宗葬文德皇后于昭陵御製刻石文并六馬像贊皆立于陵後敕歐陽詢書固無庸疑矣乃游景叔云高宗又詔殷仲容別題馬贊于石座又云詢書不復見殷書獨存今所傳之贊正仲容所别題非太宗御製者若然則贊有異詞書有兩種矣謂得之園陵記果足信否是以趙子函有四疑范仲闇又援楊用修殷誤歐書之說互有不同 昭初不敢遽定迨辛亥冬後從漢南過雲棧冒雪先至醴泉抵趙郁石鼓寺一宿登九嵕甬道恭謁殿前上下歷覽皆如昭陵諸

志所云不敢贅一詞及審視六馬其制琢石如屏風每方高四尺五寸廣五尺五寸厚一尺週遭邊界稜起馬身半鑿空處刳下三寸西第一四蹄端立有馬圉前立拔箭東第一西第二則三蹄立前左一蹄作馳勢餘三則絶塵而奔各馬頭之上一隅皆留石一尺正方與邊界相平隱隱有字迹是當日刻贊處也下座每邊三馬相連各離尺許共置一座座面之石即與地平合縫有鐵錠連屬是石座無容書處也不知景叔何以不察子函以爲馬無座書誠是矣　弨忍

東檠旋其旁者兩日撫摩推測惟喜得上一隅書贊之處顯然可見想因其地位頗狹筆法細瘦非同大書深刻更經千百載風雨剝蝕自當漫滅幸趙氏金石錄云昭陵刻石文六馬贊皆歐陽詢八分書世或以爲殷仲容書非是至諸降將名氏乃仲容書耳今附于卷末是歐殷兩書各存之徵也今馬之上方無一字可見是歐書已亡之徵也又據志云駿石居後殿左右下一坎兩行列數石人或無上半且下埋入于土皆不全此貞觀時擒服諸番將君長頡利等十四人之像琢石列之北司馬門內者弨視之其餘無幾并下半衣甲之紋亦殘毀不可名狀安得有何前之字是殷書已亡之徵也祇以兩處字迹皆亡議者復未親目諦觀深加參攷遂紛紜懸揣所言各異今亦不須置辯但請觀趙說自明矣越翊日又馳至舊縣觀太宗廟遺址見昭陵圖六駿圖（即游景叔仿陵石制畫刻一碑每馬高七寸許）二碑巍然對列命僕各拓數紙而歸每有向予質詢者不能一一詳解乃仿刻爲圖而綴鄙說焉至番將十四人游記止有十二想彼時已闕其二矣

曩歲壬子曾同顧亭林在濟南施方伯衙齋徧搜長安志醴泉志昭陵志諸書皆無可證佐越己巳入都見朱竹垞太史所引唐書列傳載有十人其相同者七不同者三爲棄宗弄讃龜兹王白葉護于闐國王尉遲伏闍信亦無確據莫敢指定孰是附書于末以待識者教我癸酉端午日淮陰張弨力臣撰

跋

張力臣先生六駿圖贊辯其原本余未之見此爲總憲王阮亭先生以鈔本見寄者也但鈔本馬圖較之拙選稍大數分今爲板式所域不得不縮小其像然昭陵石刻其高廣凡五六尺張君旣無難縮爲數寸則余之稍減數分未爲不可至其形勢究不敢有所異同也心齋張潮

瘞鶴銘考

瘞鶴銘考

瘞鶴銘蘇東坡黄魯直謂右軍書歐陽永叔疑是顧況黄長睿謂爲陶隱居書又謂即丹陽尉王瓚自後或以爲況或以爲隱居迄無定論偶得慇諸壁間冥有飛動之勢賞玩之餘閒爲參考有以見其爲隱居不疑爰列爲圖繫其説於後以與好事者共論焉乾隆壬子仲春吴東發識

瘞鶴銘考　一　別下齋校本

瘞鶴銘原刻

爽塏勢掩華亭爰集
厥土惟寧後蕩
華表留

石旌事篆銘不朽詞曰
也迺裹以玄黄之幣藏乎
午歲　於朱方天

真侶瘞介
洪流前固重
唯髣髴事亦微
相此胎禽浮
山之下仙家
未遂吾翔

不知其紀也
華陽真逸

歲得於華
上皇

不知其紀也華陽真逸吾友張文魚藏本有此九字又午歲方天字亦據文魚本補入

江陰真宰
丹楊外仙尉
山徵君
佺

瘞鶴銘考　二　別下齋校本

世所傳重刻本輟耕錄　淵鑒類函等書俱載其辭今以原本湊合觀之可見其以臆損益者多矣如仙家下惟有刻二字浮字下乃有二十三字天字下祇一其字皆與章法不符又觀隱居他文俱不逼轉華表留聲當是留形觀章法亦然又按吾惟髣髴頂浮邱著經二句事亦微冥頂華表留形二語詳文勢亦無迺徵前事四語餘見後説

瘞鶴銘重刻本

鶴壽不知其紀也壬辰歲得于華亭甲午歲化于朱方天其未遂吾翔寥廓耶何奪之遽也迺裹以元黄之幣藏乎茲山之下仙家有刻石旌事篆銘不朽其詞曰相

此胎禽浮邱著經迺徵前事出於上眞余欲無言紀爾
歲辰轅門去鼓華表留聲我唯髣髴事亦微冥後蕩洪
流前固重扃右割荆門未下華亭爰集眞侶瘞爾作銘
華陽眞逸撰上皇山樵人逸少書夆山徵君丹陽外仙
尉江陰眞宰立石

按迺徵前事四語不特語意淺鄙文氣不貫且用十一眞韻其爲妄補可知又原刻本惟甯上有厥土二字華亭上有爽塏勢掩四字又蕩字今作湯峰口作夆山則其妄爲增益改竄不待掊擊而見矣　按臨海記云郡西北有白鶴山古老相傳此山有晨飛鶴入會稽雷門鼓中於是雷門鼓鳴洛陽聞之孫恩時

斫此鼓見白鶴飛出翺翔入雲此後鼓不復遠聲去鼓句本此今不曰雷門而曰轅門（又本作仙門）是不知所出也是去鼓句疑是原本第失郤雷字因臆足之耳

隱居與梁武論書表凡五通娓娓數百言於書益深嗜之表有云昔患無書可看乃願作主書史晚愛隸法又羨典掌之人嘗言人生數紀之內識解不能周流天壤區區惟充恣五欲實可愧耻每以爲得作才鬼亦當勝於頑仙至今猶然始欲翻之又云世論江東無復鍾迹常以歎息今論旨眞蹟雖少可得而推是猶有存者不審可復幾字願工人摩填數行脫蒙見賜實爲過幸又逸少學鍾勢巧形密勝於自運不審此例復有幾紙自運之迹今不復希誚學鍾妙又云逸少自吳興以前諸書猶未稱凡厥好迹皆自向會稽時永和十許年中者從失郡告靈不仕以後略不復書皆使此一人世中不能别見其緩異呼爲末年書逸少亡後子敬年十七八全倣此人書故遂成與之相似今聖旨標顯足使衆識頓悟於逸少無末年之譏臣比郭（郭與廓通廓塡也）摩所得雖粗寫字形而無復其用筆蹟勢不審前後諸卷一兩條謹密者可得在出裝之例復蒙垂給至年末間否又言嘗得右軍飛白一卷筆勢驚絕其嗜書如此其嗜右軍書如此今觀此銘筆意結構一稟右軍亦帶有隸意故魯直謂非右軍不能余亦謂非隱居不能　隱居許長

史舊館壇銘云五闉面起九涂環周長隰旁嶺交汧北流其序曰旁枕雷門前瞰下泊東際連崗北横長嶺方將駛雲虬而高騁驅奔鶴以追風曲林館銘云層巔外峙邃宮內映反穴旁通縈泉遠鏡與此銘句法正同

或曰顧況嘗自號華陽眞逸隱居則未聞也余謂眞逸二字志棲遁者皆得而托之不可徒執是以論且台州志曰甯海東北蓋蒼山有石刻眞逸二字相傳陶隱居嘗居此則又眞逸之爲隱居之一證也　或曰華陽眞逸之爲隱居則然矣但重刻本云華陽眞逸撰上皇山樵人逸少書則明乎其非隱居書矣余曰初亦疑之按原本眞逸下有上皇字而米南宮題名曰觀山樵書則

山樵二字當出原本人字疑少字疑後人妄益不然何昔人皆未之及耶查地志無所謂上皇山者元劉大彬茅山志云初元始七傳而至紫虚紫虚九傳而至隱居元始有上皇天帝之稱是華陽之教始自上皇以之名山隱寓華陽也志又云楊君諱羲字義和吳郡人徙家句容輿甯間衆眞降其室傳經誥華陽之傳始此隱居許長史舊館壇記亦有衆眞降楊之語山又有降眞橋據此峰口山當是降眞山亦隱寓華陽又按隱居傳七年遠遊改名王整官稱外兵與此稱外仙尉同又王蕭綸隱居碑云七年遊南岳十一年有敕遣左司徒慧明徵先生還茅山與此稱徵君合然則徵君外仙尉皆隱

居自寓其銜上皇降眞皆自寓其棲隱之地而丹陽則紀其故鄉也隱居丹陽秣陵人王右軍帖得丹楊書陽亦作楊江陰即毘陵地亦曰晉陵梁置江陰縣秦時與丹陽並屬會稽眞宰亦隱其名序云爰集眞侶益隱居弟子也

按茅山高眞列傳錢妙眞晉陵女子也辭家學道於隱居普通年中獨處幽巖誦黄庭經時年十九所居燕口洞積三十年而仙裁書併詩七首與隱居別佩白練隱形入洞敕其地爲燕洞奉官祠豈其人耶

按隱居許長史舊館壇碑陰記梁天監七年往永嘉十年涉海十一年夏還木溜嶼其年十月有敕迎還舊山十三年正月至茅山是年歲在甲午則所謂甲午化于朱方者乃自會稽奉敕還茅山時也於時適過焦山因瘞鶴鐫銘於此不然何不瘞華陽而於焦山耶按漢書丹徒春秋時曰朱方屬會稽今屬鎮江

石門碑醳

鄐閣銘附

石門碑醳目録

諸城王森文譔

石門碑釋

趙敏若碑東壁

紀國趙在□敏若眡堰脩祀事閬中□
隆之景南普慈劉□光遠廣漢耿巽□
□□沔程以厚任威左□□□□西□
□緐彭順成李行潼川白巨濟□□□
徠玩玉盆揖□潭艤舟衮雪步犖确登
石門拂石□從容瀹茗而去衮雪□□
亭須復規度云寶慶丙戌前熟食五日

范鼎碑

范鼎伊沂孫李
揆慶元丁巳重
陽後一日□游

北魏永平碑

□西壁文後漢永平中開
石門今大魏改正始五
年為永平元年餘功至
二年正月訖手開復之
年同日永平今古同前
極矣哉後之君子異世
同聞焉

曹濟之碑

曹濟之龐公巽
曹璋李稟紹定
己丑熟食日識
賈掊字三德

文岡碑

郡丞潞國文岡眎堰役同邑尉舜
都張海臨洮魏機東□李燾淳熙
丁未仲春十有三日来游

張伯山碑

古鄭張伯山閬中鄭彥輔
晉原樊子南長江趙仲成
同□石門淳熙己酉閏月拾

安丙碑

嘉定閏月既望太守
安丙同李猴真來孫
明孫□猴之二子侍

王遠石門銘

此門蓋漢永平中所穿將五百載世代綿迴戎夷遞作乍
開乍閉通塞不恒自晉氏南遷新路廢矣其崖岸崩淪澗
閣湮禘門南北各數里車馬不通者久之攀蘿捫葛然後
可至皇魏正始元年漢中獻地褒斜始開至於門北一里
西上鑿山為道峭岨盤迂九折無以加經途巨礙行者苦
之梁秦初附寔仗才賢朝難其人褎簡良牧三年
詔假節龍驤將軍督梁秦諸軍事梁秦二州刺史泰山羊
公建旟嶓漾撫境綏邊蓋有叔子之風焉以天險難升轉
輸難阻表求自迴車已南開創舊路釋負擔之勞就方軌
之逸詔遣左校令賈三德領徒一萬人將帥百口人共成
其事三德巧思機發情解意會雖元凱之梁河德衡之損
蹋未足偶其奇起四年十月十日訖永平二年正月畢功
閣廣四丈路廣六丈皆塡鉛棧鑿砰險梁危自迴車至谷

口二百餘里連輈並轡而進往哲所不工前賢所輟思莫
不夷通焉王生履之可無臨深之歎葛氏若存幸息木牛
之勞於是畜產爐鐵之利紈綿罽氈之饒充牣川內四民
富實百姓息肩壯矣自非思埒班爾籌等張蔡忠公忘私
何能成其事哉乃作銘曰
龍門斯鑿大禹所彰兹巖迺穴肇自漢皇導此中國以宣
四方其功伊何既逸且康去深去阻匪閣匪梁西帶汧隴
東控樊襄河山雖險漢德是強昔惟畿甸今則關疆永懷
古烈跡在人亡不逢殊績何用再光水眺悠皛林望幽長
□凝晚露晝涵曙霜秋風夏起寒鳥春傷穹隆高閣有車
轔轔成夷石道駟牡其駰千載絕軌百兩更新敢刊巖曲
以紀鴻塵
魏永平二年太歲己丑正月己卯朔卅日戊申
□秦典籤□原郡王遠書石師河南郡洛陽縣武阿□鑿字

石門西壁

石門

右扶風丞碑

右扶風丞□□□□李君諱□
□字□杢
斛大臺政由其□
懽喜行人𫎇□□故
事再舉孝廉尚
郡朐忍令揔漢　宜
禾都尉

趙公茂碑

慶元丙辰暮春止
餘三日趙公茂宋□
志張壽卿宋咏道□
公茂二子符棪同來觀
漢刻三酌于此　石門

俞伯謨碑

賈公直正之俞
次皐伯謨師賡
成之何賁元素
紹聖乙亥仲春
望同遊伯謨題

鮮于翔碑

□□□□□□
庚寅□□邑令
□□□
府□事文□恖
邑令鮮于翔
崇寧五年丙戌
九月廿四日遊

楊孟文石門頌

惟巛靈定位川澤股躬澤有所注川有所通余谷之川其澤南隆八方所達益
域為充
高祖受命　興於漢中道由子午出　散入秦建定帝位以漢詆焉後
以子午塗路歮難更隨圍谷復通堂光凡此四道垓鬲尤艱至於永平其有四
年詔書開余鑿通石門中遭元二西夷　虐殘橋梁斷絕子午復修上則縣峻
屈曲深顛下則入冥廎寫輸淵平阿涼泥常蔭鮮晏木　石相距利磨确磆臨危
槍碭履尾心寒空輿輕騎遰导弗前惡虫𡚁狩蛇蛭毒蟃禾秘𢧵霜稼苗夭殘
經年不登匱餧之患卑者楚惡尊者弗安愁苦之難焉可具言於是朝知故司
隸校尉楗為武陽楊君厥字孟文深執忠伉數上奏請有司議駮君遂執爭百
遼咸從帝用是聽廢子由斯得其度經功飭爾要敞而晏平清涼調和烝二艾
寧至建和二年仲冬上旬漢中太守楗為武陽王升字稚紀涉歷山道推序本

原嘉君明知美其仁賢勒石頌德以明厥勳其辭曰
君德明〻煬煥彌光剡過拾遺釐清八荒奉魁承杓綏億衙彊春宣聖恩秋貶若
霜無偏蕩〻貞雅以方寧靜烝庶政與乾通輔主匡君循禮有常咸曉地理知世
紀綱言必忠義匪石厥章㢋弘大節讜而益明揆往卓今謀合朝情醳艱即安有
勳有榮禹鑿龍門君其繼縱上順斗極下荅坤皇自南自北四海攸通君子安
樂庶士　悅　雍　商人咸憘農夫永同春秋記異今而紀功垂深億載世〻歎誦
序曰明哉仁知　豫識難易原度天道安危所歸勤〻竭誠榮名休麗
五官掾南鄭趙邵字季南屬褒中鼂漢彊字產伯書佐西成王戒字文寶主
王府君閔谷道危難分置六部道橋特遣行丞事西成韓朖字顯公都督掾南鄭魏整字伯後
遣趙誦字公梁案察中曹卓　行造作石積萬世之基或解　高　格下就平易行者欣
然焉　伯玉即日徙署行丞事　守安陽長

李苞碑

李苞魏拱生張僊卯同來

楊伯邳碑

故司隸校尉楊君厥諱淮字伯邳舉孝廉尚書侍郎上蔡□陽
令將軍長史任城金城河東山陽太守御史中丞□為尚書尚書令
司隸校尉將作大匠河南尹伯邳從弟諱弼字穎伯舉孝廉西鄂長
伯母憂去官復舉孝廉尚書侍郎遷□丞冀州刺史太醫令下邳
相元弟功德牟盛當究三事不幸早隕國喪名臣州里失覆□□□
□□□□　自守與大司隸孟文之元孫也
□門同郡卞□字子□以熹平二年三月廿二日謁歸過此追述勒銘故賦□紀

潘宗伯碑第一摩岩

潘宗伯韓仲元以泰□六年三月十日造此
景元四年十二月十日盪寇將軍浮
亭侯譙國李苞字孝章將
中軍兵石木工二十人始通此閣道

劉希曾碑

記喜侍行
遊男兼善孫記回
十有三日挈家徠
嘉定辛未春閏
㕘都劉氏希曾

晏袤碑

潘宗伯韓仲元以泰□六年三月十日造此
景元四年十二月十日盪寇將軍浮
亭侯譙國李苞字孝章將
中軍兵石木工二千人始通此閣道
潘宗伯韓仲元李孝章通褒余閣道碑陰
潘宗伯韓仲元記造橋閣十九字紹熙甲寅始見於石門
之南崖其泰字下一字不顯止有六年以下字至此字下
三字又不能識微有偏旁漢魏兩晉以泰紀年者凡七惟
魏明帝有泰和六年晉武帝有泰康十年餘皆一二年或
四三年則知此為泰和六年明矣是歲蜀建興十年先是

泰和四年魏司馬懿伐蜀五年蜀諸葛亮圍祁山魏詔司馬懿拒之秋七月亮復軍明年亮休士作木牛流馬故魏人得入褒谷治橋閣矣後題景元四年三十八字者魏陳留王年號自泰和六年至此凡三十有三年則此二號皆魏之紀年無疑其書盪寇將軍云者蜀張嶷亦有此將軍號魏盪寇將軍浮亭侯李苞字孝章復通此閣道於景元四年即蜀炎興元年冬十一月魏鍾會鄧艾率眾伐蜀至江油降馬邈至綿竹斬諸葛瞻劉禪詣艾降巴蜀皆平十二月魏分益州為梁州褒余閣衜於是乎通焉慶元元年中秋日南鄭令臨淄晏袤書

山河堰碑

紹熙五年山河堰落成郡太守章森常平使者范中執戎帥王宗廉以二月丙辰徠勞工徒堰別為六凡九百三十五丈釃渠四百一十丈木以工計七十二萬四千九百有奇工以人計一十五萬九千八百有奇先是四年夏大水六堰盡決使者被旨兼守事會凡役慨念民輸當四倍於每歲之常廼官出錢萬緡為民助查沆賈嗣祖晏袤張柄實董其事

袞雪

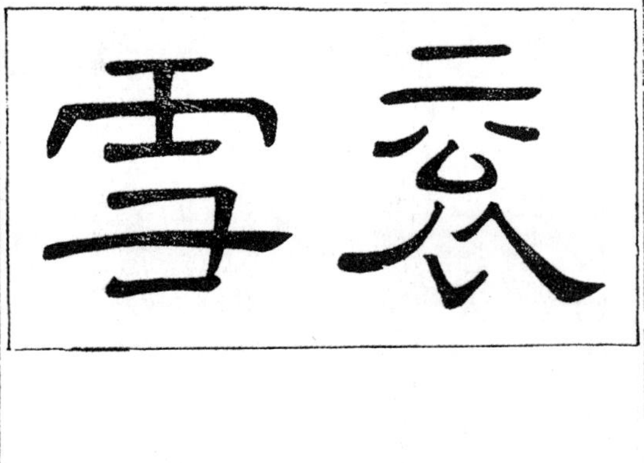

漢永平碑第二摩崖

永平六年漢中郡以
詔書受廣漢
蜀郡巴郡徒
二千六百九十人
開通褒余道
太守鉅鹿鄐君
部掾治級王弘史荀茂
張宇韓岑等典功作
太守丞廣漢

漢永平碑陰

楊顯將相用 始作橋格六百二十三間 大橋五為道二百五十八里郵亭驛置徒司空
褒中縣官寺并六十四所 凡用功七十六萬六千八百餘人 瓦卅六萬九千八百四 器用錢百四十九萬
九千四百餘斛粟 九年四月成就益州 東至京師去 就安隱

漢中郡太守鄐君修橋格碑畫百五十有九字漢明帝永平六年刻於褒余谷中其紀踰先巴官鐵盆銘一歲紹熙甲寅三月申 南鄭令晏袤以堰事□至褒谷獲此刻於石門西南險側斷崖中先是癸丑夏秋積雨苔蘚剝落至是□盡始見字灋奇勁古意有餘與光武中元二年蜀郡太守何君閣道碑體勢相若建武永平去西漢未遠故字畫簡古嚴正觀之使人起敬不暇昔高皇帝興王漢中出褒入秦道由子午塗路岦嶭因秦取蜀之石牛衜開通石門史雖不書靈帝建寜五年衡官掾仇審頌太守李翕郙閣碑云嘉念高帝之開石門元功不朽則石門雖基於秦而開於高帝明矣至威帝建和二年漢中太守王升

鐫碑石門中紀永平四年司隸校尉楊君孟文以詔書鑿通石門則又從而廣之通道幾五十年至安帝永初元年西羌虜殘橋梁斷繼復循子午凡十五年至順帝延光四年詔益州刺史罷子午道復通褒余則此路自秦漢以來通塞屢矣今碑刻於永平六年載漢中郡以詔書受廣漢蜀郡巴郡徒二千六百九十人開通褒余道太守鉅鹿鄐君部掾治級王弘史荀茂張宇韓岑弟典功作太守丞廣漢楊顯始作橋閣六百廿三大橋五為道二百五十八里九年四月成就刻石紀工器錢粟成數於崖壁中去石門不百步惜乎崖廣碑斷字有闕今所鑿棧道石竅具存迺知楊孟文治石門於四年辛酉歲鄐君楊君治橋畫千一百三十三年之後物之顯晦蓋有定數如此鄐君楊君為民興此閣道三年而後成曾不諱勞而史逸其名非苔蘚封護至今必為風雨所剝此□遐亦摩滅矣敬書碑陰俾來者有以取信焉夏四月旬六日臨淄晏袤書

章郃碑

章郃李崟
魏拱之張應
郃章升之趙
旻章復之以
慶元二年
立夏前一日
來邑令張寅
尉李師章
載酒相從

玉盆 褒水中

玉盆

閻丘資深田德夫
章德楙慶元二年
二月壬申日眎堰徠

玉盆

曹濟之龐公巽曹璋
李稟紹定己丑清明
日識

石門碑醳　十三　別下齋校本

郙閣銘 白岩

惟斯析里處漢之右谿源漂疾橫柱于道涉秋霖漉盜溢深滿濤波滂
沛激揚絕道漢水逆讓稽滯商旅路當二州經用㽘沮沮縣士民或給
州府休謁往還恒失日晷行理咨嗟郡縣所苦斯谿既然郙閣尤甚凴
崖鑿石處隱定柱臨深長淵三百餘丈接木相連號為萬柱過者慄慄
載乘為下常車迎布歲數千□遭遇隤納人物俱墮沈没洪淵酷烈為
禍自古迄今莫不創楚於是
太守漢陽阿陽李君諱翁字伯都以建寧三年二月辛巳到官思惟惠
利有以綏濟間此為難其日久矣嘉念高帝之開石門元功不朽迺俾
□閣掾下辨仇審改解危殆即便求隱析里大橋於今乃造校致故堅

結□五巧雖昔魯斑□其儗象又醳散關之嶃漯從朝陽之平燦減西
瀆□高閣就安寧之石道禹導江河以靖四海經記厥續文康萬里臣
祭□□勒石示後乃作頌曰
上帝綏□降茲惠君克明俊德允武允文躬儉尚約化流若神愛氓如
子遐邇□均精通皓穹三納苻銀所歷垂勳香風有隣仍致瑞應豐稔
年登居民以樂行人夷欣慕君靡已乃詠新詩
曰析里之□以兊之間高山崔嵬兮水流蕩蕩地既塉确兮與寇為隣
西隴鼎峙兮□以析分□失緒業兮至于困貧危若累卵兮聖朝閔憐
分符析襄兮迺命是君扶危救傾兮全育子遺劬勞日稷兮惟惠勤勤
拯溺亨屯兮瘡痍始起閣□充庶兮百姓歡欣僉曰太平兮文翁復存

石門碑醳　十四　別下齋校本

重刻郙閣銘 靈岩

惟斯析里處漢之右谿源漂疾橫柱于道涉秋霖濆盜溢深滿濤波滂
沛激揚絕道漢水逆讓稽滯商旅路當二州經用㽘沮沮縣士民或給
州府休謁往還恒失日晷行理咨嗟郡縣所苦斯谿既然郙閣尤甚凴
崖鑿石處隱定柱臨深長淵三百餘丈接木相連號為萬柱過者㥄啼
載乘為下常車迎布歲數千□遭遇隤納人物俱隋沈没洪淵酷烈為
禍自古迄今莫不創楚於是
太守漢陽阿陽李君諱翁字伯都以建寧三年二月辛巳到官思惟惠
利有以綏濟間此為難其日久矣嘉念高帝之開石門元功不朽乃俾
□宮掾下辨仇審改解危殆即便求隱析里大橋於今乃造校致故堅
結□五巧雖昔魯斑□其儗象又醳散關之嶃漯從朝陽之平燦減西
瀆□高閣就安寧之石道禹導江河以靖四海經記厥續文康萬里臣

纂□□勒石永後乃作頌曰
上帝綏□降茲惠君克明俊德允武允文躬儉尚約化流若神巍岷如
子遐迺□均精通皓穹三納苻銀所歷垂勳香風有隣仍致瑞應豊稔
季登居民以樂行人夷欣慕君靡已乃詠新詩
曰析里之□川究之間高山崔巍兮水流蕩蕩地既墝确兮與寇為隣
西隴㠑峙兮□以析分□先緒業兮至于困貧危若累卵兮聖朝閔憐
分符柝壤兮迺命是君扶危救傾兮全育子遺劬勞日稷兮惟惠勤勤
拯溺亨屯兮瘡痍始起閭□充庶兮百姓歡欣僉曰太平兮文翁復存
知縣申如塤重刻

遊石門記

褒城石門道創自秦漢後漢永平建和間復事開鑿故摩巖多漢隸北魏迄宋間加修治故兩朝摩巖亦相繼跡而宋刻尤多自開雞頭關其路遂廢遊者非舟莫達由是人跡罕到焉嘉慶十九年九月李君吉人宰褒城余委聽褒城訟暇日李君為覓舟出城東門北溯褒水水中多白石與澄波相掩映如行鏡中五里許山石森列如戟西岸石壁傾欹如頹墻高數十仞壁下間鑿方穴蓋古棧道遺蹟距壁巔西北有廟即雞頭關今為孔道循壁西北折里餘艤舟度亂石乃達石門石門東瀕褒水背亥向巳以今工部尺度之南高丈一尺太廣丈

四尺北高丈三尺太廣丈一尺中高丈五尺廣丈六尺門中通深四丈五尺門東壁趙敏若碑高二尺七寸廣尺五寸文七行行十五字碑下范鼎碑高二尺五寸廣九寸文三行行六字次北北魏永平碑高二尺廣一尺八寸文七行行九字首行十字末行三字碑下曹濟之碑高尺七寸廣二尺八寸文三行行六字另行貫某欵識五字次北文岡碑高三尺六寸廣一尺文三行行十三字末行十字又北張伯山碑高二尺八寸廣八寸文三行行十字末行十一字又北安丙碑高一尺廣五寸文三行行八字又北王遠石門銘高五尺二寸廣六尺八寸文二十六行行二十二字末行欵識低五字西壁

績石門二字高二尺五寸廣尺五寸次南右扶風丞碑高尺八寸廣尺四寸文七行字數疎密不等殘缺特甚右扶風丞及都尉皆漢官制筆畫亦近楊君碑疑亦漢隸次南趙公茂碑高尺六寸廣尺一寸文五行第一行七字二行三行八字四行九字五行六字次南鮮于翔碑高尺五寸廣尺一寸文七行行六字第五行五字前三行模糊不可辨次南俞伯謨碑高尺五寸廣尺二寸文五行行六字又南楊孟文石門頌高六尺一寸廣五尺六寸文二十二行行三十字亦有疎密不齊者字畫清亮最為完善又南楊伯邳銘高五尺八寸廣尺六寸文七行行二十餘字不等字體大半可辨終不及石門頌碑二碑之間有李崟魏拱之張應卯同來十字高一尺七寸廣三寸文一行伯邳碑下劉希曾碑高九寸廣一尺第一行四字第二行三行各七字第四行五行各六字門内石理堅緻色澤滑潤而凸凹相間更絡渠紋書者未經磨治隨其高低斜正題寫故行或欹斜字亦犖确摹搨最難工緻出門南行數十步潘宗伯摩巖碑高四尺二寸廣尺六寸文四行第一行十九字缺三字第二行十四字第三行十字第四行亦十四字三行俱低四字碑下晏袤碑迤南鄭令晏袤所書潘宗伯碑陰文高三尺八寸廣三尺文二十二行前五行另刻泰和景元原文字多剥蝕反不及原文顯亮第六行為碑陰

題額後十五行行二十二字末行十一字為碑陰正文筆畫頗清晰碑右隨巖東南折絕壁瀕水際有山河堰碑高五尺五寸廣一丈四尺七寸文十六行行九字石門舊有袞雪亭府志曰半及江中灘流如駛石上刻隸書袞雪二字今江中無此石惟魏泰和碑左壁有袞雪二字高尺九寸廣四尺一寸而無亭考其形勢自袞雪至山河堰絕壁下連石灘寔為一石故府志半及江中非江中更有袞雪也壁下無路迤登舟下石灘南行半里巖壁陡峭攀蘿捫葛始達摩巖碑麓碑外地僅容足仰視壁上乃漢永平六年碑碑中斷後半傾圮前半高三尺一寸廣四尺一寸文九行字數隨石寬狹迤書共五十八字剥蝕將半俗名大開通此碑字體寔在小篆八分之間真漢隸之可寶者碑下晏袤碑碑亦南鄭令晏袤所書永平六年碑陰文高六尺一寸廣三尺文二十三行前三行另刻永平碑後半自楊顯至就安穩九十四字蓋即永平碑後半之傾圮者後二十行行三十字亦為碑陰正文俗名小開通巖下大石有章邵碑高一尺七寸廣四尺三寸文九行第一行五行八行九行四字餘行五字此皆石門南摩巖碑之可考者碑石不及石門堅緻且久經風雨故易剥落然壁勢絕高得免樵牧敲礪較石門則有幸焉永平碑南即西岸石壁放舟過石壁灘多白石瀕中流白石大如牛中凹如盆容

水可五斗四時不涸名曰玉盆盆西壁臨水石刻高三尺四寸廣尺六寸上題玉盆二大字字下文三行行七字末行八字文右高二字題玉盆二小字字下文三行行八字末行二字亦低二字盆東南面皆有題字江水激磨日久漸就平滅故府志所載舊刻唐詩竟不可復尋過此水平無灘順流數里舍舟入城覓搨工增其價值令加工徧搨共得若干頁因疏其顛末以紀遊觀之獲吏依各碑行字款式別寫釋文一冊以備嗜古者考證焉十二月除夕前一日署褒陽令諸城王森文記

鄐閣銘摩巖碑考

褒陽西北有鄐白崖曰西依寶虹東枕嘉陵為古棧舊路鄐南有深溝溝南五里許兩山夾江成峽曰白崖西壁臨江有蔡中郎將鄐閣摩巖碑銘據碑考今地析里即崖口深溪即南溝鄐閣即白崖雖古今異名而奔巖深谷猶可想見其險阻焉碑麓去路三尺七寸面修五尺一寸廣三尺五寸文十二行行二十七字第六行第十二行十一字頌三行行二十七字第三行十八字詩四行行二十七字共四百七十二字左下角缺四十字右上角缺五十三字中缺四字清顯者二百四十餘字餘多糢糊據舊志釋文讀之柱訛注讓訛瀼衎訛所理訛旅車訛事阿訛河閣訛閞辨訛翔仇訛讐今訛爾工訛故昔訛百共訛莫漢訛導記訛紀惠訛翕愛訛教岷訛民以訛川墧訛磽失訛告共二十一字其脫文迎布下脫歲數千三字又脫缺文一字乃俾下脫缺文一字故堅下脫缺文二字減凶下脫高字又脫缺文二字萬里下脫臣字又脫缺文三字頌曰下脫缺文四字岷如下脫缺文四字豐稔下脫缺文五字新詩下脫缺文五字為隣下脫缺文六字閔憐下脫缺文十一字勤勤下脫缺文十一字以上脫文除歲數千某及高字臣字尚存碑中餘皆右角缺文宜存空行而志逸之其左角缺文四十字則志載特詳城南靈巖寺石壁有故明知縣

申如墳重刻郙閣銘（縣志作宋李虞卿重刻誤）碑高減舊碑寸餘廣
同行數字數亦依舊式惟增末行歎志七字據以考舊
碑存字惟於今乃造今字右本無點申刻增點作爾其
小異者復據以考舊志左角釋文滿訛溝士訛甚民訛
久慄慄訛愕啼更據右角刻字以補舊志所缺空行缺
文則此碑全文可以復讀惟俾字瀕字綏字遹字民字
之字兮字分字閱字下各缺一字千字斑字下各缺一
字雖非全缺而糢糊卒不可辨為可惜臣字下此刻有
蔡字碑為漢中郎所書無疑而蔡字下二字全缺則尤
此碑憾事嗟乎分隸之由來久矣慨自李斯改六國文
字從秦小篆雖非籀篆遺法而師傳有自經許祭酒解

說六書體義足為後代楷模自隸書日趨便易隨意增
減漸失六書本義遷流錯謬至於不可究詰即如中郎
此銘几作入屮作之失其形矣兮作兮亏作于匕其事
矣官作官聖作聖淆其意矣陽作陽造作造亂其聲矣
臣作臣增筆即不成字豐作豐減筆又更為一字顯背
六書有難更僕數者而糸作糸則近糸十作十則近又
卩作卩則近巳至於自作自不作不曰作曰更為小篆
本體可見漢人隸書猶知遵奉六書遺法未至概行改
易此漢隸之所以可貴也後人因其殘缺摹寫差謬則
更貽悞後學即為申君摹文字體微小蓋非鉤摹上石
所刻字法力求曲肖而激揚絕道揚字蔡隸偏旁作易

巳非本字然易字未差申刻作昜並失易字本體凭崖
鑿石鑿字蔡隸金作金猶近今字本形申刻作金字義
更難解說以靖四海四字蔡隸作四雖變四字舊法而
體勢相近申刻因其殘缺作四則謬亂太甚香風有鄰
鄰字蔡隸作隣雖變為米字權輿而猶近乎粦申刻偏
旁作粦則更不可解凡此皆不成字有乖蔡隸本體然
後世必有以易作昜以金作金以四作四以隣作隣且
泰然以漢隸自詡者破壞字體貽誤豈為淺鮮嗚呼事
不攷其原委而瞀亂以致誤者又豈僅此一碑已哉乙
亥新正廿八日嘉陵舟中作
靈巖寺重刻郙閣銘左角有宋太守田克仁摩巖小碑

云漢武都太守李翕修析里郙閣碑在今沔州西二十
里之金堂閣歲久昏蝕殆不可讀克仁開禧間得舊墨
本於京口勘之歐陽公集古録洪氏隸釋及郡志所載
亡失差少來守是邦因勒諸靈巖寺之石壁以永其傳
紹定三年五月既望臨所田克仁書今石壁所刻末行
書知縣申如墳重刻存田記文而不言所以重刻之故
一碑二名益滋疑異今夏偶過靈巖摩抄石壁察其形
狀田碑毗連大碑左角石面粗加修治尚存凸凹舊形
大碑鑿治視田碑深七八分及三四分不等磨盪極平
間有殘缺亦有意雕刻非剝蝕自然之形揆度事理蓋
田刻殘缺申君磨去舊迹復就原碑刻石以存舊文而

未記明其故以致易滋後人之惑也若縣志謂李虞卿重刻於靈巖則絕無所據殆因白水路碑記李虞卿政路之功而訛傳與夏五月十四日又記

右扶風丞李君石刻攷

右扶風丞犍□武陽李君諱禹字季本以□
□□□□斛大臺政由其興□□□□□□㩲
喜行入蒙福君故授益州從事再舉孝廉尚
□□□□□郡朐忍令換漢□□□□宜禾
都尉□□□□□

漢右扶風丞李禹題記在褒城石門西壁篆書二大字之南凡七十餘字可辨者五十餘字前著李君爵里姓氏政由其興下蓋記李君脩治道塗故有行人蒙福之語後則述其曩時宦閥未行剥蝕歲月無徵漢書百官公卿表右扶風治内史右地與左馮翊京兆尹為三輔皆有兩丞右扶風二千石丞六百石後漢都雒陽河南郡為尹以三輔陵廟所在不改其號但滅其秩又地理志武陽屬犍為郡朐忍屬巴郡後漢郡國志同宜禾都尉屬敦煌郡廣至縣治昆侖障後漢西域傳明帝永平十六年命征匈奴取伊吾盧地置宜禾郡尉以屯田則此刻當在永平以後李君之績媲美鄐陽惜著録家皆未得見嘉慶十九年秋王春林大令搜剔得之王之嗜古亦晏南鄭之流與江南陸紹文跋

蔣君生沐於張州未先生處假得石門碑釋一冊屬爲縮摹因校閱一過其中傳訛頗復不少九郁閣銘一條以下附考攷之聖作聖而隸文均作聖陽作陽而隸文均作陽激揚絶道揚字云蔡作揚申刻作揚而隸文均作揚惟一作揚六條蔡隸非申刻憑崖鑿石鑿字之金字云蔡隸作金申刻作金則隸書均作金香風有隣隣字偏旁云蔡作粦申刻作粦則隸書均作粦訛可知矣且附考云蔡作金申刻作金蔡作四申刻作四蔡作粦申刻作粦皆無點畫毫釐之別惟四字抄申刻中未經傳訛知爲四字餘則不可攷矣夫安得王氏原本一校之也戊夏姜梅許滋志

石門碑醳跋　　壹

別下齋校本

漢永平碑後半八行

太守丞廣漢
楊顯將用
一作橋格六百廿三
大橋五爲道二百五十
里郵亭驛置徒司空
褒中縣官寺并六十四所
成用功七十六萬六千八百
餘人瓦卅六萬九千八

石門碑醳補　　一

別下齋校本

玉盆題字

玉盆

伯諛題

晏袤書

禧二年

石門碑醳補　二　別下齋校本

劉年節題名

開禧二年人

日年節甫

劉烒靜来

晏德廣題名

玉盆

晏德廣段□咢□

師之禱雨十潭壓玺

二十□熙甲辰中元

張伯享

李亼亦木

石門碑醳補　三　別下齋校本

石部題名

石部段雄飛晏袤

壽昌己禱雨賤舟玉

盆側誌歲月而去乙

己清明前十日以董

堰復涞同登泙埽

縱觀方羊久之

李若道題名

舟登此
同遊石門艤
臨卭黄次平
弟顧道隹道
昇山李若道

月二十八日
宣和壬寅十

石門碑醳補　四　別下齋校本

李士熊題名

李五熊
來嘉定甲申
端午
一壹日

石盤
與陳棐忱書
崇寧壬午仲
春十有二日
李若道

愿要洗俞貢
應奎有

石門碑醳補　五　別下齋校本

者廣端同
翁小
進士郡倉
三月巳
李一鰲甲
稅申之力
虞甡弟詰

李彦粹題名

前一日行記男松年侍
中直子正建炎己酉歲清明
從馮翊傅汝礪彦正洛陽□
師民叔瞻秦亭李師古□
子寔開封王師顛希賢徐
登玉益預行者定武田蹼
河南李□彦粹游石門

郭嗣卿題名

郭嗣卿陳
季時程清
廾慶元戊
午嘉平
初六日目廾
来男亻
繹侍

邵桂孫題名

康衢邵桂孫
程仲年弟忠
攝令同徠
戊午烁季

安子文題名

皛然安丙子文抱孫
明孫與李侯貴同来
嘉定巳巳閏月清
明日

何武仲題名

邑令何武仲拉
資中黄元英廣
漢沈德明普慈
周伯光黄養源
来金至子禄孫和
孫侍行嘉定辛
未中秋後十日

張元翊題名

玉盆之陽
谿歘之勝刻
師敏同遊窮
袁武震岐下
臺張元翊成都
二十二三「丿
崇寧初元八

宋積之題名

成都宋積之攝褒中令廣漢章
以初彭城貝公肅渭南任子
飛資中從訪之為石門
之辶　扌而上　玉盆夷
猶極々　向丙々　摩滸石
亻淳刻酌酒意　任明
辶章韶父子飛
一慶元丁巳夏四月十有二

丁未十月偶於舊書肆獲褒斜石刻爲玉令碑醳所無者凡十餘紙其一漢永平碑自大守丞廣漢至瓦卅六萬九千八百凡八行王跋言碑中斷後半傾圯故所載前半至廣漢止而楊顯以下但載晏釋文此則猶原刻也且凡用功上有一成字爲晏釋所遺共字六十有餘視前半有過之其一玉盆二字度以營造尺上字高七寸廣九寸八分下字高八寸廣尺署晏袤書案前載玉盆字凡二慶元二年者高六七寸廣八九寸紹定二年者高止二三寸廣四寸餘均不若此之大且晏諸刻皆在淳熙紹熙閒最後者慶元元年尚在二題前則此九空著録盆字旁有伯謨題三字案伯謨有紹晅乙亥題

字蓋哲宗時人在晏前八十餘年此其別一題也一開禧二年人日郎玉盆下斜列者其二皆晏題一淳熙甲辰孜前所載但知晏爲臨淄人官南鄭令見此刻乃知其字德廣適與名袤相應其二人不可悉辨矣一爲乙巳則後一年所題三人皆書名而云董堰復來者蓋郎築山河堰事記言紹熙五年落成又云先是四年六堰盡決殆是年董築後經八年而決復大脩之晏君前後董其事故題記不一也一爲宣和壬寅李若道題與陳棐忱書一紙斜接陳書惟署名及崇寧壬午小字兩行當空處前三行爲石盆二句所壓可辨者廉下君字瑞同二字當空處貪下劉字盆下興字應下至字有下此

字而已詩上有李士熊嘉定中題字下截亦爲歷刻句後署進士郡人李一鼇别一紙下亦有舊刻惟虞甡弟喆等十餘字不當字可見故此二幅最爲叢襍一爲建炎己酉李彥粹記是爲高宗三年郭嗣卿來以慶元戊午邵桂孫徠以戊午而無紀元武同年耳安丙與何武仲皆題嘉定而已巳辛未相距二載又二紙殘缺一爲崇寧張元翊一爲慶元宋積之也攷金石萃編載玉盆題名十二段晏德廣條不知師□乃石邵之字作師命命字誤戓師令耳斗潭誤升潭摩㴴及甲辰下中元字缺李一鼇上進士二字襍舊刻誤作前字郡下缺人字李士熊條士字缺嘉定下缺甲申端午下缺後壹日李

彥粹條定武下缺棠是田發二字郭嗣卿但前三行其午嘉平初六日眎堰來男□□繹侍四行皆缺安丙條李下缺一字此似㑦蓋侯也前有李㹆眞亦與安丙同來即侯賁之誤張元翊條元字上缺初字下缺八字十字下缺三成下缺都字又石門題名十八段内載宋積之條石上缺摩㴴韶父誤龍父下子飛飛字亦缺此雖殘尚可辨至李若道邵桂孫陳棐忱等則全無之而紹熙五年石門題字又有録無文作碑醳若身至其地遺漏更多況其他乎吾鄉僧六舟壬辰遊焦山搨得瘞鶴銘後題名二紙見貽放翁題云陸務觀何德器張玉仲韓无咎隆興甲申閏月廿九日踏雪觀瘞鶴銘置酒上

方烽火未息望風檣戰艦在煙靄閒慨然盡醉薄晚汎舟自甘露寺以歸明年二月壬午圜禪師刻之石務觀書七十三字歷歷可辨其左别有嘉熙二年十一月晦王濬李夢得韓兩行字跡大小懸殊而都大僕卽以陸題爲嘉熙又米襄陽題仲宣法芝米芾元祐辛未孟夏觀山樵書十六字竹雲題跋以爲在北固其右尚有青社綦立與權山陰賀鑄方回南陽張德洵公美廣陵石禹和叟建中靖國元年九日遊三十四字幾八百年未見著録古刻易湮往往而是可慨也夫海昌蔣光煦識

長安獲古編

益公鐘

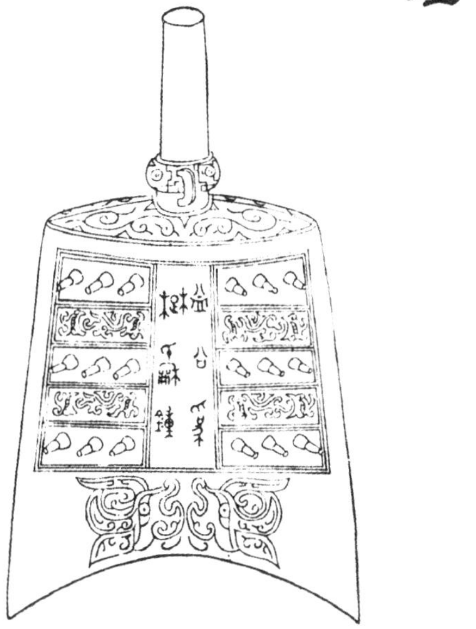

長安獲古編卷一　一

魚父癸鼎

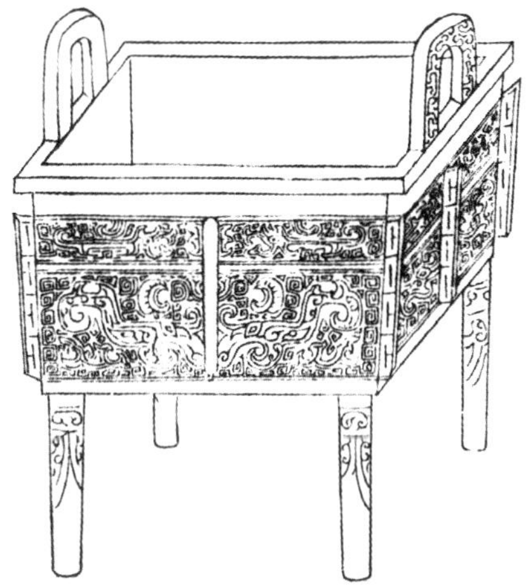

長安獲古編卷一　二

揚鼎

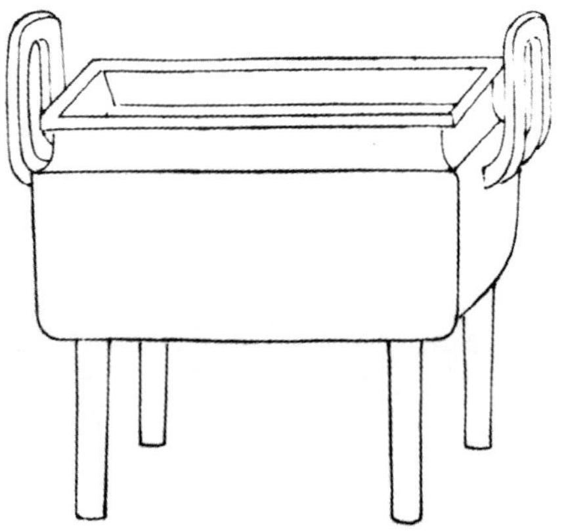

都鼎

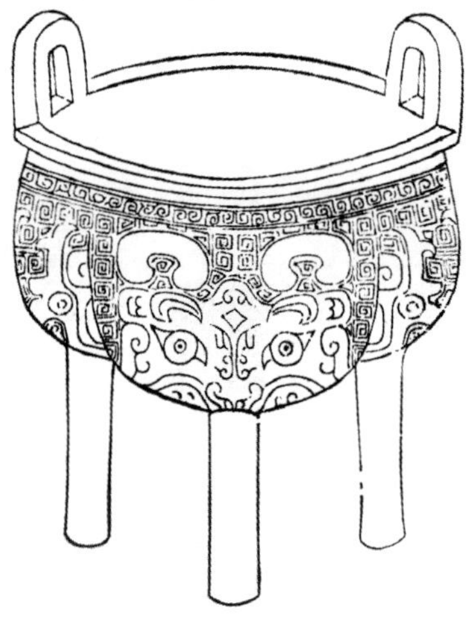

師奎父鼎

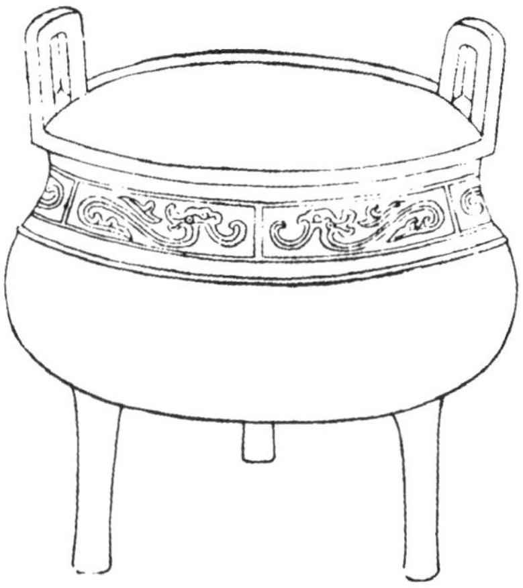

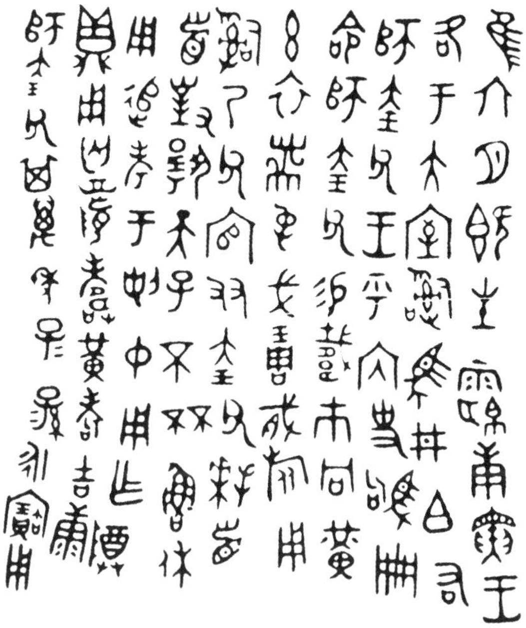

師湯父鼎

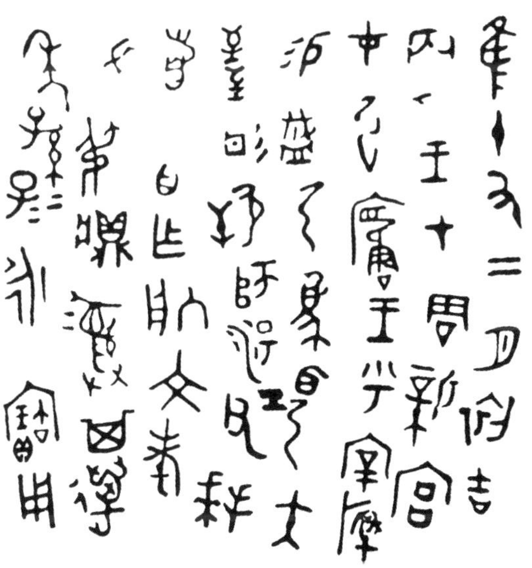

師器父鼎

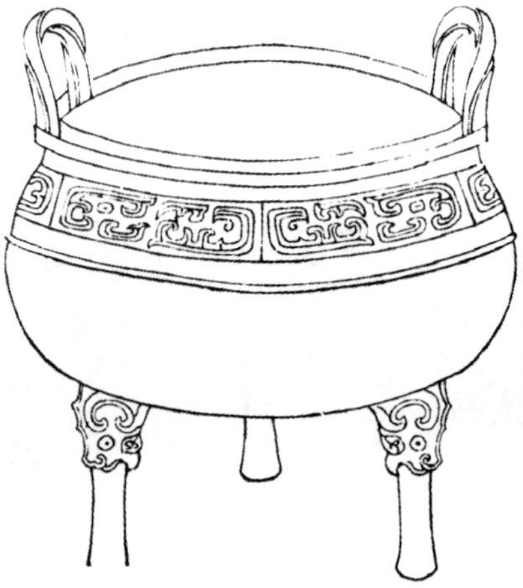

長安獲古編卷一　七

衛妃鼎

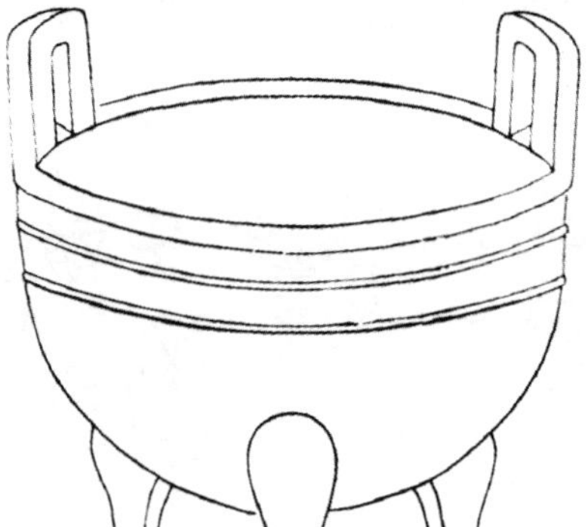

長安獲古編卷一　八

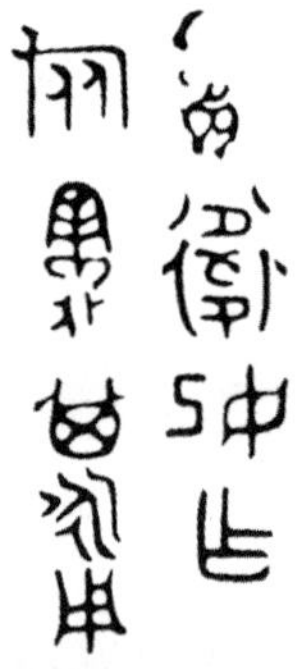

季念鼎

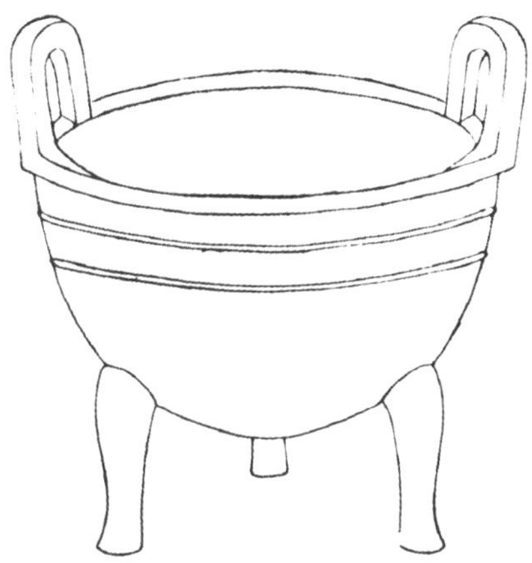

長安獲古編卷一　九

孟淏鼎

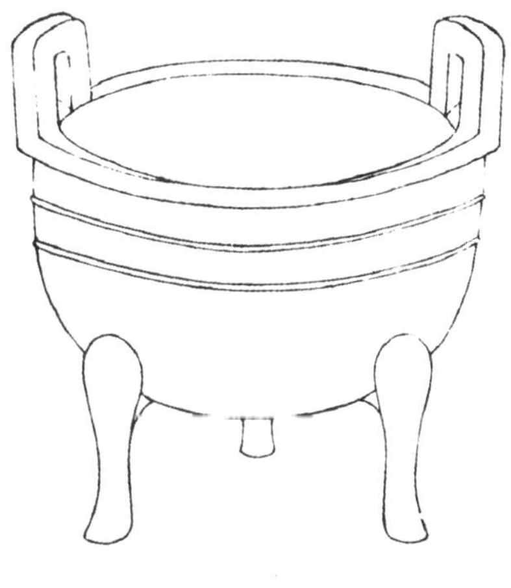

長安獲古編卷一　十

宋公鼎

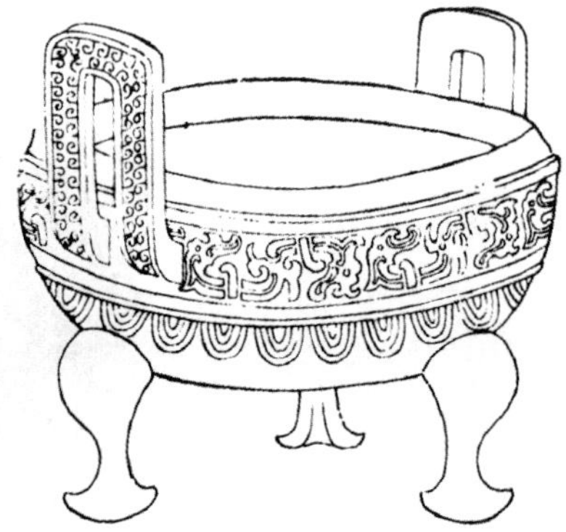

鄦鼎

蓋

器

父辛彝

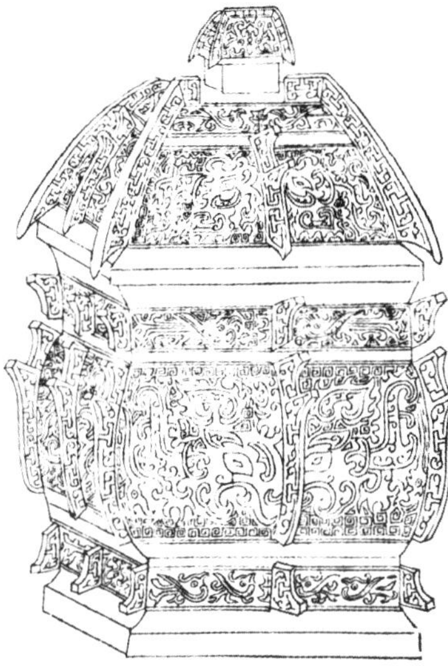

蓋

器

父月彝

子犧形彝

父癸彝

效卣

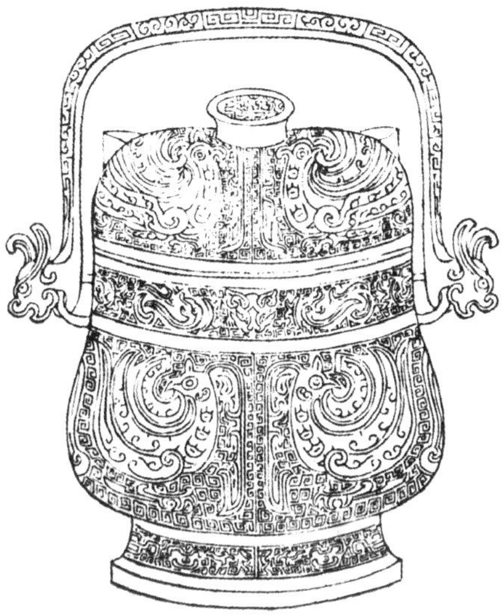

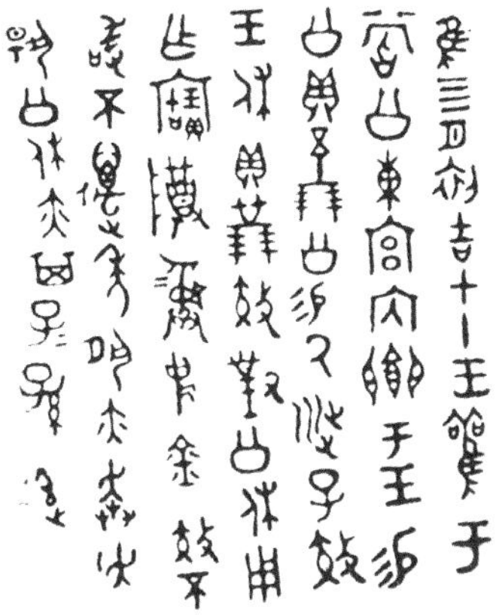

[redacted]

效卣

蓋

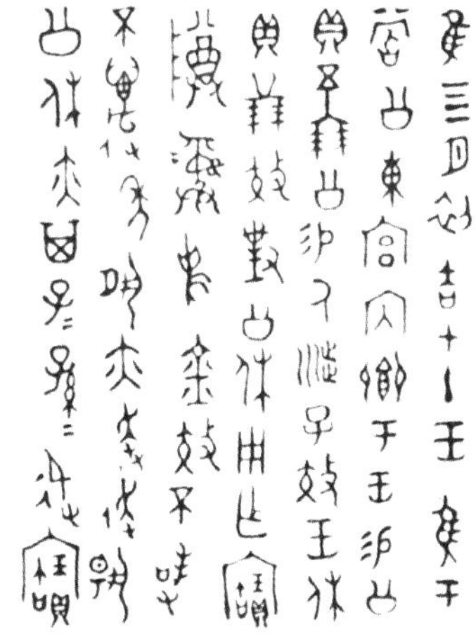

器

父戊卣

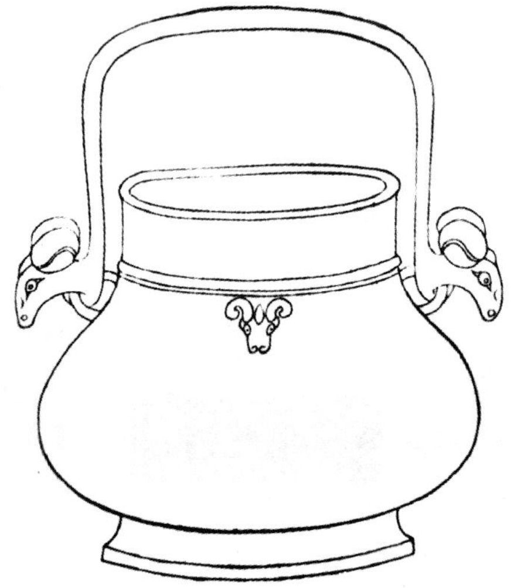

長安獲古編卷一

十九

女子小臣兒卣

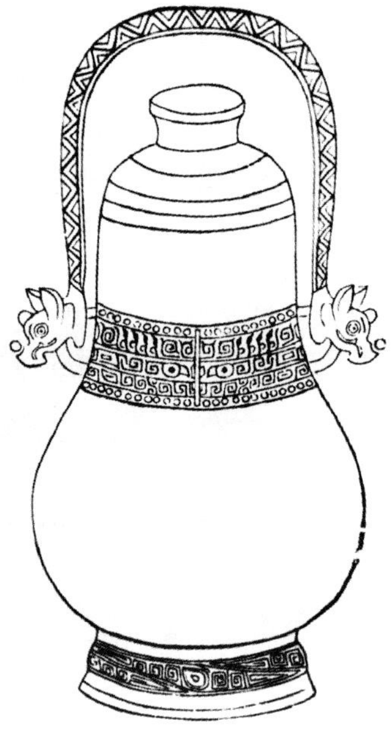

長安獲古編卷一

二十

父庚卣

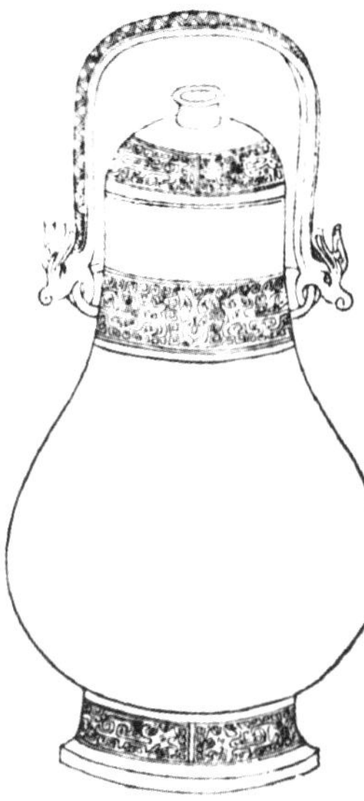

蓋

器

中五父敦蓋

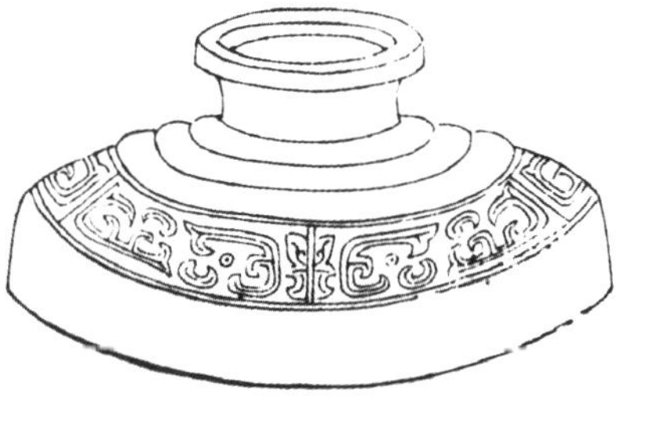

衛子盙

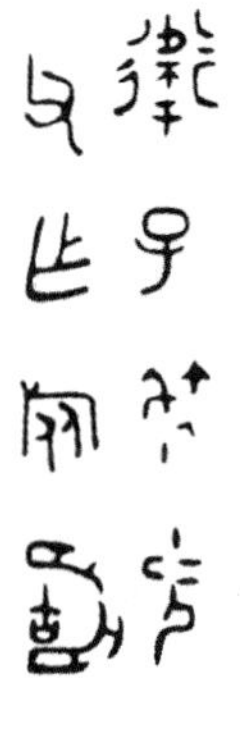

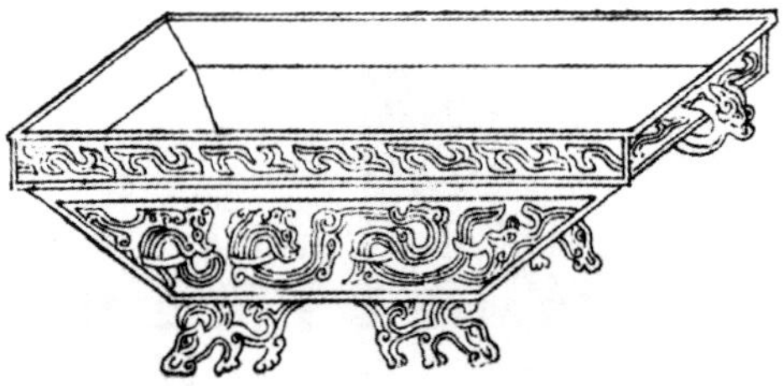

長安獲古編卷一　三十三

單伯鬲

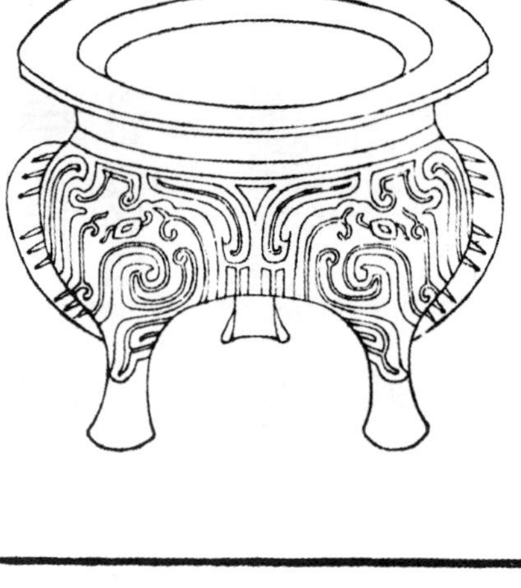

長安獲古編卷一　三十四

召中鬲一

長安獲古編卷一

廿五

商婦甗

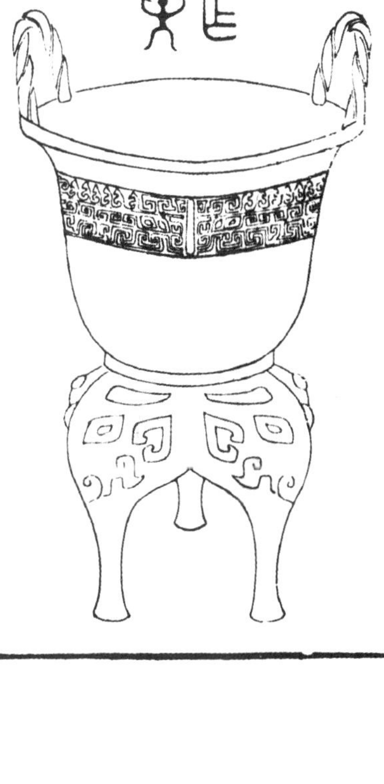

長安獲古編卷一

廿六

父乙盉

長安獲古編卷一　三十七

王盉

長安獲古編卷一　三十八

白正父匜

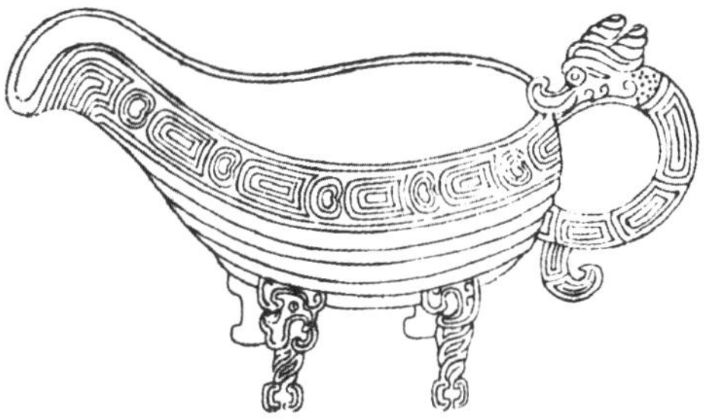

長安獲古編卷一　二十九

子斝

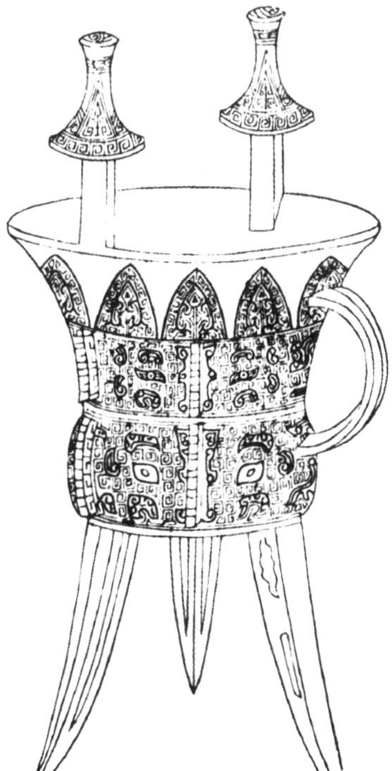

長安獲古編卷一　三十

彔婦觚

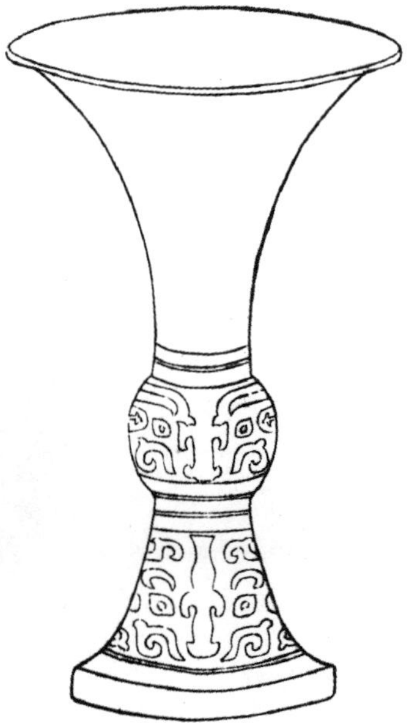

長安獲古編卷一　卅

祖辛爵

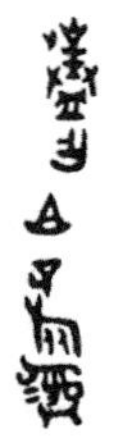

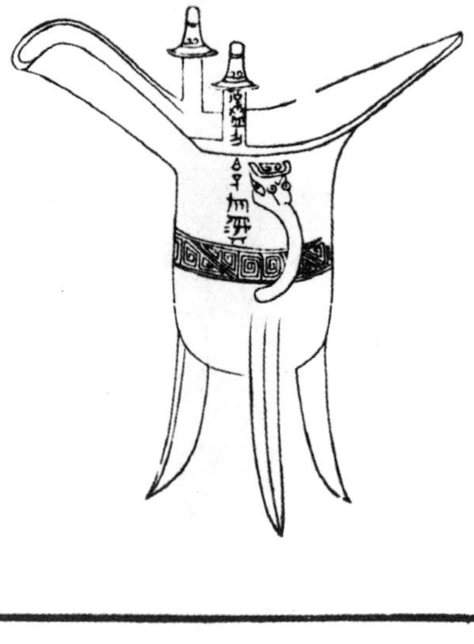

長安獲古編卷一　卅一

父乙爵

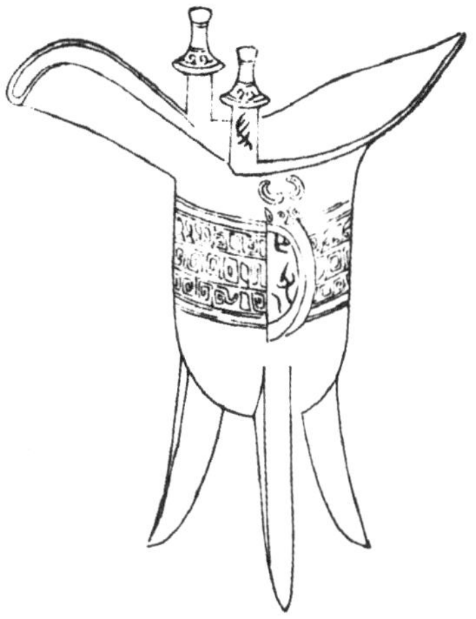

一公爵

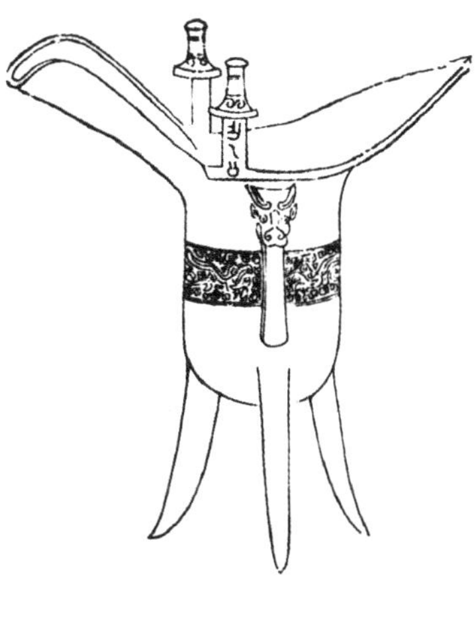

父己爵

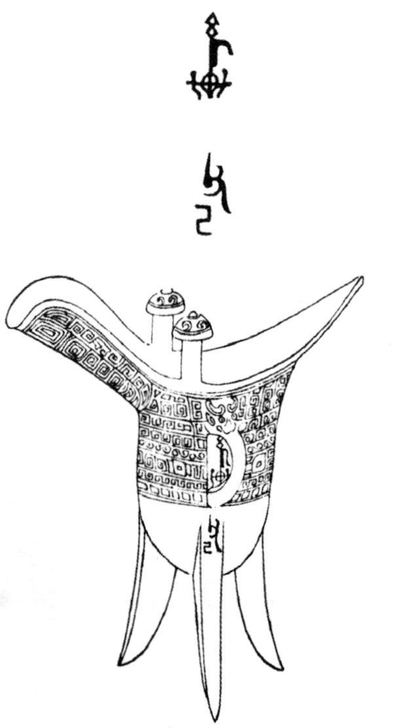

長安獲古編卷一　三十五

父戊爵

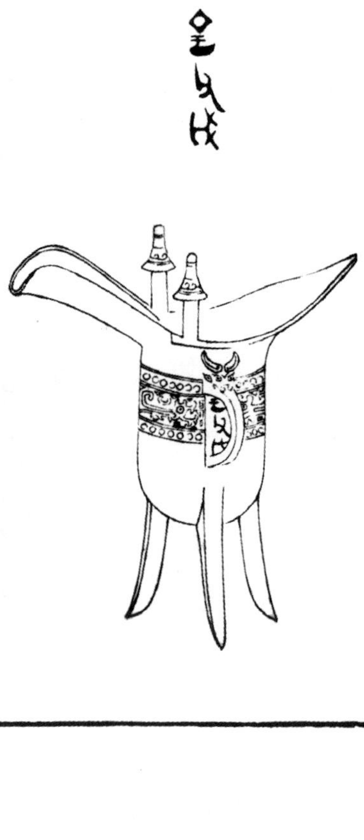

長安獲古編卷一　三十六

父癸爵

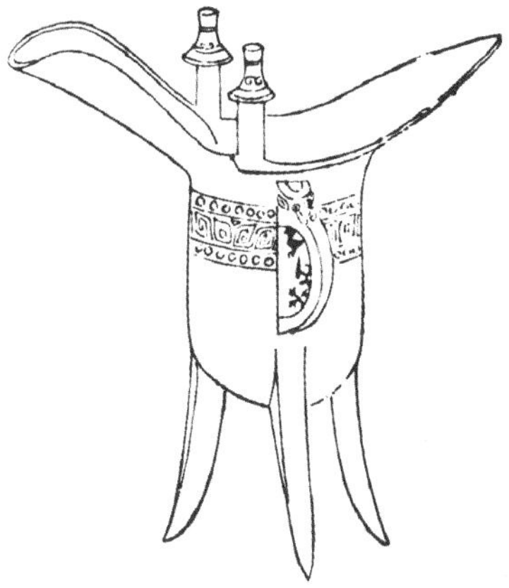

長安獲古編卷一　三十七

父癸爵

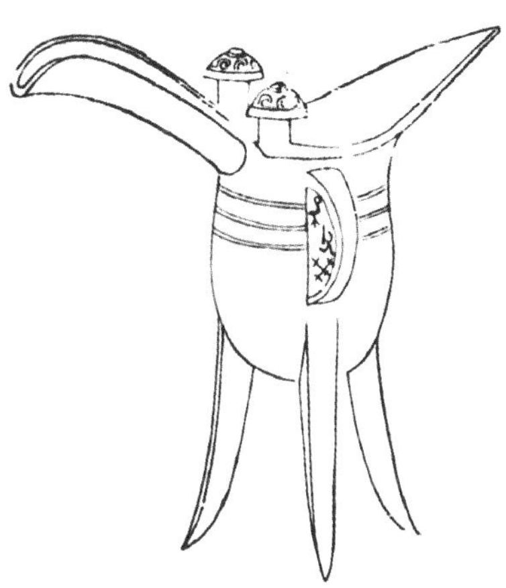

長安獲古編卷一　三十八

父己爵

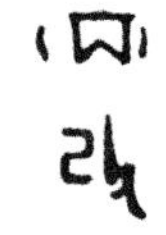

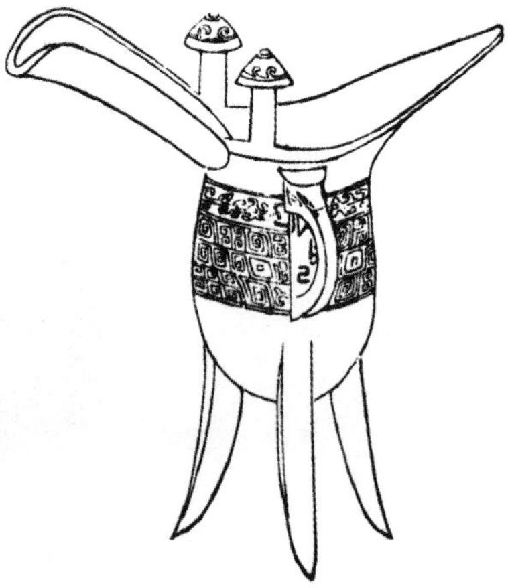

長安獲古編卷一

三十九

婦女觶

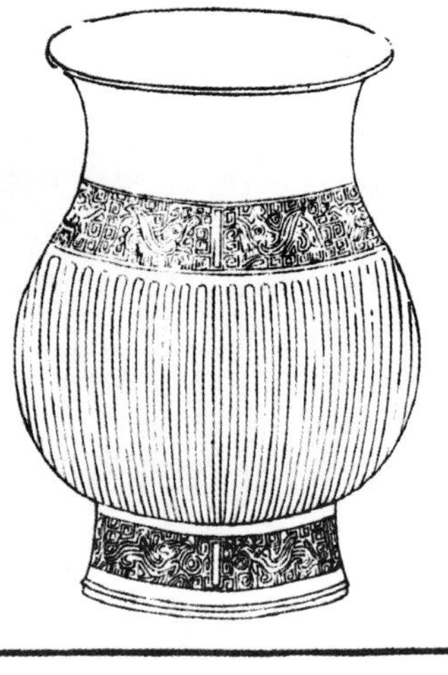

長安獲古編卷一

四十

單觶

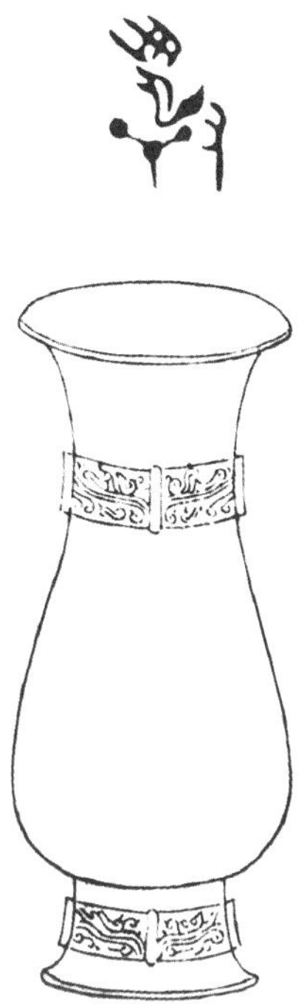

長安獲古編卷一

四十一

父丁觶

長安獲古編卷一

四十二

矛

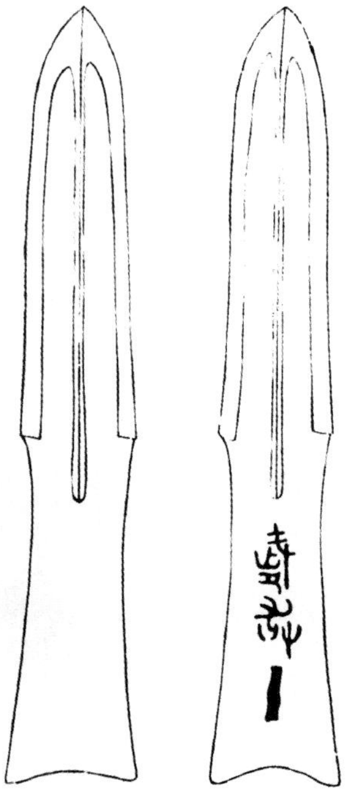

長安獲古編卷一　四十三

秦權詔版

長安獲古編卷二　一

秦二世詔版一

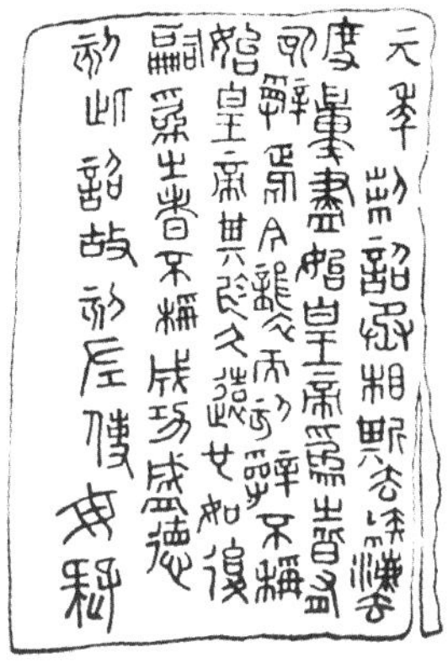

長安獲古編卷二

二

秦二世詔版二

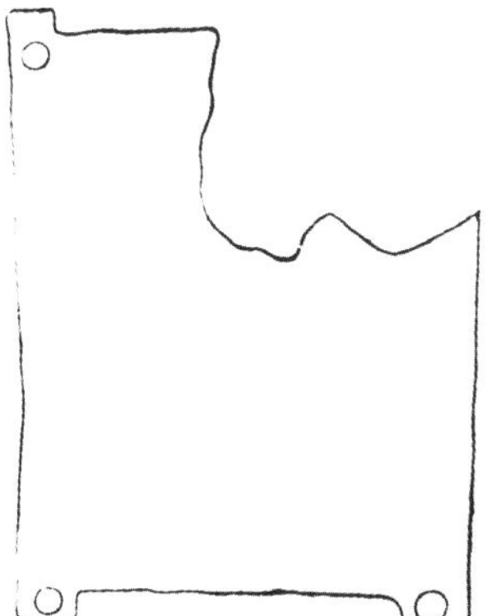

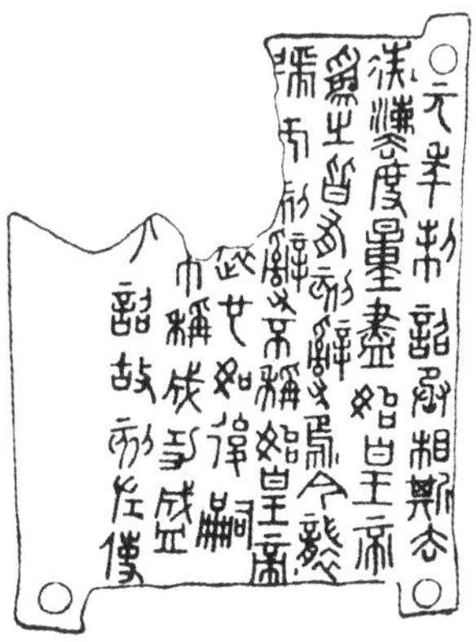

長安獲古編卷二

三

秦二世銘版　三

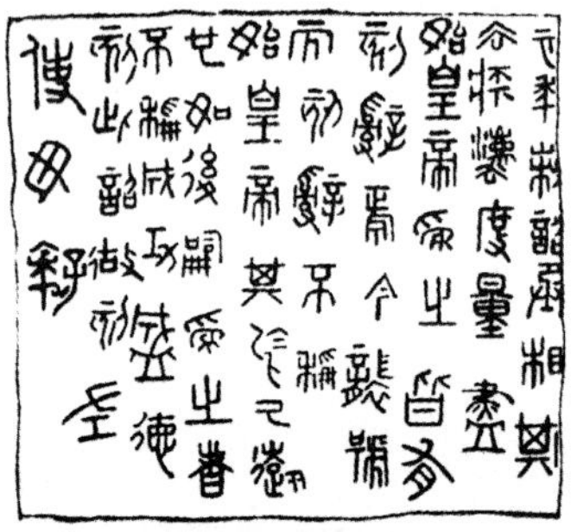

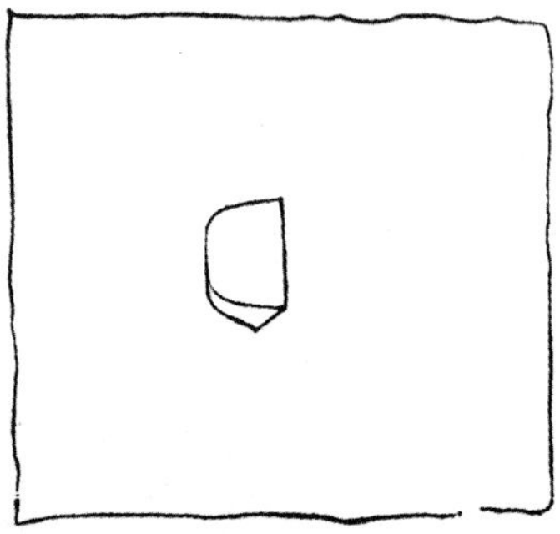

谷口鼎

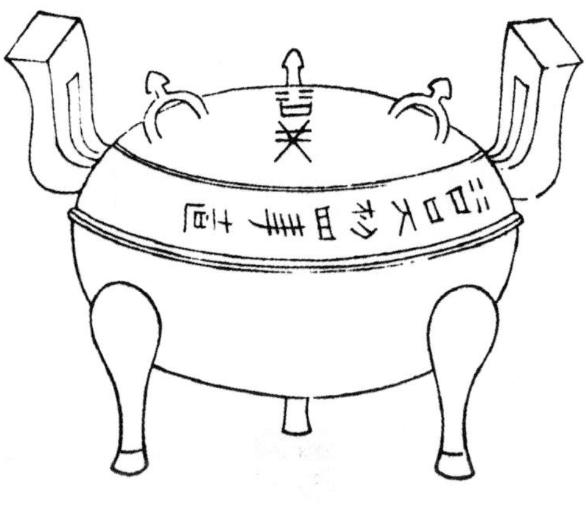

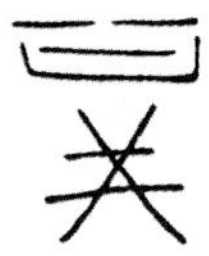

蓋

器

盩厔鼎

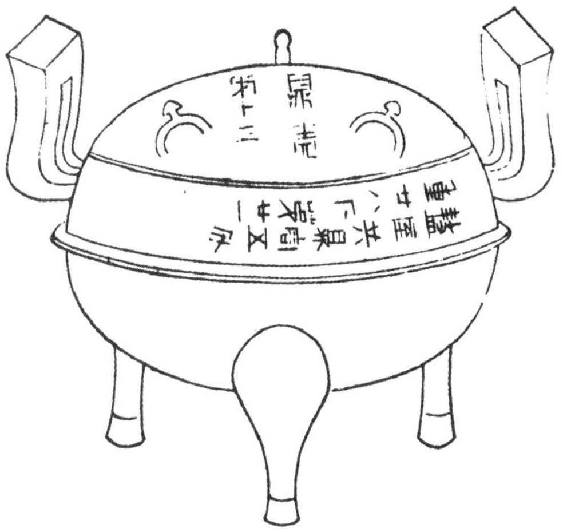

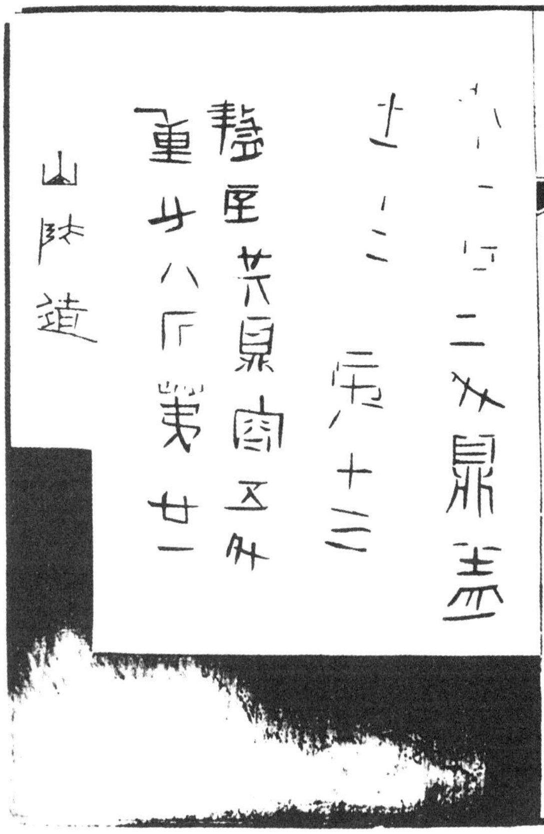

藍田鼎

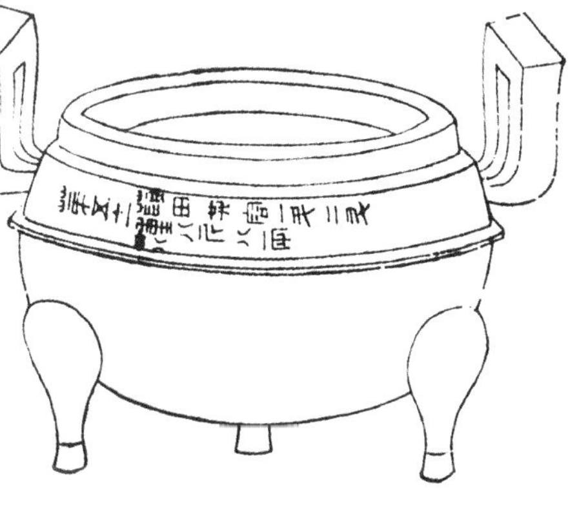

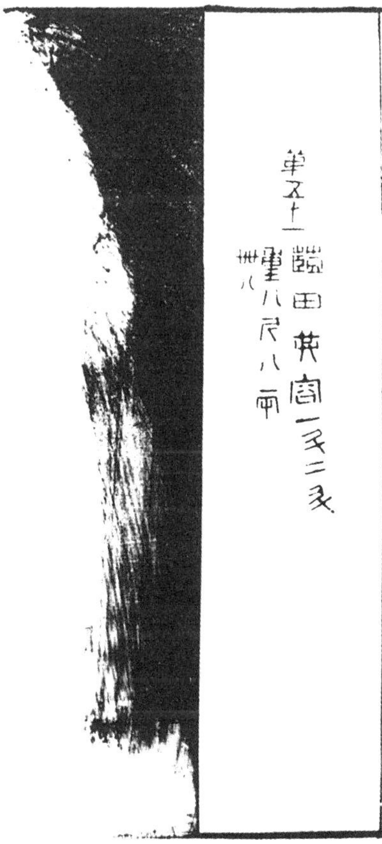

橐泉宮鼎蓋

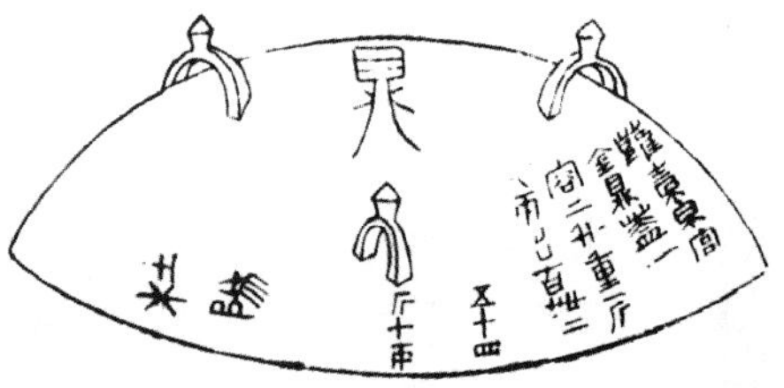

[illegible]橐泉宮
金鼎蓋一
容二升重斤
八兩名百卅二

杜陽

五十四
斤十兩

楊氏鼎

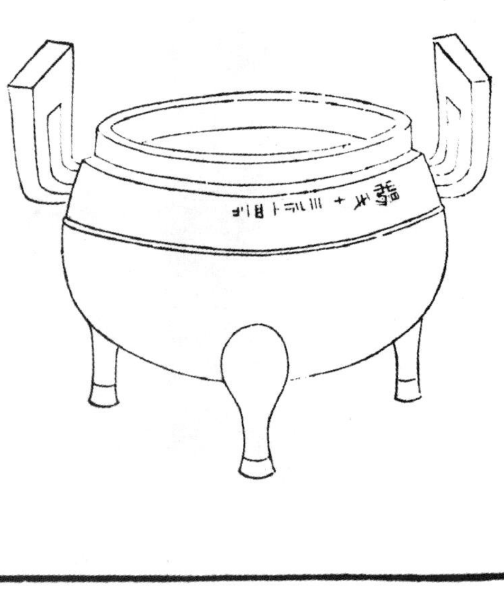

楊

楊氏　十三斤十四兩

池陽宮鐙

池陽宮銅行鐙重二斤十二兩甘露四年工虞強造

內屬陽徼邑承聖佐博臨

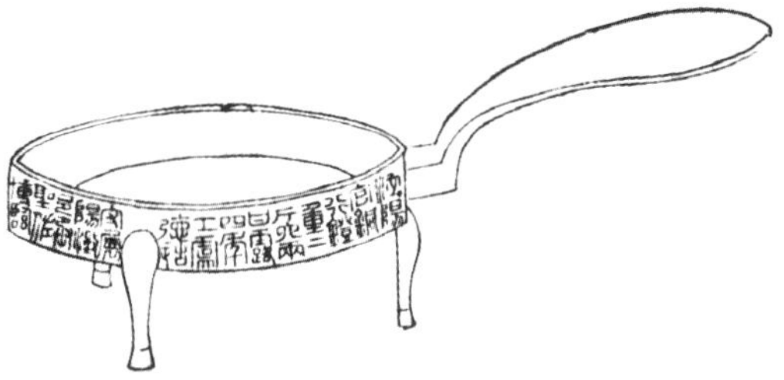

臨虞宮鐙

臨虞宮銅鐙高三尺重十六斤四兩元延四年正月工張傳造掾美守令史鳳丞詡右尉賢省

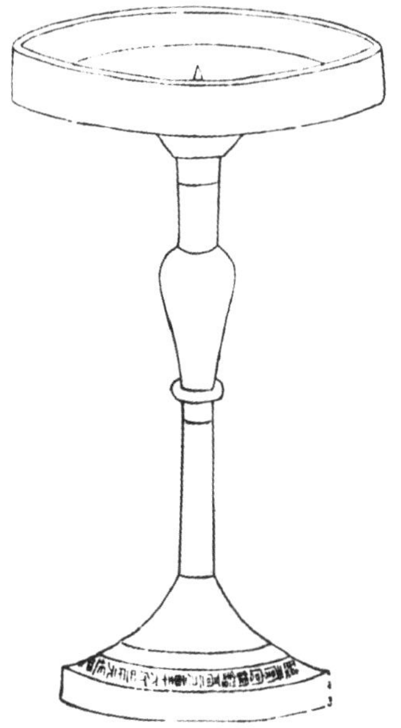

曲成家錠

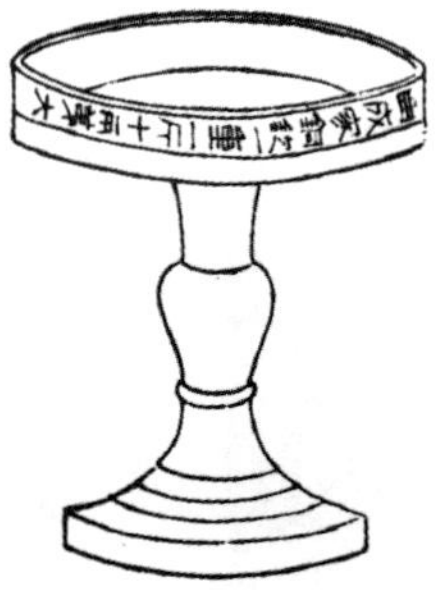

曲成家銅錠一重一斤十兩漢大

長安獲古編卷二 十三

鍪

鍪容五斗重三斤九兩十六年工從造第一閏

長安獲古編卷二 十三

橐泉一升鋗

長安獲古編卷二　十四

菅邑家二升鋗

菅邑家銅鋗
容二斗十斤重
八年三月第一

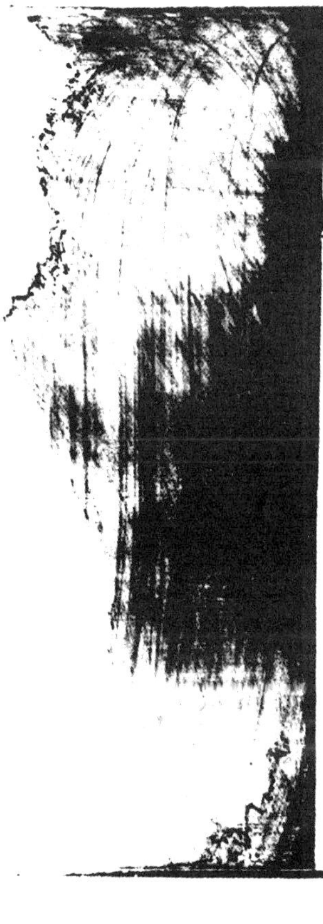

長安獲古編卷二　十五

魏其侯盆

隸氏

魏其侯銅盆容一石重十八斤八兩

弩

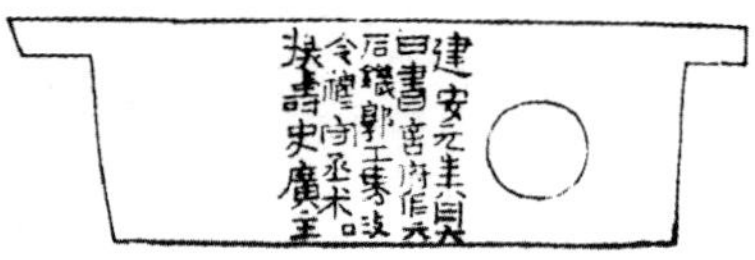

弩

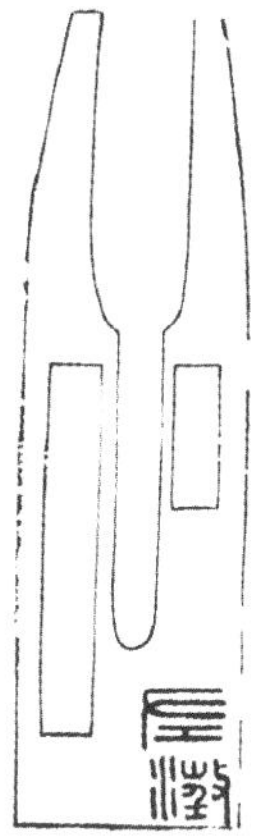

環

師比

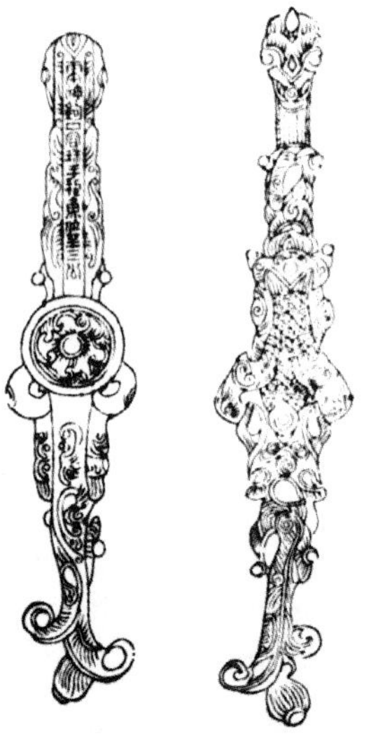

長安獲古編卷二 廿

鉤

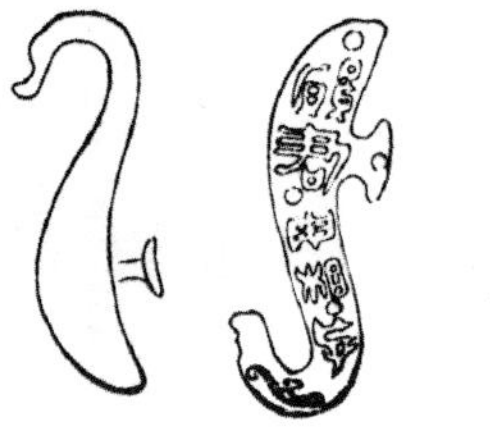

長安獲古編卷二 廿一

師比

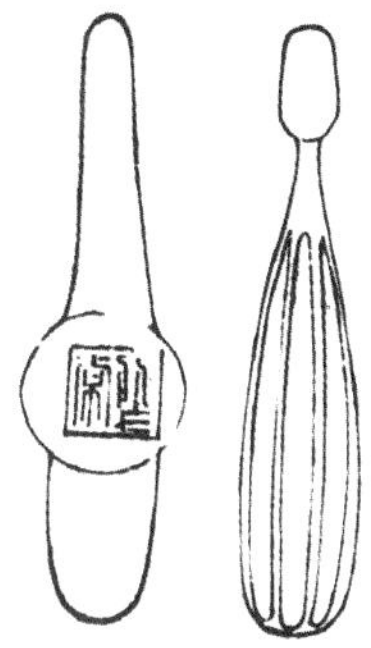

完銅器

千金銅器

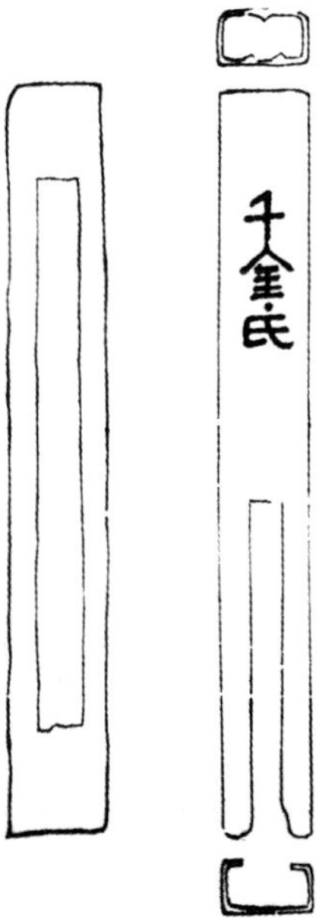

長安獲古編卷二　二十四

角王巨虛鏡

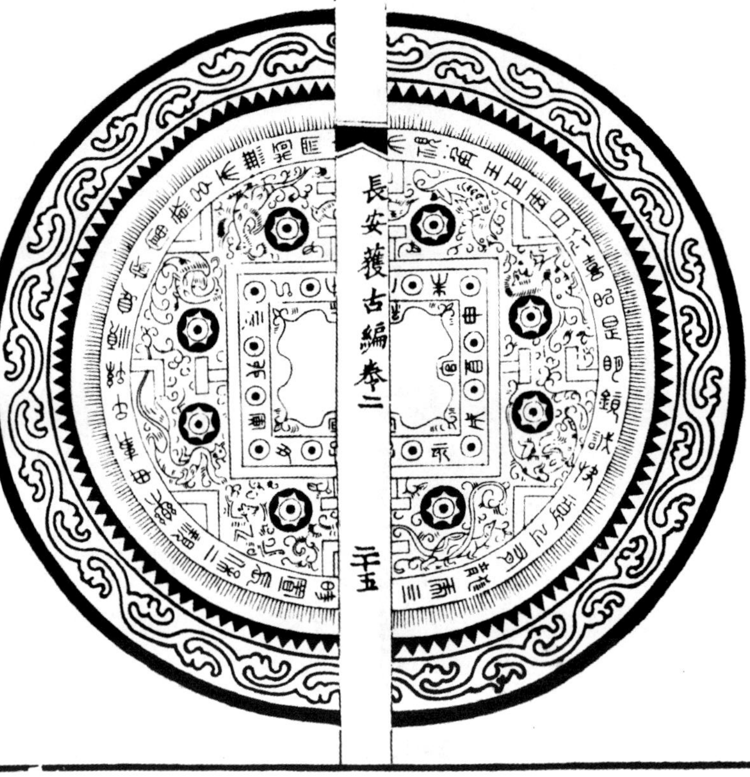

長安獲古編卷二　二十五

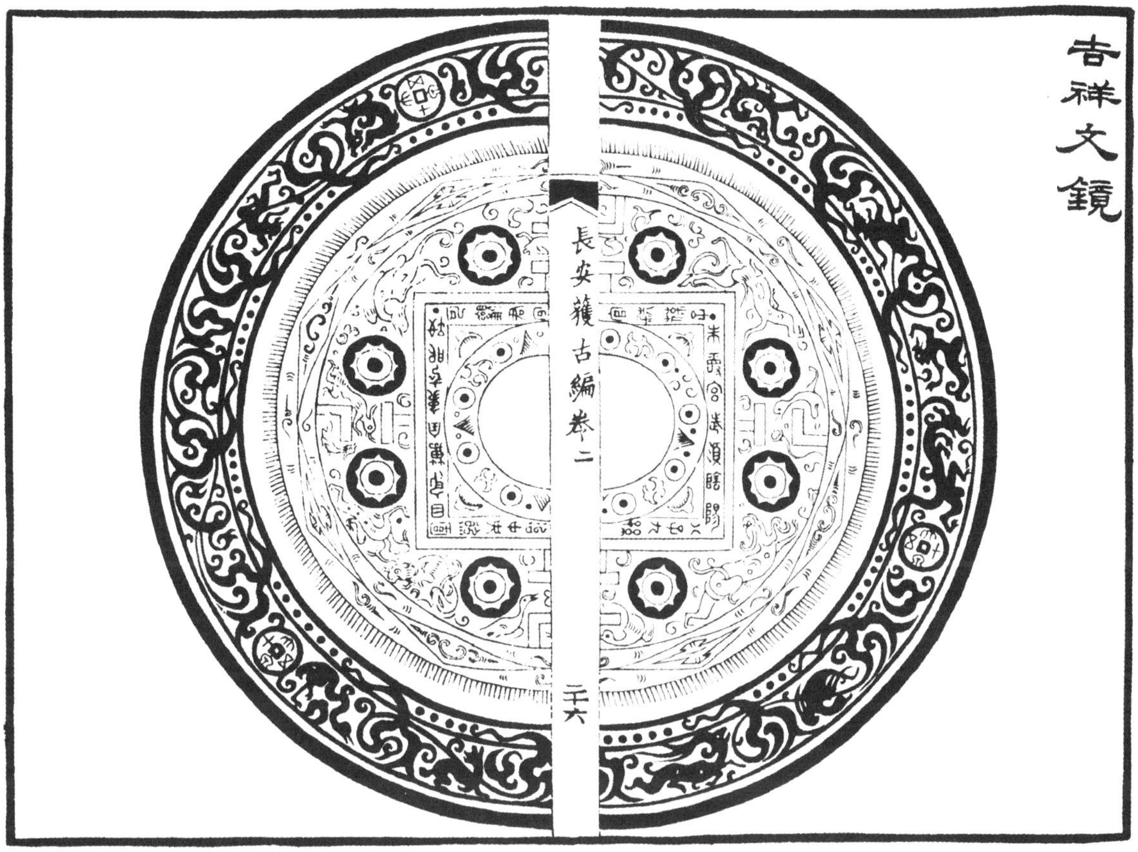
吉祥文鏡
長安獲古編卷二
二十六

尚方鏡
長安獲古編卷二
二十七

銅華鏡

長安獲古編　卷二　廿八

願長相思鏡

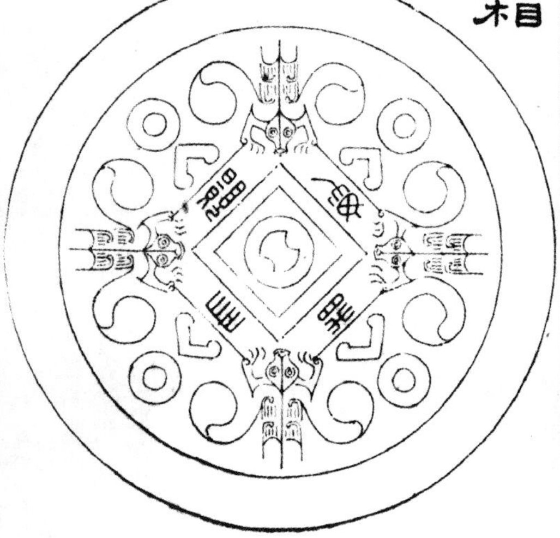

長安獲古編　卷二　廿九

願長相思鏡

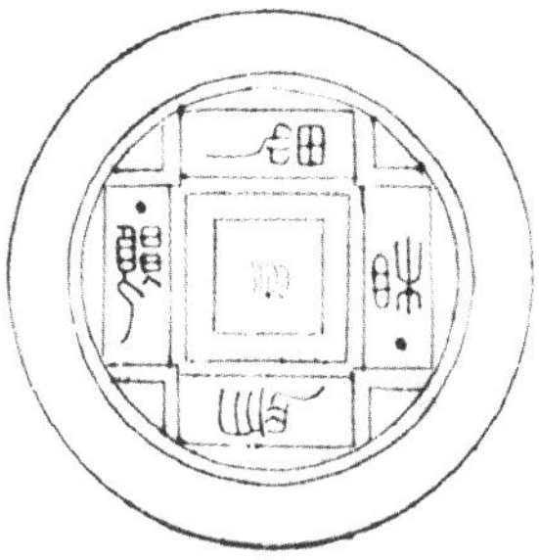

長安獲古編卷二　三十

虎符

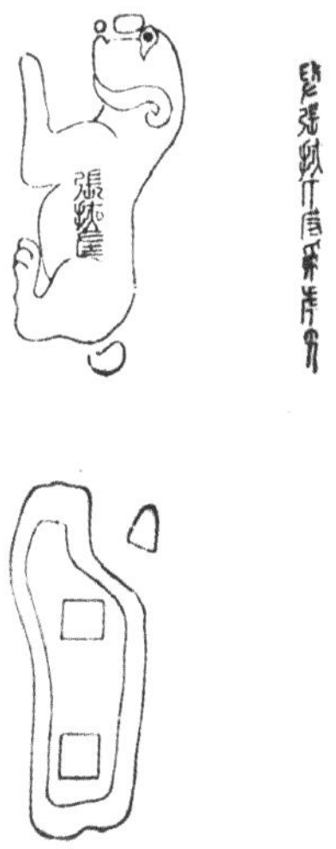

長安獲古編卷二　三十一

乕符

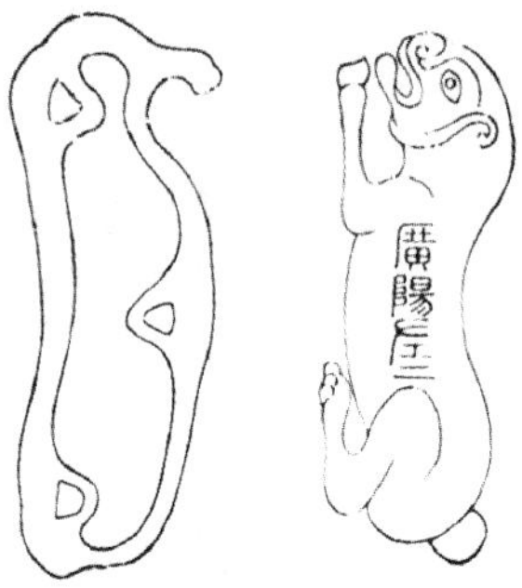

龜符

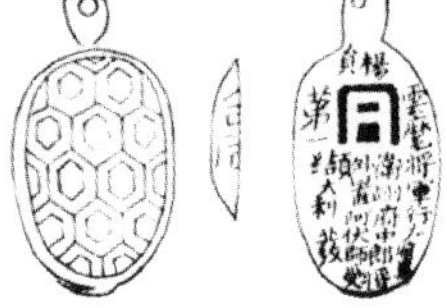

巡魚符

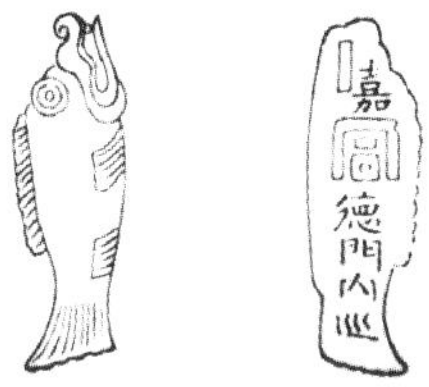

交魚符

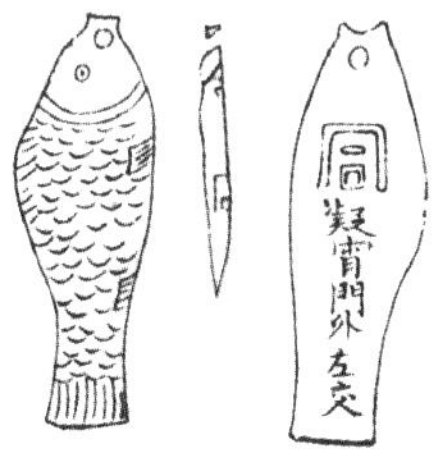

魚符

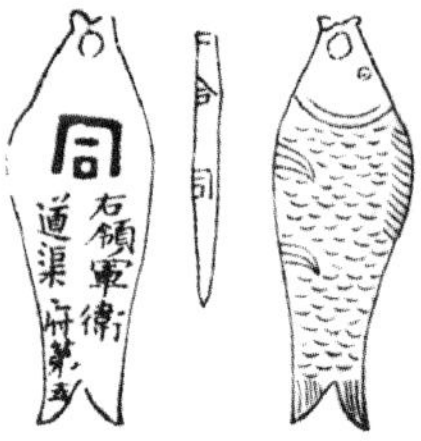

長安獲古編卷二　三十六

佐弋瓦

長安獲古編卷二　三十七

長安獲古編卷二

三十八

封泥

長安獲古編補

一

封泥

長安獲古編補　二

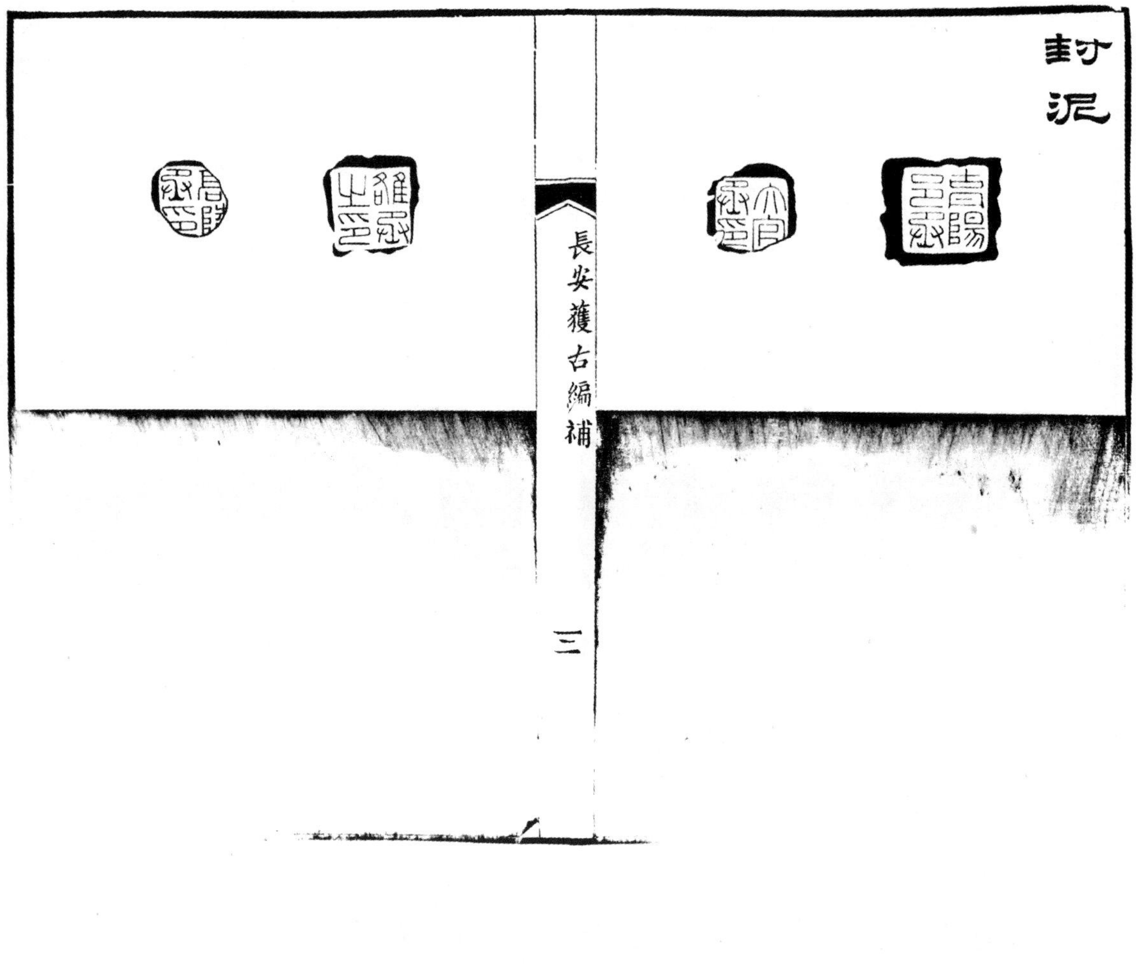
封泥

長安獲古編補　三

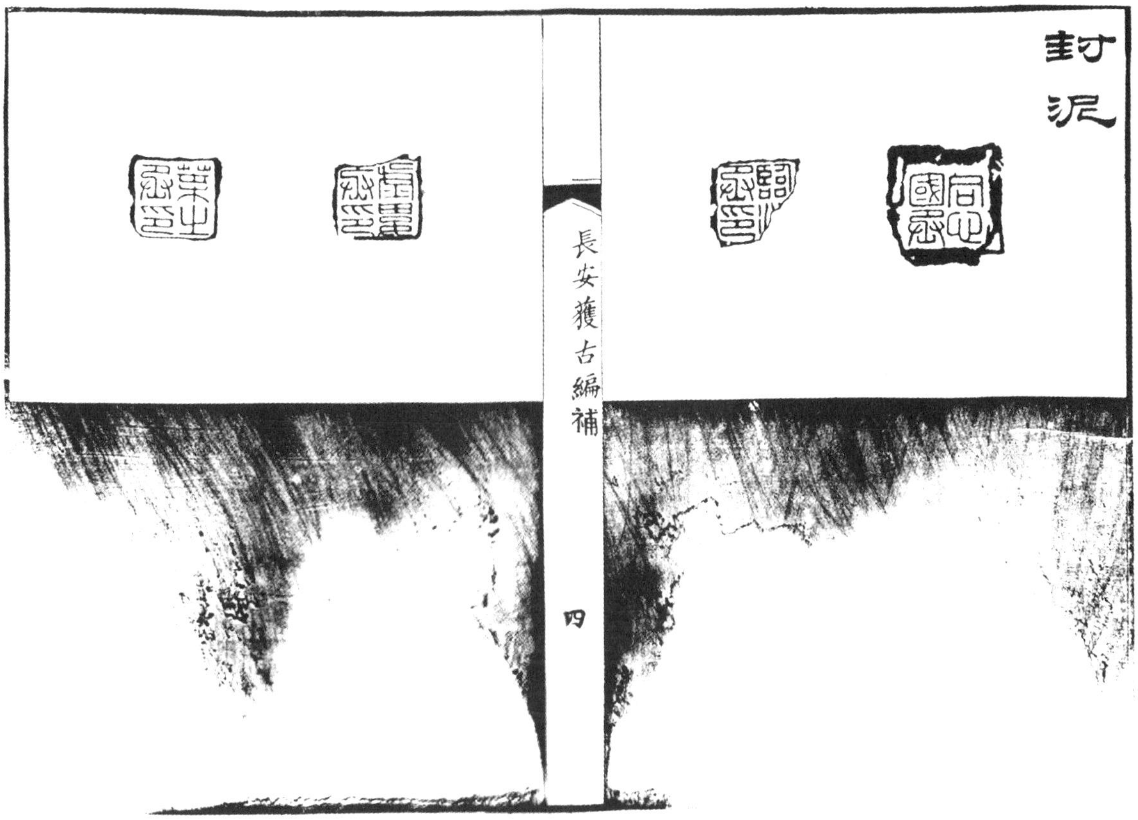
封泥

長安獲古編補

四

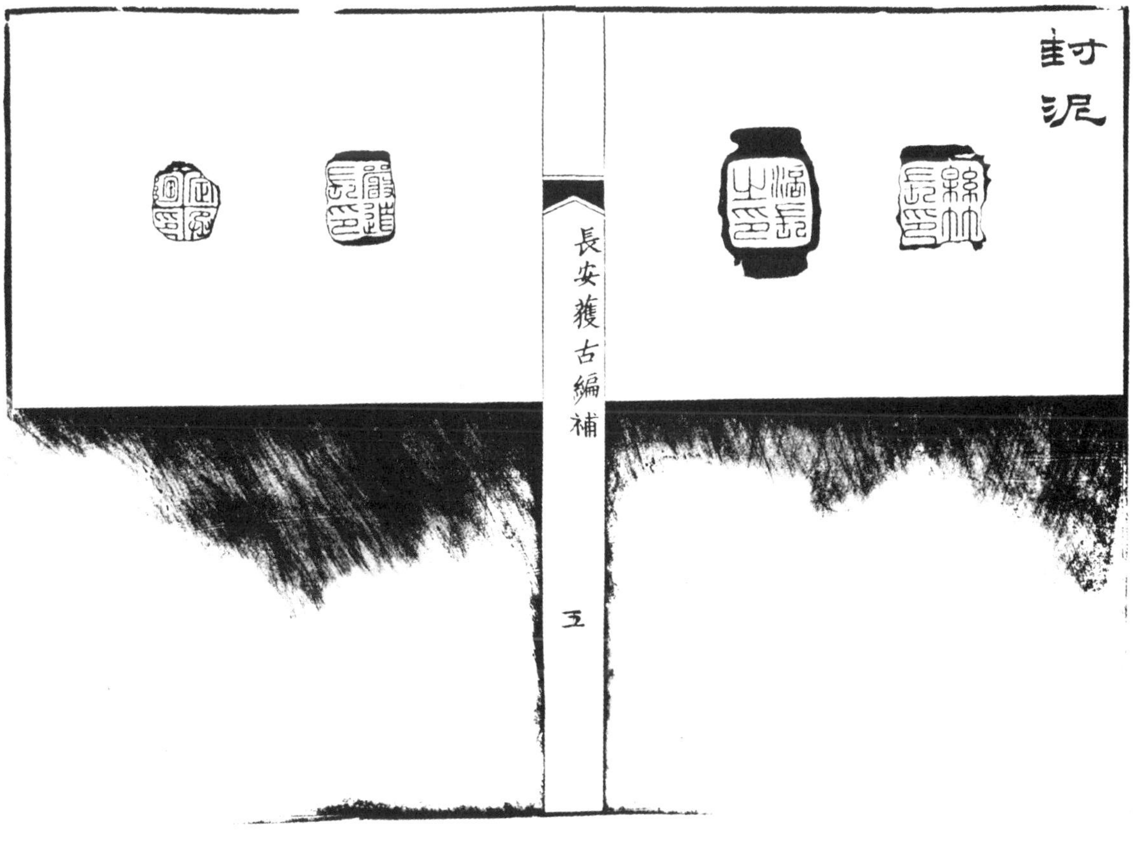
封泥

長安獲古編補

五

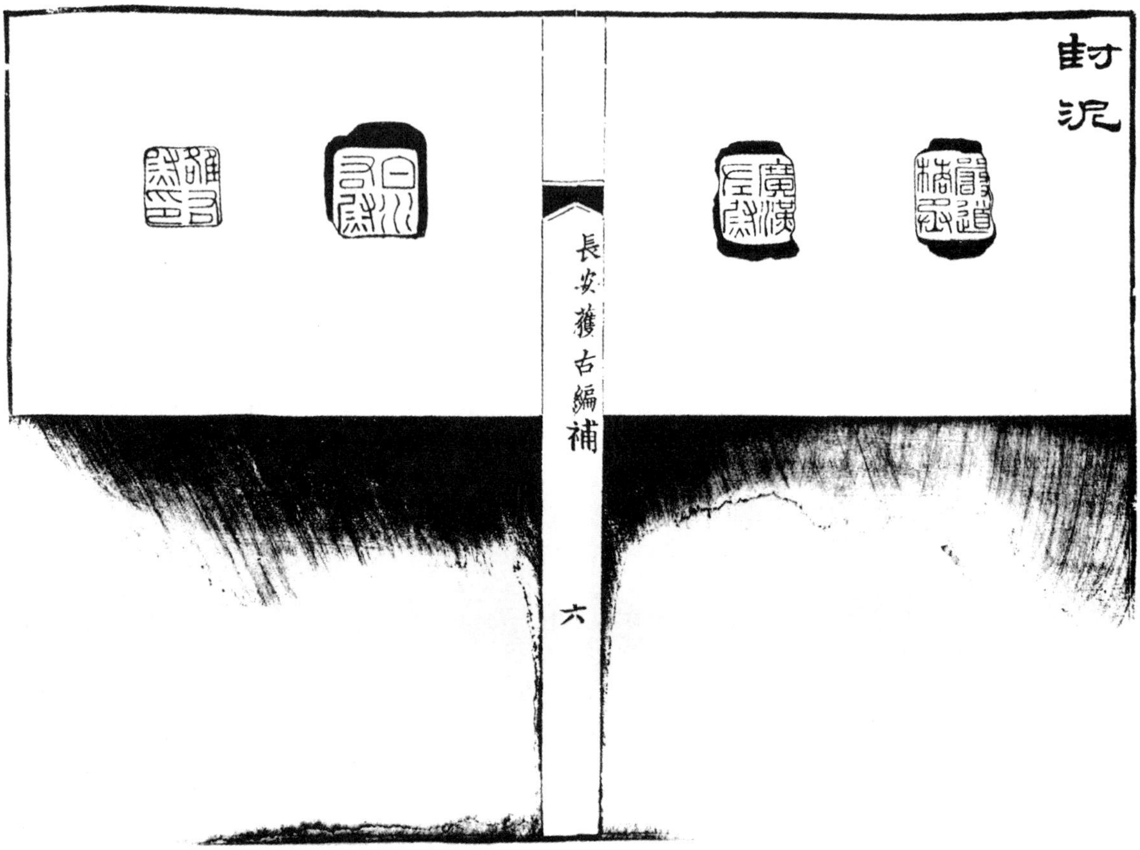
封泥
長安獲古編補
六

封泥
長安獲古編補
七

封泥

長安獲古編補

八

金都統印

長安獲古編補

九

天興元年

上

行部造

都統印
長安獲古編補
十

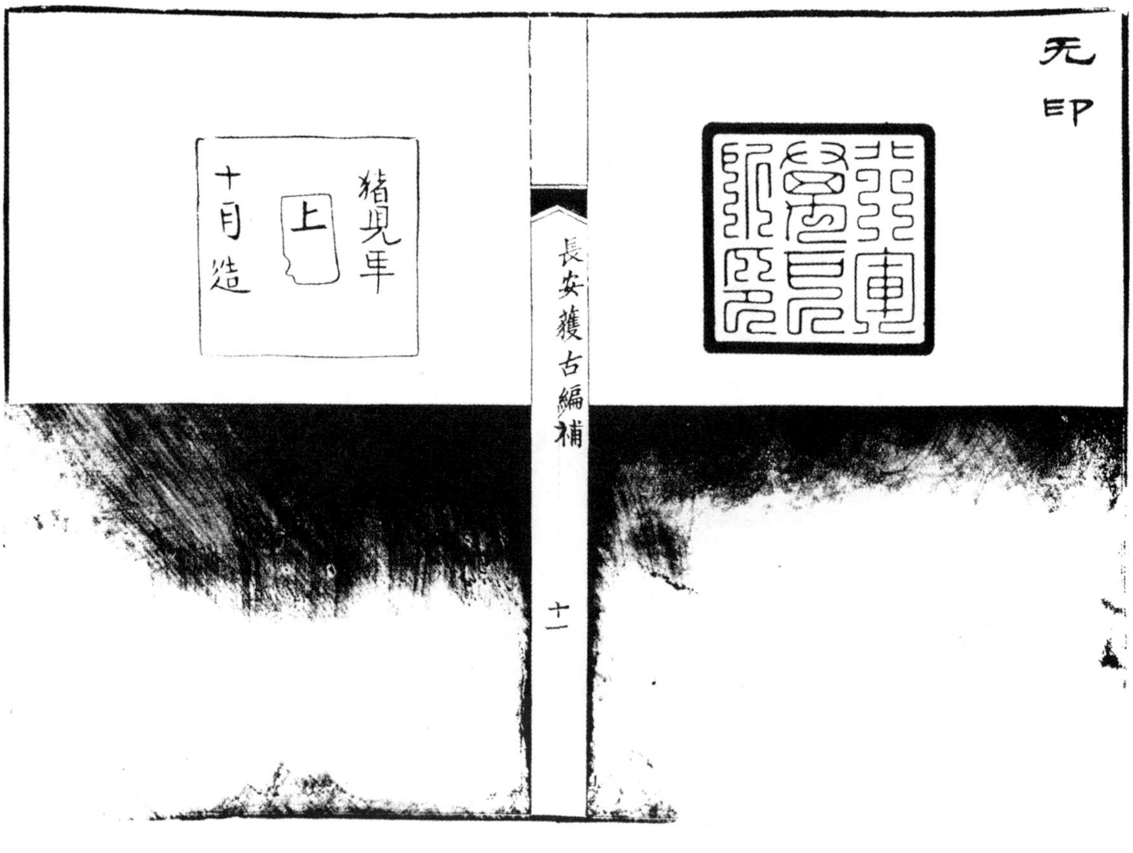
元印
長安獲古編補
十一
猪兒年
上
十月造

行軍萬戶同字印

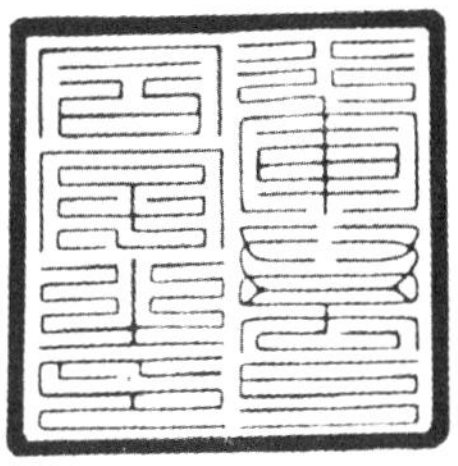

長安獲古編補

十二

義軍萬戶所印

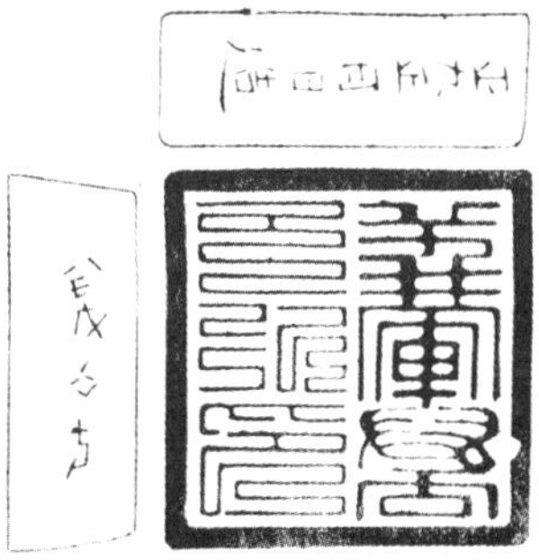

長安獲古編補

十三

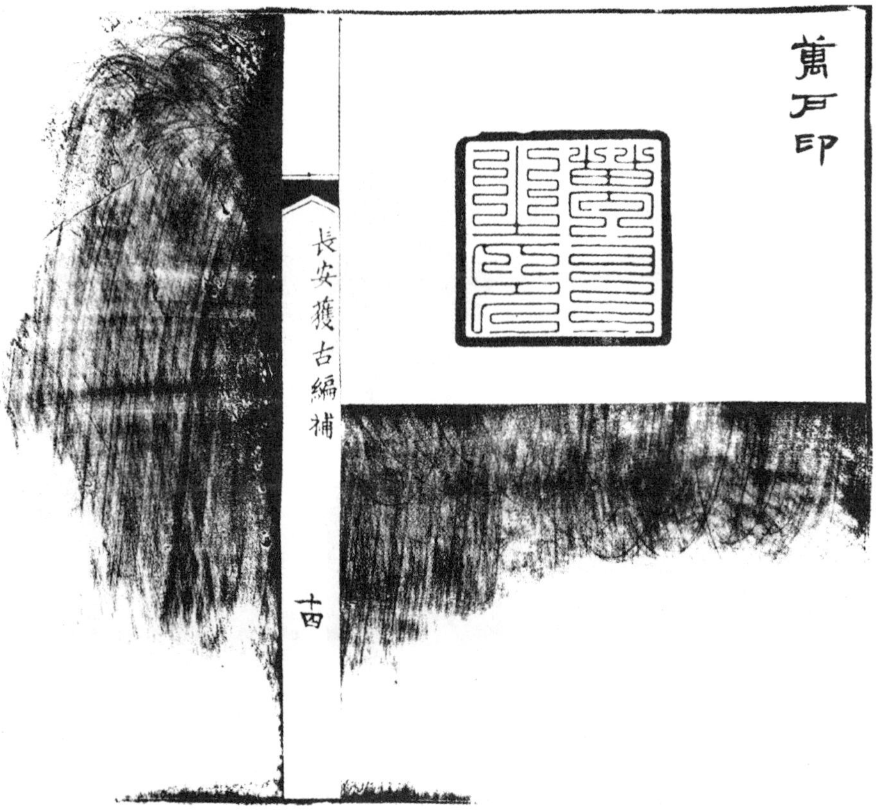
萬戶印
長安獲古編補
十四

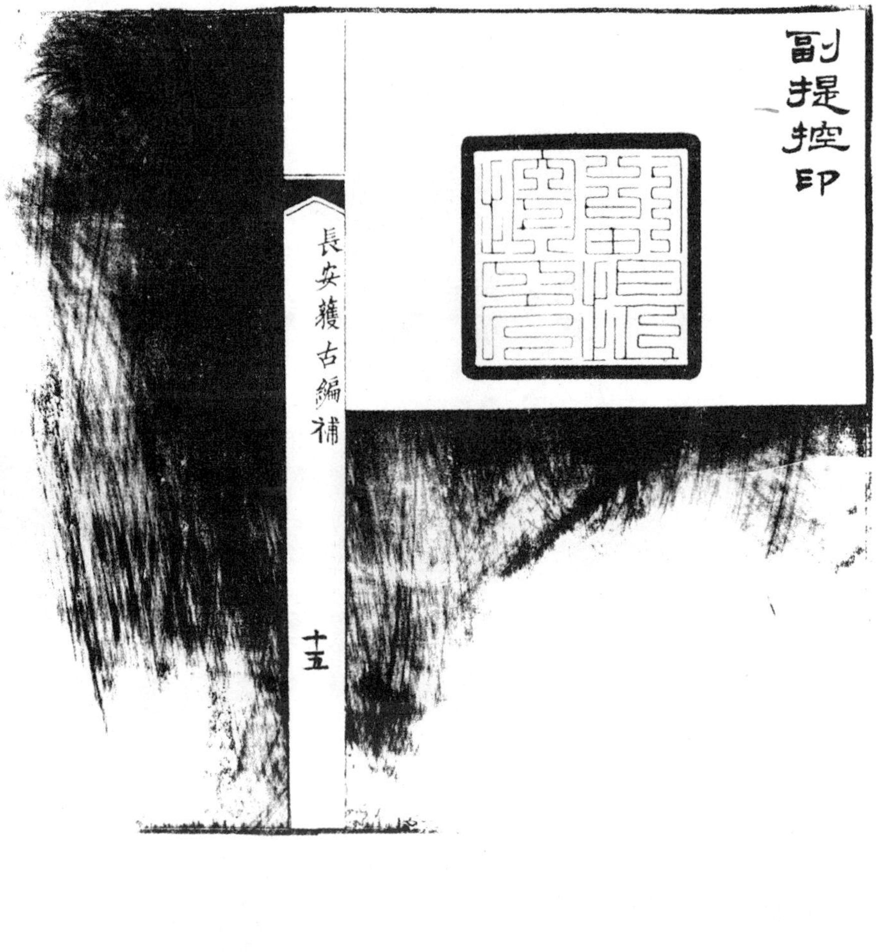
副提控印
長安獲古編補
十五

文鈔庫司鈐

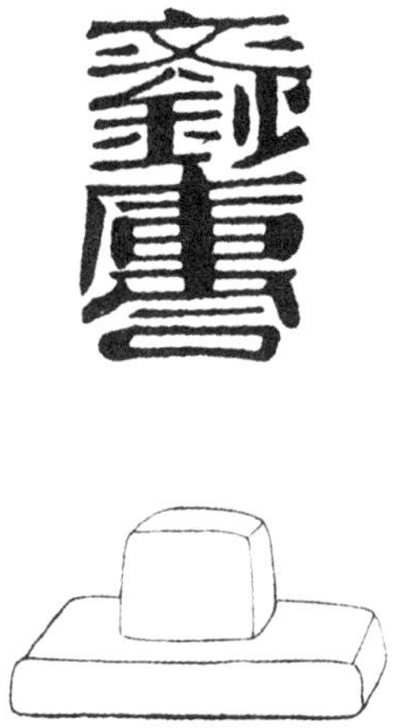

長安獲古編補　十六

什檢封

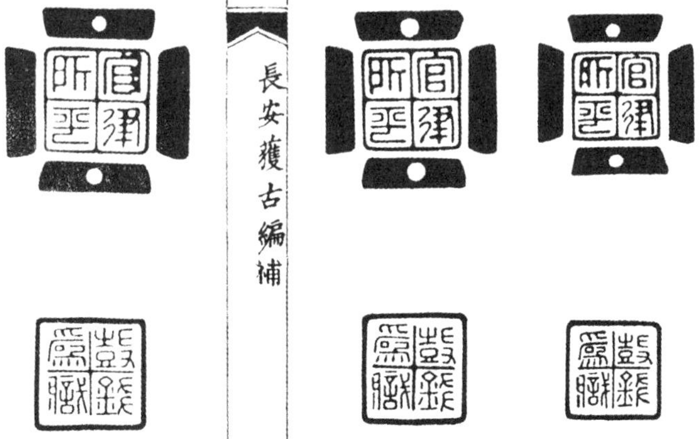

長安獲古編補　十七

長安獲古編乃劉燕庭方伯所撰一金一石皆有識跋金甫刻圖而方伯殁故僅存此稿其原本四冊潘伯寅侍郎借未失於澄懷園侍郎云石亦無甚奇品書板為徐姓所得遂印行此趙益甫致魏稼生書中語也徐姓印行後書板遂歸福山王文敏公懿榮自同治初年至今未印此京都正文齋譚篤生告予也庚子歲後板歸於予其標題原缺者乞銅梁王孝禹觀察書補刊印百部分贈同好也

乙巳秋七月丹徒劉鐵雲識

鐵雲手筆

顧氏求古錄

光緒戊子槐廬校刊
上海埽葉山房藏版

予自少時卽好訪求古人金石之文而猶不甚解及讀歐陽公集古錄乃知其事多與史書相證明可以補闕正誤不但詞翰之工而已比二十年閒周遊天下所至名山巨鎭祠廟伽藍之蹟無不搜尋登危峯探窈壑捫落石履荒榛伐頹垣畚朽壤其可讀者必手自鈔錄得一文爲前人所未見者輒喜而不寐念古人遺刻且日遠日湮後之人未必如予卽如予而數十百年之後又當磨滅幾許又歐陽趙氏二錄僅有其目而不著其文良以卷帙浩繁難於盡載而好古之君子不無遺憾乃取篋中所得重爲刪正去其大半擇可傳者錄之以遺諸後人其高文大篇已見於方志者不錄碑刻之摹拓

而傳於世者不錄近代詞人之作多有文集者不錄在乎闡幽表微備史乘之遺存前古之制然以布衣之賤出無僕馬往往懷豪舐墨躑躅於山林猿鳥之閒而北方之人鮮能識字其或限於聞見窘於日力而山高水深爲登涉之所不及者卽所至之地亦豈無掛漏又望後人之同此好者繼我而錄之也東吳顧炎武

求古錄

槐廬叢書

崑山顧炎武撰　　吳縣朱記榮校刊

唐景雲二年敕

景雲二年六月二十三日皇帝敬憑太淸觀道士楊太希於名山所燒香供養惟靈蘊秘凝眞含幽綜妙類高旻之亭育同厚載之陶鈞蓄洩煙雲蔽虧日月五枝標秀八桂流芳翠嶺萬尋靑溪千刃（古仞刃兩字通用魏橫海將軍呂君碑仞字作刃）蜺裳戾止恒爲碧落之庭鶴駕來遊卽是玉京之域百祥覃於遠邇五福被於黎元往帝所以馳心前王由其載想朕恭膺寶位嗣守昌圖恐百姓之不寧慮八方之未泰式陳香薦用表深衷實冀明靈降茲休處所

願從今以後浹寓常安朕躬男女六姻永保如山之壽國朝官寮萬姓同符擊壤之歡魚鳥遂性於飛沉夸狄歸心於邊徼實希靈鑒用副翹誠今因鍊師遣此不悉

右唐岱嶽觀碑文之一泰山之東南麓王母池有唐岱嶽觀今存茆屋三楹土人稱爲老君堂其前有碑二高八尺許上施石蓋合而東之其字每面作四五層每層文一首或二首皆唐時建醮造像之記周環讀之得顯慶六年一首儀鳳三年一首天授二年一首萬歲通天二年一首聖歷元年一首久視二年一首長安元年一首四年二首神龍元年一首景龍元年一首三年一首景雲二年二首開元八年一首大

歴七年一首建中元年一首其空處又有唐代人題名書法不一東側面有詩一首其下題名西側書題名亦有詩一首中二側面皆無字唐碑存于泰山者唯此及元宗泰山銘蘇頲東封朝覲頌二文皆磨厓刻于山上而此碑在山下以小而雙束故不仆書非名筆故摹拓者少而獨完至今因歎唐時六帝一后修齋建醮凡二十許共此二碑亦異乎近代之每歲一碑以勞人而災石者矣但不知趙德甫金石錄何以不收恐古人碑記失傳者正多耳碑下爲積土所壅余來遊數四最後募人發地二尺下而觀之乃得其全文而此敕文辭藻斐然固予之所亟錄而傳者

也其記及詩及題各載其一

景龍三年記

大唐景龍三年歲次己酉三月戊午朔十九日景子奉敕令虢州龍興觀主杜太素蒲州丹崖觀監齋呂皓仙京景龍觀大德曹正一等三人於此泰山岱嶽觀建金籙大齋報賽全恩追濟兗等州大德四十九人七日七夜轉經行道設河圖大醮更祈後福以申告請七日之之中遂呈四瑞白鶴騰輝拂霞莊而矯色黃雲覆彩映巖穴以通光絲雨飛禎家示九年之蓄烏曦抱戴壽延千載之君紀時日於青郊勒奇工於翠珓夾紵像一鋪十一事二聖本命鎮彩修造

右唐岱嶽觀碑文之一唐諱丙改丙爲景二聖中宗及韋后也

博城縣令詩

早春陪敕使麻先生祭岳　守博城縣令馬□□　我皇盛文物道化兲埊先鞭撻走神鬼玉帛禮山川忽下元州使來游紫洞前青羊得處所白鶴□時年虔懇飛龍記昭彰化鳥篇□風竿山水□氣總雲煙先抱昇中𡆠霞明五色兲山横翠微外室在絲潭邊緹幕灰壓脤焚林火欲然𠡦光著草樹春色换山泉伊水來何𡆠嵩巖去幾千山疑小兲下埊是會神仙葉令乘鳧入浮邱駕鶴旋麻姑幾𠡦歲三見海成田

右在岱嶽觀碑東側面其文剝蝕不全久視二年記所稱神都青元觀主麻慈力即其人也武后遣之至觀修醮神都即東都故有伊水嵩巖之句

又按碑凡大周年者天作兲地作埊人作𤯔聖作𨲢年作𠡦月作卍⃝匝日作𡆠授作𥠢初作𡔈唯脤字無考疑是應字凡數字作壹貳叁肆捌玖等字皆武后所改及自制字其變歴年記有云設金籙寶齋河圖大醮桼𡆠桼古七字太元經元攡曰運諸桼政玄梲曰梲擬之二桼方言曰吳有桼娥之臺是也後人不知妄于左旁添鑿三點淺而大又稍偏知非一筆唐碑書七字亦有作漆者後又省筆作柒冊府元龜載唐

元宗先天二年三月癸巳詔制勅表狀書奏牋牒年月等數作一十二十三十四十字是知前此皆借壹貳等字矣不知其始於何年也

王圓題名

淄州刺史王圓山人王昌字大歷十四年二月二十七日同登泰嶽時眞君道士卜皓然萬歲道士郭紫微各攜茶藥相候於迴馬嶺同□於王母池登臨之興無所不至

右唐岱嶽觀碑題名之一此碑有開元十九年二十年建中元年貞元十四年題名都督兗州諸軍事任要行博城縣丞公孫杲二詩俱不工不錄此碑前文

從右方起後詩并題名或從右方起或從左方起每層高下多寡參錯不一以文意筆法求之乃可辨其起訖凡唐人紀遊題名皆就舊碑之陰及兩旁書之前人已題後人即於空處插入大小高下俱無定準宋初亦然自大中祥符以後題名者乃別求一石刻書字體始得舒縱亦不與舊文相亂然石小易於搬取故題名愈多而存者愈少今之溝渠礎磨之間皆是物矣此碑面西側又有宋政和甲午題名一條

又按荼荈之荼與荼苦之荼本是一字古時未分麻韻荼荈字亦只讀爲徒東漢以下乃音宅加反而加字音居何反猶在歌戈韻梁以下始有今音又妄滅一畫爲茶字此碑兩見茶字皆從艸從余可見唐時字體尚未變爾雅檟苦荼廣韻九麻中有荼字又有茶字註曰俗是也

又任要題名曰貞元十四年正月十一日立春祭嶽遂登太平頂宿其年十二月二十一日立春再來致祭茶宴於茲曰茶宴者蓋唐時祭畢猶不用酒今不然矣

宋董元康題名

長淸董元康權宰奉高挈家游瑤池館觀元功弟題字愴然久之政和四年七月二十一日質贇侍行

右小石刻在岱嶽觀予既錄唐碑往還數四道士謂

予曰昨發地得石刻二請觀之其文亦可采因附焉下題因此

盛勛題名

政和戊戌仲夏二十九日奉旨決獄恭謁祠下餘此轉運判官盛勛公達題男志修侍行

右小石刻在岱嶽觀戊戌乃政和八年其年十一月己酉朔改元重和曰決獄者讞而決之古無仲夏斬決之事也

宋眞宗廣生帝君讚

若夫輿治喬嶽表正靈祇司生發于東方佑聰明於上帝宜乎名冠仙籍德被烝民饗祀典于蕭薌鏤徽稱於

金石者也屬以虔修封禮恭荅神庥薦顯號以致誠述斯文而頌美讚曰

節彼岱宗奠茲東土生育之地靈仙之府爰有高真允司剛命至神不測虔誠斯應茂實克昭儲祥是緊式奉嘉名用伸精意

大中祥符元年十月二十七日御書院奉勑莫勒刻石

右碑在泰山南麓青帝觀中宋真宗御製廣生帝君讚并序其文及篆額皆御書青帝即禮記月令所謂其帝太皞而史記封禪書秦宣公作密畤于渭南祭青帝者也夫帝者一而已矣易傳曰帝出乎震齊乎巽相見乎離致役乎坤說言乎兌戰乎乾勞乎坎成

言乎艮周流於四時八卦之中而其爲帝者一也家語載孔子之言曰丘也問諸老聃曰天有五行水火金木土分時化育以成萬物其神謂之五帝古之王者易代而改號取法五行五行更王終始相生亦象其義故其生爲明王者死而配五行是以太皞配木炎帝配火黃帝配土少皞配金顓頊配水於是有五天帝五人帝之說漢儒因之遂立感生帝之名謂帝王者先祖皆感太微五帝之精以生鄭康成述春秋緯說蒼帝靈威仰赤帝赤熛怒黃帝含樞紐白帝白招拒黑帝叶光紀則王子雍諸儒所排駮而後世雖存五帝之祀亦不遵用其名者也豈若易傳之言簡而當哉若真宗之事又所不足論云

加青帝懿號詔

勑中書門下名嶽配天乃衆山之推長盛德在木實品物之資生惟真宰之斯存蕋靈篇之攸紀青天真君職司煦育道叶冲虛贊元化於高明庇羣生於溥率眞祠夙建方志可徵屬嚴駕以時巡爰秘封之成禮式瞻神館冀篤冥休祇舉典章載揚懿美奉徽名而昭薦旌元德於無方用表欽崇永綏福祉宜尊懿號曰青帝廣生帝君觀宇特加修飾故茲詔示想宜知悉

大中祥符元年十月二十五日下

御祝文

大中祥符元年歲次戊申十一月戊午朔四日辛酉崇文廣武聖明仁孝皇帝謹遣尚書兵部員外郎邵曄告於青帝廣生帝君伏以峻功不宰誕彰陰隲之仁神化無方實主發生之字惟高真之幽館奠喬嶽之靈區屬以祗奉元符躬陳大報仰緊景貺克舉上儀式昭□□之稱以表欽崇之禮合申致告用達虔誠謹□言

右共一碑前刻序讚大字後刻詔祝文字稍小

升元觀牒

尚書省牒准泰甯軍奉符縣升元觀（右第一行）

泰甯軍狀據兗州儀曹掾兼兵曹婁寅亮狀稱契勘兗州奉符縣泰山之下有古洞天周三十里名曰三宮空

洞之天載石圖經是實卽目宮觀並無名額卻有建封
院一所逼連嶽廟之後殿屋完備田産頗多只一村僧
占據住持任從民間安攢邱墓穢惡不蠲深慮觸瀆眞
仙不便欲乞備申朝廷改爲道觀州司看詳本院委合
改充前件洞天道觀伏候指揮 右小字
牒奉勅宜賜升元觀爲額牒至准勅故牒 右大字草書
起復大中大夫守左丞王
特進少宰
起復少保太宰
太師魯國公　不押右字畧小眞書
政和八年六月十四日牒 右末一行

政和八年閏九月二十一日襲慶府管內都道正兼催
措置知升元觀事洞元大師賜紫道士李冲寂立石 右左
方之下

右碑在泰山東南麓升元觀其大字草書甚遒勁不
知何人筆錄之以見當日牒文之式考宋史婁寅亮
傳但云政和二年進士爲上虞丞不言歷官兗州亦
可以此碑補史之闕其曰太師魯國公則蔡京也
普照寺有金大定五年牒碑長春觀有元丁亥年牒
碑其式畧同金元碑並有印曰尙書禮部之印卽今
通行大篆文不用女直蒙古字

後唐冥福院牒

中書門下宣賜冥福禪院産業地土 右第一行第二行
起開載地土數目不具錄
右付冥福禪院准此 此一行在數目之後
長興四年九月二十三日牒 中書門下之印在二十三字上
樞密使檢校太傅平章事駙馬都尉趙 前印
樞密使檢校太傅平章事范 前印又加一印在使字上
中書門下牒冥福禪院

右牒在今泰安州城內冥福寺此牒無押而每人各
用一印兩樞密使趙延壽范延光並見五代史又今
官府文移准字本當作準相傳以爲宋寇萊公作相
日避其名改之今據後唐時牒已用准字則知此字

自取省筆之便不始萊公也廣韻二字並收准字下
注曰俗然莊子平中准管子懷繩與准鉤准繩文子
放准循繩皆用此字碑下層有僞齊阜昌二年二月
初二日給戶案不錄

宋范致君題名

武夷范致君久慕仙風自楚之魯遂登泰山以望八極
之表有宋大觀元年正月二十三日記于是碑

右小石刻在泰山南麓后土廟

錢伯言題

宣和巳亥九月二十四日面奉玉音至奉符催視嶽祠
後一月伯言至自兗明日具香燭以告上旨而罷醮於

會眞宮獨登瑞雲亭早飰於行館遂同令寇庠丞呂光
問祠官曹欽承萊蕪令韓僖道士蘇彥騆謁岱嶽觀留
連池上復自金母洞過青帝觀觀文僖丞相遺刻遂遊
白龍潭奠御范玉芽於水中愛其泉石之勝洒相與策
杖散步還過雞籠峰始復有輿躬走社首山視禪壇訪
遺跡晚入乾元觀小飲翠陰亭而歸知襲慶軍府事錢
伯言題

右碑舊在宋天書觀後人移之州城內嶽廟中西墀
古松下行書大徑寸餘

唐景龍觀鐘銘

原夫一氣凝眞含紫虛而搆極三清蘊秘控碧落而崇

因雖大道無爲濟物歸於善貸而玅門有敎滅眢在於
希聲景龍觀者中宗孝和皇帝之所造也曾城寫質閬
苑圖形但名在騫林而韻停鐘簴朕翹情八素締想九
元命彼鼓延鑄斯無射考虡偃之懿法得晉曠之宏規
廣召鯨工遠徵梟匠耶溪集寶麗壑收珍驚風雨之辰
節昏明之候飛廉扇炭屏翳營爐翥鶴呈姿蹲熊發狀
角而不振後而克揚庶其曉散靈音鎭入鴉鸞之殿夕
騰仙韻恒流鳷鵲之闈聾俗聽而成痊迷方聞而永悟
洪鈞式啟寶宇攸鐫其銘曰紫宸御厤青元樹因傾巖
集寶竭府收珍杜夔律應張衡規陳形包九乳儀超萬
鈞上資七廟旁延兆人風嚴韵急霜重音新自兹千歲

從今億春懸玉京而薦福侶銅史而司辰
景雲二年太歲辛亥金九月癸酉金朔一十五日丁亥
土鑄成

白龍池宋人題名

內供奉官李舜舉被命禱祀帝岳奉香勝致於壽聖節
日先欵青帝宮次詣白龍潭治平四年題 下云書吏李
棻從行蓋此字即棻之筆

兗守劉兗奉詔祈雪於岱宗登絕頂翌日謁白龍池之
祠元祐丁卯孟春初四日奉符令林會題 大字

貫道建欄於此以便游者元祐丁卯正月八日 大字

范陽正輔再游同魯國景元符丁丑三月二十六日

元符庚辰七月晦趙習之徐安國弟居仁孫正仲同遊
大字

皇甫偁徐端朝孫櫛同游建中靖國元年三月
日題

奉符令李珪因捕蝗恭謁白龍祠男彙侍行崇甯壬午
孟春初七日

誠中君實德升崇甯二年八月二十六日自王母池來
訪此

董元康政和甲午重九日攜家來游執贄貢侍自恭觀
元康兄留字正和乙未孟冬二十日

莆陽陳國瑞子玉恭謁白龍池祠俯洞酌泉小憩而遄

政和丁酉夏前二日 大字
姜子正子方李晉道劉言可刁文叔同來庚子四月李顯道張公美王仲興張去塵庚子孟夏十九日游池上鄄城李僨弟倢姪襲隨侍遊此癸卯孟春二十八日張子觀水於池 十三年春三月 篆書大字無年號按宋朝紀年無有至十三者若曰金元又不合一代全無題名止此一人也

右在嶽西傲來峰下白龍池壁上平廣計二十餘丈書曰龍潭曰白龍池並大字其傍皆宋人題名尚未刻鈌錄之得十五首其文畧無重複自治平迄宣和六十年間人名字亦可以想見當日太平之盛而金元以降洊遭兵火而名山奧區委之榛莽無復有題名者矣

張子觀水於池篆書張字作弡按劉原父弡仲匜銘釋張爲弡以爲張仲之器歐陽永叔從之趙明誠金石錄疑之黃長睿東觀餘論則云弡其勿反非張字考之玉篇信然此云弡子則爲張子無疑葢宋人之好奇者據原父永叔所定之字而用之耳

元聖旨碑

長生天氣力裏大福廕護助裏皇帝聖旨軍官每根底軍民每根底管子達魯花赤官人每根底來往的使臣每根底宣諭的聖旨成吉思皇帝月古台皇帝薛禪皇帝完澤篤皇帝曲律皇帝普顏都皇帝格堅皇帝聖旨裏和尚也里可温先生達識蠻每不揀甚麼差發休當者先天祝壽者麼道有來如今依着在先聖旨體例裏不揀甚麼差發休着者與咱每告天祈福者麼道泰安州有的泰山東嶽廟住持提點通義守正淵靖大師張德璘生每根底執把行的聖旨與了也這的每廟宇房院裏使臣休安下者舖馬衹應休拿者商稅地稅休與者但屬他每的水土園林碾磨舖席不揀甚麼他每的休倚氣力奪要者每年燒香的上頭得來的香錢物件只教先生每收掌者廟宇損壞了呵修理整治者這的每其間裏不揀是誰休入來休沮壞者更這張德璘梁道城根底聖旨與了也無體例勾當行呵他不怕甚麼

聖旨泰定元年鼠兒年十月二十三日大都有時分寫來

右碑在州城內嶽廟西偏延禧殿前又有至正四年猴兒年聖旨碑其文畧同不錄按元史泰定帝本紀有卽位一詔與此相類鄙俚之語播之王言傳之史冊貽笑後人然其曰每年燒香的上頭得來的香錢物件只教先生每收掌則是時香錢固未嘗以入官也後世言利之臣葢元之不如也已

靈巖寺宋李迪詩

大丞相文定公游靈巖詩

靈巖山勢異金地景難窮檜影遮層漢鐘聲落半空千

峯羅雉堞山如城壁之狀萬仞聳屛風飛翟來淸竇有雙鶴泉刳魚
掛古桐名曾參四絶峯合亞三公勢潋河濡遠行差嶽
鎭雄仙偲閬隣峻極月覩伴穹崇邃洞連蓬島重巒鑿
梵宮山而有證明功德嶽望應銷俗慮登喜出塵籠獻壽嵩衡並
分茅岱嶽同艮方標出震午位對升中嵐滴晴烟碧崖
鋪夕照紅巍峩齊太華奇勝敵崆峒鍊句供詩客模眞
怯畫工天孫分怪狀神化結全功吟賞慵回首林泉興
愈隆

先丞相天聖間嘗留詩寺壁後主僧刻石逮今歲久字
畫刓缺因命工再刊石紹聖五年三月中澣日姪曾孫
新滑州白馬縣主簿李侃敬書

右小石刻在濟南府長淸縣靈巖山寺中其山距府
九十里南接泰山北帶龍洞齊乘以爲疑卽水經之
玉符山而魏書所云朗公谷在其東南自前代稱爲
勝境宋金元人題字最多予至則當兵火之後縱橫
偃踣委之荆棘瓦礫之中然猶得唐一宋金元合四
十餘元以後不能悉數唐刻爲天寶十一載造舍利
函記文不工不足錄而宋刻年月序次以此首按史
李廸謚文定前後三知兗州其再任乃仁宗天聖中
也

滕涉詩

天聖戊辰歲七月奉詔解靑社印趨闕粤十四日道魯
魯經靈巖之山靈巖古地也山經地志頗載奇勝因餝
駕游於是時金火交勝天宇如灼周覽未卒頓獲淸
涼蓋古之君子登名山覽絶景思有以不忘者矧今相
國隴西公復題名于壁余因命筆以繼君子之行兼記
歲月而已　行右諫議大夫前知靑州軍州事滕涉
山半舊招提捫蘿躡石梯佳名標四絶勝境出三齊殿
古烟霞窟庭深檜柏蹊嶽靈分地界雲嶮接天霓香篆
淸風裊松廊翠巘低飛麏無路入幽鳥隔巖啼夢破泉
聲急飄涼竹韻淒微陽生頂上殘月落峯西蹔到猶塵
慮長居信覺迷致君功業就向此卜幽棲

祖無擇詩

寺有四絶一日靈巖余以赴官獲玆稅鞅因賦拙句用
志其行　新通守濟南祖無擇
嘗想靈蹤得道難因爲徂轡此盤桓松風逗磬僧齋冷
石水環堂客夢寒聖作儼□□典布泉寺有偃蓋松白鶴泉及太宗皇帝御書古碑猶是魏朝刊最憐山色當樓好欲去重來一凭
欄

景祐五年十月二十三日

范知章題名

高平范知章希聖公量餞弟敏求赴官相臺太原王廣
淵同來題
治平四年十月二十日寺主賜紫廣化大師記

孔舜思詩

題靈巖寺　尙書職方郎中通判齊州孔舜思忽從平地出塵籠親到諸天釋梵宮卻悟宂官長役物爭如大士日談空山横青碧千層合泉迸丹崖一線通幽鳥靜啼人外境疎鐘不墮世間風目無可欲猿猱伏心絕微塵水鑑融自恨無緣陪宴坐它生願效種松翁

熙甯九年丙辰十月　日住持傳法賜紫沙門某某立石

張會宗詩

留題贈靈巖鑒公禪師　守秘書丞分司南京張宗會宗

人中令德居高地天下精藍占好山四絕名標清世上十方僧聚白雲間二龍珠照看經靜（寺僧謂予此寺嘗有識者二龍玩珠勢也）雙鶴泉供洗鉢閑早晚利榮韁鎖脫性通三教叩禪關

丁巳三月二十七日

鮮于侁詩

留題靈巖寺七言一首兼簡載師長老　鮮于侁

馬煩箠策車馳轂終歲塵勞常碌碌喜聞巖寺並山中路轉清溪入幽谷乍行山口疑洞天窮深一上翻平田千層臺殿隱林木四面石壁生雲烟山僧迎門笑相揖爲語祖師存往跡屈指于今八百年已在西來達手前鶴鳴飛止黃金地錫杖湧起清涼泉境稱四絕名天下大合石橋乃其亞千峯不改歲寒時一水最憐秋月夜半生游學頗艱辛且向空山老此身也知方丈安禪處解笑東西南北人

元豐二年正月五日住持傳法賜紫守載立石

寇亭卞詩

留題靈巖古詩十韻　寇亭卞（卞字下缺石一角）

屈指數四絕四絕中最優此景冠天下不獨奇東州夜月透巖白亂雲和雨收甘泉瀉山腹聖日穿崖頭大暑不知夏爽氣常如秋風高松子落天外鐘聲浮祖師生朗石古殿名般舟人巧不可至天意何所留老僧笑相

語此事常窮求移出蓬萊島待吾仙子遊

元祐庚午三月二十八日東武王渼書

蔡安持詩

四絕之中處最先山圍宮殿鎖雲烟當年鶴馭歸何處世上猶傳錫杖泉

元祐壬申十月中浣睢陽蔡安持資中題

杜欽況詩

靈巖行　杜欽況

山迴路疑絕林深閉巖扃鑿翠出金碧開軒列雲屏希有昔成道久矣斯巖靈法定卧蒼壁白日穿空明金威指泉竇一鑑秋寒澄定水供言衆不縮亦不盈如公禪

卞本無營聊爲出山雲乘風任縱横坐令多寶
神轉雷霆夜月嘯雕虎玉匣開晶熒笑指八鮮池
外流中不傾何必空山雷始悟物我情
宣和六年三月二十七日書

王淵題名

方渠王淵幾道緣職事訪如師和尚徧觀靈巖勝當日
迴歷下
宣和己巳六月十二日書

金王珩詩

巡按詣靈巖名刹禮佛夢香憩坐於超然亭覽堂頭琛
公佳製謾繼嚴韻　山東路提刑王珩

鐘山英秀草堂靈林下相逢話愈清闊道謀身宜勇退
得閒何必待功成
明昌五年十月十五日上方靈巖禪寺住持傳法沙門
廣生立石

路伯達詩

琛公堂頭和尚有題超然亭頌因次其韻　冀州節使
路伯達
六合空明現此亭本來無垢物華清客來便與團欒坐
萬偈何妨信手成
明昌五年十二月十五日上方靈巖禪寺住持沙門廣
琛立石

元傳亭詩

至正乙未秋九月因公赴山東遊靈巖禪寺
秋晚登臨上岱宗扶筇來此謁崆峒閒雲送雨過深洞
老鶴將雛度遠峯白日清泉心未了黄花紅葉思無窮
攜書歸隱知何日坐想口口入夢中
靈巖山房尋同年長清縣尹張君德昭不遇
慈恩塔上題名後京國分攜十四年夢想故人詩句裏
坐看黄菊酒杯邊停雲靄靄秋容淡落葉蕭蕭客恨偏
獨倚口口重搔首又鞭歸騎過前川
丙申春三月海嶽降御香回重遊靈巖次題明叔詩韻
石徑穿雲雨意涼乘軺重過老僧房門前古栢凝新翠

巖畔幽深散異香鶴舞雙泉春水緑龍歸深洞暮山蒼
禪僧久已無拘礙笑我狂遊去遠方
前進士應奉翰林文字承事郎同知制誥兼國史院編
修官傳亭題時弟益男文炳侍行云
右石刻大小不一凡十三通俱在靈巖寺其它刻宋
時者則有田稹五言詩嘉祐五年王逵千佛殿記元
豐庚申李公顏金像記元祐壬申卞育遊山記大觀
戊子郭思遊山記大觀三年住持仁欽篆書心經
大觀四年仁欽生老病死苦頌仁欽十二時歌仁欽
靈巖十二景詩政和元年淨照和尚誠文政和五年
劉付政和乙未趙子明題名靖康元年高直臣題名

而蔡卞經碑四幅前元符二年十二月十三日書後建中靖國元年十一月五日書在御書樓下特爲書家所珍又有面壁像碑宋建中靖國元年陳思道記金皇統七年重立金時者則有皇統七年雲公禪師像正隆丙子張汝爲題名大定戊戌蕭守中題名明昌六年本寺田園記明昌七年党懷英靈巖寺記元時者則有蛇兒年大元國師法旨碑蒙古字至元龍兒年帝師法旨碑蒙古字大德六年天童覺和尚默照銘至正四年察罕普華碑書唵麻呢巴彌吽一行漢字一行蒙古字凡元碑最多不盡錄錄其稍異者有至治元年忽都虎郡王大夫人八八達氏詩詩只二

句日巖前松檜時時綠殿上君王歲歲春大字刻之亦不類婦人筆也又有宋蘇子由五言驗爲後人補刻而復有子瞻徐州一歌誤刻于此其詩各見集中不錄後之君子知予之所取者非以吹二氏之狂瀾拾閏朝之落艷而情深好古意在闡幽自有不能已者且因以覽世道之汙隆考文辭之醇醨亦豈不爲學人之一助哉

唐岱嶽觀雙碑

西一碑北面第一層

顯慶六年二月二十二日　勑賜東嶽先生郭行眞弟子陳蘭茂杜知古馬知止奉爲皇帝皇后七日行道並造素像一軀二眞人夾侍

大周萬歲通天二年歲次丁酉東明觀三洞道士孫文雋奉　而冊金輪聖神皇帝肆㊊五㊐勑將侍者姚欽元詣此嶽觀祈請行道事畢敬造石而尊像一軀並二眞人夾侍庶茲景福永奉聖躬聊記其年用傳不朽

專檢校博城縣主簿關彥博錄事張則上

第二層

久視二年太歲辛丑㊊乙亥朔二㊐丙子神都青元觀主麻慈力親承聖旨內賚龍璧御詞繒帛及香等物詣此觀中齋醮功畢伏願我皇萬福寶業恒隆敬勑□□□齡冀同礪而無朽

侍者道士麻弘倩　祇承宮朝散郎行兗州都督府參軍事攝功曹房希聖　祇承官登仕郎行兗州都督府錄事劉懷彥儀鳳三年三月三日大洞三景法師葉法善等奉勑于此東岳修齋設河圖大醮所有□線等物敬造壁畫元始天尊萬福天尊像兩鋪功德郎畢立石紀年　此係在左方按儀鳳是高宗年號反在武后之後不可解

第三層

大周長安四年歲次甲辰十一㊊癸未朔十五㊐丁酉□□觀威儀師邢虛應法師阮孝波承議郎行宮□承劉懷□都□□□奉勑於東岳觀岱岳觀中建金籙大

齋卌九日行道設醮奏章投龍薦璧以本命鎮綵物奉
爲皇帝敬造石天尊皇上天尊一鋪十事口壁畫天尊
一鋪十三事敬寫本際經一部度人經十卷欲茲功德
奉福𨲢躬其匝四𡆠前行道之時忽見𡆠彩揚光加以
抱戴俄頃之際雲色稍殊遂有紫霞間起黃雲聿興遍
覆靈場並成輿蓋覩斯嘉瑞敢不書之齋醮既終勒文
于石　岱岳觀主倫虛白　專當官宣德郎行兗州都
督府參軍事王處廉　專當官文林郎守博城縣主簿
韓仁忠　專當官岳丞劉口口

第四層　大曆八年建醮并造碑樓題名剝蝕不全

西碑南面第一層

大周𨲢曆元年歲次戊戌臘𠥱癸巳朔貳𡆠甲午大宏
道觀主桓道彥弟子晁自揣奉勅于此東岳設金籙寶
齋河圖大醮叅𡆠行道兩度投龍遂感慶雲三見用齋
醮物奉爲𠑺冊金輪𨲢神皇帝敬造等身老君像一軀
並二眞人夾侍　兗州團練使都虞候銀青光祿大夫
試衞尉卿上柱國高晃　兗州團練使押牙忠武將軍
守左武衞大將軍上柱國趙俊　專當官博城縣尉李
嘉應　此三人宿銜書作五行從左方起

第二層

大周長安四𠡦歲次甲辰玖匝甲申朔八𡆠辛卯勅使
內供奉襄州神武縣雲表觀主元都大洞叁景弟子中
岳先生周元度并將弟子貳生金州西城縣元宮觀道
士梁悟元奉叁匝貳拾玖𡆠勅令自于名山大川投龍
璧修无上高元金元玉清九轉金房度命齋三𡆠三夜
行道陳設醮禮用能𠑺埊清和風雲靜默神靈效祉表
𨲢壽之無窮者也　專當官朝散郎行參軍燉煌張俊
并書　專當官文林郎守博城縣主簿韓仁忠　專當
官宣德郎行口口曰劉元機

第三層

大唐景雲二年歲次辛亥八月癸卯朔十四日景辰蒲
州丹崖觀上座呂皓仙奉今年閏六月十九日勅往東
岳及萊州東海投龍并道次靈跡修功德將弟子二人

蒲靈山觀道士杜含光丹崖觀道士王元慶道士孫藏
暉於此三日三夜冊九人金籙行道設齋醮并投龍
　朝議郎曹參行倉庫陸大鵬　朝議郎行兵曹參軍
高岌　通直郎行參軍袁幹　特宣議郎行瑕邱縣丞
裴遇等奉都督齊國公崔處分令此起居呂尊師時屬
仲秋謹題斯記

第四層

大唐大歷七年太歲壬子正月癸未朔廿三日乙巳奉
勅于岱岳觀修金籙齋醮及于瑤池投告事畢故題記
　修功德中使內侍魏成信　判官文林郎守內府丞
劉元載　判官掖庭局丞楊彥瓌　小使掖庭局丞

魏貴珍　使內供奉道士中升元　使翰林供奉道士
王瑞靜　山人王昌宇　弟子道士李日榮　駱眞運
大叔法澄　行宮陳顒　同勾當官朝議郎行乾封縣
尉郭璆　專知齋醮檢校官朝議郎行兖州府參軍王
楚李志晟張守珪　行官郭元光劉仙口

第五層題名不全

東一碑北面第一層

大周天𥘉二𠦚歲次辛卯二(卍)癸卯朔日(乙)壬子金臺
觀主中岳先生馬元貞將弟子楊景初郭希元內品官
楊君尚歐陽知琮奉𦾔神皇帝勑緣大周革命令元貞
往五岳四瀆投龍作功德元貞於此東岳行道章醮投

龍作功德一十二(乙)夜又奉册敬造石元始天尊像並
二眞人夾侍永此岱岳觀中供養
祇承官修德郎行兖州都督府倉曹參軍事李叔度

第二層

長安元𠦚歲次辛丑十二月己亥朔二十三(乙)辛酉道
士金臺觀主趙敬同侍者道士劉守貞王懷亮等奉十
一匣七(乙)勑于此泰山岱岳觀靈壇修金籙寶齋三(乙)
三夜又於觀側靈場之所設五嶽一百廿槃醮禮金龍
玉璧並投山訖又口鎮綵紋繒敬造東方玉寶皇上而
尊一鋪並二鎭八仙童仙女夾侍口口口口供養其(乙)
祥風暫息瑞雲便停香燭氤氳(乙)匪明朗神靈口祉吉

祥事畢故刻石記時勒名題(乙)
專當官宣義郎行博城縣丞公孫口　專當齋并檢校
像官博城縣主簿登仕郎董仁智　都檢校官承議郎
兖州大都督府戶曹參軍王果

第三層

大唐神龍元年歲次乙巳三月庚辰朔二十八日丁未
大宏道觀法師阮孝波道士劉思禮品官楊嘉福李立
本等奉勑于岱岳觀建金籙寶齋卌九人九日九夜道
弁投醮投龍功德既畢以本命鎭綵等物奉爲皇帝皇
后敬造石元眞萬福天尊像一鋪
檢校尚書駕部郎中使持節都督兖州諸軍事兼兖州

刺史侍御史元　本州團練使任要貞元十四年正月
十一日立春祭岳遂登太平頂宿其年十二月廿一日
立春再來致祭茶宴于兹
同遊詩客京兆常洪押衙王遷運　乾封縣令王怦尉
邵程嶽令元翼造車十將程日昇後到續題　給事郎
試太子中允劉秀艮書
此因神龍記後石有空處遂附題焉中唐以至宋初
大𠦚如此其書從左方起

第四層

大唐景龍二年歲在戊申二月甲子朔十二日乙亥大
龍興觀口口口口勑往東嶽陳章醮薦龍璧以其月廿

七日辛卯於大嶽觀并上□□□□設金籙行道九日
九夜燒香然燈并設五岳名山河圖等醮□□□功德
事畢奉用本命紋繒及餘鎮綵敬造鎮國天尊一鋪一
十六事□□□皇猷永固與靈岳而恒安國祚長龍等
元都而自久朝議郎行兖州□□□軍事王翰朝散郎
行兖州府都督參軍事上柱國兼直安樂公主府□□
□乾封縣令上柱國張懷貞儒林郎行乾封縣主簿
騎都尉韓仁忠等恭承睿旨沐浴身心虔拜靈壇勤亦
至矣稽首無上而為讚曰泰山巖巖兮陵紫氛中有羣
仙兮乘白雲陳金薦璧兮□□□□臘月中與韋戶曹
遊發生洞徘徊之際見雙白蝙蝠三飛洞門時多異之
同為□號　任要　山翠幂靈洞洞深元想微一雙白
蝙蝠三度向明飛雖然有兩翅了自無毛衣若非飽石
髓那得淩□□偶見歸堪說殊勝不見歸　同前韋洪
欲驗發生洞先開冰雪行窺臨見二翼色素飛無聲
狀類白蝙蝠幽感騰化精應知五馬來啟蟄迎春榮露
晃□之久鳴騶還慰情此亦附題從左方起
東碑南面第一層
大唐景龍三年歲次己酉三月戊午朔十九日景子奉
勅令虢州龍興觀主杜大素蒲州丹霞觀監齋呂晧仙
京景龍觀大德曹正一等三人于此泰山岱岳觀建金
籙大齋報賽前恩追濟兖等州大德卅九人七日七夜

轉經行道設河圖大醮更祈後福以申告請七日之中
遂呈四瑞白鶴騰輝拂霞莊而矯色黃雲覆彩映巖穴
以通光絲雨飛禎家示九年之蓄烏曦抱戴壽延千載
之君記時日于青郊勒奇工于翠琰夾紵像一鋪十事
二聖本命鎮彩修造
戶曹盧近觀　縣令張懷貞　主簿韓仁忠
第二層
景雲二年勅已見前
開元十九年十一月都大宏觀道士張遊霧京景龍觀
大德楊琬建立真君于此修齋三日三夜專當官朝散
郎曲阜主簿上觀賓登仕郎乾封縣尉王去非攝丘尉
攝此縣盧昊
第三層
歲六月我皇有意于神仙勅使正議大夫內給事梁思
陁寺伯倶元明等與道士任無名于東岳泰山投龍合
練寵以紫綍送以紺錢皇皇焉濟濟焉乘傳而來矣都
督韋君仰祇帝命遠把使車爰擇幹明式經構葺朝議
郎行功曹蓋寡疑宣德郎行參軍李烈恭行郡命屆茲
岱嶺因太山之木用近土之人鑿碧巖壘丹竈列星柱
亘虹梁匠無宿舂農不下壟嘗未浹日厥功已成棟宇
以來莫籌其速乾封主簿趙脊持劇務以應諾總羣事
而趨走恪勤匪懈不遑自甯息徒庀工刻詞貞石于時

開元八年歲次庚申七月壬子朔廿日辛未畢此功也
瑕丘尉攝此縣盧昊
第四層
開元廿年二月八日勅使內侍省內謁者監胡寂判官
掖庭局監作甯君愛囗上騎都尉王元德專知官登仕
郎行乾封縣尉王去非　騶使官樂瓌題記以上從左
方起
淄州刺史王圓山人王昌宇大歷十四年二月廿七日
同登太岳時眞君道士卜皓然萬歲道士郭紫微各攜
茶藥相候于廻馬嶺同憩于王母池登臨之興無所不
至已上從右方起

第五層
平盧淄青支度判官中大夫檢校尚書工部郎中兼侍
御史敬誊　節度押牙中大夫試殿中監馮珣　山人
呂滔　文林郎守兗州府兵曹參軍田浩　文林郎任
城縣尉高鍠　朝散大夫行任城縣令權知乾符縣令
楊序　節度驅使官朝散郎試光祿寺主簿明幹　唐
建中元年二月廿九日同囗囗岳因訪瑤池故志之
東側面
早春陪勅使麻先生祭岳詩已見前
西側面
五言贈諸法師　宣承郎行博城縣丞公孫杲

翛鶴排朱霧乘鸞入紫烟凌晨咮潭菊薦暮玩峯蓮玉
葉低梁下金颷引窗前嘯傲雲霞際留淸鮮羽年
西側面各有題名猥雜不錄西側面上有一題名云
長淸董元康權宰奉高受代將歸同王彥文遊政和
甲午重九日崇道繼至惟此一條是宋人書
李負詩
恒嶽晨望有懷　定州司馬李負
二儀均四序五嶽分九州靈造難窺測神功匪易酬恒
山北臨岱秀嶧東跨幽湏洞鎭河朔差峩冠嵩邱禋祠
彰舊典壇廟列平疇古樹侵雲密飛泉界道流從官叨
佐理銜命奉珍羞薦玉申成效鏘金諒有由郊原昭初

日林薄委徂秋塞近風聲厲川長霧氣收他鄉饒感激
歸望切祈求景福如光願私門當復侯
右詩在眞定府曲陽縣北嶽廟中廟有唐時大碑五
其一韋虛心文陳懷志書行草其一張嘉貞文自書
其一鄭子春文崔鐶八分書其一李荃文戴千齡八
分書其一劉端文王知新書行草碑陰及兩旁刻字
皆滿其上層爲積土所埀而余至時倉卒求梯不可
得止就下方讀之大率皆貞元至天祐十數朝祭嶽
題名亦有宋人刻字獨此詩在韋碑後文雖不工然
予見近代君子搜剔唐人之詩至于無名氏不知何
代人之作皆收而附之而此灼然不誤者乃不得與

斷簡殘編之列又北嶽廟自大碑之外絕無題詠故特錄焉又有宋王禹偁陳彭年韓琦三大碑及白憲書石幢一字皆可觀而稚圭自書逼眞顏魯公世人傳其字者罕也

李克用題名

河東節度使檢校太保同中書門下平章事隴西郡王李克用以幽鎮侵擾中山領蕃漢步騎五十萬衆親來救援與易定司空同申祈禱翊日過常山問罪時中和五年二月廿一日克用記易定節度使檢校司空王處存看題至三月十七日以幽州請就和斷遂卻班師再謁晬容兼申賽謝便取飛狐路卻趨河東克用重記下小

求古錄　三十　朱氏槐廬校刊

字云天會十二年七月六日尚書都官員外郎知曲陽縣事高君陳謨刊

右石刻在北嶽廟中大字甚佳克用沙陀之子不聞工於筆法宣和書譜謂朱梁太祖批荅賀表當是筆吏所書此亦其類與宋沈括筆談云嶽祠在曲陽祠中多唐人故碑殿前一亭中有李克用題名則知此字當時所刻或燬于靖康之兵火而金天會十二年重刻之石也又存中言北嶽常山今謂之大茂山是也半屬契丹以大茂山分脊爲界

嶽祠舊在山下石晉之後稍遷近裏今其地謂之神棚卻恐未然按碑宋初祠爲契丹所焚淳化二年曾遷而唐朝臣碑皆在其中亦非徙至者也王貞遊三

闕記云廟貌著于唐不自宋始可信

宋蘇軾題名

蘇軾禱雨嶽祠同李之儀李士龍鄗長卿孫敏行口口賈温之

右小石刻舊在嶽廟今移縣治賓館又有子瞻書詞歸去來兮一闋清夜無塵一闋九十日春一闋用石二片兩面書之舊在縣西北二里水寶巖今移岳廟皆大字其詞見蘇文忠公集中

吳越武肅王墻隍廟記

重修墻隍神廟兼奏進封崇福侯記

若夫冥陽共理之規人神相贊之道傳于史册今昔同

求古錄　三十一　朱氏槐廬校刊

符切以浙東地號奥區古之越國當舟車輻湊之會是江湖衝要之津自隋末移築于墻因遷公署據卧龍之高阜雉堞穹崇對鏡水之清波風烟爽朗緬惟深固宜叶冥扶故唐右衛將軍揔管龐公諱玉頃握圭符首臨戎政披榛建府吐哺綏民仁施則冬日均和威肅則秋霜布令屬墻愛戴黔庶謳謡尋而罷市興嗟餘芳不泯衆情追仰共立嚴祠鎮百雉之岡巒宰軍民之禍福殿堂隆邃儀衛精嚴式修如在之儀仰託儲靈之蔭往載孽生劉氏妖起羅平予躬稟廟謀恭行天討數年擐甲兩復越墻背貧肸蠁之功以就戡平之業特爲重增儀偽嚴潔牲牢邇來四野無塵重門罷柝丁卯歲揚旌東

渡泳撫軍民躬奠椒漿目瞻靈僞每暢吳風越俗共歌
道泰人安昔爲兩鎭之疆今作一家之慶遂馳牋表請
降封崇所冀朝恩與西使始牧齊標疑有誤美稱共秦鑾
對聳尋蒙天澤果賜允俞須崇福之嘉名昇五等之尊
爵其所奏勅命具列如左　右小字
勅鎭東軍墻隍神麗玉前朝名將劇郡良材傾當作頃因
剖竹之辰寶有披榛之績翊修府署綏緝當作輯吏民豈
獨遺愛在人抑亦垂名終古況錢鏐任隆三鎭功顯十
臣能求福而不回致效靈而必應願加懿號以表冥符
宜旌茂業之功用顯優隆之澤宜賜號崇福侯仍付所
司牒至准勅者　右大字

噫乎人惟神祐神實人依爰自始建金湯肅陳祠宇奠
茲中壘三百年來雖享非馨未登列爵今則予佐國連
統藩維啟吳越之雙封爲東南之盟主況遇金行府籙
梁德克昌道既泰于君臣澤遂加于幽顯獲申奏薦遽
降徽章今則象軸煥新龍綸遠至表勳名于萬代昭靈
感于千秋固當永荷王私長垂幽贊保我藩宣之地遐
清災沴之源共泰斯民永安吾土烜矣赫矣永作煇華
今當吳越雙封一王理事亦仗土地陰隲冥力護持神
既助今日之光榮予亦報幽靈之煥耀但慮炎涼改易
星歲徂遷不記修崇莫源事始聊刊貞石以示後來時
大梁開平二年歲在戊辰　月　　啟聖匡運同

德功臣淮南鎭海鎭東等軍節度使檢校太師守侍中
兼中書令吳越王錢鏐記
右碑在紹興府臥龍山西岡上城隍廟中此碑以城
爲墻以戊爲武問之越人皆茫然莫對錢塘吳任臣
博物君子也一日予舉此碑詰之荅曰五代史梁本
紀註曰梁嘗更戊曰武朱溫父名成戊字類成故改
之城之改墻亦此故也然本紀言溫父名城非成亦
豈歐陽公誤耶　予按舊唐書哀帝紀天祐二年七
月勅全忠請鑄河中晉絳諸縣印縣名內有城字者
並落下如密鄭絳蒲例單名爲文九月勅武成王廟
宜改爲武明王十月勅改成德軍曰武順管內槀城

縣曰槀平信都曰堯都欒城曰欒氏阜城曰漢阜臨
城曰房子避全忠祖父名也十一月勅改路州路城
縣曰潞子黎城曰黎亭又勅改河南告城縣曰陽邑
蔡州褒城縣曰苞孚同州韓城縣曰緯元絳州翼城
縣曰澮川鄆州鄆城縣曰萬安慈州文城縣曰屈邑
澤州晉城縣曰高都陽城縣曰濩澤安州應城縣曰
應陽洪州豐城縣曰吳高又按五代史成德軍梁初
以成音犯廟諱改曰武順其曰音則以二字同音而
避之禮所謂嫌名者非誤也又曾子固因跋韓公井
記云城改爲墻者梁太祖父烈祖名誠當時避之此
更可據然因成而改戊甚爲迂曲周公謹齊東野語

亦云此全無義理又戊本音茂不知何以有武音而
鄭樵謂十辰十二日皆爲假借甲本戈甲乙本魚腸
丙本魚尾丁本蠆尾戊本武已本几又不知其說何
所本也
又按城隍二字始見於易爻城復于隍之文說文隍
城池也有水曰池無水曰隍而非以爲神也禮諸侯
祭五祀而國門居其一鄭氏以國門爲城門則始有
祭城之說而非以爲一國之主也洪武二年禮官奏
城隍之祀莫詳其始唐李陽冰縉雲城隍記謂祀典
無之惟吳越有之然成都城隍祠太和中李德裕所
建而張說有祭城隍文韓愈有祭潮州袁州城隍文

杜牧有祭黃州城隍文則不獨吳越也蕪湖城隍建
于吳赤烏二年北齊慕容儼梁武陵王祀城隍神皆
書于史則又不始于唐也予考其所云赤烏年者固
不足憑而大約起于南北朝之世至唐末而無地不
祠無州不祭又必指一人以當之如吳之春申君永
嘉之周苛南昌之灌嬰潤州之紀信而此郡則以爲
前總管之龐王地祇人鬼合爲一身祀典之不經至
斯而極已或曰如子之言則令甲所封爲神者非與
非人鬼也而可以察人閒之善惡與曰奚不可哉在
古有之國社里社庶人所得而祭也啓之戰甘曰不
用命戮于社而王莽之誓其下曰有不爲新室者社

鬼記之是固以土神而司生殺之柄者也今之城隍
古之社也名異而實同國家之所奉神則憑焉不必
其託于人鬼而後能靈爽也予既錄此碑封號而慮
爲後人之諂鬼者助之左證也故并論之

宋勅碑

勅賜昭祐公碑　碑額篆文
尚書省牒　越州縣甯廟昭祐公　大字
太常寺狀准尚書省劄子三省同奉聖旨駐蹕會稽今
已逾歲妖祲不作行殿載甯越州城隍廟崇福侯可特
賜額封公並今太常寺擬定申尚書省依准今降聖旨
指揮欲擬昭祐公伏乞朝廷詳酌指揮施行申聞事

城隍廟崇福侯　右小字
牒奉勅朕展義事東南駐蹕都會宮室城郭之必葺殆
歲之周氛祲妖孽之弗興緊神之祐是用錫上公之尊
爵加二字之榮名不顯其光肅示無窮之報自今以始
常儲有羨之祥宜時封昭祐公牒至准勅故牒　右大字
紹興元年五月　牒　牒字上有尚書省印
參知政事張怙　官銜俱在中半截寫起
尚書右僕射尚書門下省字
少傅鎭潼軍節度使判紹興軍府事兼提舉學事兼管
內勸農使充兩浙東路安撫使馬步軍都總管信安郡
王食邑柒千貳百戶食封叁阡肆百戶孟忠厚　立石

右碑在城隍廟中其陰大書曰賜顯甯廟額勑按宋史建炎四年四月癸未帝駐蹕越州五月癸丑以張守參知政事與碑合

晉祠宋人題名

熙甯戊申歲秋九月十四日范陽盧大雅君美臨川王安禮和甫清源王李安國同謁晉祠舍均福堂明日如白雲石甕窩明仙又明日遊甘泉開化而歸李題本字从木从十

太原王安修世長廣平程易先之安陽蔣畋渭公熙甯癸丑孟夏同遊

龍圖閣學士河東經畧安撫使曾布提點刑獄朝奉大

夫范子諒躬率寮吏禱雨祠下通判太原府事田盛高復簽書河東節度判官盧訥知陽曲縣馮忱之走馬承受王演檢法官吏辯從行元祐丙寅歲七月十三日訥謹題　刊者任覡

開封苗仲淵師顏自湖南提刑移本路政和五年十月晦祗見祠下男丕侍

宋王安禮題名

臨川王安禮赴官太原過謁祠下因與錢塘楊世昌河南張仲容會于泉亭熙甯戊申三月十四日題

右題名在太原縣晉祠御書碑陰其碑爲晉祠之銘并序唐貞觀二十一年太宗御製并書其文世多有不錄獨碑陰字體不一其上右方云司徒太子太師臣上柱國趙國公臣無忌太子太保上柱國榮國公臣瑀特進太子詹事兼左衛率上柱國英國公臣勣光祿大夫刑部尚書上柱國鄖國公臣張亮禮部尚書上柱國江夏郡王臣道宗太常卿駙馬都尉柱國安德郡公臣楊師道正議大夫守中書令太子左庶子兼攝吏部尚書護軍臣馬周凡七行則當日題者今世流傳摹拓本無此不爲完碑其餘則皆宋人續題錯亂無次其空處又有洪武二年行省參知政事楊憲題而絕無一唐人題者以御書之碑不敢擅刻故也今錄四條

呂惠卿

留題興安王廟　資政殿大學士河東路經畧安撫使呂惠卿

翦葉疏封意歸禾協濟心遺風因唐遠積德本周深逝水悲興廢浮雲閱古今祠宮尙翬翼鳴玉漱松陰

右小石刻在晉祠祠距府西南四十里懸甕山之麓晉水之所發源後人于此引池結亭駕橋其上杯水翳然足爲一方之勝其廟負山而東面者晉水之神南面者唐叔之神後晉天福中封唐叔爲興安王而宋時又封晉水爲顯靈昭濟聖母飾爲婦人之像今之人但言聖母而不復知有唐叔爲古先有土之君

矣故特錄此詩亦以此祠自唐御書之外別無文字
故也祠前蓮花臺上有鐵人四一紹聖四年一五年
造具完一宏治十一年一無年月俱壞因知今人制
作不逮古人類如此豈獨文章也哉

惠明寺碑陰題名

普慈王植安陽王孝彥西河文大方臨川王安禮祀神
歸憩此辛亥三月三月十四日

太原縣北門外惠明寺塔碑宋元豐八年呂惠卿撰
并書其陰下方有此三十一大字餘題尚多不錄凡
碑文必面在先陰在後此碑元豐八年立爲乙丑之
歲而陰所題辛亥反在其前十有四年不可曉也豈

非惠卿磨去前人之文而自刻之者與其陰歲月之
猶存則罔心勞日拙而亦天地之未盡泯者與夫毀
人以自成君子之所深戒而今之名公貴人爲此者
比比也嗟夫古碑之所以多不存于世其不以此也
哉

霍山中鎮廟宋陳綱詩

留題霍山應聖公廟　太常博士知晉州陳綱

峻極巍峩勢望雄層巒叠嶂翠重重爲神有感興唐祚
作鎮無疆福晉封材產十州資構廈泉分數邑潤耕農
幽巖舊榻高人隱絕頂遺墳古帝踪欲雨片雲生峭壁
未明先日照危峯斷崖當午晴雷震深壑經秋積靄濃
樵去每逢遊洞鹿僧禪時見戲潭龍名光祀典傳千載
御祝牲牢致享恭

大中祥符五年六月二十二日岢嵐軍判官鄭世卿書
栗再興刻字

元趙毅詩

謁中鎮崇德應靈王廟詩用宋太常博士陳綱韻

淩晨策馬趨靈宮縈紆一逕松蘿重兩山對聳忽開豁
參差殿閣蒼烟封溪迴路轉得平土雲間雞犬存莊農
廟庭喬木巢野鶴沙瀨虎跡遺新踪仰觀絕頂倚霄漢
陪山劍戟攢羣峯霏霏嵐光翠欲滴深林綠動春意濃
包含元氣蓄雷雨巨壑湛蔚藏神龍天香屢降祈年穀

有司時祀宜彌恭

至正元年秋奉議大夫太常禮儀院判官趙毅謹書
知宮武德柔立石

建文碑

維建文元年歲次己卯二月壬寅朔二十二日癸亥皇
帝遣序班周敖國子監生袁綱致祭于　中鎮霍山之
神曰予荷　昊天祐命承　皇祖丕緒正大寶位
統率神人乃正月壬午祇祭　上帝于南郊山川百
神既與奠享尚以未能時修祀事于祠下爲憾是用遣
官奉香幣牲醴致祭維　神以靈峻之德作鎮中土時
出雲雨協相兆民以稱予懷柔之意焉尚饗後列陪祭

首霍州知州等官及執事生員吏典姓名

右小石刻一通在霍山中鎮廟西壁土予行天下見洪武永樂以來祭告獄瀆之文及它碑記甚多獨未有建文年者意其在位日淺又或　文皇御宇之日而臣下之獻諛者從而剷去之也乃此文襍于數十百碑之中而字畫完好無缺故亟錄之後之君子每痛　國史不存建文一代事跡無從考證若使通雅之士歷深山窮谷而求之如此碑者世間或尚有一二不止霍山廟也不猶愈于羅永菴之詩程濟史彬之錄僞撰而無稽者乎因并書之以告後人之能信古者

大周無上孝明高皇后碑銘并序

臣聞二儀合德中黃承太紫之庭兩曜齊明玉兔麗金烏之像是以九霄高暎　星躔乘婺女之精十野傍當作旁羅嫣水叶娥皇之德亦有西陵美族□□軒帝之宮南土嘉媒入媯夏王之艫其後大任端一郎創文基大姒勤勞還開武運故知皇三事業咸資坤□之功帝五風謠必藉陰靈之化無上孝明高皇后宏農仙掌出自有周蓋唐叔虞之後　原夫赤烏流火丹雀銜書□開夢梓之祥旋茂翦桐之業自唐郊徙邑晉野裁封郎胙土而□家啓禎符而得姓周則志爲大將承九代之餘資泰則欽爲上卿居七城之重任豈直□□丹轂金孳曷奕于都畿四代白環玉緒蟬聯于海縣子雲博識吐鳳摛詞伯起高材銜鱣襲祉誕□不墜降靈相屬神基與紫微爭高仙派共黃河俱遠所以□隆鐘鼎□積衣冠五公則異代相傳八子則殊日間出詳諸□□可略而言曾祖諱定後魏都督歷新興太原二郡太守并州刺史晉昌穆侯宏材卓犖峻局深沉丹山有僞□之彩綠日見遺風之步褰帷按俗風行馭竹之郊露冕臨□化偃焚林之阜豈直鄧攸罷郡深歎鷄鳴劉寵辭官方憂犬吠祖諱紹後魏征西將軍金紫光祿大夫兼通直散騎常侍驃騎大將軍周開府儀同三司封儻城郡公鄜豳燕三州刺史贈使持節大將軍成文扶鄧

洮五州諸軍事成州刺史謚曰信聲飛漸陸響逸鳴皐器重南金材橫東箭謀深入陣勇冠三軍既隆投石之勳果踐銜珠之秩加以金龜結紐銅虎虎字再見末筆俱短篪字號字亦然分符轉扇揚風停車待雨童兒結要無欺一□之期親友論刑自得二□之詠父鄭恭王諱達周內史中大夫隋開府儀同三司黃門內史吏部刑部二侍郎尚書左右丞趙鄯二州刺史工部吏部二尚書納言營東都太監將作大匠武衛將軍左光祿大夫遂甯恭公贈吏部尚書唐贈尚書左僕射垂拱二□封鄭王食邑一萬戶依舊謚曰恭郎雍州牧司徒觀德王之季弟也量包江

海氣逸煙霄文則呂氏春秋武則孫吳兵法箕裘代襲
鏘鏘萬石之君禮樂基身翼翼千金之子鸞迴玉札雁
落琱弓激水張鱗遥浮渤澥搏風理翰直上扶搖累踐
崇階頻昇顯秩腰韡北闕位總貔貅曳履南宮聲高鵷
鷺貂冠入侍氣應連珠隼旆分班榮參執玉加以累仁
鍾祉積德延祥四履開封寵及九泉之路千乘口禮恩
覃萬古之前棠棣相輝鶺鴒交映劉家兩驥譽滿寰中
荀氏八龍名高海內通門向術冠蓋成陰甲第當衢歌
鐘就列伏惟無上孝明高皇后資靈口魄毓粹口宮承
茂祉於瑶筐降仙儀于金屋聲馳丱丱當作歲潛流夢口
之祥譽表笄口暗積捫口之覩蘭襟散馥惠問揚翹懿

則重于邦家柔儀冠于今昔忠圖孝範援翠竹而淩霜
媛德婉容引青松而冒雪禮枝含秀藻七誡于情田行
葉分芳籠九師于性府徽猷內湛韶姿外發懸明鏡于
積水之間振清飈于長松之上貞規漢遠亮節秋高翠
樓紅口從來未重龍梭鳳督本自多輕簡素鄙鞶繡之
工靜默尚韋編之道明詩習禮豈唯秋菊之銘閱史批
圖甯止春椒之頌學標天縱開道德之清關業契生知
入文章之妙境曾于方寸具寫千言總遊霧于毫端窮
優波于筆杪芝英雲氣入魏帳而分輝龍爪魚形映張
池而散彩嘗題一簡密記貞心置以緘縢藏之㞒壁云
當使惡無聞于九族善有布于四方指此立身期之必

遂後因修宅匠者得之恭王見而嘆曰此隆家之女矣
昔者書堂欲壞惟聞絲竹之音劍匣將空覩蛟龍之氣
未有仁心暗徹睿德冥通橫宇宙而無違滿乾坤而自
應若乃行該口義孝極口經親枕席而忘疲候晨昏而
靡倦及乎風枝不靜露蓼含哀口厚口而無追仰曾穹
而莫報思欲託三乘之妙果憑五演之元宗永奉嚴親
長栖雅志昔隋季喪亂海內沸騰伏鼇垂口風塵暗起
羣龍戰野旗鼓潛張白騎于是爭驅青犢由之競擾蚩
尤則餐沙食石項羽則索鐵申鉤赤眉探盆子之籌黃
巾聚口師之米夫三才合契惟神膺大寶之名大位秉
時惟口運洪鑪之德唐高祖神堯皇帝材雄鵲起業峻

龍飛用丹扆而甯口將朱旗而撥亂口綱既紐竟收龍
鳳之圖口角或淸遂翦豺狼之毒無上孝明高皇帝覩
時有作應運而生先知赤伏之言預識黃口之兆功深
坐樹績茂披荊負伊鼎而陳謀入張帷而建策龍鈐獨
運當赤口之三千獸節長驅偶皇口之百六息崑山之
巨燎並藉中權定滄海之橫流咸資上畧志同魚水契
若鹽梅如魏武之得荀攸似漢光之逢鄧禹雖英圖盛
烈昭鶴鼎于高門而闔則嬪風闕魚軒于中饋高祖神
堯皇帝位膺元首任切股肱利涉大川寄隆舟檝式崇
勳舊爲結潘楊酬功草昧之時賞勍雲雷之口高后以
孝誠純至雅採虛沖拒縟禮于移口誓閑襟于口口六

塵不染孤標水上之花四諦方披獨晤□中之□洎乎
鳳凰開繇猶堅匪席之心烏鵲成橋果追如綸之命於
是使桂陽公主爲婚主禮聘所須並令官給既而三□
叶兆百兩邀歡與松蘿而比茂諧瑟琴而流響風閨少
女襲蘭蕙而馳芬□覰仙娥韻珩璜而動步光生綺殿
比桃李而增鮮影發春樓覩雲霞而掩色八紘欽其雅
躅四海挹其鴻徽猶羽翼之宗鸞鳳風雲之隨龍虎者
矣廟見斯畢卽拜應　夫　從班例也于時帝圖肇建
主業□基三戶亡秦覺風塵之始定四門闢舜識雷雨
之將調□無鬬□之妖□息崩山之禍主上方勤庶政
屬想羣黎將貽其理之憂式廣求賢之務無上孝明高

皇帝以勳兼竹帛義重金蘭備歷文武昭昇內外三踐
入元之位四臨九伯之途中臺飛署劍之榮南服總班
條之任高后以業光圖史道叶塤篪欲啟仁明實資陰
□是以□□□海合未發而風移化穆荆衡澤將流而
□悅呼鷹臺下尙隔去思抵鵲巖前始歌來晚俄而高
祖晏駕瞻脫屣而無留太祖崩號奉遺弓而積慕沉綿
遽軫終無就□之期痼疾遄淹忽切乘□之釁高后哀
深杞堞誓切柏舟悲一劍之先沉怨雙桐之半死昔時
寶鏡愴對孤鸞舊日瑤琴悲聞獨鶴御宛茹痛撫繐帳
而增號弔影傷魂踐孀閨而凝慕方祈淨業敬託良緣
憑慧炬於幽途艤慈舟于覺海于是心持寶偈手寫金

言字落貫花詞分半□龍藏豈及象負難勝將佛□而
長懸共慈燈而不滅及龍旌首次蜃綍遵途永惟憑附
之□誠願託邱榛之側方冀鵷棲梓樹近接埏庭鶴舞
松枝傍（當作㫄）依塋路特以　上□居膝下愛切掌中理
藉劬勞方資顧復宣和論善屢積葭灰□就□□頻移
柘火至永徽六□　上母儀萬□□位六宮將開練（當作鍊）
石之基乃遂頹沙之祉大帝以西京命賞平原之秩
未宏東漢崇恩新野之封猶褊于是廣流原霈大啟黃
扉稽石窌之遺塵裂寶□之□□卽以其□十一□冊
代　夫　食湯沐邑一千戶品　第一位在王公母
妻之上魚軒水□颺輕影于龍池翟服霞明下鮮文于

掖榮由德被位匪恩昇驟應佳名徒昭洪澤以顯慶
五□于□轉拜榮　夫　尋改封鄭夫□自家疏槐里
門荷椒庭累沐殊輝頻應茂典南鄰夜□奏鐘磬于高
臺北里晨遊列笙竽于廣榭門有躡珠之客家豐饌玉
之厨恒處遠而思勞每將昇而必降緣墀青瑣特忝王
根火布金蛇深非梁冀謙撝之美萬□仰而知勤端潔
之風九圍欽而取則智周寰宇識洞古今思所以匡□
庇□濟時軌物嘉謨讜說屢發于神襟厚利豐功頻彰
于帝念奉便削藁□莫能知每以孔光秘言合爲□之
道山濤密啟得事□之要可久可大寘黔首于生成惟
幾惟深頓蒼元于覆□至若緣情體物屬事比辭取之

以義方先之以風化清詞海富縟藻雲繁凡所著述皆成典訓其動也方其靜也直其恩也若春雨之流津其威也若秋霜之應節接上以禮逮下以仁君子感其德小人懷其惠口機獨轉靈臺迴燭虛鑒與口口齊明神理共陰陽比奧洋洋乎不可得而稱也既而離宮霧闢遥横口乳之山別館口開上戴口眉之宿甘泉避暑方陪萬乘之遊景福追凉更扈六龍之駕不謂宂纏霧露疢積膏肓丹扆凝慈召名醫而接軫紫霄流渥下珮藥而相望玉釜徒煎竟乏長生之術金丹莫就終無駐壽之期咸亨元口八口二口崩于九成宮之山第春秋九十有二　上以身齊霄極禮闕晨昏戀隔九重望長筵

以口泣心馳五起瞻厚褥而含悲大帝慮不勝哀秘玆凶問苴筵欲對仍流不次之恩菓服將臨更下非常之澤仍改封衛　夫　以諭　上之憂懸也后疾將大漸口落高春雅志無昏神情不撓影隨燈滅自此長辭魂逐香銷終無蹔反以爲合葬非古禮貴從宜將追罔極之慈願在先塋之側　上奉遵遺旨無忝徽音剖同穴之芳規就循陔之懿躅即以其口庚午閏九口辛丑朔廿一口辛酉遷座于雍州咸陽縣之洪瀆原鄭恭王舊塋之左禮也爾其原坱口林薄阡眠秦口關河迴接寶雞之塋漢家墳壠平依金狄之川松櫝森沈何口鳥住風烟蕭索幾代口亡于是凝恨九泉廢朝三口空山露

泣痛結飛行曠野雲愁悲纏草樹乃下制贈曾口大夫謚曰忠烈仍令司刑太常伯盧承慶攝同文　卿充監護大使右肅機皇甫公義等爲副賜東園秘器每事官供務從優厚仍令西臺侍郎道　公戴至德持節弔祭京官文武九品以上及諸親命婦並赴宅弔哭仍送至渭橋葬事並依王禮給班劍四十　羽葆鼓吹儀仗送至墓所往還官爲立碑親紆御札　上因心轉切錫類方宏希申莫大之懷冀展飾終之請鳥墳欲列思增茅土之儀鶴隴將崇願廣山河之誓遂得五雲飛彩墜仙液于松塋十口迴炎被曾輝于蒿里乃下制贈太原郡王妃餘如故所司備禮册命大帝親御横門開軒悲

哭紫宸哀痛黃屋淒凉口口爲之寢光烟雲由其黯色　上以幽明永隔屺岵長辭終無再見之因鎮結千秋之恨奔曦已遠薦霜菫而無口逝水難追饋氷魚而未口又以嚴規早墜遠卜厝于鄉墳慈蔭重傾近陪親于京壠陵塋眇隔長懸兩口之悲關塞遥分每切百身之痛遂命大使備法物自昊陵迎魂歸于順陵焉遊冠遠降墜舃遥還方移沛邑之魂更啟橋山之域白雲朝起乍伴龍輴明口宵懸時低驫衛文明元口　上臨朝其年追尊先妣曰魏王妃食邑一萬戸實封加滿五千戸改咸陽園寢曰順義陵大名口啓奥壤口分古樹梢雲近對黑龍之水荒墳映口傍旁當作鄰丹鳳之城徽號既

崇園陵□廣屬以圖書河洛龜負鳳銜窗闥方員雲攢
霧籀合宮重屋既布政而嚴禋玉輦金輿且巡河而拜
洛永昌元　追尊先妣曰忠孝太后既而謳歌允集獄
訟知歸□垂革命之符□涌受終之籙元珪錫禹還逢
揖讓之□黑玉歸商卽啓休明之運九莖仙草依漢殿
而抽芳五色祥雲繞軒營而布彩下從□望上應□心
乘寶位于通三建瑤圖于得一黃琮蒼璧祀□□郊復
廟重檐宗文祖武鴻名肇創光鳳闈于幽泉茂禮將加
飾鸞闈于長夜　元　追尊曰孝明高皇后陵曰順
陵復以祥分貝葉瑞演龍花金容開十□之圖玉相告
三空之讖龍軒黯黯俄爲兜率之□鳳闕岧岧忽似須

彌之座金輪既轉玉鏡方懸式詮無上之文□顯崇觀
之義長壽二　后位之上又加無上兩字尊又下制改
順陵曰望鳳臺東京故事西漢遺塵封樹空存追崇未
廣豈若宸襟鎭結長懷露序之哀睿念恒纏永積霜旻
之慕遙瞻鳳野式建嘉名遠望鶉郊長懸美稱且夫功
成翼贊尙晝雲臺勳擅動庸猶題麟閣況乎俔□茂德
貫□殊禎垂母則于寰區□嬪風于邦□豈可使炎涼
晤積陵谷潛移惟栽舞鶴之枀不刻槃龍之石　上凝
懷萬化長想千齡恐□軸之西迴懼□關之北轉方圖
琬琰式降絲綸永嗟仙鶴之歌用固靈龜之卜微□攀
煇□樹沐潤□黃榮忝車職兼靑史奉先追遠恒積慕

于丹誠相質披文忽承恩于紫誥是用恭抽弱思敬述
洪猷屑瓦徒勤生金媿妙揮毫奪魄陳萬一而甯窮伏
紙驚魂辭再三而不獲逡巡拜首乃作詞云
薄□邈矣上古悠哉厥□□迴紫府□轉黃輿陰陽蕩
立帝□居諸靈龜負讖寶鳳銜書其一大位旣陳三才乃
塗山皇欝起后妃更襲蛟雷遥凝虹□下入渭涘疏派
靈基是葺其二明明高后奕奕輝苑白環代欝丹轂家昌
早彰嶽峻曾派河長挹□集裕浴□開祥其三爰自生育
卵非尊貴□出□流靑龍翠氣金屋是貯玉衣方萃燕
□朝奇鷄珠甯異其四芝蘭吐葉桃李開花黃雲白氣夜
晤□霞賢明自負仁孝無加曾霄降藥秘篋飛沙其五聽

資惠財神與河漢靈匹瀟湘帝女筆動鸞迴絃調鶴儛
滌想金□□心寶聚其六仙容婉婉豔質峩峩□妃耻出
□嫒羞過椒花入頌柳絮索歌詞峯秀嶽學海馳波其七
魴鯉成詩鳳凰開兆琴瑟旣合室家斯紹兩鶴齊飛雙
龍並繞德行方肅言容是□其八九圍母則六合嬪風恩
留海內化被區中銀環曉上金□□□祥開梓闕位冠
椒宮其九習禮明詩披圖閱史漢朝馬鄧周□姙當作姒任
陰化聿宣坤儀□理貫□驚瑞驚雷送祉其十高春忽墜
上壽俄褰當作騫金丹不熟玉釜徒煎黃泉九□白□三
□六宮悵積萬□哀纏其十一寂寞邱隴淒涼原隰畢□
難追終□靡及錙露晨□□□□急仗紙銜悲揮毫洒

泣怨□賢之同盡感昏明之遞襲紀盛德于豐碑冀神
猷兮永立其一十二
長安二□歲次壬寅金□□己巳朔五□癸酉金建
右武后革命時所立順陵碑首曰大周無上孝明高
皇后碑銘并序特進太子賓客監修　史上柱國梁
王　三思奉勅撰太子左奉裕率兼檢校安北大都
護相王　旦奉勅書

唐顏眞卿蔡州書

眞卿奉命來此事期未竟止緣忠勤無有旋意然中心
悢悢始終不改游于波濤宜得斯報千百年間察眞卿
心者見此一事知我是行亦足達于時命耳

人心無路見時事只天知

右唐顏魯公書一通并畫像有題于書之上像之下
者曰觀此筆蹟不顯歲月以事實攷之蓋使李希烈
時也希烈以建中元年陷汝州盧杞建議遣公奉使
至正元元年八月丙戌公不幸遇害因躓賊庭者逾
二年刃加于頸而色不變度無還期誓不易節蓋書
此以自表云重旣摹公之像於蒲繪而祠之又訪得
此石本狀貌老矣公以乾元元年自同徙蒲至奉使
時垂三十年氣節不衰而狀貌非昔也乃刻石而寘
之祠室俾觀者有考焉靖康元年七月壬申朝散郎
秘閣修撰知同州軍州事唐重書

唐褒封四子敕

敕門下昊穹眷命烈祖降靈休昭之儀存乎記典莊子
列子文子庚桑子列在眞仙體玆虛白師元元之聖敎
宏大道于人寰觀其微言究極精義比夫諸子諒絕等
夷其莊子宜依舊號曰南華眞人列子號曰沖虛眞人
文子號曰通元眞人庚桑子號曰洞靈眞人其四子所
著書並隨號稱爲眞經宣布中外咸使聞知
天寶元年二月廿日

宋頒於莊子牒

中書門下　牒　　莊子并釋文
牒奉敕莊叟元言理歸于沖漠郭象爲註義造於精微

旣廣元風實資至治朕仰崇大道俯勸烝民言念此書
盛行于世尚多踳駮已命校讎將永煥于縑緗宜特滋
于雕□牒至准敕故牒
景德三年八月五日
右諫議大夫參知政事趙
兵部侍郎參知政事馮
工部尚書平章事王

唐李肇國史補曰天寶中天下屢言聖祖見因以四
子列學官故有僞爲庚桑子者其辭鄙俚非聖賢書

劉汾詩

元談密授函關吏萬古終南一草樓陵谷依然人世換

冷煙叢柏臥青牛　劉汾

右說經臺之左有碑前爲孝子函谷度關圖元大德庚子刻後爲希聲堂碑八分書延祐二年朱象先撰而此詩則在碑之左偂亦八分書不著年月詳其風致當爲元人之作草樓之前傳有老子繫牛柏後人琢二石牛置下故末句云然

永壽王詩

隱隱樓臺雲外重一溪活水過仙宮上師已化青牛老萬木驚秋墜晚風

正德己卯仲秋下旬九日予蒙　聖上准奏容浴温泉便道樓臺既出乃登說經臺但經白鶴飛空蒼松夾道予喜不勝又覩

欽差鎮陝劉內輔公佳製不揣僭鄙強和一絶以發一時之興耳永壽王題　後有印文曰永壽王章

漢曹全碑

君諱全字景完敦煌效穀人也其先蓋周之胄武王秉乾之機翦伐殷商既定爾勳福祿攸同封弟叔振鐸于曹國因氏焉秦漢之際曹參夾輔王室世宗廓土斥竟子孫遷于雍州之郊分止右扶風或在安定或處武都或居隴西或家敦煌枝分葉布所在爲雄君高祖父敏舉孝廉武威長史巴郡朐忍令張掖居延都尉曾祖父述孝廉謁者金城長史夏陽令蜀郡西部都尉祖父鳳孝廉張掖屬國都尉丞右扶風隃麋侯相金城西部都尉北地太守父琫少貫名州郡不幸早世是以位不副德君童齔好學甄極毖緯無文不綜賢孝之性根生于心收養季祖母供事繼母先意承志存亡之敬禮無遺闕是以鄉人爲之諺曰重親致歡曹景完易世載德不隕其名及其從政清擬夷齊直慕史魚歷郡右職上計掾史仍辟涼州常爲治中別駕紀綱萬里朱紫不謬出典諸郡彈枉糾邪貪暴洗心同僚服德遠近憚威建甯二年舉孝廉除郎中拜西域戊部司馬時疏勒國王和德弒父篡位不供職貢君興師征討有吮膿之仁分醪之惠攻城野戰謀若涌泉威牟諸賁和德面縛歸死還

師振旅諸國禮遺且二百萬悉以簿官遷右扶風槐里令遭同産弟憂棄官續遇禁罔潛隱家巷七年光和六年復舉孝廉七年三月除郎中拜酒泉祿福長訞賊張角起兵幽冀兗豫荆揚同時並動而縣民郭家等復造逆亂燔燒城市萬民騷擾人裹不安三郡告急羽檄仍至于時聖主諮諏羣僚咸曰君哉轉拜郃陽令收合餘燼芟夷殘迸絶其本根遴訪故老商量儁艾王敞王畢等恤民之要存慰高年撫育鰥寡以家錢糴米粟賜癃盲大女桃婓等合七首藥神明膏親至離亭部吏王宰程横等賦與有疾者咸蒙瘳悈惠政之流甚于置郵百姓繦負反者如雲戢治廧屋市肆列陳風雨時節歲獲

豐年農夫織婦百工載恩縣前以河平元年遭白茅谷
水災害退于戌亥之間興造城郭是後舊姓及脩身之
士官位不登君乃閔縉紳之徒不濟開南寺門承望華
嶽鄉明而治庶使學者李儒欒規程寅等各獲人爵之
報廓廣聽事官舍廷曹廊閣升降揖讓朝覲之階費不
出民役不干時門下掾王敞錄事掾王畢　主簿王歷
戶曹掾秦尚功曹史王顓等嘉慕奚斯考甫之美乃共
刊石紀功其辭曰
懿明后德義章貢王庭征鬼方威布烈安殊荒還師旅
臨槐里感孔懷赴喪紀嗟逆賊燔城市特受命理殘圮
芟不臣甯黔首繕官寺開南門闕嵯峩望華山鄉明治

惠沾渥吏樂政民給足君高升極鼎足
中平二年十月丙辰造

　宋神宗詩

賜彥博（彥字上用御書之寶）
四紀忠勞著三朝聞望隆亨茲難老祉報在不言功富
矣勳彌大居焉貌甚沖西都舊士女白首佇瞻公

　文潞公記

御賜詩記
元豐三季季秋　皇帝行大饗之禮于　明堂臣方守
魏被　召侍　祠大禮慶成後四日特蒙　制恩進位
太尉保釐洛郊臣犬馬之年七十有五前此累年章十
數上以求致仕　聖慈俯憐舊物曲念老臣皆未之
許令復優進公位　俾守別都自顧衰殘非敢當克俯
伏辭避至于再三訖不獲　命乃以閏月二十三日
陛辭翌日出　都仍錫宴于瓊林苑悉以二府大臣押
伴既又　臨遣中使　內出寶器　俾醻　天醴以極
魚藻之樂及賜　御詩以寵其行臣伏思蒙　厚恩荷
殊渥自近世逮　本朝來未有其比則有弼臣惇奉
詔作序事義詳矣臣雖窮極語言不能盡意惟知負
戴　天地生成之德感極而繼之以泣恭惟　陛下聰
明睿知煥乎有文　帝庸作歌光紹前典伏自　臨御
以來十有四載而英韶之運雲漢之章百執願聞萬物

思覩者久矣曾未之得夫何老臣首蒙　天賜至榮至
幸超絕等倫始在　都門則已傳布于　宮省壽抵洛
宅又得諺示于吏民是用圖金刻石以永其傳將與夫
日月並明　天地同久復使臣之子子孫孫相繼率
勵保之守之亦克永世至于老臣爲不朽矣元豐四年
正月三日河東節度管內觀察處置等使守太尉開府
儀同三司太原尹判河南府事西京留守司公事兼畿
內勸農使上柱國潞國公食邑二萬三千六百戶食實
封一萬一百戶臣文彥博謹記

　金王庭筠詩

帝遣名山護此邦千家瑟瑟嵌西窗山僧乞與山前地

招客先開四十雙（四十字作卌四畝爲雙見輟耕録）
挂鏡臺西挂玉龍半山飛雪舞天風寒雲直上三千尺
人道高歡避暑宮
王母祠東古佛堂人傳棟宇自隋唐年深寺廢無僧住
滿谷西風栗葉黄
手拄一條青玉杖眞成日掛百錢游夕陽欲下山更好
深林無人不可留
右在汾州府學宫凡四通其末云黄華老人王庭筠
行草四詩刻石于汾之學宮者殆五百年矣歲久石
渺字畫漫漶嘉靖乙丑之秋分守左參政餘姚宋公
岳省覽咨惜令州守王大經同知趙崇儒別礱石四

面以新安儒生程本模勒判官楊守公經理刻成仍
增置一亭貯之庭筠書號稱墨妙幾廢之餘逢此翻
繕煥若神明頓還舊觀矣郡人孔天徹謹記
志云黄華老人王庭筠字子端金大定十六年進士
官至翰林修撰嘗買田林慮讀書黄華山寺因自號
焉父遵古爲汾州觀察判官省親至此行書詩石二
面史稱書法學米元章端雅過之

司馬公祠堂詩

司馬晉州待制哀辭　太常博士通判延州軍州事馬
端
志古流雖合談高道自明風波直恩分（公爲郡牧倅當曹之遷也人以

公始嘗堅辭其辟當自爲辨公慨然謝日今日正宜從其行也卒不以辨識者韙之）鍼石盡交情
（公與人交必盡規讓始若不務其言退則敦義彌篤）讓節蒙知厚（公在鳳翔日被名知諫院公
辭之自是深簡上心）華班絶綺榮（公生平特立至爲侍從皆出宸選）賤生懷感
遇當路假晶熒（端辱公以八使慰薦遂蒙改官）累次青油幕（端在益昌及岐下皆
預賓席）中間白玉京吏文容議緩（端在幕府每奉公議特被優假）邦事恤
言輕（戊寅年端輒奏疏論事公時在京師嘗見憫孤直）自此嗟流梗何期苦見
兵（是歲別公出宰鄜城明年移倅邊郡）塞垣心易動漳浦信彌驚（今春得二堂信
知公屬疾）玉藥悲無驗金臺望忽傾歲闌雲慘淡天迴淚縱
横世有眞忠亮今亡至直清舊僚知葬日投此弔佳城
嘉祐元年十月三十日著作佐郎管勾河東路機宜文
字雷憲書

右小石刻在夏縣司馬公祠堂西館中

謁司馬溫國公墓詩 并序

予到官之五日拜司馬溫國文正公墓顧瞻良久而
有是詩實至元改元閏十二月既望也洞羊後學范
庸頓首書
蒼蒼中條山悠悠涑河水哲人生其間而有司馬氏山
水秀且明桑梓故鄉里宋朝入相時天下聞之喜通鑑
一編書名分盡乎禮天地大是非以禮爲綱紀大哉君
臣道逆順合條理遂令千載下驚懼良有以禹都鳴條
岡邱墳崎高壘大儒世臣家何處孫與子我時來拜瞻
昆仲沒荊杞考古詢寺僧懷賢心未已黨人仆其碑今

日果誰耻杏花蔭龜趺異事入青史細讀東坡銘文章剝衮美迴首悲風來商聲振林起大元至元四年四月九日餘慶禪院尊宿僧行選立石

右小石刻與馬端詩同嵌一壁

金石契十五卷

嘉慶二十四年秦

浙畺訓槤題

校刻金石存敘

自梁有碑集見金樓子爲金石文著錄之祖曾南豐金石錄敘存元豐類槀中其書皆不傳今所傳者永叔德父著述尚矣顧古文賴金石永久金石有時銷泐其幸而存者不貴存目貴錄其文以垂無窮歐趙書文不備載讀者每以無所攷覽爲憾至洪氏隸釋隸續始錄全文而薛氏鍾鼎彝器款識及明陶氏古刻叢鈔都氏金薤琳

琅原文亦具然洪載隸書薛備篆文陶都摭拾佚篇僅數十種處博者病未廣焉吾淮山夫吳先生績學好古究通六書審古今遞變之由文字相生之故形聲旣明訓詁斯定用以攷辨六經瞭如指掌又嘗南浮大江求往古奧祕窮冬匹馬走塞上登居庸關攷山川險夷衰回叢莽落日中竟日不得食按其碑刻而還以時訪隱居士就戍卒野老詢古遺逸垂數十年不少休

嘗輯前代遺刻疏年月具全文加攷證成書十五卷名曰金石存旣博且精有功于後學甚巨夫洪薛陶都之書雖有佚漏究不害其宏旨亦往往與史傳相發明先生精篆隸古文合與同之迹析傳流之變窮原竟委益求精確以至古人官閥世次與夫歲月輿地無不詳覈得實抉摘無遺其偶有參差錯迕無足爲是書病宗昉嘗閱揚州所刻趙氏金石錄采長洲何氏錢唐

丁氏校勘本又蒐緝諸家與同增附案語頗爲詳核竊有慕焉憶少習舉子業讀先生說文引經攷別雅諸書得於小學知所適從壯游京師使關中及黔南往來究豫燕趙吳楚閒遇古碑搨亦時訪求置之篋笥暨官國子祭酒觀太學石鼓手拓其文與大興翁氏所得略同雖曩於金石之學未嘗窺其涯涘而輒思有所發明近視學兩浙偶購得李雨邨觀察粵東所刊先生

是書見其文字譌舛缺失至三十餘碑爲之慨肰適汪宗伯夫子書來緘是書原稾見示委以挍對之役又得海寧州許生棲讀書稽古蒐討克勤因各出所藏弆比對商榷授諸剞劂間附己意以廁各條之末雖撮壤導涓未能有所裨益以較何丁之挍趙氏本則後之覽者或有取焉先生名玉搢山夫其字官鳳陽訓導濰縣韓夢周巳爲之傳茲不備書

嘉慶二十四季己卯六月後學李宗昉書于浙江使院

自敘

人不多讀古人書隻身負笈行萬里外而能舐筆伸紙箸書成一家言殆必無有余生平足迹所至南踰江北涉大河遠不過二千里名山大川都邑繁會旣少所經歷又以家貧不能購異書爲博士弟子習章句之業即五經子史亦未暇數數流覽矧禹陵宛委金匱石室之藏乎肰性喜涉獵又苦善忘往往有所見聞輒肆筆簒録至金石文字尤私心所酷耆弱冠以後孳孳收集雖力有不逮肰目之所遇亦無遺棄較之歐陽洪趙所儲不過十一而以辨經史之疑訂傳注之失攷古文篆隸行楷譌俗遷變之由亦已略具至于遐方絶域山顛水涯之所遺固有未能盡致之恨而識見弇鄙未足抉疑發覆則不學之過未敢自匿其短也比而輯之庶不使二十餘季之用心付之飄風劫火且或者老不廢學聞見漸廣啟視故緘亦足以驗今昔之進退云尒乾隆三季仲冬淮安吳玉搢敘

題詞

蜴王　紘

書契古代結繩理萬事胥從識字始瞽史保氏爲六書
小學之學載官禮余生愚魯百不能化居無貲手無技
遺經一篋卽菑畬六時努力勤耘耔生平淡媿不知書
幾誤四羊昧三豕强依點畫辨形聲欲讀眞如錫膩齒
詎毁隸篆改銀根未免隨人讀豐豊季來覓硯苦饑驅
滿目都都伴童子舊業拋殘學殖荒過頭四十無聞矣
吾家諸暘延陵吳耆古不顧俗學詆丹黃鉛槧六十季
吳越燕齊四千里上下商周迄宋唐吉金貞貝文摭掎
禹陵泰岱隸登臨歷險縋幽窮日晷蘚剔苔刓一字存
淺拓輕椎務完美銅盤石鼓戈戟刀鐘鼎卣彝符印璽
文字依稀辨古今支干原委詳丁癸有時乞假向朋好
響搨雙鉤裂矮紙閒來據案讀且橅眵目隻昏黑卞指
夜寒不覺月倭帷日昃那知廚缺米一編纂錄已成書
萬古斯文存信史風流重見宋歐陽長水亭林俱不从
于嗟白首困青氊鄭虔官冷栖淮涘憶昔髫季就傅初
褎書出入偕余弟長老過從啟蓽門書堂列坐嚴文壘
靜對或从手畫肚辨起倏如餅寫水就中吾暘最清癯
披故絹衣握麈尾談經屢奪戴凭席長嘯獨得孫登旨
砥柱能迴勃海瀾墬鉤直出潛淵鯉笑余瞪目侍坐隅
日聽韶英掩雙耳于今恨別廿季餘睽隔方知失學悔

今季四月趨淮南書劄飄零仗馬箠橫餘宮舍鳳山隈
晉謁升堂悲復喜感舊重追白下游懷人頻雪黃壚涕
且喜精神似舊時紙屏藜榻安眠起公餘無事自讎書
牛毛字細還能視撿囊示我金石存補缺搜譌歷多紀
功名富貴等浮雲一生快意無如此祗今一日三摩抄
如擥燕姬醉醇醴前時接得琅邪書數碑續寄來燕邸
南窮兩粵北三韓似此搜羅猶未已門前車轍雖如雲
誰啟酉陽窺宛委先生先生且勿悲名山呵護煩神鬼
余銷石泐無久長壽世文章定難毁且飽盤中苜蓿甘
漫嫌官職匏瓜似明季有意賦歸與故鄉任簡皆延竢
取材黨不棄散樗願作先驅執鞭弭

雁門馮　祁

書契代結繩洪蒙開一畫虵龍及鳥魚萬象供驅役宛
委酉陽墟潛藏日以闢搭囊埃其人蒐討恣所獲匪矜
百城富隻字信箋釋豎眠覆醢雞帖搭競塵陌蹲鴟昧
本來伏獵識在昝或亦稱聞人月露是嘲劇先生挺淮
南耆古迺成癖一舸汶泗舷再杖燕雲策句吳於越郊
尋幽徧雙屐剔蘚啟荒趺斛水洗遷脈石室拜丹匡所
至窮搜索上游禹湯銘下觀唐宋蹟璽符彝鼎鐘內羅
歸一冊斯遞邇變遷坐據隸指席六書辨眞僞八體嚴
波磔牛毛與蠶絲豪釐盡分畫纂成跋尾文詞湛理亦
核韓潔而柳峭穆穆聞清液我來游越東湖山素欣懌

湙冬如縮蝟跬步且踧踖忽覩琳琅篇喟歎氣盈嗌亭
林旣物化竹垞亦古客神物有護呵闕雅自接席胡乃
久風塵榛莽薶珙壁天將老其材文獻于焉宅三復讀
未終精芒四照射連宵風雨聲神鬼泣幽隙斯文炳一
鐙千秌亢不數

南徐鮑臯

虛舟老去亭林化閱覽今稱博物難復有金聲流紙上
忽驚寶氣燭河干雲雷太古從誰剖日月長新定不刊
三代下逢尖李子傳摹浤物與人看

南徐鮑之鍾

六經箋釋于今少神物搜羅曠代難柱下史傳周姓氏

河閒文有漢支干瀾迴星海源從落枝濯龍門葉定刊
細識過庭題句處琅函此日喜重看

燕南于文濬

好古君成癖奚囊到處隨披雲探舊迹剔蘚讀殘碑玉
篆摹秦漢蝌文變籀斯千秌留寶墨師法在臨池
山左觀遺樂孤節歷岱宗靈光瞻魯殿海色上秦松象
緯堪捫手雲霞欲盪胷還看無字碣獨立最高峯

宛平孫維龍

幽懷端不滅歐陽玉露丹禾滿帙香自是嵔山亭外得
還誇石室匣中藏閒窗花影疑飛白半搨茶煙付硬黃
我欲傯家乞雲錦爲君裁作古書囊

老鶴橫飛鈌月娟依稀石鼓不知季鼎留程邈三千字
碑補班生十五篇弟子問奇秌水上先生醉枕晚風前
狂情思僭緜鉞本寫徧江南玉版箋

校刻金石存例言

一是書古籀篆隸各體具備吳氏仿洪薛書例載錄全文但偏旁假借未能悉依金石原刻茲取家藏舊本覈其異同然爲釐正間有數碑家無藏弆又遠莫能致仍依吳氏原稾入錄餘如夏禹碑及商周彝鼎諸銘字迹奇古點畫不能盡摹間从六書本字釋之

一收藏古刻精本最難往往原石完好而拓工惜紙遺棄數行或僅摹半截原書類多因此致誤今然據全本補錄其石已蝕損而又無舊本足據卽全文載見它書寧缺無補

一碑文或有誤錄然據石本校正注明原書譌某至某字自一字至數十百字不等注曰字補曰幾字補曰某某至此補曰以上幾行補又失錄字注明幾字原書佚脫俱不加案字以省繁冗間附辨證仍从案字標明

一碑目如魯王墓二石人胷前題字原書云漢麃君碑額符秦修魏鄧太尉祠碑原書云魏修鄧太尉祠碑一則刻文失攷一則季代舛譌不得不爲訂正餘或小有參差但注明當作某某不復更易

一吳氏收藏碑本必是裝界成冊故所錄各文提行缺格每與原石不符甚有爲俗工翦裁倒置文字混淆如漢白石神君碑陰壁神君一行壁字既誤作祥又从前行萬字貫之云萬祥神君北齊馬天祥等造象記前後陵亂致誤題無窮尊師造象碑凡如此類正多今然改錄俾得字句分明不眩心目

一原案或有攷證未詳暨參稽沿誤管見所及竊附數言以寓葑菲菅蒯之意唯吳氏語未及此卽有所見不敢妄贊一詞

一是書間有自注今加原注二字別之庶賓主分明秩肰不亂

一字體偏旁除碑文依各刻繕寫外餘皆从說文爲

主參之五經文字九經字攈佩觿字鑑等書務使不悖乎古不駭乎時庶不失太泰太甚之旨

一是書从篆隸爲主間有一碑之中附見眞體如唐鄭承規碧落碑釋文宋寥英字原自敍及郭忠恕與寥英書之類其偏旁仍从六書正字

金石存目錄

金石存　目錄　五

金石存　目錄　六

唐太宗祭比干文 貞觀十九年
唐高宗贈孔子泰師碑 乾封元年
唐中書令馬周碑 上元二年
唐修孔子廟詔表 儀鳳二年
唐贈太常卿褚亮碑
唐潘尊師碣 聖曆二年
唐立漢將紀信碑 長安二年 碑陰
唐萊州刺史唐貞休碑
卷十三 隸存八
唐滎陽縣令盧公清德文 神龍三年
唐贈歙州刺史葉慧明碑 開元五年

唐宗聖觀主尹尊師碑 開元五年
唐唐興寺碑 開元六年
唐東海鬱林觀東巖壁記 開元七年
唐修孔子廟碑 開元七年
唐華嶽精享昭應碑 開元八年
唐御史臺精舍碑 開元十一年
卷十四 隸存九
唐老子孔子顏子贊 開元十一年
唐涼國長公主碑 開元十二年
唐鄎國長公主碑 開元十三年
唐伯夷叔齊廟碑 開元十三年

唐右武衛將軍乙速孤行儼碑 開元十三年
唐紀太山銘 開元十四年
唐元氏令龐履溫碑 開元二十四年
唐大智禪師碑 開元二十四年 碑陰
唐任城縣橋亭碑 開元二十六年
卷十五 隸存十
唐韓賓告華嶽文 天寶元年
唐元元靈應頌 天寶元年
唐嵩陽觀碑 天寶三年
唐石臺孝經 天寶四年
唐封北嶽安天王碑 天寶七年

唐左金吾衛將軍臧希晏碑 大曆五年 案吳氏未閱全文故系廣德二年今據全拓本正
唐文宣王廟新門記 大曆八年
唐右僕射裴遵慶碑 大曆十一年
唐嵩山會善寺戒壇記 貞元十一年
唐李衛公東郡懷古詩石刻 太和四年六月

金石存目録終　一千九百五十四字

金石存卷一

淮安吳玉搢纂　　聞妙香室挍本

篆存一

商祖癸彝銘

郜𠙽且癸旅尊彝冊冊

右商祖癸彝銘九字祖作且古文也彝下𢇍作二冊字言其爲王所冊命也首一字不可識其右从邑蓋作器者之名也旅者㫃也言如此彝者：　薛用敂曰旅人謂有田一成有㫃一旅則旅舉其㫃也𢻹諸銘識甗曰旅甗敦曰旅敦匜曰旅匜簠曰旅簠義率如此

案郜疑卽鄀字左傳二十五季傳秦晉伐鄀杜注鄀本商密秦楚界上小國其後遷于南郡鄀縣薛氏款識有鄀子斯簠

周父丁彝銘

隹十又二月王宅字補莽京小臣□𢼄事王錫貝五朋揚天子休用乍父寶尊彝

右父丁彝銘三十字王下二字臣下一字不可識按古器物銘凡㠯支榦命名者皆稱爲商器文字簡質初未有載其錫予之物識其對揚之休如周器之文且緐者此彝文詞字畫絕非商器而云作父丁尊彝蓋周人亦有以支榦命名者與不然則其父爲商人而子仕于周作是器之時始去商未遠也　十又三月之其義未詳劉原父得商洛鼎其銘有十又三月之文曾南豐以爲三乃二字之稪篆如内作㕯人作亾之類然古器銘又有十又三月十又九月者則未可概云稪篆也呂大臨云人君卽位居喪踰季未改元故以月數趙德甫云古人君卽位明季稱元季蓋無踰季不改元之事又牧敦銘有云隹王十季十又三月从此知呂氏之說爲非然則十又三月之義固不可強爲之說也

案太公封齊其子曰丁公伋伋之子曰乙公得得之子曰癸公慈母慈母之子曰哀公臣薛氏款識

有父癸匜斷是哀公所作然則此器安知非乙公作邪故凡从支榦命名者不必盡屬揆商之器

莽古文旁偕作邦莽京卽邦京如邢鼎銘邦人作旁人也

周龔叔壺銘案著錄家𢇍作頌壺

隹三季五月旣𣦼霸甲戌王在周康昭原書作郘案古昭郘二字篆文相同此當讀昭爲長康昭宮者卽康王昭王之廟薛氏款識伯姬鼎康穆宮可證宮旦王格太室卽立宰□右頌入門立中廷尹氏受王命書王呼史虢主冊命頌王曰頌命女官嗣成周用宏家監嗣字補新□□用宮御字補錫女幺衣黹束二字原書倒互赤芾朱黃鑾旂攸勒用叓頌拜𩒨首受命冊佩字補㠯出反入覲寵二字補

頌設對揚天子不顯魯休用乍朕皇考龏叔皇女龏敀
寶尊壺用追孝蘄匃康虔屯補二字右通祿永命頌其萬
季眉壽畯補字臣天子霝終子=孫=寶
右周龏叔壺銘一百五十字三十七行行四字末行
六字十一字音讀未詳蓋龏叔之子頌新受王命作
爲此器以祀其考妣者目龏叔未詳何人龏敀疑爲
媿姞之異文皇女者亦疑即皇母之省也朱太史竹
垞跋此銘題爲司成頌寶尊壺云司成分職不載于
周官又引文王世子大司成論說在東序之文以爲
周官實有是名余按銘云王呼史號主冊命頌王曰
頌命女官司成周用宏家監司本作嗣通作司亦作

治言使頌爲成周治事之官目當以官司成周爲句
非命頌爲司成之官也大司成之名雖見于戴記而
周禮實無此官故注疏皆莫能決不可以此銘偶有
嗣成二字相聯遂附會以證周官之缺文也

周敔仲敨銘

敔中乍朕皇考猖中鷰彝尊敨用言用孝蘄匃眉壽其
萬季無疆子=孫=永寶用
右周敔中敨銘三十二字五行行六字末行八字敔
即對寸又皆取義于手古字偏旁多通中即仲也猖
字音義未詳晉姜鼎銘宣字作亶則此疑爲狟之異
體目鸞音商與鬺同詩何以湘之韓詩作鬺漢郊祀

志禹鑄九鼎皆嘗鬺亨上帝鬼神注鬺烹也古彝器
銘多有云鬺者皆盛孰食器也

周郘敨銘

隹王十又一月既生霸丁亥共補三字季入右郘立中廷
共補字白呼命郘曰飤字補案飤之假借或釋作既乃先且考奴嗣共
字補公室咨乃且亦既命乃父奴嗣莽字補案古文莽借作邦人不
字補盄原書譌叔案盄借作卹孚我補二字家室補字用喪補字今余非二字
補設□先公又隹補字遠余懋補字□先公官今余隹命女
奴嗣莽補字宮莽補字人女毋設不善錫女尊三二字補案古文四
龍原書譌章設宗彝一將補四字寶錫女馬補字□牛十補字錫于
出案出古之反文即附字一田錫于室一田錫于阪一田錫于□

一田郘拜手𩒨手設對刖共二字補案刖揚之反文白休用乍寶
尊敨郘其萬季子=孫=永寶用
右周郘敨銘一百四十九字損壞者三疑不可釋者
二十八先述其祖父奴事之勛後敘其土田錫予之
盛而終之曰用作尊敨郘其萬季子子孫孫永寶用
春秋傳曰夫有勛而不廢有績而載奉之以土田旌
之以車服明之以文章撫之以彝器子孫不忘所謂
福也郘之名不箸于經不詳其族氏官閥而以先世
之德受王錫命銘勒彝器以遺後人則猶班班可攷
焉可以知周德之厚而奴事者之食報遠也

周世惠鼎銘案世惠當作蟪專鼎詳正文下

隹九月既望甲戌王格原書譌如于周廟原書子二字譌丙殹于圖
室嗣徒南中右無叀二字銘文作𣏟𡗜案𣏟即無字俗作𤔲鐘鼎文作𤔲字每省邑𡗜即叀
字叀古文專原書譌世惠二字今改內門𢎿二字銘文合寫作阮翁氏方綱作內門原書譌𢎿僉字今正
案內門者入門也說文入內也入也內字从入得聲古字通用荅入門北鄉中其廷立从承王命也㑒如鼎
竅入門立中廷頌壺頌入門立中廷可證立中廷王呼史𠱾原書譌𣴎據銘文作𢎿當是𠱾
省說文𠷎古文𠷎冊令無叀曰官原書作宣古官宣字篆文相同此當讀官為長頌壺命女
官嗣成周義與此同嗣佐王頻側弗𢦏錫女幺衣帶東二字原書倒互戈
琱戟縞必原書作繹據字形是从必即古繹字攷工記天子圭中必鄭云讀如鹿車繹之繹彤
矢攸勒鑾旂無叀𣪕對揚天子丕顯𢿅休用乍尊鼎用
萬于朕原書字脫剌考用周𥂴䵼萬季子孫永寶用
右周世惠鼎銘今在焦山凡九十四字弟九行弟七

字𢦔泐不可識案今補朕字　王西樵焦山古鼎歌敘云韓
吏部如石為余言鼎故京口某公家物當分宜相枋
國時某公官于朝聞此鼎欲之某公不即獻因嫁禍
焉鼎竟入嚴氏嚴氏敗鼎復歸江南某公以禍由鼎
作謂鼎不祥捨之焦山寺中程崑崙云高一尺三寸
二分腹徑一尺五寸八分口徑一尺四寸五分耳高
三寸闊四寸二分足可六寸一分深可八寸二分按
釋文今有數本程穆倩汪鈍翁顧亭林皆各有同異
此據石刻後有鄒儀周跋語未知與三家何如大抵
古文奇字之學今已絕響不過攷之鐘鼎篆韻及博
古攷古等圖取其偏旁形似髣髴注釋目非能眞有

依據確知為某字某字也故同異亦不必深論云
山上石刻鼎銘嵌置牆上从應求者余所得此本似
亦石刻本从鼎中拓出者不如此字字清白也
乙卯鼎銘案著錄家𤉡作散氏盤當刻祖癸彝下今仍原本
用大□散邑迺即散用田□自瀗涉二字補吕南至于大
沽一奉字補下奉字𤉡同吕□二奉至于□𢖅復涉瀗二字補□
雩□𩎖字補案𩎖即饔字陕吕𡆥奉于□𩎖桂二字補案𩎖鹹之反文籀文城作鹹
桂古文杜木奉于□□奉于□衛內□□𧶠于厂□奉□□
陕陵字補剉□奉于單字補衛奉于原衛奉于魯案原書譌周據字形
作𡍬當是魯之古文魯公鼎魯作𡍬可證衛字補吕東奉于□東疆右還奉于
□衛吕南奉于𨞌□衛吕𡆥至于难莫□井邑田自槁

木衛屮至于井邑奉衛吕東一奉還吕𡆥一奉□剉三
奉降吕南奉于□衛□州剉𧶠□降棫二奉大人有嗣
□田𣶒字補案即義字說文𣶒郡有𣶒陽鄉墨翟書義从弗且𢦚武父原書譌又𡆥宮
襄字補豆人虞字補案即𡘋字丂原書譌丁案說文丂古文从為亏字□貞師氏原書
譌千下氏字𤉡同右𡚬小門人䌛字補原人虞字補𦬠原書譌莽案說文𦬠艸之
相丩者此俗為糾淮嗣工□孝䦹豐字補父难人有嗣荆丂□十
又五夫□□大舍散田嗣土原書譌上案土俗作徒嗣土者司徒也牧敦銘司徒
亦作嗣土□□嗣馬字補□□𢒼字補人嗣工□君宰德父散人
𡥈□田戎𣪊父效□父□出有嗣□州京攸二字補□𦊨
凡字補散有嗣十夫隹王九月辰在乙卯大卑鎬二字補且
□旅誓曰我字補□付散氏田器有爽字補實余有散氏心

補字□鼎爰補字于罰千□□㞢義補二字且□旅鼎誓卣卑
卣宮襄武補二字父誓曰我既付散氏□田□田余又爽
䜌爰千罰千卣宮襄武原書誤戎父鼎誓乃爲補二字圖大王
于豆新補字宮東廷乃㞢埶鬳補五字吏㞢補字中鬲補字

右鼎銘三百四十九字文字奇古不可盡識即其存者亦斷續不成文理唯隹王九月辰在乙卯八字可讀亦無眉壽萬年子孫永寶等語與它器銘頗不相類不知其爲何代之器惜世無楊南仲莫能爲之注釋詳盡也

案銘爲散氏表正疆域而作是時諸侯封域互相侵奪故表正之以播告于衆文凡六節用大□散

邑至二表紀散氏封域之畍大人有嗣至十又五夫紀侵田之人大舍散田至十夫紀散氏之人隹王九月至爰千罰千紀義祖□旅誓詞迺卑西宮至爰千罰千紀西宮襄㦰父誓詞末則總記作圖作器之由文字邃古金石家定爲殷物　㸓籀文登字厂說文云山石之厓巖人可居𣘊即棫字且即祖字㪟古文微西宮褱姓廣韻引何氏姓苑有西宮氏学古文子段疑段字𢼸古文𣪕鬲即鬲字卑儹作俾爰即鍰字書呂刑其罰百鍰傳六兩曰鍰鍰黃鐵也䜌即䜌字呂賢切說文云亂也

彝銘

可白介□𣥂彝

右彝銘六字一字不可識刻畫天邪疑非古器姑錄于此以俟知者

齊刀銘案原書齊下有公字今刪說詳後

齊杏化

右刀銘三字曰齊公貨齊公者太公也黃帝采首山之銅制爲刀此貨幣之始也太公立九府圜法則變而用泉然刀亦然行不廢漢食貨志曰貨寶于金利于刀如淳注不明言泉本爲刀形而但曰名泉爲刀以其利于民也誤矣王莽變造契刀錯刀猶用古制後以剛卯金刀爲劉氏之識乃禁佩剛卯除刀泉而

刀之制遂亡雍正癸卯余客金陵因宣城沈處士樟厓晤桐城方既谿先生處士言余篤耆金石篆隸之學先生驚喜曰小子乃究心于此耶因出所藏書數十葉俾余鈔之又出其所增訂洪氏泉志相示并得見其篋中古泉數十品錦囊鈿匣位置精好先生一一摩娑把玩不釋手其間以此刀爲最質輕而色瑩首作一環可貫韋索銘字細若絲髮瘦硬圓健精妙絕倫先生曰此稻苙文也款識中最爲上品亟命余以越楮拓之迄今垂十餘年聞先生已歸道山而余方匿迹海濵爲童子句讀師學殖不加有負屬望之意偶撿諸鍾鼎款識得此片紙乃追記之

案此刀近出土最多銘夽字乃古泫之省卽太公九府圜泫也原書釋作公金石家亦釋吉炶譌化卽貨字書懋遷有無化居化居貨居也

戟銘

吉用□金占□□用

右戟銘八字三字不可識藏程氏師意齋余摹得其銘說文戟有枝兵也攷工記廬人句兵欲無彈句同鉤句兵卽戟也管子葛蘆之山出金蚩尤制爲劒鎧矛戟戟之制其來遠矣大戴禮丞王踐阼篇有劒銘薛氏款識有夏琱戈銘又平陸戈及書言府弩機銘洪氏隸續有漢元嘉刀銘葢古人服御之器莫不各

有銘識不獨鐘鼎甗敢之屬其文字彬彬可頌卽戈戟刀劒亦必有字或記其歲時或識其工作之人與鼓鑄之地且或从箸其除戎器戒不虞之意鏤刻精工字畫滄古非若後世之物徒从纖巧華飾相尚也

槍銘

□□邦上甸□司寇壁戟□□□□

右槍銘凡十餘字唯邦上甸司壁戟數字可識餘者刻畫雖全竟莫能辨亦莫詳其爲何時之物但字畫端好與秦斤秦權上字相類始亦非漢从後器也槍字从木六書故曰剡木爲刀葢古之槍初但从木爲之後乃易之以金古之以金爲兵者類用銅後乃降

而用鐵介此槍从銅爲質兩刃而銳上中空有穿長不及咫其制與今不殊从其有篆籀文字乃獲與鼎彝同列不則長槍大劒且不得與毛錐子炫利矣文字顧不重哉

漢尚方鏡銘

尚方作竟真大好上有山人不知老渴次王泉汎食棗浮天下敖三海壽如金石長相保

右漢尚方鏡銘三十四字中又刔子丑寅卯十二字篆書絕小而筆意精工不減琱戈鉤帶諸銘所遜者字爲陽文不能作陰款介攷宣和博古圖及洪氏隸續所錄諸鏡銘其詞多相出入而字畫省減偏旁移

易亦不甚遠如此銘鏡省作竟仙省作山飲字飢字省食加氵棗字直作四橫之類葢未可从六書之泫繩之也　朱竹垞曰漢宮闕有上方掖門官制設尚方令丞待詔職屬少府主作禁器物掌上手工作从宦者爲之蔡倫之造紙及祕劒是已自丞帝好神僊宣帝亦信方士所制隨侯劒寶玉寶璧寶鼎皆尚方爲之旣而劉更生獻淮南枕中鴻寶祕苑之方令尚方鑄作事不驗張敞上言請斥遠方士待詔皆罷眹則鏡銘始出方士作也

漢鏡銘

寸內青司吉四光无忌日月太不羊

右鏡銘十四字每字之下各開一字如而字之肰而義不相屬太之則爲七言韻語二句益不爲字如華紋之屬介十四字中其五字不可盡識末云公不羊者从羊爲祥也漢元嘉刀銘云宜矦王大吉羊與此正同說文羊祥也本艸引董子亦有此語疑二字古或通用

雙魚洗銘

宜矦王

右雙魚洗銘三字友人遺余拓本一紙未覩其器不知當作何代物肰字作陽文凸起知非漢已前物兩邊各作一魚亦陽文長幾五寸中一行作三篆字方

整瘦勁頗有漢谷口銅甬銘遺意雖非三代彝器亦斷不出後世冶鑄小夫手也

案洗陽識作吉祥語者皆漢器所見如富貴昌大吉羊宜長樂宜子孫之類頗多并兩旁有作魚鷺及羊形者

金石存卷一　　四千六百十五字

金石存卷二

淮安吳玉搢纂　　聞妙香室校本

篆存二

夏禹碑

承帝曰嗟翼輔左卿水處與登鳥獸之門參身洪流而明發介興久旅忘家宿嶽麓庭智營形折心罔弗辰往求平定華嶽泰衡宗疏事衰勞餘伸禋鬱塞昏徙南瀆衍亨衣制食備萬國其寧竄舞永奔

右夏禹碑七十七字在南嶽岣嶁峯故世亦謂之岣嶁碑此碑雖載于吳越春秌及徐靈期南嶽記王象之輿地紀勝陳田夫南嶽總勝記諸書肰皆傳聞未

嘗實有所見即劉㝱得寄呂衡州詩韓昌黎岣嶁山詩亦但云傳聞祝融峯上有神禹銘及道人獨上偶見之千搜萬索何處有森森緑樹猨猱悲而已歷載數千寳未出世逮宋嘉定中而後賢良何致得見之始有摹本逮明嘉靖中而後長沙太守潘鎰得宋刻于榛莽中摹拓始廣于是靖陽沈鎰爲作釋文楊用修在滇南亦爲之注且作長歌鋪張揚厲碑乃大著肰沈鎰謂始得是碑夜㝱神禹授以古鉼下有篆文類碑字及早起誦若彙識不勞思索遂作釋文用修亦曰釋文弟十六句舊作南暴昌言余疑文義不貫字形亦不類思之不得是夕㝱一魚首黃衣指謂曰

此南瀆衍亨四字也竊而觀之形義兩協昌黎云古書得所依據蓋可讀此碑字體奇怪絕無偏旁義理可尋不知二家竟何所依據而確知爲某字某字至不得已託諸鬼神寤寐以爲徵無乃英雄欺人乎故顧亭林輩皆訾以爲僞作余謂碑何必僞神禹奇迹至多玉書金簡理所應有但于古既無傳文後人斷難臆識與其支離坿會穿鑿失眞不但來識者之譏反足詒古物之累何如缺而不釋留以竢靈威丈人于後世乎今姑錄楊氏釋文而坿識鄙意如此　此碑舊刻如蟲蝕鼠齧字雖不可識饒有古意逮後摹刻寖多皆強爲破落之形直醜怪可笑矣楊時喬重刻于金陵栖霞山之天開巖其釋文乃又與楊沇異亦不知所據

周封比干墓銅盤銘

左林右泉前（原注一作後）岡後（原注一作前）道萬世之靈（原注一作藏一作寧一作英）於（原注一作兹）焉是寶（原注一作保）

右比干墓銅盤銘元衞煇路總管府推官張淑摹汝帖勒石者（案明周思宸跋云學正王公說勒石推官張叔釋文此云淑刻非是）按汝書施河南志皆以爲孔子書肰攷之于古實無可據且碑本既題周武王封比干墓銘則是周初卽有是書矣何又謂出孔子手耶閻南鄭瑗井觀瑣言曰其文勻麗不似三代故歐陽集古錄不收肰今雖傳摹之餘字畫頗有科斗遺意不似岣嶁之太怪也薛尚功款識汝帖云唐開元中偃師人耕地得此盤張邦基墨莊漫錄云政和閒朝廷求三代鼎彝器程唐爲陝西提點茶馬李朝孺爲陝西轉運遣人于鳳翔破商比干墓得銅盤徑二尺餘中有款識一十六字同一盤而或自唐得之偃師或自宋得之鳳翔必有一誤又淑碑刻于延祐戊午秊代不遠不知明時何以卽殘斷失眞萬厤十五秊知府周思宸重立石于墓前字畫較元刻相去不遠各有跋載于銘之下方

案昰銘題爲封比干墓銅盤其說剏于薛氏款識云開元四秊游子武之奇于偃師耕耘獲一銅片其文云云攷諸圖籍卽比干之墓據此不過以意爲之實無確證逮元延祐閒衞煇路學正王公說重摹刻石立于墓前因此比干銅盤之說牢不可破余攷偃師縣志縣西北一十五里有比干墓乃漢何比干非殷比干也何比干汝陰人武帝時爲廷尉正坿見續漢書何敞傳敞其六世孫也此說亦載武億金石遺文記未審確否至張邦基墨莊漫錄謂政和中得自鳳翔攷汝帖刻于大觀己丑已載此銘政和紀秊乃在大觀以後其不足信明矣

周石鼓文

鄦車既工鄦馬既同鄦車既孜鄦馬既駘君子鼎=鼏=
㸓麀□逨君子𡳿求□卣弓兹吕寺□毆其特其來趩=
止䢅即𨒪即時麀鹿速=其來大□鄦敺其樸其□𧺟=射
其稍蜀
右第一鼓薛尚功作第八鄭樵作第三施宿作第一
潘迪云按古文苑其敘姑从施氏　文十一行行六
字文六十六今全缺者五字半缺者三字
□毆洹𢿌敗淖淵□火處𡳿君子□𡳿瀳又㸚其芀□
帛魚皪其𨰊氏=鮮黃帛其鯾又𣅀又𠂣□胡九□□𡳿
䲆汗□□□□□隹鯃□□□□□𡳿隹楊及柎
右第二鼓薛作第五鄭作第一施作第二　文九行

行七字末行五字文六十一施云十鼓中唯此完好
無一字磨滅今全缺者十七字半缺者八字
田車孔安鋚勒革馬□䮾既簡左驂旛=右驂騝=鄦吕䢃于
遵鄦□止𨑊宮車其寫秀弓寺射麋豕孔庶麀鹿雉兔
其遵又䢓其□𠃍止大□出各亞□□昊□執而勿射□
庶𩁹君子迺樂
右第三鼓薛氏施氏皆作第三鄭氏作第四　文十
行行七字末行六字文六十九今全缺者八字半缺
者六字
□□鑾車𠦬𣓾□□弓孔碩彤矢□□□馬其寫六
𤔲□□𠬪騝丁　火广□𦿍𤔲鹵𥁕𠂤衍□𨑊如章遵㴘

隂勿䧢□馬𩫏𡳿𢧵=□□□几獸鹿如□□□夕賢鉠
禽□□□□允甲
右第四鼓薛氏施氏皆作第四鄭氏作第五　文十
行行七字末行六字文六十九今全缺者二十一字
半缺者十五字
□□□霝雨□□□□木□□□□□□□□
□□□□□□□□□□彡馬□□川吕衍或
□□勿极涘吕□□□□一方□□□六奔□□□
□□又
右第五鼓薛氏作第九鄭氏作第八施氏作第五
文十一行行六字文六十六今全缺者四十七字半

缺者八字
上缺猷𠯈遵𠯈上缺𠫑䜌我嗣上缺除帥𢽥䢅上缺莽爲世里上缺
澂䥓迺罟上缺𧊒杝械其上缺𣝕栫𦘔鳴上缺亞箬其䐅上缺爲
所㸓𩠧上缺𡏠䜌音𢽴上缺合
右第六鼓薛作第七鄭作第二施作第六　文十一
行行四字末行一字文四十一半缺者二字施云此
鼓乃向傳師皇祐間所搜訪而得之者每行僅存四
字自四字而上磨滅者傳師磨去刻當時得之之由
故今所存皆斷續不成文理
案此鼓于五代之亂散落民間穴中以爲臼故上
半截泐無字今石本無傳師跋唯范氏天一閣本

後有跋云舊傳石鼓其數有十乃韓文公歌具載
其事傳師詳覽内弟十鼓㝡小其文亦不相類遂
諄訪于閭里獲一鼓雖湮漫既久文形半壞驗其
書體眞得其迹遂易而置之其數方備皇祐四季
七月日記凡七十六字據此乃弟十鼓非弟六鼓
也或兩家次敘互異施氏所謂弟六鼓者卽傳師
所謂弟十鼓尒

□□□□□□□□□□□□□□□□□
□□□□山昰戳□□□□□晸谷□□□□□□來
□□□□□□□□□□□天子□□□□□□□
□□□

右弟七鼓薛氏作弟一鄭氏作弟九施氏作弟七　文十行行七字末行二字潘云剝落僅存十有四字皆不成文今止五字全好二字半鈌一字稍見而巳

□□□□□□□□□□□□□□□□
□□□

右弟八鼓薛作弟六鄭作弟七施作弟八　文五行行五字施云此鼓最磨滅僅存十四字不復成文潘云余家藏舊本止有敉字今并剝落矣

𢀶水既□□□□□□既止嘉敨鼎里天子永寍日
隹丙申加□𢀶真雩□馬既䭫𢾕□乘騎□□□左
驂驖□□獄榮□□□女不□□□䮳霧犿□□公謂

大來舍及如□□害不余□

右弟九鼓薛作弟二鄭作弟十施作弟九　文十五行行五字末行四字文七十四今全鈌者二十五字半鈌者三字

案雩箸錄家盐作用今驗石本从用爲是又各本㯼作識大來作天子未知孰是此三字原石漫漶不可攷矣

□□□□□□□□□□□□□□□□
□□□□□□□□□□□□□□㭊□□
䨓孔□□虘□□□□□□大□□□□□□
又□□□□□□□丰

右弟十鼓薛氏施氏皆作弟十鄭作弟六　文九行行八字文七十二今止一又字全大字小而稍低亦非全文其餘半鈌者四字而巳

右周石鼓文十章前人之論詳矣大抵謂爲秦惠文从後及宇文周時物者固是臆說而必指爲何王之世何人之書引證雖繁亦無確據又不必也特以文詞字畫求之信非先秦以上人不能爲此文詞雖不可盡通其存者正與雅頌相類不僅與車攻數語偶同今詩也至字畫之工亦有目者之所共見不但漢从後人不能彷彿其一筆卽上蔡諸碑對之亦頓分今古此豈可妄引不相關之載籍肆其訾議乎但傳

摹既久錯誤滋多顛倒移易非復原式又自楊用修
之本出補綴卅益強使成讀益復可笑余但據石本
之現存者錄之于冊不敢妄增一字卽前人刻本所
有而今本已無者皆缺而不錄雖所存無幾亦庶乎
傳信而不傳疑尒

周壇山刻石

吉日癸巳

右周壇山刻石四字今在贊皇縣儒學戟門西壁有
宋皇祐五季權郡事李中祐跋相傳爲周穆王書本
在縣南一十五里壇山之上後乃鑿取此石陷置州
廨壁間吳興施宿云州廨舊石以政和五季取入內

府則今之在儒學戟門者葢別刻石也以此字爲穆
王書初無明據特以穆天子傳有天子登贊皇以望
臨城置壇此山之語遂以歸之自唐以前人皆未有
言及此書者衞夫人言李斯見穆王書七日興歎亦
不知其何指而說者以爲卽謂此書趙子函云國朝
宋濂跋據款識以爲周穆王書無疑果何所見而云
肰耶　錢唐黃公石貞父先生後人善小篆書常自
摹此四字于石搨以寄余比之舊刻幾無以辨特四
字一行稍異舊式

周吳延陵季子碑

嗚呼有吳延陵季子之墓

右吾家季子墓碑宋崇寧二季知常州軍朱彥重摹
在江陰縣暨陽鄉季子墓上按此碑凡有數本唐張
從申記云開元中元宗命殷仲容摹搨其本以傳大
庥中潤州刺史蕭定又摹刻于延陵廟中金石文字
記云在丹陽縣延陵鎭吳季子廟後人又刻于縣南
門外驛前蜀成都府學亦有一本合崇寧凡五刻丹
陽雖有延陵鎭實非古延陵地古延陵乃今江陰縣
季子墓在焉朱公所記甚明此碑世皆以爲夫子書
本于張燕公謝碑額表云孔篆吳札之墳秦存展季
之隴云云而陶淵明季札贊云夫子戾止爰詔作銘
則又在張前矣原注此贊陶集不載肰歐陽公以夫子未嘗至

吳又諸字特大非古簡牘所容爲疑廣川書跋又言
今入淳化官法帖中其字如書簡牘不類豐碑石柱
上字唐人刻此字極大一書而傳于世者大小不同
此竟誰當其傳哉今按淳化帖所載魯司寇仲尼書
凡十二字止有吳君子之五字與碑本同餘七字盡
不可識不知彥遠何以云卽此十字碑也要之古必
實有是書故陶張二公乃得據以立說而傳摹失眞
大小殊狀今人所見皆非原本故疑信不一自肰以
夫子之遺文表吾季子之遐軌雖非舊物亦可珍賞

秦詛楚文

又㚇嗣王敢用吉玉宣璧使其宗祝邵馨布愍告于丕

顯大神巫咸㠯底楚王熊相㞢多辠昝我先君穆公及楚成王是繆力同心兩邦㠯壹絆㠯婚姻袗㠯齋盟曰枼萬子孫毋相爲不利親卬不顯大神巫咸而質焉今楚王熊相乘回無道淫失甚亂宣奓競從變輸盟制內㞢則虣虐不辜刑戮孕婦幽刺敘戚拘圉其叔父寘者冥室櫝棺㞢中外㞢則冒改久心不畏皇天上帝及不顯大神巫咸㞢光烈威神而兼倍十八世㞢詛盟衛者矦㞢兵㠯臨加我欲剗伐我社稷伐威我百姓求蔑灋皇天上帝及不顯大神巫咸㞢卹祠㞢㠯圭玉犧牲逑取吾邊城新郢及於長親吾不敢曰可今又悉興其衆張矜意怒飾甲底兵奮士盛師㠯偪吾邊競將欲復其兇迹唯是秦邦㞢羸衆敝賦鞈輸棧輿禮使不老將㞢㠯自救殹亦應受皇天上帝及不顯大神巫咸㞢幾靈德賜克劑楚師且復略我邊城敢數楚王熊相㞢倍盟犯詛箸石章㠯盟大神㞢威神

右秦詛楚文蓋告于巫咸神者其一詛于久湫一詛于亞駝其文亦無甚大異唯所質之神其號各殊與篆法偏旁間有移易自此石初得于鳳翔開元寺土中置之太守便廳東坡鳳翔八觀詩所詠卽此本也趙次公云數本中唯巫咸之文最精然自宋徽宗取歸御府後今時傳搨人間者未知仍是原石否其字法精工于鼎彝款識外別具一種筆意與石鼓文可从抗衡嶧泰諸碑俱當讓一頭地

音釋

又六書正譌云又俗爲有無字 森說文秦籀文从秝 殸六書統殸从又从胄眉从殳又手也手掔胄持殳从進殸之至也 宣廣川書跋云宣字通作瑄 古 毆說文慇痛也廣川書跋書作忠誤 不不顯卽丕顯詩周頌不顯不承僞書之言丕顯丕承也大誥爾丕克遠省陳士元曰丕馬融作不兮詩不顯朱子皆从豈不顯釋之非是 底底亦訓致書乃言底可績此言致楚王之辠于神也 穌卽穆字古鍾鼎文穆字多移禾于右 是讀作寔卽實字 繆說文勠幷力也書湯誥史漢高帝紀幷通用戮此又俗繆作勠也 壹疑卽壹字壹篆作壺此蓋變省 散敃卽婚姻字移女于右 葉鄭樵曰葉卽葉字疑葉萬卽萬葉也王恭壽云古葉億字通 卬仰本字說文引詩作高山卬止 乘回諸家皆釋作庸回通雅曰康回言安思回邪也釋者欲改爲庸非矣猶左傳州吁阻兵而安忍也 爽卽無字本作𦂡此變省 道卽道字說文百頁皆訓頭也皆卽古文百字李陽冰亦謂百音首故道雖从有亦可从頁 失諸家皆云同佚按說文失訓縱也于此處文義自合不必借同佚 甚諸家皆云作䖍按說文甚尤安樂也廣韻甚劇過也甚亂言過于亂其義自足亦不必借同耽 奓奓本音奢廣韻張也開也六書故曰奓與奢侈二字通張衡西京賦馮虛公子心奓體忲卽侈泰字 從疑卽從字本作㣊亦加辵作從下截蓋辵之變省也從古通作縱 輸諸家釋作渝謂變也按輸有隳訓詩載輸爾載春秋隱六年鄭人來輸平注公羊傳訓輸平爲墮成左傳寡君將墮幣服虔訓墮爲輸義相通也此云輸盟卽墮盟意不必借用渝 虣卽虣字說文本从武此从戒與武小異玉篇云今作暴 剸籀文則从鼎 虐虐本字 荆說文刑荆分二字刑剄也荆罰辠也此正用荆罰字非借 殹敀上疑卽孕字說文孕从几从子象子在人中也此从女亦女子褁妊之義 敀卽婦字移女于右 刺諸家皆釋作刺刺與剌形近而音義各別字書無刺字剌形近剌不知何以釋作剌 敘六書統云敘同親 戚卽戚字漢楊統碑貴戚專擅韓勑碑陰彭城廣戚皆戚字 眘六書正譌云者古諸字秦泰山碑者產得宜諸亦作者 冒卽冒字 久六書正譌云故从久古通用久久卽音故 烈通作烈 衛說文

衛將衛也从行率聲石鼓文悉衛左右海篇衛又作衛與率同蚑卽姓字移女于右至卽玉字古

文玉作禹或作亟此筆畫小變蔘通作攄伏義史記作宓攄語諸家釋作我疑卽吾字變體鄓

音皇新鄓地名鄉古文奇字鄓作鄉地名穀字書無穀字諸家皆釋作觀玲字書無玲字諸

家皆釋作矜悳廣川書跋云亟威本作悳籀文億按說文悳滿也籀文作意又億安也兩字音同義

與意非籀文億也悳與薏形近肰義亦不合唯玉篇有悟字訓小怒音如否切意悟偏旁相同心字或旁

或下其義亦通競覞本爭競字諸家皆釋作境覞諸家或釋作覞金謚琳瑝音凶王弇州云按文

義非覞疑卽叱迹疎籀文迹鞈說文鞹太毛皮也集韻作鞹眉从享亭本作亯此从亯疑卽旨

字䩦周伯琦云音俞刀鞘也殹同也見石鼓文及秦權夫亦叜卽叟字說文叜从叜

从舟肯聲六書正譌不肯正與此同幾周伯琦云同幾亨克本字數卽數字秦嶧山碑數字與

此相近箸卽箸字六書正譌云箸从竹者聲別作筯著着踏然非

秦嶧山碑

皇帝立國維初在昔嗣世稱王討伐亂逆威動四極武
義直方戎臣奉詔經時不久滅六暴强廿有六年上薦
高號孝道顯明既獻泰成乃降專惠親輈遠方登于繹
山羣臣從者咸思攸長追念亂世分土建邦以開爭理
功戰日作流血於野自泰古始世無萬數阤及五帝莫
能禁止迺今皇帝壹家天下兵不復起災害滅除黔首
康定利澤長久羣臣誦略刻此樂石以箸經紀皇帝曰
金石刻盡始皇帝所爲也今襲號而金石刻辭不稱始
皇帝其於久遠也如後嗣爲之者不稱成功盛德丞相
臣斯臣去疾御史夫臣德昧死言臣請具刻詔書金石
刻因明白矣臣昧死請制曰可

右秦嶧山碑宋徐鉉摹本鄭文寶刻石今在西安府
學按秦皇巡行天下凡六刻石嶧山最先史記獨無
此文何也少陵云嶧山之碑野火燒棗木傳刻肥失
眞封演聞見記云後魏太武登山使人排倒之然而
歷代摹拓以爲楷則邑人疲于奔命聚薪其下因野
火焚之由是殘缺不堪摹寫然猶上官求請行李登
涉人吏轉益勞弊有縣宰取舊文勒于石碑之上凡
成數片置之縣廨須則拓取徐氏所摹不知出于何
本鼎臣兄弟以善篆名當世此本雖臨古字實以己
法運之故縝密茂美是唐以後書無先秦以上遺意
也董彦遠言陳伯修示以嶧山銘字已殘缺其可識

者僅僅耳視其氣質渾重有三代遺意此必野火未
燒時搨本矣案此碑未經野火時本未嘗殘缺此殘
缺者正當在火燒後耳董又云其文攷史記多不合
今史記實無此文何言之謬也楊士奇東里續集云
嘗見陳孝思論嶧山碑翻刻次第云長安第一紹興
第二浦江鄭氏第三應天府學第四青社第五蜀中
第六鄒縣第七攷鄒縣有二刻一宋元祐八年邑令
張文仲刻置嶧陰堂一元至元二十九年重刻在鄒
縣治應天府學本李處巽刻在江寧縣學尊經閣下
三字一行作横列式吾子行以爲甚謬青社本金阜
昌甲寅河南李仲坦刻旁有跋其本亦得自徐氏者

近從恭壽先生處見有李陽冰嶧山碑其字校鄭
本差小而力緩筋懈與陽冰它書絶異攷之于古亦
不聞陽冰嘗摹是碑疑好事者轉臨鄭本而加以李
監名耳　都太僕云皇帝曰以下乃二世詔文在始
皇石刻之旁余見泰山碑如此鄭文寶不見秦刻其
所刻乃徐氏摹本故牽連誤書謝滄湄曰此碑二紙
一紙書頌一紙書二世詔二世詔一面字差小不得
謂牽連誤書也余按第二紙首行原有頌語數句皇
帝曰字亦未嘗別作行都公所言甚爲有理滄湄云
云反似未見此碑者何也　金石文字記云功戰日
作當是攻字古人功攻二字通用齊侯鎛鐘銘肇敏

于戎功作攻余又按荀子議兵篇械用兵革攻完便
利者强楊倞注攻當爲功國語辨其功苦韋昭注功
與攻同　封演聞見記云嶧山碑刻此樂石讀者多
不曉顔師古謂以泗濱浮磬石作碑也

秦泰山碑

□曰可（下空）皇帝臨立作制明□□□□廿□亣□□
羿□□不□□□輒隷黎登茲□山□□□□从臣
思隷本原□□□□□德□諸□行嗇產得寔□□□
□

右文六行首行三字餘行十二字存三十二字缺三
十一字劉譜云在石之西面　立史記作位轉注古
音十四緝位注音立春秋公即位古本及石經作即
立毛伯敦銘立中廷楊南仲釋作位輒史記作巡遠
下有方字黎下有民字廣川書跋輒音鄰通雅云親
輒即親巡彦遠謂親鄰非也隷史記作迹隷即籀文
迹字嗇史記作諸六書正譌云嗇古諸字詛楚文率
者侯之兵

大義箸明陲于後嗣□□□皇帝躬聽既平天下□
□□□與夙寐建設長□□□□

右文三行行十二字存二十二字缺十四字劉譜云
在石之北面　箸史記作休六書正譌云箸从竹者
聲別作筯著着踏㘴非陲史記作垂廣川書跋云陲

爲邊陲若垂後世則當作乑聽史作聖
□經宣達隷近畢理□□□□賢賤分明男女禮順愼
□□□昭隔內外靡不清□□□昆□化□樂窮□奉
遺詔□□□□皇帝曰金石刻盡（下空）始皇帝□□□□
□□□金石

右文六行行十二字存四十二字缺二十五字劉譜
云在石之東面　體史記作禮隔廣川書跋云或謂
爲融古字相偕不眹則格與隔不可兼用也通雅云
昭融不當作昭隔皆子長所改

刻辭不稱（下空）始皇帝其於久遠□如□□爲之者不稱
成功□□（下空）丞相臣斯臣去疾御史大夫臣□昧死言（下空）

臣請具刻詔書金石刻因明白矣臣昧死請下空

右文七行行十二字存五十一字缺六字劉諧云在石之南面廣川書跋云二世詔字在其陰今石南面二世詔書始皇帝刻詔書乃在東北西三面蓋石仆而後人起植之以一面稍完故立之南鄉　書跋又云衛宏嘗謂古一字有兩名者就注之御史夫夫則大夫也莒公亦曰夫中有大如千人書千千今攷禮記檀弓曰夫夫是也大人貫簪爲夫則大夫同文義亦可見

右秦泰山碑宋尚書郎潘師旦摹本嘗刻入絳帖者也金石録云大中祥符歲眞宗東封此山沇州太守

摹本以獻凡四十餘字其後宋莒公摹刻于石歐陽公載于集古録者皆同大觀間汶陽劉跂斯立親至泰山絕頂見碑四面有字乃摹以歸文雖殘缺首尾完具不可識者無幾秦篆完本復傳世間斯立摹其文刻石自爲後敍謂之泰山秦篆譜金黿琳瑯云近得劉諧後敍謂篆石種植土中崇四五尺五十一字在南面字稍平故常爲人摹搨其三面皆殘缺蘙闇跂刮磨垢蝕而字始出蓋刻文起西面而北而東而南共二十二行其末行制曰可三字復轉刻西南棱上由是篆文首尾幾于復完此譜作于大觀間而絳帖後署淳化五季勒石前劉譜百有餘季今觀金黿琳瑯所載劉譜與絳帖正合意斯立作譜時當即以潘本爲據而又親至碑所相參訂耳今泰山頂碧霞元君祠東廡但存臣斯臣去疾以下二十九字而劉譜世亦尠傳泰山秦篆又幾不可復識余因取潘本録之并取劉譜相證庶幾好古者得有所攷據云

申徒駉會稽碑跋云行臺侍御史李處巽獲劉跂所摹本刻于建業郡庠楊東里集亦云應天府學有此譜刻石余得之張士謙應天府學即今江寧縣學余嘗屢過其地唯見吳天發神讖碑及李處巽所摹繹山碑在尊經閣下而泰山譜無有問之人亦莫有知者竢更訪之

秦泰山碑殘字

□□臣斯臣去疾御史夫夫臣□昧死言臣請具刻詔書金石刻因明白矣臣昧死請

右秦泰山碑殘字二十九今在嶽頂碧霞元君祠之東廡此斯篆眞迹之僅存者又聞泰安州城內東嶽廟中別刻一石亦二十九字蓋好事者摹之以應四方之求耑登涉之勞也此本字迹不見淳古行末隱隱有分書題跋數十字破碎不可識疑此始泰安城內之刻非嶽頂原石也

案碑末題字乃明北平許□隸書云岱史載秦篆碑僅存此二十九字余至泰山頂上從榛莽中得

之恐致湮沒因□之□□从□□古之遺迹云北
平許□昇題凡四十八字此即其原石也乾隆五
季廟災碑遂亾今城內嶽廟一石从此翻出

秦瑯邪臺殘字

五夫□□五夫楊樛（此行原書全缺據今精拓本補夫下缺二字攷史記是趙嬰名五夫夫即五大夫泰山碑亦如此）皇帝曰金石刻盡（下空）始皇帝所爲也今襲號而金石刻辭不稱始皇帝其於久遠也如後嗣爲之者不稱成功盛德（下空）丞相臣斯臣去疾御史夫臣德昧死言臣請具刻詔書金石刻因明白矣臣昧死請制曰可（二字據今精拓本補）

右秦瑯邪臺殘字在今山東諸城縣存十一行行八字第一行隱隱有字而不可識當時頌詩之末二句後十行則二世詔及從臣姓名末行空有制曰可三字今搨本無之或字迹駁落已盡搨者遺之也郘陽趙六吉云臺有二石壁東西相向頌詩刻向西一壁無一字存者此字在東向壁上苔蘚翳蔽久無人拓近始見之故傳世者尠按金石錄秦瑯邪臺石刻其頌詩亾矣獨從臣姓名及二世詔尚存然亦殘缺熙寧中蘇翰林守密（原注諸城古密州）令廬江文勛摹搨刻石卽此碑也文氏所刻當是全本今此本所存與趙氏所見古本正同豈此本猶爲秦時遺刻乎然筆畫之間不甚古茂又豈文氏摹刻亦止此一半耶自金石錄後五百餘季它家未有入錄者而余始得之亦足以豪矣

案臺在諸城縣東南百六十里碑今尚存中裂寸許好事者鎔鐵束之得不仆相傳秦時原刻也熙寧中文勛摹本別在趙然臺相距百餘里與此無涉

金石存卷二　八千九十一字

金石存卷三

淮安吴玉搢纂　　聞妙香室校本

篆存三

漢大風歌碑

漢高祖皇帝歌案此行原書脫今補

大風起兮雲飛揚威加東內兮歸故鄉安得猛士兮守四方

右漢大風歌碑徐州志歌風碑在沛縣歌風臺碑有二一豎于東不知年代西則元大德閒摹刻者舊碑中斷東以鐵汪蛟門歌風臺記云元大德閒摹刻于石者邑令羅士學也余案此碑不知刻自何時相傳爲漢曹喜書亦無可據碑自大德中已經重刻其舊碑即非漢刻亦必唐宋人所爲何近在彭城而歐趙皆不收錄也篆法非上蔡當涂矩矱始闇古人有縣鍼書法而彷佛之者不爲佳品故藏弆之者亦少尒

漢五鳳甎案當作魯孝王石刻

五鳳二年魯卅四年六月四日成

右漢五鳳二年甎字在今曲阜孔子廟孔廟漢碑最多然皆漢安以後書唯此爲西京遺迹自金明昌中出土故歐趙皆未之見朱竹垞以爲篆文顧亭林以爲八分恭壽先生以爲不能辨余嘗見仲六游家藏本字雖破落已甚然辨其筆法無鉤踢挑拔之勢固與于東漢豐碑而簡略直致亦微解篆體與定陶鼎所勒高廟二字相類此正西京左書也

案此爲石刻金明昌二年詔修孔聖廟匠者取池石得之見高德裔題記竹垞集云五鳳二年甎一凷嵌曲阜孔廟前殿東壁篆文一行志塼墻之歲月葢傳聞之誤也原書云甎者亦沿竹垞之失

漢開母廟石闕銘延光二年

□□□□□□□□案此行原書佚脫因剝泐無字拓碑者遺之今補□□□開母廟興字補□神道闕時大守□□朱寵丞零陵宋陵薛政五官掾陰林戸曹史夏效監掾陳脩長西河圜陽馮寶丞漢陽冀祕俊廷掾趙穌戸曹史張詩將作掾嚴壽佐左福

以上題名十行案當作十一行行七字內第三行止六字

□□□□□□百川柏鯀稱遂□□□康淇東浩浩下民震驚□□□功疏河寫元九山甄旅□□□文爰原書譌曰納遂山辛癸㞢閒□□□入原書譌又家亦譌人諸寔勤斯民同心濟□□□□□杞繒原書譌繒今正繒俗作鄫漸字補暨又遭亂秦□□□亨於茲馮神靈叚飛雄□□其字補庭廟祥符瑒靈支梃生□□□化陰陽穌清興雲降雨□□□□守□不驕比性乾坤福祿來彼四字補相原書譌柏肩字補諸家譌宥我君千秋萬祀子子孫孫表五字補碣銘功昭眡後昆□□□□延光二年空二字重曰□□□□□□辟字補惪洋溢

而溥優□□□□□政劉文耀以消搖□□□□雝
皇極正而降休□□□□□芬兹楙兮闓𦔮□□□
□□□木連埋於芊䔲□□□□□鉞補字肚日新而累
襄□□□□□化咸來王而會朝□□□清靜九域
心并脩治□□□□祈福補一字祀聖母虞山隅神□宣
而鮐補字格鬗我后以萬祺兮豈補字樂而罔極永歷載而
保之案以上四句轉刻菊圃然無缺文亭林以爲亾其上四句非是原書每句上增缺六字治其失也今刪
以上銘詞二章共二十六行案當作十四行行十二字
右漢開母廟石闕銘開母啟母也漢避景帝諱易啟
爲開前題名十行行七字後銘詞二章共二十六行
行十二字今多者存九字少者五六字不等葉井叔

嵩陽石刻集記曰今現存篆書三十二行前題名十
行行七字内弟三行止六字从少室石闕所刻官名
參攷之則此十行之上無缺文也又謂後二銘其二
十二行行十二字今止存六字葢亾其上一層矣後
銘視嵩高志所載又缺四句金石文字記曰歲屠維
協洽萁春余親至廟下視此石闕井叔所謂缺四句
者今又得四行二十餘字从文多不能容故轉而刻
于其旁仍亾其上一層也余从恭壽先生處見所錄
本挍葉顧二家所收其字爲多前銘上一層尚存二
十餘字不盡亾也後銘上層亦時有一二字在不知
二公當日親于廟下鈔錄其文何从尚有遺缺如此

今時拓本字益晻昧難辨後四句不復可得而余所
見本爲最全矣

　案銘三十五行刻闕陰及東側葉井叔以爲三十
　二行顧亭林謂三十六行竝誤

漢少室神道石闕銘

上缺□莪林芷上缺縣日月而上缺一行三月三日上缺郡陽城
縣上缺興治神道上缺一行君丞零陵泉陵薛政五官掾陰
林戶曹史夏效監廟掾辛述長西河圜陽馮寶丞漢陽
冀祕俊廷掾趙穌戶曹史張空一行詩將原書譌匠作掾嚴壽
廟佐向猛趙始

右漢少室神道石闕銘嵩陽石刻集記曰凡二十一

行行四字其所列丞薛政等與啟母廟同其爲一時
所立無疑金石文字記曰今在登封縣西十里邢家
鋪距少室山尚十餘里當是漢時廟在其地今時拓
本少最後三行恭壽先生本首行多一莪字次行多
一縣字則又葉顧二家所未及見者也嵩山三石闕
太室从隸開母少室从篆嶧泰刻石而後此篆爲最
古且係原石非它傳摹者比剝蝕之餘典刑具在是
可寶也　此闕止題名目銘詞已亾無从得之矣

　案少室有二闕東闕即李陽等題名此西闕凡六
　横銘詞在弟一二横餘横皆畫象弟一横殘缺無
一字弟二横莪林二行即銘詞下截特上截盡泐

不能屬目葉九苞金石錄補云此闕但有題名而亾其銘詞其萩林至三月三日似蜀所題之尾隱說不足信三月一行上截當有紀季虛舟題跋云此闕唯銘前有亾失日月以後俱無缺其日三月三日者開母廟石闕已列延光二季此闕蓋卽同時所立故不須復刻其季也開母石闕不書日月此不書季蓋互見也案亦曲說穊陽三行上竝有斷文題名全在弟二横故無鈌字今从開母闕題名玫之官閥姓名亦不盡合開母云監掾陳脩此作監廟掾辛述又云佐左福此作廟佐向猛趙始可見立石非一時矣

漢王君殘碑中平二季

漢故王君之碑篆額

府君言□□周□㞢緒也而清味其穊太守王陽令知

政㞢風□㞢德矣中平二季倠文銘勒碑㠯休缶不

右漢王君殘碑額與碑皆篆書額題漢故王君之碑六字碑殘缺已甚所存字不及四十唯太守王陽及中平二季八字可句餘俱不可卒讀漢人銘誌隸古居多唯此乃用小篆朕前人集錄旣無可玫而王君名字皆亾竟莫詳其爲何如人也

漢魯王墓二石人題字

案原書分刻一云石人曾前殘字一云麃君碑額然非今據全文訂正說詳後

府門之卒卒字補

右石人曾前殘字在曲阜不知何人墓前翁仲也其文曰府門之之下殘缺無存篆法𣪠古亦秦漢閒物也

漢故樂安大守麃君亭岳岳字補

右漢麃君碑額題漢故樂安太守麃君亭□十篆字爲二行亭下一字不可識其所云亭意亦獎穀華山亭之類玫水經注天下碑錄及洪趙氏書皆無此碑今碑不知存否余所收者獨其額耳　初錢唐金壽門示余此拓本釋作麋君細按石文鹿下从火益麃字也玫姓氏書無麃姓朕韓勑碑有麃次公麃季公碑側題名有麃悏字元世今此碑額在曲阜野中是魯地故有麃氏而姓氏書失載也　麃音庖周有麃玉爲秦將漢有麃宣　又按鄭蔬畦云省志志陵墓

魯諸王墓下云魯共王孫皆葬于此大墓二十餘石獸二石人三曾臆閒篆刻曰漢樂安太守麃君朕則麃姓出魯共王之後而余以此刻爲碑額者亦非也山東通志曲阜舊縣南八里漢魯共王子孫皆葬于此大墓二十餘石獸四石人三曾臆閒篆刻有曰漢安樂太守麃君亶冢者有曰府門之卒者餘剝落不可識

案二石人舊在曲阜城外魯共王墓前竝肩西向相去五六步曾臆閒竝有篆書自腰以下陷土中故末一字未見乾隆甲寅移城内矍相圃經好古者洗滌拓之全文始顯樂安自質帝本初元季徙

封渤海始罷爲郡文云樂安太守刻石當在質帝
以後不知何以立共王墓上也至謂夔姓出共王
後未必然尒

吳寶鼎甎 寶鼎二年

大吳寶鼎二年歲在丁亥作

右吳寶鼎二年甎字寶鼎孫晧紀年也康熙四年得
于吳門之小雁嶺去孫晧時實一千四百餘年而甎尚
完好如故按是時晧方起昭明宮二千石以下皆自
入山督攝伐木陶埴之役遂及吳下不知宮成未幾
而已稽顙于司馬氏之庭矣字法樸拙未必盡出能
手然亦饒有古意余錄中得孫吳氏書迹四天發國
山二碑寶鼎天紀二甎皆晧時物也亦奇矣

吳天發神讖碑 天璽元年

上天帝言天 下缺 丁步丐日月 下缺此提行平格 下帝曰大吳一統
萬方巾午丙日 下缺 丰仁中弖子□□元示丐山川 下缺 天
發神讖文 下空 天璽元年秊月巳酉朔十四日壬 下缺 字補 迻
中郎將丹陽 下缺 然發刻廣削□乃 原書譌于 是天讖廣多□
未解解者十二字已秦月廿三日遣□□解文字令史
建忠中□將會稽陳治□□□解十三字治復有□未
解已八月十日 下缺此一行出格 下詔遣中書郎行□將軍將
軍關內□九江費宇 原書譌字 行視更□□二字合五十秦
宇 原書譌字 補 與蜀郡校尉姜□□絡典校皐儀備 字補 □梅

丸章咸李楷賀□吳寵建業丞許□□番約等十二人
吏□竝菽觀視深甄歷 字補 □元歸 此下一行出兩格 大吳上天
宣命昭□大弖文字炳曜天 字補 □在 原書譌杜 諸石上故就
□□□刊 字補 銘敷垂億 字補 禩 下空又空一 此下行 蘭臺東觀令
□□□□吳郡□□□乃工九江朱□□□□□
□江□□□功東海夏侯 下缺

右吳天發神讖碑舊在巖山段石岡宋胡宗師移置
漕臺後圖今在江寧縣學尊經閣下孫晧殘虐浮于
桀紂而專好言符瑞如開臨平湖封禪國山及此碑
之言天讖廣多皆是也不猒無救于滅亡適足以遺
後世笑耳碑凡三段形如覆臼字列三面而虛其一

舊以文字錯列莫有能通其讀者群符周雪客作爲
碑攷合三段之石審其斷處聯貫讀之義始可通朱
彝尊曰是碑相傳爲皇象書其文指爲華覈所作蓋
本張渤吳錄而許嵩建康實錄注感光集慶續志因
之以覈嘗爲東觀令而碑後有蘭臺東觀令字遂以
實之也攷覈爲東觀令時犯顏數諫號稱直臣又其
免官在天冊元年覈既免官又綮伉直必不復藉符
瑞取媚然則碑之所云蘭臺東觀令別是一人未可
遽信爲覈之文也　山謙之丹陽記云巖山東有大
石碣長二丈折爲三段按碑石非方非圓似非一石
所折即累三石視之亦不得如許長也但文字參錯

處則又非各刻者今俗名落星碑金陵瑣事以爲蘇
建書未知是否　梅都官題此碑詩云季筭赤烏近
書疑皇象多但取赤烏皇象屬對之巧亘不計此碑
非赤烏季也

吴禪國山碑

缺三行上缺九字上下光极入幽缺七字仁是故缺五行上缺三字俳佪
□此□□大宮王燭缺五字清□民子來不日上缺十七字神
經緯□務日昃不上缺十七字大繇未光闓立東觀上缺十七字
幽不闓□逿遠佞寬□宥刑守缺十三字朽枯上而感應□
□上缺十四字圖王璽啟自神匱神人指授□冊□王□□
四日月抱戴老人星見者弍十有弍㐅帝瑞氣黄上缺九字

斗牛者弍十有九□鳳□龍□圖負書卅上缺四字白□冃
□采□□廿有二白麃白□白□白兔卅有二白雉白
□白□白鳩弍十有九炎烏炎雀案从上十八行又十六字原書全脫今石本尚存一百二十七字據此錄補
廿有四白雀白燹廿有□神□吐□
白鯉□船者二靈絜神蠶彌縠神□至此補原野者三嘉禾
秀穎冃露□□六十有㐅妹□連理六百八十冃露至此補
有三原書誤王明月火珠璧流離卅有六大缺七字有㐅大寶
神卅有至此補璧水青穀璧卅有八王□王芊王缺七字神□
憂祝神醫□王至此補卅有六石字補室山石闓石印□□□
州□□天□彰石鏡光者石印至此補弍十有弍□□頌
歌廟靈□□者三缺六字闓通應讖合謠靈□至此補者㐅神

□□僊靈母神女告徵表祥者卅有夲靈夢啓讖捐人
授書神女至此補箸原書誤者□□□者十祕□□文王板紀□
者三王人王邑文彩明□文至此補蔑者八□□王琯王璊
王□王□王稱妖瀾異色者卅有三王尊王□至此補王窰
王盤王嬰清絜光腮者九孔子河伯子胥王□□吾天
乎歷成天子腮者至此補出東門鄂字補者四大賢司馬微虞
翻推步圖緯甄匱啓□□大賢至此補□□運會者二其餘
飛行出□□生出倫希古所覩命在姝奇不在瑞行出至此補
命出篇二字補者不可稱而□廿於是旃蒙協洽出歲
月次陬訾出而□至此補□原書誤廿日惟重光大淵獻行上缺九字
虔震周易實著遂缺字至此補受上天王璽文曰吴眞皇帝

王缺四字理洞徹斟受祇□夙夜皇帝至此補惟寅字補夫原書誤天
大德宜報大命□□乃□□兆涒灘出歲欽若上天月
正□□至此補革原書誤華元郊天祭地紀號天缺四字命於是丞
相沇大尉璆大司徒缺字至此補燮大司空朝執金吾脩□
□校尉□屯騎校尉悌尚書令忠尚書昬□□至此補直晃
昌國史瑩覈等□□□天道□□□瑞表眞令冊瑞畢
坐□吕至此補三表納貢幽荒百蠻浮□□化九垓八□罔
不級濬率按典繇空光行禪禮紀勒天命遂上缺四字山出
陰□□刊石吕對揚乾命廣報坮德副慰天下喁□□
□□□化至此補

中□東□令史立信中郎將臣□建所書

□工□□何赦（以上二行補）

右吳禪國山碑案三國志吳紀天璽元季吳興陽羨
縣有空石長十餘丈名曰石室所在表爲大瑞乃遣
兼司徒董朝兼太常周處至陽羨縣封禪國山明季
改元大赦以協石文此碑之所由刻也碑本甚巨今
止存二十行行九字其上下四旁多巳不具即此二
十行中剝落者尚數十字其存者非審視諦觀亦莫
能辨也金石錄載禪國山碑上下二卷跋云前敍孫
皓即位以來瑞國祥瑞凡千餘言其後乃云以涒灘
之歲欽若昊天月正革（原書譌華）元郊天祭地紀號天璽
又云丞相沇太癸璆大司徒燮大司空朝等以爲今

帝瑞畢至三表納貢九埏八垓莫不被澤云云尒疋
曰太歲在申曰涒灘天璽元季丙申正所云涒灘之
歲紀號天璽也但據碑言似因封山而後改元天璽
據吳紀則陽羨石室之瑞在天璽元季因封禪國山
明季又改元大赦則改元者天紀也大抵此時無歲
無瑞亦頻歲改元先後之閒固有不及細詳者矣
碑云三表納貢三籀文四字金石錄作三非是
案碑形微圜文四面俱刻共四十三行行二十五
字東北二面多磨滅南西面微蝕現存字五百七
十有八按原書所載多四百二十六字悉以錄補
其它書載見而原石巳蝕者不敢闌入蓋吳本止

南西面下截二十行余所見乃全拓本自其云上
下四旁多巳不具亦縣揣之詞實則爲拓工遺之
也

蜀師甎

蜀師

右甎方六寸許中刻蜀師二字四旁作蟬翼文面背
如一無歲月可攷不知出何時代蜀師字亦不知何
說篆法古樸似非近今所爲
案此甎近時出土最多攷之當是漢末晉初所造
蜀師者作甎之氏所見有永安三季蜀師作一甎
永安乃吳景帝紀元永安三季當漢後主景燿三

季也又太康三季蜀師所作一甎則晉武時矣餘
如面背皆蜀師字而側紀泰始咸寧季號者亦以
十數

金石存卷三　　五千六十七字

金石存卷四

淮安吳玉搢纂　　聞妙香室校本

篆存四

唐碧落碑咸亨元年

有駭又十弍禩龍㠭墰牂京蔡李訔誼譔諰衙恤卞闪

闟娘緜所永𢍮德悳穿毀𢀖因義立

大衜䒘𩑁講侍眞偽𢀖若𣅀𪏭𩒖觀諯初眞𨾴鼎乎罗

𡈼混成𧙯於沖𡴹囗之又乜蹟超𢀴象之𦑹惟悅隹𡆣

理𡆢𣪠聽之㰃𦢊已囗山順𩙣𢘜乎𢊁索汾𤆏𥁖𨷼宥

𨶹自𣥒曠矣戈術之轀也其寄𥀢寥𢊁之場焉𡇒𡧱玉

筓𩒖徵瑻函吐祕方壺禕𨵨囗穀𩖩斿𠈃回九陔𦍳飛

𢉖而从敦圍頫倪肓𢽎戴𣀔𥄂而𠦪雲𣆶固夾昭章𨒨

軌囗霽隆𩆤漳化與曠幽㮚𣗥𠷎侊从　桃妃肏貞𢧐

𨙻桌悳𡐦𡻕延𢜮邑𦳢𨇤位　藩闔𨔿頌贊𡕡篹豐𤼽

𡭗𤼽亏𦄍訓故糺縱是𦘔𩛥𢧵𤍿𨽍大當叶曜中𨶮从

𧧑況倚閭分日之𣅀𤒭𡰪𠩄盱之規𦍩戉入龠思𦾓㡑

𦌣重𠂤𣁋禕偵賊軏𢖲𤃬𤂶淮館儀㒧𩈄鴻𡬶之𩆜術

𣓛壇𢦡𦸗腸㣇𢀛之㡿範𠎝𦋦𨲻洞𡷆𨹒雨𩣪𢜩𡚸毋

儀事𡨧嬪㬪𡰱𤱤矢天不𢀖積𦽳亾𢿨𠱠剖奄𦄐茶𡠦

𩗗𦤅訓𦬪痛𡋯過𡭗感切慼𣛴汯亞兆𧇤自禣𠈃嫃祗

𢦏　巖訓𢡎勉𠈃睦偷㝶視𢡊𧦝𧫷𦏲𢢃　几𠧞牢𦳢

𥈐𡋿𢀖𨐨勱巨徒𤦪寄哀何𡋿所已𢿀𧭥餘𢂊祈福𡇈

宗𢡊寫與宮屋𨺗舟古而土木非可𢽎止數鎔鑄𦊆𧫷

𣽂止𢦓𦘔𢀜　盅類圖㵁隮質睟容𥠖𩏂冠議又煒金

眞摛燿綖金閶止易驎琳𧂶𢿙𢧵若琳房止可覲𠆨𢡆

文映𤇾駱其𨚘帝昏飾翠雲止囪春𡋯𣪠𦂗𢀖止𤅊𢧐

彫㛂斆式珏囗祈已此勝細二𡿺神理𢿢𤲡樓𨵨碧𢡆

飛𣅀𠷎庭𩿨羣帝𦳙昊開𦃃刖𡐓於𠀀𨂂𩧢心懸解庇

美𦽍𡰴佢儀明已衛奐括𣆀𢍮而𦐇極介𢦏多𠚑　藩

𡐦𨾴睦如山佌志永𢍮𦆴𡱂止柔𢗃陔𡇒勵興昌烏𩾕

止𢖲孔明卞鑒匪白頊假昌𡇒𡊸闔屋𡆤𦳢桜䈲凡銜

京𡆼極鉛𢾖𩨕𦊆鍊𨗴桌劭義切𢇍𢡊止𧿹𡐦悳毀𡩜

𤸇𥘎𩤼𢼛止𧿹況𢍮𩌂𢡊範𡖊𠳕𠪔𧿹瞻𡕡景行敲𢘇

刊紀餘魂休喘精不隸彰𩐁佺𦧜褶𣟑𡜊心𡇒音𡿺日

追風𤔡窒傳敭心感慕𦃃𠖁𦎫之

鄭承規釋文

有唐五十三祀龍集敦牂哀子李訓誼譔諶衛恤在疚

𡨴懷靡所永言報德思樹良因敬立

大道天尊建侍眞像粵若稽古𩒖覩遂初眞宰貞乎得

一混成表於沖𡴹𡆠之又𡆠蹟超言象之域惟恍惟惚

理冥視聽之端是以峒山順風勞乎靡索汾陽御辯窅

然自喪曠矣哉道之韞也其寄于寥廓之場焉至于玉

笈宣徵瑻函吐祕方壺神闕蒙穀靈游倏忽九陔導飛

廉而從敢圍俯仰六合戴列星而乘雲氣固亦昭章邈

執肹嚮孤風淳化其曕幽契無爽伏以　先妣含貞載
德克懋坱儀延慶台華正位　藩闈動容資於典禮發
言允乎箴訓故紘綖是肅粢盛無違大當叶曜中闈以
睦兄倚閭分甘之澤徙居側盱之規義越人倫恩淡振
古重以凝神道域抗志㵎源淮館儀山參鴻寶之靈術
楚壇數斂暢微言之盛範儒园兼洞眞俗雨該德冠母
儀事高嬪則豈圖昊天不惠積善無徵咎罰奄鍾荼蓼
俄集訓等痛纏過隙感切風枝泣血攀號自期顛殞祇
奉　嚴訓慈勉偷降偷存視息遄移氣序　几筵寂寞
瞻望長違創巨徒深寄哀何地所以貪建餘漏祈福园
宗敬寫眞容庶幾終古而土木非可久之致鎔鑄爲諱

盜之先肅奉　沖規圖煇貞質睟容伊穆园儀有煒金
眞摛燿疑金闕之易奔琳華揚彩若琳房之可覿霓裳
交映欻駕斯踶岺晨飾翠雲之美香董散未陵之馥載
雕爰斁式展□祈以此勝因上資神理伏願棲眞碧落
飛步黃庭謁䒑帝于天閼攜列僊於雲路融心懸解宅
美希夷注儀鄰以洞煥指乾坤而齊極介茲多祉　藩
度惟隆如山作固永播熊章之烈循陔自勵冀仰烏鳥
之志孔明在鑒匪日道遐昌言嗥□庶斯無抜咎人銜
哀罔極鉛槧騰聲菜□克劭義切張憑之詠至德與思
痛深陸機之賦況淸煇懋範宛若前蹤瞻言景行殷忘
刊紀餘魂弱喘情不逮文謹託眞猷直書心事晉儀日

遠風烈空傳叨心感慕終天何及
咸通十一季歲次庚寅七月辛亥朔十一日辛酉鄭
承規奉　命書
右唐碧落碑今在絳州龍興宮高祖弟十一子韓王
元嘉諸子追薦其母房太妃所作篆文原刻天尊象
背州將以不便推拓別刻一石以應求者今石象已
亾所傳者別刻本耳篆法稚弱殊不足觀叓兼字體
舘橅不倫郎釋文難以盡信亦姑就鄭承規所釋錄
之耳高宗總章三季三月改元咸亨歐陽公以有唐
五十三禩定爲總章三季董彥遠謂爲咸亨元季皆
不誤也唯史言韓王元嘉垂拱中爲絳州刺史此碑

立于咸亨是時元嘉尚未刺絳碑何以豫立于此疑
史誤也　碑無書者姓名或云陳惟玉書或云黃公
李譔自書皆無確據至指爲道士化鶴者所書益誕
不足置辯劉太乙金石續錄云按唐書韓王好學藏
書萬卷皆以古文字參定與同子譔封黃公工詞章
孟利貞嘗稱其文曰劉鄰之張思茂不是過也家書
甚多皆文句詳正祕府所不及據此則謂碑爲譔書
理或肰也　王恭壽云元嘉六子碑止列四舊唐書
稱潁川王訓早卒新唐書又稱上黨公諶早卒彼此
互異葢流傳誤耳
　案此碑用字結體橅出鐘鼎古籀諸文加以省變

通俗讀者多不易曉原書據鄭承規釋文入錄而
正文鈌闕不載好古者未免失所攷證今依石本
錄補見古人精研六書非好爲奇詭者比唐代篆
碑無多此碑甚有名宋以來篆書家重之特翻刻
姝稚弱尒　承規釋文間有譌誤如鐫字碑兩見
皆古文及見說文又部承規于鐫作釋逮貪鐫釋
建然誤又儀僊之僊譌山衕與之衕譌洞僊即仙之正字
衕俗作同說文衕通街也同合會也此音義相同而皆至攸心感慕攸卽叩
正字釋文竟作叨叨叩形近此或傳刻之誤

唐美原神泉詩敘 垂拱四季

五害覂日旃禍泉序　美原縣尉□□旦字烜

美原縣東北隅禍泉者雖無樹石森沈㞢數而有澗險
淸泠㞢異韋子益嘗倦薄領洗慮冥搜爰命丞大原王占
皇薄乎陽賈公尉南陽張公釋事㠯游焉喟然而歎曰
陵谷㞢變雖窮䏲化㞢功何檢有窮劃譎變無檢劃忘
功所㠯物効其奇吏冥其契嗟虖悒不得削㞢王盤漱
㠯瓊綠舩負無私流俗所忽往觀其印潔其味美記自
文明㫖䜌時劃丞拔元旻隣祥應銜北醴泉歎不然何
明祈雜踝降福肸蠁而幽涌㞢者此乜澗荊如規四望
若掃乎地可湙百許尺東西匠衺七八十尺戶積萬泉
泓渟鏡澈其測其底南湫出界雖雲漢昭回而滲漉無
竭劃所謂上善利物谷禍不乆是剏龍窟宅靈僊福祜

懷淸佇俊抱遐尋幽者虖躋顥氣而鑒襟情疏囦流而
闢喧濁忘歸淡定盍賦詩云　間有濠梁堂駕言羿
四美契冥鐵畏疎勝會不延晷澗響若鑿中泉攀疑鏡
裏彤隨鼎月正制彖規虹𧉲澡流鍪冋□跂石流玉趾
新焉將安譎行當潤濛汜
皇薄賈言淑　詞人擧高節狎異尋幽賞𨤲險洞湙
澗曒鏡疑無象荊隨滿魄鼎氣彖北烟上趾谷縈新𤁻
分谿疏舊壞冥功兆□□効奇靈旣隹𣏂瀲鳴泉淸詔
然□□想

五害同韋子旃禍泉詩 幷序　雲陽皇薄明臺子徐彥
伯字允

美原北澗有禍泉生焉裕明子明臺子尋故人韋烜因
旃㞢烏戲泉潭虛融派流徑優倍諧化㞢極禍明㞢雋
乜裕明子乃盥焉明臺子乃漱焉相視而笑曰良哉是
太乎𣚞感而循化有助邪劃韋子益文章㞢雄亟㫖投
雅興諒□言而不酬云
桐坂疏抱鬱崐亚落縣米是如申轄邑鐫泉毓爲醴氣
融靈兆仫潤洽滭務啟月潭仙玲瓏霞瀋幾淸泚湝湝
上善用昀昀煩慮洗君子懷淡交相𣿬澗㞢底
裕明子河閒尹元凱字䶂
聞君泉谿幽侜製頡陽趾及我性情狎謠輕老陵湙飲
容明月制沮潔涼風起朋來想辟雖日太疑濛汜削坐

泆滿腹揚清北洸亘𨺅𨺅參石㸦淡爲鐇眞理
左司郎中溫翁念字敬祖
昔日嗚絲墌今聞生澗水靈潛𢿱政餘潤發彫文始灊
灊流珠散渟渟明月止暮利𢡟若人淡交挹君子鏡澈
齋纖翳天清滌煩滓虛忝禍傳臺何由表風晷
天官員外郎李鵬字巠遠
永據四季龍集戊子四月戊□
右唐美原神泉詩敘碑凡兩面額書大唐裕明子書
六篆字蓋美原縣尉韋元旦先與丞主簿尉四人同
遊神泉元旦作敘及詩而主簿賈言淑和之後又有
明臺子徐彥伯裕明子尹元凱同訪元旦見所作詩
彥伯又作敘及詩而元凱及溫翁念李至遠三人和
之前敘及詩作于垂拱元季後敘及詩作于垂拱四
季書法則皆出裕明子尹元凱一人之手篆不甚工
止數字剝蝕大致皆可讀間有一二字筆畫頗具而
不可識蓋作者好奇襍用古文奇字故難猝辨也中
如用荆爲形蓋本漢人非誤也急就章頹膾炙截各
有荆王應麟音釋云荆顏師古本作形孫叔敖碑埋
掩其荆馮緄碑遺令墳塋取藏荆而已又如李翊碑
及李翊夫人碑荆字義皆作形蓋二字古通用也今
本韋元旦三字止存旦字攷金石錄目知其爲韋元
旦金石錄無跋尾

唐華嶽題名上元元季
大唐上元元季十有弍月十癸日同詣嶽祠書記
右在上截凡四行行五字篆書
華陰縣令王宥　前令王紓　丞王沐
尉李齊佺尉權頒鄭縣主簿張彬尉竇彧
下邽縣丞李演尉邢涉處士王季友張彰
著作郎孟昌原京北府灋曹參軍李樞書并篆
右在下截凡四行行十六字隸書
右華陰令王宥等謁嶽廟題名在華陰縣嶽廟東道
院述聖頌之右旁上篆下隸尉李齊下一字不可識
篆石本是佺字甚明白可見今補　當時嶽廟題名極多歐陽公所收
自開元至清泰凡五百餘人今所存者止此及顏魯
公乾元元季題名數十字而已顏書刻精享昭應碑
之右故亦得久存餘皆爲地震糜碎矣
唐縉雲縣城隍廟碑乾元二季
城隍神祀典無之吳越有之風俗水旱疾疫必禱焉有
唐乾元二季秋七月不雨八月既望縉雲縣令李陽冰
躬禱于神與神約曰五日不雨將焚其廟及期大雨合
境告足具官與耆耋羣吏乃自西谷遷廟于山巔以荅
神休
唐乾元中李陽冰嘗宰是邑邑西山之巔有城隍祠
碑刻實所爲記與篆也陽冰以篆冠今古而人爭欲

得之昨緣寇攘殘缺斷裂始不可讀偶得紙本于民
閒遂命工重勒諸石庶廣其傳亦足以使之不朽也
大宋宣和五季歲次癸卯十月朔承信郎就差權處
州縉雲縣尉周明　迪功郎就差處州縉雲縣主簿
費季文　將仕郎處州縉雲縣丞史㫒翰　文林郎
就差處州縉雲縣令管句勸農公事吳延季立
右唐縉雲縣城隍廟碑李陽冰篆書原石久亾此宋
宣和中重刻本末有正書二行具載重立歲月人名
前篆文八行行十一字末行空二字共八十六字因
求雨而爲神遷廟立碑也文簡事悉波瀾老成余嘗
見陽冰龔丘縣令庾公碑亦簡鍊可誦按此猶爲緐

富矣　王伯厚困學紀聞云集古錄李陽冰記云城
隍神祀典無之吳越有之按北齊慕容儼鎮郢城城
中先有神祠俗號城隍神則唐以前已有之吾鄉閻
百詩先生云按隨五行志梁武陵王紀祭城隍神將
烹牛有赤蛇繞牛口紀與儼同時經籍志鮑至撰南
雍州記記云南陽城內見有蕭相國廟相傳謂爲城
隍神二公引據皆以證城隍神之廟祀已久且不獨
吳越有之也𠇍陽冰云祀典無之是當時民閒雖競
崇奉尚未列之祀典故郢城之祠云俗號城隍神南
陽之廟亦相傳有此名耳至吳越閒則官且徇俗祀
之故水旱而令不能不往禱也其言本無滲漏非陽

冰生唐中葉尚不知有城隍之名也　此碑書法皆
傳爲李監絕妙之迹歐陽公疑其細瘦不類陽冰生
平它篆而趙子函云細瘦偉勁飛動若神王蒻林亦
云疏瘦圓勁果出三墳先塋諸碑之上按此碑亾于
宣和以前二公所見皆摹本耳不知與原本工拙何
似況此碑書于乾元二季其書先塋等碑在大歷初
已後八九季至書明州刺史王公碑與篆元魯山墓
碣則又後十餘季在建中中不應二十餘季前之字
反遠勝其晚季之迹也又碑中多使別字如日字作
日誤同日字山顚字本不當加山于上碑乃徇俗作
巔而又敏其山字如希豈二字之首皆不合六書之

法豈盡傳橅者之過邪唯趙德甫云是時陽冰季尚
少故字畫差疏瘦至大歷以後諸碑皆暮季所篆筆
法愈淳勁理應如此此言得之　乾隆戊寅春余客
四明見此碑于檇李繆培宗行笈中乃从余友薛季
思畫雁易之繆君云土人呼此爲定風碑稱陽冰今
爲海神凡船行海上者載一紙則無風濤之險急即
投之無不濟者豈蛟蜃異類亦解識蠕扁耶

唐怡亭銘　永泰元季

怡亭裴鶠卜而亭之李陽冰名而篆之裴虬美而銘之
㕣　原注从上二十二字篆
崢嶸怡亭磐礴江汀勢壓西塞氣涵東濵風雲自生日

月所經衆木成幄羣山佐屛願余逃世於此忘形
永泰元乙巳歲夏五月十一日隴西李莒原注从上五十六字
隸
右唐怡亭銘李陽冰篆李莒隸書集古録云亭在武
昌江水中小島上銘刻于島石常爲江水所沒故世
亦罕傳至乎知之者少也此銘自集古録外它家皆
未見收録唯楊用修墨池瑣録云李陽冰庶子泉銘
怡亭刻石二世之詔不是過也則此銘似爲用修所
賞而其所輯金石古文中亦不之載何也陽冰書翔
舞飛動有鸞飄鳳泊之勢此銘當是李監第一得意
筆李莒于唐初無書名而隸法淳古無韓史輩方重

版削之狀雖拓本紙墨未精然已不可多得矣　說
文裴甚俱薄回切裴衣長皃甚河東聞喜縣姓氏字
本當用甚今經典相承皆借裴此叚兼用之嘗見一
僞刻本字醜惡絶無虎賁中郎之意不知何人伎倆
薄君自崑黎藏碑版極稱精博余閒出此本相視亦
未嘗見也錫山華澗山受篆法于恭壽先生極愛翫
陽冰此碑嘗爲余精臨一本而屬徐友竹隸書其後
唐李氏遷先塋記大歷二年
摘　　先塋記
粵烏虖昔蒼龍大㞩獻鐕家不諧　光侍郎郎世
逮塋霸陵鑽令丕光大夫徐公高□備矣泉單閼歲十

有一月　光夫人合祔天瑜改元我㞢伯□卒闕
又六季仲也卒不四三季叔也卒君子曰李氏子天假
其年不將其蘭盎課及龜筴課及鬼禍歎方士配權徧
得管乾㞢諧啓曰霸岸鑿龍客土地矣于濕冥㞢禁北
窀穸攸宜是用□叶永堋其原屬樀筮㞢鐫損𧦈㞢解
𧦈曰損孚解綏吉覊邑焉圖度卜鄙城左畔□右原書□若
惟茲僉校卜滻水東樊水尙夾惟茲僉新卜塋陣山南
佐乎岡□山坤勢㞢宜厥而順㞢伯氏仲氏叔氏三墳
路側攝提格辜月仲□□日　靈轜卧路謁藏有係幰
藏金王厥惟孫書　光忠丕異昔祿□三百纂永泰中
小宗伯賈㞢爲㞢叙

□上滹悅幽明錫類□□追贈黄門侍郎冒命禮䣝尚
書　□□淸河郡太夫人□□□版未篆　皇
命大圖惟二刊刻鼎石下缺
□□□□述　　從子陽冰書　　臬光刻
右唐李氏遷先塋碑李陽冰書經宋大中祥符閒重
開未免失其筆意然司隸衣冠猶時髣髴一二也今
復剝落自淸河郡太夫人从下文多不可卒讀　介
疋歲在亥曰大淵獻此碑書作泉獻避高祖諱也唐
沇公頌碑亦書顏回字爲子泉客土坉矣坉字字書
不載疑是耗字重開時譌耒爲土也
案坉字玉篇廣韻集韻諸字書俱不載唯家語韻

嚮篇息土之人美毛土之人醜注毛秏字秏本从
禾俗書从耒吳云譌耒爲土亦非
唐李氏三墳記 大厤二季
光侍郎之子曰
曜卿字䕫名㞢丰亟圉穀樂易機符朗澈旣周譜家不
諾譜季神藐植之以□藝博之以文行始調祕書正字
授右衛騎曹轉新□尉豪猾未孚立信以示之禮浮窳
未浸本仁以示之義領長安尉直京師浩穰□賦曹繇
劇有立斷焉焯見焉左總晉安郡戶椽賤□樂府廿四
章左叏韋昱嗣爲之敘文集十卷
□卿字萬天骨瑰琛德充文蔚識度樸巋弱冠以明□

觀國莅麗邑虞鄉二尉䖍守崔公沔洎相國曹公□□
二字原書脫 宁秭第之錐等舉之嘗薦嵩少夾閭山鍾賤云
□□二字原書脫 鹽字補 亟潑纑沸鼎火半以巨黝重林風稍
止彝閒□□□三字原書脫 朱巳嗣人珍之轉金城尉曹彝
受譏叓不敢□□□□卷行於㞢 缺文至此原書脫
□卿字榮寬桌柔立於穆不瑕起家擇靈昌主簿己□
歲小匊宰李公彭季尚其文輪曙輴邑簿首溙沮□溢
馮翊㬥墾釃渠樵蕃股弛脈嶶下土齊潄㠯腴成惢人
對亏今賴之文集百一十二篇焉㦰　三弁孝叒曾閔
偓亟文學繼　業璿琨產亟純固含章杞梓柎亟昊穹
生德宜受對福傺瑜彊仕以譁陰堂未盈一紀三墳相

比忽其咎職訊之逢占占謍碰權曰霸峻故塋埶不詩
禁圉亏而家歲攝提格圖貞賜卜而祔　大墳三墳以
東南爲伯仲叔䖍之若厝行焚大圉建元之明季於斯
刻石恐夫溟海爲陸老沙助焉
季卿述　陽冰書　桌光刻
右唐李氏三墳記李陽冰書與李氏遷先塋記同在
今西安府學皆大圉二季建先塋記有宋人重開歲
月此碑無有王元美謂石猶故物故無傳改之譌舒
元輿所謂蟲蝕鳥步鐵石隔壁龍蛇駭解鱗甲活動
庶幾于此見其一斑趙子函則謂字畫淡具而神亾
似與前碑同余按此碑字淡枝先塋記不啻霄壤詎

可作一律觀況先塋記重開卽有歲月題識于下此
碑果係重摹豈無一字留題邪子函之見恐屬未肰
說文禮從豊篆作豊豐篆作豐隸楷皆同而篆文
迥異陽冰上李大夫論古篆書云蔡中郎从豐同豊
秦丞相从束爲東魯魚一惑涇渭同流此碑立信从
示之禮禮字反若从豐何也古者宮有椽屬椽字从
彖从手其从木者屋上椽也碑云左遷晉安郡戶掾
字乃从木二字不當通用葢因字形近下筆時偶誤
㠯不肰陽冰不當使別字也又股弛脈散弛卽引字
當是曲其直从取勢㠯若从弓从已則無此字矣劉
禹錫高陵令君遺愛頌有股引而東句與此義同

李氏二子唯曜卿名字俱全仲叔之名皆缺獨其字
存三人皆以一字字古人如漢高祖字季鄭當時字
莊張禕之字季枚乘字叔房阮齡字裔史書中往往
有之近人唯彭城萬年少一字若此外絕不聞矣

唐峿臺銘大曆二年

峿臺銘有序　河南元結字次山撰

峿溪東北廿餘丈淂怪石焉周行三四百步洲未圖坐
毋寅涯辟㞢絕左屬回鮮岸有磴道高八九十尺下當
洄潭其勢硱磳半出水底蒼然泛若拄浚足石顛勝異
㞢處悉為亭堂小峯嵌竇宜聞松竹掩映軒戶畢皆幽
奇於戲古人有畜憤悶與病於時俗者力不能築高臺

臥瞻眺則必山顛海畔伸頸歌吟臥自暢適今取茲石
將為峿臺蓋非愁怨乃所好也銘曰
湘淵清深峿臺峭峻登臨長望無遠不盡誰厭朝市羈
牽局促借君此臺壹縱心目陽崖礱琢如瑾如珉作銘
刻之彰示後人
　有唐大曆二年歲次丁未六月十五日刻
右唐峿臺銘元次山篆在今永州府祁陽縣次山愛
祁陽山水之勝因家焉刻銘厓石谿曰浯谿亭曰㢈
亭臺曰峿臺皆以為唯吾所有也黃山谷云谿銘季
康篆亭銘江華令瞿令問篆唯臺銘篆書無姓名又
云以字法觀之亦季康篆也潘次耕金石文字記補
遺云臺銘刻在臺之背甚完整谿銘亭銘刻于東厓
石上隨石皴䄫鮮厚難搨而篆筆特佳視臺銘更勝
當更訪求之

唐庾公頌大曆五年

啓龔北縣令庾公德政頌篆額

大曆五年九月三日建

荀窺古㞢邑宰亟揄次碣㞢庾公今㞢賢百里亟襲北
頌㞢姑蘇其能□□□紀議㫖謂庾公㞢政尤矣公初
告羣吏曰笛孝宣憂元□為經國數理光□□疑圖擇
龜官御史出宰縣邑我自任城尉聯㞶五百石非才何
臥當㞢斯□□穌瘵人祇若　明命圖宗禮饑肅刑罰

紓力役闢土田宣□務寬□儉□□潤作時雨味為旨
風於是啓魯丕繇井閭咸滬三載考績一方歸敢　㲽
□□□御史清河張公白昌敎伯㞢賢亟謡俗馭宜勸
直沮桂述職㞢地類能□㞢□方諸爽氣日暮更清比
㞢松筠歲寒轉茂顯臥足下㞢目出乎羣萃㞢表□□
千里異聲同歡曰臥伯適㞢邑敎貫次孫㞢茂宰空矣
公名貞字文明其光穎川人成周㞢時世為掌庾因臥
命族公其胄焉公㞢考曰欽嗣為兗州別駕　王父曰
元瀍為尋陽令　曾王父曰師則為蜀王文學楷模繼
代龜麟棲逵大曆中邑老彭滔等三十五人臥公岐柔
㞢大成願刻石褒美圖乎　元戎元戎允荅縣人臥陽

冰與公周旋備詳德行俯也他頌多媿能文辭白　岭
穆庚公掌字也邑化洽百里風摘一方邑老上　請顧
吾頌德元戎嘉也金石圖刻

右唐庚公碑李陽冰書額題唐嬰正縣令庚公德政頌十字首行題大曆五年九月三日建九字額與碑爲一石而年月一行在前字又獨大皆它碑所無也文字簡貴無德政頌卑鄙冗穢之弊唐人碑版文字類从駢體行之初不耐讀直至韓柳出而後盡埽陋習陽冰在大曆時已能融鍊如此使得與二公相切劘當亦得爲一代大作手惜乎所存者少且多缺略不完世人但知其篆法足稱而讀其文者少矣　前漢書伍被傳尋陽之船尋陽即潯陽也碑云爲尋陽令益本于此說文棲續木也今人用接續字類从手不知其正从木也碑云鼉鱗棲岸讀者毋不駭爲異字　往閱王阮亭蜀道驛程後記知寧陽有此碑及濟寧有太白酒樓記求之數年皆次第獲之趙屏國顧亭林之所未見也

唐謙卦碑

經文不錄　唐李陽冰書

右唐李陽冰篆書謙卦碑舊刻在蕪湖今重刻在當涂其它翻刻尚多皆不及原本遠甚少溫篆書獨步千古朕眈奇好怪有佚出六書外者學者不可不知吾子行曰川字本象流水形此碑加一畫于中則古災字冰字从水从仌今乃从川川流水也流水不冰古志之矣楊用修曰謙字二十餘多攜別體乃从誁代謙按說文誁多語也从言幷聲地名有誁邯縣汝言切謙敬也苦兼切音義不同相去千里余又按碑中如地道變盈而流謙則書作嗛地中有山謙則書作慊攷之經史間有可通如相如封禪書陛下嗛讓弗發藝文志道家卑弱自持合于易之嗛嗛尹翁歸傳溫良嗛退皆以嗛爲謙大學此之謂自謙則以謙爲慊朕按之六書止體皆非本義今時作篆書者每好新奇不語字學未必非此等碑帖爲之囊矢也故特著之

金石存卷四

七千三百八十三字

金石存卷五

淮安吳玉搢纂　聞妙香室校本

篆存五

宋僧夢英篆書千字文 乾德三季

千字文

勅員外散騎侍郎周興嗣次韻　南嶽講華嚴法界覩賜紫沙門夢瑛篆幷古文題額　前攝涇州節度巡官袁正己隷書　武威郡安仁祚刊字

文不錄

大宋乾德三季十二月二十八日立　推誠奉義翊戴功臣永興軍節度管內觀察處置等使特進檢校太尉同中書門下二品行京兆尹上柱國濮陽郡開國公食邑二千一百戶食實封八百戶吳廷祚建

右千字文宋僧夢英書它碑皆作英獨此作瑛千文它本皆云指薪修祜獨此作修祜英公自負書家同時獨推一郭忠恕獨不關江南有二徐在耶余謂英公特長于書法自未通字學也此及偏旁二碑皆步趨當塗尚不失六書榘度至所作十八體便墮惡道安得袁朱亥四十斤鐵椎一椎碎之乎

宋三體陰符經 乾德四季

黃帝陰符經

經曰觀天之道執天之行盡矣故天有五賊見之者昌五賊在心施行于天宇宙在乎手萬化生乎身天性人也人心機也立天之道以定人也天發殺機 篆原書下有日月星辰地發殺機八字碑本所無删之 龍蛇起陸人發殺機天地反覆天人合發萬變定基性有巧拙可以伏藏九竅之邪在乎三要可以動靜火生於木禍發必剋姦生於國時動必潰知之修練謂之聖人天生天殺道之理也天地萬物之盜也萬物人之盜也人萬物之盜也三盜既宜三才既安故曰食其時百骸理動其機萬化安人知其神而神不知不神所以神也日月有數大小有定聖功生焉神明出焉其盜機也天下莫不見莫能知也君子得之固躬小人得之輕命瞽者善聽聾者善視絶利一源用師

十倍三反晝夜用師萬倍心生於物死於物機在目天之無恩而大恩生迅雷烈風莫不蠢然至樂性餘至靜則廉天之至私用之至公禽之制在氣生者死之根死者生之根恩生於害害生於恩愚人以天地文理聖我以時物文理哲自然之道靜故天地萬物生天地之道浸故陰陽勝陰陽相推而變化順矣至靜之道律曆所不能契爰有奇器是生萬象八卦甲子神機鬼藏陰陽相勝之術昭昭乎進乎象矣

郭忠恕三體書　安祚勒字

大宋乾德四年四月十三日建

右陰符經宋郭忠恕三體書大小二篆可稱能品隸

書乃無一筆入格不作可也忠恕善盡善小楷今皆不可見所傳者僅此耳

宋敎興頌

大宋敎興頌并叙　虛儀先生譔　趙鄖香英書

肯朝顯德季季世宗上僊沖人嗣位秉嶽震盪鬼禍不寍王版旣緣金碑告代巍兮禍器始萏綴旒六合䘵是竦觀弍靈以之改卜禍道輔德百姓與能適𤍠異言適𤍠異望晉　我皇□厤數在躬嗣覈配元不夭舊物車旗正朔𤍠改於□□文物聲明載采於周禮罰壺闢之敝兮淮甸之□　□首戴干戈躬擐甲冑六按之怒未洫式兇之□俄兮日蓍家袁起戒保權告難北軍爰

轄南服乂□磔湘島以四分斬巴蛇於千斷席卷吳會气飛衡巫不四三季書軌渾同天地交泰剬自古帝王敎興之道未有如建隆之盛哉𤍠愧之辭敢以為頌

維周嗣皇昏淨不繦二世而亾　維宋肇基受命戡定天人□祇　維帝龍飛應運□首雲行雨施維元為大𤍠□不蕘民斯斐戴於鑠　我皇禍武會昌元地同光撄䔧宣寕景靈昭質𤍠疆唯鄖洞庭漣漣巴陵遷遷億萬斯季

皇帝嗣明离之弍葉歲在未月建午日丁卯

攝太常寺太祝李夢徵傳本　安粲刻字

右宋敎興頌碑前稱虛儀先生纂趙郡唐英書後云攝太常寺太祝李夢徵傳本虛儀先生不著姓名不知為何人但碑頌為太祖作臣子頌君而以先生稱何不恭之甚也按宋史乾德四季命慕容延昭等討湖南將張文表未至而文表已為武平節度使周保權所殺延昭等又克潭州執保權湖南悉平碑所云文表起戎保權告難正指此也碑後所署歲月云皇帝嗣明离之三葉歲在未月建午日丁卯攷太祖開寶四季辛未是時宋有天下十二季矣所云三葉益十二季也

案碑稱虛儀先生纂而不著姓名攷宋史文苑傳有馬應者薄有文名多服道士衣自稱先生開寶

初攷元結中興頌作敎興頌以述太祖下荊湖之功欲刊石于永州結頌之側縣令惡其夸誕不以聞嘉定錢宮詹大昕云此頌三句一轉韻與中興頌同格署先生而不名知其為馬應所纂也碑後題季月云皇帝嗣明离之三葉歲在未月建午日丁卯吳氏以為開寶四季辛未攷開寶四季五月乙卯朔無丁卯日其時宋有天下十二季介雖三改元不當云三葉且太祖開刱之主不得云嗣明离也碑末書攝太常寺太祝李夢徵傳本則勒石之時去開寶初已遠矣宋自太祖至眞宗有天下者三世葉者世也云三葉其在眞宗之世乎眞宗

景德四年丁未五月丙申朔無丁卯日唯天禧三
年己未五月丁巳朔丁卯乃月之十一日也故定
爲天禧三年云

宋釋英偏旁字源 咸平二年
篆書目録偏旁字源五百四十部其建首立一爲端畢
終于亥　南岳臥雲寂宣義大師賜紫夢英書兼自序
安文粲鐫字

一 丄 亓 三 王 王 玨 气 士 丨
屮 艸 蓐 茻 小 八 釆白莧 半 半 犛陌包
告 口 凵口范 吅火元 哭 走作苟 止 癶音撥 步 此
是 正 □ 彳丑亦 廴弋忍 㢟 行 齒 牙 足

疋山呂 品 龠 冊 㗊 舌 干 谷巨灼 只 㕯
句 丩 古 十 卅先合 言 誩 音 辛 丵士角
菐方木 収巨恭 𠬜蒲班 共 異 舁 臼 晨 爨七亂 革
鬲力的 䰜力狄 爪 丮居逆 鬥丁候 又 𠂇祖可 史 支 聿女涉
聿以述 畫 隶大戴 臤 臣 殳 殺 几 寸 皮
㼱人兗 攴普木 教 卜 用 爻 㸚 旻火劣 目 䀠巳具
眉 盾上尹 自 白蒲革 鼻 皕筆備 習 羽 隹 奞先奄
萑胡官 𦫳工瓦 苜芒鉢 羊 羴式延 瞿 雔巳具 雥上牛 鳥十逆 烏
華十乂 冓古候 幺 𢆶 叀上綃 玄 予 放 𠬪平表 𣦼拄丹
歺五曷 死 冎工瓦 骨 肉 筋 刀 刃 㓞口八 丯革械
耒力外 角 竹 箕 丌居其 左 工 㠭陟輦 巫 甘

曰 乃 丂枯浩 可 兮 号 亏 旨 喜 壴竹句
鼓 豈 豆 豊 豐 䖒火奇 虍 虎火古 虤午閑 皿明丙
凵丘於 去 血 丹 青 井 皀方木 鬯丑向 食 會
倉 亼音集 入 缶 矢式旨 高 冂古熒 𩫏 京 亯許兩
㫗平口 畗弟六 㐭力錦 嗇山力 來 麥麻白 夊山危 舛 舜芟韙 韋
弟 夂竹几 久 桀巨列 木 東 林 才 叒而灼 之
帀 出 𣎵 生 乇竹革 𠂹上唯 𠌶火亏 華 𥝌工奚 稽
巢 桼音七 束 㯻補幺 囗于威 員 貝 邑 𨛜下降 日
旦 倝工旦 㫃於蹇 冥 晶 月 有 朙 囧古永 夕
多 毌工丸 𢎘下感 𣐺平南 卤下幺 齊 朿千賜 片 鼎 克
彔力木 禾 秝力狄 黍式汝 香 米 毇火委 臼巨有 凶 朩匹刃

𣏟匹賣 麻莫巴 尗式六 耑丁丸 韭 瓜 瓠戶故 宀彌先 宮 呂
穴 㝱莫貢 疒女厄 冖彌狄 𠔼莫保 冃莫報 㒳 网公往 襾火下 巾
㡀匹曳 黹竹几 巿方勿 帛 白 人 匕火封 匕卑里 从自容 比
丘 北 㐺牛今 𡈼它頂 重 裘巨鳩 老 毛 毳 尸失之
尺 尾 臥 身 㐆 衣 履 舟 方 儿音人
兄 先莊林 皃莫孝 𠃬公戶 先 秃土祿 見 覞音耀 欠 㱃於錦
次似先 旡居忌 頁 𦣻式九 面 丏亾殄 首 𥄉尸誘 県工幺 須 彡山[illegible]
彣分勿 文 髟火由 后 司 卮章移 卪音節 印一刃 色 卯去京
辟 勹音包 茍 包 鬼 甶分弗 厶息咨 嵬牛律 山 屾所因
屵五曷 广音儼 厂音罕 丸 危 石 長 勿 冄而占 而
豕 㣇大例 彑巳例 豚徒昆 豸 𧰨詞梓 易 象 馬 廌文買

鹿𪊨七吾兔丑豹兔它故莧胡官犬㹜牛巾鼠式汝能熊
火炎㷋肉又江燚炙之夜炎大夬矢祖力
天交尣一黃壺戶姑𥁕於吉夲汝涉奢亢本它刀夰公道
亣它頟夫大炏囟火爐思心惢水林之木
𩔐く古犬巜公𡿨川泉灥从均永𠂢匹賣谷仌筆陵
雨雲魚𩂣牛於燕龍飛非卂息進乙於進
不坐卤鹵鹽从占戶門耳匠七之手
乖女毋民丿於小厂从制乀弋之氏氏戈
戉我丨巨月珡乚於謹亾匸胡未匚音方㓩甾方九
瓦弓弜巨丈弦系下計系莫狄䋣絲率虫
蚰古門蟲直忠風它託何黽龜莫杏卵力管二土垚負消

堇里田畕居艮黃助力劦胡頰金幵工研
几勺且斤矛莫庚車𠂤丁雷𠂤浮否䦕似辭
厽力志四宁丈与叕知劣亞乙駕五六七九禸女九
嘼火又甲乙丙丁戊己巴庚古衡辛
辡亥兔壬癸子孑了孨莊脊𠫓丑寅
丣茅絞辰巳午未申酉戌亥
咸平二季六月十五日建

昔秦相李斯變蒼頡史籀之文謂之小篆其摹勒方圓之狀則曲盡其妙然於點畫簡爲之時以法令滋章簿書委積故程邈又省小篆爲隸蓋趨便捷之用也是以篆籀之法鮮爲世珍至炎漢中興復置小學許叔重乃集籀篆古文數家之學以隸書訓釋爲說文三十卷學者從之自漢而下無楷之作迭相馳競故六書之法蕩而無守焉至唐則李監陽冰力扶壞本下筆反古有若神授時好事者獲其眞蹟櫝器而藏之謂之墨寶則懸黎夜光比之纸䫂焉自陽冰之後篆書之法世絕人工唯汾陽郭忠恕其余繼李監之美於夏之日冬之夜未嘗不揮毫染素乃至千百幅反正無下筆之所方可舍諸及手肘臂胝了無倦色攷三代之文窮六書之法俱落筆無滯從橫得宜大者縮其勢而漏其白小者勻其勢而引其畫伸而無倚橈而無折其鳥獸艸木之象山川蟲魚之形者如飛走動植於竹帛之上矣蓋言象形

字也今依刊定說文重書偏旁字源目錄五百四十部貞石於長安故都文宣王廟使千載之後知余振古風明籀篆引上學者取法於茲也夢英自敘

汾陽郭忠恕致書畱英公大師紫氣雲高皇衢路遠奉報瑤之翰如窺連璧之姿忠恕自落朝班累承詔命已得林泉之味堅辭名利之場鶴髮半生猿心久臥與師金蘭敦誼香火修因飛杯容許於醉狂結社不嫌於心亂共得陽冰筆法同傳史籀書蹤常痛屋壁遺文汲冢舊簡季代寖遠謬誤滋多賴與吾師同心正古近覽眞翰轉見工夫藏勢過鋒方上圓下可以萬古教人也晉宋而下通篆籀者寡唯碑碣印記時用數字傳授者

未克研精何妨撿討盜聽者恥於好問加之穿鑿齋中
敍云小篆散而八分生八分破而隸書出隸書悖而行
書興行書狂而艸書聖自隸从下吾不欲觀之矣見寄
偏旁五百三十九字按說文字源唯有五百四十部子
字合收在子部今目錄妄有更改之又集解中誤收厺
部在注中今點檢偏旁少晶惢至𢇍弦五字故知林氏
虛誕誤於後進者小說見空焚之師以親書遺心倏从
萬劫發願何人知之英公知之不宣遷客郭忠恕書遺
英公大師座前十二月二十五日
太原郡元守全立　瑯琊郡王審亮同　武威郡安懷
玉勾當建立　推忠宣力翊戴功臣建武軍節度觀察

四·四十二　金石存卷五　篆存五　九

留後知永興軍府事兼都提轄永興軍華耀乾商兵甲
捉賊公事光祿大夫撿校太傅兼御史大夫上柱國彭
城郡開國公食邑四千五百戶食實封七百戶劉知信
推誠宣力翊戴功臣鎭寧軍節度澶州管內觀察處
置河隄等使金紫光祿大夫撿校太傅使持節澶州諸
軍事行澶州刺史兼御史大夫知涇州軍州事兼管界
都巡撿使上柱國平陽郡開國公食邑四千二百戶食
實封一千戶柴禹錫
右偏旁字源宋僧夢英書吾子行云此五百四十字
卽史籀大篆十五篇是爲文字之祖孳乳寖多實從
此出學者所急宜究心者　立一爲端畢終于亥亦

但就前後起結處言之至于中間諸部似亦各以類
從非必有一定次弟也至徐楚金作繫傳乃言其逐
字相生之原雖大旨可通然不無牽合且說文建首
原自有可疑者故後人多所更易余亦欲仿戴氏書
故之溹別爲論次蓄之于心未暇輕就且亦卒卒無
暇也歲月易邁疾病轉增使一知半解漸就湮沒則
又徒抱筆長歎耳
案說文建首本五百四十部英書止五百三十九
部且謬誤滋多不可爲訓是下脫疋部皿下脫
部酉下脫酋部又几勺二部倒互㸚老毛毳尸尺
尾七部誤置臥身㐆衣四部之前則敘次皆爲紊

四·二十一　金石存卷五　篆存五　十

亂白部本在帛下𤽄于自下重出白字不知自下
之白乃疾二切非蒲革切之白也于下誤增丂部
丂字說文收了部中兹未別出餘如叜部作叜叀
部作叀苟部作苟兜部作兜氐部作氏皆不合六
書之正至部下所系音切攷之廣韻諸書亦多舛
誤如音皀爲方木切撿字書皀卽古香字又皮及
北及居立彼側四音從未有切方木者犛說文云
从牛𣦼聲𣦼音僖凡𣦼聲之字如氂釐斄釐嫠
之類丝里之切犛音犛爲陌包切是誤以犛爲氂
矣字書犛氂二字本多互混英不能是正亦未深
知六書者也𠚕說文云東楚名缶曰𠚕本側詞切

碑誤爲方九直以圖爲缶字此尤紕繆英自敍云
陽冰之後唯汾陽郭忠恕共余繼李監之美又云
使千載後知余振古風明籀篆引上學者取法于
兹未免言過其情此碑本不足存因原書刋入特
識其謬誤如此

宋王母宮頌　天聖三年

宋重修涇州回山王母宮頌　并序

翰林學士承　旨刑部尚書知　制誥陶穀文

祭灋曰灋施於人則祀之辯方之爲灋制也不亦大哉
神有所職足以垂訓耆龢可闕焉按爾雅觚竹北戶日
王母日下補二字謂之四荒王母事蹟其來久矣名載方

簡理紕語怪尚周受命之四世有君曰王滿宮國五十
載窠八馬宴瑤□□王母補二字之觴乃歌黃竹而漢受
命之四世有君曰帝徹宮國大五十載期七夕會甘泉
降三字原書誤在佛說下王母之駕遂薦僊桃周穆之□□□
濯馬潼鬷鵠血踐巨蒐之國乃升弇山故汲冢有穆天
子傳蓬武之禮靈境也祺雖時奔翰飛立飛廉之館以
望□□樂章有上之回曲烏虖湘靈鼓瑟虞舜二妃
也黃姑有星天河織女也或楚詞所傳或舜咸所記猶
能編禩典配嚴補二字□□鼓豆邊鸞四時之宮犧牲王
帛降百神之祭豈若王母爲九允聖媛統三清上眞佩
分景之王劍納原書誤太瓊之鳳補字舄八瑝補二字□敷以

節樂九色辯鬱而狂馭嘯詠則海神鼓舞指顧則岳靈
奔走輔五帝於金闕校三宮於絳河位冠上宮福補二字
流□□回中有王母之廟紕不經也季禩濅遠原書誤逸
棟宇隳壞壇皷杳然蘚荊棘於荒庭井廢禽亾噪烏鵲
於古堞物不綠□□□□人太師清河公受賑建牙三
臨安軍功政事紀狂旂常是絶也壓涇水之上游控蜀
戒之又隆土宇赤變俗習補字□□□之有道則風能偃
艸馭之紕理則水可覆月中權失政不可一日而處洪
三鎭兮歲戊辰春二月介圭入覲□□□□
天子設庭賓以延之棻祴覂以寵之　臨軒絶席以綏
褒大輅緐纓而錫命禮成三接　詔還舊鎭公旣旋所

理求謁靈廟爲莊有感肸蠁如荅申命主者勾工繕修
薙蔓艸於庭除封植嘉樹易頹□□□　構宏梓丹
靑盡飾於天姿獅蒸增嚴於升帳雲生畫棟如鬱蜀土
之遠水閥於川各詞東漢之淺谷衞既蘭結補字　須
玉女投壺望明星於太華瑤姬感夢灑芹而於陽臺合
徽幼婦之詞庶盡上眞之美穀也學紕博古材不逮補字
□□□冠於詞臣敘事叙踰於實錄久直金鑾之殿
睎艸蘇功強窺米隹之愈歈挑知媿蹂爲頌曰
崑崙之虛奄茲之下截勝獶縗虎豹爲伍是邪紕邪怪
哉王母月晝命駕七夕爲期雲軿翳葦劍佩充煇倩兮
□□□□儼姿宅匹龍兮如假降鑾宮兮吝是奚靈聖

之多希駭變化之神與考山經與竹書故兩留於肯事
山之顛兮水之湄（補二字）□玉翠兮葛金徽白雲零落歸
何處黃竹摧殘瓣一枝撫弁山之舊石紀涇水之傯祠
天聖三年太歲乙丑三月十五日尚書度支員外
郎知軍州事上柱國上官佖重書

右宋涇州回山王母宮頌陶穀文上官佖書穀文作于戊辰戊辰者太祖開寶元年也閱天聖乙丑凡五十八年佖始重書入石意必先自有碑此再立尒清河公不知為何許人佖于宋無書名而篆法蔽古足與郭恕先僧夢英抗衡王母事迹雖襍見于尒疋列子及穆天子傳山海經諸書言多荒唐難以徵信即

據諸書所記詳其言貌始亦要荒一君長耳不必定為婦人也後人因王母之名而傅會之如漢武外傳所記益荒誕不經及廟而祀之明妝靚服始欲與碧霞斗姥鼎足稱尊當足發玫古者之一粲也

宋東海鬱林觀石刻　慶曆四年

清原王公衮君章武功蘇舜卿致堯范陽祖無擇之
起驚瀾放溟渤掇宿莽躡巉岏蹈盤石解光服挹飛泉
醒心骨揮高論躐俗物思古人自綴日足歡酣清恩逸
郎鑿壁試奇筆千萬年替鮮浸後有人為吾拂宋慶曆
甲申歲秋七月辛卯朔擇之文歟堯筆君章刻

右宋東海鬱林觀石刻為三言詩一首二十句祖擇之蓋蘇舜卿篆書王君章磨厓刻之在開元七年崔逸東巖壁記之側歲月久遠落鮮侵蝕人莫能識且巖石高險艱于椎拓故世遂絕少傳本余廣搜古今墨搨垂二十年宗人麗南始以告余郁洲僻在海壖非宦游孔道故博雅好古之士皆不得一躡屩其地而居其旁者多樵夫牧豎縱日過其下又漫不省為何物故三君之名雖與山石共永然雨淋日炙莓堞蔽翳亦幾與未嘗鐫勒者等余既獲見之亟錄一通編入古今篆刻之次雖未必能如昌黎之于岣嶁石鼓歐陽子之于庶子泉銘一經揚扢奕世不泯黨得藉三公之靈使余之集綴賴以不朽或亦終不至湮

沒失傳耳

宋蘇舜卿書醉翁亭記　嘉祐七年（案碑文原書不錄因與歐公本集數字異同備之）

滁州瑯琊山醉翁亭記　篆額

環滁皆山也其西南諸峯林壑尤美望之鬱（本集作蔚）然而深秀者瑯琊□□□六七里漸聞水聲潺潺而瀉出於兩峯之間者讓（本集作釀）泉也峯回路轉□□翼然臨乎（本集作于）泉上者醉翁亭也作亭者誰山之僧曰智僊也名之者誰太守自謂也太守與客來飲於此飲少輒醉而年又最高故自號曰醉翁也醉翁之意不在酒在乎山水之間（本集此下有也字）山水之樂得之心而寓之酒也若夫日出而林霏開雲歸而巖內暝晦明變化者山間之朝暮

也野芳發而幽香佳木秀而繁陰風霜高潔水清而石
出者山閒之四時也朝而往暮而歸四時之景不同而
樂亦無窮也至於負者歌於涂行者休於樹前者呼後
者應傴僂提攜往來而不窮本集作絕者滁人游也臨谿而
漁谿深而魚肥釀泉爲酒泉香而酒洌山肴野蔌雜然
而前陳者太守宴也宴酣之樂非絲非竹射者中弈者
勝觥籌交錯起坐而諠譁者眾賓懽也蒼顏白髮頹然
乎其閒者太守醉也已而夕陽在山人景散亂太守歸
而賓客从也樹林陰翳鳴聲上下游人去而禽鳥樂也
然而禽鳥知山林之樂而不知人之樂人知从太守游
而樂不知太守之樂其樂也醉能同其樂醒能述以文

者太守也太守謂誰廬陵歐陽脩也
大宋嘉祐七年歲十月戊寅蘇唐卿書石於費之縣齋
鐫者□□□

右宋蘇唐卿篆書歐陽公醉翁亭記末署大宋嘉祐
七年冬十月庚寅蘇唐卿上石于費之縣齋上石即
親書丹于石之謂也唐卿篆書在宋不甚著名然筆
法頗亦娟好特不甚老橫耳余向得海州鬱林觀石
壁上唐卿篆書三言詩一章今又得此知唐卿固以
篆書自負者乃它家集錄中絕無唐卿書一字何也
此碑余忘其所從得不知今仍在費縣縣齋否
案碑在今費縣署儀門下文十五行行二十七字

又年月一行按歐集止數字與同特釀泉作讓泉
足訂本集之誤近選家古文亦如此殆因下文釀
泉爲酒誤之也蘇唐卿不見史傳書亦傳世絕少
唐李監後足以樹立一幟此其知費時篆而立石
觀額左楊惠跋知之跋云蘇唐卿歐公故人也知
費時公已去滁而位相以書請公所作醉翁亭記
而篆之立石於費宋嘉祐七年也予以宦治十年
春來篆刻土覆微露其末啟之磨洗乃知額謂像
吏曰歐名相也蘇名宰也佳章善篆沈二百年而
金元人未知是可慨也已遂命舁扛豎費縣儀門
之下庶風雨日之不剝落云伊洛楊惠識凡六行

正書碑得至今尚存是惠之力也
宋二體石經周易尚書殘碑
經文不錄

右宋二體石經凡五碑周易二碑存
升困革鼎未濟五卦及繫辭前七章尚書三碑存牧
誓武成洪範旅獒金縢康誥酒誥之文書具篆隸二
體中多殘缺不完往嘗見四大冊于吳門潘自崑家
乃尚書周禮禮記孟子文今又得此五碑意此碑之
存于今者其數尚不止此而收藏家往往無之亭林
石經攷亦不言今時尚有傳本趙子函石墨鐫華于
金元人書皆經收錄而獨遺此碑賈額印牖爲余言

此石現在開封府學彼親至碑下搨以遺余者惜乎不得見其全也　石經攷曰宋仁宗命國子監取易詩書周禮禮記春秋孝經爲篆隸二體刻石兩楹下至和二季三月五日判國子監王洙言國子監刊立石經至今一十五季止孝經刊畢尚書論語現書鐫未就乞促近限畢工餘經權罷從之如洙言是石經在宋刻成者但止三經肰以今時所存者言之則周易周禮禮記孟子俱有不止孝經尚書論語也周公謹癸辛襍識云汴學卽昔時太學舊址九經石版堆積如山一行篆字一行眞字若刊成者止于三經則石版何由如是之多又書目明載石經七十五卷楊南仲書周易十書十三詩二十春秋十二禮記二十則當日諸經皆已畢功而至和以後亦未嘗罷刻也

嘉祐三季五月十五日王洙薦大理丞楊南仲石經有勞賜出身六季二月一日國子監言草澤章友直篆石經畢詔補試將作監主簿友直不願仕賜以銀絹五月以同篆石經殿中丞張次立與堂除當時書經者應不止此三人此特見于宋史可攷者耳書亦工拙不一尚書明作哲此書作晰晰哲同音義亦相近至孟子非挾大山以超北海書超爲起則誤矣

唐開成石經及劉三吾書傳會選皆作哲會選云哲之列反字與晰同當从日从口非

宋二體石經周禮殘碑

經文不錄

右宋二體石經三紙皆周禮春官宗伯文斷缺不全余向得周易尚書五碑今又得此三碑合之共有八紙諸經皆無全文篆隸二體亦互有工拙不知開封石經其存世者要有幾何也

案碑在今河南陳留縣僅存周禮卷一及卷五中數石餘經悉亾葢修學宮時用作瓴甋矣惜哉

宋穆氏墓表　政和三季

穌氏光塋石表　篆額補

有宋君子河南穌庭秀諱實庭秀其字也少卓越有志操博通書史尤明周易老耽㞢道性沖淡不樂仕進嘉遯養素以終其身鄉閭耆長幼貴賤莫不忠向歸㞢君子熙寧元季二月五日卒壽七十三穆氏竝爲河南人晉秘書監寧㞢後自其高祖征（原書譌征案征即徙字）尻開封㘴君挈其帑竝東遂占籍于齊州㞢章丘縣娶蔣女郾山㞢陽以其配趙劉二夫人祔後四十有五季當政和癸巳秋九月既塋刻石表墓以詒不朽云洛陽王壽卿書

曾孫□模工任升刻（案八字隸書字甚小）

章丘有隱居篤行長者河南穌君卒於熙寧丙辰後三十七季孫滨始錄其先人宣德手疏君遺藁諉洛陽王壽卿以爲墓表按君諱端字伯初甫少力學剛毅能莫

其所聞允以孝奠皇考賓村其子帛己家付而售撤鼓君傾歔泰之未嘗以有疾爲害逮飆䘮纔毀過禮臨窆號慟屢絕顛絕廬守墓側服竟始去後每諱日輒慕涕泣終其身而哀不衰季弟客死京師殯于中野它日君使之弗獲尚招魂葬焉自是歲時與親朋游集輒悲思不樂嗚呼君隱士也其施設雖不大見於當觀其內行修飭而居鄉交善遇事造次必本於學則畜而不發者殆可知已宣德君名肇蓋君家嗣云

右宋穆氏墓表共四紙前爲穆庭秀表每紙六行行十四字後其子端表每紙七行行十六字長短寬狹皆同似是一碑四面刻字因表庭秀之墓遂并其子

之墓而表之也篆法淳整亦步趨當涂者今在山東章丘縣少有人錄者　池北偶談一則云宋穆庭秀墓在女郎山之陽有石表王壽卿魯翁篆文并篆書有黃山谷贊云是魯翁用筆可以酒酹陽冰之墓云云今移置文昌祠

案山谷跋凡三石行書云王魯翁書篆一以李監爲師行于四方聞李監石刻之所在無風雨晨夜余未識魯翁見壁題曰是必陽冰之苗裔也已而果然其論陽冰筆意從老至少肥瘦剛柔巧拙妍醜皆可師承有味其言之也余嘗戲魯翁杜元凱左氏之忠臣王魯翁李監之上嗣也今世作小篆者凡數家大率以開架爲主李氏筆法幾絕見魯翁用筆可以酒酹陽冰之家自山谷道人黃庭堅據此只贊魯翁之篆而不及穆氏一語則跋非爲穆氏墓表作矣且攷山谷卒于崇寧四年乙酉而此碑立于政和三年癸巳距山谷之卒已八年烏能有此跋也然驗其書法似非僞爲或後人因碑爲魯翁書而以山谷贊魯翁它跋附刻之耳

宋李宗書昌黎五箴　宣和六年

又箴　并敘

人患不知其過既知之不能改無勇也余生三十有八年髮之短者日益白齒之搖者日益脫聰明不及於前

時道德日負於初心其不至於君子而卒爲小人也昭昭矣作五箴以訟其惡云

游箴

于少之時將求多能蚤夜以孜孜于今之時既飽而嬉蚤夜以無爲嗚呼余乎其無知乎君子之棄而小人之歸乎

言箴

不知言之人烏可與言知言之人默焉而其意已傳幕中之辯人反以汝爲叛臺中之評人反以汝爲傾汝不懲邪而呶呶以害其生邪

行箴

行与義乖言与法違後雖無害汝可以悔行也無邪言
也無頗死而不死汝悔而何宜悔而休汝惡曷瘳宜休
而悔汝善安在悔不可止悔不可爲思而斯得汝則弗
思

好惡箴

無善而好不觀其道無悖而惡不詳其故前之所好今
見其尤從也爲比捨也爲讎前之所惡今見其臧從也
爲媿捨也爲狂維讎維比維狂維媿於身不祥於德不
義不義不祥維害之大幾如是爲而不顛沛齒之尚少
庸有不思今其老矣不慎胡爲

知名箴

内不足者急於人知霈焉有餘厥聞四馳今日告汝知
名之法勿病無聞病其曄曄昔者子路惟恐有聞赫然
千載德譽愈尊矜汝文章負汝言語乘人不能掩以自
取汝非其父汝非其師不請而教誰云不欺欺以賈憎
掩以媒怨汝不曾悟以及於難小人在辱亦克知悔及
其既寧終莫能誡既出汝心又銘汝前汝如不顧禍亦
宜然

大宋嘉祐八季二月初吉狄道李宋書　宣和六季
二月既望男玠摹上石　姚彥刻

右昌黎五箴書之者爲狄道李宋山谷跋是書作李
康季又有李康季篆書心經跋云江夏李康季字樂
道是宋一名康季而樂道其字也東坡亦云江夏李
康季博學好古小篆尤精二公精于書法自應不爽
但此書似于肉勝略無清健瘦硬之氣乃山谷云樂
道白首心醉六經所著書章程句斷不類今時書生
晚悟篆籀下筆自可意直木曲鐵得之自然秦丞相
斯李少監陽冰不知去樂道遠近也得無張之太過

知名箴云昔者子路唯恐有聞赫然千載德譽愈
尊其解舊論與今絕異細思此解實爲有理是即君
子恥聲聞過情之意也不知韓公論語筆解中亦作
如此箋注否

元楊桓書李白酒樓記至元三十季　篆原書誤作二十季今正

唐李翰林酒樓記　沈光撰

唐咸通辛巳歲正月壬午吳興沈光過任城題太白
酒樓夫觸強者覗弓而不發愬險者帖蘭而不進潰毒
者聽忍而不能就其鍼砭搏猛者持疑而不能蓋其膽
勇而優視其強者弱之險者夷之毒者甘之猛者柔之
者兮酒之作於人也如是翰林李公太白聰明才韻宜
令爲天丁倡首業紀匡救天必賦之矣致其君如古帝
王進其臣如古樂石揮直刃以冠其衆者推義敵以輦
其正者豈馮酒而作也馮酒而作者曰非眞勑太白既
以峭訐矯時之狀不得大用流斥齊魯眼明耳聽恐貽
顛躋故抑其梏觸沈休觀槩曰一淫雅目混嬰白或酒

醖神健視聽鋭發振筆著紙乃呂聰明從於月露風云使之涓潔飛動從於艸木禽獸使之妍茂騫騰從於竭情閨思使之壯氣激人離情溢目從於幽巖邃谷使之遼歷物外爽人晶魂從於車馬弓矢悲憤酣哥使之馳騁浚發如睨幽界而失畜放懷盡見窮通易於戲夫白獨衰之弱棄衰之險濱衰之毒搏衰之猛而俛仰袞搭觴沈休鞭繫是眞竊其聰醫其明醒則從於賊跡空兮醉而生醉而死乎徐思之使夫白疏其聰浚其明從於行事弱犯時忌其不得醉而死生也當時骨鯁忠於親斉其人收其從于萃於夫白之亏脊魯結冀陵云晉有跟獨斯轅也廣不踰數席氏鼓椽蠢嘖樸兒牧豎過夫指之日李白嘗醉亏此矣至元癸巳（原書缺末）楊桓書監州朝城冀桼搨州眞定董珪同搨泗嚴劉庭玉州判賜穀咊洽同太石

右李白酒樓記唐沈光篆元楊桓書王阮亭蜀道驛程後記云濟寧太白酒樓有唐人沈光記大篆碑宮庖偪以爲壁煙黔落蝕僅餘數行可辨今此本完好但缺一字不至不可辨也又阮亭但知爲沈光記而不詳書者之人與時當由碑爲塵汙所蔽未及求拓本視之耳然置之輿隸猥褻之地無人護持要數年閒不眞有如阮亭所云者乎　桓字武子官至國子司業著六書統六書溯源書學正韻數十卷其精于小學可知碑云爽人晶魂卽精魂也悲憤酣哥卽酣歌也易林陽晶隱伏後漢書西域傳大秦國宮室以水晶爲柱李白詩下卻水精簾晶精古通說文哥聲也廣韻哥古歌字沈約宋書凡歌字皆用哥梁張纘南征賦下太乙之靈旗撫安哥以會儛陳世祖紀楳棫載哥由庚在詠皆然今人以哥爲兄稱罕知其本矣

元高翿書古老子（至元二十九年篆此碑依立石歲月當置酒樓記前今仍原本）

文不錄

壬子歲十弍月乎改同刺桼安剸官未踰月有會眞宮提點强甸符過乎求書五千言因循亏今僅叁年矣比因病暇靜中始得書之老子舊有古本歷歲滋久加之派亂散亾不復可見偶於古𢆯韻海中檢討綴緝閱月圖成體制之妍醜筆力之工拙具眼者自能識之旹歲舍乙卯歲十月松巖貞隱高翿書于戾齋之正心軒（篆火）

（上三行行五十一字篆書今補）

魯之大儒高翿文舉者嘗亏古篆嘗爲會眞宮提點張志偉壽符書道德五千言其筆法之精妙古今罕有

掌教宗師园逸眞人張君近得是書日常珎玩

至元庚寅春欽承

睿命祀香嶽瀆越三月初吉馳驛來秦駐車終
南山重陽萬壽宮首出囊貲暨此篆文召樓觀
提點聶志㫖鳩命工摹刻貞石署諸說經臺上
昭示永久嗚呼休哉誠𡇈門一大盛事予惟
𡇈元氏始以二經授於是臺歷數千百年閒久
而益尊今宗師眞人復以是經刻石于斯使後
學有所矜式其於𡇈教中謂知所先務矣謹拜
手稽首竊識其本末明年辛卯夏蕤賓日東門
天樂道人李道謙謹書　篆以上六行行五十一字隸書今補
大元至元弍十九年歲次壬辰七月旣望　終南山
古樓觀說經臺焚修羽士張志輔

悟眞大師知太清宗聖宮事李志元
保眞大師提點太清宗聖宮事趙志𡇈
致虛全道大師太清宗聖宮宗主聶志眞立石
𡇈門演道大宗師管領諸路道教特授輔元履道𡇈逸
眞人張志仙　篆以上五行字數不等隸書今補
右元高翻書古老子在今盩厔縣樓觀說經臺至元
辛卯季刻石其自跋云老子舊有古本歷歲滋久不
可復見偶于古文韻海中檢討綴緝閱月乃成按郭
忠恕輯汗簡古老子尚在七十二家篆書之列不知
後世何以遂無傳本今并古文韻海亦不可見矣翻
此碑綴緝雖勤而筆法未善視郭忠恕僧夢英已當

三舍避之廁之鐘鼎款識之列直羌丸之與蘇合耳
朕以篆書巨刻世亦少有故聊以爲諸篆書之殿
案原書云至元辛卯刻石此但據李道謙跋語如
是不知碑末尚有立石歲月乃至元壬辰非辛卯
也并有羽士題名嚮來搨工往往遺棄不拓著錄
家因此未見全本無怪紀季之不明矣
元趙孟頫書大道歌
術不遠在身中物卽皆空性不空性落不空神氣住氣
歸元海壽無窮欲得身中神不出莫向靈臺留一物〻
在身中神不淸耗散眞精損筋骨神御氣〻留形不須
雜術自長生術則易知道難遇縱然遇得不專行所以

千人萬人學畢竟終無一二成神若出便收來神返身
中氣自回如此朝〻還暮〻自然交子產眞胎　趙
孟頫書
右大道歌元趙孟頫書篆法自唐以後元人最爲復
古如楊辛泉戴合溪吾竹房周玉雪諸公研究不遺
餘力松雪以行楷擅名篆法遂爲所掩不知傳上蔡
當塗正鐙者必以松雪爲第一手此歌最爲恭壽先
生所醉心嘗數摹以與人吳門徐友竹攜此拓本見
眎始得諦觀遂乞錫山華溵山精摹一本藏之　碑
後有至元後丁丑吳全節跋云此歌爲宋虛靜天師
張繼先篡凡一百二十三字趙公篆書是章最多唯

此本精妙得之淮南陳柏因勒之石今石不知存否而拓本之流傳人間者少矣

禹穴碑

禹穴

右禹穴碑小篆書字方二尺許今在四川石泉縣楊升庵外集云易林禹生石夷之野漢戴叔鸞傳云大禹生西羌水經注禹生于蜀之廣柔縣石紐邨今之石泉縣也石紐邨今之石鼓山又云蜀之石泉禹生之地謂之禹穴其石杳深人迹不到頃巡撫劉遠夫修蜀志按訪古碑刻有禹穴二字乃李白所書此本余得之安定喬氏之宦于蜀者彼言又有正書二字大幾如屋以艱于搨彼家止一本不肎與人碑無題署不知誰爲太白書升庵亦未明言也然書法不佳疑非古刻以其傳少而來遠聊爲著之

金石存卷五

一萬一千八十三字

金石存卷六

淮安吳玉搢纂　聞妙香室校本

隸存一

漢泰室石闕銘元初五季

中嶽泰室陽城□□□

右九字刻于闕之北面上一層今僅存六字餘三字不可辨若額然字陽鐫

日惟中□□□崇高神君蒙原書髙家□□□□□□□寂純春生□□□寸起雲潤施源流□□□宣竝天四海莫不□恩字補聖朝肅敬衆庶所尊齋字補誠奉祀戩㩳盡勲以頌功德刻石紀文□顯□異以二字補傳後賢元初五年

四月陽城□長左馮翊萬年呂營案著錄家皆作常字以營爲是今審石本非常始造作此石闕時□□□潁川太守京兆杜陵朱□二字補丞夏□陵□□臨□府□□□□丞河東臨□□□□臨字補□張嘉二字補□□□□□史原書誤吏□陵□□鄉三□嚴壽□□□佐石副垂字補崇高字補亭長蘇重時監少陽翟字補□陵亭部陽陵格王□功□□鄉王文□潘原書誤嶓□□□□□之共□□□□□□陽□□□案銘每行九字此行原書佚脫今補君□□□□陽案石本此字漫漶然諦審筆迹不類陽字□□人帝原書誤馬□□□□□□人諸原書爲者□□□□□□□少下缺

右漢泰室石闕銘元初五季四月建在今登封縣東

八里其存二十七行（案當是二十八行）銘八行季月及職官姓名十九行剝落者半卽其存者亦晻昧難辨金石文字記謂季月職官姓名止十三行者自卿王文以前存字尚多故拓本有可攷見後六行止存十字工人往往棄不椎拓故見之者少也沇州牛階平用部陽褚峻所拓嵩山三石闕本縮爲圖文字畫象盡依原式刻之高下尺寸纖悉俱備視亭林南原所得勝多多矣

漢開母廟石闕季度銘（無季月　案當作堂谿典請雨崇高山石闕銘下注熹平四季）

□□□□□□□□□□□□□□□□

時□又官中郎將陽陵堂谿典□□熹平四季來請雨

崇高廟（案以上九行行五字原書脫訛今據舊拓本補）典（原書誤與）大君諱協字季

度□□郡王簿佐□銘文後舉孝廉西鄂長早（原書誤畢）終

叙曰岧惟我君明允廣淵學兼游夏德配臧文殁而不

朽實有立言其言雖何（下缺）

右漢開母廟石闕季度銘闕銘上下凡三層上二層篆書文字聯貫下一層隸書別叙季度事其存十二行行五字前後疑叓有字今石損不復可見季度名協不知其姓按文義當是言季度初爲郡主簿作此銘文後舉孝廉以西鄂長終末作四言韻語以贊之諸錄開母廟石闕銘者皆未當及此字王箬林先生于雍正九季得郃陽人褚峻新拓三石闕銘自詫比

亭林所得爲富乃少室東闕開母季度均未之見則又何也又據牛君謂開母廟亦有兩闕其東闕無字故弗圖是嵩山固有五闕矣前人僅傳其三是雖親至其地者亦見之不審況余在數千里外又烏知其所遺屚不叓多乎　牛氏釋西鄂長作西郢長按後漢書郡國志南陽郡有西鄂縣而它郡別無西郢碑字雖破損肰細視亦是鄂字作郢者誤

案續漢書靈帝本紀熹平五季復崇高山爲嵩高山章懷太子賢注前書武帝祠中嶽改嵩高爲崇高東觀記曰使中郎將堂谿典請雨因上言改之名爲嵩高山據此改名在五季而請雨葢在四季故銘尚稱崇高不稱嵩高也延篤傳云篤少從潁川唐谿典受左氏傳注云典字季度爲西鄂長今銘云字季度又云舉孝廉西鄂長是與史合唯堂作唐爲異注又云唐與堂同堂谿複姓前漢有堂谿惠潁川人受公羊春秋于貢禹見漢書儒林傳而典治左氏學亦潁川人當與惠一系蔡邕傳注季度作子度子乃季之譌也从碑爲正

漢少室東闕題名（無季月）

□孟李陽梠仲潘除鄭孟梠盛潘陽□文令常□□□

重令容

右漢少室東闕題名凡四行行六字可識者一十九

字少室有兩石闕東西峙西闕三面皆有字卽余前
所得　蔡林芝縣日月而首是也東闕太西闕五六
步上層畫一犬逐兔次層畫一人左手牽一獸似馬
而首有一角右手持鉤鉤象首再次一層前一石刻
此字土人呼爲東闕題名金石文字記及嵩陽石刻
集記止載嵩山有三石闕從無人言及少室有二闕
者牛階平云見而表之者爲洛陽董金甌相函金甌
好古士善篆隸董君吾不知何如人亭林丼叔皆親
抂闕下有事摹拓縱殘字未及周覩豈幷此闕亦未
見也耶

漢北海相景君碑 漢安二年

漢故益州太守北海相景君銘 篆額

惟漢安二年仲秋[][]故北海相任城景府君卒歍歔
哀我國[][]寶英䘮失疇列宿虧精晚學後時于何寡
倉布命授期有生有死天寔爲之豈夫仁据攸剋不遺
於是故吏諸生相與論曰上世羣后莫不流光[]於無
窮垂芬燿於書篇身殁而行明體亡而名存或著形像
於列圖或軗頌於管弦後來詠其烈竹帛敘其勳乃作
誄曰伏惟
明府受質自天孝弟淵懿帥禮蹈仁根道核藝抱淑守
眞晶白清方剋己治身蹇渠寔劉乃武乃文遭孝謁
假階司農流惠元城興利惠民強衙改節徽弱蒙恩威

立澤宣化行如神帝嘉歆功授以符命剖郡益州路遐
攀親敗佐遜讓風宵朝廷建英忠讜拼秩東行顛倒嘉
錫拔案此下碑旁空一字北海相部城十九郡邑歸向分明好惡
先以敬讓殘僞易心軒點踰覺鴟梟不鳴案此下碑旁空一字分
了還養元䝱寅蒙祐以寧蓄道循息[]祉以榮紛紛令
儀明府體之仁義道術案此下碑旁空二字明府膺之黃朱邵父
明府三之台輔之任明府宜之以病被徵委位致仕民
[]思慕遠近搔首農夫醳耒商人空市隨轝飲淚奈何
朝廷奪我慈父去官未旬病乃困危珠對之顧臨卒不
回歎[]賢絕奄忽不[]孝子憖憚顛倒剝擗遂不剋寤
永潛長歸州里鄉黨隕涕奔哀故吏忉怛歔欷惶佪四

海闓蓋驚慟傷褱大命[]朋寔惟天授明王設位明府
不就臣子欲養明府弗留歍歔哀哉
亂曰孝積幽兮　　　　兮[][][]翔嗟邸兮再命虎
將綏元兮規策榮謨主忠信兮扞碑作書衛藩屏撫萬民
兮[][][][]思彌盛兮宜參鼎幹堅餘楨兮不永麋壽
棄臣子兮仁敷海外曾廿棠兮[]石勒銘[]不亡兮

右漢北海相景君碑篆額二行今在濟寧州儒學歐
陽公作集古錄時已云漫滅多不成文今又去公五
六百年其殘缺抑又甚矣然細加看詳尚亦可讀其
不可識者數十字耳王元美曰益州部當言刺史不
當言太守額曰銘詞曰誄亦屬未妥余按漢人碑版

多不可曉如孔彪已自博陵太守遷河東太守而碑
額尚題漢故博陵太守孔君碑魯峻自司隸校尉遭
母憂服竟拜屯騎校尉而碑額亦題漢故司隸校尉
校官碑前有銘曰後又有敍曰與此碑額曰銘詞曰
誄皆莫詳其故不知潘昂霄金石例于此云何也
案此碑據今拓本止缺二十餘字歐陽公云漫滅
多不成文殊不可曉益州郡名武帝二秊置碑云
守郡益州則景君嘗爲益州郡守無疑元美不攷
反以額題太守爲非謬甚

碑陰

故中部督郵都昌羽忠字定公
故門下督盜賊劇騰頌字料遠
故門下議史平昌綦規字中舉
故門下書佐營陵孫榮字卋榮
故門下書佐淳于逢訢字[]成
故騎吏劇督麟字敬石
故吏朱虛孫徵字武達
故吏營陵薛遂字伯踰
故吏營陵慶鴻字中[]
故吏都昌呂福字孟[]
故吏都昌張暘字元暘
故書佐都昌羽質字孟僦

故書佐朱虛鞠欣字君大
故書佐平壽淳于閻字久宗
故書佐營陵徐𣅀字曾華
故書佐都昌張彤字翔甫
故書佐淳于孫悝字元卓
故書佐營陵鍾顯字槐寶
以上第一列
行義劇張蔽原書爲敝字公輔
故書佐劇秉禹字伯度
故書佐東安平閻原書爲閭廣字廣宗
故書佐劇紀政字卋堅
故書佐淳于孫晄字威光
故循行都昌台丘遷字卋德
故循行都昌董芳字季芳
故循行營陵留芥字漢興
故循行都昌異遷字漢久
故循行營陵是盛字護宗
故循行營陵□遷字武平
故循行營陵臨照字景燿
故循行都昌張駿字臺卿
故循行營陵淳于登字登成
故循行營陵顏理字中理

故循行營陵水丘部字君石
故循行都昌呂興字叔興
故循行都昌逢進字叔安
以上弟二列
故書佐劇徐德字漢昌
故書佐劇姚進字元豪
故書佐劇邴鍾字元鍾
故書佐都昌張冀字元冀
故循行都昌張眈字季遠
故循行劇中香字季遠
故循行平壽徐允字伯允

故循行淳于趙尚字上卿
故循行都昌段晉字叔節
故循行都昌齊晏字本子
故午營陵是遷字叔達
故午營陵留敵字元成
故午淳于董純字元祖（原書譌祖）
故午朱壺炅詩字孟道
故午營陵繐良字叔騰
故午都昌台丘遷字孟堅
故小史都昌齊冰字文達
故小史都昌張亮字元亮

以上弟三列
行三年服者
凡八十七人（原書七譌二今據石本正後同）
以上弟四列（此列原書誤入弟三列今正）
竪建廟□惟故臣吏愼終追遠諒闇沈思守衛墳園□
紐禮備陵成宇立樹列既就聖典有制三載□□當離
墓側永懷□□□不□勝已義割志乃著遺辭已明厥
意魂靈瑕顯降垂嘉祐
右漢北海相景君碑陰凡三列（案當作四列）共五十四人後有韻語一十八句中一行云（案是夫首二行）列行三年服者八十七人聖人制禮過不及皆非所宜三年之喪

唯父母用之下此以漸而殺無敢奪焉顧漢人制服多有相反者元初間始聽大臣及二千石行三年喪至建光元年復禁不許肅宗時越騎校尉桓郁以母憂乞身詔公卿議皆以郁身為名儒學者之宗可許之詔聽以侍中行服後其子焉為太子太傅以母憂自乞聽以大夫行喪是三年之喪固不得盡人行之矣而繁陽令楊君則以叔父憂去官荊州刺史度尚以從父憂去官郃陽令曹全以同產弟憂去官則又何也且要可異者三年之喪在位卿大夫不得致之于親而故吏故民又往往用之于其長如此碑云行三年服者八十七人費鳳之故吏戚忠縗麻扶杖盡

元丕之故吏嚴較等不遠萬里斷制縗裳高顯之臣
吏黎庶縗經墳側其越禮過情有如此者雖云漢世
近古風俗猶厚朕不達于聖人之道矣

漢魯相置孔廟卒史碑 永興元年

司徒臣雄司空臣戒稽首言魯前相瑛書言詔書崇聖
道勉六蓺孔子作春秋制孝經□□五經演易繫辭經
緯天地幽讚神明故特立廟褒成侯四時來祠事已即
去廟有禮器無常人掌領請置百石卒史一人典主守
廟春秋饗禮財出王家錢給犬酒直須報謹問大常祠
曹掾馮牟史郭元辟對故事辟廱禮未行祠先聖師侍
祠者孔子子孫大宰大祝令各一人皆備爵大常丞監

祠河南尹給牛羊豕雞□□各一大司農給米祠臣愚
以為如瑛言孔子大聖則象乾坤為漢制作先世所尊
祠用眾牲長吏備□□欲加寵子孫敬恭明祀傳于罔
極可許臣請魯相為孔子廟置百石卒史一人掌領禮
器出王家錢給犬酒直他如故事臣雄臣戒愚戇誠惶
誠恐頓首頓首死罪死罪臣稽首以聞
制曰可 此行石本出格
元嘉三年三月廿七日壬寅奏雒陽宮
司徒公河南□□□□字季高
司空公蜀郡成都□□字意伯
元嘉三年三月丙子朔廿七日壬寅司徒雄司空戒下
魯相承書從事下當用者選其年卌以上經通一蓺雜
試通利能奉弘先聖之禮為宗所歸者如詔書書到言
永興元年六月甲辰朔十八日辛酉魯相平行長史事
下守長擅叩頭死罪敢言之
司徒司空府壬寅詔書為孔子廟置百石卒史一人掌
主禮器選年卌以上經通一蓺雜試能奉弘先聖之禮
為宗所歸者平叩頭叩頭死罪死罪謹案文書守文學
掾魯孔龢師孔憲戶曹史孔覽等雜試龢脩春秋嚴氏
經通高第事親至孝能奉先聖之禮為宗所歸除龢補
名狀如牒平惶恐叩頭死罪死罪上
司空府

讚曰巍巍大聖赫赫彌章相乙瑛字少卿平原高唐人
令鮑疊字文公上黨屯留人政教稽古若重規□乙君
察舉守宅除吏孔子十九世孫麟廉請置百石卒史一
人鮑君造作百石吏舍功垂無窮於是始□

右漢魯相置孔廟卒史碑文字完好詞理簡暢尤漢
碑中之不易得者闕里志及山東通志并載此碑前
後無一缺字五經上是刪述二字備下是爵今二字
規下是矩字雜下二字并末句四字皆削去不存恐
是以臆見增減非有所據也　百石卒史字碑凡四
見皆明白無誤朱竹垞曰按漢書儒林傳郡國置五
經百石卒史臣瓚以為卒史秩百石者劉昭注續漢

書百官志引應劭漢官儀河南尹百石卒史二百五十人黃霸傳補左馮翊二百石卒史蓋秩有不同故舉石之多寡别之今本杜佑通典乃譌爲百戶吏卒余按三國志譌與通典同水經注譌爲百夫吏卒山東通志闕里志譌爲百戶卒史皆莫之正康熙甲子

聖祖仁皇帝幸闕里謁廟畢首問漢碑所在 上由奎

時孔東唐尚任以明經爲講書官引

文闕至同文門觀門右漢碑尚任奏曰此漢元嘉三季魯相乙瑛置卒史碑今謂之百戶碑 上問

何爲百戶碑尚任對曰歷代優崇之典廟廷設官四員典籍以掌禮儀司樂以典樂舞管句以掌屯田百

戶以衛林廟謂之禮樂兵農四司觀此知魯人亦譌以爲百戶也豈獨書籍傳寫之謬哉

漢孔德讓碣 永興二年

孔□字德讓者宣尼公廿世孫都尉君之子也夙體蘭石自然之姿長膺清眇孝友之行禮述家業脩春秋經升堂講誦深究聖指弱冠而仕歷郡諸曹史季卌四永興二季七月遭疾不祿

右漢孔德讓碣其名久已磨滅洪丞相攷孔氏譜知其名謙益宙之子而襃與融之兄弟行也因其早卒名位不箸故無可書隸續碑圖云碣甚小一穿微偏有暈一重起于穿中復有兩暈在右其一甚短與它碑小與文八行行十字後餘兩行

漢魯相韓勑孔子廟碑 永壽二年

惟永壽二年青龍在涒歎霜月之靈皇極之日魯相河南京韓君追惟大古華胥生皇雄顔□育□寶俱制元道百王不改孔子近聖爲漢定道自天王以下至于初學莫不驩思歎卬師鏡顔氏聖舅家居魯親里并官聖妃在安樂里聖族之親禮所宜異復顔氏并官氏邑中繇發以尊孔心念聖歷世禮樂陵遲秦項作亂不尊圖書倍道畔德離敗聖輿食糧亡于沙丘君於是造立禮器樂之音符鍾磬瑟鼓雷洗觴觚爵鹿柤梪籩柉禁壺脩飾宅廟更作二輿朝車威熹宣抒玄汙以注水流法

舊不煩備而不奢上合紫臺稽之中和下合聖制事得禮儀於是四方士仁聞君風燿敬咏其德尊琦大人之意逴彌之思乃共立表石紀傳億載其文曰

皇石本此字出格戲統華胥承天畫卦顔育空桑孔制元孝俱祖紫宮大一所授前闓九頭以什言教後制百王獲麟來吐制不空作承天之語乾元以來三九之載八皇三代至孔乃備聖人不世期五百載三陽吐圖二陰出讖制作之義以俟知奧於穆韓君獨見天意復聖二族逴越絶思脩造禮樂胡輦器用存古舊宇慇懃宅廟朝車威熹出誠造更漆不水解工不争賈深除玄汙水通□注禮器升堂天雨降澍百姓訢和舉國蒙慶神靈祐誠

鴞敬之報天與厥福永享牟壽上極華紫旁伎皇代刊
石表銘與乾運燿長期蕩蕩於盛復授赫赫罔窮聲垂
億載

韓明府名勑字叔節　穎川長社王𤣥君真二百　河
東大陽西門儉元節二百　故涿郡大守魯麃次公五
千　故會稽大守魯傅世起千　故樂安相魯麃季公
千　故從事魯張嵩眇高五百　相主薄魯薛陶元方
三百　相史魯周乾伯德三百

右漢魯相韓勑孔子廟碑其閒太一紫宮吐圖出讖
等語殊爲難解大致以尊孔子而并加恩于顔氏并
官氏因修禮器而并飾宅廟除元汙故立石以紀其
功天下碑錄題爲魯相復顔氏繇發碑集古錄隸釋
題爲魯相修孔廟禮器碑皆得其一而遺其一不若
金石錄但目爲韓明府孔子廟碑之爲該也郭允伯
以此碑爲漢隸弟一品近恭壽先生亦極讚是碑之
妙手臨數過題跋注釋備極詳盡亦自來輯錄漢隸
者所未有也　家語孔子娶于宋幷官氏萬姓統譜
引先賢傳孔子娶幷官氏幷讀太聲皆與此碑同今
闕里志誤作亓俗讀如稽蓋形聲幷誤矣乃或者不
攷反以作幷者爲非謬甚　碑云爵鹿柤梪金石錄
云所謂鹿者禮圖不載莫詳爲何器近見陳氏所藏
古彝爲伏鹿之形近歲青州獲一器亦全爲鹿形疑

所謂鹿者亦因其形而名之耳按儀禮鄉射禮鹿中
髤前足跪投壺禮主人奉矢司射奉中注云士鹿中
大夫兕中刻木如兕鹿而伏背上立圜圈以盛算也
碑所謂鹿益此非鼎彝之屬趙氏未及詳攷也趙又
云字書豊陳樂也非器名不可解按趙氏誤引說文
豈字之訓說文豈陳樂立而上見也从屮从豆中句
切碑字作豊與豈迥别隸釋从爲與上下文符觚爵
汙協韻當是壺字足祛德甫之惑　出誠造叜叜字
石本半晦華瀫山云當是夏字今按石刻上畫雖不
甚清下畫正作兩擊不似夏字作夂也此句益言出
誠心以叜造禮器故下文云漆不水解工不爭賈若
作夏字義亦難通　水通□注中缺一字恭壽先生
據陳古白舊搨本謂是國字今細驗之信肰

碑陰

西戍侯王畾二百遼西陽樂張普仲堅二百
河南戍睪蘇漢明二百其人處士
河南雒陽种亮奉高五百
故兖州從事任城呂育季華三千
故下邳令東平陸王褒文博千
故穎陽令文陽鮑宮元威千
河南雒陽李申伯百
趙國邯鄲宋瑱元世二百

彭城廣戚姜𦀚子長二百
平原樂陵朱恣敬公二百
平原濕陰馬瑺元冀二百
彭城龔治世平二百
泰山鮑丹漢公二百
京兆劉安初二百故薛令河內溫朱熊伯珍五百
下邳周宣光二百故豫州從事蕃加進子高千
河間東州齊伯宣二百
陳國苦虞崇伯宗二百
以上第一列
穎川長社王季孟三百

汝南宋公國陳漢方二百
山陽南平陽陳漢甫二百
任城番君舉二百
任城王子松二百
任城謝伯威二百
任城高伯世二百
相王薄薛曹訪濟興三百
相中賊史薛虞韶興公二百
薛弓奉高二百
相史卞吕松□遠百
騶韋仲卿二百

霰上魯劉靜子蓍千
故從事魯王陵少初二百
故督郵魯开煇景高二百
魯曾𢘓初孫二百
魯劉元達二百
以上第二列
故督郵魯趙煇彥臺二百
郎中魯孔宙季將千
御史魯孔翊元世千
大尉掾魯孔凱仲弟千
魯孔曜仲雎二百魯孔儀甫二百

霰土魯孔方廣率千
魯孔巡伯男二百文陽蔣元道二百
魯孔憲仲則百文陽王逸文豫二百
尚書侍郎魯孔宪元上三千
魯孔汎漢光二百南陽宛張光仲孝二百
守廟百石魯孔恢聖文千
褒成侯魯孔建壽千河南雒陽王敬子慎二百
故從事魯孔樹君德千
魯孔朝升高二百
行義掾魯弓如豺都二百
魯劉仲俟二百北海劇袁隆展世

魯夏侯盧頭二百魯周房伯臺百
以上弟三列
碑右側
山陽瑕丘九百元臺三百
齊國廣張建平二百其人處土
上黨長子楊萬子三百
處土魯孔徵子舉二百
以上弟一列
魯徐伯賢二百
魯劉聖長二百
河南匽師胥鄭通國三百

河南平陰樊文高二百
以上弟二列
河東臨汾敬信子直千
河南雒陽左材冀二百
東郡武陽董元厚二百
東郡武陽桓仲豫二百
以上弟三列
泰山鉅平韋仲元二百　蕃王偃子二百
泰山費淳于隆季遺二百
故安德侯相彭城劉彩伯存五百
故平陵令魯麃恢元世五百

以上弟四列
碑左側
東海傅河東臨汾敬譙字季松千
時令漢中南鄭趙宣字子雎
故丞魏令河南京丁琮材舉五百
左尉北海劇趙福字仁直五百
以上弟一列
右尉九江浚遒唐安季興五百
司徒掾魯巢壽文后三百
河南匽師度徵漢賢二百
南陽平氏王自子尤二百

以上弟二列
相守史薛王芳伯道三百　魯孔建壽二百
相行義史文陽公百煇世平百
魯傅兖子豫二百任城亢父治真百
魯孫般三百　魯孔昭材祖百六盧城子二百
以上弟三列
右韓勑碑陰幷兩側人名碑陰凡六十二人兩側共三十三人隸釋有碑陰無兩側所錄本無遺脫金懨琳琅取前碑末八人幷兩側人名皆入之碑陰自詫所得按隸釋多三十八人因以譏洪氏之誤不知都公所據舊搨本葢已裝池成冊者故無從分別觀之

若親至碑下或取原搨全本相校則瞭然矣　兩側
前弟七人云相行義史文陽公百煇世平百恭壽先
生跋云文陽公爲一人煇世平爲一人當是姓文名
陽公或字陽公者非公矦之公也煇世平不箸郡望
當與文陽公同里幷同官者故即繫文陽公下余按
此說非也漢書地里志後漢書郡國志汶陽屬魯國
史晨後碑有文陽馬琮隸釋云从文陽爲汶陽此碑
之陰書文陽者凡三人皆汶陽也此人亦隸籍汶陽
公百其姓煇其名世平其字百乃所出泉數百古複
姓有公伯氏魯論有公伯寮伯與百益通用也若从
文陽公爲一人煇世平爲一人既與前後書法不類

況文陽公既無郡望煇世平之郡望又何從知且姓
氏書亦無煇姓也兩側後弟一人云山陽瑕丘九百
元臺三百先生跋云瑕丘乃地名非人名按范史屬
山陽郡元臺亦當是山陽所屬之地从非邑故范史
不載且此兩地泉少人多不能不書又不能悉書故
總而記之曰瑕丘九百元臺三百也余按此說亦誤
元臺之爲地名既無可攷且它碑陰亦從未有合一
邑所出泉數而總記之者葢九百非泉數亦人姓名
也刋子有九方皋唐有九嘉宋有九眞明有九焯九
姓歷歷可數元臺則其字也先生于此碑幷陰及兩
側攷訂極詳此其小誤余特表而出之

案後漢書王梁傳擊肥城文陽拔之章懷太子賢
注文音汶故城在沇州泗水縣西是汶陽作文陽
范史已如此不獨碑刻也洪氏亦未引及此九百
古複姓廣韻引何氏姓苑云岱縣人姓九百名
里爲縣小吏而功曹姓萬縣中語曰九百小吏萬
功曹原書云九姓百名者非也且九方自是複姓
亦未足爲九姓證左葢此碑刋名諸人或稱名或
稱字或名字竝稱體例不一此九百元臺者特稱
其字如徐伯賢之類

漢郎中鄭固碑　延熹元年

漢故郎中鄭君之碑　篆額

君諱固字伯堅蕃君元子也含中和之淑質□□□
□□□□□□□□至行立乎鄉黨初受業於歐陽遂
窮究于典籍□□□□□□□□□□事弱冠仕郡
吏諸曹掾史主簿督郵五官掾功曹□□□□□則
字補□□□衛上清㠯自脩犯顏謇愕造膝佹□加
成□□推賢三字補□□□□□□□□□□□在㠯此服之鄣后
玠瑋㠯爲儲舉先屈計掾奉我□貢清眇三字補□□□
□悳能字補蘭乎聖心延熹元年二月十九日詔拜□
中北與好也㠯疾錮五字補□□滿期限三字補從其本規
乃遘凶愍年卅二其□□□□遺命隕身痛如之何
六字補□是君大三字補男孟子有楊烏之才善性形於岐

□□□見□歭旣年七歲而友補六字□君夫人補三字所
共哀也故建□共墳配食斯壇㠯慰考妣之心琦璔延
㠯爲至悳紀則補十字鍾鼎奚銘昔姃□□武弟述其
兄綱□□□□行於毀陋猷曷敢忘補七字□刊石補二字
㠯於遺芳其辭曰
於惟郎中蹇天生悳頤親諭弟耍恭□□敎□義方導
我礼則傳宣補八字□業佐補二字卋模式從政事上忠㠯
自勖貢計王庭華夏歸服帝用嘉之顯拜殊補七字□將
從補一字雖意色斯自得乃遭氛災隕命顛沛家失所怙
國□忠直俯哭誰訴卬補七字□爲補一字咨嗟嗟盡早苗而
弗毓奉我元兄脩𡥈罔極魂□□靈亣歆斯勒補五字

右漢郎中鄭固碑今在濟寧州儒學只存上段十七
八字下段磨滅或十字或十一二字不等如洪趙諸
公所辨逡遁之類已不存矣金石文字記云此碑書
妣作妛與費鳳碑同今此碑妣字尚存幷不作妛或
亭林誤記它碑之字也劉太乙續金石錄云弱冠仕
郡諸曹掾史歐本作諸今本諸字雖少漫漶肰筆畫
具在亦不作諸楊升庵云子雲本姓楊从手不从木
碑云有楊烏之才謂童烏也字正从手升庵之言信
爲有徵劉跋槪書作楊誤矣又碑云頤親諭弟頤字
作頣變叵爲匝此與前姬字作姃同皆隸變也劉作
順親亦非

案碑十五行行二十九字鄉來拓本止上段十七
八字雍正六季有李鶚者得下段殘石存二十二
字鶚子東琪又于乾隆四十三季將此碑升高出
土之上復得中段續存六十三字校洪氏所收止
缺六十六字碑在今濟寧州學戟門西側下段殘
石別嵌置明倫堂東壁據此補錄八十五字其洪
氏所有而石本已蝕者仍缺焉　碑云有楊烏之
才楊字石本从木吳云从手非也

漢倉頡廟碑側題字延熹五季

□令䢵方臨戎孫羨□□□□□□從事永壽二年
䢵方太守上郡佽君闞孝除郎中大原陽曲長延熹四

年九月乙酉詔書遷衙令五年正月到官奉見
刂明府立祠刊石表章大聖之遺靈以示來世之未生
謹出錢千□□者下行自紀姓名
衙守丞臨晉張疇字元德五百守左尉萬年長沙瑗字
君平五百
衙縣三老上官鳳季方三百
衙鄉三老時勤伯秋三百
衙主記掾楊綬子長三百
衙門下功曹裴篤伯安三百
衙門下游徼許愔功上三百
衙門下賊曹□□□□□□

功曹史上官中□□□□
錄事史楊禽孟布三百
集曹掾馬津子孝三百案此行原書脫今補
倉曹原書誤作集曹掾任就原書爲就子□□百
故功曹郭□□□□百
□□□□□□三百
此行全缺
軍假司馬鄧下缺
從掾位鄧下缺
從掾□鄧張下缺
故文學掾鄧□下缺

故文學掾下缺
从上在碑之右側
議曹史蓮勺楊□三千
功曹書佐頻陽□□千
□吏蓮勺任衆六百
□吏高陵□□六百
□吏臨晉千珠補字六百
□吏高陵張順六百
高陵左鄉有下缺
萬年左鄉有秩游智千
萬年左鄉有秩畢寶補字千五百

蓮勺左鄉有秩杜衡千五百
池陽左鄉有秩何博千五百
夏陽下缺
夏陽候長馬琪千補字
粟邑候長何惲千補字
候此行下缺補
从上在碑之左側

右漢倉頡廟碑側題字前碑及陰漫滅已甚唯乃諏訪國老及倉頡天生德于大聖四目靈光爲百王作書原書鳥書及乃作頌曰數句可讀頌後又有劉明府字其它字畫時有存者肰皆不成文理碑陰有五官掾

高陵守故督盜賊等字益亦掾屬題名肰姓名無一存者故皆不可著錄唯兩側字尚多明白可讀其一略云榭方臨戎孫羨以永壽二季爲榭方太守仍君察孝除郎爲太原陽曲長延熹四季遷衙令五季到官奉見劉劉下碑字上刓剝从前碑證之當是劉字明府立祠刊石表章大聖之遺靈以示來世後刻郡守丞張嘯守左尉長沙瑗案長沙穆姓原書脫長字今補二人名下有題名三刻可見者一十五人有衙縣三老衙鄉三老主記掾史門下功曹門下游徼門下賊曹功曹史錄事史軍假司馬從掾位文學掾等名唯六人姓名全其一亦有題名三刻姓名全者七人餘皆殘缺不完有議曹史功曹

書佐高陵左鄉有秩萬季左鄉有秩蓮勺左鄉有秩池陽左鄉有秩夏陽候長粟邑候長等名而集古錄所稱尚有池陽集丞有秩祋祤候長則已亾矣倉頡廟蓋在御縣此碑頌乃御令孫羨奉劉明府之令爲之而碑陰兩側則備記孫令出仕始末及其掾屬所出泉數也此碑自歐趙而外它家皆所未見越今五六百季乃復爲人所椎拓而余遺得之碑字特小隸法頗精兩側字時有縱筆不及前碑之嚴整然其佳處亦饒有曹部陽碑陰風致但破碎零落它人不肎諦視故棄置至今且余挾之行篋中渡河者二冬夜篝鐙一一撿錄時漏下數十刻未休窮觀睨視漫不省爲何物其捉鼻蹙額者不知日凡幾輩也　集古錄有朔方太守碑陰及碑陰題名二跋即此碑兩側題字也歐陽公未得前碑故其稱名不無錯誤金石錄有倉頡廟碑又有倉頡廟人名所謂人名亦即此碑兩側然又未嘗云有碑陰不知當宋時何以二公所得不全如此今余所有雖剝泐已甚然四紙皆具先後不紊舉似古人不覺色喜又集古錄以遷御令爲衙令（案集古錄衙令上仍有遷字不知原書所據何本）以太原陽曲長太下爲滅一字亦非　金石錄云攷其歲月蓋熹平六季立今碑于季月字已無可見余但以兩側有延熹五季字遂列之爲桓帝時刻

金石存卷六

九千四百九十一字

金石存卷七

淮安吳玉搢纂　　聞妙香室校本

隸存二

漢泰山都尉孔宙碑 延熹七年

有漢泰山都尉孔君之銘

君諱宙字季將孔子十九世之孫也天姿醇嘏齊聖達
道少習家訓治嚴氏春秋緝熙之業既就而闇之行
允恭德音孔昭遂舉孝廉除郎中都昌長祗傅五教尊
賢養老躬忠恕以及人兼禹湯之辠己故能興朴□於
彫幣濟弱功於易簡三載考績遷元城令是時東嶽黔
首猾夏不□□□祠兵遺畔未寧乃擢君典戎以文脩

之旬月之閒莫不解甲服罪□□□墾田畯喜于荒圃
商旅交乎險路會鹿鳴於樂崩復長發於酬酢□□□
稔會遭篤病告困致仕得從所好年六十一延熹六年
正月乙未□□□□疾貴速朽之反真慕寧儉之遺則窀
夕不華明器不設凡百卬高□□□述於是故吏門人
乃共陟名山采嘉石勒銘不後俾有彝式其辭曰
於顯我君懿德惟光紹聖作儒身立名彰貢登王室閣
□是虔夙夜□□□左公明明乃綏二縣黎儀以康於亓
時廱撫茲岱方帥彼山人覆俾□□南畝孔饁山有夷
行豐年多黍稱彼兕觥帝賴其勳民斯是皇疾□□□
乃委其榮忠吉懸勤屢省乃聰恭儉自終簋簠不陳生

播高譽歿垂令名永矢不刊億載揚聲

延熹七年七月戊□造

右漢泰山都尉孔宙碑別有篆額而首行又題有漢
泰山都尉孔君之銘十字與它碑體制微異文字雖
有剝蝕猶尚可讀祗傅五教者即尚書之敬敷五教
也以祗易敬以傅作敷漢書文帝紀傳納以言宣帝
紀傅奏其言師古曰傅讀爲敷

碑陰

門生故吏名 篆額

門生鉅鹿癭陶張雲字子平
門生鉅鹿癭陶趙政字元政

門生鉅鹿廣宗捕巡字升臺
門生東平寧陽韋勳字幼昌
門生魏郡館陶張上字仲舉
門生魏郡館陶王時字子表
門生魏郡陰安張典字少高
門生魏郡魏孟忠字待政
門生魏郡魏李鎮字世君
門生魏郡館陶吳讓字子敬
門生魏郡館陶文儉字元節
門生魏郡館陶鼂瑱字仲雅
門生魏郡鄴暴香字伯子

門生東郡東武陽梁淋字元祖
門生東郡衛公國趙恭字和平
門生東郡東武陽張表字公方
門生東郡東武陽滕穆字奉德
門生東郡樂平宗演字仲厚
門生東郡樂平靳京字君賢
門生東郡樂平梁布字叔光
門生東郡樂平宗顯字伯異
門生陳留平丘司馬規字伯昌
門生安平下博張祺字紂松
門生安平下博張朝字公房

門生安平下博蘇觀字伯臺
門生安平堂陽張琦字子異
門生北海安丘齊納字榮謀
門生北海劇秦麟字伯麟
門生北海劇如盧浮字遺伯
門生北海劇薛顗字勝輔
門生北海劇高冰字季超
門生濟南梁鄒趙震字紂政
門生濟南鄒徐璜字幼文
門生濟南東平陵吳進字升臺
門生甘陵廣川李龍字元童

門生甘陵貝丘賀曜字升進
門生魏郡清淵許祺字升明
門生魏郡館陶史崇字少賢
門生魏郡館陶孫忠字府文
門生東郡樂平盧循字子節
門生任城任□□□字景漢
門童安平下博張忠字公直
故吏北海龍昌逢祈字伯意
故吏北海龍昌殖董字文理
故吏北海龍昌魏稱字文長
故吏北海龍昌呂規字元規

故吏泰山費魚淵字漢長
故吏泰山華毋樓觀字世光
故吏泰山南城禹規字世舉
故吏泰山南武陽蕭誨字伯謀
故民泰山費淳于黨字季□
弟子北海劇陸還字孟輔
弟子陳留襄邑樂禹字宣舉
弟子下邳下邳朱班字宣□
弟子東平寧陽周順字承□
弟子沛國小沛周升字仲甫
弟子魯國文陽陳寔字聖博

弟子汝南平輿謝洋字子讓
弟子山陽瑕丘丁瑨字實堅
弟子魯國戴璋字元珪
弟子魯國下王政字漢方

右漢孔宙碑陰凡六十二人漢碑陰多不題額唯此及陳德鄭季宣碑陰有之隸釋云漢儒開門受徒著錄有盈萬人者其親受業則曰弟子以次相傳授則曰門生未冠則曰門童此碑前列門生四十二人門童一人後列弟子十人如果親受業爲弟子而以次相傳授爲門生不應弟子反列門生門童之後隸釋此言雖本之歐陽集古錄恐終未可深信也

漢豫州從事孔褎碑

君諱褎字文禮孔子廿世之孫泰山都尉之元子□□
□□□□□叺□□□□繼德前葉清和挺懿固天□
□□□□□幽讚□□治家業春秋□綜枚□典萹籍
靡遺□琦多眇爲淵爲林博學多識□□匪勞是□□
□□□□遠□來歷□州□鱗浮□□□循觀山采王
□□□□故□□□世之名□□□□□□□□□州
□□□□□廡□□事□□□□□擅名之□□之□
爵固辭峻□叺□□□□□□援爲□□□□□□□
□覽□□圖□□元節所過朿□□棄骨栗眞敢藏匿
君念□□□□□□□遂□危□濟渡窮厄後會事覺
□□□□臨難引□各爭授命□□□□□□□□
□□□喪子英彦忽乎□□靡□同懷□□有勇□難
□□□□□□□□□□□□尚□有若□□□□
□魯相汝南陳府君□□之□□□士□□□乃
□□□碑昭不□□□曰
□□□□□德□隆□□齎耀□雲如□□□□□□
□□□□磬□□逢□百□仁風既敦□義□□□□
□□□□□頌□□□與（下缺）

右漢孔褎碑按三國志崔瑗傳注引續漢書曰山陽張儉以中正爲中常侍矦覽所忿嫉覽爲刊章下州郡捕儉儉與融兄褎有舊亾投褎遇褎出時融季十

六儉以其少不告也融知儉爲長者有窘迫色曰吾獨不能爲君主耶因留舍藏之後事泄相國以下密就掩捕儉得走脫登時收融及褎送獄融曰保納藏舍者融也融當坐之褎曰彼來求我罪我之由非弟之過我當坐之兄弟爭死郡縣疑不能決乃上讞詔書令褎坐焉碑雖不全大略無與泰山都尉者宙也宙有七子褎長融次第六又有謙宙與謙皆有碑在孔子廟庭褎碑不知何時淪沒歷代載籍皆無可攷錢唐金壽門語余曰雍正時閩人何琦字禮康客游曲阜得之郊外水瀕因載歸于廟自題字于碑陰碑字已極剝蝕獨行首十餘字名字世系一一俱完亦

一奇也
　案牛運震金石圖云碑出于曲阜縣東周公廟側廢田中雍正三年鄉民犂田得之以告廟官陳百戶驗是漢古文碑迺輦置孔廟此云聞人何琦得之郊外水瀕載歸于廟兩說未知孰是

漢西嶽華山廟碑　延熹八年

周禮職方氏河南山鎮曰華謂之西嶽春秋傳曰山嶽則配天乾以定位山澤通氣雲行雨施既成萬物易之義也祀典曰日月星辰所昭卬也地理山川所生殖也功加於民祀以報之禮記曰天子祭天地及山川歲徧焉自三五迭興其奉山川或在天子或在諸侯是以唐

虞疇咨四嶽五□壹巡狩皆以四時之中月各省其方親至其山柴祭燔燎夏商則未聞所損益周鑒於二代十有二歲王巡狩殷國亦有事于方嶽祀以圭璧樂奏六歌　高祖初興改秦淫祀大宗承循各詔有司其山川在諸侯者以時祠之　孝武皇帝脩封禪之禮思登遐之道巡省五嶽禋祀豐備故立宮其下宮曰集靈宮殿曰存僊殿門曰望僊門　仲宗之世重使使者持□祀焉歲一禱而三祠後不承前至于亡新寖用丠虛訖今垣趾營兆猶存建□之元事舉其中禮從其省但使二千石以歲時往祠其有風旱禱請祈求靡不報應自是以來百有餘年有事西巡輒過亨祭然其所

立碑石刻紀時事文字摩滅莫能存識延熹四年七月甲子弘農大守安國亭侯汝南袁逢掌華嶽之主位應古制脩廢起頓閔其若茲深達和民事神之義精通誠祈祭之福乃案經傳所載原本所由銘勒斯石垂之于後其辭曰

巖巖西嶽峻極穹蒼奄有河朔遂荒華陽觸石興雲雨我農桑資糧品物亦相瑤光崇冠二州古曰雍梁馮于豳岐文武克昌天子展義巡狩省方玉帛之贄禮與岱方六樂之變舞以致康在漢中葉建設宇堂山嶽之守是秩是望侯惟安國兼命斯章尊脩靈基肅共壇場明德惟馨神歆其芳遏穰凶札揫斂吉祥歲其有年民說

無疆

袁府君肅恭明神易碑飾闕會遷京兆尹孫府君到欽若嘉業遵而成之延熹八年四月廿九日甲子就袁府君諱逢字周陽汝南女陽人孫府君諱璆字山陵安平信都人時令朱頡字宣得甘陵鄃人丞張昜字少游河南京人左尉唐佑字君惠河南密人主者掾華陰王萇字德長

京兆尹勑臨都水掾霸陵杜遷市石遣書佐新豐郭香察書刻者潁川邯鄲公脩蘇張工卩君□

　右西嶽華山廟碑錢唐金壽門舊有此拓本余從摹得之殘缺不十餘字或筆畫小損皆可辨認也此碑

自嘉靖時毀壞拓本流傳甚少關中郭允伯所藏得自樓雲駒後歸王無異後又入商丘宋太宰家凡顧亭林朱竹垞劉太乙顧南原所見皆此一本幾以爲騏驥一毛虬龍片甲世間無復副本矣乃允伯自云鈙百二十字而此本乃不若是之甚郭本有額而此本篆額西嶽華山廟碑六字亦全豈不較勝于郭本邪又梁谿吳棟臣客淮陰自言其家亦有一本得之其鄉秦氏雖不知視此本何如要之此碑之流傳于世者尚不止此數本也　玉篇有玊字音粟音驌玉工也點在中畫上與玉字點在下音義各别韻會正韻諸書皆沿其說此碑玊帛之贄玊字點正在上義

止是玉不可以它音它義釋也葢點之上下乃行筆小異不當從此妄生穿鑿

漢執金吾丞武榮碑

漢故執金吾丞武君之碑　隸額

君諱榮字含和治魯詩經韋君章句闕□傳□□經論語□□□□左氏國□廣學甄微靡不貫綜久存大學猗然高厲鮮扵□匡學優則□□□書佐郡曹史主薄督郵五官掾功曹守從事年卅六汝南蔡府君□□□廉□□□□執□吾丞□孝桓大憂屯守元武慽哀悲憧加遇害氣遘疾□□□□君即吳郡□卿之中子敦煌長史之次弟也廉孝□承亦世載□不忝□□□□命□□□□衎盖觀德於始述行於終於是刊□□銘垂不朽□其□□

天降雄彥資才卓茂仰高鑽堅允□允武內幹三□外□帥旅□勳□□□□□旗絳天雷震電舉軟燿赫□陵惟峙肅當遂股肱□之元□□□□□□□癒乎我君仁如不壽爵不副德位不稱功咸哀□□遠近哀同身□□□□□誦

右漢執金吾丞武榮碑今在濟寧州儒學字原云碑言遭孝桓大憂哀隕而亾當是靈帝時也謝滄湄云永康元年十二月帝崩靈帝即位改元建寧葢君之卒當在靈帝未改元之前故不書年也　漢書百官

志鹽鐵泉布帛五均賒貸斡在縣官師古曰斡謂主領也斡音管字从斗竇憲傳內幹機密劉向傳幹尚書字皆从干而音義與斡無異疑皆斡字傳寫之譌此碑內幹三署（原注隸釋署字猶存）幹字義亦作斡葢其相延巳久譌斡爲幹有由來矣

漢竹邑矦相張壽碑　建寧元年

漢故竹邑矦相張君之碑　隸額

君諱壽字仲吾其□盖晉□□□□□□□□□□□□□□□□□□□□□□□□□□□孝友恭懿明允篤信□□經□習父□□□□□□□□□□□□□□□□□□□□□匡國達賢登善濟可

登班叙優能正□□□□□□□□□□□□□□
□□□□□□□□謁沓贊衛王臺妻□忠蹇上嘉
其節仍□□□□□□□□□□□□□□□□□
□□□□相明德慎罰□□□遭江楊䜣賊上□
□□□□□□□□□□□□□□□□□□□□
□自菲薄儲倚□□□所留并官相□□□□□□
□□□□□□□□□□□□□□□□□稼畜滋
殖國□□□□聿豐穰蟠白□□□□□□□□□
□□□□□□□□□□□□□樂化戶口增□□
□□般功刊王府將□□□□□□□□□□□□
□□□□□□□□□過暫郚周紘□□□□君常

懷色斯舍□□□□□□□□□□□□□□□□
□□□□駱驛要請君□□□□固執不顧民庶□
□□□□□□□□□□□□□□□□□□□□
□覘虎視不折□□□□徒府進退以□□□□□
□□□□□□□□□□□□□□□□□五月辛
酉卒□□□□夫積蒲紀固沓□□□□□□□□
□□□□□□□□□□□□□石樹碑式晧□□
□□□□曰
亮元德㤿我□□□□體懿純趍三□□□□□□□
□□□□□□□□□□□□□□□□賦牧邦畿
黎烝段四荒饑感邑臣□□□□□□□□□□□

□□□□□□□□□□□□彌闡垂令紀永不刊
于肯德深後昆

右漢竹邑侯相張壽碑今在丞城縣斷折不全巳截爲後人碑趺按隸釋所録凡五百五十五字今僅存一百七十七字蓋亾其大半矣君自孝廉除郎中給事謁者遷竹邑侯相因治功曹周憐之過反爲督郵周紘所表罷官後以州郡招請復爲從事辟司徒府季八十以建寧元季五月卒此其歷官大略也銘詞三言三十句今皆斷續不成文理字亦晻昧難辨非洪氏箸録幾不可識矣

漢衛尉卿衡方碑建寧元季

漢故衛尉卿衡府君之碑隸額

府君諱方字興祖肇先盖堯之苗本姓□□則有伊尹在殷之世號稱阿衡因□氏□□□□古家于平陸君之烈祖少以濡術安貧樂道履該顔原兼循季由聞斯行諸砥仁□□□□土階夷愍之貢經常伯之寳位左馮翊先帝所尊垂名竹帛者廬江大守兄鴈門大守□□□孝長發其祥誕降于君天資純懿昭前之美少以文塞敦庬允元長以欽明躭詩悦書□□□秋仕郡辟州舉孝廉除郎中卽丘侯相膠東令遭尹鐸之導保鄣二城參國起按斑叙□□□本肇末化速郵置州舉尤異遷會稽東部都尉將□南仲邠㡭之軌□翼𨍭之

於操眾□□□綏来王之璽會裒太夫人感背人之凱
風悼蓼儀之劬勞嗣闈苫凷□□上言□□向□□□
祥除徵拜議郎右北平大守葬李廣之□邊恢疆絳之
和戎戢土供□□□□□□□靜有績遷潁川大
守稍清滌佁洛拔隱逸光□□茹國外浮議淡界綵動
氣泄狂□□□□歸来洙泗用行舍臧徵拜議郎遷
大賢令京兆尹□都餘化詩人所詠竝有亡新君□□
□□隆寬慄鷙火先物隕霜剿姦振滯起舊存亡□絕
恩降乾太威肅剌以本朝錄功入□□□□翼紫宮鳳
夾惟寅禕隋在公有單襄穆□□之風詔選賢良招先
逸民君務在□失順□文舉巳從政者退就勑巾丞廉

之末君□孝桓建寧初政朝用舊臣留拜步兵校□爱
六師之□維時假階將援緄職受任浃旬庵離寢疾年
六十有三建寧元年二月五日癸□□□□□□弟
賻札百寮臨會莫不失聲其年九月十七日□酉葬蓋
雎頌興而清廟肅中□□而□□故仲尼既歿諸子
綴論斯干作歌用昭于宣誣已旌德銘已勒勳於是海
內門生□吏□□□采嘉石樹靈碑鐫茂伐秘將來其
辭曰
峨峨我君懿烈孔純高朗神武歷世忠孝馮隆鴻軌不
忝前人寬□不王德義是□□□□溫故前𤰈監兵
接秀踵□晏平初據百里顯顯令聞濟康下民暀武南

會邊民是鎮惟□□□夏及退身罷□帝室剖符守藩
北靖□□有□有聲㹞□中獄幽滯召榮遵種舊京□
□□□舍澤□□□□政寧剋長剋君不虞不陽維□
維允懼此聲香能悊能惠剋亮天功八□□□□□
□法言稽古道而後行競競業業素絲羔羊誾誾侃侃
罔罔昂昂□規履榘金玉□相謇謇王臣羣公憲章樂
旨君□□无彊銘勒兪□□□□□□問□□萬世
是傳門生平原樂陵來登字仲□□

右漢衛尉卿衡方碑今在汶上縣雖有缺壞然官閥
氏族卒葬歲月一一可見金石錄以爲建寧三年二
月立洪氏巳辨其誤金石文字記又以爲三年六月

亦誤也　碑云感背人之凱風悼蓼儀之劬勞趙德
甫以蓼儀即蓼莪然矣至背人二字乃置不論余按
背人即邶人也廣韻邶同鄁紂畿內地名碑以鄁作
邶而又省其邑耳它如樂只君子作旨委蛇在公作
禕隋克長克君作剋能哲能惠作悊非盡假借又當
時經師所傳有此異本也　隸釋云禕隋字出韓詩
內傳內傳久不傳未知洪氏何據經典釋文引韓詩
但作逶迤　容齋五筆言委蛇字凡十二變一曰委
蛇二曰委佗三曰委迆四曰倭遲五曰倭夷六曰威
夷七曰委移八曰逶移九曰逶迆十曰蝼蛇十一曰
遙迆十二曰威遲今此碑又作禕隋唐扶碑作逶隨

劉熊碑作委蛇枝乘兔園賦作委䔟博雅䧢陕險也
文選薛注周道威夷險也則䧢陕亦委蛇之别體而
字書尚有蟡迆蝛迆㕢倚之與此二字固不止十二
變洪公尚攷之未盡也
案春秋襄十一年傳引詩樂只君子亦作旨詩大
雅靡哲不愚釋文云本亦作悊廣韻悊同哲緯隋
王伯厚詩攷亦云出韓詩內傳

漢魯相史晨孔子廟碑建寧二年

建寧二年三月癸卯朔七日己酉魯相臣晨長史臣謙
頓首死罪上
尚書臣晨頓首頓首死罪死罪臣蒙厚恩受任符守得

在奎婁周孔舊寓不能闡弘德政恢崇壹變夙夜憂怖
累息屏營臣晨頓首頓首死罪死罪臣以建寧元年到
官行秋饗飲酒畔宮畢復禮孔子宅拜謁神坐仰瞻榱
桷俯視几筵靈所馮依肅肅猶存而無公出酒脯之祠
臣即自以奉錢脩上案食醊具以叙小節不敢空謁臣
伏念孔子乾坤所挺西狩獲麟為漢制作故孝經援神
挈曰玄丘制命帝卯行又尚書考靈燿曰丘生倉際觸
期稽度為赤制故作春秋以明文命綴紀撰書脩定禮
義臣以為素王稽古德亞皇代雖有褒成世享之封四
時來祭畢即歸國臣伏見臨辟雍曰祠孔子以大牢長
吏備爵所以尊先師重教化也夫封土為社立稷而祀
皆為百姓興利除害以祈豐穰月令祀百辟卿士有益
於民矧乃孔子玄德煥炳光于上下而本國舊居復禮
之日闕而不祀誠
朝廷聖恩所宜特加臣寢息耿耿情所思惟臣輒依社
稷出王家穀春秋行禮以共煙祀餘□賜先生執事臣
晨頓首頓首死罪死罪臣盡力思惟庶政報稱為效增
異輒上臣晨誠惶誠恐頓首頓首死罪死罪上
尚書　時副言大傅大尉司徒司空大司農府治
所部從事
昔在仲尼汁光之精大帝所挺顏母毓靈承敝遭衰黑
不代倉□深應聘嘆鳳不臻自衛反魯養徒三千獲麟

趣作端門見徵血書著紀黃玉韻應主為漢制道審可
行乃作春秋復演孝經删定六藝象與天談鉤河擿雒
却揆未然巍巍蕩蕩與乾比崇
右漢魯相史晨孔子廟碑內缺二字自隸釋所錄已
缺關里志餘下作胙字蓋因晨後碑有餘胙賦賜句
也山東通志流上作周字闕里志又改周流為轍環
通志遂削太餘胙句皆妄不足據銘云昔在仲尼汁
光之精又云承敝遭衰黑不代倉者以孔子為黑帝
叶光紀之精而不得代周有天下也汁即叶字又云
獲麟趣作端門見徵血書著紀黃玉韻應者公羊傳
何休注云獲麟之后天下血書魯端門曰趨作法孔

子浸周媼亾彗星出秦政起□被術書記散孔不絕
子夏明日往視之血書飛爲赤烏當時蓋有此說皆
緯書所載漢人一時傳習往往見諸文字如禮器卒
史諸碑言多相近至以孔子作春秋謂爲漢制則尤
傅會可笑矣　碑式云文十七行行三十六字顧氏
隸辨云三十五字蓋行末各損壞一字但據今拓本
故云三十五字也攷隸釋所載缺字全在今依洪本
補之
案此與後碑行末一字然未損壞因歲久碑入趺
嵌者寸許故鄉來拓本每行止三十五字今則爲
好古者舉而起之全文始顯　續漢書班固傳注

引春秋緯孔演圖云孔子母徵在寢感黑帝而生
蓋黑帝曰汁光紀故碑云汁光之精又水經注引
孔演圖云烏化爲書孔子奉以告天赤爵銜書上
化爲黃玉刻曰孔提命作應法爲赤制碑云黃玉
讖應本此

漢魯相史晨孔子廟後碑 建寧二年

相河南史君諱晨字伯時從越騎校尉拜建寧元年四
月十一日戊子到官乃以令日拜□孔子望見闕觀式
路虔跽既至升堂屏氣拜手祗肅屑僾髣髴若在依依
舊宅神之所安春秋復禮稽度元靈而無公出享獻之
薦欽因春饗導物嘉會述脩壁廱社稷品制即上尚書
參以符驗乃敢承祀餘胙賦賜刊石勒銘并列本奏大
漢延期彌歷億萬
時長史廬江舒李謙敬讓五官掾魯孔暢功曹史孔淮
戶曹掾薛東門榮史文陽馬琫守廟百石孔讚副掾孔
綱故尚書孔立元世河東大守孔彪元上處士孔褒文
禮皆會廟堂國縣員冗吏無大小空府竭寺咸俾來觀
并畔宮文學先生執事諸弟子合九百七人雅歌吹笙
考之六律八音克諧蕩邪反正奉爵稱壽相樂終日於
穆肅廱上下蒙福長享利貞與天無極
史君饗後部史仇誧縣吏劉耽等補完里中道之周左
廧垣壞決作屋塗色脩通大溝西流里外南注城池恐

縣吏斂民侵擾百姓自以城池道濡麦給令還所斂民
錢材
史君念孔瀆顏母井去市遼遠百姓酤買不能得香酒
美肉於昌平亭下立會市因彼左右咸所願樂
又敕瀆井復民餝治桐車馬於瀆上東行道表南北各
種一行梓
假夫子家顏母开舍及魯公冢守吏凡四人月與左除
右史晨後碑即刻于前碑之陰隸釋云前碑載奏請
之章此碑敘饗禮之盛其補垣牆治瀆井種梓守冢
皆在饗廟之後字畫亦大小不等蓋史君孔林中事
不一書也　碑十四行前八行三十六字今行末各

損壞一字與前碑同（棊行末一字林未損壞因歲久碑入趺欲不能審墨故每行止二十五字說詳前碑）自史君饗後六行字較大則行三十五字
也碑末餘三行有唐丞周天授二季金臺觀主馬元
貞等題名

漢孝廉栁敏碑（建寧二季）

故孝廉栁□□□□悬鄉其先盖五行星仲廿八舍栁
宿之精也放象為用縣設為道□商家而□□□□而
王或聞生栁惠國大夫而溗佁稱焉君父以孝廉除郎
中□部府丞君追祖繼軆歷職五官功曹守宕渠令本
初元季大守蜀郡□君復察舉君□命失季君清節儉
約厲風子孫固窮守陋不□□堂無文麗基無碑識建

寧元季縣長同歲犍為屬國趙臺公憤然念素帛之義
其二季十月甲子為君立碑傳于萬基因勤歎之厥辭
曰

惟斯栁君天鑽鯁□龍祖□風行無遺闕授政股肱諫
爭匡弼蹇威外困屬蛾震栗窜守□煩垂名所立表貢
王庭罡極爵位可辜□蒼官寵不遂予惟三六庶昔延
李建立斯碑傳于萬世子孫繁昌永不滑滅嗚呼哀哉
嗚呼哀哉□曰

山陵园室□斯邦兮先人循質尚約清兮汶飭不雕嗼
安臧兮季子信蹇帶樹松兮儒佁追殁激□揚兮亡而
像存樂嘉靈兮宗子于集咍其鳴兮四時烝嘗不廢永
兮

石漢孝廉栁敏碑漢隸字原云在忠州忠州今屬四
川重慶府道路遼遠自宋時洪趙二家而外它人皆
未見箸錄近時不知何人始數致拓本江南藏碑者
皆有之余審視再四疑後人用舊文刊刻不及細撿
致多脫誤其可訾者數端隸釋錄此文固窮守陋句
下存一不字不下注缺三字今此碑不下止缺二字
以上下文義讀之自清節儉約厲風子孫固窮守陋
以及堂無文麗基無碑識皆以四字成句東漢文體
自是如此不應此句獨減一字也碑云因勒歎之隸
釋作因勒銘歎之此句若無銘字成何文理漢碑雖

多艱澁古奥之詞肰必不至此銘云天鑽鯁□字書
無鑽字隸釋字原皆作天憤字原注云義作賁奮威
外困二書皆作梱字原上平咍韻悰字引此碑嗚呼
悰哉今碑亦但作哀凡文字刊版者類不如石刻之
眞故前人往往以碑本正書册之誤肰如此碑前二
字脫落顯肰後數字雖未知孰爲是非但洪婁二公
皆精于攷訂一字之異必證據確切詎有外梱作外
困獸置而不論之理至若鑽不作憤哀不作悰婁氏
字原又何從摹其隸體編入韻中乎余蓄此疑久而
未決適錢唐黄松石過余因論漢碑出此相質彼言
審視隸法亦無漢人淳古之風斷爲僞作無疑余遂

欲屏棄不錄既以此碑眞迹遠在蜀地實爲難得獲
此本者匙不珍之未必有細加推勘如此者因納之
錄中而詳載其說于後且願與天下博古者叓加論
定焉

金石存卷七　八千六十七字

金石存卷八

淮安吳玉搢纂　聞妙香室挍本

隸存三

漢淳于長夏承碑建寧三年

漢北海淳于長夏君碑篆額

君諱承字仲兖東萊府君之孫大尉掾之中子右中郎將弟也累葉牧守印紱典據十有餘人皆德任其位名豐其爵是故寵禄傳于歷世垂勳著于王室君鍾其美受性淵懿含和履仁治詩尚書兼覽羣藝靡不尋暢州郡更請屈已匡君為主簿督郵五官掾功曹上計掾守令冀州從事所在執憲彈繩糾枉忠絜清肅進退以禮

允道篤愛先人後已克讓有終察孝不行大傅胡公歆其德美旌招俯就羔羊在公四府歸高除淳于長到官正席流恩褒善糾姦示惡□□□□□□□□□□□□□□□□□□□□□□□□□□□□□□□□六建寧三年六月癸巳淹疾卒官嗚呼痛哉臣隷辟踊悲動左右百姓號咷若喪考妣咳孤憤泣忉怛傷摧勤銘金石惟以告哀其辭曰

於穆皇祖天挺應期佐時理物紹縱先軌積德勤約燕于孫子君之羣感並時繁祉明明君德令問不已高山景行慕前賢列庶同如蘭意顯未止中遭冤夭不終其紀夙世實祉昂喪懿寶抱器幽潜永歸蒿里痛矣如之

行路感動黨魂有靈竒後不朽

右漢淳于長夏承碑余得雙鉤本于海鹽畢既明後有豐道生跋葢從宋搨影摹者是碑在廣平府宋元祐中因治河隄得之字畫最爲完善暨明成化己亥知府秦民說見碑仆府治後堂乃復樹于堂之東隅搆斐石軒从覆之刻跋于碑陰謂碑下截凡一百一十字季久蘚蝕像後人重摹者不知何時又復淪漫嘉靖戊戌掘地得之求索者衆郡守唐寬即碎其石後唐曜又重刻于漳川書院亦有跋言此碑因取築城之石爲工所毁葢不欲纍前守之短故微其詞也今廣平本字迹醜惡筆畫譌謬太公宋本遠甚首無篆額但正書數字而已此本中缺三十二字其餘字完善葢猶在一百一十字未缺之前者都太僕家本缺字四十五謂是舊搨顧南原家本與都正同肰按隸辨所載碑字冀作𦾔羣作群之類顯與宋本乖異則顧氏所有即非漳川書院本亦秦跋所謂一百一十字重摹本也　銘詞始終一韻期列寶朽四字皆可與紙韻相通唯動字不可強叶即毛初晴三聲兩界之說亦不可通不知古人當作何讀汯也

案此本云從宋搨雙鉤今聞宋搨原本在吳門某氏後有豐人翁楊景西二跋幷景西及畢既明印止缺化行以下三十字吳云缺三十二字者豈臨摹之誤邪

漢陳德碑

漢故陳君之碑（隸額）

君諱德字伯（下缺）建寧元年二（下缺）拜郎中以其（下缺）之牲蜀郡之（下缺）縣丞張公同（下缺）乃立斯碑作（下缺）於惟我君逌（下缺）之仁本自天（下缺）子子孫孫永（下缺）建寧四年三（下缺）

碑陰

故門下史人名（隸額）

故門下史王（下缺）

故門下史□（下缺）

故戶曹史□（下缺）

故戶曹史王（下缺）

故功曹史陳（下缺）

故郡曹史田（下缺）

故功曹史□（下缺）

故功曹史田（下缺）

故門下史田（下缺）

故門下史王（下缺）

故門下史田（下缺）

右漢陳德碑幷陰不知所從得但存其上截凡十行行五字云君諱德字伯伯下一字已無顡其額全是

从知其姓陳目前有建寧元季後有建寧四季云云
前似其出仕歲月後則勒碑歲月也其餘字雖可識
肰無可句讀者碑陰亦有額凡十一行行五字與前
碑同存門下史五戶曹史二郡曹史一功曹史三諸
人僅有姓存其名皆亾矣此碑不見前人集錄字尚
不甚刓剝惜其斷折無從知陳君之行事肰一鱗片
甲亦可珍也
案牛運震金石圖云碑在沂州東南數十里田閒
郈陽褚峻迹得之搨數本再往則土人埋之矣雍
正六季碑亾所在近人有謂是即褚峻僞造并云
一董姓人所書即寫黄初季孫二嬢石刻人也存

以竢攷

漢博陵太守孔彪碑 建寧四季

漢故博陵太守孔府君碑 篆額

君諱彪字元上孔子十九世之孫潁川君之元子也君
少履天姿自然之正帥禮不爽好惡不衍弃衷度衷脩
身踐言龍德而學不至於穀浮斿塵埃之外皭焉氾而
不俗郡將嘉其所履前後聘召盖不得巳乃翻爾束帶
圖論窮理宣道事人仁必有勇可以託六授命如毛諾
則不宿美之至也莫不歸服舉孝廉除郎中博昌長疾
病留宿□遷□□府丞未出京師遭大君□□踰皋魚
喪□乎哀謹畏□章服覽還□□拜尚書侍郎無偏無

黨遵王之素艱可黜否出□□度日略位佇所在祗肅
拜治書御史膺皋陶之□恕□□□□□□□□
□用既平□博□□守郡阻山□□□以饑饉斯多草
竊罔不□賊□畢張丙等白日攻剽坚□不命君下□
之初□五教以□□削四凶以勝殘乃□□□爰尚桓
桓折馬韁虜醜類巳殫路不拾遺□民以□裝□□憲
毋合天心□□所惡□□□人義之所欲不□□□
姓樂政而歸于德□如父母順如流水還下邳相河東
大□舉此　風也未□□攞不令而從雲行雨□□
□大和海內歸公卿之任矣□□□□實若壺固執
謙需以病辭官□□□□□□竭□□□□彈琴擊

磬□□□之味而不改其靜上帝棐諶天秩未究將擾
師輔之紀之綱而疾□□乃□乃□□卌□建寧四季
七月辛□□□哀共魂神超邁家兮冥冥□孤物絕
于嗟想形□□哀□念不欲生羣臣號咷靡□復□夫
逝往不可□兮□□□□識惟君之軌迹兮如列宿之
錯置易建八卦□脊轂辭迹而不佗彭祖賦詩□讚□
見于時頌□□□□□□□□王沛等伏信好古敢
訊顯□乃刊斯石欽銘洪基昭示後昆申錫鑒思其辭
曰
穆穆我君大聖之胄悍懿允元敘其□秀惟獄降精誕
生忠良奉應郡□亮彼我□□□□□居□周

□□□也叵名朝無秕政直□惟清出統華夏化以萬
成□猾殄逬賢倚□庭□□乃□□□□祀□□□□
□□□□□□之翰先民是程宜乎三事金鉉利貞而
絜白□俾世憤惻當□眉耇莫匪爾極□□□□邇□
不意□嗟悲兮□□□息潯潯庶幾復焉所力咨乎不
朽□而德存伊尹之休格于□□□我君績表于月青
永永無沂與日月并于□□□□□□

石漢博陵太守孔彪碑在今孔子墓林中文字損壞
較孔廟它漢碑爲甚幸其全文錄在隸釋者大半可
讀官閥世族亦班班可攷也孔君名彪隸書从虍之
字多變从丙故彪字變而爲彪字既難識石又就壞

自歐陽公已不能舉其名所以明人修闕里志者遂
譌爲震而彪之名不復存于孔氏譜牒矣幸有韓叔
節碑陰題名有尚書侍郎孔彪元上名字全美可證
不疑此修志者所宜急改正也

案孔彪名字亦見史晨後碑稱河東太守孔彪元
上此云博陵太守以碑爲博陵故吏所建因題其
前官耳

碑陰

故吏司徒掾博陵安平崔烈字威考
故吏齊□□陵安平崔恢字行孫
故吏□氏令博陵安平王沛字公豫
故吏司空掾博陵安國劉悳字伯桓
故吏外黃令博陵安國劉揚字子長
故吏白馬尉博陵博陵齊智字子周
故吏五官掾博陵安平劉麟字务公
故吏五官掾博陵安平王璿字顯祖
故吏五官掾博陵安平孟循字敬節
故吏五官掾博陵高陽史應字子聲
故吏五官掾博陵南深澤程祺字伯友
故吏五官掾博陵南深澤程祀字元祐
故吏五官掾博陵安國劉機字□闍

右漢孔彪碑陰一列十三人前碑字雖殘缺存者時

尚可讀碑陰字愈磨滅再數十年必成泰山無字碑
矣　孔君自舉孝廉除郎中博昌長遷京府丞拜尚
書侍郎爲博陵太守遷下邳相河東太守以卒而碑
首但題漢故博陵太守孔府君碑隸釋云此碑陰故
吏十三人皆博陵之人西日棠之惠痛夏屋之傾相
與刊立碑表故以本郡題其首理或然也

漢西狹頌　建寧四年

君昔在黽池脩崤嶔之道德治精通致黃龍白鹿之瑞
故圖畫其像

漢武都大守漢陽阿陽李君諱翕字伯都天姿明敏敦
詩悅禮膺祿美厚繼世郎吏幼而宿衛弱冠典城有阿
鄭之化是以三剖符守致黃龍嘉禾木連甘露之瑞動

順經古先之吕博爱陳之吕德義示之吕好惡不肅而成不嚴而治朝中惟靜威儀抑抑督郵部職不出府門政約令行强不暴寬知不詐愚屬縣趍教無對會之事徼外來庭面縛二千餘人年穀屢登倉庾惟億百姓有蓄粟麦五錢郡西狹中道危難阻峻緣崖俾閣兩山壁立隆崇造雲下有不測之谿阨芒促迫財容車騎進不能濟息不得駐數有顛覆隤之害過者創楚惴惴其慄君踐其險若涉淵冰嘆曰詩所謂如集于木如臨于谷斯其殆哉困其事則為設備今不圖之為患無已勑衡官有秩李瑾掾仇審因常繇道徒鐉燒破析刻臽礶嵬滅高就埤平夷正曲柙致土石堅固廣大可吕夜涉

四方无雍行人懽悀民歌德惠穆如清風乃刊斯石曰赫赫明后柔嘉惟則克長克君牧守三國三國清平詠歌懿德瑞降豐稔民吕貨殖威恩並隆遠人賓服鐉山浚瀆路吕安直繼禹之迹亦世賴福

建寧四年六月十三日壬寅造時府

丞右扶風陳倉吕國字文寶
門下掾下辨李虔字子行故從事
議曹掾下辨李旻字仲齊故從事
主簿下辨李遂字子華故從事
主簿上禄石祥字元祺
五官掾上禄張亢字惠叔故從事
功曹下辨姜納字元嗣故從事
尉曹史武都王尼字孔光
衡官有秩下辨李瑾字瑋甫
從史位下辨仇靖字漢德書文
下辨道長廣漢汁邡任詩字幼起
下辨丞安定朝那皇甫彥字子才

右西狹頌漢靈帝建寧四年武都太守李公治路碑也在今甘肅鞏昌府成縣磨厓刻之自宋人曾子固趙德甫洪景伯三家外皆無有見是碑者近沉州牛階平進士運震官秦安縣與成為鄰成令子某聞有是碑始遣人拓得之以一本致牛君君復書從臾使多拓數十百本以便流傳山深多虎椎拓甚艱要遣壯丁數人束炬鳴金以衞拓者是碑始復傳世然見者終少余於今年來任城始于劉雨亭沛居易山房獲見是刻偕歸寓無嚮攝藏之今年郃陽人趙六吉來濟搜其囊中適見一本急以白金一餅易之較之雨亭本多後題名十二行即洪氏隸釋所載題名止二

行此尚多十行也濟無善工不能裝界成冊乃手自翦帖俾如書卷以便展視兼錄趙氏洪氏跋語于後又碑前有小字二行共二十六字記李君昔在黽池治路之功即敘中所云三剖符守致黃龍嘉禾木連甘露之瑞之事而別題于是刻之前趙氏以為李翕碑陰洪氏別名黽池五瑞碑列于西狹頌之後皆非也又碑既翦截行字移易恐無以攷見原碑形式乃依拓本縮為一圖共計若干行行若干字前後小字高下寬窄悉令相等庶幾覽者始無遺憾云　諸家皆稱此碑為西狹頌牛君與成令子書云此碑有額名惠安西表余與雨亭兩本皆無額不知磨厓刻石

安得有額十君既云親見之定非安語余疑終不能
釋非親至碑下烏能定之　丠都漢陽皆漢郡名阿
陽縣名漢陽屬邑漢人作文其書鄉里必郡縣兹舉
見之金石刻者皆是也李君歷守三郡皆有郡治績
碑將敍其治西狹事而先歷數其政化之美頌揚之
體固應如是攷君所歷三郡其現莅者爲丠都此碑
前題小字有笤在黽池云云黽池漢屬宏農郡李君
丠都之前葢守宏農其又一郡則不可攷矣緣厓俾
閣閣如今之棧道華陽國志云道至險有長嶺楊母
閣之峻隸釋有蜀郡太守何君閣道碑洪氏云棧路
謂之閣道非樓閣之閣也陿笮迫促笮俗爲窄貯容

車騎貯卽財字俗用作才賨隧卽隤墜鐉燒破析鐉
字書音于門鉤也此當是俗作鐫鑿之義言燒石破
析而鐫鑿之使之平坦也刻臼確嵬臼卽陷本字从
人在臼上象臼溺之意與臽字與滅高就埤埤古通
卑四方无雍雍古同壅行人懽悀義當是踊因上字
从心遂牽聯書之前人往往有此貨殖卽貨殖漢人
用字其假俗變易處皆有依據非盡好奇與傳寫之
誤也此碑自建寧至今幾二千季無一字刓缺由所
在險遠椎拓者少故得少延無恙若在通都大邑之
中久殘損不可讀矣　碑前小字題云君笤在黽池
修崤嶔之道德治精通致黃龍白鹿之瑞故圖畫其

象此行之前空有五瑞圖象此象後題詞百故洪氏
隸釋所載五瑞碑首列黃龍白鹿木連理嘉禾甘露
降承露人一十五字隸續碑圖具載五瑞圖象今所
見本俱無之豈歲月久遠苔鮮蒙翳拓者偶未之見
遂遺之邪　碑後題名十二行隸釋止載二行弟一
行十一字與今石本正同弟二行上下共存五字上
有故府掾三字下有孟字二字今按石本弟二行上
三字是門下掾非故府掾也它行亦無故府掾字下
人名是李雯字子行亦無孟字字畫明顯不知隸釋
何以誤書此後十行則洪氏本未之見也下辨上祿
皆丠都屬縣弟八人尉曹史丠都王尼此丠都亦縣

名卽屬丠都郡非此人猒書郡名也漢碑多不箸書
篹人姓名唯此碑爲仇靖書文鄘閣則靖作頌而故
吏字子長者書之較漢代它碑其式稍異
案頌額確有惠安西表四篆字五瑞圖卽在君笤
兩行之前圖下尚有題名三行云上官掾上祿上
官正字君選□□□□上祿楊嗣字文明□□□
□下辨李京字長都凡三十三字刻在山石轉角
處下臨漢潭未易拓取故收藏家往往無全本也
　原書云此碑自建寧至今幾二千季余从乾隆
初上數至漢靈帝建寧四季實止一千四百六十
六季吴葢未之攷介

漢鄐閣頌 建寧五年
析里橋鄐閣頌 隸額
惟斯析里處漢之右谿源漂疾橫柱于道涉秋霖濇盆
溢□濁濤波滂沛激揚絕道漢水逆讓稽滯商旅路當
二州經用衧沮沮縣士民或給州府休謁往還恒失日
晷行理咨嗟郡縣所苦斯谿既然鄐閣尤甚緣崖鑿石
處隱定柱臨淵長淵三百餘丈接木相連號為萬柱過
者慄慄載乘為下常車迎布歲數千兩遭遇隤納人物
俱隋沈沒洪淵酷烈為禍自古迄今莫不創楚於是
大守漢陽阿陽李君諱翕字伯都以建寧三年二月辛
巳到官思惟惠利有以綏濟聞此為難其日久矣嘉念

高帝之開石門元功不朽乃俾衡官掾下辨仇審改解
危殆即便求隱析里大橋於今乃造校致攻堅□□工
巧雖昔魯班亦莫儗象又醳散關之嶃漯從朝陽之平
燥減西□□高閣就安寧之石道禹導江河以靖四海
經記厥續艾康萬里臣□□□勒石示後乃作頌曰
□□□降茲惠君克明俊德允武允文躬儉尚約化
流若神愛氓如□□□平均精通晧穹三納苻銀所歷
垂勳香風有隣仍致瑞應豐稔□□□□□樂行人夷
欣慕君靡已乃詠新詩
□□□于此兮之間高山崔嵬于水流蕩蕩地既瘠
确于與寇為隣□□□□□□以析分或失緒業于至

于困貧危危累卵于聖朝閔憐旣艾究□于務□□
□□救傾于全育□遺劬勞日稷于惟惠勤勤黃邵朱
龔于蓋不□□□□充贏于百姓歡欣僉曰太平于文
翁復存
右漢析里橋鄐閣頌金石文字記云今重刻在略陽
縣字畫醜惡絕無古意正此本也較隸釋所錄益多
殘缺又少建寧五□□月十八日癸□一行又時衡
官□□□仇審字孔信一行從史位□□□□字漢
德為此頌故吏下辨□□□子長書此頌時石師□
□□□字威明三行漢碑多不著書篆人唯此碑有
之而兩人姓名皆亾僅有字存乃此本又復不具亦

可惜也故備著之石墨鐫華述馬伯循之言以此為
蔡邕書當亦未見後數行耳　改解危殆即便求隱
隱即穩字說文穩安也从隱省古人通用安隱　集
古錄云經紀厥續今碑乃是厥續揆諸文理則續為
長疑重刻時以字形相近誤摹也
漢司隸校尉魯峻碑 熹平二年
漢故司隸校尉忠惠父魯君碑 隸額
君諱峻□□嚴山陽昌邑人其先周文公之碩胄□□
伯禽之懿緒□載于祖考□銘也君則監營謁者之孫
脩□介之子體純龢之□□仁義之操治魯詩兼通顏
□□秋博覽群書無□□綦學為儒宗行為士表□□

始仕佐職牧守敬恪恭儉州□歸稱舉孝廉除郎中謁
者河內大守丞喪父如禮□司徒府□高第侍御史東
郡頓丘令視事四年比縱豹産化行如流遷九江大守
□殘酷之刑行循吏之道統政□□□若清□有黄□
名信臣在穎南之歌已公事□官休神□術未□一朞
爲司空王暢所舉徵拜議郎□尉長史御史中丞延熹
七□二月丁卯拜司□□尉董督京□掌察羣寮蠲紬
舉大權然疏發不爲小威已□□仁弼中獨斷已□□
節案奏□公彈紏五卿參夏祗肅佞穢者遠遭母憂自
气□□郎服竟□拜屯騎校□已病□位守疏廣止足
之計□於陵灌園之契閉門靜□□□自娛年六十二

熹平元年□月癸酉卒明年四月庚子葬於是門生□
南□□沛國丁直魏郡馬萌勃□□圖任城吳盛陳留
誠屯東郡夏侯圀□三百廿人□□在昔游夏之徒□
□宣尼君事帝則忠臨民則惠乃昭□神明謚君曰忠
惠父□□不幸弱冠而孤承堂弗□斯□□何悲夔蘷
之不報痛昊□之靡嘉傾企脊紀□□號蔭刊石敘哀
□□□
巖巖山岳礧落彰較棠棠忠惠令德孔嫌命□時生雖
度圀緯允文允武厥姿□□內懷溫潤外撤強虐督司
京師皺然清邈當□緄職爲國之權匪究南山遐邇□
惻凡百君子欽謚嘉□□永傳嗇齡曉矣昀昀

右漢司隸校尉魯峻碑今在濟寧州儒學較隸釋所
錄損六十餘字唯隸額十二字尚全濟寧儒學列漢
碑五左二右三北海相景君郎中鄭固尉氏令鄭君
執金吾丞武榮與此碑是也峻墓本在金鄉墓側有
碑又有石祠四壁刻古聖賢畫象洪氏隸續載之今
石祠畫象久矣不存其碑幸輿至學舍是以僅存不
毁耳

碑陰

故吏河內夏管懿務遠千
故吏九江壽春巖龔伯麟五百
故吏九江壽春任琪孝長五百

故吏東郡頓丘許踰伯過五百
門生沛國譙丁直景榮千
門生勃海高成呂圖世階千
門生東郡濮陽敀穀登高千
門生汝南名陵干商朝公五百
門生南陽新野缪顯文臺五百
門生平原般路龍顯公五百
門生平原西平昌王瑞子行五百
門生陳留尉氏胡嵩永高五百
門生陳留尉氏胡昱仲表五百
門生濟陰定陶□真子然五百

門生任城樊兒雄大平五百
門生平原樂陵路福世輔三百
門生𪊽𦭈斥丘李牧君伯三百
門生𪊽𦭈繁陽王輔子助三百
門生任城任城周曾妙高三百
門生任城任城吴盛子興三百
門生勃海重合梁嵱𦬿節三百
門生河東蒲反李□□時三百
門生河東蒲反陽成□𢒼智三百
門生汝南汝陽鄭立□節三百
門生東𦭈　邑□□□子松二百

門生東𦭈博平孫謙□□二百
門生東𦭈樂平邢顯□□二百
門生東𦭈樂平邢□季□二百
門生𪊽𦭈内黄馬萌子□二百
門生𪊽𦭈黎陽王□少□二百
門生汝南隱彊尹稜□□二百
門生汝南隱彊尹顯□□二百
門生勃海南皮劉扶節□□
門生勃海南皮劉盛興□□
門生河間𨙸成東鄉晨子□□百
門生河間𨙸成東鄉恭公□二百

門生平原西平昌劉本景□□□
門生平原般張謙伯讓二百
門生陳留尉氏夏統子思二百
門生濟陰乘氏許仁伯德二百
門生濟陰離狐周維元興二百
義士梁國寧陵□張張良二百

右漢魯峻碑陰其載在隸續者與此不同葢洪氏誤从它碑之陰爲此碑陰也隸辨云凡三列下一列漫滅存者二列每列得二十一人前有故吏四人餘稱門生最後一人稱義士凡四十二人金鄧琳琅云此碑歐陽公趙明誠皆失收錄至洪丞相隸釋于漢碑

按羅始盡亦復遺焉余家此碑不特人間少有且文字𩇯完可讀惜不令三公見之今取石本按都公所錄都本少八人其中誤釋者數十字又都本以爲殘缺而今本尚完好可識者十餘字葢都公于分隸非其所習又或所見本不清遂據以爲定尒

案陰止二列四十二人下半實無一字𡿨非漫滅

南原所云非是

漢元儒先生婁壽碑熹平三季

□元儒婁先生碑篆額

先生諱壽字元孝南陽隆人也曾祖父攸春秋以大夫侍講至五官中郎將祖父大常博士徵朱爵司馬親父

安貧守賤不可榮以祿先生童孩多奇岐嶷有志捥髮傳業好學不猒不倣廉隅不飭小行温然而恭慨然而義善與人交久而能敬榮且溺之耦耕甘山林之杳藹遁世無悶恬佚淨漠𡰥夷衡門下學上達有朋自遠冕紳莘莘朝夕講習樂以忘憂郡縣禮請終不回顧高位厚祿固不動心麤絺大布之衣糲粢蔬菜之食蓬戶茅宇棬樞甕牖樂天知命榷乎其不可拔也是以守道識真之士高尚其事鄉郿州鄰見親襃懷年七十有八熹平三年正月甲子不祿國人乃相與論惪處謚刻石作銘其詞曰

皇矣先生襃惪惟明優於春秋元嘿有成知賤為貴與世無爭𡰥夷衡門禮義滋醇寵下不茍知我者天身歿聲鬯千載作珍縣之日月與金石存

右漢元儒先生婁壽碑完好無一字剥蝕真漢刻之僅存者隸釋州鄰下缺一字此本乃是見字或當時偶缺此字耳此碑自歐陽公遷立于乾德縣之敕書樓下于今越六百餘年碑石不知在否而拓本之流傳人間者甚少竹垞先生嘗跋吳中齊女門顧氏所藏不全本猶以老年得見為幸使其觀此當不知如何歎賞矣　此碑兩倣字義皆作修書未爵為未卧皆省文也又以且溺為沮溺𡰥夷為栖遲疑當時經師所傳其不同有如此者

漢聞憙長韓仁碑熹平四年

漢循吏故聞憙長韓仁銘篆額

熹平四年十一月甲子朔廿二日乙酉司隸缺下河南尹校尉空闕典統非□素無績勳□䇹缺下仁前在聞憙經國以禮刑政得中有子產君缺下尉表上遷槐里令除書未到亟奉指命遂喪身為缺下祀則祀之王制之禮也書到郡遣吏以少牢祠缺下□□行勵厲清惠以旌其美豎石訖成表言如律缺下□□十一月廿二日乙酉河南尹君丞憙謂京寫缺下□□墳道頭訖成表言會月卅日如律令

右漢聞憙長韓仁碑篆額十字二行碑八行行存十八九字下截不全今在河南滎陽縣儀門金哀宗正大五年滎陽令李天翼發地得之後有翰林學士趙秉文及趙郡李獻能二跋并題重立歲月于後按額題韓仁銘而碑中絕無銘詞一字雖下半不全然其存者可覆視也略言仁在聞憙刑政得中上官表遷槐里令除書未到而卒及除書到日郡遣吏以少牢祠之而又豎石成表以旌其美云云此碑金正大中即已出土而明時如都元敬趙子函　本朝如顧亭林顧南原輩搜輯古碑始偏此碑近在京索閒絕無知之者至劉太乙續金石錄始載之近始偏鬻于世矣　漢書地理志續漢書郡國志皆作聞喜劉寬碑

陰河東郡聞喜作憙與此碑同史記周本紀無不欣
憙漢書郊祀志而天子心獨憙師古曰憙讀曰喜急
就章勉力務之必有喜皇象碑本作憙二字音義同
　亢夲短命即不幸短命也鄐閣頌莫不創楚不作
亢此又因亢而變之與亢字無與說文幸字本作夲
其大下箸羊者音達漢隸多俗用之曹全碑不夲早
世是也廣韻短同短逢盛碑命有悠短郭究碑不夲
短祚皆同　碑末云如律令此三字葢漢人公移中
語史記儒林傳敘述所載詔書前漢書朱博傳博口
占檄文陳琳為袁紹檄豫州文東觀餘論所載漢破
羌檄皆有此三字但見之碑刻者絕少

漢從事尹宙碑 熹平六年

□□□□從□□□□銘 篆額

君諱宙字周南其先出自有殷迺迨于周世作師尹赫
赫之盛因以為氏吉甫相周宣勛力有章文則作頌武
襄獫狁二子著詩列于風雅及其玄孫言多世事景王
載在史典秦兼天下侵暴大族支判流僊或居三川或
徙趙地漢興以三川為潁川分趙地為鉅鏕故子心騰
於楊縣致位執金吾子孫以銀艾相繼在潁川者家于
傿陵克纘祖業牧守相亞君東平相之玄會稽大守之
曾富波侯相之孫守長社令之元子也君體溫良恭儉
之德篤親於九族恂恂于鄉黨交朋會友貞賢是與治
公羊春秋經博通書傳仕郡歷主簿督郵五官掾功曹
守昆陽令州辟從事立朝正色進思盡忠舉衡以處事
清身以厲時高位不以為榮卑官不以為恥含純履軌
秉心惟常京夏歸德宰司嘉焉年六十有一遭離寢疾
熹平六年四月己卯卒於是論功叙實宜勒金石迺作
銘曰
於鑠明德于我尹君龜銀之胄弈世載勛綱紀本朝優
劣殊分守攝百里遺愛在民佐翼牧伯諸夏肅震當漸
鴻羽為漢輔臣位不褔德壽不隨仁景命不永早即幽
昏名光來世萬祀不泯
　右漢尹宙碑篆額二行今但存其下從銘二字君歷

官至從事而卒疑其額必題漢故某州從事尹府君
銘十字今其上八字破壞不存故拓工但傳其下二
字也文字完好簡質可誦且隸法淳古筆畫間猶存
篆籀遺意亦漢刻中上品　金石文字記曰鉅鏕之
鏕不當从金按廣韻云鉅鏕郡名漢書只作鹿是古
字固有从金者又云福乃副字之誤按碑本作褔从
衣不从示廣韻云褔衣一褔也今作副是褔乃副之
別體非誤文也亭林親按廣韻顧于二字失之
　案額題漢故豫州從事尹君之銘十字見元鄢陵
縣儒學教諭李謍題記知元時額尚未泐鉅鹿作
鏕玉篇云俗字吳云古字固有从金者非也褔即

副之正字顏師古匡謬正俗論之甚詳史記龜策列傳邦福重寶魏上尊號奏从福四海欣戴之望副苁作福後人傳寫譌謬衣轉爲示概讀爲方六切反以副爲正字福爲別體失之遠矣

金石存卷八　八千五百十五字

金石存卷九

淮安吳玉搢纂　聞妙香室校本

隸存四

漢校官碑 光和四年

校閟出碑 隸額

蓋漢三百八十有七載□□□于□□□□銘功著斯僉石畀誄曰

溧陽長潘君諱乾字元卓陳國長平人蓋楚大傅潘崇之末緒也君稟資南□之楨有天□德之絕操髭冠敵□學典謨祖講詩易剖演奧藝外覽百家眾僞羣聖抱不測之謀秉高世之介屈私趨公即仕佐上郡位既重孔武赳著疾惡義形從風征暴執訊獲首除曲阿尉禽姦戔猾寇息善歡履菰竹之廉蹈公儀之絜察廉除茲初廬清肅賦仁義之風□□□之迹番化放虖岐周流愛雙虖□□親臤寶智進直退慝斧政優優令儀令色獄無呼嗟之冤擽無邪阿之結矜孤頤老表孝貞節重義輕利制戶六百省無正繇不責自畢百姓心歡官不失實於是遠人聆聲景附樂受一廛既來安之復役三年帷泮宮之教反失俗之禮構脩學宮宗懿招德既安且寧于侯用張籩豆用陳發彼有的雅容□聞鐘磬縣矣于胥樂焉乃作叙曰

翼翼聖慈惠我黎蒸貽我潘君平茲溧陽彬文赳武扶

弜抑彊□刈髖雄流䓞顯忠咨䆄元老師臤佗刪脩學
童冠琢質繡竃寇天生德有漢將興尚旦在傛我君存
今即此龜艾遂尹三梁乖㞢支百民人所彰子子孫孫
畀介𢧁昌
丞沛國銍趙勳字尊伯
左尉河内汲董竝字公房
右尉豫章南昌程陽字孝遂
時將佐吏名
戶曹掾楊淮
議曹掾李就
議曹掾梅檜

戶曹史賀□
從掾位侯祖
主記史吳超
門下史吳訓
門下史吳翔
門下史時球
光和四年十月己丑朔廿一日己酉造

右漢溧陽長潘君校官碑隸額一行今在溧水縣學隸釋云潘君自曲阿尉來宰溧陽興學宮講賓射碑頌所由作也碑自紹興十一年溧水尉喻仲遠得之固城湖瀕置于官舍其後洪丞相錄入隸釋元至順間文學掾單禧又爲釋文視洪氏尤爲詳盡然剥泐已甚字但隱隱可見非就釋文審視之幾莫能辨其筆畫矣江南絶少古碑唯此乃爲漢人遺刻識者尚珍愛之　碑中用字頗多假借如以絜爲潔干爲軒華爲粹畀爲俾洪氏釋之良是至云剗省其刀賢厺其貝則有不盡然者按說文戔傷也六書略云戔傷也戔戔猶即用本字于義固通不事借戔爲剗也說文臤堅也古文以爲賢字袁良碑優臤之寵與此碑正同葢用古文亦非故厺其貝　昌黎詩押玲瓏爲瓏玲參差爲差參後人但以用之自公不敢致疑實亦不知于古何本碑云惠我黎蒸亦倒用蒸黎字

从押韻葢古自有其法今人不知耳　漢廣漢屬國侯李翊碑銘云比刋陵於隸釋云似倒用於陵以稱韻也亦與此用黎蒸同　左傳楚商臣立以潘崇爲太師此作太傳恐誤　王貽上居易錄云韓退之詩多倒用成字葢本諸三百孫季昭示兒編所拈如中林中谷中河中路中田家室裳衣衡縱稷黍瑟琴鼓鐘斯螽下上羊牛甥舅孫子女士京周家邦鼐鼎息偃之類皆是古人倒用成語从就韻如此之多但出自今人手則斷斷不可尒

漢白石神君碑 光和六年
白石神君碑 篆額

蓋聞經國序民莫急於禮禮有五經莫重於祭祭有二義或祈或報報以章德祈以弭害古先哲王類帝禋宗望于山川徧于群神建立兆域脩設壇屏所以昭孝息民輯寧上下也白石神君居九山之數參三條之壹兼將軍之號秉斧鉞之威體連封龍氣通北嶽幽讚天地長育萬物觸石而出膚寸而合不終朝而澍雨沾洽前後國縣屢有祈請指日刻期應時有驗猶自挹損不求禮秩縣界有六名山三公封龍靈山先得法食去光和四年三公守民蓋高等始為無極山詣大常求法食相縣以白石神君道德灼然乃具載本末上尚書求依無極為比即聽許於是遂開拓舊兆改立殿堂營宇既定

禮秩有常縣出經用備其犧牲奉其珪璧絜其粢盛旨酒欣欣燔炙芬芬敬恭明祀降福孔殷故天無伏陰地無鱻陽水無沉氣火無災燀時無逆數物無害生用能光遠宣朗顯融昭明年穀歲熟百姓豐盈粟升五錢國界安寧尒乃陟景山登峥嶸采园石勒功名其辭曰

巖巖白石峻極太清皓皓素質因體為名惟山降神髦士挺生濟濟俊乂朝野充盈災害不起五穀熟成乃依無極聖朝見聽遂興靈宮于山之陽營宇之制是度是量卜云其吉終然允臧匪奢匪儉率由舊章華殿清閑肅雍顯相园圖靈像穆穆皇皇四時禋祀不愆不忘擇其令辰進其馨香犧牲玉帛黍稷稻粮神降嘉祉萬壽無疆子子孫孫永永番昌

光和六年常山相南陽馮巡字季祖元氏令京兆新豐王翊字元輔長史潁川申屠熊丞河南李邵左尉上郡白土樊瑋祠祀掾吳宜史解徵石師王明

燕元璽三年正月十日主簿程□□門傳白石將軍教□祠今日為火所燒

右漢白石神君碑在無極縣白石山名新得法食于大常故拓廟建碑以頌其績隸釋云此碑布置整齊略無纖毫漢人氣骨雖有光和紀年或後人用舊文再刻者今按常山相馮巡元氏令王翊等題名之後仍有隸字二行其一云燕元璽三年正月十日主簿

某人刻字此碑重刻本有可疑洪公所收本偶無此字故但以書法定其時代然亦精于鑒矣又余細讀此碑并以三公無極二碑相比較恐此敘銘亦非漢人所作蓋其體輕而味淺亦無漢人蒼厚之致意原碑已毀此亦元璽間人摹古為之者非特其字為重刻也然魏晉以後隸法日壞此慕容時所刻猶能整齊如此不得不歎為司隸衣冠矣　漢軹家釜斗字作升金石文字記云升音陞升音斗昝人以其文易混故改升為斗碑云年穀歲熟百姓豐盈粟升五錢此字當是斗字碑乃作升此筆畫小譌書鑴之過若粟升五錢又何足稱頌乎黍稷稻粮乃偕粮莠之粮

爲梁也今本隸釋或書作椳非是

案碑實漢時原刻末刓元璽一行吳云二行非乃後人題字非重立歲月也此行主薄下原書作□程刻字四字从此定爲重刻今驗石本程上無缺文下亦不類刻字二字形闕疑可也粟升之升石本竝不譌升根字實从米旁亦不偕根字畫甚明申屠熊下卽接丞河南李邵原書沿洪氏之誤譌增缺文三字碑在今元氏縣開化寺中此云在無極縣亦誤

碑陰

主薄□晉𧸘道案原書晉上爲缺二字

主薄郝務高
主薄郝明孔休
主薄郝尚文休
主薄杜斐鬪達
主薄張淵孔先
主薄馬靖文□
主薄王脅元先
主薄韓南儒伯
主薄□□文業
主薄□觀承閎
祭酒□秋孝仁

主薄李斐𧸘宗
祭酒范眭孔周
主薄□當季元
祭酒張廣德林
主薄郤志元恪
祭酒郭稚子碧
主薄張斐休武
祭酒郭孚仲業
祭酒陳光長林
都督趙略孔達
主薄□由季儒

務城神君錢二萬
李女神義錢三萬
㜷石神君義錢二萬字補
辟神君義錢一萬案原書辟作祥又从上文萬字屬之此處云萬祥神書並譌

右漢白石神君碑陰歐陽洪趙皆所未見也凡主薄十六人祭酒六人都督一人意非官府僚屬乃巫覡所自相署之號耳隸續有米巫祭酒張普碑亦肰葢當時習俗有此名目也又有務城神君李女神㜷石神君萬祥神君等稱亦一時羣巫所立諸祠祀鬼神之名與白石不相統攝而出貲以助其役故謂之義錢務字眭字字書不載疑務卽務字之變肩而眭乃

星字移日千芻目

漢郃陽令曹全碑　中平二年

君諱全字景完敦煌效穀人也其先蓋周之冑武王秉乾之機翦伐殷商既定爾勳福祿攸同封弟叔振鐸于曹國因氏焉秦漢之際曹參夾輔王室世宗廓土斥竟子孫遷于雍州之郊分止右扶風或在安定或處武都或居隴西或家敦煌枝分葉布所在為雄君高祖父敏舉孝廉武威長史巴郡朐忍令張掖居延都尉曾祖父述孝廉謁者金城長史夏陽令蜀郡西部都尉祖父鳳孝廉張掖屬國都尉丞右扶風隃麋侯相金城西部都尉北地大守父琫少貫名州郡不幸早世是以位不副

德君童齔好學甄極毖緯無文不綜賢孝之性根生於心收養季祖母供事繼母先意承志存亡之敬禮無遺闕是以鄉人為之諺曰重親致歡曹景完易世載德不隕其名及其從政清擬夷齊直慕史魚歷郡右職上計掾史仍辟涼州常為治中別駕紀綱萬里朱紫不謬出典諸郡彈枉糾邪貪暴洗心同僚服德遠近憚威建寧二年舉孝廉除郎中拜西域戊部司馬時疏勒國王和德弒父篡位不供職貢君興師征討有兗膿之仁分醪之惠攻城野戰謀若涌泉威牟諸賁和德面縛歸死還師振旅諸國禮遺且二百萬悉以薄官遷右扶風槐里令遭同産弟憂棄官續遇禁冈潛隱家巷七年光和六

年復舉孝廉七年三月除郎中拜酒泉祿福長訞賊張角起兵幽冀兗豫荊楊同時並動而縣民郭家等復造逆亂燔燒城寺萬民騷擾人裹不安三郡告急羽檄仍至于時聖主諮諏羣僚咸曰君哉轉拜郃陽令收合餘燼芟夷殘迸絕其本根遂訪故老商量儁艾王敞王畢等恤民之要存慰高年撫育鰥寡以家錢糴米粟賜癃盲大女桃斐等合七首藥神明膏親至離亭部吏王宰程橫等賦與有疾者咸蒙瘳悛惠政之流甚於置郵百姓繈負反者如雲戢治廬屋市肆列陳風雨時節歲獲豐年農夫織婦百工戴恩縣前以河平元年遭白茆谷水災害退於戌亥之間興造城郭是後舊姓及脩身之

士官位不登君乃閔縉紳之徒不濟開南寺門承望華嶽鄉明而治庶使學者李儒欒規程寅等各獲人爵之報廓廣聽事官舍廷曹廊閣升降揖讓朝覲之階費不出民役不干時門下掾王敞錄事掾王畢主薄王歷戶曹掾秦尚功曹史王顓等嘉慕奚斯考甫之美乃共刊石紀功其辭曰

懿明后德義章貢王庭征鬼方威布烈安殊荒還師旅臨槐里感孔懷赴䘮紀嗟逆賊燔城市特受命理殘圮芟不臣寧黔首繕官寺開南門闕嵯峨望華山鄉明治惠沾渥吏樂政民給足君高升極鼎足

中平二年十月丙辰造

右漢郃陽令曹全碑安世鳳墨林快事云此發自我師葉龍潭少保葉粵人以名侍御讁郃陽丞鈕玉樵觚賸云碑出于郃陽之莘里邨初出土時止缺一因字今移置學宮搨者帋多亦日就刓剝矣銘詞後空二三行許朕後書季月一行又復書于行末今搨工惜紙別搨季月一行不知當置何所余見舊搨未斷全本乃知其式如是　銘云吏樂政民給足君高升極鼎足安世鳳云用二足字相連明手足之足與滿足之足可各押也余謂二足字本非一義其可連押何疑昌黎詩之重用韻亦即本此叜攷古人有連用韻而幷非異義者如詩雲漢三章曰周餘黎民靡有

孑遺昊天上帝則不我遺兩遺字連押焦仲卿妻詩此嫗無禮節舉動自專由吾意久懷忿汝豈得自由兩由字連押亦用韻一奇例也前人從未有論及者姑識于此　甘陵南北部之禍特起于天下規矩房伯武因師獲印周仲進二語亘鄉人之稱全者曰重親致歡曹景完與甘陵之謗如出一口而全亦身罹黨禁則當時之以標牓獲累者多矣此三君八顧之目所以爲多事也　陽曲傅山先生云謝承後漢書余家有之明祀樂間揚州刊本初郃陽曹全碑出曾以謝書攷證多所裨益大勝范書以殽亂公失矣今碑中如攻西域羅黨禍及戊部司馬之類皆與范書不合安得謝書一印證之

碑陰

處士河東皮氏岐茂孝才二百（此行超上一列）

縣三老商量伯祺五百

鄉三老司馬集仲裳五百

徵博士李儒文優五百

故門下祭酒姚之辛卿五百

故門下掾王敞元方千

故門下議掾王畢世異千

故督郵李譚伯嗣五百

故督郵楊動子豪千

故將軍令史董溥建禮三百

故郡曹史守丞馬訪子謀

故郡曹史守丞楊榮長孳

故鄉嗇夫曼駿安雲

故功曹任午子流

故功曹曹屯定吉

故功曹王河孔達

故功曹王吉子僑

故功曹王時孔良五百

故功曹王獻子上

故功曹秦尚孔都二

故功曹王衡道興
故功曹楊休當女五百
故功曹王衎文珪
故功曹秦杼漢都千
璉
故功曹王詡子圀
故功曹杜安元進
右弟一層
元
孔宣 孔字據舊拓本補
蔄仲謀

一·五十一

故郵書掾姚閔升臺
故市掾王尊文憙
故市掾杜靖彥淵
故主薄鄧化孔彥
故門下賊曹王翊長河
右弟二層
故市掾王理建和
故市掾成播曼舉
故市掾楊則孔則
故市掾程璜孔休
故市掾扈安子安千

故市掾高頁顯和千
故市掾王瘦季晦
故門下史秦盂靜先
右弟三層右
起
故賊曹史王授文博
故金曹史精暘文亮
故集曹史柯相文舉千
故賊曹史趙福文祉
故法曹史王敔文國
故塞曹史杜苗勇始

二·十八

故塞曹史吳産孔丰五百
□□部掾趙炅文高
□□曹史高廉　吉千 案廉下空石無字原書誤作缺文
右弟三層左
義士河東安邑劉政元方千
義士隽褒文憲五百
義士潁川臧就元就五百
義士安平祁博季長二百
右弟四層
右曹全碑陰凡四列共五十七行內弟一層一字者
一行弟二層一字者一行二字者一行原注上一字今缺三

字者一行第三層左一字者一行又第一層故功曹秦尚孔都下但一二字而無千百之數審視拓本初無剥泐之迹似當時原未書鐫或有所闕疑故空而未刻也處士岐茂一行獨超上一列書之葢尊其人不使與故吏掾屬伍也

漢蕩陰令張遷碑 中平三年

漢故穀城長蕩陰令張君表頌 篆額

君諱遷字公方陳留己吾人也君之先出自有周周宣王中興有張仲以孝友為行披覽詩雅煥知其祖高帝龍興有張良善用籌策在帷幕之內決勝負千里之外析珪於留文景之間有張釋之建忠弼之謨帝遊上林

問禽狩所有苑令不對更問嗇夫嗇夫事對於是進嗇夫為令令退為嗇夫釋之議為不可苑令有公卿之才嗇夫喋喋小吏非社稷之重上從言孝武時有張騫廣通風俗開定畿寓南苞八蠻西羈六戎北震五狄東勤九夷荒遠既殯各貢所有張是輔漢世載其德爰既且於君盖其繵縺纘戎鴻緒牧守相係不殯高問孝弟於家中謇於朝治京氏易聦麗權略藝於從政少為郡吏隱練職位常在股肱數為從事聲無細聞徵拜□中除穀城長蠶月之務不閉四門臘正之際休因歸賀八月筭民不煩於鄉隨就虚落存恤高年路無拾遺犂種宿壄黄巾初起燒平城市斯縣獨全子賤孔蔑其道區别

尚書五教君崇其寛詩云愷悌君隆其恩東里潤色君垂其仁邵伯分陝君懿于棠晉陽珮瑋西門帶弦君之體素能雙其勛流化八基遷蕩陰令吏民頡頏隨送如雲周公東征西人怨思奚斯讚魯考父頌殷前喆遺芳有功不書後無述焉於是刊石豎表銘勒萬載三代以来雖遠循迩詩云舊國其命維新

於穆我君既敦既純雪白之性孝友之仁紀行来本蘭生有芬克岐有兆綏御有勛利器不覿魚不出淵國之良幹垂愛在民蔽沛棠樹溫溫恭人乾道不繆唯淑是親既多受祉永享南山千禄无疆子子孫孫案此下當一行末有一字剥泐難辨惟中平三年歲在攝提二月震節紀日上旬陽

氣厥析感思舊君故吏韋萌等僉然同聲債師孫興刊石立表以示後昆共享天秩億載萬年

右漢蕩陰令張遷碑都太僕金薤琳琅始以入録肰多誤釋孫石雲跋是碑辨之詳矣肰以八基為子賤以下八事則未知基與期通八基謂八年也金石文字記疑爰既且於君為暨字之誤極為有理但任書者不應疏忽若此遂譌一為兩石雲謂既且當作既祖肰于義亦難通　碑云張是輔漢是即氏字韓勑後碑於是作於氏漢書地理志云至元孫氏為莊公師古曰氏與是同三國志吳有氏儀孔融嘲之曰氏乃民無上儀遂改姓是　藝於從政諸家皆作從畋

非也此蓋用魯論求也藝於從政乎何有句政字左
畔微有損壞遂與畋字疑似竟釋作畋于義不通韓
非子觀行篇云西門豹之性急故佩韋以緩己董安
于之心緩故佩弦以自急碑云晉陽佩瑋西門帶弦
顛倒用之豈別有傳耶抑筆誤耶　碑額題爲表頌
銘文子子孫孫句之下方有一字上半不全下截似
是表字豈即所謂表頌之意耶隸釋所載廣漢王君
治石路碑亦以一表字標其首但彼書于前而此書
于後則又有不同者

碑陰

故安國長韋材玠錢五百案玠原書譌琀玠即珍字

三·二十

故□□□□錢五百
故從事韋元雝錢五百
故從事韋元景錢五百
故從事韋世節錢五百
故守令韋材遠錢五百
故宗令范伯犀案此下石本無字下故吏韋德榮韋芝章騶叔義三行共同原書共缺三字誤
故吏韋金石錢二□
故督郵范齊公錢五百
故吏范文宗錢千
故吏范世節錢八百
故吏韋府卿錢七百

故吏韋季孝錢七百韋原書譌范
故吏韋伯臺錢八百
故吏范德賓錢八百
故吏韋公儁錢五百
故吏氾定國錢七百
故吏韋閏德錢五百
故吏孫升高錢五百
故吏韋公逴錢七百
故吏韋排山錢四百
故吏范巨錢四百
故吏韋義才錢四百

二·十七

故吏韋輔節錢四百
故吏韋元緒錢四百
故吏韋容人錢四百
故從事原宣德錢三百
故吏韋公明錢三百
故吏范成錢三百
故吏韋輔世錢三百
故吏范國方錢三百
故吏韋伯善錢三百
故吏氾奉祖錢三百
故吏韋德榮

故吏范利德錢三百
故吏韋武章案此行原書譌衍錢字又譌增缺文二字
故吏騶材義
故吏韋宣錢三百
故吏韋孟光錢五百
故吏韋孟平錢五百
故守令韋元考錢五百
右漢張遷碑陰凡四十一人一人姓名不可見前碑
云故吏韋萌等刊石立表此陰韋姓二十五人案第一行據舊拓本亦姓韋凡韋姓實二十六人而獨無萌朕二名者多蓋皆書
其字也唯范巨范成韋宣三人則又名而不字隸釋

云漢人題名必書名字否則各有說也楊震碑陰孫
定博諸人不名者非其門生也逢盛碑陰崔孟祖數
人不名者乃其父黨也題名于韓勑碑左凡八人魯
之二燕一傳不名者別守相之尊也張納碑陰主簿
白文从下不稱字者示其卑于從事李元也史晨後
碑五官掾孔暘六人不稱字者亦示其卑于長史李
謙也洪公之言其詳盡如此獨此則同是故吏而或
名或字有與又不知當有何說从定之也　氾字音
梵字本作氾與汜字音杞者形聲各別皇甫氏曰本
凡氏秦亂避地于氾水改姓氾漢有氾勝之箸書十
八篇言種植事碑有氾姓二人非范之省文也又其

書作氾與音杞之字無別遂讀作杞亦非
漢尉氏令鄭季宣碑陰
尉氏故吏處士人名原注入篆字橫列于上
議郎安衆下缺
故孟津部尉□處元□
關内矦張□□詩
故方城長毛□□□案毛下一字原書作武箸錄家亦作艮驗石本兩字形迷非故缺之
故孝□□□眈□虞
故從□□□堂□廉
故從事□□□伯字補
故從事下缺

從事楊光子□
故從事宗□仲□
故五官掾下缺
故五官掾邯鄲□□□
故守令呂嵩仲□
故□□任□□
故督郵邯鄲敬下缺
故督□邯鄲璣元珪令司空掾原注下四字略小
處□□□□德源
處士□謙□亶原書譌眞
處士□□□德

處士□□子朝

右漢尉氏令鄭季宣碑陰今在濟寧州儒學前碑殘缺僅存數字碑陰尚完故易而向外隸續云以八篆字橫刻其上曰尉氏故吏處士人名上下凡四橫最後空十餘行有一行刻字似是造碑者所識今碑已半薶入土止存上一列二十人其存字視隸續所錄益刓剝不全吾淮張處士力臣嘗作濟寧州儒學碑攷云篆文八大字一筆不缺圜竅下列人名二十行得一百六十九字今依隸續所錄并其缺者數之得字一百二十九處士後洪氏幾五百年不應得洪氏所無至四十字之多疑六十乃二十之譌也

漢征西大將軍楊瑾殘碑

上缺山君平下缺明易下缺曰四下缺史下缺官下缺有九下缺

右殘碑所存者才十餘字目官閥姓氏歲月一無可見錢唐金壽門客游淮陰出以示余背題漢征西大將軍楊瑾殘碑字旣其隸法則是熹平建寧閒人遺意但不知何所據而定爲楊君碑也歐趙洪婁諸書皆無此碑唯金石略及天下碑錄載其目碑錄云在尉氏縣三亭鄉路郜今太尉氏邈遠亦不知果有此碑否然以漢隸難得隻字之存亦可寶嗜稀錄之卷中以當安石碎金可也

漢魯相謁孔廟殘碑

右孔廟殘碑上下已極磨滅不復可識而字畫隱隱是漢人隸法攷之隸釋始得其略云右無名碑首尾上下皆碎裂餘石纔有數行詳其詞非是誄墓中人者亦非頌德政紀工役之事前有帝命英授俾相于魯吉月令辰欽謁十四字又云春秋烝嘗幾以獲福益是謁廟之文後有訪之儒彥稽之典謨聖德設章及晉在周人之句皆是鋪張孔子也中云覽鴻基之曠蕩觀林木之窈窔似指孔林而言趙氏著錄有魯相謁孔子碑而無其說疑即此也末有叔德仲雅題名皆東海人而亾其姓今所存益不及此唯幾以獲福及晉在周人句明白可讀而已然以漢人遺刻不

忍棄也孔廟諸漢碑余多得之且得見前人所未見如文禮碑不爲不幸矣獨韓勑後碑四十季前鄭汝器尚親在孔廟搨以遺竹垞先生者今并碑石無有所不可解若然此獲之則無遺美矣

案牛運震金石圖題爲孔宏碑未知所據乾隆時碑經好古者洗滌文存六十六字并得碑側唐人題名四行

漢題比干墓殘碑

殷比干莫

右比干墓殘碑水經注云朝歌縣坶壄有殷大夫比干冢前有石銘隸題云殷大夫比干之墓所記唯此

今已中折不知誰所誌也　此字舊傳爲孔子書石公弼云隸始于秦非孔子書必矣字畫勁古當是漢人書余按字法雖非篆體肰亦不類隸字批法疑先秦及西漢人書也明萬厤間彰德推官張應奎跋此碑从爲非聖人不能果何所見耶

漢碑陰題名（無年月）

□□曹（原書譌雷）□薛（補一字）夏侯□

□□□蒋（原書譌府）□（此下原書譌衍缺文二字）

功曹史薛（補四字）曹嘉（補一字）

中部督郵蕃郭（補四字）尚

南部督郵（補二字）文陽侯脩（補一字）

北部督郵魯（補三字）王壽

守□鄉文陽張眈（此與下二行原書全缺）

左戶曹史魯孔元

右戶曹史薛□□

□□史□□□

□曹史□□□（此與下一行原書佚脫）

奏曹史卞□□

辭曹（補二字）史文陽（補二字）□□

□曹史言仲□□

中賊曹史薛荀瑎（補三字）

左賊曹史□□□

右賊曹史□韓□

左決曹史□虞（補一字）□

右決曹史（此下原書譌衍缺文一字）文陽馬（補一字）□

□曹史□□□

□曹□□□□

右漢碑陰題名上下兩列上存九行下存十行其碑耑首有穿正面已無一字不知爲何碑之陰肰知其爲漢者以字畫及碑式定之也此碑在曲阜顔懋倫家顔氏掘地得之余戊辰二月詣曲阜謁孔子廟因託友人任城劉雨亭索得此本乍視幾無一字可識注目凝視肰後筆畫可辨肰皴裂過甚無一句成讀

矣碑上破碎處隱隱如竹葉文俗呼爲竹葉碑　牛氏釋下列第七八兩行上四字爲左史曹史右史曹史按兩漢諸曹無史曹而有決曹細審碑字雖極晻昧肰是決字因史與史形近故誤不知古無史曹也

案兩漢金石記載陳从綱跋云攷漢人碑陰修廟者有出泉數墓碣則加門生故吏字且貫櫟它郡唯紀本郡長官功德則不肰張納馮煥二碑其例也此碑如中南北督郵奏曹辭曹中左右賊曹左右決曹諸史不出屬吏魯薛蕃文陽卞不出魯國而書法與張納馮煥二碑不異當是魯國長官德政碑也

金石存卷九

七千八百四十五字

金石存卷十

淮安吳玉搢纂　　聞妙香室校

隸存五

魏上尊號奏

公卿將軍上尊號奏篆額

相國安樂鄉侯臣歆大尉都亭侯臣詡御史大夫安陵
亭侯臣朗使持節□□□□□□□□□□□□□□
□□□□□□□臣若㠯牙將軍南昌亭侯臣輔輕車
將軍都□□□□□□□軍好畤鄉侯臣秋渡遼將軍
□□□□□□□□□□□□□□使持節行都督督
軍鎮西將軍東鄉侯臣真使□□□□□督軍領揚州
刺史征東將軍□□□□□□□□□□□□□□□
南將軍平陵亭侯臣尚使持節行都督□□□□□□
鎮東將軍武安□侯臣霸使持節□□□□□□□□
□□□□□□□建鄉侯臣晃使持節將軍都鄉侯臣遼
□□□□□軍華鄉侯臣靈匈奴南單于臣泉奉常臣
□□□□□□□□□□□□□昱大僕臣夔大理東
武亭侯臣繇大農□□□府臣林督軍御史將作大匠
□秋亭侯臣照中□□□□□□□□□□□□□屯
騎校尉都亭侯臣祖長水校尉關內侯□凌步兵校尉
關內侯臣福射聲校尉關內侯臣質□□□□□□□
□□□□將軍都亭侯臣䱎振武將軍尉猛亭侯□

□忠義將軍樂鄉亭侯臣生建節將軍平樂亭侯臣□
□□□□□□□□□□□□□□□亭侯臣鬮討夷
將軍成遷亭侯臣巔懷遠將軍關內侯臣巽綏邊將軍
宗樂亭侯臣伎□□□□□□□□□□□□□□長
□□侯臣豐武衛將軍安昌亭侯臣楷等稽首言臣等
前上言漢帝奉天命以固禪羣臣□□□□□
陛下違天命以固辭臣等頑愚猶知其不可況神祇之
心平宜蒙納許以福海內欣戴之望□□□□□□□
□□□□□□足以□則□未滅萿以羣賢之靈得
係首傾終君魏國於孤足矣萿抓者胡足以辱四海□
□□□□□□

先王聖德遺慶孤何有焉是以未敢聞命臣等伏讀詔
書於邑益甚臣等聞易稱聖人□□□□□□□□
□□□□□□然後帝者□□是以唐之禪虞命
以在爾虞之順唐謂之受終堯知天命去己故不得不
□□□□□□□□□□□□□□□□□□□也不
敢不受畏天命也漢朝雖季季末陵遲之餘猶務奉天
命以則堯道是□□禪□□□□□
□□□於□魏受命之初抑虞夏之達節尚延陵之讓
體所柱者大所直者小所詳者輕所□□□□□□
□□
陛□□□□□有靈則重華必忿憤於倉梧之神墓大

夏必辭邑於會稽之山陰
武□□不悅□
□□之冠□矣是以臣等敢以死請且漢政在奄宦祿
去帝室七世矣遂集矢石于□□□而二京為之丘□
□□□□□□□□□天下分□
武□親衣甲□□冑沐雨而櫛風為民請命則活萬國
為世撥亂則致升平鳩民而□□□□□□□□□□
□□□□□□□於□齋（案此後刻于碑陰原書缺載今補）
陛下即位□昭文德□□武功勤恤民隱視之如傷懼
者寧之寒者休之寒者以煖飢者以充遠人□□□□
□□□□□□□德光被四表稽古篤睦茂于放勳罔

漏吞舟裕于周文是以布政未朞人神並和皇天則降
甘露而臻四□□□□□□□醴泉甫豹鹿苑咸
素其色雉鳩燕爵亦白其羽連理之木同心之瓜五采
之魚珍祥瑞物雜還於其間者無□□□□□□□
□吾其魚乎微大魏則臣等之白骨既交橫于曠野矣
伏省羣臣內外前後□奏所以陳叙
陛下之符命者莫不條河洛之圖書授天地之瑞應因
漢朝之款誠宣萬方之景附可謂信矣著矣□矣裕矣
□□□□□□以及五帝無以加民命之懸於魏邦
民心之繫於魏政卅有餘年矣□乃千世時至之會萬
載壹遇之秋達節廣□□□□□□攣狹□不施於

此時久稽天命罪在臣等輙營壇場具禮儀擇吉□□
昭告昊天上帝秩羣神之禮□禋祭畢□□□□□
□□艕正朔服色當所□□□臣謹拜表朝堂臣歆臣
詡臣朗臣仁臣若臣輔臣忠臣秋臣粟臣洪臣真臣休
□□□□□□臣晃臣遼臣靈臣泉臣貞臣洽臣昱臣
夔臣縣臣霸臣林臣照臣楙臣陟臣祖臣淩臣福臣質
臣題臣觸臣當□□□□□□□禎臣巽臣俊臣
曷臣豐臣楷誠惶誠懼頓首頓首死罪死罪
右魏公卿將軍上尊號奏在許州按三國志注當時
内外諸臣各有勸進之章此所刻乃華歆賈詡王朗
等最後所上一章也碑石皴剝損其十五肰存者字

三・九十七
金石存卷十　隸存五　四

㳒特佳昔人以爲鍾太傅書又以爲梁鵠書雖未知
定出何人手乃能于漢㳒外另闢蠶叢足使前人卻
步後人絶塵叜數季求此一批㳒不可得矣碑自造
于華裔以後尚有四百二十餘字刻于碑陰此奏方
完損壞巳久不復傳世其全文載在三國志注微有
數字不同其前公卿將軍列名不全者視隸釋可攷
也
案碑陰雖剝泐肰尚可辨近季始有人拓之可見
者三百七十二字今據録補
魏受禪碑　黄初元季
受禪表　篆額

維黄初元年冬十月辛未
皇帝受禪于漢氏上稽儀極下考前訓書箏所録帝王
遺事義莫顯於禪德美莫盛於受終故書陳納于大麓
□□□□□□是以□□且二百年矣三千堯舜之
事復存于今允皇代之上儀帝者之高致也故立斯表
以昭德□義焉
皇帝體乾剛之懿姿紹有虞之黄裔九德既該欽明文
塞齊光日月材兼三極及嗣位
先皇龍興纂國撫柔黎民化以醇德崇在寬之政邁愷
悌之教宣重光以照下擬陽春以播惠開禁倉散滯積
□□□□□□□衆坻陪臺蒙賙餼之養與遺勳

四・三十六
金石存卷十　隸存五　五

繼絶世廢忘之勞獲金爵之賞殫禄之孤食舊德之禄
善無微而不旌□□□□□□□□哀矜庶獄罷
戍役焚丹書囹圄虛靜外無曠夫宛澤雲行罔不沾渥
若夫覆載□□剛柔允宜乾坤□□□□□□□
□類育物齊庸造化之道四時之功也寬容淵嘿恩洽
羣黎皇戲之質堯舜之姿也孜孜業業邁德濟民□□
□□□□□□叡智神武耕敵用兵殷湯之略周發
之明也廣大配天地茂德苞衆聖鴻恩洽於區夏仁聲
播於八荒□□□□□□□□和而來王是以休
徵屢集和氣烟熅上降乾祉下發坤珍天關啟閶四靈
具臻涌醴横流山見黄人所以顯受命□□□□□

之朞運也其餘甘露零於豐草墅蠶繭於茂樹嘉禾神
芝奇禽靈獸窮祥極瑞者朞月之間蓋七百餘□□□
□□□□□□□嘉祥之降未有若今之盛者也是以
漢氏覩歷數之去己知神器之有歸稽唐禪虞紹天明
命釐嬪二女□□□□
皇帝謙退讓德不嗣至于再至于三於是羣公卿士僉
曰
陛下聖德懿侔兩儀皇符照晰受命咸宜且有熊之興
地出大螾夏后承統大榮冬敷殷湯革命白狼銜鉤□
□□□□□□方之今日未足以喻而猶以一至之
慶寵神富時紹天即祚負依而治況於大魏靈瑞若茲

者乎蓋天命不可以□□□□□□□意距大統不可
以久曠萬國不可以乏主宜順民神速承天序於是
皇帝乃回思遷慮旁觀庶徵上在璿璣茲之周易卜以
守龜龜茲龍吉五反靡違乃覽公卿之議順皇天之□
□□□□□□典之明憲遵大麓之遺訓遂於繁
昌築靈壇設壝宮跡圭璧儲犧牲延公侯卿士常伯常
任納言諸節岳牧□□□□□□匈奴東夷南蠻西
戎北狄王侯君長之羣入自旗門咸旅于位
皇帝乃受天子之籍冠通天龍袞龍穆穆皇皇物有其
容上公薦祝燔燎柩樸告類上帝望秩五岳烟于六宗
遍于羣神□□□晏祥風來臻乃詔有司大赦天下改

元正始開皇綱闡帝載殊徽幟革器械備儀官班瑞節
同律量衡更姓改物勒崇□□□□佑則永保天祿傳
之罔極

右魏受禪表亦在許州其文不載于魏志書法與尊
號奏並出一手禪讓之事自三代以後創行于魏雖
心懷攘奪而猶必貌為遜讓假諸臣之勸進以掩其
迹又為大書深刻以遮蔽天下後世之耳目益知其
心猶有杌隉不自安者至晉人師其故智沿及五季
从天位為傳舍亦不更作此舉動矣雍正丙午得此
碑及尊號奏于白門市上二百年前拓本也是本後
有嘉靖二年盛仲交手跋仲交名時泰金陵人王漁

洋香祖筆記稱其家多藏書書副葉上必有字或記
書所從來或記它事往往盈幅皆有鈐印所箸有蒼
潤軒碑跋城山堂集此碑經其鑒賞佳迹無疑

魏封宗聖侯孔羨碑 黃初元年

魯孔子廟之碑 篆額

維黃初元年大魏受命胤軒轅之高縱紹虞氏之遐統
應歷數以改物揚仁風以作教於是揖五瑞班宗彝鈞
衡石同度量秩羣祀於無文順天時以布化既乃緝熙
聖緒昭顯上世追存二代三恪之禮兼紹宣尼褒□之
後以魯縣百戶命孔子廿一世孫議郎孔羨為宗聖侯
以奉孔子之祀

制詔三公曰昔仲尼姿大聖之才懷帝王之器當衰周之末而無受命之運□□乎魯衛之朝敎化乎汶泗之上栖栖焉皇皇焉欲屈己以存道貶身以救世□□□公終莫能用乃退考五代之禮脩素王之事因魯史而制春秋就大師而正雅頌俾千載之後莫不采其文以述作卬其聖以成謀咨可謂命世大聖億載之師表者已遭天下大亂百祀隳壞舊居之廟毁而不脩褒成之後絕而莫繼闕里不聞講誦之聲四時不睹烝嘗之位斯豈所謂崇化報功盛德百世必祀者哉嗟乎朕甚閔焉其以議郎孔羨為宗聖侯邑百戶奉孔子之祀令魯郡脩起舊廟置百石□□以守衛之又於其外廣為屋

宇以居學者於是魯之父老諸生遊士睹廟堂之始復觀俎豆之初設嘉聖靈於髣髴想貞祥之來集乃慨然而歎曰大道衰廢禮學滅絕卅餘年

皇上懷仁聖之懿德兼二儀之化育廣大苞於無方□恩淪於不測故自受命以來天人咸和神氣烟熅嘉瑞踵武休徵屢臻殊俗解編髮而慕義遐夷越險阻而來賓雖大皓遊龍以君世虞氏儀鳳以臨民伯禹命元宮而為夏后西伯由岐社而為周文尚何足稱於大魏哉咨乃紹繼微絕興脩廢官疇咨稽古崇配乾巛允神明之所福祐宇內之所歡欣也豈徒魯邦而已哉爾乃感毁人路寢之義嘉先民泮宮之事以為高宗僖公蓋嗣

世之王諸侯之國且猶著德於名頌騰聲乎千載況今

聖皇肇造區夏創□垂統受命□□胄未下輿而褒崇

大聖隆化如此能無頌乎乃作頌曰

煌煌大魏受命溥將弁體黃虞含夏苞商降釐下土上清三光羣祀咸秩靡事不綱嘉彼元聖有邈其靈遭世霧亂莫顯其榮褒成既絕寢廟斯傾闕里蕭條靡歆靡馨我皇悼之尋其世武乃建宗聖以紹厥後脩復舊堂豐其蕢宇莘莘學徒爰居爰處王教既□羣小遄沮魯道以興永作憲矩洪聲登假神祇來和休徵雜遝瑞我邦家內光區域外被荒遐殊方□□搏拊揚歌於赫四聖運世應期仲尼既沒文亦在茲彬彬我后越而五之

並于億載如山之基

右魏封宗聖侯孔羨碑按隸辨云額題魯孔子廟之碑六篆字為一行文二十三行行四十二字此本凡二十行行四十字與顧氏所記不同狀文字完美無甚缺壞此必隸辨誤記也　尒疋釋詁茲斯咨呰巳此也邢昺疏云咨與茲同碑云咨可謂命世大聖億載之師表者巳漢隸字原云義作茲蓋非假借咨實有此義也

案東魏孔廟李仲璇碑云咨可謂開闢之儒聖無窮之文宗者矣亦从咨字屬句上金石後錄謂咨歎聲一字為句此說余未之信當从吳引茲訓為

是

魏東莞侯斷碑 景元二年 案當作魏東莞侯王基殘碑

上缺子有成父者出仕于齊獲狄榮如孫湫違難為萊大
夫遂上缺稟天素晧爾之質兼苞五才九德之茂慈和孝
友既著於上缺景山林元本道化致思六經剖判羣言緫
枏無形文辭贍 原注从上三行每行二十二字此後每行上低一字行二十一字上缺 栗
民忠正足以格非兼文武之上略懷濟世之閎規恝上缺
舉孝廉司徒辟州輒請留以自毗輔後辟大將軍府拜
上缺國典惟新出為安平安豐太守敷崇惠訓典刑惟明
四上缺弱以兄帝命遷荊州刺史揚武將軍又遷使持節
鎮南上缺四朱旗所麾前無交兵克敵獲儁斬首萬計賜

爵關內上缺賚諸夏震蕩王師雲集公翼亮 原注此行止十二字从下別作行上缺 無遺策舉無廢功故能堅戰則飛肅摧翼圍城
則鯨鯢上缺於九有也比進爵常樂亭安樂鄉東武侯增
邑五千戶上缺之莽祖有獨克之威而忠勤之性乃心帝
室屢奏封章上缺彌留年七十二景元二年四月辛丑薨
公天姿高素與上缺亡則令儉斂以時服於是 原注此行止十字从下別作行上缺 將柩奉冊追位司空贈以東武侯印綬送以
輕車不上缺泰山之速續恨元勳之未遂俯仰哀歎永懷
憏悴以為上缺莆鐫石表墓先示來裔其辭曰 原注此行止十二字从下別作行上缺 塞憲章墳素昭此物則居則利貞在公畢力
化流二邦上缺寧民是用息升降順道德讓靡武曾不愸

遺我 原注此行止十八字銘未完拓本止此

右魏東莞侯斷碑前無姓名不知其人中有進爵常樂亭安樂鄉東莞侯以景元二年薨語按史唯魏曹奐建號景元此魏人也碑存十九行上下文理不屬此其半截存字無一筆殘損且鋒穎銛利丰神太露然猶有尊號受禪遺意非太康以後人所能為也前云有成父者出仕于齊獲狄榮如孫湫違難為萊大夫此蓋叙其先世之詞按春秋傳 文十一年 齊襄公之二年鄋瞞伐齊齊王子成父獲其弟榮如埋其首于周首之北門成父者即王子成父也孫湫疑即仲孫湫亦見閔元年傳終不知其人何姓也又按魏公卿將

軍尊號奏鍾繇封東莞亭侯魏志繇子會在高貴鄉公時以謀討毋丘儉等功封東莞亭侯魏世別侯見于史傳碑版受封東莞者唯鍾氏父子繇卒于太和中在景元之前會于景元四年方受命伐蜀後二年始誅然則此碑所謂東莞侯非繇亦非會也魏世諸碑今存者絕少如黃初元年刻已極剝蝕未有如此之字字全美者前人金石集中皆無此碑不知得自何時與所在何地俟更詳攷之　天下碑錄載尉氏縣西北三十五里有鍾繇古碑斷折文字磨滅此碑雖上下不全而字不磨滅非繇碑可知

案碑在今河南洛陽縣近世出土土人云刻石僅

半出土時上截朱字宛肰因無人辨識磨拭而滅碑無名字可攷今从其歷官勳閥證之魏王基傳多合从此定爲基碑無疑碑云舉孝廉司徒辟州輒請留从自毗輔後辟大將軍府而傳稱黄初中察孝廉除郎中是時青土初定刺史王淩特表請基爲別駕司徒王朗辟基淩不遣大將軍司馬宣王辟基未至擢爲中書侍郎碑云出爲安平安豐太守而傳稱遷安平太守公事太官大將軍曹爽請爲從事中郎出爲安豐太守碑云遷荆州刺史揚烈將軍而傳稱揚烈爲揚烈當从碑爲正碑云進爵常樂亭安樂鄉東武侯而傳稱高貴鄉公卽

尊位進封常樂亭侯及領豫州刺史進封安樂鄉侯都督揚州諸軍事進封東武侯要之碑从其略而傳敍其詳也基字伯輿東萊人廣韻云東萊王氏殷王子比干後子孫从王者之後因號王氏碑云爲萊大夫此溯其先世占籍之始

吴天紀甎（天紀三季）

大吴天紀己亥慈子劉翼立

右吴天紀甎（措）。笞侍先君子官桐川時夏月谿水盆涌潘駱邨有古冢爲水所破甎甃傾露甎上有字一行土人拾以示余字畫雖不甚工肰有黄初正始遺意余亟趨谿上尋取盡皆破碎不全無可搨者洪氏隸續所收有永平八季甎一建初三季汝伯寧甎一七季曹叔文甎一元和三季謝君墓甎一永初元季景師甎一朱竹垞亦有吴寳鼎甎晉王大令保母甎跋雖陶埴之賤亦得廁之吉金貞石之列以余酷耆篆隸文字而當日得之目覩者不及收錄是可惜也故追記之

案此甎今吴中收藏家有之字迹甚樸茂可喜

苻秦重修魏鄧太尉祠碑（建元三季）

（案原書止題魏鄧太尉祠碑下注甘露四季然非是詳後）

大（字補）秦（原書譌乘）苻氏建（二字原書譌氏也）元三丰歲在丁卯（補七字）馮翊護軍建威將軍奉車都尉城安縣侯□□（案原書作季世）

（二字審石本字形不類且上下義亦不屬故缺之）鄭□□字圀道（補二字）聖世鎮南參軍水衡都尉□安令治書侍御史南軍督都水使□□除右護軍甘露四丰十二月廿五日到官以北接丟朔給兵三百人軍府□屬一百五十人統和寧戎鄜城洛川定陽五部領屠各上郡夫□□□□□高凉西羌盧水白虜支□粟特□水雜戶七千夷類（補二字）十二種兼統夏（原書譌嘉）陽□在雍六載邈（補四字）無異丰（補字）履性忠孝事上恪懃夙夜匪□以太尉鄧公祠□□馮翊□建（原書譌是）歲久頹朽囙舊脩餝故記又以其丰六月左降爲尚書庫部郎護（補字）軍司馬（補二字）奉車都尉關内侯始平解虔字（原書譌安）臣文聖（補字）世水衡令蒲子北掘令安□將

軍司馬都水衆事□除爲司馬
軍衆事北地靈武（補字）孟□□廣（補字）
軍衆事和戎鉗耳（補二字）□□龍（補字此下原書爲所缺文四字）
軍門下督和戎鉗耳（補二字）□世□
軍功曹和戎鉗耳（補六字）□當世興
軍主薄河西臨晉（補六字）楊□世和（補字）
軍主薄（補二字）和戎雷夫（補二字）□□□
軍主薄（補二字）河西□□□□延恩（補字）
軍主薄和戎（補四字）□□□安
軍主薄和戎（補四字）□川□光
右題名上一列九人

軍主薄和戎雷□景（補字）文
軍主薄和戎西（補字）羌騎世龍（補字）
軍錄事和戎雷顏（補字）道
軍錄事和戎當陸道（補三字）□
軍錄事和戎□蒙理子讖（補四字）
功曹書佐和戎雷陵道進（補四字）
功曹書佐和戎□□□彦
右題名中一列七人
軍參事北地富平楊洸少論
軍門下督馮翊朱進趙石
軍功曹寧戎蓋周彦容

軍主薄寧戎郝子星（補字）永文
軍主薄寧戎屈安（補字）童道謀（補字）
軍主薄寧戎當世（補字）永萇
軍主薄寧戎雷樹進踸
軍錄事馮翊呂騫□□
軍錄事寧戎當投（補字）欽詳
軍功曹佐寧戎利非□永遠（補字）
治下部大鉗耳丁比
右題名下一列十一人

右魏鄧太尉祠碑不知所從得碑前列馮翊護軍奉車都尉城安縣侯鎮南參軍水衡都尉治書侍御史

南軍督都水使右護軍諸銜則是敘其人所歷官階也又云甘露四季十二月廿五日到官以北接元朔給兵三百人軍府僚屬一百五十人統和寧戎（原注和戎寧戎也）鄜城洛川定陽五部領屠各上郡等雜戶七千此則敘其所轄之人與地也又云履性忠孝事上恪勤夙夜匪懈此則敘其爲人也又云以太尉鄧公祠歲久隤朽因舊修飾故記此則敘其作記之事也後有掾屬題名三列字畫放縱頗不及前按前漢宣帝魏高貴鄉公吳孫皓皆嘗以甘露紀季此碑字體絕非西漢吳地亦不得北接元朔庫部之名自魏始有（原注見晉書職官志）此始魏之邊臣因修所部鄧公祠而門下

掾屬爲之建碑稱頌也鄧公未詳爲何人鄧艾以于甘露四季冬此方到官而祠已隤朽則非艾祠可知金壽門示余所蓄碑額有魏太尉鄧公碑魏鄧太尉祠記二篆額鄧公碑疑是艾碑（原注艾碑西晉時立見金石錄）祠記必此碑之額也但此碑絕不見于前人箸錄亦不知今在何地前後殘缺名字不存無從知爲何人所建惜不起歐趙洪婁諸公于今日匄其爲我詳攷也

案鄧姓位太尉者在漢時止艾一人甘露乃秦苻堅紀季非魏高貴鄉公之甘露也原書从首行秦苻氏三字譌釋乘苻氏而又缺建元从下七字以致甘露無屬碑云甘露四季到官距建元三季適

六載因有在雍六載之語攷通志鄧艾祠在鳳翔府城北二十里碑當在此晉穆帝時秦雍二州地盡苻氏所據鳳翔屬雍州扶風郡正其統屬修祠者所以用苻秦紀季也碑文至故記已完下又以其季六月左降爲尚書庫部郎十四字較諸字特大且與上下義不屬疑爲後人添刻下護軍二行當是解虔題名或碑即虔所建立亦未可知

金石存卷十　　六千六百八十一字

金石存卷十一

淮安吳玉搢纂　　聞妙香室校本

隸存六

後魏中岳碑（太安二季）

中岳嵩高靈廟之碑（篆額）

太極剖判兩儀既分四節代（字補）序五（字補）行播□是故（二字補）天有五緯主奉（原書譌在春）陽掩地有五岳主奉（二字補）□□□統（字補）暢□□□□至用光□□□覆載之大德扵是造化之功建（原書譌肇）而三材之道顯然後天人之際□然著明可得而□義□□創（字補）觀□□□□□父天母地□宗□□俯宗（字補）山川夫中岳者蓋地理土（原書譌上）宮之宮府而（二字補）上靈（字補）之所遊集四通五達之都會也□應□□鎮是□配（字補）□宿值（字補）軒轅□機玉（字補）衡以齊七政其山也則崇峻而神輿（字補）原隰也則閩敞（二字補）而□□南□淮□（原書作水審石本北字形不類故缺之）□□□□□□□□夏禹錫（二字補）龜書□□乃天道所以除□□眞而聖哲通靈受命之處所是以巖藪集神□□□□□道太（字補）□□□□□□幽顯□通故（二字補）其威儀顒顒昂昂不嚴而自肅少昊之季九黎亂德民濁齋明嘉生不潔扵是□□□□□□□□□□□□□□□□□五載巡狩□祀□靈三代□循隨時損益有十二季巡祀之義謂之令典循□□□□

□□□□□□□□□□□□□□□□□□□□圖之徽
武□有五靈觀德之祥歎應之哲若□□之隨形殻故
禋祀之□□□□□□□□□□□□□□□□□□□
□□□□□邦䖏豊季其斯之謂也周室既衰□□徹
弱巡□之禮不復行於方岳□□□□□□□□□□□□
□□□□□□□□□□□□□□□□□□秦及漢不遵
古始莫能典□□妄祀依宗以勤原書譌勤靈羡下歷魏晉
□□□□□□□□□□□□□□□□□□□□□□
□□□□□雜錯耶為紛然言俗之□□□□斟祭非
祀典神怒民板是□□□□□□□□□□□□□□
□□□□□□□□□季字補聞生字補民塗炭殆將殲盡

大代龍□□□□□閒□醇無為而治□□□□□
□□□□□□□洪□□□□□□□□□□寧字補
□神和會有繼天師寇君名謙□□□□□高字補□□志
隱處中岳卅餘季岳□□□□□□□□□□□□□
□□□□□□是字補□□降臨授以九州真師理治
人□□□國字補□□□蕖真君成太平之化□□
□□□□□□□□□□□□□□□□□□□□□
真遂案循科條安立壇治□□□□靜□□□□之降
儀及□家□□□□□□□□□□□□□□□□□
□□□□聖□□惟古烈霊夏之隆殷周之盛□□□
□近鑒材□秦漢之替劉□□劣□□□□□□□

□□□□□□□□□□□□士循諸岳祠奉玉帛之
禮春祈秋歎有□□□焉以舊祠毀壞奏遣道士楊龍
子更造新□□□□□□□□□□□□□□紳
之字補□好字補古之士莫不欣遭大明之世□□□德之
事慨然相與議曰運極反真乳窮則□是以□□□□
□□□□□□□□□□□将字補□□宜刊載金石垂
之來世乃作銘字補□
巖巖嵩岳作鎮后土配天承化摠統四掕字補誕命聖明
□□荒主河字補圖□□洛字補□□□□□□彝倫攸
序降□育賢生申及甫惟申及甫翼治作輔萬國咸寧
□蕊福二字補祜□□皇羲仰觀俯察爰制祀典民字補和

神□□□□□□□□□悠悠後王或隆或替雯循刻
原書譌烈興□濁致感煌煌大代應期寃章除偽存真十字補
□□原書作皇審石本字形不類茲缺之刻昌審石本師君貽道人審石本疑非神對
字補揚明□□□□五常宗三字補□□□降福穰穰宜
君宜王祀世安康

右後魏中岳碑凡二十三行行五十字中閒殘缺無
季月可攷朕有大代龍□字又有繼天師寇君名謙
□字其爲拓跋氏遺刻無疑金石錄有後魏中岳碑
太安二季立雖有錄無說疑卽此碑也按魏書嵩山
道士寇謙之修張道陵之術自言嘗遇老子降命繼
道陵爲天師授以辟穀輕身之術使之清整道教又

遇神人李譜文云老子之元孫也授以圖籙眞經使之輔佐北方太平眞君出天官靜輪之法謙之奉其書獻于魏主崔浩奏贊之帝太武欣肰使謁者奉玉帛牲牢祭嵩岳迎致謙之弟子以崇奉天師顯揚新法起天師道場于平城東南重壇五層設廚會數千人此太武初秊事此碑立于高宗太安二秊巳閱三十餘秊因舊廟毀壞奏遣道士楊龍子更造新廟故立是碑也文雖不屬猶可捫索得之

後魏孝文皇帝弔比干墓文　太和十八秊

唯皇構遷中之元載歲御次乎閹茂望舒會於星紀十有四日日維甲申子揚和淇右蹀駟鄘西指崧原而搖

步順京途以戢徑路歷商區轄屆衛壤泛目睇川縱覽觀陸遂傍睨古跡游瞰曩風覩殷比干之墓悵然悼懷焉乃命馭駐輪笶驥躬矚荊棘荒朽工為縣蘞而遺歔明窓事若對德慨狂后之猖穢傷貞臣之婞節聊興其韻貽弔云爾

曰三才之載亢乎數五靈以狀德含剛柔於金木乎資明闇於南北重離耀其炎暉乎曾坎司园以秉黑伊稟常之懷生乎昬睿遇其戢則晝晈晈其何朗乎夜幽幽而致薛指人昭昭而澄光乎狂夫黖黖其若瞖咨堯舜之耿介乎何殊紂之猖敗沉湎而不知甲乎終或已以貽扆謇謇乎比干藉冑乎殷宗含精乎誕粹寘樹乎英風稟蘭露以滌神淪蘂英而儆容茹薜荔以蕩識佩江蘺而爨躬履霜以結氷乎夆窘忠而弥濃千金豈其吾珍乎皇鑒寔余所鍾舊誠諫而燼軀乎導危言以亹鋒嗚呼哀哉嗚呼哀哉惟子在殷實為樑棟外贊九功内徽辰共佐率褎職德音遐洞周師還旆非子誰貢否哉悖運邅此不辰三綱道沒七曜輝泯負乘竊器怠棄天倫懷誠齎怒讜言為陳晁侯已醢子不見歟邢侯已脯子不聞歟微子去矣子不知歟箕子奴矣子不覺歟何其輕生一致斯歟何其愛義勇若歸歟遺體既灰不其惜歟永矣無返不其痛歟嗚呼哀哉嗚呼哀哉夫天地之長遠乎嗟人生拉多殃往者子弗及乎來者子不願當胡羿闊之屯亶乎值昬化而秉良

曷不相時以卷舒乎徒委質而巔亡雖虛名空傳於千載詎何勳之可揚奚若騰還以遠逝飛足而歸昌得比肩於尚父夆同協於周王建鴻績於盛辰戢胄宇於齊方闡穆音乎万祀傳寃業以循長而乃自受茲斃視竄殷亲剖心無補迷機喪身脫非武族封墓誰国嗚呼介士胡不我臣

重曰世昬昬而溷濁乎日譪譪其無光時坎廩而險隘乎氣憭颼以飛霜子奚其不遠逝乎侘傺而阯故鄉可乘桴以浮滄乎求蓬萊而為粻衛芝條以昇虛乎与赤松而翱翔被芰荷之輕衣乎电狀容之葩裳循海波而漱飈乎望會稽以歸禹紐蕙芷以為紳乎扈荃佩而容与馮鬱結於聖人乎暢中心之祕語

熱垂益而談苦兮交良朋而慬苦言既而東騰兮吸朝霞而長舉登此巘而悵望兮眺扶桑以傳佇謁靈威以問路兮乘谷風而扳宇遂假載於義和兮憑六螭以南處舊衡嶽而頫步兮濯沅湘以自潔爵炎州之八桂兮踐九疑而遙襄即蒼梧而宗舜兮拂埃霧以就列採軽越而肅帝兮切寶犀以貫介訢淳風之淪覆兮詰蕭韶之湮滅名熊狸而叙釋兮問重華之風猋介乃飲正陽之精氣兮遊丹丘而明視揖祝融而求鳥兮御朱鸞以循指国景風而凌天兮迴靈鵷以西履降黃渚而造稷兮慰稼穡之艱難訪有邰之誂誂兮遇何主而獲安然後陟崐崘之翠嶺兮擥瓊枝而槃桓步懸圃以淄滰兮

咀玉英而折蘭歷崦嵫而一顧兮府沐髮於洧盤仰從倚於閶闔兮請帝閽而啟關天沉寥而廓落兮地寐㴱而遼闊滄淪陰以裨氣兮佩瑤玕而鳴鏘拜招矩而循節兮少躊躇以相羊祈騮驥而總轡兮隨泰風以飄揚瞰不周而左旋兮縱神駟以北望尋流沙而騁鑾兮暨陽周以緤駕靡芸芳以頤體兮索夷柱而極衡奉軒轅而陳辭兮申時俗之不暇適岐伯而循命兮展力救以問霜歙沆瀣之純粹兮闚寒門之層冰聆廣莫之飈瑟兮覯黔嬴而迴凝擁园武以涉虛兮允神冥而威陵象曖曖而晻藹兮遂雩雩其難勝箕飛廉而前驅兮使燭龍以輝澄歸中樞而睇睨兮想园漢之巳周慨飛遝之

無窮兮颯翾袂而上浮引雄虹而登峻兮揚雲旗以軒遊躍八龍之蜿蜿兮振玉鸞之啾啾搴彗星以朗導兮委丹軓乎大儀敖重暘之帝宮兮凝精覗於旋曦扈陽曜而靈循兮豈傅說之足奇但至懸之不悛兮寧溘死而不移

右後魏孝文皇帝弔比干文在衛輝府比干廟大門內階西倚北壁太和十八年十一月甲申帝經比干墓親爲文弔樹碑刊之魏書載此事日月皆與碑合文極淒楚頗有楚騷遺響字非分隸而用筆結體前承鍾梁後開信本昀是隸書正傳特好用變體如棘作蕀扶作伕芙亦作扶翱作翱葩作葩漂作對蟠作

蟠揖作揖雛作鶵俯作府譽作鑾魂魄作䰟魄揚作揚視漢人隸變又加甚焉此則北朝風氣使然有不可以義理求者　乘桴浮滄卽乘桴浮海也从滄爲海以桴爲桴耳

案碑靈鵷之鵷當是鵷字吳云雖非是漢議郎元賓碑多疇宗親朋作多與此偏旁正同碑陰弟二列有中給事臣高陽郡劇鷄又眉鷄作鷄晉宋後俗學鄙習專輒造字如此碑幾爲幾稟爲稟鞠爲窠綱爲網往爲住厥爲厥辛爲辛裔爲衷尤爲紕繆此皆吳所未言故及之　碑原石久泐宋元祐五年吳處厚重刊尚有碑陰三列書諸王從臣姓

名原書缺載今錄補以資攷證
碑陰
使持節驃騎大將軍都督司豫荊郢洛東荊六州諸軍
事開府司州牧咸陽王臣河南郡元禧
侍中司徒公都督中外諸軍事太子太師駙馬長樂郡
開國公臣長樂郡馮誕
使持節司空公太子太傅長樂公臣河南郡丘目陵亮
特進太子太保廣陵王臣河南郡元羽
侍中始平王臣河南郡元勰
兼尚書右僕射吏部尚書任城王臣河南郡元澄
散騎常侍祭酒光祿勳卿高陽伯臣河南郡元徽

太子右詹事姑臧伯臣隴西郡李韶
散騎常侍北海王臣河南郡元詳
散騎常侍領司宗中大夫臣河南郡元景
散騎常侍臣河南郡元縶
右衛將軍臣河南郡元翰
光祿大夫錄太僕少卿臣高陽郡李堅
中常侍中尹高都子臣上黨郡秦松
驍騎將軍臣河南郡大野慈
司衛監臣河南郡元虯
司衛監臣河南郡万忸于勁
員外散騎常侍光祿勳少卿黃平子臣河南郡丘目陵
純
兼司衛監少府少卿臣魏郡□□
給事黃門侍郎臣太原郡郭祚
給事黃門侍郎領著作郎臣清河郡崔光
典命中大夫太子中庶子臣廣平郡游戲
羽林中郎將臣河南郡侯莫陳益
員外散騎常侍帶呂輿給事中臣河南郡丘目陵惠
太子率更令襄陽伯臣河南郡元尉
給事中臣河南郡乙旃恬
給事中臣河南郡乙旃免
給事中臣河南郡郁久閭麟

右弟一列
右軍將軍臣河南郡元宜
太樂給事臣長樂郡衛況
給事領太醫令臣高平郡李循
給事臣河南郡侯文福
給事臣河南郡万忸乎狩
中給事錄太官令臣上黨郡白憖
中給事臣高陽郡劇鴒
射聲校尉臣河南郡元洛平
顯武將軍臣河南郡万忸乎吐拔
直閤武衛中臣高車部人斛律慮

亶闇武衛中臣河南郡乙旃阿各仁
亶闇武衛中臣河南郡俟呂阿倪
亶闇武衛中臣河南郡叱羅吐蓋
亶闇武衛中臣上谷郡董明恵
亶闇武衛中臣代郡若干侯莫仁
亶闇武衛中臣河南郡乙旃應仁
亶闇武衛中臣河南郡吐難萇命
亶闇武衛中臣上谷郡張代連
長兼典命下大夫齊郡王友臣趙郡李預
兼給事黄門侍郎員外散騎侍郎守屬國下大夫臣太
原郡王翔

白衣守尚書左承臣遼東郡公孫良
散騎侍郎東郡公臣河南郡陸昕
散騎侍郎臣河南郡郁久閭敏
散騎侍郎臣中山郡甄琛
中壘將軍帶登聞令臣廣平郡游綏
中黄門令帶典農令臣安德郡雙蒙
右第二列
宰官令臣河南郡伊婁賾
太官令鉅鹿伯臣（此次空二字非石本剝泐）鏸祐
監御令臣河南郡莫耐婁悦
符節令臣代郡賀拔舍

通直散騎侍郎臣河澗郡邢巒
通直散騎侍郎臣京兆郡韋纘
武騎侍郎守蘭陵令臣高平郡徐舟
武騎侍郎臣河南郡獨孤遙
武騎侍郎臣上谷郡張覃
武騎侍郎臣河南郡乙旃侯莫干
武騎侍郎臣河南郡万忸平登
武騎侍郎臣趙郡李華
符璽郎中臣河南郡拔拔臻
符璽郎中臣上谷郡張慶
員外散騎侍郎臣博陵郡崔廣

員外散騎侍郎臣博陵郡崔逸
員外散騎侍郎臣河南郡陸怖道
尚書郎中貝丘男臣清河郡傅脩期
尚書郎中臣滎陽郡鄭長遊
尚書郎中臣清和郡崔括
尚書郎中臣河東郡張映
尚書郎中臣遼東郡高觀
尚書郎中臣趙郡李引
尚書郎中臣河内郡司馬芝
尚書郎中臣南陽郡朱孟孫
尚書郎中臣蘭陵郡蕭兗

尚書郎中臣趙郡李良軌
尚書郎中臣河東郡柳崇
右弟三列

東魏中岳嵩陽寺碑 天平二年

中岳嵩陽寺碑銘序
夫至理空浄非大智無已寄其言法身凝寂非妙信無
已感其像故託金軀於至敬之國布慈雲於君士之世
顯皮紙骨筆之重半偈亡身之貴是已須達崇善塡金
弗竢優王仰戀鐫檀寫眞斯皆聖人留軌為物樹業故
然乃遺形八万還昇慧頂有大德沙門生禪師遊三空
已歸眞泯法流而沛世控三車而□躐秉常樂已傒軌

隱顯無方泛浮崧嶺道風遠被德香普薫乃皇帝傾心
已師資朝野望風而屈睞此山先來未有塔廟禪師將
欲接引四生永辭沸鑊拯㧞群品遠離炎鑪卜兹福地
創立神場當中岳之要害對衆術之樞玏乃北背高峯
南臨廣陌西帶濬澗東接脩林於大魏八季歲次甲子
建造伽藍築立塔殿布置僧坊略深梗概公王卿士咸
發布向之心凡厥庶民並欣喜捨之志司空公裴衍昔
在齊都欽承師德頗歸中國為寺檀主本願既從雲歸
□□禪師乃構千善靈塔一十五層始就七級緣差中
止而七層之狀遠望則迢亭巍峩仰參天漢近視則□
嵬巇凝旁睨絶望自佛法光興未有斯壯也禪師拍魔

成之匪日禪師背後雖復名工巧匠無能陟其嶮峭禪
師大弟子沙門統倫豔二法師並妙思淵賾神指難量
繼軌四依律□□世覺華散藻戒□羞馥與諸同志已
師遺功成兹洪業分棄餘塼更窜兩塔並各七層仰劃
寫本生盈白十方尊儀無量億數或鑄金為相裁王成
師頗殊特妙巧□創秀出塔殿宮堂星羅棊布内外圖
豪環碧熖爍丹彩絢耀色煥□□光煇宇宙異類彩君
冈知唐緖龕房禪室側□環遶逕閣通門前後
廊重複苑衍逶迤規而有楷短而有則溝霤雙泉四殖
甘菓柳裹長脩松擎圓蓋池荷焔灼翠葉紅輝微波碧
澈潺流潛□異禽巡獸飲喙相鳴碩學名賢踵武相望

引旁清誦列緇法言洪鍾一扣應眞四集唄響八飛香
煙似霧虔礼禪寂六時靡輟方為衆聖万刼之靈場八
輩十方三世之苑圄也大平二季四月八日倫豔二統
乃刊石樹碑雕飾尊像贊貽嘉福顯彰聖儀高足大沙
門統遵法師忘懷體道戒珠皎潔仁智明敏器宇汪庠
開妙思於三空之表顯眞如於四忍之外接引群生舟
舡巨海率諸邑義纔立天宮勑脩嚴麗兼造白玉像一
龕眷屬侍御剞劂鐫磨妙匠精巧三十二滿八十好圓
色擀耀靈光暉夜□已諸勝善仰資皇帝聖圝無窮國
境寧泰太后德被蒼海永保仁齡預捨一豪同登我浄
若見若聞等一常樂傍盡邊塵後窮來際咸鍾此福其

詞曰
明明大聖晈晈無著至家至妙湛然常樂無像無言形
名應世七步舉手播宣苦諦聲光振動濯我塵滞化息
雙林終歸實際金儀言寝塔像勃興香尊避坐丑寶踊
昇為摸為指永刧祏承維大沙門權揆應傳萬風秀朗
囫通常住道德芳烈帝后欽裕搆造靈基朝野傾務速
摹妙喜近光祇樹唯聖唯賢爰依爰附億兆來藾天龍
虔仰城芥千空此基無爽
右東魏嵩陽寺碑孝靜帝天平二季立碑載生禪師
建寺造墖并其徒繼造二墖繕立天宮事書法醜惡
疑為後人重刻然碑末有正書一行云大唐麟德元

季歲次甲子九月景午朔十五日庚申從嵩陽觀移
來會善寺立則又非重刻矣今所傳魏齊諸碑雖字
體不一然皆各有可取似此下駟亦百不得一也蓋
是時中原兵亂文治不修俊髦凋零沙門不學故所
為如此攷古者亦足以覘世道之盛衰焉豈徒嗤其
字畫之工拙哉　碑从僧坊為僧房从苑行為蜿蜒
从巡獸為馴獸从飲喙為飲啄从苑圃為苑圃从汪
庠為汪洋从舟舡為舟航从蒼海為滄海或偕或誤
都未可知書矩作短顯係筆誤葉立分稾益不可識
　嵩陽石刻集記曰此碑上截刻佛相彫鏤層疊佛
象隆起餘地鐫平此文刻於下截當碑四分之一其

字之上方又刊空方六寸許深入二寸許其規制亦
迴異於後代也
　案葉立分稾葉郎稾字移工于右稾郎既稾之稾
　北魏孝文弔比干墓文楊大眼造象記東魏敬使
　君碑高湛墓誌銘然如此作
北齊修孔廟碑乾明元季　案碑文原書不錄今據舊拓本補
夫子之碑篆額
□□齊乾明元□歲□□壘月仐□□□□□□□□
□□□□□饗引自□□□□□□德所以厤□□
□無命者其由□□平肅大□□□□□□祖字
其□□□開封人即魏安□□□□□□□□□南

□□□之孫鎮北將軍祕書監青州□□□□□□
□公道昭之第□子也公乃□忠□帝職歷七州再□
□□□□□□□□之□□□□□□不具論□如
高□長絲□□□□□□□□□□□□□□火去
盜□□既□□諸□□可□□□式雖□□□
□□氏三□□□□□□□高公曾□□
□女恵馭節扈羣□□□閤之□□□□來遊
□□釋□□羆乃覩茲廢□□而體□□□□□□
□□□□□嘵嘆久之乃顧□□□曰萓□□□□□
□□□□□□□□□□□即命工人重為鐫□□□
□□□□足更□□□□□□□□

□□□□□□揔七□□□□□
□□□□□是□□□□□□□者更□□□□□□□
□□□必□□論景行□□□□□□載□□□
率東郭之豪　从終其□□□□□□□
□□□□祠眥□□碑記□是□□□□□□
□□□□□□□□□□□今国□□□升徹□□
□□□□□□□□二十日訖功

右北齊修孔廟碑乾明元季立字漫㓕巳甚無可句讀者其隸字存者筆法亦佳闕里志不載其文乃不得與張猛龍李仲璿玆傳惜哉

案碑文多剝泐今从舊拓本審之尚存全字一百

四十二半字六闕里文獻攷載此不及百字但稱北齊夫子廟碑亦不詳何人所立今據碑云□祖字廿□祖上當是述字即沇州刺史鄭述祖也廿乃恭字之首述祖字恭文見河清三季重登雲峯山石刻碑又云道昭之第□子第下當是三字魏書稱道昭有子五嚴祖敬祖述祖遵祖順祖唯述祖嘗刺沇州因有勒碑之事則碑爲述祖所立無疑

北齊唐邕寫經碑 武平三季

學若稽古邈聽風聲握神紀以應物遊靈教而至道者有矣咸□之在人道不虛下缺 軒從七聖蘭葉傳文彝□

三公芝涅觀字周朝闕令望東氣而稽首正門弟子向北升而磬折天書道記可略言也蓋不出於九流且未聞於三世我　大齊之君區有□□義在不思家傳天帝之尊世花輪王之貴一人示見百辟應生俯順龜龍託迹雲火翠鳳將寶幢共沙靈鼉與濤鼓俱震萬機無十善之化四門雜三乘之賓自迦葉結集蔡愔遊返持縱之經盛於茲日龍宮斯盡為載未勝特進驃騎大將軍開府儀同三司尚書令并州大中正食司州濮陽郡幹長安縣開國侯晉昌郡開國公唐邕挺固理時生而為世秉文經武來處廟堂從扣而鳴隨病與藥待群方而似鏡應衆務其如響四海仰以彌高千宮挹而滿腹

眷言法寶是所歸依以為纖緗有壞簡策非久金牒難求皮紙易滅於是發七處之印開七寶之函訪蓮華之書命銀鉤之迹一音所說盡勒名山於鼓山石窟之所寫維摩詰經一部勝鬘經一部孛經一部彌勒成佛經一部起天統四年三月一日盡武平三年歲次壬辰五月廿八日嵋谷虛靜邑居閒曠林疑極妙艸匹文柔禽繞空中獸依樹下水音發而覺道風響動而悟物戒行之徒允集慧定之侶攸歸如日貫雲常轉不息山非恐畏未苦風寒石比夜光非待螢雪眦沙上度勅衆鬼而護持大梵來遊領群神而作衛籍因普被願力薰脩當使世界同於淨土　皇基固於大地量六道於十山沐

四生於八水乃及無邊皆取正覺海收經籍斯文必傳
山從水火此方無壞重宣茲義乃作銘曰
天文星象人文書契先聖後賢道纔身世惟皇建國敎
通群藝德實無為化窮無涘諸法為祖諸經亦王一文
半偈與物行藏天縱上士時應有方群述升極至道津
梁殺青有斁韋編有絕一託貞堅永垂昭晰天神左右
天王攤衞書未仙遊字無飛滅地遷常寂山空避喧承
風覺道海滞難論水流可閱日去無繇秉茲誓願福地
常存

右北齊唐邕寫經碑字法較漢隸已爲近楷然批法
鈎磔尚有鍾梁遺意不似嵩陽寺碑盡偭古法也金

石錄金石略皆作唐邕造像碑按碑云以爲縑緗有
壞簡策非久金牒難求皮紙易滅于鼓山石窟之所
寫維摩詰經一部勝鬘經一部孛經一部彌勒成佛
經一部㪅寫經于厓石而刻之故銘云一託貞堅永
垂昭晰也然絕不云有造像事意趙鄭所見別一碑
且趙氏有錄無說載在第四百四十五卷

北齊南陽寺碑武平四季案當作臨淮王像碑

大齊武平四季歲次癸巳六月乙未朔廿七日辛酉建
繇吕万川朝海大海終自為陵五雲出山名山久而為
礪謂天謂地忽有時而崩毀日平月平並無救於盈缺
縱陰陽莫測夷夏齊從奮六□□□□□九翼而高視
安知衆苦鱗萃五衰波屬滌與豪風競馳俄將葉露俱
盡假令餌瓊髓飛王觴燭日月駐風雨車騎如雷乘空
幸延季之第旌旗過景浮虛造子登之岳陸生仙賦僅
舉一隅張子真篇唯明片分皆亦馳於廢興之術環於
起滅之塗倖蕣華之驟殞逼藤根之易絕茲焉已外衆
生何限墨竭塵盡所未能量並驚踰□□□過累卵電
謝谷遠泡懟儵忽然則莫知其去罕見其來災風掃而
更安毒火焚而弗爛者而不具入解脫備六神通齊万
善而荴蕣超百非而迥越□□堪□於此也若夫前聖
後聖天之又天入恒之大醫王十方之大仙主或與定
光同字數極五千或共弗沙等名笇盈三億雖應現季

別王領處乖而妙力神光規重矩疊並慈雲廣庇善雨
周覃咬智日於重昏燃慧燈於積暗悲河鼓浪六度之
船併浮熾宅揚煙三乘之轍俱轉威靈之大未易等級
變化之奇寔難思議層山納於芥子仍自嶔岑巨海入
於毛穴無妨浩淼伏闡世之狂鳥弭迦葉之毒龍波旬
覩而喪魂梵志望而碎魄誠最尊最勝莫高於法王但
非滅示滅還共於慈父於是鄖巖徒朗值木終難虛瞻
白鵠之林誰逢青雀之樹飄令水言功德永過波濤山
名智慧遂潛峯崿其能闡清化於將淪振完風於已墜
千季一有非我而誰使持節都督青州諸軍事驃騎大
將軍青州刺史司空公寧都縣開國公高城縣開國公

昌國侯臨淮王婁公孕彩中岳摛精大水龍章外動豹
氣㑲飛妙質則四若珠明瓌姿則朗猶王瑩負將相之
奇器懷社稷之高節經文大德紛綸而備九佩武殊功
雜踏而兼七拂羽則摶風歷漢抗足則超塵絕影知管
樂之爲小識元愷之非大鼓盪於天地之間踈散於雲
霞之表排　帝閈而譎晉沐　皇慈以濯鱗裂壤分珪
旦夕無委儀台服袞造次以之始暎金蟬鄙丁劉於漢
日暫栖鵷沼蔑陳張於晉京履每曳於南宮職頻關於
北斗迄文昌而鳳跱入鈎陳而肅盻穆陵而北負海而
西分屬虛危音中角羽連衽與密雲爭暗百酒共澠流
競深其鳩曾樂於茲所尚父經封於此域孔融之見圓

也史慈冒難於都昌袁譚之被攻焉王脩赴禍於高密
嵤丹山而峭立迴紫城而欝連敗燕之勢未淪巨漠之
容尚在是為名岳實冠諸蕃秉刺於茲義歸親重故能
整旗蓋而彈闔閭節笳鐃而下營丘帷始闢而鄉移龜
纔彰而俗變三春未動別鼓春颷九冬不作自懸冬景
齊之以禮導之以德寬大居先威嚴次後哀恤孤寡誅
鋤豪黠傜役既擴軒軌斯迆持廉作寶目弗視於金王
匪財而富身詎染於脂膏遂令馴雀集苑災蝗避域孝
子与順孫蘩秀節妻共義士相望凡如此流抑亦衆粿
不能備序敢滾略言假細侯之行美稷孟堅之案交阯
子虞稱最於區中梁道作法於寰内持來況我無不退

飛羔憤然興嘆顏羊公之陟峴喟然垂感切孔父之臨
川悲此有之難拘慨茲生之易滅常住之因遂植弥陁
之願仍起故海岱之間凡諸福地内不傾蓋悉展懇誠
於是民吏承規事難捨而能捨表裏蒙化業難行而遂
行何異草逐風偃水從壺變僧寶因而再盛佛日由其
更懸南陽寺者乃正東之甲寺也既左通闤闠亦右沸
澗谷前望崇磐却隣泚瀰層嵓邁於湧塔秋宇齊於化
宮足使須達羨其經啓延壽韜其賦頌感致之極莫與
爭先果屈輪輿頻脩禮謁香甫燃而霧作花乍飛而霰
下遂於此所爰營佛事制无量壽像一區高三丈九尺
并造觀世音勢至二大士而俠侍焉庶國道與華胥競

高　帝業共虛空比壯含靈賦命盡值優花乃具以三
心成之百寶白銀之麗咸寫紫金之妙華圖豪如五嶺
之旋即之便覩目似四溟之潔驗之猶在毗楞寶冠帶
左而馳耀缽摩宍髻據右而飛光望舒之迴處星中須
弥之孤暎海外僅堪方此何以尚茲時長史解封寶司
馬李元驥別駕宇文幼鸞治中崔文惠及諸僚佐等並
滄□下莛贊成高義狀鱗波之遁得劇風毛之巫舉恐
炎涼遽從纖竹難存便勒美於貞石庶永永於軋巛迺
作銘曰
馳河難測暗海无邊津梁莫□□□□念念不住苦
苦相沿生猶電轉滅甚雲旋昔往今來靈仙非一騎龍

鴐鳥排霄彝日朝登王樓夜遊瓊室終歸聚散安知假寶常住無我寄在天尊業苞真俗事斷名言惚峯虧攡慧浦踈源神儀或掩像法弥敦亦有人英翹然孤上似竹千伊如松百丈覺花常吐愍葉恒春誓將調御寧求轉輪爰脩佛寶於此東秦項光仍射眉相還陳雙樹結影三蓮接耀五道光含十方輝眺果名奇持是稱衆妙樂地在茲焉湏遠名福之所暨寧専為我俾斯含識俱圓妙果行值嵐風方逢刧火空餘勝績無奪無墮

右北齊南陽寺碑今在青州府北門外龍興寺武平四季立文字完好剝壞者二十餘字目益青州刺史婁公營佛事于南陽寺造無量壽佛相而長史解叔寶等為之建碑勒銘以張大其事者也碑中有云其鳩曾樂于茲所尚父經封于此域其鳩當作爽鳩此明用左氏晏子對齊景公語述青州故事也不知何从誤作其又有廼作鉉曰鉉亦當是銘字兩字刻畫完好豈有所避諱而改作邪抑書丹時筆誤邪又帝業共虛空比壯疑是壯字偏旁似木非木似才非才想爿之變體自碑今現存不知趙德甫何以不見

案額有司空公青州刺史臨淮王像碑十二字篆書原書云南陽寺碑者由未見此題字目南陽寺唐開元十八季改號龍興碑陰大刻龍興之寺四字傳為李北海書碑舊在寺中乾隆時徙置府城

西北文昌祠內上截已鑿裂七八段矣

北齊無窮尊師造像碑（武平九季主馬天祥等造像記　案當作邑）

夫幽宗匠家真麗潛□然隱顯沖機而名隨化浪洪闇弥廓遐□□□自非鏤像汚形其熟能覩之者共大齊武平九季二月廿八日邑主馬天祥邑子馬天戍邑子馬天相邑子馬天慶道民王戍人道民王大人道民王強人道民王恭人投委壇静仲追寞果造立石像亓□錦宍□□肅恭祀延無窮尊師崇業□□□□

右北齊無窮尊師造像碑字作陽鐫中有棊局文余所見本已裝池成冊中多不可屬讀疑前後倒亂或翦裁其斷缺處故不得摸索其句讀也肰味其詞義蓋邑人延僧造像以祈冥福故刻石記事所謂道人道民邑子皆邑人奉佛者之稱它碑亦多有之魏齊之際北地佛教甚行造像刻經者上自帝后下逮民閒一時若沸其碑刻之見于載籍者如後魏正光六季邑義一千人造像記又孟思文造像記永安三季房巽淵等造像記東魏武平三季劉起貴造像碑逢彥造像碑北齊天保四季造像記孫上淵造像記郭道尊造像記天保七季石當門等造像記河清元季關亮造像記皇建元季石像頌天統二季邑義人造像記武平五季開明寺彌勒像碑武平七季宋說和等造像碑如此類者不可勝記獨此碑不見于諸

家集錄肰从其季代字畫攷之亦太原風峪之遺刻也字畫勁拔頗饒別趣隸書陽鐫前後諸碑刻中亦止此一種　餙宊二字字書不載音義未詳生熟字古本但用熟此反用熟爲誰孰字亦所僅見　攷通鑑北齊武平六季當陳大建七季歲在乙未次季丙申即改元爲隆化元季又次季丁酉周師滅齊而齊亾矣是武平終于六季安得九季邪豈齊亾後齊地之遺民猶用其故君之紀季乎是未可必當詳攷之

嵩山會善寺大殿前有武平七季十一月造像記蓋隆化改元在武平七季十二月故十一月以前碑刻皆稱武平若九季則國滅久矣此疑後人僞爲者

近有僞爲漢和平二季三月輒者不知桓帝和平次季正月即改元元嘉與此正同皆不通古今者所爲也

案原書據裝本箸錄前後淩亂不可屬讀今按正改錄以還其舊

後周華嶽頌 天和二季

易不云乎天險不可階地險山川丘陵險之旹義大矣我惟華山者說書介雅謂之西嶽周官則爲豫州之鎮下枕周秦之郊上應東井之宿俯臨汾射咫尺彬梁盤紆巀嶭刻峭崢嶸干雲漢而孤秀厲江河而峻跱巨靈蹠鑿亢高掌於巖端削成壁立流黃河於峴曲左分底柱見朝夕之揚波右綴終南眺連山之無極顯仁藏用蘊智含靈鼓以雲雷潤以風雨信羣帝之所休憩衆神之所肹蠁芝駕自此不歸霓裳於焉屢拂豈止積羽爲衣葺荷成蓋化同毛女客類園公每挹僊人之漿旹停酒母之騎坐石門而穿陷乘白鹿以遊嬉寥宋忽恍往而不反各也至如芳季華月零露雲開谷包得一河經千里聳嶷嶀於紫微挺高峯於天漢整駐戴和之□能挂恒娥之驂積醴成池泓澄蘊岫聚卉爲鬖蘿蕁生焉庭鱣夜萃必歸伯起之學苦霧晨興北獨公超之市若迺柴類方明之壇望僊集靈之觀休牛散馬之地反辟祖龍之辭有祈必感無請不遂保乂我金方裁成我三

海振素祇以統億兆肅秋節以衛蒼生國荷其慶民賴其福前代曾創祠宇兼植栢樹歷季茲多榱棟崩褫樹亦往往殘歁　二

大祖文皇帝固天攸縱誕膺符命道邁三分功超九合将欲盜一區寓納之仁壽而餘孼尚梗燕趙未幷治戎河上志圖廓掃每以講閱之暇□履陰晉眷言舊所良用依然以大統七季歲在杭蒙乃謁諸天子命車騎大将軍儀同三司西兗州大中正華山郡守城陽縣開國公恒農楊子昕經始締構別更列植青松二千餘根堂廟顯敞房廊肅穆芬戟薛席赫矣神居桂酒徐縣湑哥緩節無復霑濡之事豈肴顛沛之容監水德告終蒼精

肇運嶽訟知歸人神胥悅
皇帝負扆君臨宸居馭朽執玉帛以朝萬國叩金繩而
享百靈觳智之所牢籠英威之所彈壓日月之所昭晉
舟車之所被通莫不乘蠢駕風梯山航海重譯屈膝請
吏勤王　大師大冢宰晉國公任屬阿衡親惟旦奭弼
諧六樂緝熙五亂廢典聿脩羣望咸秩光贊皇猷式廉
而載俾七百之祚長扇無壃維天和二年歲次大淵獻
月旅沽洗爰　詔史臣爲之頌曰
彼彼大極嚴嚴削成渾元既判載獨浮清含仁配厚藴
智爲靈功遂勿處日用無名在秋葳肅居金作鎮嚴霜
比威膏液等潤容而不育施而匪丞窮地之險極天之

峻爪澤通氣山藪藏疾靈嶽峨峨清干㭬㭬隄積冬霰
峯留夏日雷霆以之風雲自出暇憂啟聖多難開基大
人利見或躍侯旹衮冕赤鳥三杜龍旗鼓腹行樂擊壤
而熙神教以道民化惟德沈漸以剛高明柔克文軌叶
同皇猷允塞如山之壽寧我邦國
大周天和二年歲在丁亥十月戊辰朔十日丁丑
立
使持節驃騎大將軍開府儀同三司大都督司宗治
內史臨淄縣開國公万紐于瑾造此文
車騎大將軍儀同三司縣伯大夫趙興郡守白石縣
開國男南陽趙文淵字德本奉　勑書

右後周華嶽頌今在華陰縣碑題万紐于瑾造此文
趙文淵字德本奉敕書金石文字記云余所見碑纂
人書人列名者始此余按漢建寧五年李翕郙閣頌
已列書纂人名矣顧以爲始于此碑者非也又碑云
从大統七年歲在旃蒙按魏大統七年即梁大同七
年是年歲在辛酉介雅歲在乙曰旃蒙辛曰重光酉
曰作噩此碑作于天和二年上公大統七年二十七
年葢誤記介雅歲陽也又書旃作旂與旂字無異
金石史云文淵爲周書學博士書迹頗爲當時所重
至江陵書景福寺碑梁主稱之又以題牓功增封邑
除郡守不可謂不遇也而碑字盡偭古法淺陋鄙埜

一見欲歐文淵豈獨上行楷不嫺于分法邪余謂文
淵分法自是北朝士夫習氣非漢非秦時篆時隸亦
書學中之旁門外道也江式論書表云皇魏承百王
之季世易風移文字改變篆形錯謬隸體失眞俗學
鄙習復加虛造炫惑于時葢正爲此等字作彈文耳
而趙崡國深賞之謂是河南聖教蘭臺道因之所自
出竊恐非是　阩即升字易坎卦本作阩集韻阩同
升六書索隱从古尚書虞字荆即荆字荆梁之荆本
从刑碑變从形易鼎九四其形剭鄭虞丗作刑漢高
彪碑形不妄濫孫叔敖碑因埋掩其刑刑形二字古
葢通用故荆亦或从形恆娥即姮娥清哥即清歌無

壇卽無疆史記晉世家出壇乃免沈漸卽沈潛左傳
文五季沈漸剛克廉疑康字秩疑秩字　万紐于三
字姓源出北魏万讀若萬金石錄金石史遂書爲萬
紐于非是
案万紐于瑾本姓唐後周書本傳云文帝賜姓万
紐于氏金石後錄云万紐于山名也在陰山之北
見于刱碑刱之遠祖居于山下遂以爲姓魏孝文
賜改于氏至周而復此說較確
隨安喜公李使君碑開皇十七季　案原書碑文不錄今據舊拓本補
□□□帝子□□□□□□□□□□□□□□□
□□□□□□□□□□□□□□□□□昭王

雄據一方休又河右□□□文武□亦□□□□
□□□□□□曾祖□□□□郎祖景超員□
散騎侍郎並□□□□風神□□□兩清人位□
父通逸使持節東南道都督狄道縣開國子幼□□
□□□李父㥁之出□□□□□□仍□殺亂乃
扶城純衆□□□□絕□□功□□□□□狀□
令□某□□節義感人□□□容□□□旨濟斯□象
賢□出三辰□□宿之精四時曆玉燭之□□宇懷□
□□□□百練不□千尋直上□□□□□□□□□
□□□□□出□摩□談長耆其不推□□□羣公咸
相引□　太祖□元皇帝□□在田府望隆重乃以為

□兵參軍事□□□□周齊□□文爭未分□□□
之秋攻□伐□之日　太祖□□□出制□□西□
□□之兵其□沙□之衆□□名□府□從戎□□□
□□飛雪馬骨傷□寒水長□塞外□□□陽齊氏歲
兵鞠旅□戰□□龍騄背城魚麗□□公壯心□發□
□懣橫□□□□□王師凱旋式加□賞□□
都督封□州斥章縣開國子邑四百戶周大冢宰晉國
公居社稷之重當□樸之政不亨之任□□□□公
□親信尋轉大都督進封□州安喜□開國侯邑一千
二百戶又□天官府都上士天和四年除□持節車騎
大將軍儀同三司宣政元年□左司武熊□大夫大象

二年□□司武大夫進位上儀同大將軍□隋□運□
□茅社進爵為公開皇二年□□□府車騎將軍六年
□二□除使持節邛州諸軍事邛州刺史橘園監井物
□富饒□□□文氏俗□□王褒祭馬得賢之頌莫傳
文君聽琴失身之風未絕公齊禮導德令行禁止□人
□□欣戴仁風蜀國鳴絃□訴美□□□□□終□
□□之期□□玉金空有延□之術十一年□疾還京
十六年八月十六日□於京第春秋六十有五粤以十
七年二月廿□日厝於□西縣交州鄉雒公□宇外□
□□內□非義不動唯仁是託夜浴□行未嘗改□容
□疾□□雨不□□其□□□同□□之□心地無

九□之□燕□□□之□□□□□之□□子荅對□
□□門□□□庭加以□□好古重□輕財□車而□
周人□□□□窮士□心審決雜善兵□研□水之□
□□□山之□□□文之妙□□□□□□□之□□
□不□比□□一德包□□□□□可大可久仝行仝
名而才踰半古位不充量□山之□未□□□之□
□□□□□□□□□□絶紘止□□□□士友□府
長史□□大□□□□咸以□□者□□□風俗會稽
典□之□安有先賢之狀並□□□□□□民□□於
夏□之□□□佳□之地乃相□進□□城門□風□
冠□深而青松□□□□□□□生其辭曰

□□□□□□□□□祛後□□挺威名玉□□□□
□□城君□□□□□□□祖□□□□□□□□文
□□□□□行手握靈珠□□□□□□□□□□可
□□□□□□□□□物□□□□□□□□□□□
□□□□□□□□□□□□□□□□□争未分（下缺）

右隨李使君碑篆額九字云大隨安喜公李使君碑今在乾州石墨鐫華云奉天鄉人掘得此碑樹之上宫邨廟前隸書亦自遒逸使君凉武昭王之後祖景超員外散騎侍郎父通逸使持節東南道都督狄道縣開國子季父炎之出牧荆郡使君仕開府儀同三司使持節邛州諸軍事邛州刺史安喜縣公開皇十六季卒十七季樹碑皆歷歷可讀而獨鈌使君名今本所存蓋不及此前段剥泐尤甚多不能成讀唯其後云十一季用疾還京十六季八月十六日甍于京第春秋六十有五以十七季二月廿五日厝于□西縣交州鄉又云非禮不動惟仁是親而已（案碑本禮作義親作託此誤引）特其字畫存者較五季以來它碑迥異時有孔博陵曹郃陽遺意故雖殘鈌亦可賞也　羅泌路史曰隨文帝惡隨从辵改爲隋不知隋自音妥隋者尸祭鬼神之物亦云釁殺裂落肉之名卒以隋裂終王伯厚曰隨安步也吉莫大焉隋裂肉也不祥莫大焉堅妄改之不學之過也余按隋雖音妥本亦有隨音

衛方碑俗禕隋作委蛇與唐扶碑以逶隨作委蛇劉熊碑以委隨作委蛇同則隋隨同音可知又當時雖改隨爲隋而此碑額仍作大隨唐紀太山銘爰革隨政亦肰是二字本可通用一時从省故多書作隋非必眞有所惡而禁不得書作隨也　余跋此碑後偶撿唐碑數處皆隨隋互用無別益信前説爲不謬也褚亮碑隨開皇九載乙速孤行儼碑隨益州盧公清德文隨金州刺史贈孔子泰師碑有隨交喪皆書隋作隨葉慧明碑情隋地淡牛夫人造象碑隋所圖擬則書隨爲隋是一字通用之明驗也特自唐以後始分別用之耳　不獨隸隨隋同用即眞書亦肰虞世

南孔子廟堂碑歐陽詢九成宮醴泉銘朱子奢昭仁
寺碑王知敬李衛公碑高宗李英公碑武后順陵碑
王元宗華陽觀王先生碑裴漼少林寺碑皆書隋作
隨水經注潩水東南徑隋縣西書隨作隋

建陳明府修孔子廟碑大業七年

若夫惟道惟德或仁或義既漸散於英華遂崩淪於禮
樂天生大聖是曰宣尼雖脊制作之才而無帝王之位
膺斯命世蹇厄補空述萬代之典謨爲百王之師表始
於漢魏爰逮周齊歷代追封秉圭不絕我
大隋炎靈啓運翼下降生繼大庭之高蹤紹唐帝之遐
統憲章古昔禮樂惟新遷伯修文尊儒重學以孔子三

十二世孫前太子舍人吳郡主薄嗣悊封紹聖侯
皇上萬機在慮兆庶賜憂妙簡才能委之邑宰於此周
公餘化唯詩一變之期夫子遺風自爲百王之則禮儀
舊俗餘何足云用能奉　天旨敬先師勸孔宗修靈廟
即曲阜陳明府其人也明府名𦮏毅字子嚴穎川許昌
人昔堯之禪舜實釐女於有虞周室封陳亦配姬於嬀
滿漢右丞相建六奇之深謀魏大司空開九品之清議
明府即陳氏高祖武帝之孫高宗孝宣帝之子至如永
嘉分國代歷五朝郫璞有言年終三百
皇朝大統天下一家爲咸陽之布衣實南國之王子於
是遊情涯宇削跡市朝砥礪身心揣摩道藝策府蘭臺
之秘籍雕蟲刻鶴之文章莫不成誦在心借書於手金
化玉條之刑法桐四木吏之奸情一見仍知片言能折
所謂江珠暨曜時虧滿月之明越劍潛光毒動衝星之
氣爰降　詔書匪除曲阜縣令風威遠至禮教大行政
術始臨奸豪屏息抑强扶弱分富恤貧部內清和民無
疾苦重以德之所感霜雹無灾化之所行馬牛不縶鼇
魚夜救旱彰濼釜之篇乳雉朝馴自入鳴琴之曲遠嘆
龐統不任百里之才俯嗟陶潛忽輕五斗之俸於是官
曹無事囹圄常空接士迎賓登臨遊賞觀泮水而思歌
尋靈光而想賦加以祇虔聖道敬致明神粉壁椒塗丹
楹刻桷可謂神之所至無所不爲振百代之嘉聲作千

城之稱首敬鐫金石之文永同天地之固其詞曰
皇非常道帝實無爲時澆俗薄樸散淳離世道交喪仁
義爭馳書亡詩逸禮壞樂虧降生大聖載修墳史積善
餘德追崇不已於穆　大隋明命　天子新開紹聖重
光闕里伊我陳君清德遠聞溫溫玉潤苾苾蘭芬淵才
亮美拔類超羣時遊
上聖以我爲令導之以德行之以政用此一心能和百
姓子還名賈兒多字鄭奸雄竄伏賦役平均心居儉素
志守清貧魚生入釜雀瑞來臻靄廟孔碩靈祠赫奕圖
淵方井綺窗畫壁因頌成功遂歌美績共弊穹壤永固
金石

大隋大業七年辛未歲七月甲申朔二日乙酉
濟州秀才前汝南郡主簿仲孝俊作文
孔子卅一世孫孔長名卅四世孫孔子歎□□□

右隨陳明府修孔子廟碑明府名叔毅字子嚴陳宣帝子入隨爲曲阜令因修孔廟故孔氏子孫爲作此碑文爲濟州秀才仲孝俊作雖不及徐庾之清麗然亦渢渢可誦隨碑世傳最少此碑乃無一字漫滅是可寶也書法仍帶魏齊以來陋習雖時露古拙然已不堪與黃初作奴乃王元美魏子函諸公皆謂其有漢法何也

金石存卷十一　一萬四千三百七字

金石存卷十二
淮安吳玉搢纂　聞妙香室校本
隸存七
唐宗聖觀碑　武德九年
大唐宗聖觀記
給事中騎都尉歐陽詢撰序并書　補二字
侍中柱國江國公陳叔達撰銘
夫至理虛宗道非常道妙門凝邈無名可名爰自太始開闢混元立極三才冥處萬品流形莫知象帝之先家未暗合神之域希夷瑣閟澳滓封奇及夫鳥迹教興隱書詮奧至化因茲而吹萬□教由是以開光聖聖龍明道德授受于是□□之教風動天下水行地中矣宗聖觀昔本名樓觀周康王大夫文始先生尹君之故宅也已結草爲樓因即爲號先生稟自然之德應□運而生體性抱神□光隱曜觀星候氣物色眞人會遇仙輯北面請道二經既演八表向化大教之興蓋起於此矣茲觀中分秦甸西距終南東眺驪峰接晴嵐之浥浥西顧太白案積雪之皚皚授經之古殿密清絡中之靈木特立帀朝婁易僊迹長存物老地靈每彰休應卿雲日覆壽鶴時來樹無巢宿之禽野育護持之獸文始樂并韓質未墜老君犇車確然不朽至於穿窬盜竊進退自拘佀育縈維悉皆西縛昔周穆西巡秦文東獵並枉駕回轅

親季敬蕭始皇建廟於樓南漢苤立宮於觀北崇臺虛
朗招徠雲水之儔開館錯落賓友松喬之侶秦蓬廟戶
相繼不絕晉宋謁版于今尚存實神明之奧區列眞之
會府後魏文帝變夷風於華俗立仁□之紀綱崇信敬
所增置徒侶脅陳先生寶熾穎川人夙脅幽逸之姿幼
懷林壑之趣松風入賞名出畱連玉皇之道既圀銀膓
之官雲構續有王先生延言窮名象思洞隱微念扗园
空累非外物含神自靜儀聖作師並德音孔昭欝爲宗
範周太祖定業關內躬受五符隋文皇沐芳禮謁獲聞
休證迨隋德將季政教陵遲六飛失馭罔維地絕夷羊
扗牧飛蝗滿野家習兵兇民墜塗炭

皇帝命毌應朔榮鏡區宇戢難靜亂亭毒無垠廣大配
兮天地光華方諸日月數階庭之蓂莢聆鳳和鳴照景
星於园雲觀麟郊藪縉禮栽梟化俗移風農夫勤於晦
雨隴餘滯穗工女勤於蠶績杼軸不空九服韜戈三邊
靜柝西戎革面東夷獻舞朔南泊聲教漠北盡來王德
化遐漸無幽不暢三善克楙非假二跡一脅元良萬邦
貞固照均天縱道契生知篤尚圀根欽兹聖躅以尞德
三季　　詔錫嘉名改樓觀爲宗聖觀　　宸扆興
念纂胄所先啓族季家鼻於柱史得一呂靈蹈五稱聖
弱爲道用柔爲坐堅損之又損呂坐亏□爪㻃綿長慶
源悠邈□初啓祚數鍾靈壇自然香氣若霧霏空五色

雲浮如張羽蓋□　　歲惟伦噩月在黃鍾六鑾齊驤百
辟咸從　　親幸觀所謁拜尊儀軒后之詣空峒神
農之上石室順法行禮異代同規觀主岐兮定精金格
之書究玉笈之文知來藏往盡化窮神豫鑒天休贊圀
景福法師呂道濟監齋趙道隆玉器凝潤鶴情超遠辯
岍連環辭同炙輠對敭　　天旨妙沃　　帝心乃謂
片言小善尚題紺碣矧夫　　皇輿迋駕挹酌希微大
道歆始鑪錘萬物不脅刊勒其可已兮侍中江國公陳
咻逢朝宗務儀詞才冠秀奮兹洪筆爲製嘉銘其辭曰
　　眇矣靈化园哉妙門飛形九府練氣三元黃庭秘
籙金格微言玉京畱記金寶還黿揚塵東海問道

西崑物色函關抒容清廟建標伊始層壇雲峭綺
井虹伸風牕電笑园都匠律帝臺傳召挹髓捫壘
飡霞引煚豁□罔象無名至要高廂久懸清泉餘
療宅心滕侶遊息冊妙絕壁□微淵流丹竅鞠艸
如結周原甚突聖道將圀重光顯曜　　明
明我后積德累□陶埏寓縣叱咤雷風肅稽太室
禮盛鄷宮時乘正位衝配园穹罔維載仰百毌斯
隆脅戩亏外彝思自東祥符挾遠瑞采澄空百神
咸秩千齡是崇□园壯觀詔蹕康莊雲行輦道吹
發幽梁飛文叶□接禮神□五旌回□六鑾齊驤
　　宸儀展敬享福無疆巍然高碣播芒遺

芬　武德九年二月十五日建

右唐宗聖觀碑今在盩厔縣樓觀大殿前歐陽詢篡敘陳叔達篡銘獨無書者姓名信本隸楷擅名一時不以書丹自任何也石墨鐫華云唐人分書甚佳但經元人翻本減弱矣　史記周本紀蜚鴻滿野注鴻蠛蠓也此碑作飛蛬尒疋蛬卽蟋蟀音讀如蛩非蠛蠓類或亦以音近假用耳

案碑歐陽詢撰序下有幷書二字石本明白可驗唯書字稍蝕此云無書者姓名殊不可解趙子函石墨鐫華亦如此說豈二公于此二字均未之見邪又碑末年月下有題字二行云中統元黓閹茂

之歲以樓觀重建規模一新唯宗聖古碑歷年曠遠字畫徧淺因命工鋟剔垂示無窮宮主成志遠謹識凡四十六字據此在元時以舊碑字淺命工重開子函云翻刻亦誤中統乃元世祖紀元尒疋太歲在壬曰元黓在戌曰閹茂世祖中統三年歲在壬戌

唐臨淄郡公房彥謙碑貞觀五年

唐故徐州都督房公碑篆額

唐故都督徐州五州諸軍事徐州刺史臨淄定公房公碑銘幷序

易稱易之為書也有天道焉有人道焉故君子居則觀其象動則觀其變智以藏往字補感而遂通是以進退字補數有方存亡之變可□昔賈生董相懷王佐□才子政二字補□□□命世之運□屯邅於世故擯□□當年軼風電以長鳴絕雲霓而鍛翮而樂天知命順時守道體忠信而夷險阻憑清字補靜以安悔吝雖逝字補川寤其浸遠二字補而盛原書爲盛德久而愈新昔玉質金相求字補益友字補於千載蘭桂馥想同氣於九原則有之□□懷庾燮之道詳觀出處之跡可以追蹤勝業繼踵清塵者其惟都督臨淄定公焉公諱彥謙字孝沖清河人也七世祖諶燕太尉掾隨慕容氏□度寓原書爲寓於齊土宋元嘉中分□郡之西部置東冀州東清□□繹幕縣仍為此郡縣人至於蘭侯又於東廣川郡別立武強縣令

子孫居之丹陵誕聖祥發慶靈虞舜受終二字補光啓侯服導原注壑若寫河漢之流竦搆千雲如仰嵩華之峻□司字補空植公之十三世祖也積德固其宗祊純嘏貽其長世公侯之門必復繁衍也往激歸高祖法壽宋大明中州主簿武賁中郎將魏郡太守立功歸魏封莊武侯使持節龍驤將軍東冀州刺史蕘贈前將軍四字補青州刺史謚簡侯魏書有列傳重價香名馳聲南北宏材秘略兼姿文武曾祖伯祖州主簿襲爵莊武侯齊郡內史幽州長史□行州事衣錦訓俗露冕懷戎累仁義而成基委脂膏而不潤祖翼年十六郡辟功曹州辟主簿襲爵莊武伯宋字補安太守居繼母憂廬於墓次世年家

嫡之重門貽銓表之既鄉閭之敬有過知恥宗族所尊
不□而肅□伯(字補)熊年廿辟開府行參軍仍行本州清
河廣川二郡太守□□神英邁器量沉遠寢門之內捧
檄以慰晨昏山澤之間單車以清寇亂分禀元精之和
氣體淳粹之淋靈心運天機性與道合溫良恭儉應言
行之端神采風尚出儀形之表博極圖書兼綜遺逸正
經義訓(二字補)時所留懷絕蘭研幾下帷覃思盡探隱賾
畢詣精微或致元白之譏非止春秋之僻吉凶禮制今
古異同莫不窮覈根原詳悉指要內□親□遠近學徒
負笈擁帚(二字補)質疑去惑公凝神壺擐函(字補)丈(原書譌文)無
倦聲(字補)□響答幽(三字補)谷(原書譌各)對盈自遷宅齋土家巳

重垂班(字補)懿十紀銓旗之盛未多陳完八葉鳴鳳之祥
斯在況復里稱冠蓋庭茂芝蘭行則結□連騎□則撞
鐘列鼎雖范蠡貨財本輕鄉相陰家僕隸舊比封君不
(字補)之□□公閑(字補)心閑館以風素自居清虛味道沉冥
寘欲恭敬以撙節退讓以明禮潛隱之操始擅於州閭
高亮之風日聞於海內於是羣公仰德邦君致禮物□
斯韡(字補)銓□盈塗郡三辟功曹州再辟主簿其後不得
已而(四字補)從命公明天人之際述堯舜之道其處也將
委質於衆妙之門栖神不死之地其出也將圖弊名教
博利生民舟楫可期英靈有感州郡□職非其志焉然
公以周隋禪代之交紀綱弛紊亦既從政便以治亂爲

懷春言州壤在情彌切乃整齊風俗申(原書譌伸)明獄訟進
善黜惡導德齊禮雖在鄉國若處王朝政教嚴明吏民
(字補)悅伏(字補)見危拯難臨財潔己利物(字補)之□不自(二字補)
爲德不貪之寶必畏人知開皇初頻詔□揚(字補)人物秦
(字補)王出□京洛致書辟召州縣並苦相敦逼公辭以痼
疾且得遂情偃仰其後隋文帝忌憚英俊不許晦跡丘
園公且羅維縶方應薦舉七年始入京省授吏部承奉
郎是時齊朝貴蔭不復稱敘鼎貴高門俱從九品釋褐
朝廷以公望實之重才藝之優故別有此授以明則哲
之舉俄遷監察御史每杖節巡省糾逖姦慝以(字補)存公
正(二字補)□□□□轉授秦州總管錄(字補)事參軍事漢陽

重鎮京輔西(字補)門管轄一方允斯盛選尋以朝集入京
與左僕射齊公揔論考課之法黜陟之方齊公對岳牧
以下大相歎伏其後具以公言敷奏仍有升擢之肄□
非知己之(二字補)主竟不(字補)能見用左(二字補)遷許州長葛
縣令公鎮之以清靜文之以禮樂訟以道息災因德弭
百姓感悅咸不忍欺愛之如慈親爲敬之如明神爲纓
負知歸頌聲載路解代之後吏民追思惠政樹碑頌德
在長葛秩未滿以孝績尤異遷鄀州司馬此州荊鄧之
郊華夷踳雜□俗殘獷□情險詖公化之以仁愛敦之
以淳厚朞月之閒咸知遷革尋以州廢解任言歸夜觀
皇象晝察人事知天地之將閉望箕潁以載懷乃於蒙

（補字）山之陰結構巖穴非唯在乎避世固亦潛以相時然
大業之初始班新令妙選賢良爲司錄刺史公首膺斯
舉有詔追赴京洛公以朝綱浸以頹壞此職亦是圖濟
之一方便起而就職覽轡登車即有激清天下之志於
是激濁揚清風馳草偃行䏻之類望景以聽升遷苛暴
之徒承風而解印綬進擢者靡爵不致謝言纏糺者受
刑而無怨色自非道在至公信以被物其孰䏻與於此
焉既而朝政陵夷小人道長忠言靡用正士無施大業
十一年出爲涇陽縣令未幾而遘疾粤以其年歲次乙
亥五月壬辰朔十五日景午終於官舍春秋六十有九
降生一子光輔　帝唐（原書譌居）叶贊琁機參調玉燭

皇上情深遺烈用佇想於夷門眷言十（補字）子便有懷
於□煥貞觀三年十有二月廼下　詔曰紀功襃德列
代通典崇禮飾終著在方策隋故司錄刺史房彥謙世
藴簪纓珪璋特秀温恭好古明閑治術爰在隋季時屬
卷（補三字）懷未遂通（原書譌逸）塗奄從運往（補字）以忠訓子義□
過庭佐命朝端業隆功茂宜錫以連率光被九原可贈
使持節都督徐泗仁譙沂五州諸軍事徐州刺史四年
十一月又蒞　詔追封臨淄公食邑一千戶謚曰定公
禮也粤以五年歲次辛卯三月庚申朔越二日辛酉安
措於本鄉齊州亭山縣趙山之陽惟公風格凝整神理
沉邃內懷温潤外曜光景追思儀範曖似文成之圖邈

想風猷懍若相如之氣時逢戰爭術□徒橫或恥問（補字）
仁用（補字）安嘉遯收文武之將墜殊山林而忘反是故銷
聲貴里隱異迷邦戢曜高門爰非絕俗優柔六藝紛綸
百氏采絕代之闕文摠前脩之博物雖昔之明實況之
崇識跡屬之神辯𪕬鼠於漢朝彰委蛇於覇業無以尚
也彫蟲小技曾未□懷時有制述將符作者致極宏遠
詞窮典麗足以克諧聲律感召風雲豈唯白雪陽春郢
中寡和而已永惟書契之始乃眷蹏迒之跡草隸之妙
冠絕當時□□務年（補字）孝友淳至未離繈褓便遭極罰
裁有所識□訪家人發言號絕不自勝爰年十有五出
後傍宗深惟鞠養之慈將闕晨昏之禮辭違之辰感切

行路及就養左右不異所生兩門喪紀並踰制度哀毀
之至聲被朝野□以彝功之感甘旨未嘗朋友之喪遠
近畢赴人倫之紀禮法之隆近古以來未之有也且復
留連宴賞提携臭味登山臨水必動詠言清風朗月未
空樽酒賓游滿席且得□□之孫門□□通時許慈明
之（補三字）御指困無倦解褭未已仁義□庠資產屢空以
斯器望窮茲至道謂宜俯拾青紫增曜台階而止類太
丘園道下邑還同子產空聞遺愛報施之理何其爽歟
若夫死生者形骸之勞息殀壽者大化之自然（補二字）固
知命之不憂豈居常而爲累□然行周於物寒暑不䏻
易其心智周於身變通不䏻窮其數而靈祇多忽幽明

礼隔散精氣於風煙妥容質於泉壤可不哀哉於是四方同志之士百里懷音（補字）之客弌遵盛烈共勒豐碑百藥爰以疇昔安遊蘭苑寧謂止始之音一朝長謝師資之德百舍無從義絕賓階哀纏宿草思效簿技覬申萬一仰惟沿牙之術立德之基固繫辭可以盡言豈言之而無□世迺爲銘粵

遐觀方冊歷選人倫名固難假德必有鄰顏閔遺迹冒史芳塵同聲比義允屬通人於鑠通人纂先曆慶司空規矩民（補字）胥攸訓（原書爲詠）坤靈貽福天齊分命岳社有微重光無競顯允君子丕承寵光（補字）靈河擢秀日觀含章囦門味道幽谷迷方陸沉通德朝隱康莊儀鳳潛靈彫

龍振藻園之在人一變至道昭章□訓森寥囦草文質彬彬波瀾浩浩齊物無待隨時吐曜導俗澂原訓民居要州將貽喜（補字）邦君長嘯乃眷輶軨還歸漁釣三逕雖阻八紘方寥僶俛末班逶迤下秩司憲邑宰循名責實御衆以寬在刑帷恤履斯□行乘□丕基（補字）十高位下有志無時和光偶俗誕命膺期□揚投貫（補字）唯茲在茲樹德（補字）不已蹈仁（補字）無斁遺搆有憑高門以闢眷言上壽方期礼錫載佇太階翻歸厚夕義高表墓首貴揚名式故（案此字石本衍文著錄家皆不載今補之以還其舊）昭文物用紀□榮插簪故吏制服諸（補五字）生一刊圖石萬（補五字）□飛聲（補二字）

右唐臨淄郡公房彥謙碑彥謙元齡父也李百藥墓不載書者姓名金石錄以爲歐陽詢書不知所據然以書法審之固當爲詢迹也金石錄云碑在齊州章丘縣界中世頗罕傳金石文字記亦云在章丘縣西南七十里趙山之陽蓋彥謙墓域在此由唐以來尚未毀廢其遺澤可謂遠矣碑敘二千餘字分書極挑拔險峻之妙與正書是一律蘭臺道因亦全是此種風味也詢分書如隨工部尚書段文振碑唐昭陵六馬圖贊司空竇抗碑之類今皆不復可見此碑雖有剝損然十九可讀顧收藏家恒少有之此爲師意齋主人所儲余宛轉偕得摹錄一通答人云曾經我眼即我有殆此謂邪又金石錄載此碑有陰紀彥謙歸

葬恩禮儀物之盛未知是何人書法竢更訪之　迺爲銘曰作迺爲銘粵後魏嵩定八季太公呂望碑其詞曰亦作粵金石文字記云古曰字與日同一書法故變其文爲粵欲讀者之易曉也余謂非是粵曰雖皆語辭而用各有當惟尚書粵若偕用曰此外皆無有偕粵爲曰者亦書碑者好奇之過耳豈眞嫌其與日相混哉

碑陰（補）

公之將葬　恩旨重疊賵贈優渥□□□□公及夫人並令所司營造馬轝各給四馬從京師洛陽殯所送至本塋其車輅儀仗出懷洛二州給舡載運絕道人力至

於墓所□□錢□有□□者　又敳勑令以官物脩
補又文官式令例無鼓角亦特給送至於塋所又於常
令給墓夫之外别加兵千功役臨塋□復降　勑
使馳驛祭以少牢前後為□塋事敳　勑旨行華
十有二　近代以來　恩榮□贈未有若此者也中外
姻戚海内名士并故吏門生千里赴會爰及州里道俗
二千餘人
碑側補
太子右庶子安平男李百藥撰
太子□□□勃海男歐陽詢書
貞觀五年三月二日樹

案碑陰記彥謙賵贈會葬之盛側刻書篆人姓名
及立石歲月皆吳所未見今特補之李百藥題銜
近金石萃編山左金石志林作太子左庶子驗碑
是右非左甚明白可辨舊唐書本傳稱百藥从貞
觀元年召拜中書舍人賜爵安平縣男二年除禮
部侍郎四年授太子右庶子十年加散騎常侍行
太子左庶子此立石尚在五年則非左庶子可知
又歐陽詢題銜太子下當是率更令三字更字磨
滅無存率令字尚有偏旁可驗下勃海男三字則
顯然無疑萃編稱太子中允□□修撰益譌謬可
笑矣

唐太宗祭比干文貞觀十九年
維大唐貞觀十九年歲次乙巳二月己亥朔廿日戊午
皇帝敬遣大府卿蕭欽宗正少卿駙馬都尉長孫沖等
持節案以上補以少牢之奠祭殷故少師比干之靈朕聞龍
躍鳳翔必資鱗□□□御下必藉忠良元首股肱其道
尚矣惟君誕靈山岳降德星辰缺文至此補苞金石以為心
蘊松桂而為質不以夷險易操不以利害變□□津之
師挹高風而莫進朝歌之滅歆至德而延期且道喪時
缺文至此補昏原書誤賢奸邪並用暴君虐主正直難居是以江
漢神龜殘形由於蘊□□山和璞碎質以其懷珍丹耀
彩而磨肌翠含色而解羽鸞風拂野缺文至此補迴樹先彫

容雨被枝高華早墜良由佩奇銜美獨秀□貞雖□□
□亡詎能遺凶殘之累智周萬物不能離顛沛之艱然
則大夏缺文至此補將崩非一木之能□天道去矣豈一賢
之可全且夫□過顯□□□□惡忠臣之義也三諫不
入奉身而退聖人之道也何必殉形缺文第二字至此補於國以
速商殷之亡剖心於朝以深獨夫之罪毋懷此□□□
□□□者覩朕斯言以為飾非拒諫智者明於此意當
知增善變仁歎缺文第四字至此補往哲之不追嗟後賢之未及
然則犯顏色逆龍鱗奮不辰□□□戴蹈斯節者罕有
其人非知之難行之不易所以永懷千古駐缺文至此補焉
九原悽愴風煙靡尋餘跡甚涼此職空有□名昔周武

封□□□表德姬文葬骨異世司臣雖今古殊途丰代
冥漠式遵故實（缺文至此補）爰贈太師清酌少牢以陳薄禮
遊魂□□□□嘉誠
司徒太子太師趙國公無忌（此行補）
開府（二字補）儀同三司申國公士廉
光祿大夫民部尚書莒國公唐儉
吏部尚書駙馬都尉柱國安德郡開國公楊師道（此行補）
中書令江陵縣開國子岑文本
正議大夫守中書令兼太子左庶子馬周（此行補）
中大夫守黃門侍郎褚遂良
右貞觀十九年二月卅日無忌等奏請以贈比干詔并
祭文刻石樹碑奉　勅依奏（此三十一字石本作一行今補）
前左宗衛鎧曹參軍事直弘文館臣薛純陁書

右唐太宗祭比干文薛純陁書拓本缺其上截止存下段二十餘字文字不完不能成讀後列高士廉唐儉岑文本褚遂良等名士廉官銜上半不全唐儉等上截似尚有題名人時餘一二字朕已不可攷矣純陁書法瘦勁有力但經元人重摹神氣不足耳　舊唐書太宗紀貞觀十九年贈殷比干爲太師謚曰忠烈命所司封墓葺祠堂春秋祀以少牢上自爲文以祭之此本但有祭文而無詔書攷金石錄又但有詔而無祭文唯顧亭林所得爲全皆純陁書也

藥文中兩般字缺筆此爲宋時翻刻無疑非元人重摹也今碑在河南汲縣字尚完好原書所錄益不全本耳

唐高宗贈孔子泰師碑（乾封元年）

大唐贈泰師魯國孔宣公碑　秘書少監通事舍人
內供奉臣崔行功奉　勅撰文奉　勅直秘書行
秘省書學博士臣孫師範書
臣聞彤氣肇分宗匠之塗遂廣甡精已著名教之理攸興是故雕刻爲妙物之先粉澤成真宰之用若其晦語弃智則聖非攘臂之端莊寄齊諧禮必因心之範雖九流爭長百家競逐而宗旨所歸典墳取俊夫軒羲已謝子姒迭徵步驟殊方質文異轍及流蘩起課箕服傳訞憲章版蕩風雅淪喪然而千齡接聖崇朝可期五百見賢伐柯未遠粵惟上哲降生圯運理接化先德充造物財成彝義彌綸之跡已周組織心靈範圍之功已峻利仁以濟幽顯坐訓以霑動植自歎起臨川道窮反袂西峰炎玉幾燼蒼山東野禾桒多壓碧海屬混元再造休明一期雅頌之音復聞郊禋之禮還緝跨巢胥之逸軌邁龍鳥之遐風瞻白雲而昇介丘翼蒼螭而過沂上而令千祀之外典冊遂隆九泉之下哀榮方緬斯迺命爲空說道不預謀豈如箕山之魂空成寂漠信陵之墓徒復經過將知龍蛇之蟄潛契於天壤聖智所遊高懸於

日月言之不可極其帷孔泰師乎泰師諱丑字仲尼魯
國郰人有殷之苗裔也分於宋則孔父嘉為大司馬弗
父何以國讓其弟厲公正考父佐戴武宣而受三命居
於魯則有防肘伯夏肘梁紇紇生泰師若夫天命玄鳥
玉筐隆其濬拓瑞啓白狼瑤臺繁其錫類武王覆夏仍
遷象物之金有客在周復奏桑林之樂茲恭喻尸臣之
鼎高讓挹延吳之風令緒昌源煥乎已遠至如象緯凝
質則傳說巫咸嵩華降神而申伯吉甫在於郊臨巨跡
斷符中野之□水帶丑阿逸均反宇之慶韞乾坤之精
粹陶陰陽之澍靈度九圍十河目海口放勛文命有喻
於儀形子産皐繇澂詳於具體孟孫言其將聖泰宰稱

其多能神闕繫表性與道合時初撰屨已訓魯鄉丰未
衺裳先闕周室猶且學期上達業遵下問龍如藏史或
訪禮經碧淮萇園言詢易象曲臺相圃廣陳揖讓之容
師摯師襄屢辯興亡之極因羅六藝經緯十倫加以思
入無方精詠至賾陳庭矢集懸驗遠飛季井泉開寘□
幽斷新蓱汎日能對於楚賔舊骨淪風旋識於越使藏
往知來之際澂妙冈通之旨不可以龜筴求不可以筌
蹄渇及其譽闇曲阜南宮展師資之敬應務中都西鄰
化諸侯之鑾冬官效職五土得其攸宜秋令克宣兩觀
展其刑政溝疏墓道且抑季桓田歸汶陽遂淩齊景尊
君卑臣之訓自家刑國之術毎嘲帳於興周亦留連於
韶管然而高旻不惠波日浸澂起哀怨於王風絕歸飛
於鳴鳥是邦可化斯道欲行暖席興憂問津匪倦俎豆
嘗說空及三軍之容季孟有言不援雙雞之膳晏平推
士尚或相排子西讓王終成見拒亦有宋朝司馬喬木
難休衛國匡人洋旅焚次荷蕢澂者翻嗟擊磬之心儀
封細人潛明木鐸之意既而在斯興感用輟棲遑狂蕳
斐然彌嗟穿鑿旋騖舊館掃筵闕里杏壇居寂緇林地
幽知十稽澂得二傘妙耕升所載方閱舊文睢鳩在篇
遍詳雅什河漢鞉鼓𨪚鏘之響復傳宗廟衣裳升降之
儀還序博約無倦誘喻多方后稷躬耕近關勵物伯夷
餧死猶可激貪周公其人則神交於夢想管仲小器歎

澂之於征伐信立德立言泰上謂之不朽曰仁與義前
拓以之周旋覆簣為山喻天階而不陟讀易無過假日
蝕以鳴謙茨嶺峒山寄言於獨善□精風御未涉於通
莊妙臻數極仳佯易簡是知縫掖洒無濟之塗華袞非
為政之要及其愚智齊泯椿菌如一南楚狂狷舊辯鳳
衰東魯陪臣奄成麟斃晨興負杖知命嶷於話言夕寐
奠楹將萎傷其遠慮崇山□□□□下而無由隕石沈
星駕大梁而何有門人議服俱纏至極之哀國史制詞
永錫慭遺之誄及埏瘞夏屋樹列遠方五勝迭遷六籍
無准席門初闢已馳澂言入室且分遙乖大義秦人蛙
沸遺燼翳然漢代龍驤挾書未萌元封有述殘缺載陳

甘露嗣蹤搜揚浸起舂陵受命先訪於膠庠譙郡膺符
多拾於文學建江馬南度泉鵝北飛鵶入環林鯨衝聖
海有隨交喪中原翦覆東序南雝鞠為茂草六樂五禮
皆從燬室欽若
皇唐肇膺明命　祖武宗文之業天成地平之
動圖書因樂推重干戈由寧亂集刳舟創浮芹藻之詩
先遠戎衣初卷羽籥之節旋興　皇上以聖敬而
撫璇圖　文明而膺寶曆夏啟挹其光塗姬誦讓
其惟清化入龍沙風移鯷海金止展書瓊田薦賝潛馬
飾黃芝之封浮龜吐綠文之籀虞庠毀塾廣賓尨叟逢
旟石渠朋延辯誨垂衣裳而凝想虛　旒纊以永懷

至於大道凌微小康遂往羸讒紫□□踐云阿劉風白
金徒遷高里黃初正始時多聞然建武永平業非盡善
而廼化樂崇德毀薦之禮畢陳有孚載圖觀下之訓齊
設肆類羣望考享之義益隆歸功　三后尊祖之誠
逾切　詔寰中而徵萬王譯□□□名百靈一華分
茹雙鶵共羽翠華遠昇秸席虛位　上帝儲祉泰壹
有暉山祇傳聲海神會氣九皇之況榮可嗣三代之闕
典還屬廼使朱鳥詳日蒼威戒路七萃騰景八鑾鏘風
過大庭以省方掩洙上而行□□居萬辯祠堂巋然見
馬鬣於荒墳識欃檀於古燧歎重泉之可作聞盛德而
必祀言敷典訓廣命杍材贈以泰師式旌幽壤改製神

宇是光令德于時　皇唐之御天下四十有九載即乾
封之元年也攝提□歲句芒獻節兗州都督霍王元軌
大啟藩維肅承　綸誥庀徒撰日疏閑薙遠接泮林之
舊壝削靈光之前殿沮來新甫伐喬木而韻流嚶岱畎
泗濱採雌石而喧浮磬賴紫施絢黝黛飛文杳栱重櫨
春窻秋幌陰櫊積霧褰闇㦥煙几仍度室席遵函丈壽
宮澹然睟容有穆至如襄城有訪七聖接其騑驂汾水
言遊四子寘其衡軛將謂布衣黃屋名器則殊卷領素
王感名宜一顏子侍側似發農山之談季路承聞如與
浮海之說西華束帶尚以要賓言偃裼裘猶為得禮避
席延其不敢捨瑟睎其幽情共列昇堂齊參覩奧歲時

蘋藻浸雜昌蒲平日絃歌還聞絲竹　皇儲一德聿
隆三善博望邀裾肅成講義發揮鎔造幽贊事業而以
周穆之觴王母尚勒西弇漢帝之展稷止因書東嶽遂
廼思建隆碣上聞　天扆言由國本理會　沖情副
震宮之德聲命芸閣以紬頌园堂闡兮神靈優揚敎思
兮兩儀配媚　皇綱兮融　帝載堯可履兮舜為佩晝
而明兮夜而晦于嗟業兮麗萬代其詞曰
赫赫上帝悠悠天造神集鴻名聖居大寶循性稱教術
性為道政若鎔金化伴偃草　文晝先起律呂創陳禮
節天地樂和人神成期用簡業尚日新縡無聲臭隱有
彝倫　水火朝變憲章時革周廟傷禾殷墟悲麥寢鹽

紕雅嬴荷論隤散亂記言支離方冊　自天生德由縱
成能賔筵輅嗣銘鼎家夅蹲龍運舛振鐸𡨴脩闕典攸
緝斯文載興　廣訓三千徧于七十歷階東會藏書西
入楚將分社齊聞與邑接輿自狂長沮空執　在智伊
妙雕神迺幾羊因魯觸鳥向陳飛郰傳頌管編照書韋
卜商夅絢顏子參微　堯則不追昌亦遂往名教潛發
心靈汎遊德配乾坤業暉辰象麟悴遙泣山隤夢仰
三統昌日千齡　聖期禋宗有昊展禮崇基覲宣時邁
神緘孝思絳螭夅軛翠鳳翻旗　上浮龜蒙遥集鄒魯
翅勤眞跡惆悵今古舊辟迷字荒墳翳弁　綸貪宗師
詒緝靈宇　虹梁野攝翬翼林舒雕櫳繡桷圓井方疏

沂童浴早泮鳥鳴初俎豆蠲絜丹青譪如　墨撿前蹤
莊放遺轍於昭遐訓允歸聖烈肅穆仁祠陰沈像設隨
四序以潛運懸三光而不跌

右唐高宗贈孔子泰師碑崔行功篡孫師範書說文
泰太一字太乃泰之古文管子泰春泰夏泰秋泰冬
董子作太史記表盎傳太常作泰漢碑有作泰夫人
者此碑泰師泰宰正从說文非假借也左傳室如縣
罄國語作磬碑書罄磬字作罄二字古葢通用也杍
材即梓材見古文尚書揚雄甘泉賦上天之縡師古
曰縡事也讀與載同銘云縡無聲臭葢用載記語而
从子雲之奇字也

案碑刻兩面正面刻崔行功文背面分上下截上
截刻太宗封孔德倫爲褒聖侯詔一高宗新廟致
祭免子孫賦役詔一皇太子宏請立碑表一下截
刻乾封祭告文一又儀鳳秊月一行在碑末上下
截之間竝隸書原書誤以崔文與詔表祭文分爲
二碑而又以崔文屬之乾封元秊不知文中乾封
云云乃敘贈泰師之秊非篡文立碑之秊觀碑末
立石歲月甚明今各文仍依原書編次因辨識其
失如此

唐中書令馬周碑上元二秊

大唐故中書令高唐馬公之碑篆額補

原注前缺行字盡剝泐不可讀神凝物表久原書譌又抗□甫之吟運補字拒
□來思效扶搖之舉乃□□□域補擡字至此下缺下省修起
居注超綜國言叟司帝舉良直之道驟補字蘭　宸心
貞觀六年下缺無競帷人八年擢授秊議郎行侍御史頃
之加位員外散騎侍郎仍行本職補字下缺二年轉守中書
舍人久之遷持書侍御史影纓西掖潤　冠紱以申□
□步南下缺淳贊端拱之　冠猷將致五刑之曆𢘿綸
昌運寔允具瞻空五字下缺而飛文補二字揮翰鵷補字波入
紫宸而行原書譌行誥任遇斯極時論榮之及　大下缺□
□五補字□而補字□□十八年補三字□正議大夫守中
書令仍兼□庶子下缺□□□□□而顧動迺補四字□□

隨（字補）駕近（字補）□中山（字補）軍國務殷揔歸（缺）□□青□□
□□□□□金□黃□靜□趨□□之□□闕建禮之
業（下缺）銀青光祿大夫（六字補）□□飛（字補）□□□於是（二字補）
□其（字補）□□□□□□無所（下缺）幽（字補）□莫不（二字補）□
□□聖（字補）□□□　神衷褒（二字補）善之義以彰□
人之舉斯盛（下缺）臣特（原書誤作特）超（字補）於終古俄（二字補）嬰沉（字補）
□攝餌私庭（三字補）分玉饌於仙廚□珍羞於御府
綸□□發（下缺）正月九日薨于萬年縣之隆慶里第春秋
卅八　太宗轍懸□悼慟（下缺）詔以其年歲次
戊申三月辛巳朔四日甲申陪葬于　昭陵賻絹
布三百（下缺）茅社而旌德永徽二年　詔贈高唐縣開

國公食邑一（原書誤六）千戶恩兼飾□禮茂（下缺）書贈幽州都
督高唐縣開國公馬周宇量沖深思用韻舉昔佐（原書誤侍）
藩邸（下缺）宜申旌壤之義兼加延賞之恩可贈尚書右僕
射餘官封如故其子□□朝散郎（二字補）□□之　恩（二字）
（補下缺）夷簡神情朗晤天經地義基百行以立身觀陝升
堂包四科而敬業蕪□□量（下缺）高步文昌之右體無私
於雨露隨方被霑沐之歡變（原書誤變）大造於陰陽稱物符
平公（原書誤分）之施（二字補下缺）明故得任切近機榮（原書誤勞）躋上
秩附蟬留影用表高潔之姿行馬（下缺）知至是焚之式符
藏用危績逾迫無忘致美之心隅燭既陳猶□自□之
節（字補下缺）陰德無爽緝丕構以增遙昇（字補）奪金蘭幾擬嫂

於宿草芳留玉樹（字補）足慰懷（字補）於故人（二字補下缺）
姬御疇肅趙城開國望高秦合聲馳魏北奕葉提休蟬
聯種德靈慶（原書誤變）斯遠芳（下缺）滄茶思越純慮冥感至精
天發既除纖縞乃綜緹緗弋（原書誤之）獵詞圍隱□文（下缺）雲
幄累綜霜臺清襟月湛朗議霞開黃扉夕拜紫禁朝陪
簪纓□躅□廟堂材（下缺）昇等（二字補）　塤篪歲寒增勵夙夜
無虧望練鶴關榮昭總冕推轂謀暢持衡譽（下缺）□□
贈□陵歸魂畢陌式陳容衛載光窀穸拾玦哀盈授□
慕積　鈞臺（贈字至此下缺）
右唐中書令馬周碑在今醴泉縣石墨鐫華（作九）峻
山記云在老軍營之西北周李陪葬昭陵故碑得在

此額題大唐故中書令高唐馬公之碑十二篆字金
石錄云殷仲容書許敬宗篹上元二年立唐有兩上
元紀年此則高宗時也碑石殘缺已甚字之存者僅
上截中二十六七行行存三十餘字書篹人姓名皆
不可攷見卽其存者亦斷續不全時有數句可讀而
已不知與史傳異同何如也趙子函云存四百餘字
今以此本對按得五百餘字雖不及作志時然視趙
氏所得本爲較勝矣仲容書亦不涉開元以後濃豔
蹶張習氣但神味淺薄不耐尋旣在唐隸中不登上
品然亦擅一時名何也
唐修孔子廟詔表（儀鳳二年）

大唐武德九年十二月廿九日下
太宗文武聖皇帝詔曰宣尼以大聖之德天縱多能王
道藉以裁成人倫資其教義故孟軻稱生人以來一人
而已自漢氏馭歷魏室分區爰及晉朝暨于隨代咸相
崇尚用存享祀朕欽若前王憲章故實視師宗聖是所
庶幾存亡繼絶抑惟通典可立孔子後為褒聖侯以隨
故紹聖侯孔嗣悊嫡子德倫為嗣主者施行
皇帝以乾封元年正月廿四日下
詔曰朕聞德契機神盛烈光於後代化成天地冠功被
於庶物魯大司寇宣尼父孔丘資大聖之材屬衰周之
末思欲屈已濟俗弘道佐時應聘周流莫能見用想東

桴以永歎因獲麟而興感於是垂素王之雅則正魯史
之繁文播鴻業於一時昭景化於千祀朕嗣膺寶歷祗
奉睿圖憲章前王規矩先聖崇至公於海內行大道於
天下遂得八表乂安兩儀交泰功成化洽禮盛樂和展
采東巡迴輿西土塗經茲境撫事興懷駐蹕荒區顧為
師友瞻望幽墓思承格言雖宴寢荒蕪餘基尚在靈廟
豈存激烈猶存孟軻曰自生人以來未有若孔子者也
微禹之歎既深褒崇之道宜峻可追贈太師庶年代雖
遠式範令圖景業惟新儀刑茂實其廟宇制度卑陋宜
加修造仍令三品一人以少牢致祭褒聖侯德倫既承
胤緒宜興常流其子孫並宜免賦役主者施行

維乾封元年歲次景寅二月戊戌朔二日己亥
皇帝遣司稼正卿扶餘隆以少牢之奠致祭先聖孔宣
父之靈惟神玉鉤陳睨靈開四肘（原書譌時）之源金爵流禎
慶傳三命之範神資越誕授山岳以騰英天縱攸高蘊
河海而摽狀折衷六藝宣創九流睿乃生知靈非外獎
於是考三古褒一言刊典謨定風什藴敬之容畢脩鍾
鼓之音載和父子爰親君臣以穆蕩乎煥乎樂正雅頌
各得其所可不謂至聖矣夫牖以哀德嗣應神器式崇
祀配展義云亭感周禮之尚存悲素王之獨注抒軸洙
泗如挹清瀾留連彝霽似開金奏昌門曳練徒育生芻
之疑漢曲移舟非漫祥荊之實慨然不已爰贈太師堂

宇卑陋仍命修造褒聖子孫合門勿事庶能不遺百代
助損益之可知永鑑千年同比肩而為友聿陳菲奠用
栓無朽梅曙霞梁松春月牖德音暢而無歎形神忽其
將囗瀛弗沫於生前亦知榮於身後尚饗
右皇太子園表稱臣闡（二字原書脫）周師東邁商閭廷降軾
之榮漠蹕西旋夷門致抱關之想況泣麟留蹋歌鳳遙
芬被緣禮於昌辰飾殊榮於窮壤者伏惟
皇帝陛下資靈繞撫稟粹登樞乃聖乃神體陰陽而不
宰無為無事均雨露之甚和六符篤而大階平百寶臻
而天祚永靈臺所以瀍伯延閭由其增絢尚齒尊賢邁
鴻名於萬古興亡繼絶騰峻軌於千齡大矣哉茂

實莫聲固無得而稱矣曰者封金岱眹會王梁陰路指
沂川塗經闕里迴　鑾駐𡨋式監堯禹之姿闡纘凝旒
載想温良之德於是特紆宸滬贈以　太師爰命重臣
申其奠醊廟堂卑陋重遺㢌營襃聖侯德倫子孫咸蠲
役臣
恩均扈從迹濫撫軍舊烈遺塵肹陪瞻眺雩壇相圖欣
覩前聞又昔歲奉
恩函胄滕蟄歷觀軒屏貝到門徒想仁孝於顏曾弥深
景慕採風猷於竹帛冀啓顓蒙所以輕敢陳聞庶加襃
贈
天慈下濟無隔異時咸登師保式光泉夜敢以前

恩重茲干請竊謂宣尼之廟重闡規摹桂茵蘭羞祀傳
終古崇班峻禮式賁幽埏而翠琰莫題言猷靡暢詢諸
故實有所未周且將聖自天惟幾應物拯人倫於已墜
甄禮樂於既傾祖述勛華三千勵其鑽仰憲章文武億
兆遵其藏用豈可使汾川遺碣獨擅於無𢡟峴岫餘文
孤標於墮淚伏見前件孔廟營搆畢功峻業冒徽事資
刊勒敢希
鴻澤令樹一碑徂遼海清夷九無徵𤼵山東豐稔時踰
恒歲况鄒魯舊邦儒教所起刊勒之費未足爲多許其
子來不日便就乞特矜照遂此愚誠臣識昧恒規言𢡟
通理塵黷聽覽追增悚戰

勅旨依請
　儀鳳二年七月訖功

右唐修孔子廟詔表碑載武德九年太宗詔一通乾
封元年高宗詔一通幷祭文一通又皇太子請立碑
表一通後題儀鳳二年訖功太宗以武德九年八月
即位此詔下于十二月廿九日故上稱武德而下稱
太宗皇帝也祭文及表分書多搆別體如鼎作鼐莊
作莊鼓作皷朕作賸往作注淇曲淇躍皆當作漢雨
露當是雨露撫即極稟即稟滬即澳冀即冀𢡟即懃
矜即矜其餘偏旁筆畫小異者尚多唯靈臺所以滬
伯與迴鑾駐𡨋滬𡨋二字更不知作何音義碑末訖

功亦當作工爲是蓋初唐分法尚沿五季餘習字體
詭異不軌于正然其行筆猶有鍾梁批法不涉豐膩
亦唯此時爲然耳王弇州跋此碑云後有朝請大夫
開州刺史高德裔刻十二字或德裔書未可知也余
按高跋云明昌二年七月一日暴風折木壓其碑仆
于地龜趺分爲二碑與字俱無害豈陰有所相而然
耶九月一日復命工易以此座云提控修廟朝請大
夫開州刺史高德裔記明昌金昌宗紀年弇州何不
察而作此囈語耶　駐𡨋即𡨋字王融三月三日曲
水詩敘迴輿駐𡨋注𡨋徼車名
　案此即贈孔子泰師碑陰原書以前碑與此詔表

祭文戳分爲二姝失斑覈說已見前碑字鎔誤通
偕唐刻罕見原書所舉有未盡者如寡德作寡嗣
膺作應商閒作商登樞作登摳薦作爲貂作貂齒
作齒具列門徒具列作貝到久無徵發久作九皆
是至瀀伯之瀀當是偃字變偃爲瀀亦乖六書正
義

唐贈太常卿褚亮碑

府君諱亮字□□□南陽翟人也冠鳥□□白狼表慶
下缺又上缺五字之功□臣佐非常之德卽府君十鬻代祖安
東將軍揚州都督關內侯下缺又上缺五字道可師□案以上二行行
六十五字又第三行四字原書竝缺今補用仁宻敎文武不墜補二字英風自

遠屬□兵入洛晉馬浮江爰及宋齊二字補下缺又上缺六字中齊
東三字補陽太守濵爲侍中遷吏部尚書贈字補太常卿諡
貞子門庭清蘭少懷雅字補下缺又上缺五字清譽二字補□□蒙
梁儀同盧陵□東閤祭酒太子□舍人東朝沃詰上邱
字補披襟韜曜字補下缺又上缺四字政霞綺敷□動名教於搢紳
暎徽猷於僚采府君辰緯凝曜川岳降靈黃□帝原書譌帶
師字補之下缺又上缺六字爲浩浩三字補爲神精共雲巘爭高令
問與松風俱遠汰鉛芳於筆海架□□於天村二字補下缺又
上缺六字丁秋監府君五字補憂亰䠠致毀幾將滅性陳後主
栖神雅什纂圖鴻圖景曖春坊雲收下缺又上缺十一字屬字補允
膺嘉選隨開皇九載平陳府君南朝冠冕入京謁見家

國字補□□不求聞達四字補下缺又上缺六字庭大二字補業七原書譌十
年授太常博士彝倫爲施政之本忠信乃達禮之源凡
原書譌几廞字補下缺又上缺四字以爲黃三字補門侍郎雖霜威見屈
而風槩彌竦□□自天縱聖神武遐下缺又上缺六字入
幕二字補之賓案郎寶字原書譌實武德元年延爲文學太公之逢
西伯高步天師鄧禹字補之原書字脫赴蕭王二字補下缺又上缺八字輸
山川形勝乃託賞風雲　恩晒賜詩有同枚莊上書諫
獵尤切馬卿四字補下缺
太宗監國允啓震維必□正人務從圖本改授中允貞
觀元年封陽翟縣男五字補下缺又上缺一字食邑七百戶及六字補
年登月制休老于家轞蓋成陰桓春卿之寵錫芳珍狎

至石大夫之二字補下缺又上缺三字寢疾而三字補薨
太宗爲之廢朝輟深流涕中使相望存問不絕下缺又上缺四
字園秘器三字補塋事所須並宜官給儀仗鼓吹送至墓
所夫人柳氏亦同字補安厝字補下缺又上缺四字老莊之齊致五字
補同李郭之清塵言行無爽於庭蘭忠慎有踰於溫樹
洞握河之下缺又上缺四字菓名侍三字補近時逢靜亂早擅文
房預彔帷幄恭承嘉□乃留情於啓沃沓下缺又上缺八字之
際二字補遠諧清放之前所製文集撰成廿卷咸爲□
詔侍奉述佗陳四字補□流詠二字補下缺又上缺五字晉州長三字補
史襲封陽翟侯遂賢撫瞻霜露永懷罔極歲月綿遠淒
字補涼荒壟下缺又上缺四字式刊貞石四字補敢爲銘曰

鬱暎遙源曾華胄緒纂祺季業昭鉤析宇學字補自恭公
祀流子褚㥁二字補下缺又上缺六字聲珪補二字璋逮襲樊佐光寺
家崇晉去國喪陳來語默雖切榮名詎推一缺四字補下缺又上缺
四字名揚青補三字蓋象屯補二字金陵氣竭利在波注□生
字補聰栝二補二字陸道存三張譽折四字補下缺又上缺四字府門庭雅
素意緒薰華賦樓光□文閣生霞琴延夕月酒汎晨花
府字至此補下缺又上缺三字譽無虧綜冠蓬□義□□□神理凝絢
清文挺秀蔚郁寺林超揚詞囿譽字至此補下缺

右唐贈太常卿褚亮碑今在醴泉縣西峪邨大半殘缺不能成讀不見立碑歲月亦不見書篆人姓名金石文字記云高宗時立林吉人蘭話堂碑目注貞觀季殷仲容書按亮雖卒于太宗時而碑云撫膺霜露永懷冈極歲月綿遠則建碑刻銘必非彼時之事林云貞觀但據所終之時而言蓋未詳攷也顧云高宗時必別有所據又石墨鐫華云與馬周碑如出一手疑亦殷仲容書蓋以書法定之亦非確指爲殷書也

亮字希明河南陽翟人遂良父也由陳入隨由隨入唐仕唐至散騎常侍宏文館學士季八十八卒贈太常卿唐書有傳崇禎十一季荀好善修醴泉縣志載昭陵諸碑謂其字尚有存者僅二十一片而褚亮碑不在其內今覩拓本尚存五百餘字較高士廉豆盧寬諸碑不啻過之不知前人何以獨遺不錄也

唐潘尊師碣聖曆二季

曆默僊中岳體园光生太中大夫潘貢師碣文
并序　雍州司功王適撰序空十二字弟子中巖道士
獄馬瓛彙纂

古僊對僊自黃帝尚矣或解形默遷或練气昭動原書譌功篆動作升字然業與代殊古將今遠聞之者不見見之者不留世奇吕局守增補十字□神几吕密化為賢故其道彌大其議彌卑非理契冥通精存园覽者不可得而論已貢師趙囫贊皇貴山里几也於潘氏名師盂字子眞曆嵩山上清之鍪眞者也貢師體元和之精舍補九字□纂之气誕彌之夕景炎充廬客白此天階之祥非世賢者旣而生育僊骨幼𪏰童心足蹈龜文手歩過膝風儀出秀操履幽貞季十二通普秋及禮兒黃老原書譌武案老即老字之旨薄儒墨之言白雲在天心已補十字遐矣十三喪母氏攀墳栢吕泣血伏塚廬而摧心𡡉雅大奉嚴天北負土之義塡終宗德實致福之基大業六季回手謝俗吕金月之術祈王濬之臺却粒而練肌鬻菁吕虛藏身外𪏰影補九字骨閒有聲時動园眞几王君凡在茅山山有蓉陽洞天羣僊之府乃負笈潛往結艸幽凡受祕籙於金壇華园文於石室王君吕貢師名著紫簡業盛黃庭指吕所凡皆歸中岳於是揭來上補九字圖貲趾中經嶽陰奠之雙泉庇陽崖於二室寢冥孫窗歩將十季吕其

樵歌尚通隱跡或至歷羣巖吕選勝窮絕界而擇幽得
逍遥谷各有古佛㞢跡雖峯晃朧抗矛天㞢階杙谷空
冢洞入 補九字 冥㞢路於是因林石結茅構燒楓栢而戒
竫練松茱吕存精忠逸翔雲神合浩气呑沆瀣吕龜息
吸喬皇吕龍盤靑古不留月田兒皃冥宋五紀邀與代
殊想望三清悠然景會上元三年 補八字
天皇大帝奉洛都睎嵩阜謁三元㞢洞徵六宮
㞢圖與師吕道有所申贊有所屈竟不屑命對吕彝爲
後年廵鸞許京闕想太室顯言霄極佇降雲軺師仍愛
几謝吕 補八字 幽痾至調露元祀囙維孟冬 天子
廼卬運堯心赮鑾軒御萬騎雲躍六龍天飛清碧瑤㞢

壇訪皇几㞢遺會師於嵩陽觀爵時
天冊金輪聖神皇帝潛光寶緯 補八字 佐理瑤房深
祈絳闕㞢遊遥契紫元㞢鈔霓裝羽從齋心致謁覬而
皇眷靡斁靑谿尚深乃税鑾駕肆囙時風伯
竫塋雨師空巖(乙)囙按晷吕流光○辰環拱而㓾曜掩
紫蘭吕 補七字 挐王輦闢丹桂而交翠旗天步穆清雲□
攸止鴻崖絕吕抗室炎松森而環階藥鑯艷煙彝若火
化林扉擁霞有同巢穴 天皇乃奉結茅御蟠朮
訪天几㞢際究㞢命㞢元欣然順風 補七字 歎吕頳景睿
情遐佇邈罷不能爰 制有司就師立觀卽於逍遥爰
谷逮隆磨焉

神皇雅尚佛圖永懷秘設毋洒心咨道挨躓未眞希步
景於靑元想餐霞於紫府嘗致書曰九宮神秘願兒 七字
補 通其大經太一紫房猶未解其深旨冀師毀啚蚩荅
秘世莫聞明年仲春 上又吕築輿步輦致師於洛城
丙宮經單圭㞢禁林造上陽㞢佛闍龍齋竟路羽蓋駢
陰 天予側席齋 補五字 宮虛棆宣室是(乙)八風澂
景五雲飽鶴萬姓躡蹻吕聳嚮百神翕習而發幽眞與
壑冥顯與晦棲遯聽千古斯其一交沓癸肆而瑞節啚
旋攀石梁㞢幽阻神眷動恩賦瑤池㞢浩歌遷延永 六字
補 懷悉而不及乃降 制命吕嵩陽觀爲奉天宮苑棲
鑾磨埜鄰爰谷宅闢佛遊㞢路右啟肆眞㞢門月陛亘

於雲扃紫澂通於煙幌 大帝於是排閶闔弛鉤
陬超巉嶫□嶔峋併中 補四字 侍肅外悪若忘天下窅然
蹁旬後年復降師於金闕亭問三洞㞢階稽七眞㞢秘
神皇親鋘金鼎而獻王廚五芝雲軗八桂霜靡允䬃天
師㞢禮吕栓問道㞢勤又吕功□事咨祈景福乃於太
子宮弟建囿道㞢壇叅若鷟宮立囙元㞢觀二名寘於
師口雙牓題於 帝筆有 制屈遮延統其綱將
吕光振王司慶澀瓊府 上乃降雲窣奉觀風命百賚
陬 補八字 九部衣冠趨而銅路咽鐘鼓舉而天弗沸龍旗
鶴蓋紛吕揮霍佛童靈妃忽其倏閃眞吏聲敝景滅若
屆殊庭囙晤煙飛兒肆幽谷斯亦上九不疑㞢遷反一

𥘵跡之行舊其後　棄輿□陟補七字山宮以瞰藂墅之
間真師深視絶景不降河宗之尻雖甫對雲霓類蓬鰲
之帨忽而元通鍊寐若胥庭之盼嚮永淳元年壬國乙
未崇翰風齋乙夜雲滅忽而有聞若萬籟齊徐而聽之
則補八字又音皷非太帝之樂聲即元都之傳韻中使具
呂狀聞　帝曰嗇真其勒乎即㐅　駕牽奉天上謁虛
室帝子扈蹕王姬陪輦暨乎寥峯戢景盱谷之陰黃竹
申悲丘陵有贈緯而補四字　高宗歎世棄叔白雲
我師窋極獨守元牝後秊季夏一㐅謂弟子曰吾獲保
玆嶺兮今又十餘秊靈異在谷傑鶴滿墅俾吾不棲萬
棄之真亦庶幾乎輕舉矣今名登元錄身歷太陰勒元

金石存卷十二　隸存七　三十四

四・七十二

之補八字害僖吾命也是朔之夕辰爲麗天𪄀鳴羣山雉
雉衆谷琹㐅師曰吾其蛻矣乃闔門入靜端坐焚香囯
□兮塋㐅臨兮穴命香水投青符浴蘭房報紫碣曰反
吾靜矣亭午將化留此十旬歸補八字吾石室乃遷形受
景濟神幽𪵑兮時紫气氤氳已曷燭紅雲藹窣而上延
郁行芳藻流舂煙靄之表□□人舊　璧神皇帝
聞而興感乃降寶命式謚松扃曰去秊寒晚軒皇之駕
不追補九字今歲秋𡇲廣成之尻又宋吕此京幃情何可
任贈太中大夫追謚曰體元先生昭圖禮也真師業□
□□勤於幽深理心事天所寶唯嗇絶璧棄谿不曜其
光故真感冥期珍圖秘學牲與天補九字道不可得而聞

也若乃崇樸曠迹遐情遠意忠摩青雲蓬視紫闥𡋯歎
曰大支夫業於道不能授補字□□□滅景雲林而猴獼
此山呂煩世主吾之過兮遂欲東來蓬萊孤月入海屬
天補七字　皇穀篤斯道祈歎適深遐對山隅絶策
未進既而金格有命纚輿遵區於戲笞姑胎育神人堯
□□□空峒有至道軒屈順風元真高蹤萬古同德何
其盛哉真師有弟子十人並傳階之秀補十字　然鸞姿鸖
骨眇然雲松杳唯穎川韓法昭皆稟訓瑤庭容受瓊室
專太清之業遵下傳之僑谷補字□□耕服勤於我蓋歷
歲紀也昭等永惟真師靈迹洞業高深邁古而棄世達
矣其若之何補十字　乃琢石幽山申頌元德其頌曰

金石存卷十二　隸存七　三十五

四・八十二

黃帝得道白㐅登天奕松度世紫芝棄煙業秘千古精
淪九傳真蹤雖嗣倚吾體元其一字以下補案淪體元雖何傳骨
天植沖而神秀幼有至德雲鮭鴻騫冥心龜息元風獨
邁白賁蘇餘其二□□□苤茅山洞天高眞靈景總古
貞全寥寥太紫眇眇勒元唯我師友補字□□□舊其三
始受王薔即補五字　入瓊室機光體二道唯得一學備青
台化窮月術餐霞永矣抱景朔畢其四　元眞有命黃丘
□□□駕來歸雲林萃止葆光藏容冥機與芙嚥嘌與
尻象兩而兦　其五　有補字□□□樂我雲傳並駕羽補七字
蓋蛻控鳳翰齋心來謁契道忘筌瑤池一去鼎化千秊
其六　煌煌女帝繼天而立累龍既□□□□集宗我仁

師䌹懷真級紫房問道青元迺習其七元功肅就洞□
□□□□□肅謁絳虬來迎揮補七字神默解臥升霄行去
去金闕悠悠玉溝其八巖幽碧洞峯秀金臺少君斯舉
胄子時來貞□□□虛室霞開永宮千肅歸鶴徘徊
大周璽厤補四字二季太歲己亥二匝八⊙建立
右唐潘尊師碣王適篡道士司馬子微書碑中斷缺
十餘字故文字不能屬讀肰體元不過一道士爲高
宗武曌所寵生爲建廟賜額殁爲賜謚立碑駢體褻
讟累累二千言實無可稱述也隸筆醇謹有餘風神
不足在唐諸人中不稱上品且好用奇字如究作宄
西作𠧧左作𠂇須作𩒨正作缶唐作𢈔凤作䖝又有

𤔔字似是隱字𠬤字似是升字唯𡵨字音義未詳𡵨卽欸字張衡西京賦注欸之言忽也廣韻欸許物切其餘日月季聖等字皆遵
用則天所造新字一篇之中似篆非篆亦無取也司
馬子微四字用古𦐇隸更爲不倫末行缺紀季二字
按唐書則天聖厤二季歲在己亥則此二季上所缺
正聖厤二字也
唐立漢將紀信碑長安二季
有漢忠烈姓紀名信官族𡈼載史失其書管秦始皇棄
六代之業補字窮天下之力以從其心虺及二𡈼葬佑昏
德人怨神怒百姓與能此皇天所以興漢祖也夫龍躍
虎變不有非常之災則不能蔚其文而神其行故英雄

豪傑雷動電擊竝起而亡秦當是時東水飛而𠕋紀皇
綱潰而不紐強者制命弱國連衡項籍提八千之兵鼓
行而稱伯隳名城防勁卒弑義帝屠咸陽七十餘戰而
天下大定矣於是背關懷楚專制王約雖負河山籍舊
業南面而稱孤者猶膝行請命舉國受署莫敢枝梧焉
而高祖奮于漢中定三秦之地扶義杖信東向而爭天
下天下之命懸於二雄山東紛紛蠭合蛾聚未有所係
籍嘗以百萬之衆困高祖於熒陽紀公推天歷之在劉
顧臣節以自僨軺載黃屋出東門而詑之沮百萬之氣
頓強楚之威奪諸侯之魄迴霸王之機身焚孤城之下
功濟廟堂之上高祖曰之以成帝業□園演納肝而無

媿于𩍐□矣而不疑公孫抱子而爲詐孟陽寢牀以自
欺其忠則然於大業不可以希也先軫免冑以立誠鉏
麑觸槐以取衷富辰懟諫而赴翟仲由結纓而爲壯其
節則全於大機則𦬁以尚也荀息守言而𣅽事豫讓感
遇以自殘石乞就亨以佝白漸離矐目以鍛丹其義立
矣於大濟則闕焉故功賢成業賢廣苟有大賴則輕太
山於鴻毛壯哉紀公誠得其死矣夫城郢而增君名寢
棄以祈於死其於忠也不亦泰如於戲仲尼所謂殺身
成仁臨難𦬁苟免者則紀公其人也而歷載數百莫能
表之縣令會稽孔君名祖舜字奉先貪大聖之緒秉忠
孝之規清身以澈俗矯撞以從政到官視事三載有成

於是鄉之碩老攝齋而請曰府君以盛德茂才圖宣大
化旌孝尚節敦學務農人彝懸耜野彝冥草可謂政之
弃者也而紀公之墓蕪而不顯豈所以鼓彝前志發揮
臣子之道哉府君乃咨謨原書謨謀稟吏稽古訓典以為忘
生從道者仁也沉斷囗分者義也威儀不忒者禮也好
謀而成者智也有死彝二者信也決機輿運者明也大
節不撓者勇也夫藏補字一行於人則銘之金鼎輝鑠風
雅況紀公兼而有焉斯實忠臣義士之殊尤而文獻之
所先也故表商容式干木補三字　君子韙之乃仰稚春秋
旌善之義庶幾為臣之節奮于百世之上凜然可以比
肩斯人俾能揚厥光厚忠義崇教化以昭烈

我明天子之風豈不褒德而顯功敎遂作頌曰
雄雄紀公自天佐忠膺皇祖兮卓犖磊朗瑰詭倜儻奮
武兮帀鬬龍戰扶危制變挫強𣏾兮定霸興王身焚業
昌得其所兮雲雷經綸乃聖乃神萬物覩兮千載一振
闡幽佐訓為世矩兮三五巳矣愚聖同丸苟彝足而稱
焉吾何以賢夫古兮　　大周長安二年歲在攝提
七月立　　范陽盧藏用篆文并書

右唐立漢將紀信碑滎陽縣令孔祖舜立盧藏用篡
并書紀公忠烈當為漢室功臣第一乃漢祖帝業既
成褒封缺典班史亦不為立傳故其官閥世族概無
可攷至唐始立此碑朕自來收集金石文字者皆未
之及始著錄于恭壽先生積書巖題跋中惜其前段
缺損數十字余得此本僅少七八字餘者刻畫完好
如新隸法遒健精嚴眞能得鍾梁之正鐙而闖韓史
之堂戶者也　藏用初以終南捷徑得為左拾遺終
以私侍太平公主流嶺南其人品最為汙下此碑作
于長安二季碑末顯署大周之號其視唐巳為弁髦
矣尚何有于異代之忠烈哉余之錄此特以字畫足
觀自其詞葢無取焉　舊唐書高宗本紀麟德二季
東封泰山至原武以少牢祭漢將紀信墓贈驃騎大
將軍此碑立于長安二季太麟德二季才三十七季
乃云歷載數百莫能表之以本朝典禮恩澤竟莫能

知何也
案熒陽之熒原書作滎據碑作熒左宣十二季傳
及熒澤注熒澤在熒陽縣東則熒滎字古通用

碑陰

長安元年鄉人白孔府君請為紀公建立碑表府君具
狀申請而州寮以為異代風烈令式無文且懼鄉人頭
會抑而不建孔府君感激忠義拘牽下僚乃歎曰吾以
不才忝茲邦政思於激貪勵俗旌孝尚忠臣子之行數
化之端也鄉人之請允有禮矣吾可以嘿歟至二年七
月乃自減私俸將斵石采山以旌忠烈會有耕者於紀
公墓側居人田中得一古石磨礱俱囗但無文字其螭

嘗及兩側龍距文騖騄有千丹碑纍生動之勢非近工
所爲詢之故老莫究年代府君遂酬地主之亘樹之於
墓刊勒斯須豈神明昭應有所感發栽何其幽顯之符
會也鄉人奔走而觀者甚衆咸喜紀公有述幽石自彰
□以崇章□之徽烈表至誠之必感夫減俸以旌賢至
清也希古以砥節至忠也不然後世何以仰德而立名
哉乃於碑陰刊紀斯異
縣丞南陽張知之敏學　尉博陵崔淲廣潤
主簿天水趙悦子豫　前尉馮翊吉晧叔明
尉太原王景先温猷　前尉常山閻至爲去偽
勒碑人史玉勤　石工張敬鐫字

右紀信碑陰紀孔府君樹碑刊頌之事并列丞尉等
名以前碑字泐審之亦盧藏用書也漢劉熊碑姦究
革情以究爲宄此碑莫究季代則又以宄爲究二字
互用其與有如此者　褒揚風烈賢有司事也曾何
限于異代乎州賓之推誘假令式以爲詞眞古今一
轍也刊碑而碑出始紀公之靈與孔君有冥契者矣

唐萊州刺史唐貞休碑

大唐萊州刺史唐府君德政碑（案德政二字補下空七字）前朝議郎
行（字補）□（一）都（字補）督府功曹參軍（下缺）
□□□王之經始萬（字補）國平章（字補）□□□□□□□
□茁之（下缺）□□及（字補）□□□之刺（二字補）□□又（字補下缺）□
□之得姓□□開（字補）□□□号佩玉鏘金百代而□□
□林（下缺）□□□西遷□州□□□背□不顧淮南之
（下缺）開（字補）國公食邑（三字補）五百戸（字補）□□忠（字補）武曾祖陵
幼負雄略□□祖（下缺）□雍（字補）容富文雅□□道□朝（字補）
□□□以文武之任遂（二字補）□感激許以（下缺）平壽公謚
曰達□□□□□含人華（三字補）州華陰（二字補）縣令
長岑住（字補）□□□□□□夜（下缺）尚書虞部員外郎
□爲簡州長史器□仲□神用□□榮望漸隆□□□
□□□王（下缺）致醇醴邦族榮（三字補）之公（字補）則簡州長史
之第二子也天（字補）骨不（字補）□風（字補）儀異俗□□□度（字補）
（下缺）之座暗許通家過蔡邕（字補）之門逕聞倒屣督華藉甚

朝野咸（下缺）州司功參軍事州廢改授華州司倉參軍事
屈使鵬圖申茲鴻漸雖□□□而（下缺）鸞輿頓（案毀頓字原書
誤頓）動將幸離宮乃先授公岐州□風縣令公上祖□□
□頑下矜（下缺）異以聞　恩勅加公朝散大夫雍州奉
天縣令屬　大聖皇后（下缺）拜　安國相王府諮議
參軍事俄遷尚書比部郎中朝辭蘭苑夕趨芸閣（八字補下
缺）州洛陽縣令地湍（字補）親勳里遍豪貴萬方都會之邑
百賈駢羅之所公冰鏡照人（下缺）之未亘（原書誤亘）坐堂無訟
近巷有歌久之下　制曰洛陽縣令唐貞休理識精
密幹能（下缺）持節萊州諸軍事萊州刺史公拜受
王命長驅棄服亦既下車即敷惠理訓我（下缺）學行務

農桒哀四辟之扤貧資其食業變一□之□暴劻字補以
淳和設法而悪子革心下缺數多徵剝尤切公審知難辦
表請延期遂得物字補免流離人銳字補耕□風雨調順禾
□盈□□□之惠也加以字補下缺託於私原書譌公門息字補
紛爭於公字補室不然官燭但飲吳水文翁之臨蜀郡邑
足可稱黃覇之牧字補潁川下缺國家妙擇人英樹之司牧
貪官黠吏□以字補澄清特字補　制加公通議大夫使
持節都督潭下缺三品所管州刺史兼犯停務奏聞長史
以下便令解任仍令馳驛赴職合州百姓四字補下缺卧□
丕遂吳郡之牽留伯道攀轅何追乃相與言□□□易
□□□□久頌以下缺

唐之爲姓物難稱字補者國自堯封家分周社丗載英彥
門傳□□□□□貽厥下缺睢園夕遊四字補欒闕兼岱
難字補理委之□末其二下車敷化威動神行□□□□
□□城字補俗下缺歲遠閭□牧念彼字補何親字補□我字補何
速弃子懷戀卧途興輿琴琬二字補下缺

右唐萊州刺史唐貞休碑在今萊州府署大門東側
隷額四行題大唐萊州刺史唐府君德政碑九字文
二十七行後空二行下半全蝕字之可見者止存上
段多者二十餘字少者十餘字亦極漫漶不明唐君
之名僅見弟十六行下制褒奬詞中至其爲何郡縣
與何時代人皆莫可得而攷唯中有大聖皇后云云

恭高宗以後人也碑載其曾祖名陵而官爵無攷父
爲簡州刺史而名又不可見其家世莫能詳也貞休
初官某州司功參軍歷陞扶風縣令扶字巳缺肰在
岐州知當爲扶風也後加朝散大夫謫雍州奉天縣
令拜安國相屯府諮議參軍俄遷尚書比部郎中又
出爲洛陽縣令降敕褒奬特陞使持節萊州諸軍事
萊州刺史後又加通議大夫使持節潭潭下字缺不
得其詳此其歷官大略也自唐之爲姓以下乃頌詩
第一章其成讀者不四五句而巳此碑現在萊州府
治余門人張芝橋萊守蓀華先生子知余喜收集金
石文字從萊返里手搨此碑見贈前人如德甫漁仲

諸公挍羅始徧而竟遺之何耶
案金石錄有萊州刺史于府君碑沙門重閏八分
書開元十年七月立錢宮詹大昕云此碑亦八分
書以年代攷之正相近疑德甫所收卽此後人轉
寫譌唐爲于介

金石存卷十二　一萬九千二百六十四字

金石存卷十三

淮安吳玉搢纂　聞妙香室校本

隸存八

唐滎陽縣令盧公清德文 神龍三年

大唐洛州滎陽縣頭陁逸僧識法師上頌　聖主中
興得賢令盧公清德之文并序　前中書舍人
内供奉劉穆之製　琅耶王守質書
粤允矣於昭　聖唐天子中興拓跡開統迺建皇
極握乾符驅駕百靈摠齊萬類貴與天平比壽富與地
平侔資日月迴薄以淑清吉象陰陽變通以樂和補二字
秉氣龍不隱德鳳不潛靈懷生之徒根著之物咸遂其

性固能使河東靜默宇宙文明舊物惟新　昌圖
啓旦大定禮樂戢藏干戈人壽而還淳刑措而不用覆
燾之　恩溥生育之理足於是邑老田父擊壤而
歌張掖而儛頤而爲頌白康哉堂哉迺聖迺神代有非
常之　主必有非常之臣非常者所謂□尤殊出與
時偕運則我賢令盧公其人焉古曰聖主得賢臣今見
之矣百里令長親人之要者也煩劇所鍾賢良是責故
有四科堂室孔甫稱平冉求三國股肱趙武知乎邢原書
郝譌伯應星雷而鎮風雨類父母而若神明鄭產之開喻
獲禽魯恭之垂仁及獸循聲流於簡牘良政在於歌謠
斯焉取斯之子之遠若乃張英風於上補字　國宣懿範於

允升大猷早有成績休光終不圍盛德其與京觀其化
焉則盡公之心可知矣公名正道字真直范陽人昔元
聿景辰上帝甄其九萬正月甲子太公謀其八百漢祖
以同日相愛利建藩維魏祖以餘風可嘉聿推楨幹或
清壼而循禮典早識張華或文思而發詩書深知越石
曾祖昌衡隨金州刺史儀補字同三司太子左庶子風神
凝雅經史該博宣六察而馳熊軾翊三善而列鳳滌德
爲人表行爲士則祖寶素隨晉州別駕有禮有法于紀
于綱得管輅之清談發王祥之雅詠考安壽　皇
朝朝散大夫襄州司馬綿州長史蘭芬桂□月鑒霜明
珠皐則洗幘擅奇玉壘則題輿緝化公五行秀氣五色

淳光忠□恭懿以補字立身孝敬溫良以行己涵珠孕璧
懸闕澤之高名舞栢吟松動嵇康之逸韻文史足用方
朔之言有徵器宇難量叔則之才可覩解褐調爲興州
信都□□薄轉補二字絳州太平縣丞長河之間彼汾之
曲朱鉤理劇黃綬安卑鴻漸于磐鶯遷于木　勑
授陝州司士參軍又攺汴州浚儀縣令佐觿帷於陝服
補二字　式允清嚴綰銅補字墨於梁城克敷恩信　我
皇紹膺丕業嗣守珍期明一之徽号聿崇凡百之榮階
式叙神龍元年　制加朝散大夫隨班例也居無
何□□□　制爲洛州新安縣令又改滎陽縣令
爾其索亭舊邑滎澤輿區郊連北制地接東□上補字運

鶡火雰控龍泉神州則帶河泝洛洪□則通江達棄五
方雲湊公字補縣私字補斉百族星稠邀時駃利盤根錯節
允屬於牛卿先教後刑必推於季子公下象馬用牛刀
登天理人以居其職遵五屛四以制其範開道述爲設
隄防爲陳之以禮樂導之以德義宣梁嘉恤孤寡去末
返本利用厚生至爲濟濟庠塾莘莘冠履王渙之勸率
佐吏字補范寗之惠養生徒人識廉字補讓之儀家行俎豆
之禮其崇學有如此者龍鱗促務馬骨攘災就稽占於
五星納稼詳於十月子奇之鑄器童嗽之易牛其勸農
有如此者持寬濟猛以禮代刑兩造盡其根源五聽原書
譌德窮其詞色穿一字補窬自息請託不行歸遇臘之囚原

四・六十二　金石存卷十三　隸存八　三

浸𨷂之罷桴鼓罕施於道路桎梏無用於狴牢其政令
有如此者貞丰巡戶定賦徵傜精僞必探高卑咸若心
同懸鏡自辯妍字補蚩手類持衡不差輕重其平直有如
此者果行育德脩己正身徐邈之有常□奮之無潤冰
壺載潔塵甑自空其清白有如此者入其境則田疇盡
墾草萊盡闢字補此恭敬以信故其人盡力也入其邑則
墻屋甚完樹木甚茂此忠信以寬故其人不偷也至其
庭府吏字補甚清閑諸下用命此明察以斷故其政不擾
也可謂季路為宰優在于斯任人以逸從善如流耳目
平而心氣和四支全而百工理父事三人以教孝兄事
五人以教悌可謂子賤為宰優在于斯因以得良吏之

要津行古人之至道頃者年穀不登時雨未降
聖皇感太官之膳出幽圄之囚是歌雲漢之詩式原書譌實
倫山川之禱恐一物之失所慮百姓之阻飢從有之無
遂起泛舟之役賑貧救乏爰行發廩之施谷上租原書譌祖
　園澤下罄丹誠家到戶至哀召益寬優之柔之撫之
育之里詠途歌人安俗泰雖雲行字補載沐旋辞以夜之
期而風教特隆實荷如春之德導揚庶美字育羣甿惠
化所以周洽風流所以藉甚豈直王譚在職時叟号其
無雙張既臨官京輔稱其第一而已河南道巡察使衛
州字補司馬路敬潛以政術尤異奏聞使乎使乎得其人
矣是知韓稜之飛章已奏徵入有期無貢之行雨載馳

四・七十二　金石存卷十三　隸存八　四

願留難遂丞馬壉王薄解伯宗尉高貴司馬貽字補道等
並干將重寶新甫貞柯道可濟時位不充量溟海鄙鯤
鵬所化原書譌托枳棘非鸞鳳所栖翊贊召方聲華有裕望
逸驥而將遠撫留犢以原書譌而增傷孤我德而無鄰勞我
思而無極爰有等慈寺頭陁逸僧識法師俗姓梁氏漢
丞相之後秀也天稟聰偉生而俊奇發願為　國敬造
阿弥陁石碑像并頌　聖德及鑄神鐘字補鄉人前邑
州曾口縣尉劉叓彝錄事王叓福常守一佐史里正等
或簪纓著族夙勞州郡之班或仁義在躬慙屈鄉閭之
任耕田鑿井遭　聖主之休明孝道忠規受君子
之名教以為叫　丹闍而一借未達由衷樹翠碣而

長懸方存相質惠我無疆之潭徽烈允光思（原書譌思）君不
樂之情德音何已毀滿（字補）作頌文在茲乎其詞曰
□地山河中天朝市王帛萬國子男百里帷索之亭帷
京之水橅橅原隰森森杞梓（其一）粵茲撫字須彼仁賢俗
之化者君之宰焉操我（字補）村（原書譌我）器亨我小鮮歌閒下
邑舞合車泉（其二）其政不嚴其儀不忒秩秩詩禮光光道
德爰務耕桒罕施徽纆無偏無黨有典有則（其三）琴鳴容
賤花發潘仁俸唯計日□乃生春視人如子臨事若神
□鷹尘化瑞雉行馴（其四）自冬阻春密雲不雨曲降
絲綍載傾敖庚沐蘭與桂救貧濟饔旋感月離方期歲
取（其五）祝艮何德汲黯何功遠望千載寧踰一（二字補）□既
流膏雨克播循風聲聞于外化協于中（其六）鳳（原書譌風）使載
揚騏逐彼展芳菊無絶甘棠勿剪式紀清芬爰憑翠篆
歌詠不足聊稱其善

神龍三年歲次丁未五月戊戌朔八日己巳建

李思節刻字

右唐滎陽縣令盧正道清德文劉穆之纂王守質書
今在滎陽縣儀門邑人頌其令君可頁乃假名于頭
陀逸僧何也豈欲仗佛力以永其傳耶抑亦沙門勢
利諂頌當事耶守質書添頗欲以樸拙勝人而未免
時露稚筆未能超出唐人藩籬也　貞郎貌篆作皃
說文莫貌切頌儀也从人白象人面形六書略亦云

六書本義眉教切指面皃轉墨角切畫人物類其狀
曰皃則所謂貞季巡戶者如今之造季皃冊以巡戶
口耳　虛舟先生滄化添帖攷鍾繇力命帖有貞字
云當作完字想以彼處文義當如此耳若在此碑則
完季巡戶亦不可解也半江以爲皃字似矣然尚恐
未確當更攷之

唐贈歙州刺史葉慧明碑（開元五年）

大唐贈歙州刺史葉公神道碑（并序）　江夏李□

□國子□太學生□□□八分書

公諱慧明字德昭南陽郡人也其先系自軒后弥于周
文聃季食沈子高封葉因爲氏矣逮問政□孔好龍得
真代有（十五字補）聞也昔者（二字補）惟帝興運乃聖炳靈風雲
相從卜（字補）夢通感聞氣駿發良弼大來有開必先憑物
爲鳥□目然矣則我使君降□府桒道流（十四字補）追蹤隱
淪叶契幽叟結廬澗沚考盤巖椒同人利貞遁代勿用
雖好酒德尤邃老經話言解頤精□絶倒誘進不倦㝠
納書□好（十一字補）事集門長者闐里每至升月帷戶味風
林薄植杖嘯谷席安琴山泰然樂生澹乎忘老六□維
性壽（字補）迴神僊佝赤松之遊縱黃老（九字原書脫）之術（字補）外
身先物歸根致柔緑从大均持从大定色理不盡龍孿
不驚繩繩焉濈濈焉孔德之容罔可測（二字補）已故師長
栓禮邦族與化（八字補）智者謂智仁者謂仁雖楬塞桑摳

紵衣韋帶必避途加敬襄風暢息焉是用克閒乎家大
育厥囗則栽越補字公龍上德延慶靈生而知補六字之學
而習之有專門之資得丕承之業纔亂班道既冠同囗
訊遠岳之福庭觀幽尋之方補字士陳咒雷駮吐刃電光
沈海莫濡蹈冶補六字匪藝呵萬鬼溺補字百神啟陰官之
符變冥司之籙追究往事坐知來茲膏肓補字無所遁其
形霧露不能滋其疾奇跡補字多緒嘉聲日聞是以補六字
大君孔休辟命薦至入自臥內問以補二字咨徵造
膝必誠遇事偕中時更四紀補字代且五玉順風已請天
師較杻以近　皇極緇補三字紫萁能出右公卿是補字
帷虛左原書譌在　國家有事天地將旅補字海岳公嘗致

禮加辟能事潔羞二字原書脫傳驅載途四字原書譌在郡邑句下郡邑
迎謁者歲四三焉自項賦囗補七字壽禍補字小人吹蠱敢
為戎首興此厲階　天步未亨人事將殆公乃極陳
幽贊補二字大啟聖猷枚卜撰辰補二字竝走羣補二字望佐
為邦翰先囗王憂補七字殄勦元兇翼扶　皇統是嘉
厥異式揚爾忠爵賞楚於身寵贈兇乎考匪此父也曷
訓其子匪此子也曷揚其親松楸已囗碑版補九字未立
永念終古追存孝思驟補字請　闕庭第如江介遠訪
于子狂建鄙夫趙括論兵多缺舊學班固述史嘗賴家
書顧惟成章實補八字愧貞石其詞曰
真隱惠軌默僊解形倬哉獨立企古遐征殆厥囗德升

覩丹經服鄉不涅兇味無營築卜岑渚上藥侍補八字琴
徐嘯補字風谷緩步月林白雲粘志清泉洗心曷朕不往
曷奇不臨迹囙神遠精隋地深舉代方籍皇囗未軾肇
囗懿子載揚令德補六字左慈致物越人辨色司察鬼謀
僾使補字神力寵被　五君聲聞八極日嘗薄蝕
國有多難兇慝乃揚忠烈憤惋亦既補三字先覺二字原書譌冠
兇克圖補二字幽贊　皇哉神武赫然天斷薄言即戎
于以戡亂　帝念疇庸典開列土豈曜厥身寔贈乎
父未藩乃錫紫綬是與存補六字致歿榮補字忠伸孝舉列
列桐柏緒風興悲表墓有闕紀德麟詞哀哀嚴蔭欒欒
孝思執傳終古是建豐碑　贈慧明銀青補字此下空五字欽

州刺史子道士濂蕃授鴻臚卿封越國公
開元五年太歲丁巳鶉尾七補字月丙朔七日甲辰建缺
囗州張囗囗囗囗囗撿校樹碑侍者洪州翊真觀王盡
齊物囗原書脫囗州以下
右唐贈歙州刺史葉慧明碑今在金鄉縣書撰人名
皆缺分隸雄駿亦韓史輩手腕但過涉怒張微乏蘊
藉則小遜耳慧明乃道士葉灋善之父史稱睿宗即
位謂灋善有冥助之功故拜為鴻臚卿封越國公又
贈其父為歙州刺史夫以一道士而位之卿尹爵以
上公贈及泉壤名器之濫可謂極矣洪邁容齋三筆
曰自唐代宗以僧不空為鴻臚卿開府儀同三司其

後習以爲常不知睿宗已以道士爲鴻臚代宗亦踵
行其獘政也

唐宗聖觀主尹尊師碑 開元五年

大唐故宗聖觀主銀青光祿大夫天水尹尊□□并序

銀青光祿大夫行太子右諭德兼崇文館學
士上柱國平涼縣開國公員半千撰

聞夫真人者出巨殼歷倚杵騎蜚廉從敦圄□□公妾客妃朝濯髮於湯泉夕晞首於暘谷仍丹丠以長嘯戴翠華以高遊自非植因曠劫肅恭太浩從事於金房之前鏤心於玉晨之上擕青童而應黃綳者奚以戒後來之妙相庫□□景而元希督則尊師其人矣尊師□□

□□景先隴西天水人也後秦尚書僕射緯之後緯仕長安故爲邑人焉若迺鑚爲帝師降迹於唐勛之代光平王佐應命於周武之朝家籍□□可略言矣曾祖洪宇文朝商州長史大父舒隋文州別駕昭考琮皇朝散大夫尊師特稟異氣坐實冥華始降迹也其母袁氏夜夢元妙玉女授以九差丈人之符數月而聞腹中誦經聲且時時有異光繞身矣及載弄之始目光炯然眸子轉盻若有所見及勝衣之日自識文字唯誦老子及孝經迺曰此兩經者天地之心也此後見好殺之字若蹈水火視蘇禮之文□□泉谷稍長聞有尹真福庭迺精心事之不近俗事因讀西昇靈寶等經漸達真教既得元味便契黃中聞師者傳道之父母行道之神明乘數劫來妙經是出不因師學謂之長昏遂□□無已求師不暇時有周灋師者內音之先鳴上皇之高足迺顯叅軒効駕陪景嘯空奔走禮謁以由宿志灋師見之迺謂尊師曰汝於劫會之中已受龜山之綳也便訓以紫雲之□□授以青羽之隱靈臺入其心謂赤松王子喬可與撫煙月矣年十五道行已周有名於遠近矣屬文德皇后遵上景而委中宮于時搜訪道林博採真迹

勑出家配任宗聖觀

尊師即應元景行預綳□□

雖剪芝瓊圃採琳元瓏意每遠出未近謝也將欲沐浴東井棲遲南昌保護崑崙窺窬混沌矣故屬想丹煙遊

心紫度遍尋五岳備涉九元尋三君之祖氣□□□之慧眼旋謁灋師便屆終南寂慮於溫泉冥精於寒谷有年日矣既通八景又逢九天知來藏往多所曉悟若有神曰灋師上遷及省所屆已去順也貞觀末年行巹既畢永黴三□□□太白入重元也見所未見聞所未聞此後丹字紫書三五順行之灋扶晨接晝九六逆取之方咸得其要尊師所有遊山異迹祈醮靈應並有別綳比不載之至於顯慶已來國家□□□□供奉功德諸量救代度人轉經行道元壇黃屋帝座天言東都西京少陽太一九城二華展敬推誠三十餘年以日繫月始終不絶有感必通凡是効驗君臣同悉

勑書往復

□□□迴神遺昭章歲時交積沓不可具載並傳於
帝㞦一二要沓略舉其目初尊師遊太白高頂雲霧
四周聲振萬壑忽湧圓光去地千仞復有像充九色其
高十仞欣然長往沓□□□爲　高宗之在九
成宮有孛彗經天長數丈以問尊師尊師對曰此天誡
子也子能敬父君能順天納諫黴賢斥邪遠佞罷役休
征責躬勵行以答天心當不日而滅　上依而
行之應時消矣是故　高宗以晉府舊宅爲
太宗造昊天觀以尊師爲觀主儀鳳四年
上在東都先請尊師於老君廟脩功德及
上親□□□咸從　上及皇后諸王公主等

同見老君乘白馬左右神物莫得名言騰空而來降於
壇所內外歸叫舞躍再拜　親承聖音得非尊師之
誠感也由是奉　勅脩元□□□聖紀一部凡十卷
惣百廿篇篇別有贊時半千爲尊師佐也紀贊異袟繕
寫進之　高宗大悅終日觀省不離玉案洒援
尊師銀青光禄大夫行太常少卿尊師固讓不得□□
官而受散職爲永淳二年天中有望告成有日萬乘雷
動千騎風馳　天子乘閤道而御帝車群官陪六儀
而叅七曜將禮於天樞幸中岳也金繩未舉玉撿猶潛
而六龍頓轡三□□色　聖體不安旋于皇極
紫微虛位白雲上迊萬國歸訴四方遏密

太后諮訪尊師尊師曰眞坊仙境亦替代謝物有榮悴
氣有初終大道之常幸靡神器　□宜存思諒闇
極想欽明寂理百神潛庇萬姓文操人間地上物裹天
中所有靈明倍百祈請亦望二十四結火燒而憂盡七
十二數水鍊而灋成皆見先徵以明後事迺著祛惑論
四□□靡論卅卷先師傳壹卷垂拱四年將賓玉帝也
上足時遣成咸顯奏章以延福蔭尊師止之曰有順宜
遵不可犯禁言訖委化顏色如常粤以長壽四年四月
十二日遷坐於終南文□□弟子侯少微等追思龍漢
遠慕龜巖巽德音與天地同久神遺其陰陽齊化略庇
騫林冥滋栢樹俾斯貞石文呑三光其詞曰

去矣大傳悠哉上园玉谷白芝之座金闕紫□□前旣
嘯景於瓊札固交歡於碧泉出三萬六千之厚地入三
萬六千之遠天咀九華之翠菊坐五色之紅蓮常吟外
景每握內篇春霞飛韋絳雪秋風生霏紫煙徘徊高黃
巔顧步太□□三秦四塞帝王國京地長安龍鳳川煌
煌兮四明路浩浩兮八景年今已向上龍斾果何時來
下降宿緣當乘遺之氣應傳遺之味炙□贏贏六合中
自然昌揚萬刼通稽首空謌步□□乘九霄天下同此
心非獨騫之林　開元五年十月二日弟子侯
少微等建
右唐宗聖觀尹尊師碑開元五年立員半千撰文獨

不刋書者名氏隸法本亦廉悍經元大德閒道士聶
志眞重摹失其筆意矣尊師名文操碑今中斷其名
正在缺處肰第二十一行有文操人閒地上云云則
其名猶可攷見也唐人尊老子爲遠祖故祠祀祈請
備極崇奉入宋不已遂至降壇君臣上下共爲矯誣
巨碑渼刻傳之後世豈不大可笑哉碑不載于金石
錄金石錄別有一尹尊師碑乃裴子餘譔郭謙光八
分書開元八年四月立兩碑當同在宗聖觀員碑在
北宋時想未必盡不可讀不知趙氏何以得一遺一
也　碑中有故爲扈人焉句扈疑即扈字扈縣在右
扶風此必重刻時譌戶爲尸也

案扈字據舊拓本作扈今本作扈葢碑石年久上
畫兩旁蝕損故成尸形實則重刻時未嘗誤也原
書以爲譌尸非是　扈縣漢書作鄠縣古有扈地
碑故作扈扈鄠本一字耳

唐唐興寺碑開元六年

大唐朝議大夫行閒喜縣令上柱國臨淄縣開國男于
君請移置

唐興寺碑并序　殿中侍御史判職方員外郎高陽
許景先撰　觀道寺主僧師□書

先萬物者始道德爲宗窮言象者以乾坤爲大豈若道
洽沙界盤古無以化其跡功包鐵圍隸首不能紀其要
前後際斷衆妙入於眞乘色相皆空定慧生於正覺言
之不極其波若之蘊乎聞喜唐興寺者我國家草昧之
所置也時櫜弓矢締搆龍宮懸玉鏡於方丈運寶圖於
羅齋將祛八難式護四禪乃於西山建斯精舍布金幽
逕樹福旋衡經始險蹊人跡罕到雖三空屢說給園之
衆不俱八解常流方廣之途尚阻叱俗常迷於夢幻聚
落不聞□□□□使十地空存四生無拯爰初搆趾數
十百年舊令因循不改其制長者居士既渴日於寶坊
清信比丘徒挈缾於諦議時縣令朝議大夫東海于公
名光庭即銀青光祿大夫瀛州刺史東海郡公士俊之
孫金紫光祿大夫中書侍郎同中書門下三品東海憲

公之第五子也秉五鼎之華胄稟三辰之粹精陰德未
沬亢宗有後在躬而禮義克舉餘力而文章見稱好學
多能以爲入官之具淸愼寡欲弥見在公之心由也四
科參乎一貫理必合於投刃事無遺於下帷故能變蟋
蟀之風展蒲盧之化始鄉遐而循里我有邑言終里遐
而循家人無遺善此其操刀有裕彈琴自閑亦既庭於
王程將又崇於佛事爲蒲之所不及理鄰之所未行加
以識洞眞局智融覺鍵伏忍於三昧懸解於六通身若
明珠淨無瑕穢心猶平地能生衆善且循調御時現宰
官精三異之妙術敷六度之津要由是歷請天府將徙
梵宮雙樹移堅固之林八座改耆闍之岫金山赫赫與

紫殺而飛來紺宇旿旿化青樓而涌出城池故絳井邑新田士女溢於康莊象馬闐於里閈一一香蓋懸寶纓之幢種種天花散金燈之地得未曾有聞所未聞方將洗貪欲之腸胬開曾聲之耳目納須弥于小芥詎是難思置海水於虛空未為希有僉以法雲西蓄佛日有鄰家之味今智炬東摧迷遂昭韋復之象豈非如來滅後將有住持時夏縣威神寺法師俗姓張法名忽律其先衣冠出南陽精持律儀薰修戒行德超於四果理貫於三伊大道未行同孔丘之歷聘衆生有病等毉王之授手遂乘杯涑莁振(補三字)錫北亭拔贊俗於愛河誘焚如於火宅示方便品導波若流亡羊於九部之津去馬於

三乘之際莫不爭持寶蓋競解□□□㪍池之棟宇為苦海之舟航起予者商繄我明宰時縣丞清河張佑仁主簿國農楊浩尉太原王臨尉太原王銑等竝瑚璉名器鵷鷺皇劻翮于無滯用政有異聲鄉三老進而言曰今敦禮勸農嘉惠也樹法拯人深慈也我宰君善化前古罕儔豈使浚儀豐碑空銘景行龍宮後碣獨闕徽言載勒堅金永傳沙界銘曰

佛言能淨一剎土是謂世間良福田今我莊嚴拓提宇度脫功德海無邊猶如法雲覆羣品亦如佛日在中天皆是宰官惠明德羣甿安樂離苦緣樹碑紀功永不朽銖衣拂石億萬年　開元六年歲次戊午九月壬辰朔二日癸巳建

右唐聞喜縣令于允庭請移置唐興寺碑侍御史許景先篡僧師□書開元六年立此碑初不載于趙德甫鄭漁仲二家獨金薤琳琅錄其全文　本朝顧處士寧人朱太史彝尊客游山西最久晉中遺刻羅列集中者最夥此碑在聞喜何獨見遺豈石今不存耶此本惟拓甚舊吳門徐友竹獲之淮陰市上持以示余因摹其文入錄拓本缺最後二百三十字就都本足之友竹名堅季甚少好古甚力嘗從余處見所藏篆隸秘本皆手錄以去且精于鐫勘丹黃爍然將來所詣正未可量也　紺宇旿旿即沈沈也讀如潭潭

昌黎詩潭潭府中居史陳涉世家涉之為王沈沈者皆言屋宇深邃貌古沈字通用湛湛又通作眈故此碑遂以旿旿為沈沈非易虎視眈眈之音丹也

唐東海鬱林觀東巖壁記　開元七年

紀曰維大唐開元七年歲在己未粵正月庚寅朔時大人出為萊州司馬禮當巡屬縣問耆疾周覽海甸察聽甿謠人穌事矣乃迴駕惕想眇矚雲山尋紫翠之所登虬龍之道蓋欲徵靈宅吉洗我塵慮巖巖直上窅窅傍邃霧月與碧海同深霞朝將赤城爭峻代有知而不能至者至而不能賞者賞而不能窮者亟聞我東海縣宰河南元公光踐幽躅起予泉石締思搆匠鐫素彤勝

逶拔叢篁鑿崩壁懸流歃水藏宿雨而時來臥石埋雲
觸搖風而不散歷時花木紅紫無名入聽笙歌宮商自
合固可爲真人之别館元始之離宮𢦏夫豈會稽探禹
穴慕古長想顧何奇乎豈如志在魏闕心遊江海兩忘
出處雙遺是非惟元公得之矣攀賞未極别簉生陰促
駕言旋攢峯擁騎家君顧而歎曰爾知遊名山勒銘紀
旨北思入上元道存虛白夾何能造次不遠而爲之吾
少事雲林長羣塵迹晚齡心事盡于巖間小子志之貽
夫來者其别座同志次而鐫之司馬男清河崔逸文朝
議郎行海州司馬崔怦字踐直朝議郎行東海縣令元
暧字徽明丞閻朝賓主薄孫亨友尉荀抱簡尉上官崇

素司兵竇晏

右唐東海縣鬱林觀東巖壁記海州司馬崔惟怦男
崔逸篡不著書人名氏或亦逸筆也今在海州鬱洲
山之麓境地幽僻人迹罕至歲久蘚蝕椎拓絶少余
宗人麗南僑居東海嘗因游歷所至獲見是刻埽滌
塵翳手錄其文以歸知余篤耆分隸亟爲余言余慫
恿搨之因又言此刻之外尚有宋蘇唐卿篆書石曼
卿艸書並刻巖間藤蔓菭封頗難識認余聞之興益
勃發戊午冬日重錄金石存將畢以不得致此數碑
爲憾因作一詩促之明年正月乃先寄摹本俾余入
錄將覓善工徧搨諸刻以飫余志余按趙氏金石錄
目嘗載是記特未及跋尾是此刻曾一入歸來堂中
但自趙氏而外迄今絶無知者海上居人如蟻四方
游鬱洲者歲不下數千人亦竟莫知山下之有是字
非麗南之冥搜窮按將益湮沒不復可見而遂以益
余之不足則尤爲可幸也鬱林觀今已不存山左右
數里居民希少且山石高聳必駕木緣緪然後椎拓
可施亦大未易事然余慫恿甚力而麗南亦汲汲好
古知其必有以報我也

唐修孔子廟碑 開元七年

嘗觀元化陰藏上帝流造雖道遠不際而運行有符揚
搉大桓宜考神用建人統之可復補天秩之將穨其撰

一也晉者蚩尤呫賊麻弟驕兵巨力多徒合縉連禍則
黃帝與聖首出羣龍推下濟㠯君人儆勤略㠯戡亂逮
至橫流方割包出其咨轉死爲魚鱻食不粒則堯禹並
跡扶振隱憂道百巛庫四國粤若殷禮缺周德微宋分
用鄁楚子問鼎則夫子卓立桀然成章闢邦家之正門
播今昔之彝憲此天所㠯不言而成化聖所㠯有開而
必先其若是也故夫子之道消息乎兩儀夫子之德經
管乎三代豈徒小說蓋有異聞夫亭之者莫如天藉之
者莫如地敎之者莫如夫子且沐其亭而不識其道則
不如勿生荷其藉而不由其德則不如勿運固曰消息
乎兩儀者也夫博之者莫如文約之者莫如禮行之者

莫如夫子且曾其文而不揚其業則不如勿傳經其禮
而不啟其致則不如勿學上代有以焯序中代有以宗
師後代有以丕訓固曰經營乎三代者也意虞舜之美
不必至是黃而大者進聖君也夏桀之惡不必至是擠
而毀者激庸主也伊尹之忠不必至是演而數者勉誠
節也趙遁之逆不必至是抑而書者誅賊臣也至若論
慈廣孝輔仁寵義職此之由於是君臣之位序父子之
道明友朋之事興夫婦之倫得雖服日開覺膏雨潤瀆
和風清扇安足喻其俗如九皇繼統而政醇七聖同軍
而道合雖事業廣運借理濟一時原書脫字未有薄遊大夫
解居下國德敦既洽言滿方來廟食列邦不假手於後

續君長萬葉畢歸心於紫王𦵏此之盛是以騰跨百辟
孤絕一人曷成名可稱取興為大者巳
我國家儒教浹寓文思厥天伸更曹以追尊建禮官以
崇祀矦褒聖於人爵尸冀亨於國庠是用大起學流錫
類孝行敦悅施於方國光寵彌於囿宗三十五代孫嗣
褒聖矦璲之字藏暉洎於賢元亨等或專門碩儒夙墜
于緒或餘波明準亭揚厥聲乃相與合而謀曰夫墟墓
之地禮曰自哀聽訟之樹詩云勿翦一則遇事遺愛一
則感物允懷故乎大聖烈風吾祖鴻美故國封井舊居
以嶽敵宜其蟻神馳踶膝行膜拜陳藥祭首嚴祠樹續
垣以設防刊豐石以為表兗州牧京兆韋君元珪字案此

下石本空五字王國周親人才懿德明啟風績休有名教長史
河南源晉賓字光國賢操孤興清節相速納人以禮成
俗於師司馬天水狄光昭字子亮相門亨開雅道踵武
聞義必立從事可行錄事參軍東海徐仲連功曹成陽
蓋寡疑倉曹太原王道灋宏農楊萬石戶曹博陵崔少
連宏農楊履冈兵曹太原王光銘范陽張博望法曹安
定皇甫晔東海于光彥主曹榮陽鄭瑾參軍事博陵崔
圭南陽樊利貞曲阜縣令雁門田思昭丞河間劉思廉
調扶風竇光訓河東裴璿隴西李紹烈雁門田公儀博
王薄吳興施文尉清河晏宏楷等宣序通德儒林秀士
昇堂觀輿遊聖欽風愈同演成乃廓經始其詞曰

元天陰騭大明虛鏡神不利淫物將與正凡曰投艱在
此逢聖吞沙荐虛軒黃庭定襄陵北炎夏肅文命周道
失序夫子應聘刪詩述史盛禮張樂雅頌穆清訓詞昭
灼片言一字勸美徽惡誘進後人啟明先覺六順勃興
四維借仛元功濟古至道納來首出列聖席卷羣才大
名震曜廣學天開蒸嘗而寓誦習窮域
帝念居室以光壽宮建矦于嗣環封厥中孫謀不泯祖
德斯崇乃刊聖烈亨廣休風
朝散大夫使持節渝州諸軍事守渝州刺史江夏
李邕文　正議大夫使持節宋州諸軍事守宋
州刺史上柱國范陽張庭珪書

大唐開元七年歲在己未十月乙酉朔十五
日己亥建
右唐修孔子廟碑蓋孔子三十五代孫嗣褒聖侯璲
之與族人元亨等修飾宅廟而句李邕作文張庭珪
書之者也邕于唐頗有文名然不能洗甦晦襞績之
病庭珪書法固工但老勁有餘微乏風韻書小史乃
以古木崩沙閒花映竹評之未爲確論也　故乎大
聖烈風故郎刻字集韻效同刻隸法矢作夬故書作
故文思厥天厥疑辰字晉卿趙盾三傳皆作盾字讀
爲涂本切脈上聲即矛盾字亦讀純上聲中盾字亦
讀若允無作太公贅者今俗讀若遁誤也觀此碑書趙

盾作趙遁豈唐時即讀盾爲遁因聲誤然誤其形乎
唐華嶽精享昭應碑　開元八年
華嶽精享昭應之碑
　薄平陽咸廙撰　　宣義郎行華州華陰縣主
夫神其止也虗其行也亘是以感生爲夫祀其事也大
其馨也德是以福生爲維嶽脊喬屈兌曰華天作峻極
厥仍又于降靈集祉密跡王國故風雨昔若必應休明
玉帛之享亦豐其報致天人之咊眘功莫大焉
　皇帝以開元嗣極今八載也文德被武功成　垂拱
而天下理纘服兩藩邪正於戲聖之配天不違災祥之
數而務脩其德天之降福式彰譴告之符而終與其藹

是以成湯興而炎暵避周宣懼而頌聲作閒自日去年
雷始電追乎畢春氣達萌牙山川如焚密雲不雨千耦
適野脊病於失時百室崇墉將空於成歲
我皇畏昊天之命閔烝人之艱自郊徂宫靡神不舉乃
分命舊相尚書許國公蘇頲以瑞祝之辭旅于西嶽將
以蒙嘉氣獲豐年分時膺保衡代修袞職竟亦先正對
揚　　王休　　天子以才難九人
允釐同德公是用僉諧八座懋廣曠咨脊文章爲脊禮
樂爲既亨冢位乃司宗伯實佐咊邦欽恭明祀爰届爰
處威儀孔將閟（原書誤閟）是亭廟脊來斯啓州命長史河東
薛縕俾爲協事於外宗人相禮展器執書告備於内肅

雍萃止齊艾並作幣尊六號王用兩圭焚燎舉而禮容
祖落昧爽交而神光有燦粤三月庚申陳薦請也公已
事復命式遂其歸時厥翌日旋於關下車轔轔而響作
凝辭辭而聲入則巳浹周四溟涸洽千里拜獻純（原書誤祝）
殿天臨左歡嘉公克誠神用影響　　制書褒
賕東帛脊差既禮而祠古之義也亡不與祭
帝脊爰爲乃申命秩宗寵終厥事則脊牲於樂奏之備
以昭配爲紫卯告賽如前禮夫陰陽不測至妙也因變
感情至發也六府三事大功也四望六宗大禮也后王
卿士如彼歲月其道不易時惟康哉蘇公乃言曰惟
我后之德格于上下神哉其需今茲臣人

可蘇述巳於是重費以謀始因物𠇍書伐偉彼金石載
刊其陰俾夫後之敬事者知景福之攸原書有譌在其辭曰
於鑠大華降神西峙惟王莅之配天脊祀雲雨成物馨
香叶祉明明
天子禴于恣陽肅肅蘇公　王
命是將克誠攸亨離畢其秀丰之用康祀事惟政非昵
非假禮崇其敬祠而報焉以永終慶惟靈感咊幽贊而
生育豐者石刊之則貞蘇公仛頌孔碩其聲
殿中侍御史彭城劉升書
右唐華嶽精享昭應碑華陰縣主簿咸廙撰文侍御
史劉升書刻後周天和二秊華嶽頌之陰升書法頗

瘦勁當開元間隸體極盛日絶無一筆羼入韓史門
庭其用筆用字全類魏齊時碑版亦唐刻中之僅見
者　容恭王國是邇字變壬作圭眉爾爲介也懋廣
疇咨即咨字增口爲日也旣亨家位當是享字與銘
詞中克誠攸亨同而有哭焉是迭字變比爲二口也
三國志注引會稽典錄言孫亮時有山陰朱育依體
象類造作異字千名以上魏書太武帝始光二秊三
月初造新字千餘頌之遠近以爲楷式故李仲琁修
孔廟碑魏孝文弔比干文之類皆襍用篆籀隸楷以
及變體別搆之字肰此風自唐以來久變不謂至開
元時劉君乃獨著之且又碑中如皇帝天子等字或

空四字五字或空六字十字不一唯我皇及帝字平
格前天子字空六字銘文明明天子句又復平格皆
不知其義　碑前後闌入後人題名甚多一行云銀
青光祿大夫撿校華州刺史上柱國李休光題額字
體不類疑出後人補刻非升一手書也又一行題崇
禎十七秊後辛丑和州逸人戴逡孝再登岳十八字
今上十字巳爲後人鑱去辛丑乃我　朝順治十八
秊題此者始亦謝皋羽鄭所南之流與
唐御史臺精舍碑開元十一秊
大唐御史臺精舍碑銘并序　中書令崔湜任璧中侍
御史日篡文

易曰吉凶悔吝生乎動也傳曰禍福無門惟人所召劚
蹈網罟嬰徽纆𨶒析楊貫桎梏可愍天尤人若左臺精
舍者諸御史導羣愚之所作也蓋先王用刑所以彰善
癉惡聖人明罰是以小懲大誡故崇〻清憲以糺以繩
而檮杌頑嚚罔知攸畏冒于佩賄貪于飲食粦蜂不歌
讞犬自噬棼〻泯〻而陷于茲者歲以千計羣公等目
而感之乃言曰天鑒可逃自咎難追夫能度畫切苦厄
者其惟世尊乎所以僉捨衆財議立斯宇欲令見者勇
發道惠勤採妙根悟有漏之緣證波羅之果纓珞爲施
菩薩之導引衆生塔廟有成天人之護持正覺不有薵
者人焉賴哉長安初湜始自左補闕拜殿中侍御史至

止之日其搆適就遊於斯詠於斯讚首於斯咨夫衆寶
嚴身非如來之意方丈為室盖維摩之心故立像不務
於珍華度堂㒺圖其豐壯至若丹雘益彝尅厠都捐財
疑依止仰或未多也君子之佐其得中焉觀其椽之槖
之是尋是尺掎徂來之松攻荊藍之石疊櫨駢栱規欑
欒亘鎔胳蟠以頡梲鏤躋贊以銜鋪纖窓黝烟丹桯槁
日香泉轂曲環繞琉璃之地靈草百品叢蒔黃金之階
信可滌慮洗心逝殃寘福為利甚博獲報無量羣公以
予忝文儒之林固以碑表相託辭不獲已而佐銘曰
雖佛之國黃金果道于嗟下人誓不相好胡不歸命己
自係雖佛之土白銀為臺于嗟下人為惡不迴胡不稽

首以逭災彼君子兮福所履兮是度撰兮不日成兮若
神營兮利羣生兮　開元十一年殿中侍御史梁昇卿
退書　趙禮鐫

右唐御史臺精舍碑崔湜文梁昇卿書書法遒勁自
足名家宋東封朝覲頌亦以相屬也朱彝尊云唐自
貞觀中李乾祐為御史大夫別置臺獄囚當訊就近
拘繫之其漸也侍御史東西推監察御史糾視刑獄
各禁其囚迨武后時來俊臣侯思止皆為御史制獄
之外臺獄圜扉恆滿崔隱甫總臺務言于朝掘去于
是剏精舍以釋典懺之按舊唐書隱甫為御史大
夫在開元十四年碑云長安初湜自左補闕拜殿中
侍御史至止之日其搆適就是去臺獄作精舍在隱
甫為御史大夫二十餘年以前何得云自隱甫始也

金石存卷十三

一萬一千二百八字

金石存卷十四

淮安吳玉搢纂　　聞妙香室校本

隸存九

唐老子孔子顏子讚開元十一季

老子讚

睿宗大聖真皇帝製

爰有上德生而長年白髮遺象歘氣浮天函關之右經
留五千道非常道玄之又玄

孔子讚

同前製

猗歟夫子實有聖德其道可尊其儀不忒刊詩定禮百

二·四十

王取則吾豈匏瓜東西南北

顏回讚

御製

杏壇槐市儒術三千回也亞聖比也稱賢四科之首百
行之先秀而不實得無慟焉

孔子讚　老子讚

右脩書副使太子右贊善大夫麗正殿學士張悱奏稱
先奉恩勅令臣撿挍
御書
睿宗大聖真皇帝集臣伏見集中具載前件讚文又見
孔子廟堂猶未刊勒臣竊以為尊儒重道褒賢紀功本
於王庭以及天下一則崇先師之德一則紀
先聖之文其兗州孔子舊宅益州文翁講堂經今千有
餘載皆未題頌臣特望揩御書讚文及陛下所製顏回
讚并百官撰七十二弟子及廿二賢讚令東都及天下
諸州孔子廟堂精加繕寫御製望令刻石百官他望令
題壁陛下孝理天下義冠古今使海內蒼生欣逢聖造
與敦勸風俗光闡帝猷

勅旨依奏　開元十年六月十日

開元十一年歲次癸亥八月甲午朔十六日己酉

朝散大夫行令武元禮

朝議郎行主簿樂思問

二·七十五

朝議郎行尉鄭儇印

朝議郎行尉盧懷秀

朝請郎行尉下缺案从上五行原書佚脫今補

右碑上截刻孔子老子顏子三讚下截刻修書副使
張悱奏章並悱因撿挍睿宗文集見此讚文因并欲
與開元帝所製顏子讚令天下學宮皆勒諸石也此
石不知刻于何地前人集錄皆未之載字雖不甚適
容肰當開元時頗無腸肥腦滿之態亦可貦也　前
書開元十年是勅旨依奏之歲月後又書開元十一
季則勒石歲月也後一行字甚小

案碑在今濟寧州金鄉縣學凡三列第一列三讚

十八行行十字前二讚睿宗製後顏子讚稱御製
者元宗也弟二列奏章敕旨十七行行十五字末
季月一行弟三列令簿尉銜名五行原書止載上
兩列而鈌下列銜名今據石本錄補

唐涼國長公主碑 開元十二年

御書 補二字

大唐故涼國長公主碑文
銀青光祿大夫守禮
部尚書上柱國□□□□□□□ 二行補 窦从上
乾坤既將彖爲攸配變則成女終於歸妹惟長公主平
公主諱毙字花粧 我興家邦天錫 補六字
宗社昌運及五 聖眞享鴻名 聖期至六

神武膺駿命道大□□ □□□焉細緼構極倬
彼雲漢 補九字 的瀝櫱春華如桃李順顏承志約禮知節
得雞館從蠶之儀採公宮習文之藝載瞻湯沐爰賦井
田其創也與多於僊 字補十四 源其涉也稱長於涼國故丞
相虞公太原溫彥博曾孫曦台撰門閥風流儒□□諧
是圖歷選伊尚君子至止碩人其 字補十四 碩協時之吉備
典之實雜珮明璫褧衣錦裳熒熒煌煌有秀有芳居□
瞅以虹 補二字 倚動群趍而翠翔媛成肅雍侯守祿位 四十
字補 貴則能降降而不驕勞而在勤勤則不匱未嘗有也
皇嘉之而謂曰□和以樂夔平風準五紘之盡
美觀百物 字補十五 之從令欲同聽乃親故特傳於汝公主

青陽神潔妙指心關猶白雪之詞□通□則應類青谿
之曲多領略皆賞初榮 字補十六 賜以浮後試盈而散
思過魯元王豈三色寵逾竇太 帝豈□□毋
絕館陶之祈自無昭平之贖粹溫而 字補十五 敏靜李而詳
以北渚之戀若何西方之聖如是大修圓果深入至空
竟而瑶華淪霜桂枝辭月開元十二載八月辛丑 字補十五
遘疾薨於東永嘉里第享年卅八嗚呼哀哉上撤懸久
恤降大增涕京尹護喪群司蕆事其年仲冬壬午陪葬
于 字補十一
橋陵生資敬愛殁効充奉簫史樓中鳳音何望軒轅臺
下 龍德乃攀子西華等扶杖而立茹荼以泣濞

淺赴賓 字補十五 惆默觀香羽蓀容裔翰林馥嘶又昭于遺
風誰著纖蘭蜜厥後代諒憑刊刻豐碑□立睿礼親紆
捧戴則奔馳四靈光 字補十九 華則迴薄七曜明山可轉 字補
況連於銑鋈□圖雖積重鎔於琅玕併銅縷之湮沉由
原書譌出 寶書而飛動禮臣不佞敢作銘曰 字補十三
天其有章銀漢玉潢我則有祥霄明燭光柔祇丕芳
問允塞何彼穠矣其儀是則鳳凰于飛公子同歸琴瑟
在御德 字補十四 音其違何沉寥之纍秋兮獨杳杳之□夜
何闇忽之誰忍兮痛明靈之不偕清霜晶月楚挽將發
流吹結雲秦聲不聞 字補十四 惟聖皇兮固金石噫長□兮
森松栢榮以 原書譌終 悼之兮長不斁

右唐涼國長公主碑下截不全上截亦有斷裂紋文字不可盡讀首行前有御書二大字正書餘隸書攷金石錄知蘇頲譔而明皇書之者也按史睿宗弟三女荆山公主下嫁薛伯陽弟六女涼國公主亦下嫁薛伯陽此碑云公主初封仙源原注此本不存封僊源字肰弟四行首一字有源字下接云其從也稱長於涼國此封僊源之證既封涼國下嫁故丞相太原溫彥博曾孫曦唐史溫彥博傳亦載曦尚涼國公主事而公主傳獨無曦名故趙子函郭允伯諸公皆謂公主初封僊源嫁薛稷子伯陽及伯陽坐父稷流嶺表自殺乃改封涼國更嫁彥博曾孫曦碑諱伯陽史逸曦也余謂此事恐唐書公主傳有錯誤處荆

山公主已嫁伯陽不應僊源又嫁伯陽也以碑不言伯陽諱碑爲公主諱不知唐人初不諱再嫁事鄎國長公主碑前言嬪于薛氏後云改嬪它士亦元宗御書絶不爲諱何獨涼國則諱言伯陽鄎當是公主傳誤重伯陽名而遺曦未載耳要當以碑爲正

案碑在明時尚完好後爲土人擊扑損半肰字迹甚可辨今取家藏舊拓本校之多原書二百三十三字特録補以資金石家攷古之助

唐鄎國長公主碑開元十三年

大唐鄎國長公主神道碑銘　御書　中書令修國史上柱國燕國公□張說□案修字以下補

臣聞堯有娥英峯九族之敦叙舜有宵燭動百里之光曜大聖之後天必縱之積善之家神所慶矣豈惟上帝之女雲漢爲靈平王之孫大聖至此補肅邕其德連華前志代有其人　皇唐鄎國長公主者字補睿宗之第七女也母曰崔貴妃構累聖而成門合濟美而爲室蘊乾坤之純粹演日月之清明神媛誕靈常言所絶免懷之歲天奪爲室至此補聖善不會三日哀比成人父母流胎數之慈曾子擇生知之孝由是宮闈延矚邦國遠聞□□玉笄耀首油軿在馭錫之美地邑以荆山之孝至此補求之令族嬪于薛氏爾其居玩圖史動循禮度服其浣濯恭儉之教興鼓其

瑟琴敬讓之風被其行已也安親惠下之謂仁敬宗好合之恭儉至此補謂義降貴接卑之謂禮恕精周物之謂智推心而行則不詠備其理家也視膳饗餘之均和主饋醴酏之品齊絲竹七音之徽靡纂組九該備至此補華之縟歷經目所涉罔不精詣每至三元上賀五日中參進對詳華折旋舒婉故以式瞻貴里儀範通門如千花之泛惠風百卉之涵膏進對至此補露窈窕之宜克舉蘩芹之福大來有男子四□子五瑶琨生階芝蘭滿室者也習禮明詩日漸閨庭之訓銀章艾綬地連恩澤之庶自生階至此補

先朝徽展之辰延公子成笄之日卜除過制內疚餘哀

手寫金字梵經三部郘繡綵線佛像二鋪貝葉眞偈現
心相於銀鉤蓮花妙容呈（寫金至此補）意生於玉指孝思惟
則道遠乎哉開元繼明推恩由己進對鄎國長公主食
邑一千四百戶田賦廣而彌儉禮秩尊而益恭其後君
子晨（封鄎至此補）歌夫人晝哭未亡爲稱生意盡矣撫視遺
孤將守栢舟之誓志祈剃落永從柰苑之遊朝制斷恩
改降鄭氏陵谷可易隨和之德不昧寒（誓字至此補）暑有遷
松竹之性如一均養七子麻蔭二宗汾陰之室忘亾榮
陽之黨相慶旣而福善虛應寢疾彌留盡國醫之技遠
方畢至供御府之（忘字至此補）藥中使相望命之必至不可
爻也堂邑山林忽焉瘁色平陽歌舞適足愁人開元十

三秊二月庚午薨于河南縣之脩業里春秋卌有七（陽字至此補）
震悼　紫庭哀傷朱邸傾家若墜舉國同悲
有　詔光祿卿孟德監護喪葬京兆少尹能延休
副焉窀穸之禮一如涼國長公（詔字至此補）主故事粤四月
恩旨陪葬于　橋陵不祔不從古之道也
皇上念同氣之懿美感閼川之永謝悵穠華之
半缺悲瑤（從字至此補）草之先化乃命國史昭銘懿迹降
恩礼於雲露寫哀詞於金石水非湘渚還起帝子
之詞山是洛陽即對天妹之家銘曰（哀詞至此補）
帝系白雲僊源紫氣漲家成國秊天佐貴赫赫
聖祖曰文曰武皇皇

睿宗一變万邦挺生淑媛慈和孝恭淸矑如神娥眉無
雙郘第立官湯沐建封丰及笄總禮施環珮鳴鳳獻祥
棄龍擇對帝唐降女天乙（郘第至此補）歸妹珠玉過庭蘋蘩
正內蛟門早闋龍湖忽上無地何載無天何仰金瀫書
經華絲繡像欲報之德昊天罔極孰是言歸良人永違
銀鑪（無字至此補）煙斷羅幕霜飛鬒顏毀形託身壞衣不諒
人只改嬪他士稟命曰從從人曰順息嫣纒楚懷嬴霸
晉反經合權與道同韻煥休二室均歡（稟命至此補）等潤四
海謚淸九族和平萬物向榮衆雛未成心戀盛明形隨
落英祖載鼎城歸窆咸京挽歌駁聲鹵簿凶行哀哀
聖情惻惻（形隨至此補）同生橋山片石千秋令名

右唐鄎國長公主碑明皇御書今僅存半段二十行
行二十二字弟一行御書二字下有中書令三字似
是篹人官階下缺不能詳其姓名矣此碑不載于趙
氏金石錄趙子函作石墨鐫華載秦中唐碑頗多此
亦見遺唯鄭漁仲金石略載其目云在同州今亦不
知其所從得也前云嬪于薛氏後云改嬪它士則知
其再醮矣唐時公主有三適人者淫蕩無恥姝不足
責肰至豐碑巨刻豎之墓門宰相篹文天子書丹獨
不可少爲之諱而必一一詳之豈唐世絶不以改嫁
爲失節事耶按史鄎國公主初適薛儆再適鄭孝義
碑下缺不見鄭氏字肰亦未必誤也　諸杳程類谷

居近稟書鄭國長公主碑後云碑述改嫁一節云撫視遺孤將守柏舟之誓志期剃落永從柰苑之游朝制斷恩改降鄭氏陵谷可移隨和之德不昧寒暑有遷松竹之性如一均養七子麻蔭二宗余本自誓字以下至寒字皆缺不復見杏程所得本何全美乃介鄒杏程梁谿人善古文辭與余定交京師極賞余金石存癸酉冬日慶晤于秦少司寇座中知其爲南沙先生門人淵源有自宜其濡染者深目

案此與涼國長公主碑同在今陜西蒲城縣橋陵文二十三行行五十二字上截尚完好下截蝕損過半而字俱可辦不知原書何以僅存上截二十

二字豈所收拓本止此一半耶今取家藏舊本挍補五百六十八字庶乎文字可讀而公主事實亦詳著矣

唐伯夷叔齊廟碑 開元十三季

古義士伯夷叔齊二公碑 幷序　安定梁昇卿纂文及書

二公諱伯夷叔齊咎有殷時遼東孤竹君之子也自歷載所記有國以來事之弄者莫先於讓是故君老於位命立叔齊〻〻固辭以請伯〻〻固請以不嗣逮相與義退遁逃西周當是時也帝殷不臧用餡天紀人棄莫保以戴于周〻〻武王秉白旄杖黄鉞經綸所以撥亂威略所

以膺罰雷震萬國風行六師二公于時推忠臣之誠明死君之節伏車而諫慷慨瀝血且夫大運不以替曠達節不以義距黔首焉得以厭毒鬼神焉得以龢王於是討罪弔酉爲天下王式公以立忠貞也撿身操也建侯戡難不可以間也以臣伐君不可以訓也相於國莫北其去變於事不食其粟乃西上首陽之山歌采薇而死蓋天下義感之始也及孔子生東周之季寅中興灋存憂之徒皆誨納於敎未嘗敘仁人烈士不先于二公者焉謂不辱其身不降其志矣若乃紛綸茂德載在策府尉太伯之道子臧之仁也上思附義退曰能賢則宋穌之言延陵之行也道無不貫志不苟合尉討由之尚伯

成之高也憲必中清癈能中權則寘仲之居夷佚之放也聲毋事載功存業廣則范蠡之去魯連之辭也此觀公者至於黜業保讓亦爲盛矣兼之固君臣之分以愛其節則曷可以同議也所謂繼之者忠矣杖之者義矣施之者誠矣用之者確矣略矣塱矣肆矣允矣上古無以加百代爲之憲越大梁歲行于是邦遇縣宰太原王公惠工訓農勸學敬教羣業頓以緊賴四方咨於佐尉色臨未周人咸有化以爲二公廟德不祀實甚懼焉復何以圖不朽示來者而已遂因簡力考餘　時經始是歆歎崇舊規廓構棘翼自公尸之然則表前載楊懿烈使駿炎熊〻彰紀事也以吾學乎舊史氏請隱其文

固不佞乃作銘曰
大道混〻或險夷兮毀實荒德莫業于主人祀疑兮帝
用克𠤪大運期兮天下爭利而獨犇義貞名凿兮神扆
蠹憂氏已浸昌所惟兮斵石千𥇍聞風規兮
黃鉞不降志
開元十有三年惟一月既望刊立　衛鶴
趙禮范譔剞字
右唐伯夷叔齊廟碑在今直隸永平府開元十三季
立梁昇卿篆文及書書故是唐人本色敘銘淳廓未
足闡揚夷齊萬一也揚懿烈揚字从木作楊固不佞
乃作銘曰固字義當作故非筆誤則好奇之過也杖

之者義矣義字下考餘時餘字下各空一字于義不
解又銘詞末句下越十二字忽有黃鉞不降志五字
于文義不知所屬肰係昇卿一手書非後人羼入者
皆不可解也壬申正月余初至京師偕王小史及五
弟南生過琉璃廠書棚首得此碑遂解橐金易之攜
入國子監南學崇志堂閱畢跋　義土烈土皆士字
也漢隸書士字下畫皆長與水土字無別韓勑碑四
方土仁史晨碑百辟卿土周憬碑濟濟吉土石門頌
庶土悅雝㑥成碑遐邇土仁皆肰唐人則不如此昇
卿亦偶用漢法耳　余初得是碑友人有爲余言是
碑在今永平者永平古孤竹國也二賢祠廟在是廟

貌甚壯碑在焉孜顧亭林金石文字記于此碑下注
云今在蒲州首陽山二賢廟中顧公往來秦晉其所
注記必不誤余所聞殆傳聞也或永平亦摹是碑而
刻之邪須再孜之
案碑杖之者義下及考餘下審文義相屬而石本
各空一字此疑摹刻之譌葢古人書丹于石至唐
宋多用紙本鉤摹此處空字或當時誤書它字塗
抹紙上而鉤摹者不知竟至誤空一字事或有之
後黃鉞不降志五字撿本文有杖黃鉞及不降其
志句必是前書未愜更于行末空處書此數字令
刻工易置之乃又㒺摹上石誤衍五字固無可疑

者雖臆說無憑肰今時亦往往有之近見江西本大令十三行誤重刻神光二字又類帖中有雙鉤蘭亭據一老刻工云此實非雙鉤本因勒石人遲未鑒定遂署其名曰唐人雙鉤本自欲留觀見之二刻與此相類故附記下方

唐右武衛將軍乙速孤行儼碑開元十三季
唐故右武衛將軍乙速孤公碑隸額補
大唐故右武衛將軍上柱國乙速孤府君碑銘幷序
正議大夫守秘書監修文館學士兼修國史上柱國
劉憲撰　朝議郎行秘書郎白義晊書案乙速从下九字及館學
二字兼修从下五字共今補
□□□□與字補文德而競馳陰之歲功配陽和而竝達
案二句原書止存之功陽而四字利字補用厚生二字補□□□古以來三字

補折衝禦侮之材何代蔑有秦之强也起翦恬貟用其
兵漢之盛也卒（原書譌辛）李衛霍（原書譌翟）爲其將　大唐操廾
（字補）□□□陳帶甲百萬授鉞（二字原書譌延越）□七（字補）其有中
分麾下□堂堂正正之師□若敵國（以上二句原書止存其首正師敵五
字）負赳赳桓桓之稱者左於乙速孤府君矣公諱行儼
字行儼本姓王氏太原人也五代祖有功於魏（字補）□
□友（字補）爲因居京地（原書譌師）之醴泉縣王子晉（三字補）之□
仙□□□車（字補）千秋之俍相重錫華宗家（六字補）何代
而更賢人何時而不賢曾祖安齊前鋒都督右武侯右
六府驃騎將軍開府儀同（字補）□□□□□州刺史隨
益州□□襲封和（字補）仁郡開國（二字原書脫）公從孝移忠澀

金石存卷十四　隸存九　十三

奭事夏司馬安之四至晏平仲之一心祖晟　皇朝
上開府右武侯右廿府左車騎將軍驃騎將軍蔵（字補）□
□□□□用功紊□將寵盛興□父神（用功至此補）慶右
奭（字補）□□率撿校右（虞字至此補）□□軍衛將軍氣岸瓌傑
忠力雄（字補）武持軍（字補）以禮陰德有徵十子挺生將門斷
左公鍾家代（原書譌伏）之休烈奉韜鈐（此下原書以下文綴時未瘳至天□爲□
五二十餘字譌置于此今正）之（字補）成訊鶵□□於霄漢□□溢於風
飈得（三字補）□漊（字補）於□□習軍容於嬉戲子房（二字補）智
勇□其彝敲郄觳（三字補）詩書頗天藉蕭禾徼中司成生
擢第明慶中丁父憂性實過人俯而就禮麟德初（字補）授
宣德□□韓□□府記室（二字補）參軍事（字補）□□□□□□

□曳䄙（二字補）其閒首席推美咸亨元年（四字補）以將門子
弟授振威校尉守普濟府左果毅都尉丁太夫人憂哭
泣之節鱣粥之數復如居（原書字脫）府君之喪（二字補）儀鳳二
年　勑除興國（二字補）府右果毅（三字補）都尉鎮河（二字
補）源軍（字補）定州道（字補）□□□河陽橋蠻拱二年授游擊
將軍黃城府左果毅都尉峨果爲毅從戎以律洗兵盬
澤秣馬中山（原書字脫）護濁河之橋縮黃圖之府智謀洋溢
威武紛紜□靜翔（二字補）罄氣（字補）雄京色永昌元年　制
除朝散大夫絳州司馬天授二年加朝議大夫長壽二
年除資州長史延載元年加中散大夫（二字補）題輿縣□
扆□資中風俗所同（字補）政教如蠹（字補）證聖元年（四字補）

金石存卷十四　隸存九　十四

制除使持節萬（字補）州諸軍（字補）事萬州刺史萬歲（二字補）通
天元年　制加中大夫二年加大中大夫其年撿校永
州刺史聖曆二年授使持節都督䕫（字補）歸忠萬渝涪（四字
補）□等七州諸軍事（字補）守䕫（字補）州刺史三年授使持節
都督廣韶（原書譌詔）端康封崗等□二州諸軍事守廣州刺
史長安三年授使持節泉州諸軍事守泉州刺史神龍
元年授使持節都督黔□沅等州諸軍事守黔州刺史
其年加正議大夫神授政理□材天挺公侯之表故能
方州典郡□周官牧伯之尊□衆淩（字補）山窮禹貢（原書字脫）
彩楊之域（字補）控御數千里周（二字補）旋廿年化洽夷夏功
□□□□生祠之□往往而□畏清酒之盟于今□□

神龍二年　墨制授忠字補武將軍守右武衛將軍員外
置同正員特　敕□南衙原書字脫上下尊委北二字補
軍事羽林之任歷代為五字補　□□□□而後字補安□宋
字補□而先字補以公確乎忠信厲然壯勇□命卿之秩掌
孤兒之軍宿衛陛殿二字原書誤倒而遹嚴徼巡巖廊而匪懈
壘垣增肅軒禁字補穆清錫御府之金錢分大官之玉字補
食□殊異所二字補建□中字補使相望□□□持戟觔力
為倦輸節竭誠心術俱盡神用疲而數損勝理勞而生
疾其歲夏中遇病廳事牛體云癈經時原書字脫又自此至天屬為重
誤在上文奉詔鈐下詳前注未瘳頗休攝於家庭字補遼遲迴於二字補
□闕陳二字補精粹原書譌轉粹即捧字移手于右今通作拜疏理切詞殫

□感　宸七字補衷原書譌哀特聽致仕字補仍襃美續更階嬴
痾　睿旨敃原書譌既勤形秀緈翰公結欷而辭　雲陛授
迒而返私門懸廣德之安車施仲翁之行馬仙方上藥
輿字補□性而延齡二字補　芳醞字補嘉蓍字補且忘憂而□□
而公紫霧息字補函命昆弟字補之子令字補從為嗣二字補鞠
育侔於已生仕為太子通事舍人坐外氏累左除溱原書
譌秦州扶驩字補縣令公天字補屬原書譌厲為重既二字補切原書譌力
猶子之慈門五字補寄所鍾何深舐字補犢之念亦既離字補
□舊疾暴增春龝七十有二景龍元年十二月十五日
薨于大字補寧里第嗚呼哀哉惟公盛德溫恭雅懷寬肅
字補行無文二字補飾言原書譌貢不浮華出身入仕□□形□

靡字補欺暗原書譌時室字補獨運蚩原書譌匪舟字補於人之舊二字補
無所遺於人之惡無所四字補記可疑之地投足莫踐弗
稽之謀措心所絕親友信而敬之老少安而懷之唯原書
字脫汲汲以行仁豈遑遑而求利防衛字補之際屢有奇功
撫字之方字補□彰靈感公之三字補　左永州也屬時字補□
不登土三字補　人多餧罄二字補　倉儲而空瞻据山谷而無
資所部界中紫饒穭竹盤根合翠珍字補漫蒼然忽於一
朝結實咸徧若五畝之畬頴油九字補然可觀比千箱之
□詠□□□給比字至此補人皆□□□□盈路公仍持數
石奏進京師　聖旨嗟歎其靈味公之在冀州也鄰界
不冀字補羣蠹輒擾侵軼城郭二字補殘傷吏字補人公不字補

□　制命□□致討威靈震蕩氣□□清稽顙咽於□
□□□於字補沍水　天朝命將甫戒於師期邊郡飛
書已聞於戰捷雖欲弃之不遺原書字脫賊於君父亦何字補
以尚茲時嘉乃功　□書字補慰原書譌雖勉□□之□□□
□長遺□□令德二字補　曰吾遭遇　□□□□世餘載
帽纓以報不敢絲毫三字補　有負於　聖朝家業累貧喪
葬所須務從字補節儉勿違吾平生志也所樹碑務令□
實無為虛美□□吾真原書譌眞爾□唯清唯慎勿矜勿伐
則吾死而無恨矣夫人常樂縣君賀若氏宋公卿之姪
孫開州刺史懷武之第六女門宗之盛鍾五字補鼎連華
家室之歡□□齊契春龝五十一證歡字至此補　聖元年八

月五日亡(補字)於萬州官舍維景龍二年歲次景申二月辛酉朔十六日景午合葬於雍州醴泉縣白鹿鄉李中□先府君(補二字)之塋次禮也嗣(補二字)子令遐叫叫(補字)穹蒼哀哀(補字)霜露永(補字)□□誓終身奉行子壻(補字)右武衛鎧曹參軍安定(補字)梁望之代業通家□賢(補字)長者氷清玉潤常懷國士之恩石字金書顯託中郎之筆(補四字)□二□□乃作銘云

公侯(補二字)子孫必復其(補三字)始將門有將其來久(補三字)矣伊我將軍□代爲□壯勇傑出威稜峻峙文則□良六豫千里武以侍衛嚴除(補字)軍壘黃羆匪儔宋□寧擬中外遐(宋字至此補)□□□勤(原書講力)止□□禮優神□疾起(補四字)□□終□令問不已賢哉(補字)伏波誠其兄子

大唐開元十三年歲次乙丑二月景辰朔十六日辛未令從自曹州濟陰縣令秩滿建

勃東徐元禮鐫

右唐右武衛將軍乙速孤行儼碑今在醴泉縣北千郵行儼本姓王氏太原人五代祖顯仕魏爲驃騎大將軍賜姓乙速孤氏曾祖安祖晟父昭祐皆爲顯官昭祐自有碑與行儼碑相去十餘步墓亦在焉此碑雖殘缺然姓名官閥卒葬歲月俱班班可攷楷書無傳不能取證目

案碑字雖蝕損然尚可讀原書所云缺文今驗碑完好者且十得二三餘亦明白可辨不知當日所見本何以缺失不全如此別前後更有倒亂尤所不解

唐紀太山銘(開元十四年)

紀太山銘　御製御書(原注四字正書)

朕宅帝位十有四載顧惟不德懵于至道任夫難任安夫難安茲朕未知獲戾於上下心之浩蕩若涉於大川賴

上帝垂休　先后儲慶宰衡庶尹交修皇極四海會同五典敷暢歲云嘉孰人用大和百辟僉謀唱余封禪謂孝莫大於嚴父謂禮莫尊於告天天符既

至人望既積固請不已固辭不獲肆余與夫二三臣稽虞典繹漢制張皇六師震疊九寓旌旗有列士馬無譁肅肅邕邕翼翼溶溶以至于岱宗順也爾雅曰大山爲東嶽周官曰兗州之鎮山實惟天帝之孫羣靈之府其方處萬物之始故稱岱焉其位居五嶽之伯故稱宗焉自昔王者受命易姓於是乎啟天地薦成功序圖錄紀氏號朕統承先王茲率厥典實欲報园天之眷命爲蒼生之祈福豈敢高視千古自比九皇哉故設壇場於山下受羣方之助祭躬封燎於山上暨一獻之通神斯亦因高崇天就廣增地之義也乃仲冬庚寅有事東嶽類於

上帝　我高祖在天之靈

不畢降粤翌日禪於社首侑
我聖考祀於　皇祇在地之神罔不咸舉暨壬
辰覲羣后上公進曰天子膺天符納介福羣臣拜稽首
千萬歲慶答歡同陳　誠以德大渾叶度彝倫攸敘三
事百揆時乃之功萬物由庚兆人允植列牧衆宰時乃
之功一二兄弟篤行孝友錫類萬國時惟休哉我儒制
禮我史作樂天地擾順時惟休哉蠻夷戎狄重譯來貢
累聖之化朕何慕焉五靈百寶日來月集
會昌之運朕何感焉凡今而後儆乃在位一王度齊象
灋推舊章補缺政存易簡去煩苛思立人極乃見天則
於戲天生蒸人惟后時乂能以美利利天下事天明矣

地德載物惟后時相能以厚生生萬人事地察矣天地
明察鬼神著矣惟　我藝祖文考精爽在天
其曰懿予幼孫克享　上帝惟　帝時
若馨香無下丕乃曰有唐氏文武之曾孫隆基誕錫新
命纘戎舊業永保天祿子孫其承之余小子敢對揚
上帝之休命則亦與百執事尚綏兆人將多于
前功而毖彼後患一夫不獲萬方其罪予弌人有終上
天其知我朕惟寶行三德曰慈儉讓慈者覆無疆之言
儉者崇將來之訓自滿者人損自謙者天益苟如是則
軌迹易循基構易守磨石壁刻金記後之人聽詞而見
心觀末而知本銘曰

維天生人立君以理維君受命奉天為子代去不留人
來無已德涼者滅道高斯起赫赫
高祖明明　太宗爰革隨政奄有萬邦罄
天張宇盡地開封武稱有截文表時邕
高宗稽古德施周溥茫茫九夷削平一鼓禮備封禪功
齊舜禹巖巖岱宗衎我神主　中宗紹運
舊邦惟新　睿宗繼明天下歸仁恭
已南面氤氳化淳告成之禮留諸後人緬余小子重基
五聖匪功伐高匪德矜盛欽若祀典丕承永
命至誠動天福我万姓古封太山七十二君或禪弈弈
或禪云云其迹不見其名可聞祗遹　文

祖光昭舊勳方士虛誕儒書齷齪佚后求僊誣神撿玉
秦災風雨漢汙編錄德未合天或承之辱道在觀政名
非從欲銘心絕巖播告羣嶽
大唐開元十四年歲在景寅九月乙亥朔十
二日景戌建（原注此二十二字正書）
右唐紀太山銘元宗御製御書磨厓刻于太山之顛
文詞典雅書法遒麗足稱雙絕漢隸無大書此字爲
千古獨步唐文粹所載與石刻不同者十餘字皆當
從碑爲正　碑凡二十五行前御製御書四字并年
月皆正書行多者五十一字亦有五十字而輒平格
書者除上帝嚴父等其餘當因厓石有凝故不得滿

行也王元美曰其下三尺許爲揭工惡寒篝火焚蝕遂缺百餘字朱竹垞云必架木緣絙而上然後椎拓可施又山高多風兼慮日暴若是其難也此本字完好無一筆刓缺紙墨皆古眞數百年前拓本也

案碑二十四行行五十一字其不及五十字者然非堅石有礙不能刊刻實則以缺格合數尒　文上帝坐休上帝字平缺後類于上帝對揚上帝缺四格克享上帝缺三格同一上帝而缺格不同如此又高祖平缺累聖五聖缺四格藝祖缺五格太宗高宗中宗文祖缺六格睿宗至缺八格例無一定唐刻中比比皆然直不知其義　孝莫大于嚴

父嚴父字然不平缺石本孝莫大于字適在前行末則次行自以嚴父屬首此句蓋統論大凡例不應提行缺格原書于二字別作行殊誤後上天其知我天字亦平缺同坐此失今然正　碑缺格處原書俱直寫不缺今據石本分別著録庶使攷古者得有依據　銘敘大半偶語羣臣拜稽首千萬歲對上天子膺天休納介福原書于拜下增手字干上增稱字皆石本所無今刪此蓋沿唐文粹之誤　齊象灋原書象作鼎唐文粹亦如此石本實是象字據改

唐元氏令龐履温碑　開元二十四年

我國家再擔山河重懸日月明罰飭法覈名實之故典考績宣力甄象魏之舊章　皇道煥炳而時雍　帝載緝熙而日用德惟善政政在養人若令長子男銅章墨綬而尤善最者可屈指而知宣父中都大公灌邑童憭賁獸卓茂遷蝗男女別途鬼神息暴以今方古君何讓焉君姓龐氏名履温字若水李安人也其先齊逢伯陵之裔曾祖卿煇元勳佐命功臣第壹等左武候大將軍封□國公食實封四百戶贈幽平燕易嬀檀等六州諸軍事幽州刺史諡曰肅歷數雖改雲雷尚屯披荊棘沓馮吳佐元功沓蕭鄧將盟帶礪畫象雲臺圖兼衛霍之容任遂漢光之顧疇庸賞懋食邑論封祖同福冀州大

都督府司馬饒州刺史左衛將軍安北都護外撰望毀衛珠寄重匪親不捽非賢勿居皂蓋南臨尋振喬卿之譽紅栓□卷式標鄭吉之能考秊訓通事舍人鄭州司馬贊善大夫率更令將作少監辭令抑揚　綸鳳述旨顯輿叶詠展驥治中洪洞方棹允供於郛造激揚少褒贊□於□山君純德天歆大村靈降龍章鳳彩凝脂點漆出忠入孝遊藝依仁荒蕪四壁寥廓千丈代陪豐沛親預葭莩鼂鱗翰之□□風雲之會漢表脊外戚恩澤周詩脊申伯□□起家補昭文生從勳閥也長安二年明經擢第捧宣州參軍尋授莫州司功參軍事秩滿丁二親憂痛瘁塋枝哀酸隣社淮而不返杖而後行纏

禫一年甫從常調開元十九年春會府遴拜公為此縣
令魯子皐之為政禮變郕人漢原涉之衆能威行谷□
庶矣富矣又□加焉導之德之非君莫可君育善政者
七鳳雹咸□於屬城對稼獨滋於元氏其政一也頃以
陽光輟亢陰液乖旬苗萬膳輿人或狠顧公鑿真珪幣
稽顙壇場俄而油雲四周膏雨百里其政二也闢土菑
畬用□分地勸東作而播稼課西成之鉒飯躬臨樹藝
親載酒膠故使憂農邮田秋得其實其政三也詢知疾
苦所患虛丁撫狀足陳應時申削籍無□稅人獲息肩
其政四也修職奉符不為進越下育欝滯必挈肘諭言
每課田租時臨調賦寬為□約曾無再輸其政五也此

地俗多㒅岐跕躧彈絃綮曰難持更季寬弛公整其衞
策適其權豪輒去害羣帔心斂跡并政六也先縣館宅
湫漏與百姓雜居公薄責人傭先抽己俸雖矣寔始而
可以樂成其政七廿是以廉平稱馘西河知魯衞之風
清儉當官南土變□齊之俗可大可久是謂賢人之德
帷幾帷深以成天下之務公儀如繪畫神荅轉規聲以
聞於震雷用無詩於周月惠如春露吏人不能窺喜慍
之容結荅冬氷貞殖不能動首陽之行蓄霜鍾於絳府
育感必通棲月鏡於冏臺觸形皆照邑老謝虔䅠等竝
鄉庭積善掾吏安排行義以達其道隱居呂求其志相
與朕談城府鎜立庫庄襃德匪舒宣風技癢或叫　帝

閽而抒美或邀使駕而論功衆志□誠如寒附火於是
圖𣁽翠𢪖託𩁹余聲其詞曰
清風沉濫兮其來溥茂宰馳能兮超卓魯雞犬相聞兮
人安堵一同仰之兮如父母聽謳謠兮詢疾苦踰屬城
兮光趙部趙武遺風兮多㒅岐君子為之屛姦僞化澆
浮兮勗以義邑□□兮市𩁹二政勝殘兮仍博施如水
火兮時不匱刻石鐫金兮蘧傳懿直為循良兮守名罷
開元二十四年歲在困敦律中夾鍾□□建　肯鹿泉
縣令郃混之墓　蔡有鄰書　前縣錄事謝積善
右唐元氏令龐履溫碑郃混之纂蔡有鄰書開元二
十四季建金石文字記云今在元氏縣西寺內碑陰

有宋熙寧九季孟士龍遷碑記榮陽鄭陶纂按此碑
不過縣令德政頌耳龐君初無卓絶之政可傳不朽
者唯有鄰書法眞足名家與開元帝同時而清勁有
骨不染浮豔郎昇卿惟則皆當避席也　碑有云圖
隸衞雀之容此指衞青霍去病葢俗雀為霍也鶴字
隸書有从霍作鶴者此又轉从雀為霍姓字又銘詞
有云刻石鑄金兮蘧傳懿蘧本音臄義與蘧同此似
用爲遠近字　此碑及青州北齊南陽寺碑皆濟寧
劉雨亭居易山房藏本余偕搴于濟寧司馬署中雨
亭收集金石文字極富與余評論彈駮皆中肎綮因
有鍼芥之合將盡啟其藏俾余飽讀乃以戊辰六月

遶跡道山矣嗣子幼弱遺書將不可問㴱余未閱其
十一也追思故人爲之黯肰

唐大智禪師碑 開元二十四年

大唐故大智禪師碑銘并序　中書侍郎嚴挺之撰
右羽林軍錄事參軍集賢院待　制兼校理史惟
則書并篆額

夫聖人以仁德育物者則醴泉潛應而湧嘉禾不播而
植神功以不宰寧運者則宏宗會境而立正法由因而
脩然則育靈允荅爰九疇而式敘無爲克成超萬物而
宏濟暨　今上文明大開淨業溥福利真慈
之濬闢權智衆善之門精求覺藏汲引僧寶往必與親

念則隨應張皇通達之路騰演元亨之數者其惟我大
智禪師乎禪師諱義福上黨銅鞮人也俗姓姜氏系太
於齊官因於路載鴻休於邦誅踐貞軌於家範曾祖雋
門令大父烈考並棲尚衡門禪師始能言已見聰哲稍
育識便離貪取先慈矜興遺訓出家年甫十五遊於衛
觀藝乎鄴雖在白衣已奉持沙門清淨律行始爲鄴衛
之松栢矣乃遠迹尋詣探極冥搜至汝南中流山靈泉
寺讀法華維摩等經勤力不倦時月遍誦畧無所遺後
於㐮分端唱經偈忽聞庭際若風雨聲視之乃空中落
舍利數百粒又於都福先寺師事朏法師廣習大乘經
論區析理義多所通括以爲未臻宏極深求典奥時嵩

嶽大師法如演不思議要用特生信重夕惕不遑既至
而如公遷謝悵然悲憤追踐經行者久之載初歲遂落
髮具戒律行貞苦自介分衛一食而已聞荊州玉泉道
場大通禪師以禪惠兼化加刻意搢行苦身勵節將投
勝緣則席不暇暖顧依慈救故遊不滯方既謁大師年
呈操業一面盡敬以爲真吾師也大師乃應根會識垢
散惱除既而攝念慮棲榛林練五門入七淨毀譽不關
於視聽榮辱豈繫於人我或霰雪霜衣食罄匱未嘗見
於顏色有厭苦之容積年鑽求確然大悟造㪚而內外
無寄適用而威儀不捨大師乃授以空藏印以揔持周
旋十年不失一念雖大法未備其趣步之迹固以遠矣

後大師應名至東都天宮寺現疾因廣明有身之患唯
禪師親在左右密有傳付人莫能知後聖僧萬迴遇見
禪師謂衆人曰圓通正法必此人也神龍歲自嵩山嶽
寺爲群公所請邀至京師遊於終南化感寺棲置法堂
濱際林水外示離俗內得安神宴居寥廓廿年所時有
息心貞信之士抗迹隱淪之輩雖負才藉貴鴻名碩德
皆割弃愛欲洗心清淨齋莊肅敬供施無方或請發菩
提或參扣禪契有好慕而求進漸者有厭苦而求利益
者莫不懇搢專一披露塵惱禪師由是開演先師之業
懋宣至聖之教語則無像應不以情規濟方圓各以其
器陶津緣性必指其實廣燎明折之燈洞鑒昏沉之路

心無所伏故物無不伏功不自已乃功無不成迷識者
以悟日新愛形者由化能革不遠千里曾未旬時騰湊
道場延袤山谷所謂旃檀移植異類同薰摩尼迴曜衆
珍自積其茖是兮如來以四諦瀵濟三乘衆生以八正
道不一切迷惑其或繼之者善成之者性非夫行可與
眞靜齊致道可與變身同體者固難議於斯開元十年
長安道俗請禪師住京城慈恩寺十三年
皇帝東巡河洛特令赴都居福先寺十五年放還京師
廿一年　恩旨復令入都至南龍興寺曰此人境
之靜也遂留憩焉沙門四輩靡然向風者日有千數其
因環里市絶葷茹而歸向者不可勝計廿三年秋八月

始現衰疾閉關晦養不接人事誡諸門徒曰吾聞道在
心不在事法由己非由人當自勤力以濟神用衆以為
付屬之萌也明年夏五月加疾減膳廿四日申酉之間
有白虹十餘道通亘輝映久而不滅廿五日際晚攝念
開顏謂近侍數人云本師釋迦示現受生七十有九乃
般涅槃吾今得佛之同年更何所住又云卧去坐去亦
何差別便右脇枕手壘足而卧此則知身非實處疾不
亂奄忽棄世無覺知者　皇帝降中使特加
慰賵尋策謚号曰大智禪師即大智本行皆悉成就以
禪師能脩此本行也禪師法輪始自天竺達摩大教東
派三百餘年獨稱東山學門也自可璨信忍至大通遞

相印屬大通之傳付者河東普寂與禪師二人即東山
繼德七代于茲矣禪師性篤仁厚天姿通簡取捨自在
深淨無邊苦己任眞曠心濟物居道訓俗不忘於忠孝
虛往實歸尤見其困默有無不足定其體名數安能極
其稱冈波難挹高棟云摧既離形器之表當會神通之
域粤七月六日遷神于龍門奉先寺之北岡威儀法事
盡令官給搢紳縞紫者數百人士庶喪服者有萬計自
龍門至于塔所雲集雷動信宿不絶棺將臨壙有五色
祥雲白鶴數十雲光鶴影皆臨棺上鬱靄俳佪儵掩而
散近古歸墓靈相未有如斯之盛也禪師之季曰道深
力方墳而心盡弟子莊濟等營豐碑而志勤伊余識昧

答當面稟非以文詞取拙將為刻碁在懷覽泣夏立銘
涕增橫墜覩太原成論悲甚慨然攀緣苦集顧望都斷
有太僕卿濮陽杜昱者與余法利同事共集禪師衆所
知見實錄其餘傳聞不必盡記且離生滅是究竟無餘
鏤盤盂乃古今難沫顧于不稱物短綆汲深猶答人稽
首東向獻心廬嶽者以為戀慕之極況鐫刻永世不猶
愈兮其銘曰
契眞慈者道為物先靈力幽授降刼生賢爰茲大士寂
炅園宣惠超三業心空四禪德溥甘露言感清泉翺軒
宗極念護無邊猶彼檀施兮福未嘗有如彼戒祇兮物
無不受石無辭兮白不涅栢耐霜兮竹停雪今將遺世

兮無有量永離蓋纒兮弊生滅門人法侶兮無歸仰刻
肉刔金兮狀高節望廬山兮摧慕瞻朗谷兮悲絶
開元廿四年歲在丙子九月丁丑朔十八日
甲午建　　史子華刻字

右唐大智禪師碑史惟則書大智見唐書方技傳傳
云二十年卒碑云二十四年當由傳誤　郭允伯云
史書雖濃郁而縝密適暢筋骨不乏所以肉不病肥
王元美云其行筆絶類太山銘而縝密過之知開元
帝潤色所自目余謂史書縝密固其所長然能密而
不能疏此所以與漢人終隔一塵也　碑書縉紳作
搢紳益以縉亦作搢遂譌手爲木耳

碑陰

大智禪師碑陰記　　河南少尹陽伯成撰
夫道非言言以明道也空非相相以泯空也　禪師殄
天冥符曠刼傳印出等等騰非非適來時也適去順也
上自　宸扆下逹荗紛纔仰青蓮之光旋驚白林之會
中書侍郎嚴公探祕藏洪詞江洋洋兮文宗昭昭兮靈
迹伯成殊昧先覺忝在後塵糺合羣公激揚衆美豈翰
墨以云朽將金石以齊固所謂非六經爲以明夫子也
非四偈爲以曉真如也凡捨淨財者　人具題爵里
于時歲在辛巳五月庚戌十八日丁卯皇唐開元廿九
年也　通直郎行河南府伊闕縣尉集賢院待　制兼

按理史惟則書　施碑石主弟子朝散大夫行華原縣
令劉同

右大智禪師碑陰陽伯成𦔳亦史惟則書前碑書于
開元二十四年碑陰書于二十九年前碑老勁莊嚴
令人望之生畏此書骨力猶雋覺稍參以和緩之致
不甚如前碑之奮張耳乃趙子函反謂其瘦而少態
何也

唐任城縣橋亭碑開元二十六年

任城縣橋亭記篆額

橋亭記　　將仕郎守尉游芳𦔳文
朝散郎行尉華容縣開國男瑯琊王子言書

唐再受命能事備於開元乃十有三年告成於岱
罼華之迣也則北巡濟河　玉軑之旋也
則南指陳宋故　行宮御路次夫任城焉陽門橋
各跨泗之別流當魯之要術初隨時以旣濟因
大駕而改功觀其壅川爲池因地設險削金堰於
馳道甃石門以飛橋夾以朱欄揭以華表炳若星漢
拖如虹蜺蓋　　鑾輿乃自陽朝
御六龍翊萬騎聲明紀律文物比象迴
睿覽於淵渚駐　天蹕於川梁先時望
君之來也則金繩以界之鐵鎖以扃之厥後榮
君之顧也則浚池以廣之築館以旌之經始

兹宇惠而不費當儲峙之末有餘粟之餘散之則人獲𧯷錢鳩之則動以千計請為亭館以壯橋池故鄉耋耋白於吏邑吏謀於府因人之欲得事之空磬鼓不滕互力徒競轡為層搆在水之陽壓鮮原以迴出流古墉而却倚危欄巘巘反宇峨峨勢搖煙潭岸苔飛動南軒虛明以晃朗北室懿潭而清冷自堂沮原書譌涓亭邐迤幽逕上霞藤蘇前臨芰荷憑高佇目萬象皆見夫河南之滕有三橋亭得其一梁園有□王之迹圃田有僕財之陂平池西樹美則美矣豈與夫島嶼開合林嶂蔽虧旁薄大荒吐納霞景畫橋南度補字像清洛補字之規虛館□臨叶滄洲之趣有是夫有是夫任風姓之國也謠俗古遠

其太昊氏之遺人富而教之合於魯頌當　太平縣事而朝野多歡不然者此池何已得花縣之名吾寮何以得仙舟之目不其□而時則有若　邑大夫滎陽鄭公延業信昭盈缶道契虛舟禮樂之行仁德歸厚

丞范陽盧璜　主簿平昌孟景　尉瑯耶王子言　尉河東裴迴皆士林英華學府僉碧熊勤在公之節無廢會友之文嘗援簡於芳以為之記會芳有公車之名請侯於異時金鄉尉頓小韓邪卿舍於裴氏言於眾曰游子之讓斯文以諸公在此諸公之意也子何辭焉因命隸燭俾芳操翰爽而成記翌日遂行開元廿六年秋七月旬有四日云

大唐開元廿有六年閏八月五日建

通直郎行方輿縣尉王日雲篆額

□□□鐫　萬嶠　劉遇　薛遂之

右唐任城縣橋亭記游芳撰文王子言書王日雲篆額開元帝東封乃十三年十一月事此云十二年告成于岱誤記也滎陽鄭公名延下一字似華非華似葉非葉不知當是何字人獲一錢人字添注于旁花縣花字从俗作花皆僅見此碑

金石存卷十四　一萬三千七百三十七字

金石存卷十五
淮安吴玉搢纂　　　閶妙香室挍本
隸存十
唐韓賞告華嶽文 天寶元秊
惟廿七祀孟秌右補闕韓賞敢昭告于泰華府君祠廟
惟天地生于人惟山川生于神人有識而神有靈人貴
聰而神貴明於昭靈山與天竆冥載在祀典鎮于上京
自古帝王徵應不一荒淫者神降之凶聖哲者神授之
吉惟茲臣庶鑒乎得失今予小子造乎　　神祠將有
所盟　　神其聽之人有嗜好各為私禱願無所求
唯道是憂今者内禱於身外盟於　　神如有一心公
朝戮力生人惟　　神是福崎嶇世道僶俛在位惟
神所殛必將忘身奉國為本圖憂國濟人為己任明
明泰華昭鑒于茲瞻彼牲牢抑惟常禮神嗜正直意存
精誠正直以享神精誠以享意拳然跼蹙瞿然改容益
靈山之嵯峨增壽宮之肅穆歷階趨進髣髴其形尚饗
　天寶元秊歲次壬午四月乙亥朔十日甲申諸
　王侍書榮王府司馬韓擇木書
右唐韓賞告華嶽文韓擇木書擇木于唐甚有書名
少陵所謂尚書韓擇木騎曹蔡有鄰開元以來數八
分者是也賞告神之詞曰一心公朝戮力生人惟神
是福崎嶇世道僶俛在位惟神所殛按僶俛與詩邶

風黽免同嚴華谷詩緝曰猶勉彊也力所不堪心所
不欲而勉彊為之曰黽免陶淵明曰僶免六九秊潘
岳曰僶俛恭朝命皆同此意此云僶俛在位非有大
失何至為神所殛或以俛字義本同俯謂是俯仰取
容之意則可肰又不宜與僶同用
唐元元靈應頌 天寶元秊
至矣哉皇法於天天灋於道凥大寶者必尊　　祖
以配天孫庶類者咸宅生以母道□□□□□宗元
教三后在天代紹明德然後彌綸區宇昭格神祇其能
承二美之盛烈首千古之洪化者卓哉煌煌歸　我唐
室矣　　皇上受圖享國蓋卅載功侔天地孝誠
　祖考其高明也希星辰以有倫其博厚也□河海
而不洩至於揖群后敘彝倫陶鑄堯舜湫隘軒頊者乃
　皇上之餘事也嘗端凥宣室緬懷至道惟德動
天夢啟靈應忽恍有物希夷元通寔　　元祖之明
命錫無疆之寶圖乃潛誌元象遵　誥旁求西亘太一
東連鄠杜号周史之經臺枕秦山之幽谷肇凥尹喜集
法侶為道門後遇　　皇唐易樓觀為宗聖藥井尚湛
傳軾仍存卜勝宗元此為湫落飛泉噴石重林閟景苔
蘚地偏以幽深煙雲晝晴而不散睟容挺出赩然有光
煥白虹於玉座紛紫氣於仙境洎遘　　睿覽宛符夢
寐譆蓋聖人有以見天下之賾而擬諸形容聖人有以

見天下之動而觀其會通者可舉之壹隅矣其始廼也
梵芝术辟葷羶寂歷無聲犖踸有則切靡茘席次登壼
壇涂肩綵杠少息華館清韻颸飂於草樹天香氤氳於
崖谷及踰轉莽蒼風順崆峒雲鶴翊以導輿群僊扈而
成列逮地逼天苑閬轃國門蜺拴鳳蕭風馳海合毛節
羽盖波属霧委萬姓翹首於西城百辟供儀於　北闕
㬎㬎如也　皇上乃捧昇露寢奉先思孝集僊府
㠯陳齋圖混成而告遠不崇朝而通八景未浹旬以遍
六合故群臣率僊慶靈稱觴獻壽森旗伐鼓何其盛哉
於戲　园元之道肅礴萬物眇為化先豨韋氏得
之而挈天地伏犧氏得之以襲氣母坐若王母西崑比

之如朝菌麻姑東海涵之如夏蟲冲霊馭風盖錙銖於
㡘粃王喬控鶴方轜轢於蓬蒿信無上數信元氣數且
天啓　皇唐儲祉㠯極其功神者其應大其源靈者
其流長爸　王室將傾　我則電擊以存國不址望奎
我則雲行㠯告成汾脽㚇祀　我則順子以　尊后
陵寢肅雝　我劖述經以明孝可謂重椅坤軸□紐
乾絪潯汘葳蕤皆　皇極之大造也其脩鈌禮補樂
童存朴以啚人陳兵以訓武弇四夷以疑化主百神而
授職者可勝言哉古有仁片言而受福樹一善以獲應
况絪羅幈制包括鴻徽以　神化之貞明協　靈命之
幽贊克會脩祉不亦宜乎玉真長公主以　天孫

毓德　帝妹驄貴師心此地杳捐代精奉黃籙以門
絜瞻白雲而志遠觀玉李元莿監齋顏無詩上座傳牽
說為學日益為道日損逍遙中林之下彷徨塵垢之外
因聚而議曰今自道㠯祐　主自　主以祐人下卓六
幽上𢍆三極風后力牧協宣朝政關睢麟趾宏被國風
禎祥萃臻妖灁不作足以規萬葉示將來㧖㧖巍巍以
表靈貺而廼謝奚斯頌魯之義闕穆滿銘弇之游是上
蔽　天休下斵臣禮緣事斷誼蒙竊恧焉於是盩厔
宰李嗣琳同荷　湛恩㠯脩能事博詢墨客以贊
皇猷時戶部郎中沛國劉同多才清起草譽美郎官之
列文慕上林能揚　天子之事共遵大雅㠯揆其

爾奉為頌曰
終南之北□真境關令尹喜宅茲嶺陰陰松栢造華頂
草結花樓龍護井靈僊之窟肅而靜其一帷　皇夜夢
真人來神光赫赫金鋀臺瑤容綽約冰雪開霓裳羽駕
紛俳佪　前聖後聖相感哉其二　帝心虔求齋玉
京王公百辟咸致誠雲旗綵仗森出迎日月晏溫顥氣
晶　真容來兮受天慶其三　真容來兮　聖人
壽千春無涯百福有　真容來兮寶歷昌遠郊卻馬
雄四方紫殿敷座煙雲香拜手稽首天地長　园元
之祉萬斯唐其四
朝散大夫守倉部郎中上柱國戴璇撰序朝散

大夫守戸部郎中劉同昇撰頌　開府儀同
三司尚書右僕射曾孫戴伋書勑撿校道門威
儀昭成觀主道士□□裕天寶元年歲次壬午
七月巽卯朔十五日丁巳中元建　河南
史榮刻
右唐元元靈應頌金石文字記云今在盩厔縣樓觀
石墨鐫華云中南樓觀尹喜故宅也元宗寤老子眞
容得于此玉眞公主爲道士居于此故此碑述寤事
以及玉眞歸美唐室倉部郎中戴璇𨻳敍戶部郎中
劉同昇𨻳頌開府儀同三司尚書右僕射曾孫戴伋
書書法分隸頗豐潤弟乏骨力耳按寤眞容事有無

不足論公主出家乃國家醜行皆無足頌者其傳之
至今則字畫可取也子函以爲豐潤而乏骨力余謂
骨力頗不乏特神韻少減非逸品耳璇敍作于天寶
元季而書碑者乃其曾孫疑是追書戴伋官極顯而
不見于史冊遂不知其爲何時人書名何足恃哉
金石文字記此碑下引趙崡曰此頌刻于宗聖觀之
北面唐人分書甚佳但經元人翻本減弱矣按趙所
謂經元人翻刻者乃宗聖觀碑非謂此碑也此碑跋
語但議其乏骨力無減弱語亭林誤記耳　碑字多
攙别體如从獻爲獻壽之獻从癣爲菭蘚之蘚蘄郎
朝字說文幸字本作夲漢人隸書變作夲夲與說文

夲(古藭)夲(古達)二字無別此碑分㐀塱夲即幸字變从犬
从羊則因漢隸而又變矣妖瀰不作瀰當讀涂典切
卽㳄字也爾字亦書作尔尔本作介隸書㳄字往往
作介故㳄字别體有作泳者而此碑遂書㳄爲瀰矣
茘字協字肖變甚巧沓捐代情謂太世俗凡情也一
昜代字幾不知所謂矣劉同昇名敍作多此但是升
字耳後又作昇胡一人名字數行中輒相同異如此
皆好奇之過也　石墨鐫華游終南山記云游樓觀
其上伯陽父與尹喜說五千言處爲說經臺其下開
元帝寤老子得眞容處爲宗聖觀宜多唐以前碑今
止靈應頌一碑頌眞容事天寶開載伋分書刻北面

南面刻宗聖觀記唐人分書甚佳但經元人翻本減
弱矣子函所謂減弱者指宗聖觀碑而言非謂靈應
頌也亭林引此其誤顯朕余前題此碑謂趙氏跋語
無減弱字蓋未撿游記也故補書此
唐嵩陽觀碑　天寶三季
大唐嵩陽觀紀　聖德感應頌
開府儀同三司行尚書左僕射兼右相吏部尚書崇
[元]館大學士集賢院學士朔方節度等副大使脩國
史上柱國晉國公臣林甫上
大中大夫守河南尹河南水陸運使上柱國賜紫金
魚袋兼東京留守判留司尚書省事臣裴迥題額

域中之大有四　　道為之省而王者統焉方
外之人有五神為之目而聖者用焉非　道
也蘇以致神非神也莫能感聖自炎師水玉軒訪峒山
肓薤汾陽非洄河上且猶私靈己之利屈萬乘之尊或
得之而不存或求之而不及則未有國心六合
國化被於海隅滌覽　九重異人臻於　闕下
咨傳僊葬潛设神功端拱　紫庭坐進金鼎如
栽開元天寳聖文神武皇帝之至感也葢德邁者其業
崇　道園者其化博　上初戢巨難纂
睿圖以為唐虞盛理教人而已矣乃昭禮物考經岀
於是乎帝典玉緦冈不畢備及夫靈戎憂致邑熙又以

為軒昊上德恭己而巳矣乃歛清静復漳朴於是乎儀
甲蚤衣示於蘇欲故載歷三紀功苞九皇乃時有真人
方圡不名而至者㠀然而進曰臣聞昝者太初之先也
嘗有受命握苻靈君千歲後代聖人順其外為封禪滲
其中為導養故玉檢有不死之名金丹為長生之要五
三以降茲道蔑聞　陛下黍紫氣之真宗接黃神
之遠運玉檢之文巳備金丹之驗未彰　天將授之
其在今矣　上覽其議而告之言朕聞神丹者有
琅玕雲霜三化五轉太靈得之為上帝之伯　元
君得之為下教之尊必將叚蘇為之功任自然之力乃
可就矣於是考靈迹求福庭以為嵩陽覩者神嶽之宅

真僊都之標勝亶中天曓景之正記　烈祖廵遊
之所抱汝含潁風交雨會陰陽之所烝液偓佺之所迣
還丹竈琳堂迣迣而在乃命道圡孫太沖親承　咨
諮對授真訣靈之日披圖於　天府二之日陳醮於
山壇然後俾太靈啟鑪陵陽傳火積炭於廡下投藥於
鼎中固以扃鐍窒其窻戶隙光不容人跡罕到自河尹
官屬邑宰吏㝠目對對泥手連印署太沖乃與中使𨘢
屐信衛　命而東涉海沂過蒙羽行且千里歸巳十
旬然後剋日聚觀開對發印餘燼未滅還丹赫然則巳
六轉矣明年移藥於緱氏山叅僊太子廟其没制之功
神異之効又如初焉每至降　御詞陳祝冊紫泥綠

表倏忽飛天國酒玉杯繽紛移座祠官矚眙供吏驚嗟
靈貺昭荅有如此者其餘瑞鶴卿雲祥光祕語匪朝伊
夕不可勝記按中丹經云金華苻成威光鼎就則有朱
鳥陳異白日激輝斯非類乎九轉既畢馳馹以獻
聖上方滌慮飫清齋心虚白神期應會如合苻焉於是
三事百寮奉觴稱賀曰　陛下撫羣黎而歸壽域
上真降殊休而報　聖德神丹靈御與
天蘇極且夫國化　至道光烈也還風太初
昌運也異人委質　聖感也靈藥薦書
天苻也此四者皇圖帝載所未聞焉微臣預春蘢
之遠忝申甫之地　上清事隱非魯冊之殼徵大洞

功成豈周頌之能紀强銘琬琰永播　乹坤其辭
曰
太古兮上皇千歲兮靈君自軒轅兮獨洼遂歷代兮靡
聞　有唐兮英聖六葉兮十紀惟天寶兮合符故
瀍風兮變始嵩有峯兮潁有瀾交靈氣兮集像壇資
聖壽兮效神丹神丹御兮福庭會虹蜺旗兮紫雲
蓋臨萬邦兮彌億載
天寶三載二月五日建原注此行篆書
朝散大夫撿校尚書金部員外郎上柱國臣涂浩
書

右唐嵩陽觀碑李林甫譔裴迥題額徐浩書今在登

封縣嵩陽宮遺址字畫完好如新遒整茂美無一敗
筆朕安媚有餘而古樸不足視漢諸碑有間矣　明
皇初不信神僊改集僊殿爲集賢後以相州刺史韋
濟薦張果入宮制以爲銀青光祿大夫賜號通元先
生則頗信矣此開元二十季事至此深信不疑乃鍊
丹以求長生林甫奸諂其爲是言也固宜季海書之
能無恧乎

唐石臺孝經天寶四季
孝經序
御製序幷注及書皇太子臣亨奉　勑題額
朕聞上古其風朴略雖因心之孝已萌而資敬之禮猶
簡及乎仁義旣有親譽益著聖人知孝之可以教人也
故因嚴以教敬因親以教愛於是以順移忠之道昭矣
立身揚名之義彰矣子曰吾志在春秋行在孝經是知
孝者德之本歟經曰昔者明王之以孝理天下也不敢
遺小國之臣而況於公矦伯子男乎朕常三復斯言景
行先哲雖無德教加於百姓庶幾廣愛形于四海嗟乎
夫子没而微言絶異端起而大義乖況泯絶於秦得之
者皆煨燼之末濫觴於漢傳之者皆糟粕之餘故魯史
春秋學開五傳國風雅頌分爲四詩去聖逾遠源流益
別近觀孝經舊注踳駮尤甚至於跡相祖述殆且百家
業擅專門猶將十室希升堂者必自開戶牖攀逸駕者

必騁殊軌轍是以道隱小成言隱浮僞且傳以通經爲
義義以必當爲主至當歸一精義無二安得不翦其繁
蕪而撮其樞要也韋昭王肅先儒之領袖虞翻劉邵抑
又次焉劉炫明安國之本陸澄譏康成之注在理或當
何必求人今故特舉六家之異同會五經之旨趣約文
敷暢義則昭然分注錯經理亦條貫寫之琬琰庶有補
將來且夫子談經志取垂訓雖五孝之用則別而百行
之源不殊是以一章之中凡有數句一句之內意有兼
明具載則文繁略之又義闕今存于疏用廣發揮
經文不錄
李齊古表文案碑四面此在末一面後節上截小字九行正書

臣齊古言臣聞孝經者天經地義之極至德要道之源
在六籍之上爲百行之本自　文宣既歿後賢所注雖
事有發揮而理甚乖舛伏惟　開元天寶聖文神
武皇帝陛下敦穆孝理躬親筆削以無方之　聖
討正舊經以不測之神改作新注朗肰如日月之照邇
矣合天地之德使家藏其本人習斯文昔　天之下
罔不欣戴仍以大學王化所先孝經聖理之本分命壁
沼特建石臺義展　睿詞書題　御翰以垂百代
之則故得萬國之歡今刊勒既終功績斯著　天文
炳煥開七燿之光煇　聖札飛騰奪五雲之氣色煙
花相照龍鳳沓起實可配南山之壽增北極之尊百寮

是瞻四方取則豈比周官之禮空縣象魏孔氏之書但
藏屋壁臣之何幸躬覩盛事遇　陛下興其五孝
忝守國庠率胄子歌其六德敢對揚文教不勝抃躍之
至謹打石臺孝經本分爲上下兩卷謹於光順門奉獻
兩本以聞臣齊古誠惶誠恐頓首頓首死罪死罪謹言
　天寶四載九月一日銀青光祿大夫國子祭酒上柱
　國臣李齊古上表
批答案此在表文後大字行書
孝者德之本教之所由生也故親自訓注垂範將來今
石臺畢功亦卿之善職覽所進本深嘉用心
諸臣題名案在末一面後前下截四列正書今補錄

特進行尚書左僕射兼右相吏部尚書集賢院學士修
國史上柱國晉國公臣林甫案唐制左右僕射不著姓
光祿大夫行左相兼兵部尚書宏文館學士上柱國渭
源縣開國公臣李適之
光祿大夫行門下侍郎集賢院學士副知院事仍侍講
兼崇玄館大學士上柱國臨潁縣開國侯臣陳希烈
朝議大夫守中書舍人兼判刑部侍郎上柱國臣孫逖
正議大夫行中書舍人集賢院學士上柱國平樂郡開
國公臣韋斌
朝散大夫守中書舍人兼知史官事臣李元成
大中大夫行給事中臣李巖

朝請大夫守給事中臣韋良嗣
銀青光祿大夫國子祭酒上柱國臣李齊古
朝請大夫守國子司業臣韓倩
朝議大夫撿挍國子司業臣薛巘
正議大夫行國子司業員外置同正員臣張倜
通議大夫撿挍禮部尚書上柱國襄陽縣開國男賜紫
金魚袋臣席豫
正議大夫撿挍工部尚書上柱國賜紫金魚袋東京畱
守臣陸景融
通議大夫守尚書左丞上柱國清水縣開國男臣崔翹
太中大夫守吏部侍郎上柱國趙郡開國公臣李彭年

吏部侍郎上柱國彭城縣開國男臣韋陟
正議大夫行兵部侍郎賜紫金魚袋上柱國燕國公臣
張均
正議大夫行兵部侍郎賜紫金魚袋上柱國臣宋鼎
中散大夫守戶部侍郎上輕車都尉臣郭虛己
中大夫行禮部侍郎上輕車都尉臣達奚珣
朝議郎行丞上柱國賜緋魚袋臣韋騰丁酉歲八月廿
六日紀（案丁酉以下九字金石文字記云後人所添是歲乙酉非丁酉也）
朝議郎行丞蔣洌
大學助教別 敕兼判丞臣李德賓
儒林郎守主簿崔少容

朝請大夫守國子博士上柱國臣畱元鼎
朝散郎守大學博士兼諸王侍讀臣蕭鄖客
朝散郎守四門博士兼諸王侍讀臣任嶷
承奉郎守四門博士臣劉齊會
朝議郎行四門助教臣梁德裕
承奉郎四門助教臣闞冏直
承奉郎四門助教臣王思禮
承務郎守四門助教上柱國劉大均
登仕郎守四門助教臣秦龜從
儒林郎守四門助教臣胡鋗
釋奠坐主四門教授臣王南金

文林郎守律學博士臣劉嘉祥
筭學博士臣張元貞
文林郎行直講賜緑臣王乂
宣義郎行直講臣顏挺
文林郎行直講臣王璋
高陵縣丞翰林院學士直國子監賜緋魚袋臣丁景
文林郎守義王府參軍兼國子監文史直知進士臣司
徒巨源
朝散郎行醫學博士兼直監解休一
文林郎行國子錄事王思恭（案从上二人不書臣莫詳其義）
右唐石臺孝經元宗御注御書皇太子亨題額一本

共四大幅經注繁多不能備錄錄御製敘文國子祭
酒李齊古表幷卄書批答三十八字其後尚有林甫
等四十五人題名亦不具錄（案此足資攷證不得欽載今據石本補）明
皇分書自以太山銘爲弟一此書豐豔有餘而微乏
骨力肰布置渻整始終如一注中小字盡態極妍允
堪把翫亦翰墨中大觀也卄書批答生動入神憑對
之令人色飛眉舞尤非後人所能及
唐封北嶽安天王碑（天寶七年）
大唐博陵郡北嶽恒山封安天王之銘（幷序）
左羽林軍兵曹參軍直翰林院學士供奉
上柱國李荃撰 吳郡戴千

龄書羿頭篆
遁甲開山以方色受土水行佐鎮囩楬司野截亙壑以
波委指平陸而海清墜旄頭枉　王國蔽虧日月棲
泊雷電可久可大取諸恆也恆之靈藏迷却來威遠懼
邇陰陽不測之謂神神聰明正直害盈福謙裨我淳勑
荒札不勃拯膏雨佐秋成再蠶獻五六擾呈逸育孳盈
圭奚貴而無位敎古者天子望于山川徧于羣神未嘗
王五嶽而公四瀆
大唐開元天寶聖文神武應道皇帝登泰山躡社首範
圍　天地幽贊於神明采北載上元庚寅
詺曰五方定位嶽鎮揔其靈萬物阜成雲雨施其潤

上帝妝宅褒區是仰其俶宗西嶽先已封崇其中
嶽三方典禮猶闕降神布澤同致福於生人肆類孚崇
未齊名於禮秩永言先被同叶靈心其北嶽可封爲安
天王所司擇日奏聞龍集丁亥律中姑洗壬午𥿄以金
檢玉册殷縣禮也夫　聖人以　天地爲本
陰陽爲端五行爲質北嶽水正也乙酉水命也
大君有命如彼北嶽鼎然不渝受茲介福益無方也驃
騎大將軍員外置同正員兼范陽郡長史柳城郡太守
平盧節度支度營田陸運兩蕃四府河北海運兼范陽
節度經略支度營田副大使採訪處置使兼御史大夫
上柱國柳城縣開國伯常樂安公白禰山國之英也八

柱承　天三門出將風順遼海霜明塞秋山戎朝
鮮繫頸請命明威將軍守右威衛將軍使持節博陵郡
諸軍事兼博陵郡大守北平軍使上柱國賜紫金魚俶
武威賈公白循時之傑也康侯以符師貞受律英略外
斷沈謀內融清潭無私虛谷必應趙人化之如春陽也
朝議郎攝別駕上柱國賞緋魚俶信都馮公舉相中散
大夫行長史上柱國賞紫金魚俶清河張公同贊人之
望也利物足以和義貞固足以幹事威搖兩秋德湛行
露通直郎行錄事參軍滎陽鄭旼宣義郎行司功參軍
汝南同琋㧜奉義郎行恆陽縣令高平郗懷玉吏之雄
也貉蟬稱家冰水佐吏箇籍方勁球琳有聲僉白

聖王先成其人而後致力於神國其祀也答省方展禮
於虞帝敬鬼尚祀於殷人未有加望秩之榮錫封崇之
彌斯蓋
我皇之能事也燕山有石碩儒有文旣述且刊超變陵
谷銘曰
維恆兮佐鎮王業善利萬物兮德配諸水雄峯屹立而
朝山邐迤閃電雷想神鬼其神靈兮福之所履福善禍
淫而正直如矢其一　君恩覃兮流湯湯汨神道蕩
鬼方四瀆爲公兮五嶽王山戎臣省而犬戎北亡勒貞
石以一固浮大海之三桑其二
大寶七載歲在戊子五月庚午朔廿五日甲

年建　　杜南金韓休烈刻字
右唐封北嶽恆山爲安天王碑李荃譔戴千齡書天
寶七載建千齡書法雄駿適美濅濅欲出韓蔡上而
名位不箸惜哉是時安祿山爲平盧范陽兩道節度
使雖權埶寖盛而反形未箸故碑中尚極詞贊美之
孰知其叛不旋踵乎聞碑陰有康傑譔文亦千齡書
俟更訪之

唐左金吾衛將軍臧希晏碑 大厤五季案吳氏未閲全文故系廣德二季今正
唐東莞臧府君神道碑 篆額
大唐故金紫光祿大夫左金吾衛將軍□□州大都督
臧府君神道碑銘并序

銀青光祿大夫行兵部侍郎上柱國清河郡
開國公張孚撰
朝議郎守衛尉少卿淮陽縣開國男賜緋魚
袋韓秀弼書 案大唐至此七十五字原書全缺今補
有唐廣德二年八月五日朔左金吾衛將軍臧公薨于
□□安邑里之私第享年五十有三大厤五年十月十
五日葬于三原縣 薨于至此補 長坳鄉禮也公諱希晏字恭
靖先封受氏弈葉重光僖伯諫魚哀伯諫鼎文仲立德
武仲立言傳慶□□□之日□□□□□之 光字至此補 祭
子孫有後大庇生靈述職因官今爲京兆人也曾祖君
寵通議大夫靈州長史祖善德銀青光祿大夫銀州刺
史贈太子少師 曾祖至此補 父懷恪右領軍衛將軍魏州刺
史上蔡侯贈工部尚書重世將門一時人傑光臨舊圖
非驚於守□繼豈列郡載美於□□冠社 尚書至此補 白茅
式旌餘烈爵明朝也握五兵之要漏幽泉 原書爲帝 亟追八
座之尊禮備□榮　澤彰存殁名寵之重今古無
儔□□高門槃戟前 退字至此補 庭鍾鼎谷量千駟之馬纛滿
萬余之裝三武邁賈氏諸昆八元□高陽才子公□□
□節長標雅操用武則武可畏學文則文足 氏字至此補 晧
纔爲珪璋俯拾青紫常以爲千戶侯力可取萬人敵才
之餘□藝揔九流射穿□札長纓係頸於閩越短兵斷
臂於匈奴開元 人字至此補 理兵之歲塵飛碣石烽照甘泉

盧龍北塞胡馬南牧克貞師律□□親賢
天子御□陽前殿乃命禮部尚書信安郡 牧字至此補 王建
身璋擁金節控弦廿萬以專征之六郡良家公爲特□
而□征□□□□□公以爲楊雄執戟阮籍步兵千
古同□□無 公爲至此補 慙色其後出吞地窮河源收堅城
拔高壘戰勝攻取左旋右抽合變出奇智□□遇以□
功纍遷至衛尉少卿尋加□受降城使 取字至此補 河曲之
間威聲載路屬三水之地五載未巡公侯腹心受委而
拜遂以公爲□□皇城使遷左臨門將軍兼麟州刺史
無何轉慶 腹心至此補 州刺史去思來暮行古之道特拜大
僕卿兼寧州刺史夫漢宣共理所以寄□侯也周武以

寧是用咨多士西故佩中朝之印褒下刺字至此補外臺之帷
抑有由矣屬親征振旅薄伐弔人駐　蹕而萬姓來蘇
迎　鑾而百神望　犇由是□其剡郡□爲行
宮頌六驛字至此補龍之旂儀雙鳳之闕擢能佐牧匪易其
人以政理姝尤拜左金吾衛將軍左街使□切爪牙寄
崇心膂□利功業亞夫□名方欲姝尤至此補鑿出師之門
分制軍之閫未加明命忽閟幽泉故老泣於邊疆賢臣
蟾於冠劍將星夜落陣雲朝起凜然餘勇千載猶生故
夫人老字至此補贈燕國夫人劉氏百代舊封五公貽慶嬪
則彰芙姆訓番芳生前已飾其□井殁後更封於石窌
先公卒□合祔同歸公之季弟姆訓至此補希讓御史大夫

工部尚書渭北節度贈太子太師徙與公更執金吾同
□□□王肅儀貌陳平智謀雄憲臺之一□□長城之
萬徙與至此補里因心則友義切天倫嗣子睦王府長史叔
獻次子鄧州別駕叔雅季子河南府河清縣主簿叔清
欒欒□□攀號罔極羔柴泣次子至此補血曾參絕漿喪過
乎哀行過於禮敬承副相之託式紀冠軍之銘銘曰式紀至此補
臧孫育後千古立程十為將略道實人英出入三代光
□百城□□之□□之□□□□□□定傾□□
□□□□嘉名陳代字至此補氏父子□□弟兄高碑之上
長紀忠貞案此後二行全蝕

右唐左金吾衛將軍臧希晏碑今在三原縣九陂城
臧氏墓碑下截殘缺止存其上段十九字首行全缺
書篆人名皆不可見王元美云爲朝議郎守衛尉少
卿淮陽縣開國男賜紫金魚袋韓秀弼八分書篆文
爲銀青光祿大夫行兵部侍郎清河郡開國公而缺
其名按寶刻叢編載諸道石刻錄有唐贈揚州都督
臧希晏碑云唐張孚篆韓秀弼八分書大歷五季立
在三原今碑不見贈揚州都督事亦無大歷五季字
或皆在所缺處葬于廣德而建碑于大歷亦不遠也
　希晏爲懷恪子兄弟七人皆貴顯懷恪碑爲魯公
書甚傳于時金石錄載臧氏墓碑凡三金石略載韓

秀弼所書碑凡四而俱不及此何也碑雖斷缺然名
字世系歲月功勛及夫人嗣子俱尚可見亦與于泯
滅失傳者矣
　案碑下截雖蝕損然可見者尚十之八九余家藏
舊本首三行止缺二字以希晏父懷恪碑攷之當
是贈楊二字懷恪碑楊州此碑楊雄楊字从木又書篆人銜名歷
歷可辨不知吳本何以缺泐如此或所得不全本
自今補存五百六十七字庶此碑文字可讀亦藝
林快事也　希晏卒于廣德二季至大歷五季葬
碑當于是季建立惜末二行全蝕無從攷其的實
歲月矣　碑云曾祖君寵祖善德而懷恪碑無君

字善字所未詳也

唐文宣王廟新門記 大厤八季

文宣王廟新門記

朝散大夫撿校祠部員外郎兼
侍御史裴孝智撰
前義王府倉曹參軍裴平下丹
并篆額

成域中之大歸天下之𨕖曰王〻者應圖以宰物酌峕以觀化威聲雷霆號令風雨不嚴人（書佚二字原脫）理合自然之運不行家與契如神之速德叶𢡖於幽明道淌洋於古始無爲無事其大矣哉（書佚二字原脫）洎乎澆淳旣變仁義斯起偃息庠序棲遲洙泗憲章萬物之首馳騁百王之末清頹波於幽（書佚二字原脫）厲扇儒術於殷周故春秋作而賊亂懼風興刪而廉恥生弄韶護而滺灖之音息行揖讓而（書佚三字原脫）莊敬之心勸夫子聖者歟名與日月周流業與乾坤終始隱焉而光闇然而彰命服衮裳（書佚二字原脫）□代稱王曲阜聖人之鄉也先是閟宮霞敞正殿岑立繚以環堵邃興臺門巍若化造疑（原書脫字）□□動允所謂滝中之勝槩闕里之全模刺史孟公休鑒德潤尊師道肥希聖研精百氏□□□言疚火北官曹之燭春桑絕附校之詠判官郡功曹盧瞳以文發身以清撿物博□□□□數四科雖此祠廟厥初層構朱戶半傾雕甍中落雖名之闈奧造次可遊如左之□□□□易覩將何以克恭過位加敬及庭於是孟公首之盧公翊之因命縣大夫無太□□□□裴公新其南門書時也公名有象（補字）育元含眞廣學攻文始登甲科吏于舒〻人□□□□等吏丐兗　人悅服蓄可大之用爲致遠之猷由是庀遹程具乃役不斬仲□□□□□山之后儐以日而給功不時而就大屋橫亘雙扉洞開丹拱繡栭滕葛固□□□□□景飛檐駢逼而棲霧扃鐍旣固享獻聿修官吏唯肅清之謹邑人無褻瀆□□□□□□席及階而升數仞之牆由戶而入君子以北孟公之化不行北盧公之□□□□□□不成三事叶同乃扂于著孝智不敏儒家之流迭挹春秋會蕞之禮□□□□□□□誌不腆之文俾刊永貞之石時大厤八季十二月一日也

右唐文宣王廟新門記大厤八季建裴孝智譔裴平下丹并篆額後漢書蔡邕傳熹平四季奏求正定六經靈帝許之邕乃自書丹于碑使工刻之又滕縣秦君碑云丹書刻石垂示後昆書丹之制其來已久此碑云下丹卽書丹也又碑云先是閟宮霞敞正殿岑立霞敞疑是霞敞此段文義葢述從前宮殿壯麗意敞與敞字形相近恐下筆偶誤朕霞字又未知是霞與否不敢遽定也春桑絕附校之詠似用後漢張堪

傳桑無附枝麥秀兩岐語書枝作校亦筆誤也平書
添得漢人遺意絶無史惟則輩怒張之氣而名反不
甚著碑刻所傳者亦寡可惜也此碑余所見本已裝
池成冊所有缺字皆經翦裁故多不可屬讀處須訪
全本改注之
案碑二十行行三十五字行末二字向爲趺掩艱
于施拓故止三十三字原書所載叓少一字尤非
善本可知近友人惠余一本驗之是十數季前所
拓行末缺字皆全想碑已升高重立矣又下截左
角缺泐自三字至九字不等闕里文獻攷載此文
然同則全文無從攷見霞𢿘之𢿘錢宮詹大昕以

爲蔽字之省古𢿘蔽本通用原書云𢿘恐未當附
枝枝字碑書作校猶致作致致又作致隸書支旁
往往如此實則然未譌校也

唐右僕射裴遵慶碑大曆十一季

□故尚書右僕射贈司空裴府君禍譜碑篆額補
大唐故金紫光禄大夫守尚書□□□□□□東郡
貞孝公贈司空裴府君碑銘孝字以下補
朝議大夫□□□卿兼修國史充禮儀□賜
紫金魚袋□□國楊綰文充字及綰文二字補
易神之爲義臣道也君子履之文言曰直方大不習□
不利又曰陰雖有美含之以從王事然後以黄中通理

之道蓋在十字補下缺終則受黄裳之吉矣安貞應地者其
順矣乎公□□□□□□□聞喜一字補人也在字補□
爲伯益若予上下在周爲北子蕃九字補下缺□胙土□字
重□□□邑□氏因其生也濟物之慶爵名有融至
東□陽吉□□河東著族其後始大以坐于大父贈十字
補下缺逮先考贈司空□□□君重之以明義□□□公
公少而□敏成□□□□□□不遺於近究末而必嬪
其初嘗以古人十字補下缺詞足以盡意則釋然矣外是者
君子之所□□□□□爲實故□□而不□省而
不察解禍以門蔭授與寧陵丞系十字補下缺德之功用刑
者必求其意審法者□極於文字補□□□□□受疑讞

□□城字補使原書譌伎□□濟虐加逵没辭及翻動文數於
理當以十字補下缺體得自前脩□批案云十辭不足聚人
威力不能□衆並不□籍字補□□具兩見省覆□□以
聯□□別曹奪己□之具獄別曹至此補下缺員外郎三字補轉
□□□鄉里之□□□中正之狀掄材之重專委有
司勳吏部郎皆掌曹事前古官省而久任中代□□而
十字補下缺識洞姦萌雖原書譌雖遐隱匿□環訛爲□結投刃
不惑應弦字補而□□自字補□□□不自尊其功□□問
字補望已推於公輔矣丁內艱去十字補下缺陽太守外激□
□中權俶擾私欲□求不給□應由是貶守苻□□衆
稱譜之□□□□郎中至德初□自賊庭將趨至德至此補下

（缺）賀於朝遷拜給事中累遷尚書右丞兵部戶部□授
吏部□郎□艱之後臥權□□□之道雜而多端公
鑒以知方（九字補下缺）季除黃門侍郎平章事時寇戎未平
軍國多務傎臥數變生害穀臥不通為急公舍□□明
（字補）敬事之信不擅其利不私其（十字補下缺）則直而能温雅
弃浮詭尤□矜伐諷諫見從如增內懽薦賢來謝以為
大恥雖左右近習但（字補）記削豪之疏數其知其所（九字補下）
（缺）食一百戶又追先府君（二字補）之德寵贈正司以荅勉
焉公以年當賜杖禮有懸車不矜濟物之用自簿守官
之節固請退（八字補下缺）上難違懇㘴拜太子少傅又以官
制未明選曹求舊還除吏部尚書遷右僕射再領□□

從人頟也公味順積中英（八字補下缺）欲進之□及踐大任
蘇（原書譌齊）自喜（字補）之色當其未可審其體而能安當其可
蹈其機而不失毎□安危故事與昔舊章諭同訓（七字補下）
（缺）□極上列榮參實賤蓄不加厚謙以自持酒醴之歡
儉故能廣林衆之賞□□□幽惠愛以合親施舍以周
給古之道（九字補下缺）以大歷十季拾月二十九日薨於萬
季縣升平里之私第以明季二月二十六日□祔于東
都（原書譌京）萬安山之舊塋（六字補空三字下缺）行謚曰貞孝（二字補）公
禮也　詔使歸賻典客護喪卿大夫庶僚百吏追送
于國門之外生榮殁哀人理至矣有子太子中（九字補）以
（字補）踐（原書譌政）德之□□□抱公之□□美之義以文見託

論譔力疾績□不宣其銘曰
天生萬□有物有則人之秉彝好是懿德司空之美古
訓是式知退知進有嚴有翼慈善同冏敬恭奉職五刑
㐌隱九（九字補下缺）全功是力□□□□規為（二字補）自□不
□其（字補）□不（字補）□其直（原書譌真）是非趣舍審□通（字補）塞損
益（二字補）盈虛與時消息壽（字補）□□□哀榮同域託（五字補下）
缺

右唐右僕射裴遵慶碑僅存三十六字共二十四行
金石錄目在第一千五百一十二卷注楊綰篡盧曉
八分書并篆額大歷十一季二月立跋尾云右唐裴
遵慶碑唐書列傳載遵慶所歷官甚簡以碑攷之其

尤著者自吏部郎出為蒙陽太守（今石本蒙字缺）貶符陽郡
（今石本陽字缺）徵拜禮部郎中（今石本禮部字缺）而史不載肅宗朝
拜給事中累遷尚書右丞兵部戶部侍郎再授吏部
（今石本再字缺）而史但言為吏部侍郎而已又史云遵慶薨
時季九十餘碑云季八十五（今石本全缺）遵慶謚貞孝而
史無之皆其缺誤也今以趙氏錄合之此碑官階季
月一一不差其為遵慶碑無疑自趙氏入錄後如石
墨鐫華金石文字記收集唐碑最夥而亦遺此非細
檢金石錄目亦烏從辨之　說文弟字注韋束之次
弟也弟本次弟字因次弟之義肰後假借為兄弟字
从弟次于兄義相近也竹部別無第字後人从从竹

者爲次第第第舍字弟字專爲兄弟之稱失制字之本矣此碑私第第字从說文作弟唐人于字學雖經屢變之後肰猶能不失其本旨如此今人匙不以爲别字也

案碑在今洛陽下截未全每行字數無攷今以後銘詞計之行約五十二字肰未敢遽定也原書著錄止三十六字此最不全者近金石家收藏此碑字數多寡不同余家藏舊本每行至有四十六字且缺泐處亦少據補存二百二十六字可喜也

唐嵩山會善寺戒壇記 貞元十一季

汝州刺史兼御史大夫陸長源撰

嵩高得天下之中也所謂名山福地異人靈跡往往而有漢晉間高僧植貝多子於西峯一季三花因為浮圖遂為寰中之真境又有兩阜中斷豁為石門飛流縈回以噴薄喬木森竦以希護先是有高僧元同律師一行禪師錐林崖之欹傾填乳竇之窈窱甃玉立殿結瓊搆廊檐檀為香林琉璃為寶地遂置五佛正思惟戒壇思惟者以佛在貝多樹下思惟因名貝多為思惟即三花之義在此自河雒煙塵塔廟崩毀上都安國寺臨壇大德乘如揚慈業廣秉律道尊志度有緣濃庇羣動慨茲壞墜遂為 聞□奏有 詔申命安國寺上座藏用聖善寺大德行嚴會善寺大德靈珎惠海等住持每季建万等道場四時講律藏用上人逸躅遍尋高情獨邁美殿塔之嚴麗賞泉石之勝絕其跡不朽其教益國於是鍾梵相聞幡蓋交蔭豈獨鑪峯名獄空記遠公之行沃洲精舍重述道林之跡時貞元十一祀龍集乙亥大火西流之月也　河南陸郢書并篆額

填闕大德吼空　道圓　了真　道覺

登封縣令徐暈

寺主懷貴　都維那明澈　前都維那幽蘭

劉農楊誠刻

右唐會善寺戒壇記汝州刺史兼御中大夫陸長源篆河南陸郢書貞元十一季建今碑首行會善寺三

字全泐餘俱完好趙氏有錄無說在第一千六百二十五劉太乙金石續錄云郢書不多見此碑頗佳袁中郎嵩游記亟稱之

唐李衛公東郡懷古詩石刻 太和四季六月

東郡懷古二首

義成軍節度使銀青光祿大夫檢校戶部尚書兼滑州刺史御史大夫李德裕

玉京址

河水昔將決衝波溢川潯崢嶸金堤下噴薄風雷音投馬灾未弭為魚歎方深惟公執珪璧擕與身相沉誠信不虛發神明宜尔臨湍流自此迴咫尺焉能淺我守

東郡淒然懷所欽雖非識君面自謂知君心意氣尚相合坤期彝古今豈城見遺廟日夕空悲吟

陽給事

宋氏遠江左豺狼滿中州陽君守滑臺終古垂英猷數仞城既毀万夫心莫留俛身入飛鏃免胄臨霜矛畢命在旗下僵尸撗道周義風激河汴壯氣淪山丘嗟尒抱忠烈古來誰与儔就烹感漢策握節悲陽秋顏子綴清藻鏗然如棨璆誹徊望故壘尚想精魂遊

六和四季六月一日題

右唐李德裕東郡懷古詩石刻在今滑縣學宮廡壁閒前刻衛公衛後載五言古詩二首一題王京兆一

題陽給事按漢哀時王尊遷東郡太守河水泛溢浸瓠子金隄尊躬率吏民投沈白馬祀水神請以身填金隄因止宿隄上水盛隄壞吏民奔走尊立不動而水波稍卻三老等奏其狀帝嘉之增秩賜余卒官後吏民祀之尊先官京兆故碑稱之宋陽瓚為東郡司馬永初三季魏攻滑臺城壞太守出奔瓚堅守不動躬潰抗節不降死之追贈給事中二人皆滑之名宦也衛公書法亦足抗衡史蔡此碑近在中州趙德甫鄭淡溪諸公皆所未載吾鄉呂進士文光令滑特拓一紙寄余眞知余之痂者者余搜訪金石刻垂四十季向者頗有所獲自來濠上目目閒遂一無聞見今季辛巳始得此本亟以入錄更望朋友閒有助余者勿以衰遲而棄絕之也

案兩邨本此下尚有牛夫人造象記一碑今據吳氏定本巳刪故不錄

金石存卷十五　一萬二千三百三十一字

一十七
金石存　跋

跋

余讀金石存一書精詳若此所謂千百季眼也文字自非存意追古而肥豔竟不得闌入以是知精義者入神其不入神者決不能精義也亭林經史執故金石諸攷皆鎔金鑄鐵其外吾不敢盡爲拜倒山夫吳先生繼亭林不媿安得持槧日侍與之作味外談正弗計酸鹹殊衕目幔亭周架跋

(K—3231.01)

科學出版社互聯網入口
歷史分社：010—64011837　銷售：010—64031535
E—mail：yangjing@mail.sciencep.com
銷售分類建議：歷史/古籍

www.sciencep.com

ISBN 978-7-03-064596-8

9 787030 645968 >

定　價：389.00 元